문학제도 및 민족어의 형성과 한국 근대문학(1890~1945)

제도, 언어, 양식의 지형도 연구

2013년도
대한민국학술원 선정
우수학술도서
이 도서는 교육부의 지원으로
대한민국학술원에서 선정한
"2013년도 우수학술도서" 임

저자

김영민(金榮敏, Kim, Young Min) 1955년 서울 출생. 현재 연세대학교 국어국문학과 교수이다. 연세대학교 국어국문학과와 같은 학교 대학원을 졸업했다. 국립 전북대학교 조교수와 미국 하버드대학교 옌칭연구소 객원교수, 일본 릿교대학교 교환 연구교수를 지낸 바 있다. 연세대학교 학술상(1997)과 한국백상출판문화상 저작상(1998)을 받았다. 지은 책으로는 『한국 문학비평 논쟁사』(한길사, 1992), 『한국 근대소설사』(솔출판사, 1997), 『한국 근대문학 비평사』(소명출판, 1999), 『한국 현대문학 비평사』(소명출판, 2000), 『한국 근대소설의 형성과정』(소명출판, 2005), 『한국의 근대신문과 근대소설 1 : 대한매일신보』(소명출판, 2006), 『한국의 근대신문과 근대소설 2 : 한성신보』(소명출판, 2008) 등이 있다.

문학제도 및 민족어의 형성과 한국 근대문학(1890~1945)

제도, 언어, 양식의 지형도 연구

1판1쇄발행 2012년 9월 20일 **1판2쇄발행** 2013년 8월 30일
지은이 김영민 **펴낸이** 박성모 **펴낸곳** 소명출판 **출판등록** 제13-522호
주소 서울시 서초구 서초동 1621-18 란빌딩 1층
전화 02-585-7840 **팩스** 02-585-7848 **전자우편** somyong@korea.com **홈페이지** www.somyong.co.kr

값 34,000원

ISBN 978-89-5626-751-7 93810

이 저서는 2007년도 정부재원(교육인적자원부 학술연구조성사업비)으로 한국연구재단의 지원을 받아 연구되었음. (KRF-2007-342-A00028)

문학제도 및 민족어의 형성과 한국 근대문학(1890~1945)

제도, 언어, 양식의 지형도 연구

A Study on the Literary System and Formation of the National Language for Modern Korean Literature(1890-1945)

김영민

소명출판

● 책머리에 ●

나는 한국의 근대문학(近代文學) 지도(地圖)를 그린다는 생각으로 이 책을 썼다. 내가 목표로 한 것은 시간과 공간을 모두 아우르는 지도이다. 이 지도는 개별 작가 및 작품들이 놓여 있는 시간적・공간적 위치가 어디인가를 보여준다. 이 책을 통해 한국 근대문학사(1890~1945) 속의 수많은 의미 있는 지형지물에 다가갈 수 있게 될 것이다.

제1장은 근대적 문학 제도의 탄생과 문화 지형도의 변화를 살펴본 것이다. 여기에서는 근대적 매체와 작가의 탄생 과정, 독자 참여의 제도적 정착 과정에 대해 정리했다. 제1절에서는 근대 매체의 잡보란과 소설란의 설치 과정 및 그 운용 실태 등에 대해 주목했다. 문예 지면의 설치 과정을 살펴본 후, 거기에 어떠한 성격의 글들이 발표되었는가를 논의한 것이다. 제2절에서는 근대 작가가 등장하여 작품을 발표하고, 자신의 이름을 드러내며, 권리를 확인해 가는 과정에 대해 정리했다. 작가가 자신의 이름을 밝혀가는 과정은 한국문학사에서 근대성이 구현되는 과정이기도 하다. 무서명 및 비실명에서, 실명과 필명으로 표기가 바뀌는 과정은 근대적 문학 제도의 정착 과정의 하나로 이해될 수 있다. 제3절에서는 독자 투고 서사물이 등장하는 과정과 독자 창작 참여의 제도적 정착 과정에 대해 정리했다. 근대 독자는 작품의 소비자인 동시에 생산자이다. 문화 상품의 소비자가 생산자로 전환되는 현상은 근대문화사가 보여주는 주목할 만한 특질 가운데 하나이다.

제2장은 근대 민족어의 형성과 근대문학 문체의 정립 과정에 대해 살펴본 것이다. 여기에서는 언어 관습의 변화와 표기법의 다양화 양상 및 한글 소설의 정착 과정에 대해 정리했다. 제1절에서는 국한문체 및 한글체가 등장하는 과정과 한말 정부의 국어 사용 정책 등에 대해 정리했다. 지식인의 한글 사용 의지와 그 구체적 사례에 대해서는 유길준의 경우를 예로 들어 논증했다. 제2절에서는 근대 매체의 문체 사용 현황과 문체 선택의 원리 등에 대해 정리했다. 신문의 국한문체 및 한글체 사용 현황 정리와 잡지의 국한문체 및 한글체 사용 현황 정리, 그리고 그 의미 등에 관한 논의가 주를 이룬다. 제3절에서는 한문체, 국한문혼용체, 국문체의 문장 유형들과, 한자와 한글 그리고 일본어를 활용한 다양한 문장 표기 유형들에 대해서 정리했다. 부속국문체, 부속한문체, 한일병기체 등에 관한 논의가 여기에 포함된다. 한글 소설의 정착 과정과 그 문학사적 의미에 대한 논의도 여기에서 이루어졌다.

제3장은 근대 서사 양식의 전개 과정에 대해 살펴본 것이다. 제1절에서는 신소설 개념의 변화와 그것이 의미하는 바에 대해 정리했다. 수사적 의미로 사용되던 신소설이라는 용어가 양식 개념으로 변화하는 과정, 신소설류 단행본의 작가와 전체 작품 목록에 대한 정리 등이 여기에 포함된다. 제2절에서는 근대 단편소설의 등장 및 전개 과정에 대해 정리했다. 한국의 근대 단편 양식은 신문을 통해 출발했지만, 그것이 활성화되고 꽃을 피우게 되는 것은 잡지를 통해서이다. 제3절에서는 연재 서사물의 등장과 서사문학의 장형화, 그리고 근대 장편소설의 등장과 그 전개 과정 등에 대해 정리했다. 단편소설의 경우와 달리, 장편소설은 잡지보다는 신문에 어울리는 문학 양식이었다. 여기에서는 식민지시기에 발행된 주요 신문에 수록된 장편 서사물의 유형 분류

와 그 특징에 대한 논의 등이 중심을 이룬다.

제4장은 논의를 마무리하는 부분이다. 여기에서는 먼저 동양의 서사문학에 대한 이해와 한국 근대 서사 양식 전개사의 특수성에 대해 다루었다. 이어서 제도사 연구가 다루어야 할 영역에 대한 몇 가지 생각을 보충한 후, 지금까지 다룬 내용들에 대한 종합적 정리를 시도했다.

문학사적 체계를 세우는 일에는 해석 작업 못지않게 실증 작업이 중요하다. 이 책을 집필하는 데는 실증을 위한 오랜 준비 과정이 필요했다. 그 과정에서 가능한 한 많은 신문과 잡지 등의 자료를 수집 검토하고, 우선 거기에 수록된 전체 서사 자료 목록을 만들었다. 목록 작성 작업 과정에서는 대학원 제자들의 도움이 컸다. 중앙도서관 귀중본실의 원본 자료들과 영인본, 마이크로필름, 그리고 온라인으로 접속한 화면들을 하나하나 열어 실체를 확인하고 목록을 작성하는 작업은 참으로 긴 시간과 적지 않은 인내를 요구하는 일이었다.

이 원고의 집필은 처음부터 5년이라는 기간을 설정하고 시작한 작업이었다. 오랜 시간 편안한 마음으로 연구에 집중할 수 있도록 해준 가족들, 일상에서 만나는 동료 연구자와 제자들 모두가 고마울 뿐이다. 연구비를 지원해준 한국연구재단에도 감사한다. 정성을 다해 책을 꾸며준 소명출판에도 고마운 마음을 전한다.

2012년 9월

김영민

●차례●

제2장 근대 민족어의 형성과 근대문학 문체의 정립

제1장
근대적 문학제도의 탄생과 문화 지형도의 변화

제1절 근대 매체의 탄생과 잡보 및 소설의 등장

제2절 근대 작가의 탄생과 저작의 권리

제3절 근대 독자의 형성과 창작 참여 제도의 정착

제1장 / 제1절

근대 매체의 탄생과 잡보 및 소설의 등장

1.『조선신보』와『한성순보』의 지면 구성

조선에서 발간된 최초의 근대적 매체는『조선신보(朝鮮新報)』이다.『조선신보』는 국내에 머물던 일본인들이 발행한 소식지로 신문과 잡지의 성격을 함께 갖춘 간행물이다.『조선신보』는 1881년 12월 10일 창간되어 열흘에 한 번 발행되었다. 이는 국내 최초의 정기 간행물인 동시에 처음으로 신식활자(新式活字)를 사용한 인쇄물이기도 했다.[1]『조선신보』의 발행 주체는 부산지역을 중심으로 상업 활동을 하는 일

1 안춘근,「조선신보의 서지학적 고찰」,『조선신보』 영인본, 한국고서동우회, 1984, 8~13쪽 참조.『조선신보』는 국내 현실에 대해서도 지면을 할애했다. 이 매체가 '신보(新報)' 라는 명칭을 사용한 것은 보도(報道)의 기능을 반영한다.『조선신보』의 성격에 대해서는 이강수,「조선신보의 신문사적 고찰」,『조선신보』 영인본, 19~24쪽 참조.

본인들의 집합체인 재부산항상법회의소(在釜山港商法會議所)였다. 따라서 이 신문에서 가장 중요한 비중을 차지하는 기사는 경제 관련 소식 및 논설이었다. 『조선신보』는 다양한 문체로 여러 방면의 기사들을 수록했다. 신문의 주종을 이루는 기사는 일본어 기사이다. 그러나, 여기에는 순한문체(純漢文體) 기사 역시 적지 않게 실려 있다. 순한문체 기사는 조선인 독자를 염두에 둔 것이었다. 『조선신보』에는 순한글 본문에 한자를 병기(倂記)한 이른바 부속한문체(附屬漢文體) 기사도 존재한다. 이러한 형태의 기사는 극히 일부에 지나지 않는다. 따라서 한글이 『조선신보』에서 실질적으로 의미 있는 기능을 했다고 보기는 어렵다. 그러나, 이러한 기사의 사례 등으로 미루어 보면 『조선신보』의 편집자가 일본인뿐만 아니라 조선인 독자에 대해서도 적지 않은 관심을 표명했다는 사실만은 분명해 보인다.

『조선신보』는 제자(題字)와 발행일 및 발행기관을 인쇄한 표지를 포함해 각 호 20면으로 발행되었다. 지면 구성은 일정한 편으로 목차는 대개 영사관록사(領事館錄事), 조선신보(朝鮮新報), 잡보(雜報), 부산상황(釜山商況), 원산통신(元山通信), 기서(寄書), 물가표(物價表) 등으로 이루어졌다. 물가표 뒤에는 항상 본국광고(本局廣告)를 실었고 이따금 외부 광고도 게재했다. 『조선신보』를 주목할 필요가 있는 것은 이 신문이 처음으로 '잡보(雜報)'라는 용어를 사용하고 거기에 문학 작품을 수록하고 있기 때문이다. 『조선신보』는 1882년 4월 5일 발행된 제8호에서부터 「조선임경업전(朝鮮林慶業傳)」을 연재하기 시작한다. 「조선임경업전」은 조선국 금화산인(金華山人) 원저, 일본국 노송헌주인(鷺松軒主人) 역술로 되어 있다. 금화산인은 누구인지 알기 어려우나, 노송헌주인은 당시 『조선신보』사에 근무하던 역관이었다. 『조선신보』는 잡보란을 국내의 잡다한 소식을 전하는 지면으로 활용했다. 잡보란에서 조선의 정치・경제·사회·문화적 사건을 두루 다루고 있는 것이다. 여기에는 김옥균의 도일 소식 등을 비롯한 개화파 인물의 동정과 조선의 풍속 소개 등 다양한 성격의 기사가 실린다. 잡보란에서는 세간의 풍문을 다룬 흥미 본위의 기사 역시 적지 않게 발견할 수 있다. 『조선신보』의 「조선임경업전」 연재는 조선의 문화에 대한 소개를 목적으로 한 것으로 볼 수 있다. 『조선신보』의 편집자는 "내가 평소에 이것을 보니 정말로 열사의 간난신고가 보는 이로 하여금 애끓는 마음을 들게 하고 또한 그 자체가 조선 내지의 사정을 아는 데 도움이 되는 바가 필경 적지 않아서"[2] 이 작품을 번역 연재하게 되었음을 밝히고 있다. 「조선임경업전」은 한자를 섞어 쓴 일본어로 수록되었고, 모든 한자에는 일본어 부속문자를 달았다.

조선 최초의 근대 신문이라 일컬어지는 『한성순보(漢城旬報)』가 창간된 것은 『조선신보』의 발간으로부터 약 2년이 지난 1883년 10월 31일이다.[3] 『한성순보』의 창간은 박영효를 비롯한 개화파(開化派)들의 노력의 결과였다. 『한성순보』의 창간을 준비하던 박영효와 유길준 등이 비록 중간에 물러나고 실질적인 발간 작업은 통리아문박문국(統理衙門博文局)에서 맡아 하게 되지만, 이들 개화파의 노력이 신문 창간의 토대가 된 것은 분명하다.[4]

『대한계년사(大韓季年史)』에는 박문국의 설치와 『한성순보』의 발행 과정이 다음과 같이 기록되어 있다.

---

2 『조선신보』 영인본, 95쪽.

3 『한성순보(漢城旬報)』가 언제까지 발간되었는지는 정확히 알지 못한다. 다만 갑신정변(甲申政變)으로 박문국(博文局)의 인쇄 시설이 소실된 1884년 12월 4일까지 발행되었을 것으로 추정할 뿐이다. 현재까지 발굴 영인된 자료는 창간호부터 1884년 10월 9일자(36호)까지이다.

4 『한성순보』의 창간 과정에 대한 상세한 정리는 정진석, 『한국언론사』, 나남출판, 1990, 36~43쪽 참조.

이에 앞서 박영효(朴泳孝)·김옥균(金玉均)·홍영식(洪英植)·서광범(徐光範) 등은 일본을 믿고 의지하며 민씨 일파가 벌이는 정치를 달가워하지 않았다. 또 민씨 일파들이 청나라 조정과 서로 마음이 통하는 것에 대해 분개했다. 이들은 일본 도쿄에 머물 때 일본의 조정 및 재야 정치가들과 널리 교류하면서, 조금씩 세계 대세를 깨닫고 나라 일을 스스로 책임지고자 했으니, 이로부터 조선의 독립의 주장을 제창했다.

그리하여 일본 외무경 이노우에 가오루[井上馨]는 김옥균·박영효 등과 회담을 갖고 서로 결탁했다. 고토 쇼지로[後藤象次郎]와 후쿠자와 유키치[福澤諭吉]가 도와주고 주선하여 17만원을 빌리고, 신문 간행과 총병(銃兵) 훈련 등의 일을 위해서 일본인 이노우에 가쿠고로[井上角五郎] 등 몇 사람을 초빙하여 데리고 왔다.

그러나 박영효 등은 귀국한 뒤 그 세력을 떨치지 못했다. 박영효는 광주유수(廣州留守)로 좌천되었고 홍영식과 서광범은 소관 업무가 없었으며, 이노우에 가쿠고로 등은 시간만 허비하고 있었다.

이때에 이르러 박문국을 설치하고, 이노우에 가쿠고로와 학문과 기예를 갖춘 우리나라 사람으로 하여금 주관하게 했다. 10월 1일부터 우리나라의 행정 사항 및 각 나라의 일을 기사로 실었는데, 『한성순보(漢城旬報)』라는 이름으로 한 달에 세 번 인쇄하여 배포했다.[5]

5 정교(鄭喬), 변승주 역주, 『대한계년사』 제1권, 소명출판, 2004, 95쪽. 참고로, 『승정원일기(承政院日記)』와 『일성록(日省錄)』 등의 기록도 이와 큰 차이가 없다.
"漢城旬報 第一號를 發刊하다. 앞서 一月에 漢城府로 하여금 新聞紙를 主管하여 發刊하라는 命에 따라 八月에 博文局을 設置, 閔泳穆·金晩植을 堂上에 差下하여 主管케 하고 日本人 井上角五郎을 傭聘하여 協力케 하다. 이는 高宗十九年 修信使 朴泳孝와 金玉均·洪英植·徐光範 등의 發議로 된 것이며 每月 三回에 걸쳐 官報와 行政事項·各國新聞紙·古今圖書를 中心으로 天下의 形勢와 輿街 등의 論說을 揭載하다."(국사편찬위원회, 『고종시대사(高宗時代史)』 제2권, 1970, 507쪽)

『한성순보』는 『조선신보』와 마찬가지로 열흘에 한 번 발행되었고, 지면 역시 20면 내외였으며, 체제 또한 도서 제본 형태로 묶여 있었다. 그러나 『한성순보』는 『조선신보』와는 달리 신문 제자(題字) 아래 간기(刊記)만을 두고 별도의 표지 없이 바로 본문 기사를 수록했다. 형식적 측면에서도 더욱 분명한 신문의 모습을 갖추고 있었던 것이다.

『한성순보』는 순한문체(純漢文體)로만 기사를 작성했다. 창간호에는 창간사에 해당하는 「순보서(旬報序)」와, 국내 소식을 알리는 내국기사(內國紀事)란, 외국 소식을 알리는 각국근사(各國近事)란, 그리고 창간 특집 교양기사라 할 수 있는 「지구도해(地球圖解)」가 실려 있다. 결국 『한성순보』 창간호의 지면 구성은 내국기사(內國紀事)와 각국근사(各國近事), 그리고 교양기사의 셋으로 이루어졌다고 볼 수 있다. 이러한 지면 구성은 이후로도 크게 변하지 않는다. 다만, 내국기사가 내국관보(內國官報) 혹은 국내관보(國內官報) 및 국내사보(國內私報)로 바뀌어 실리는 변화 등이 있을 뿐이다.

「순보서」에 나타난 『한성순보』의 발간 취지는 다음과 같다.

朝廷開局設官廣譯外報幷載內事頒示國中泒分列國名曰旬報以之廣聞見辨衆惑裨商利中西之官報申報郵便交詢其義一也宇內之方位鎭浸政令法度府庫器械貧富飢饑與夫人品之臧否物値之低昂摭實俻載可以燭照鏡考而褒貶勸懲之義又未嘗不行乎其間也雖然覽者鶩遠好近則是市步而失故者也眛新膠舊則是井觀而自大者也其必度時審勢勿流勿泥取捨可否必求諸道不失其正然後庶乎開局之本旨也歟

그러므로 우리 朝廷에서도 博文局을 설치하고 관리를 두어 外報를 폭넓게 번역하고 아울러 內事까지 기재하여 國中에 알리는 동시에 列國에까지 頒布하기로 하고, 이름을 『旬報』라 하여 見聞을 넓히고, 여러 가지 의문점을 풀어주고,

商利에도 도움을 주고자 하였으니, 중국·서양의 官報·申報를 우편으로 교신하는 것도 그런 뜻에서이다. 세계 속의 方位·鎭浸·政令·法度·府庫·器械·貧富·飢饉에서 人品의 善惡, 물가의 高低까지를 사실 대로 정확히 실어 밝게 알 수 있을 뿐만 아니라 그 사이사이에 褒貶勸懲의 뜻도 들어있다. 그러나 讀者들이 먼 것을 외면하고 가까운 것만 좋아한다면 휩쓸려 걷다가 자기 걸음걸이마저 잃어버리는 격이 될 것이고, 새 것에는 어둡고 옛 것만을 고집한다면 우물에 앉아서 제 것만 크다고 하는 격이 될 것이니, 반드시 때와 형세를 살펴 무작정 남만 따르거나 자기 것만 고집하지 말고 取捨와 可否를 반드시 道에 맞도록 하여 정도를 잃지 않은 뒤에야 거의 開局한 본래의 뜻에 맞을 것이다.[6]

여기서 핵심이 되는 것은 『한성순보』가 국내외의 소식을 두루 알려 독자들의 견문을 넓히고 의문점을 풀어주며 상리(商利)에도 도움 주려 한다는 점이다. 『한성순보』는 국내 독자들을 계도할 뿐만 아니라, 국내 소식을 외국에 알리는 일에도 관심을 보였다.

『한성순보』는 『조선신보』와 달리 잡보란을 따로 두지 않았다. 하지만 『한성순보』가 잡보 성격의 기사를 전혀 싣지 않았던 것은 아니다. 예를 들어 창간호 내국기사란에 실려있는 다음의 「잡지(雜誌)」는 사건기사(事件記事)에 해당하는 것으로 그 성격상 전형적인 잡보 기사에 속한다.

近聞李司勇建榮欲開長鬐碟礦邀日本礦師行看碟苗途有匪徒數十人歐打日人

6 「순보서」, 『한성순보』, 1883.10.31. 이 책에서는 『한성순보』의 원문과 번역본 모두 관훈클럽신영연구기금에서 영인한 자료를 인용했다. 『한성순보』는 다른 대부분의 신문들처럼 판수에 따라 기사 내용에 부분적인 차이가 있다. 이 영인본의 토대가 된 것은 국립중앙도서관 소장본이다. 『한성순보』의 서지와 관련된 상세한 정리는 정진석, 「해제—최초의 근대 신문 한성순보와 한성주보」, 『한성순보, 한성주보 번역판』, 관훈클럽신영연구기금, 1983, 2~8쪽 참조.

幾死搶奪行資及時辰表而去李建榮將日人舁置煖房請醫療治數日乃甦誠可幸但礦事因此延拖先採十萬斤尙未銷售李建榮云長鬐慶州之間礫田相連礫苗往往自露於土崩岸落之際而今得最好礫礦三處其一處現以土法開採掘三十餘丈尙未到盡處已採之十萬斤近於地面礫品頗劣愈深愈佳非得機器實難獲利也

근래 듣자니 司勇 李建榮이 長鬐에다 礫礦을 개광할 양으로 일본 礦師를 초빙하여 광맥을 찾고 다니던 중 길에서 수십 명의 匪徒가 나타나 일본 사람을 거의 죽게 구타하고 行資와 時辰表를 빼앗아 달아났다. 李建榮은 그 일본 사람을 들것에 실어 煖房으로 옮기고 의원을 불러 치료한 끝에 며칠만에야 깨어났다고 하는데 참으로 다행한 일이나, 다만 그 때문에 礦事가 늦어지고 먼저 채굴했던 10만斤도 아직 팔리지 않고 있는 실정이다. 李建榮이 말하기를 "長鬐와 慶州 사이에 광맥이 서로 연결되어 흙이 무너진 낭떠러지 사이에는 가끔가다 광맥이 저절로 노출되어 있고 지금은 제일 좋은 광맥 세 곳을 발견하였는데, 그중 한 곳은 현재 土法으로 캐기 시작하여 30여 길을 파들어 갔으나 아직 원 광맥이 있는 곳까지는 이르지 못하였고, 이미 채굴한 10만근은 얕은 곳에서 캔 것이라서 품질이 별로 좋지 않은데 캐들어 가면 캐들어 갈수록 품질이 더 좋을 것이나 좋은 장비를 구하지 못한다면 실로 이익을 보기는 어렵겠다" 하였다.[7]

『한성순보』가 사건 기사를 모은 잡보란을 따로 독립시키지 않은 이유는 이 신문이 민간 발행의 사보(私報)가 아니라 정부 기관인 통리아문박문국(統理衙門博文局)에서 발행하는 일종의 관보(官報)였기 때문이다. 하지만 『한성순보』 편집자 역시, 사회적 관심사가 될 만한 사건 및 간단한 교양 기사를 다루는 잡보의 필요성에 대해서는 어느 정도 인식을 하고 있었다. 다음의 기사는 이 사실을 잘 보여준다.

7 「잡지(雜誌)」, 『한성순보』, 1883.10.31.

> 新聞規例無論中西有官報焉有私報焉各立門戶不相統攝而我國現無私報另設可記之事太半散失玆庸採訪一二閭巷聞見事關切要者贅列于下若其閑辭慢說無補政俗者一切不錄以存官報體製覽者詳之
>
> 신문의 規例는 중국이나 서양을 막론하고 官報가 있고 私報가 있어서 각각 독자성을 유지하며 서로 統攝하지 않는다. 그러나 우리나라에서는 아직 사보가 없어서 기록할 만한 기사들이 대부분 散失되고 있다. 그래서 이에 한 두가지 항간에서 보고 들은 중요한 일만을 다음에 기록하되, 閑慢하거나 쓸데없는 말로써 정치에 도움이 되지 않는 것은 일절 기록하지 않고 官報의 체제에 따르노니, 보는 사람들은 그리 알기 바란다.[8]

이 기사에서 『한성순보』 편집자는 몇 가지 중요한 사실을 지적하고 있다. 그 하나는, 우리나라에는 관보(官報)만 있고 사보(私報)가 없어 기록할 가치가 있는 기사들이 그대로 산실(散失)되고 있다는 점이다. 다른 하나는, 이를 보완하기 위해 항간의 주요 사건들을 일부 기록할 것이나 관보로서의 체신을 지키며 그 체제를 따르겠다는 것이다. 실제로 이 날 『한성순보』가 국내사보(國內私報)란에 수록한 잡보형 기사는 모두 세 편으로 「도둑을 없애는 방법」, 「부산항전선(釜山港電線)」, 「일본공사귀국(日本公使歸國)」 등이 그것이다. 이 세 편의 기사는 모두 공익(公益)과 관련된 것들이었다.

『한성순보』의 편집 방향이나 지면 구성으로만 미루어 보면 거기에 서사문학 자료가 실릴 수 있는 개연성은 높지 않다. 그럼에도 불구하고 1884년 6월 14일자 『한성순보』 제24호에는 「아리스토텔레스전[亞里斯多得里傳]」이 실려 있다. 「아리스토텔레스전」은 『한성순보』에 게재된

8 「국내사보(國內私報)」, 『한성순보』, 1883.12.9.

유일한 전(傳) 작품이면서 아울러 근대계몽기 신문·잡지 창간 이후 발표된 최초의 전(傳) 작품으로서의 의의를 지닌다고 평가 받는다.[9] 이 작품의 서두를 일부 인용해 보면 다음과 같다.

> 中西見聞錄艾約瑟書云當中國成周安烈之世爲泰西希臘國文學彌盛之時耶蘇降生前三百八十四年亞里斯多得里生於希臘國之斯大該拉城家世傳岐黃父爲馬其頓國王御醫亞幼失怙恃有米西雅國夫婦暫寓斯城者憫其孤撫育如子亞感其恩父待之故其歿時遺書云刻其夫婦像於石與父母俱以報其恩
>
> 中西見聞錄 중의 艾約瑟書에 실린 내용이다. 중국의 周나라 安烈王 세대 무렵에 서양 그리스에 文學이 성행하였다. 耶蘇(예수) 탄생전 3백 84년에 亞里斯多得里(아리스토텔레스)가 그리스의 斯大該拉城(스타케이로스)에서 태어났다. 집안은 대대로 岐黃[醫術]이었는데 그의 아버지는 馬其頓(마케도니아) 국왕의 御醫였다. 아리스토텔레스는 어려서 부모를 잃었는데 米西雅國(멧시니아) 사람 부부가 잠시 이 성에 머무른 인연이 있어 그를 측은하게 여겨 아들처럼 길렀다. 아리스토텔레스는 그들의 은혜에 감격하여 친부모처럼 섬겼기 때문에 죽을 때 그 부부의 像을 돌에 새겨 부모와 함께 모셔 달라는 유서를 남기기도 하였다.[10]

「아리스토텔레스전」의 구성은 크게 두 부분으로 나뉜다. 전반부는 아리스토텔레스의 출생부터 죽음까지 생애를 다루는 부분이다. 후반부는 그에 대한 세간의 평가를 다룬 것으로 그의 학설과 업적을 비교적 상세히 정리하고 있다. 그렇다면 「아리스토텔레스전」은 어떠한 이

9 김찬기, 「『한성순보』 소재 「아리스토텔레스전」에 관한 연구」, 『한국 근대소설의 형성과 전(傳)』, 소명출판, 2004, 231쪽 참조.

10 「아리스토텔레스전」, 『한성순보』, 1884.6.14.

유로 『한성순보』에 수록될 수 있었을까? 『한성순보』의 편집자는 「아리스토텔레스전」의 가치를 서사문학 작품이라는 데에 두지 않았다. 그보다는 「아리스토텔레스전」이 외국, 그 가운데서도 서양의 사상을 이해하는 데 중요한 자료가 될 수 있다고 판단했던 것이다. 「아리스토텔레스전」이 각국근사(各國近事) 즉 외보(外報) 속에 포함되어 있다는 사실은 이를 말해 준다. 「아리스토텔레스전」은 물론 『한성순보』의 창작물이 아니다. 이는 그 서두에 밝혀놓은 바대로 『중서견문록(中西見聞錄)』 중의 '애약슬서(艾約瑟書)'에 실린 내용을 옮겨온 것이다. 『한성순보』의 사고(社告)에는 다음과 같은 언급이 있다. "우리들은 평소에 재주가 없고 지식이 소루해서 우리나라의 사무도 제대로 알지 못하는데, 더구나 천하의 정세를 어찌 알겠는가. 오직 각국의 신문과 古今圖書撮要集成에 의거하여 약간을 덧붙일 뿐이다."[11] 외보의 대부분을 각국의 신문과 고금도서촬요집성(古今圖書撮要集成)에 의거해 편집 수록한다는 것이다.[12]

『조선신보』와 『한성순보』가 각각 전류문학(傳類文學)을 독자들에게 번역 소개하고 있다는 점은 흥미롭다. 하지만, 두 신문 편집자의 작품 선정 의도와 그 과정은 분명히 차이가 크다. 『조선신보』 편집자는 「조선임경업전」을 번역 연재하면서 이것이 조선 전래의 서사문학 작품이

11 「사고(社告)」, 『한성순보』, 1883.10.31.

12 『중서견문록』은 중국의 자료로 추정된다. 「아리스토텔레스전」이 "중국의 周나라 安烈王 세대 무렵에 서양 그리스에 文學이 성행하였다"라는 말로 시작되는 것은 이 이야기가 중국에서 정리된 것이기 때문이다. 마무리 부분에도 중국 명대(明代)에 관한 서술이 있어 이를 다시 확인시켜 준다. 『한성순보』는 외국 관련 기사 비중이 약 70%로 국내 관련 기사에 비해 월등히 높았다. 『한성순보』가 가장 많이 다룬 나라는 중국이었고 다음이 월남, 프랑스, 영국, 일본 등의 순서였다. 『한성순보』는 외국 관련 기사 취재를 위해 중국과 일본의 신문과 잡지 등을 많이 활용했다. 이와 관련된 논의는 정진석, 「해제－최초의 근대 신문 한성순보와 한성주보」, 6~7쪽 참조.

라는 점에 대해서 관심을 지니고 있었다. 『한성순보』 편집자는 「아리스토텔레스전」의 양식적 특질에 대해서는 별다른 관심이 없었던 것으로 보인다. 다만 그 내용에 대해 관심을 가졌을 뿐이다. 그러나 편집의 도와는 관계없이 이 작품은 결과적으로 전대(前代)의 전(傳)과 근대계몽기 역사·전기문학 사이에서 교량적 역할을 하게 된다. 이 작품 속에는 이후에 성행하게 되는 근대계몽기 '역사위인전'의 서술 원리가 담겨 있었기 때문이다.[13]

『한성순보』를 이어받은 신문이 『한성주보(漢城周報)』였다. 『한성주보』는 1886년 1월 25일에 창간되어 1888년에 폐간되었다. 『한성주보』 역시 발행은 박문국(博文局)에서 맡아 했다. 『한성주보』의 발간 주기는 일주일을 기본으로 했으나 이를 엄격히 지키지는 않았다. 『한성순보』가 비교적 발행주기를 엄수했던 것과는 차이가 나는 것이다.

『한성주보』의 발간 목적은 『한성순보』의 그것과 다르지 않았다. 『한성주보』에 실려있는 「논신문지지익(論新聞紙之益)」을 보면 이 신문의 발행 목적과 이 신문이 다루려는 내용을 비교적 명확히 파악할 수 있다.

> 原夫新聞紙之義所以勤求民隱而去其隔閡凡鶩利國便民之方罔不登聞而治臻於上理也 (…중략…) 現今泰西各國有見於斯創設報館名新聞紙不啻勤求我民之隱而兼訪宇內情形聞之以天下之耳思之以天下之心一人之善惡一事之得失萬邦共記注萬邦共勸懲著爲演說斷之公論備供君相之採擇亦資議院之取裁以應天下之變以成天下之務故內而修禦之力經制之義市糴之令貨幣之制山澤之利征榨之課權量之謹工作之用郵傳之置道涂之備凡有關於國計者不辭若口縷陳不憚逆耳

13 이에 대한 상세한 논의는 김찬기, 「『한성순보』 소재 「아리스토텔레스전」에 관한 연구」, 245쪽 참조.

忠告期於實施而俾無因循苟且之弊外而各國政敎之隆替風俗之好歹天時之寒暖地利之沃瘠幅圓之廣狹山川之險夷人民之衆寡兵丁之勇刦與夫商務之輸贏物產之豐儉機器之巧拙格致之端倪可以增人智覺策國富强者靡不遍訪而詳誌不惟貢諸秉軸之裁擇而猶恐一夫一婦之不聞不知

원래 신문의 의의는 국민들의 고통을 애써 찾고 막힌 것을 제거함은 물론이고, 국가를 이롭게 하고 백성을 편하게 하는 모든 방법을 다 게재하여 정치가 上理에 도달하게 하는 데 있다. (…중략…) 지금 서양 각국에서는 이점에 유의하여 신문사를 창설하고 신문을 간행하고 있는데, 이는 백성의 고통을 힘써 찾을 뿐만 아니라 아울러 세계 각국의 情形을 탐방하여 天下사람의 귀에 들려주고 天下사람이 마음으로 생각하게 한다. 그리하여 한 사람의 선악과 한 가지 일의 득실이라도 만방이 함께 기록하고 만방이 함께 勸懲하게 하기 위해서 연설로 드러내고 公論으로 단정하여, 임금과 재상의 채택에 제공하고 議院의 取裁에 도움을 줌으로써 천하의 변화에 응하고 천하의 일을 달성하게 한다. 그러므로 안으로는 국방의 힘, 經制의 의의, 시장의 제도, 화폐제도, 山澤의 이익, 조세의 사무, 權量의 신중성, 工作의 용도, 역참의 위치, 도로의 정비 등 모두 국가 계획에 관련이 있는 모든 것은 바른 말로 정밀하게 전달함을 不辭하고 귀에 거슬리는 충고도 꺼리지 않으면서 기필코 실시하게 함으로써 그럭저럭 구차스럽게 하려는 폐단을 없애게 한다. 밖으로는 각국의 政敎에 관한 隆替, 풍속의 好惡, 기후의 寒暖, 土地의 沃瘠, 국토면적의 廣狹, 山川의 險夷, 人民의 衆寡, 군인의 勇刦 등과 商務의 수지, 산물의 豐儉, 기계의 巧拙, 格致의 端倪 등 사람의 지각을 늘리고 국가를 부강하게 할 수 있는 계책이면 모두 探訪하여 상세하게 기록하지 않는 것이 없다. 요직에 있는 자들의 채택에만 제공할 뿐이 아니라, 一夫一婦라도 듣지 못하고 알지 못할까 염려한다.[14]

14 「논신문지지익(論新聞紙之益)」, 『한성주보』, 1886.9.27. 『한성주보』의 원문과 번역본도

『한성주보』는 실제로 이러한 내용들을 충실히 반영했고, 지면 구성 또한 『한성순보』와 큰 차이가 없었다. 다만 사의(私議)란을 두어 본격적인 논설(論說)을 수록했다는 점이 주목할 만한 변화라 할 수 있다. 『한성주보』 창간호의 지면 구성은 주보서(周報序), 내국기사(內國記事), 사의(私議) 그리고 외보(外報) 및 본국공고(本局公告)로 이루어졌다. 『한성순보』의 각국근사(各國近事)를 『한성주보』에서는 외보(外報)로 명칭을 바꾸었지만 그 내용은 별반 바뀌지 않았다. 제3호 이후 『한성주보』에는 집록(集錄)란이 새로 생겨나 외국의 풍속과 제도를 소개한다. 집록은 '영국 백성들이 해마다 마시는 술의 총액이 8천 8백만 병'이라거나, '독일 사람들은 옛날부터 무공(武功)을 숭상해서 변리(辨理)할 일이 있으면 반드시 무기를 가지고 임했다'는 식으로 기사를 시작하며 사람들의 관심을 끌었다. 하지만 이 난도 결국은 교훈 내지 교양을 목적으로 한 것이었다. 『한성주보』의 편집 방향이나 지면 구성은 서사문학 자료를 수록할 수 있는 여지가 별로 없었다.

2. 『한성신보』와 잡보란의 활성화

근대계몽기 신문에서 잡보(雜報)란이 활성화되는 것은 『한성신보(漢城新報)』부터이다. 『한성신보』는 국내 거주 일본인들이 발행한 신문으

『한성순보』와 같은 관훈클럽신영연구기금에서 영인 제작한 자료를 활용했다. 『한성순보』의 경우와 달리 『한성주보』 영인본에는 결호가 적지 않다.

로 1895년 2월 17일 창간되어 1906년 7월 31일까지 발행되었다. 이 신문은 격일간 신문으로 출발했으나, 1903년 10월부터 일간신문(日刊新聞)으로 바뀌었다. 『한성신보』는 처음에는 국문과 국한문, 그리고 일문을 함께 사용했으나 1897년 10월부터 국문 및 국한문판과, 일문판을 분리 발행했다.[15] 『한성신보』는 현재 결호가 많은 상태로 일부만 전해진다. 따라서 신문의 전모를 알기는 어려우나, 『한성신보』가 창간 초기부터 잡보(雜報)란을 매우 중요시했다는 사실만은 분명하다. 현재 전하는 초기 신문인 1895년 9월 무렵의 『한성신보』는 총 8면을 발행했던바 2면은 광고면이었다. 본문은 6면이었는데 그 가운데 4면은 국문 및 국한문 기사로, 그리고 2면은 일본어 기사로 이루어져 있다. 국문 및 국한문 4면은 사설(社說)과 잡보, 기서(寄書), 관보초록(官報抄錄), 사고(社告) 등으로 구성되었다. 그런데 기사 분량으로 보면 이 가운데 절반 이상이 잡보에 속한다. 이는 일본어 기사의 경우도 마찬가지였다.[16]

『한성신보』의 잡보란을 주목하는 이유는 거기에 상당수의 서사문학 자료가 수록되어 있기 때문이다. 『한성신보』에 수록된 서사문학 작품 수는 약 40편에 이른다.[17] 이 가운데 잡보란에 수록된 작품이 「나보레언(拿破崙傳)」 등 29편이며, 소설란에 수록된 작품이 「목동애전(木東崖傳)」

---

15 『한성신보』는 그 창간 자금을 일본 외무성이 제공했고, 이후로도 매월 발간 보조비를 지원했다는 점에서 보면 일본 외무성 기관지의 성격을 지니고 있는 신문이다. 『한성신보』의 서지 및 성격에 대해서는 김영민, 『한국의 근대 신문과 근대소설 2 : 한성신보』, 소명출판, 2008, 13~22쪽 참조.

16 이 시기 잡보란에 실린 가장 중요한 국한문 기사는 「朝鮮開國記事」이다. 그런데 이는 「朝鮮開國始末」이라는 일본어 기사로도 게재되었다. 그런데 두 기사의 내용을 비교해 보면 「朝鮮開國記事」가 「朝鮮開國始末」보다 하루 늦게 실리고 있다는 사실을 발견할 수 있다. 이는 『한성신보』의 주요 기사 가운데 일부가 일본어로 작성된 후 다시 한국어로 번역되었다는 사실을 알려 준다. 당시 『한성신보』사에는 일본인과 한국인이 기자로 함께 근무했다.

17 『한국의 근대 신문과 근대소설 2 : 한성신보』에서 작품을 39편으로 제시한 것은 「英國史要」를 생략했기 때문이다.

등 5편이다. 『한성신보』는 잡보란을 활성화시켰고, 소설란을 처음으로 마련한 신문이라는 점에서 의미가 있다. 『한성신보』가 잡보란을 활성화시킨 이유는 크게 두 가지로 설명할 수 있다. 하나는 이 신문이 일본인들이 편집 발행한 신문이었다는 점과 관련이 깊다. 당시 일본 내에서 발행되던 신문들이 대신문과 소신문을 막론하고 모두 잡보란을 두고 있었고, 특히 『요미우리신문』을 비롯한 소신문들이 잡보란을 흥미 위주의 기사로 채우고 있었다는 점은[18] 『한성신보』의 편집에도 적지 않은 영향을 미쳤을 것으로 생각된다. 다른 하나는 잡보란의 활성화가 『한성신보』의 대중화 기획 즉 독자 확보 기획과 맞물려 있었다는 점이다. 한말(韓末) 조선에서 청나라 및 러시아와 함께 이권 쟁탈전에 가세하던 일본은 1896년 2월 고종이 러시아 공사관으로 거처를 옮기는 아관파천(俄館播遷)을 맞아 당황하게 된다. 그 과정에서 『한성신보』는 조선 정부로부터 비판과 견제의 대상이 되고 독자 수 역시 급격히 감소하는 사태를 맞이하게 된다. 이러한 상황을 탈피하기 위해 『한성신보』는 신문 지면을 개편하게 되고 그 과정에서 서사 자료에 대한 관심을 더욱 높이게 되었던 것이다. 같은 해 4월 최초의 민간신문인 『독립신문』이 창간되면서 『한성신보』는 더욱 깊은 곤경에 빠지게 된다. 『한성신보』가 잡보란을 활성화시켜 서사문학 자료를 적극적으로 수록하게 되는 데에는 『독립신문』과의 독자 확보 경쟁이라는 측면 또한 무시할 수 없다. 1896년 4월까지는 『한성신보』가 서사문학 자료를 모두 국한 혼용문으로 수록하다가, 『독립신문』이 창간된 직후인 그해 5월부터는 곧바로 순한글로 작품을 수록하기 시작했다는 점도 관심을 끈다. 이는 『독립신문』의 한글 사용에 대응하려는 의도를 담고 있는 것이다. 『한성신보』는 줄곧 잡보란

18 혼다 야스오[本田康雄], 『新聞小説の誕生』, 平凡社, 1998, 41~46쪽 참조.

에 서사문학 작품들을 수록하다가, 1897년 1월에 들어서면서 이들을 소설란에 수록하기 시작한다. 그러나, 『한성신보』의 잡보란에 수록된 작품들과 소설란에 수록된 작품들 사이에 특별한 차이가 있는 것은 아니다. 단지 잡보란에 실리던 서사성이 강한 이야기문학 자료들에 대해 1897년 1월 이후부터 소설이라는 명칭을 새롭게 부여했을 뿐이다.[19]

『독립신문』은 창간 이후 줄곧 『한성신보』와 여러 가지 면에서 경쟁관계에 있었다. 『한성신보』가 일본 외무성의 기관지적 성격을 지녔던 것에 반해, 『독립신문』은 대표적 민족지로서의 성격을 유지했다. 『독립신문』은 『한성신보』보다 한 해 늦은 1896년 4월 7일 격일간 신문으로 창간되어 1899년 12월 4일까지 발행되었다. 『독립신문』의 지면 구성은 논설, 관보, 외국통신, 잡보, 물가, 우체시간표, 광고 등이었다. 『독립신문』은 창간호부터 종간호까지 줄곧 잡보란을 두고 운용하였지만, 잡보란에는 단 한 편의 서사문학 작품도 수록하지 않는다. 『독립신문』은 소설란을 따로 두지도 않았다. 『독립신문』의 서사 자료들은 대부분 논설란에 실려 있다.[20] 이는 서사문학의 용도에 대한 이해가 『한성신보』의 경우와는 많이 달랐기 때문이다. 『한성신보』가 오락적 측면에 치중해 서사 자료를 편성했다면 『독립신문』은 계몽적 측면에 치중해 서사 자료를 편성했다. 『독립신문』에 수록된 서사 자료들은 예외 없이 '서사적 논설'이 되는데, 이들의 총 수는 30여 편에 이른다.[21]

---

19 이에 대한 상세한 논의는 김영민, 「1910년대 신문의 역할과 근대소설의 정착 과정」, 『한국 근대소설의 형성 과정』, 소명출판, 2005, 142쪽 참조.

20 난 표기가 전혀 없는 경우도 있지만, 이 경우는 대부분 지면 배치상 그 자리가 논설이 실려야 할 자리이다.

21 근대계몽기 '서사적 논설' 등 단형 서사문학 작품 수록은 『조선크리스도인회보』 및 『그리스도신문』 등 기독교 계통 신문에서부터 시작된다. 이들 신문은 『독립신문』보다 한 해 늦은 1897년에 창간되었다. 하지만, '서사적 논설' 등 단형 서사 자료는 이들 신문이 먼저 싣기 시작했다. 이들 신문에 대한 상세한 논의는 김영민, 「근대문학의 발생 및 전개와 근대계몽

『독립신문』 소재 '서사적 논설'들은 특히 문답체 및 토론체의 형식을 취한 경우가 많다. 「시스문답」, 「상목지문답」, 「청국형편문답」, 「힝셰문답」, 「외국스람과 문답」, 「신구문답」, 「즈미잇는 문답」, 「량인문답」, 「대한에 유디한 션비 ㅎ나이－」, 「대한 엇던 관인이－」, 「어느 시골 친구 하느이－」 등은 모두 문답체로 되어 있다. 「병뎡의리」는 토론체로 되어 있고 「공동회에 디한 문답」은 문답과 토론이 섞여 있다. 『독립신문』을 비롯한 근대계몽기 신문의 서사 자료들에서 문답체와 토론체가 빈번히 등장하는 것은 이것이 가장 짧은 분량으로 가장 많은 주장을 명확히 전달할 수 있는 방식이기 때문이다.

『매일신문』은 『독립신문』과 마찬가지로 서사 자료의 대부분을 논설란에 수록했다. 그러나 『독립신문』과는 달리 간혹 잡보란에서도 서사 자료가 발견된다는 점이 특이하다. 『매일신문』은 우리나라 사람들이 발행한 신문 가운데서는 최초로 잡보란에 서사 자료를 수록한 신문이 되는 셈이다. 『매일신문』은 주간지이던 『협성회회보』를 이어받은 것으로, 최초의 일간신문이기도 하다. 『매일신문』은 1898년 4월 9일 창간되어 이듬해인 1899년 4월 4일까지 약 1년간 발행되었다. 『협성회회보』는 배재학당 학생회 협성회(協成會)에서 발행한 기관지였던 바, 여기에는 '회즁잡보'라 하여 주로 협성회 관련 소식만을 다루는 난이 있었다. 『협성회회보』가 『매일신문』으로 바뀐 이후에도 창간호에는 회즁잡보와 잡보란이 모두 보이지만, 제2호부터는 회즁잡보는 사라지고 잡보란만이 남게 된다. 『매일신문』에 수록된 다음과 같은 글은 근대계몽기의 대표적 단형 서사 자료의 유형에 속한다.

기 기독교 신문의 역할」, 『한국 근대소설의 형성 과정』, 111~138쪽 참조. 이들 신문은 논설란은 두었지만, 잡보 및 소설란은 두지 않았다.

어늬 고을 원 ᄒᆞ나히 일젼에 갈녀 올나와 ᄒᆞᆫ 친구를 ᄃᆡᄒᆞ여 졍다히 슈작ᄒᆞᄂᆞᆫ 말이 ᄂᆡ가 갓든 고을은 원 노릇 ᄒᆞᆯ 슈 업데 소위 ᄀᆡ화라고 ᄒᆞᆫ 후로 원 ᄂᆡ려간 ᄉᆞ람들이 ᄇᆡᆨ셩들을 교만ᄒᆞ게만 만드럿데 그려) (웨) ᄌᆞ리로 그 고을 민심이 슌박ᄒᆞ여 원 노릇 ᄒᆞ기러 됴타고 ᄒᆞ더니 그 동안에 엇더키 그리 변ᄒᆞ엿던가) (아) 젼에는 원의 말이라면 무셔워ᄒᆞ던 ᄇᆡᆨ셩들이 지금은 관장의 말을 우습게 넉여 령갑을 세울 슈가 잇셔야 원 노릇슬 ᄒᆡ먹지) (하) 그동안에 그 곳 ᄇᆡᆨ셩들이 그럭히 완만ᄒᆞ여 졋든가) (허) 완민인들 그런 완민들이 어듸가 잇겟나 령을 ᄒᆞᆫ번 ᄂᆡ여 가지고 시힝케 ᄒᆞ려다 못ᄒᆞ여 ᄂᆡ가 짓쳐 못견듸고 말앗네) (에) 못싱긴 것도 만치 원으로 안져셔 ᄇᆡᆨ셩의게 령을 셰려다가 못ᄒᆞ엿단 말인가 그럭 무삼령을 셰려다가 못 셰우고 망신만 당ᄒᆞ엿단 말인가) (허허) 월봉만 가지고 거긔셔 지낼 슈 잇든가 그럭키에 자네 드러 말일셰 만은 ᄉᆡᆼ각다 못허여 ᄎᆞᆫ민들의게 호포와 결젼 밧ᄂᆞᆫ데 좀더 물니려 드럿드니 이 무지ᄒᆞᆫ 것들이 들고 이러나셔 법률 밧게 일이니 아니 물겟다고 야단을 치데 그려 그럭셔 ᄒᆞᆯ 수 업기에 ᄯᅩ박 ᄯᅩ박 월봉만 먹고 잇다 갈녀 올나온즉 싀원ᄒᆞ에) (어) 그러면 원으로 가셔 별노히 잼이 업셧갯네 그려 참 그려면 원 ᄂᆡ려가기를 됴타고 ᄒᆞᆯ 사ᄅᆞᆷ이 누가 잇겟나 ᄒᆞ엿다기로 우리ᄂᆞᆫ 듯ᄂᆞᆫᄃᆡ로 올니노라[22]

이 이야기에서 『매일신문』의 편집자가 의도한 것은 탐관오리에 대한 비판과 풍자이다. 탐관오리는 '소위 개화라고 한 후로 원 내려간 사람들이 백성들을 교만하게만 만들었데 그려'라고 불만을 토로한다. 하지만, 편집자는 백성이 교만해진 것이 아니라 그들이 법률을 통해 자신들의 권리를 찾을 줄 알게 되었다는 사실을 전하고 싶어 한다. 『매일신문』 잡보란에는 이와 유사한 성격의 이야기들이 몇 편 더 수록되어

22 「어늬 고을 원 ᄒᆞ나히—」, 『매일신문』, 1898.6.13.

있다. 1898년 4월 12일자 신문에 실린 「북촌 샤는 관인 ᄒᆞᆫ 분이ー」 등이 그러한 예에 해당한다. 그런데 이렇게 『매일신문』 잡보란에 실린 단형 서사 자료들은 1898년 4월 20일자 『매일신문』 논설란에 실린 「동도 산협 듕에ー」를 비롯하여 이후 계속해서 실리는 「이젼에 ᄒᆞᆫ 노인이ー」 등 30여 편의 '서사적 논설'과 그 성격이 다르지 않다. 구성이나 내용 등에서 별 차이를 보이지 않는 것이다. 『매일신문』이 서사 자료를 잡보란에서 논설란으로 이동시키는 것은 이 신문 역시 『독립신문』과 마찬가지로 서사 자료의 수록 목적을 오락성보다는 계몽성에 두고 있었기 때문이다.

3. 『대한매일신보』와 소설란의 활성화

1910년 8월 한일병합 이전까지 국내에서 간행된 신문들 가운데 소설란을 두었던 것은 『한성신보』를 포함해, 『대한매일신보(大韓每日申報)』 『황성신문(皇城新聞)』 『제국신문(帝國新聞)』 『만세보(萬歲報)』 『경향신문(京鄉新聞)』 『대한민보(大韓民報)』 등이다. 이 가운데 소설란의 활성화라는 측면에서는 『대한매일신보』의 역할이 가장 두드러진다. 먼저, 이들 신문의 소설란에 수록된 작품의 작가와 수록일자 등을 모두 정리해 표로 제시하면 다음과 같다.

신문	저자	게재란	제목	날짜	본문표기
한성신보		小說	孀婦寃死害貞男	1897.1.12~16	국문
〃		小說	邦伯優游忘同忌	1897.1.18	국문
〃		小說	婢子貞節	1897.1.20	국문
〃		小說	無何翁問答	1897.1.22~2.15	국문
〃		小說	木東崖傳	1902.12.7~1903.1.17	국문
〃	矢野龍溪	小說	經國美談	1904.10.4~11.2	국한문
대한매일신보		小說	靑樓義女傳	1906.2.6~18	국문
〃		小說・雜報	車夫誤解	1906.2.20~3.7	국문
		소셜	라란부인젼 근세 뎨일 녀중 영웅	1907.5.23~7.6	국문
〃		쇼셜	국치젼	1907.7.9~1908.6.9	국문
〃		쇼셜	슈군의 뎨일 거룩한 인물 리슌신젼	1908.6.11~10.24	국문
〃	덕국 소덕몽	쇼셜	매국노 (나라프는 놈)	1908.10.25~1909.7.14 (미완)	국문
〃		신쇼셜	보응	1909.8.11~9.7	국문
〃		쇼셜	미국독립ᄉ	1909.9.11~1910.3.5	국문
〃	금협산인	쇼셜	동국에 뎨일 영걸 최도통젼	1910.3.6~5.26	국문
〃		쇼셜	옥랑젼	1910.8.16~8.28	국문
황성신문		小說	神斷公案	1906.5.19~12.31	국한문
〃	槃阿	小說	夢潮	1907.8.12~9.17	국문
제국신문		小說	무제	1906.9.18	국문
〃		小說	무제	1906.9.19~9.21	국문
〃		小說	무제	1906.9.22~10.6	국문
〃		小說	正己及人	1906.10.9~10.12	국문
〃		小說	報應昭昭	1906.10.17~10.18	국문
〃		小說	犬馬忠義	1906.10.19~10.20	국문
〃		小說	殺身成仁	1906.10.22~11.3	국문
〃		小說	智能保家	1906.11.17	국문
〃		小說	許生傳	1907.3.20~4.19	국문
〃	菊初	小說	血의 淚 (下篇)	1907.5.17~6.1	국문
〃	東儂	小說	고목화	1907.6.5~10.4	국문
〃	동농	소셜	빈상설	1907.10.5~미확인	국문
〃	동농	소셜	원앙도	1908.2.13~4.24	국문
〃	열지	연극소셜	구마검	1908.4.25~7.23	국문

신문	저자	게재란	제목	날짜	본문표기
〃	열지	정치소셜	홍도화	1908.7.24~9.17	국문
〃	열지	가뎡소셜	만월ᄃᆡ	1908.9.18~12.3	국문
〃	열지	뎡탐소셜	쌍옥젹	1908.12.4~1909.2.12	국문
〃		단편소셜	무제	1909.1.1	국문
〃	열지	신소셜	모란병	1909.2.13~?	국문
만세보	菊初	小說	短篇	1906.7.3~7.4	부속국문
〃	菊初	小說	血의淚	1906.7.22~10.10	부속국문
〃	菊初	小說	鬼의聲	1906.10.14~1907.5.31	국문
〃		短篇小說	白屋新年	1907.1.1	국문
경향신문		쇼셜	졍소의 불긴	1906.11.30~12.7	국문
〃		쇼셜	ᄌᆡ물이근심거리	1907.1.11	국문
〃		쇼셜	ᄆᆡ얌이와 ᄀᆡ얌이라	1907.2.1	국문
〃		쇼셜	ᄆᆡᆺ은 나무에 곰이 뛰다	1907.10.18~11.1	국문
〃		쇼셜	님금의 ᄆᆞ음을 용케 돌님	1907.11.8	국문
〃		쇼셜	쇠가 무거우냐 새깃이무거우냐	1907.11.15	국문
〃		쇼셜	동젼 서 푼에 쇼쥬가 ᄒᆞᆫ 통	1907.11.22~12.6	국문
〃		쇼셜	쇼년에 ᄇᆡᆨ발	1907.12.13	국문
〃		쇼셜	친구심방ᄒᆞ다가 몰을 일헛네	1907.12.20~1908.1.3	국문
〃		쇼셜	어려운 숑ᄉᆞᄅᆞᆯ 결안ᄒᆞᆷ	1908.1.10	국문
〃		쇼셜	법은 멀고 주먹은 갓갑지	1908.1.17.	국문
〃		쇼셜	ᄌᆡ간만흔도적놈	1908.1.24~2.21	국문
〃		쇼셜	온텬하에무어시 뎨일 강ᄒᆞ랴	1908.2.28~3.13	국문
〃		쇼셜	군ᄉᆞ련습 시에 살인리력	1908.3.20~4.24	국문
〃		쇼셜	꿩과 톡기의 깃분 슈작	1908.5.1~5.8	국문
〃		쇼셜	텩우근신	1908.5.15	국문
〃		쇼셜	ᄆᆞ옴을 곳게 가질 일	1908.5.22	국문

신문	저자	게재란	제목	날짜	본문표기
〃		쇼셜	쟝고통혈에 산소를 씻다	1908.5.29	국문
〃		쇼셜	파션밀ᄉ	1908.7.3~1909.1.1미완	국문
〃		쇼셜	빈디도 량반은 무셔워ᄒᆞᆫ다닉	1909.1.8	국문
〃		쇼셜	무식ᄒᆞ면그러치	1909.1.15	국문
〃		쇼셜	분수에 넘는 일을 말나	1909.1.22	국문
〃		쇼셜	이인ᄉ외를엇어	1909.1.29	국문
〃		쇼셜	죠션은 량반이 됴하	1909.2.5	국문
〃		쇼셜	술에 미쳣고나	1909.2.12	국문
〃		쇼셜	ᄃᆞ람쥐와호랑이	1909.2.19	국문
〃		쇼셜	게우가 죽엇나 살앗나	1909.2.6~3.12	국문
〃		쇼셜	곤쟝 맛고 벼슬 떠러졋닉	1909.3.19~3.26	국문
〃		쇼셜	녀중군ᄌ	1909.4.2~4.9	국문
〃		쇼셜	장관의놀음끗헤 큰 젹션이 싱겨	1909.4.16~4.23	국문
〃		쇼셜	금의환향	1909.4.30~5.7	국문
〃		쇼셜	용밍ᄒᆞᆫ 장ᄉ 김쟝군	1909.5.14	국문
〃		쇼셜	뛰는 즁에 ᄂᆞ는 이도 잇다	1909.5.21	국문
〃		쇼셜	우는 눈물은 죄악을 씻는다	1909.5.28~6.11	국문
〃		쇼셜	사름은 몬져 그눈을볼것이라	1909.6.18	국문
〃		쇼셜	담대한이춤호반	1909.6.25	국문
〃		쇼셜	휘황찬란ᄒᆞᆫ 일	1909.7.2~7.9	국문
〃		쇼셜	젹은 나라헤는 이인이나 명쟝이 업나	1909.7.16~7.23	국문
〃		쇼셜	의긔남ᄌ	1909.7.30~8.6	국문
〃		쇼셜	밍랑ᄒᆞᆫ 말	1909.8.13	국문
〃		쇼셜	규즁호걸	1909.8.20~9.3	국문
〃		쇼셜	젹션지가에 필유여경	1909.9.10~9.17	국문
〃		쇼셜	샹쾌ᄒᆞᆫ 일	1909.9.24	국문

신문	저자	게재란	제목	날짜	본문표기
〃		쇼셜	졀개잇는 녀인	1909.10.1~10.15.	국문
〃		쇼셜	굴을 ᄎᆞ자 드러가다가 난감ᄒᆞᆫ일을당홈	1909.10.22~10.29	국문
〃		쇼셜	도량 넓은 쳐녀	1909.11.5~11.19	국문
〃		쇼셜	쟝ᄒᆞᆫ 일	1909.11.26~12.24	국문
〃		쇼셜	어리셕은 쟈의 락	1909.12.31	국문
〃		쇼셜	모로는 것이 곳 소경	1910.1.7~2.25	국문
〃		쇼셜	묘ᄒᆞᆫ 계교	1910.3.4~3.18	국문
〃		쇼셜	히외고학	1910.3.25~10.21	국문
〃		쇼셜	ᄎᆞᆷ 유졍ᄒᆞᆫ군	1910.0.28~11.11	국문
〃		쇼셜	악한 셔모	1910.11.18~11.25	국문
〃		쇼셜	십구형졔 도적 회기	1910.12.2~12.16	국문 국문
〃		쇼셜	몽중형(夢中刑)	1910.12.23	국문
〃	桃花洞隱	쇼셜	게와 원숭이	1910.12.30	국문
대한민보	神眼子	短篇小說	花愁	1909.6.2~6.13	국문
〃	白鶴山人	小說	顯微鏡	1909.6.15~7.11	국문
〃	轟笑生	小說	萬人傘	1909.7.13~8.18	국문
〃	白痴生	諷刺小說	病人懇親會錄	1909.8.19~10.12	국문
〃	一吁生	滑稽小說	絶纓新話	1909.10.14~11.23	국문
〃	舞蹈生	小說	五更月	1909.11.25~12.28	국문
〃	憑虛子	短篇小說	花世界	1910.1.1	국문
〃	隨聞生	新小說	小金剛	1910.1.5~3.6	국문
〃		新小說	薄情花	1910.3.10~5.31	국문
〃	欽欽子	短篇小說	祥麟瑞鳳	1910.6.2	국문
〃	伐柯生	新小說	禽獸裁判	1910.6.5~8.18	국문
〃		新小說	鏡中美人	1910.8.27~미완	국문

『대한매일신보』는 1904년 7월 18일 창간되어 1910년 8월 28일까지 발행되었다. 『대한매일신보』는 창간 당시에는 영문판 4면과 국문판 2면 체제로 출발했다. 이후 국한문판과 영문판 발행 시기를 거쳐, 1907년 5월 30일부터는 국문판과 국한문판, 그리고 영문판을 각각 따로 발행하게 된다.[23] 『대한매일신보』는 1906년 2월 6일부터 18일까지 「청루

의녀전(青樓義女傳)」을 연재하면서 소설란을 두게 되는데, 이것이 『한성신보』 이후 국내 신문에서 발견되는 최초의 소설란이다. 『대한매일신보』에는 약 120여 편의 서사문학 자료가 실려 있다. 이 가운데 국문판에 실린 자료가 40여 편이며 국한문판에 실린 자료가 80여 편이다. 이 가운데 소설란에 실린 작품의 수는 열 편 정도이며 나머지 작품들은 잡보, 야승(野乘), 논설, 기서, 담총(談叢)란 등에 수록되어 있다. 잡보란에 실린 작품의 수는 국문판과 국한문판을 합쳐 삼십여 편에 이른다. 국한문판 『대한매일신보』 잡보란에 수록된 서사자료의 가장 중요한 형식상 특질은 이들이 대화체, 문답체, 그리고 토론체의 형식을 띠고 있다는 점이다. 이는 특히 『독립신문』 논설란에 실린 자료들의 형식적 특질과 유사하다. 이들 서사 자료들은 내용면에서 『독립신문』·『제국신문』·『황성신문』의 그것과 유사한 점이 많다. 자주(自主) 혹은 개화(開化)를 내세우는 계몽적 성향을 띠는 작품들이 대부분인 것이다.[24]

『대한매일신보』의 편집진들은 친일지였던 『한성신보』의 외형과, 『독

---

23 『대한매일신보』의 서지 및 수록 서사자료에 대해서는 김영민, 『한국의 근대 신문과 근대소설1 : 대한매일신보』, 소명출판, 2006 참조.

24 물론, 『황성신문』의 논조가 『독립신문』이나 『제국신문』 등과 차이가 없었던 것은 아니다. 『제국신문』 등이 대중 계몽에 주력했던 것에 반해, 『황성신문』이 특히 보수적 지식층에 대한 계도에 관심이 많았다는 점 또한 이들 신문 논조에 적지 않은 차이를 가져왔다. 이에 대해서는 다음의 지적이 참고가 된다. "사상이 현실적 유용성(有用性)을 획득하기 위해서는 그 사상에 호응하는 세력을 결집하는 것이 필수적이라는 사실을 인정한다면, 개화기라는 격변의 위기 상황에 대처하기 위한 새로운 정치질서를 모색함에 있어서 이를 뒷받침해 줄 진보적이고도 비판적인 세력을 묶어내는 일이 시급한 과제였을 것이라는 추론은 신빙성을 지니고 있다. 『황성신문』이 개화기의 언론 판도에 중요한 의미를 가진 것도 바로 이 때문이다. 민중의 여론을 토대로 하되 민중들을 계몽의 대상으로 삼은 것이 아니라 현실에서 등을 돌리고 있던 전통적인 지식인들을 계몽의 대상으로 삼았다는 사실, 그리고 이들을 정치적 현장으로 끌어내어 보수세력들에게 압박을 가하려고 했다는 사실 때문에 『황성신문(皇城新聞)』이 『독립신문』, 『매일신문』, 『제국신문』 등과 뚜렷이 구별되는 것이다." (정선태, 『개화기 신문 논설의 서사 수용 양상』, 소명출판, 1999, 132쪽)

립신문』·『제국신문』·『황성신문』 등 민족지의 내용을 결합시켜 독자적인 모습의 신문을 만들어 갔다.[25] 근대계몽기 한국문학사에서 잡보 및 소설란을 통한 작품의 발표는 『대한매일신보』를 통해 정착된 것으로 볼 수 있다. 특히 『대한매일신보』의 소설란 개설은 이후 『제국신문』 및 『황성신문』 등에 영향을 미쳐 이들 신문이 모두 소설란을 두고 운용하는 계기가 된다. 『대한매일신보』 소설란에는 번역 및 창작 서사물이 구분 없이 함께 실려 있다. 그런가 하면 과거부터 전래되어 오던 야담계 소설류의 작품에서부터 당시대의 문제를 첨예하게 다룬 작품들까지 그 소재도 광범위하다. 그러나 창작물이나 번역물의 차이, 또한 과거와 현재라는 커다란 소재의 차이에도 불구하고 이들이 계몽의 방편으로 서사를 활용하고 있다는 점에는 별반 차이가 없다. 국한문판 『대한매일신보』의 경우는 특히 소설과 잡보가 분리되어 있지 않았다. 국문판 『대한매일신보』의 경우는 소설과 논설의 구분이 명확하지 않았다. 이는 근대계몽기 소설에 대한 정리를 어렵게 만드는 점이기도 하면서, 역설적으로 그것이야말로 다른 시기와는 크게 구별되는 이 시기 소설의 중요한 정체성이 되기도 한다. 국한문판 『대한매일신보』의 소설란에 실린 작품들과 잡보 혹은 논설란에 실린 작품들 사이의 차이를 논한다면, 소설란에 실린 작품들은 잡보 및 논설란에 실린 작품들에 비해 상대적으로 길이가 길다는 점을 들 수 있다. 소설란에 실린 작품들은 모두가 이십일 이상 연재를 한 작품들이다. 그러나, 잡보 및 논설란에 실린 작품들은 한 회로 발표가 완료된 경우가 대부분이다.[26] 『대한매일신보』의 경우를 보면 소설이 잡보의 일부에 속하는 것처럼

25 『대한매일신보』가 논설란에 서사문학 자료를 전혀 수록하지 않았던 것은 아니다. 하지만, 그 수는 상대적으로 볼 때 매우 적다.

26 『한국의 근대 신문과 근대소설 1 : 대한매일신보』, 121쪽 참조.

이해되기도 한다. 이를 보여주는 사례 가운데 하나가 1906년 2월 20일부터 3월 7일까지 연재된 「거부오히(車夫誤解)」이다. 「거부오히」는 첫 회에만 소설이라는 양식 표기가 있을 뿐 제2회부터는 특별한 표기 없이 잡보란에 수록된다. 「청루의녀전」의 경우는 「거부오히」와는 정 반대가 된다. 『청루의녀전』의 경우는 소설이라는 양식 표기가 줄곧 붙어 있다가 한 회에만 표기 없이 잡보로 처리된다. 이러한 현상들로 미루어 보면 『대한매일신보』에서 소설란은 잡보란과 완전히 분리된 지면이라고 보기 어렵다. 편집 분류상 소설란이 잡보란의 하위 체계에 속하는 것처럼 보이는 것이다.

『제국신문』은 1898년 8월 10일 창간되어 한일병합 직전인 1910년 8월 2일까지 발행된 일간신문이다. 『제국신문』은 중류 이하의 일반대중과 부녀자를 위한 신문으로 창간되었으며, 읽기 쉽고 재미있는 신문을 지향했다.[27] 『제국신문』에는 약 100편에 이르는 장·단형의 서사문학 자료들이 수록되어 있다. 이들 대부분은 논설란에 실려있으며, 소설란에 10여 편의 작품이 그리고 일부가 이어기담(俚語奇談)란에 수록되어 있다. 『제국신문』은 창간 당시부터 잡보란을 두기는 했지만, 잡보란에는 단 한 편의 서사문학 자료도 수록하지 않았다. 잡보란은 다양한 성격의 소식을 메모 형식으로 간략히 전달하는 난으로만 운용했던 것이다. 1906년 이전의 『제국신문』은 『독립신문』 및 『매일신문』과 마찬가지로 계몽성이 짙은 서사 자료들을 수록했다. 이 시기까지의 서사자료가 주로 논설란에 수록된 이유 또한 『독립신문』 및 『매일신문』의 서사자료가 논설란에 수록되던 것과 같다. 『제국신문』은 1906년 9월 18일 이후 소설란을 설치하고 「령남 안동 짜에－」 등의 서사 자

27 김민환, 『한국언론사』, 나남출판, 2002, 132쪽 참조.

료를 수록하게 된다. 『제국신문』의 경우 소설란 설치 초기에는 소설란에 수록되는 작품들이 논설란에 수록되던 작품들과 길이 및 내용에서 별다른 차이가 없었다. 이들은 모두 유사한 성격의 단형 서사문학 작품들이었던 것이다. 그러다가 1907년 3월 20일 「허생전(許生傳)」의 연재를 시작하면서부터 본격적인 변화를 보이기 시작한다. 이후 『제국신문』의 소설란에는 이인직(李人稙)의 「혈의루」 하편을 비롯하여 이해조(李海朝)의 「고목화(枯木花)」와 「빈상설(鬢上雪)」, 「원앙도」, 「구마검」, 「홍도화」, 「만월ᄃᆡ」, 「쌍옥적」, 「모란병」 등 장형소설들이 계속해서 연재된다. 특히 1907년 6월 이후 이해조의 작품이 집중적으로 연재되었다는 점과, 『만세보』에 발표했던 이인직의 작품 「혈의루」의 하편을 이곳에 연재했다는 점은 주목할 만하다. 여러 가지 논란이 있음에도 불구하고[28] 『제국신문』 연재본 「혈의루」 하편이 이인직의 저작물인 것만은 확실해 보인다. 다음의 광고는 이를 뒷받침한다.

> 新小說 (血의淚) / 帝國新聞續載上篇 / 一 冊九十四頁 / 定價金二十戔 / 著作人 菊初李人稙氏 / 此新小說은 純國文으로 昨年秋에 萬歲報上에 續載ᄒᆞ얏던 거시온ᄃᆡ 事實은 日淸戰爭時에 平壤以北 人民이오 鬪에 鯨背가 坼ᄒᆞᆷ과 如이 兵火를 經ᄒᆞᄂᆞᆫ 中에 平壤城中에 玉蓮이라ᄂᆞᆫ 金氏 女兒가 無限ᄒᆞᆫ 困難을 經ᄒᆞ고 外國에 流璃ᄒᆞ며 留學ᄒᆞᆫ 事實가 有ᄒᆞ니 此小說을 讀ᄒᆞ면 國民의 精神을 感發ᄒᆞ야 無論男女ᄒᆞ고 血淚 可히 灑ᄒᆞᆯ 新思想이 有ᄒᆞᆯ지니 此ᄂᆞᆫ 西洋小說套ᄅᆞᆯ 模範ᄒᆞᆫ 거시오니 購覽君子난 細讀ᄒᆞ심을 望ᄒᆞᆷ(下篇은 帝國新聞에 續載ᄒᆞᆷ) / 金相萬書舖[29]

---

28 『제국신문』에 연재된 「혈의루」 하편은 여러 가지 점에서 논란의 대상이 된다. 이인직이 「혈의루」의 새로운 하편에 해당하는 「모란봉」을 1913년 2월 5일부터 『매일신보』에 다시 연재 발표하기 때문이다.

29 『제국신문』, 1907.5.29.

『황성신문』은 1898년 9월 5일 창간되어 한일병합 직후인 1910년 9월 14일까지 발행된 일간신문이다.[30] 『황성신문』은 발행 기간이 『제국신문』과 거의 동일하다. 『황성신문』은 독자를 중상류층 이상의 전통적 지식인으로 선택함으로써 『제국신문』과 시장을 분할했다. 『독립신문』·『매일신문』·『제국신문』이 국문체 위주로 기사를 작성했던 것에 반해 『황성신문』은 국한문혼용체로 기사를 작성했다. 『황성신문』 역시 잡보란을 두었지만 거기에는 서사자료를 단 한 편도 수록하지 않았다. 『황성신문』에는 상당히 많은 수의 서사 자료들이 수록되어 있다. 거의 200편에 이르는 서사 자료들이 실려 있는 것이다. 『황성신문』의 서사 자료들은 1906년 이전에는 대부분 논설란에 실려 있다. 그러다가 1906년 5월 19일 처음으로 소설란을 두고 「신단공안(神斷公案)」을 연재하기 시작한다. 이후 『황성신문』은 1907년 8월 12일부터 다시 「몽조(夢潮)」를 연재했는데, 이 두 편의 작품이 『황성신문』 소설란에 실린 작품의 전부이다. 소설란 이외의 작품들은 논설, 기서(寄書), 별보(別報)란에 수록되었다. 특기할 만한 사실 가운데 하나는 근대계몽기의 대표적 '역사·전기소설' 가운데 하나인 양계초(梁啓超)의 「이태리건국삼걸전」이 「독의대리건국삼걸전(讀意大利建國三傑傳)」이라는 제목으로 논설란에 번역 연재되었다는 점이다.

이 시기에 소설란을 두었던 또 다른 신문으로는 『경향신문』을 들 수 있다. 『경향신문』은 1906년 10월 19일 창간되어 1910년 12월 30일까지 발간된 주간(週刊) 신문이다. 『경향신문』에는 나라 안팎의 소식을 다루

30 『황성신문』은 원래 윤치호가 1898년 3월에 창간한 『경성신문』을 이어받은 것이다. 『경성신문』은 곧 『대한황성신문』으로 바뀌었다가 장지연 등이 인수한 후 『황성신문』이 되었다. 『황성신문』은 한일병합 이후부터 종간일인 1910년 9월 14일까지는 『한성신문』이라는 제호로 발행되었다. 김민환, 『한국언론사』, 132~134쪽 참조.

는 '국니잡보'란과 '외국잡보'란이 각각 설치되어 있었다. 하지만 이들 난에는 서사자료를 전혀 수록하지 않았고 대부분의 서사 자료들을 소설란에 수록했다. 『경향신문』 소설란에는 약 50여 편의 작품이 수록되어 있다. 이 시기에 발간된 단일 신문 수록 '소설'의 편수로는 최대가 되는 셈이다. 『경향신문』 소설란에 수록된 작품들은 단 일회로 완결된 단형 서사를 비롯해 수 개월 동안 연재되는 장형 작품에 이르기까지 그 편차가 매우 크다. 『경향신문』의 소설들은 길이에서만 서로 차이가 나는 것이 아니라, 그 소재 또한 과거와 현재 그리고 국내와 국외 등으로 매우 다양하다. 특기할 만한 것은 『경향신문』의 경우는 소설란 소재 작품 가운데 그 성격이 '서사적 논설'에 해당하는 작품이 매우 많다는 점이다. 『경향신문』의 경우는 특히 단형 서사문학 작품들이 논설과 분리되지 않았다는 특징을 지닌다. 『경향신문』 소설란에 수록된 단형 서사문학 작품들 중에는 중심서사에 이어 편집자 주와 해설이 붙어있는 작품이 매우 많다. 이를 보면 논설과 서사의 미분리가 이 시기 서사문학 작품들의 중요한 특징 가운데 하나라는 점을 새삼 확인할 수 있게 된다.[31]

『만세보』와 『대한민보』에서는 소설(小說)과 단편소설(短篇小說)을 구별했다는 점이 중요하다. 『만세보』는 1906년 6월 17일 창간되어 1907년 6월 29일까지 발행된 천도교 신문이다. 『대한민보』는 1909년 6월 2일 창간되어 한일병합 직후인 1910년 8월 31일까지 발행된 대한협회 기관지이다. 이들 신문이 '소설'과 '단편소설'을 구별했다는 것은 서사문학 자료의 성격을 이해할 때 길이에 대한 인식이 중요해졌다는 사실을 의미한다. 1906년 7월 3일부터 4일까지 『만세보』에 연재된 이인직

31 이에 대한 상세한 논의는 구장률 · 이유미 · 김영민 편, 『근대계몽기 단형 서사문학 자료전집』 상권, 소명출판, 2003, 572~575쪽 참조.

의 단형 서사문학 작품에는 특별한 제목 없이 '소설단편'이라는 표기가 달려있다. 1907년 1월 1일에는 '단편소설'란에 「백옥신년(白屋新年)」을 게재했다. 『대한민보』를 통해 알 수 있는 것은 1900년대 말에 이르면 한국 근대 신문에서 단형소설과 장형소설에 대한 인식이 분명해진다는 점이다. 『대한민보』는 창간 직후인 1909년 6월 무렵부터 「화수(花愁)」처럼 길이가 짧은 작품은 단편소설(短篇小說)란에 그리고 「현미경(顯微鏡)」·「만인산(萬人傘)」처럼 길이가 긴 작품은 소설란에 연재했다.

한국 근대 신문에 장형소설이 연재되기 시작한 것은 1906년 5월 『황성신문』에 「신단공안」이 발표되면서부터이다. 「신단공안」을 장형소설 계열에 포함시키는 데에는 이견이 있을 수도 있다. 연재된 7편의 이야기가 각각 독립된 것이기 때문이다. 하지만 이들 작품이 「신단공안」이라는 단일한 제목 아래 연재되었다는 점에서 보면 그동안 발표되던 단형 서사물과는 그 성격이 분명히 구별된다. 이어서 『만세보』에 「혈의루」가 연재되기 시작했고, 『대한매일신보』 국문판에 「라란부인전」과 「국치젼」 등이 발표된다. 계속해서 『제국신문』에는 이해조의 「고목화(枯木花)」 등이 연재되었고, 『경향신문』에는 「파선밀사」와 「해외고학」 등이 발표된다.[32] 특기할 만한 사실은 1909년 이후부터는 장형소설에 '소설' 대신 '신소설(新小說)'이라는 용어를 주로 사용하게 된다는 점이다. 『제국신문』은 1909년 2월 1일부터 이해조의 「모란병」을 연재하면서 '신소설'이라는 용어를 사용하기 시작한다.[33] 『대한매일신보』

---

32 이보다 앞서 발표된 장형 연재물들로 『한성신보』 잡보란의 「나파륜전」과 「조부인전」 등이 있다. 그러나 이들은 순수 번역물이라는 점에서 여기에 적은 작품들과는 성격상 차이가 있다. 「신단공안」에 수록된 작품 가운데 일부는 중국소설의 개작물이다. 그러나 「신단공안」 전체로 보면 『한성신보』의 연재물들과는 그 성격이 크게 구별된다. 「신단공안」에 수록된 작품들의 성격에 대해서는 한기형·정환국, 『역주 신단공안』, 창비, 2007, 9~18쪽 참조.

33 『제국신문』의 이 '신소설' 표기는 『대한매일신보』에 발표된 「보응」의 '신소설' 표기보다 약 6

국문판은 「보응」을 연재하면서, 『대한민보』는 「소금강(小金剛)」을 연재하면서부터 줄곧 이 용어를 사용한다. 『대한민보』는 「소금강」 외에도 「박정화(薄情花)」, 「금수재판(禽獸裁判)」, 「경중미인(鏡中美人)」등을 신소설란에 연재한다. 「경중미인」은 한일병합으로 인해 첫 회 발표 후 신문이 폐간되면서 연재의 막을 내리지만, 이 역시 장형소설로 기획되었던 작품으로 보인다. 『만세보』와 『제국신문』·『경향신문』·『대한민보』 등에서 작품의 길이가 길어지면서 공통적으로 나타난 현상은 대중성이 크게 강조된다는 것이다. 대중성의 토대를 이루는 것은 흥미 중심의 이야기 전개이다. 이러한 흥미 본위의 대중성 강화는 한일병합 이후 장형소설들에서 급속히 확산되는 통속성 문제의 근원으로 남게 된다.

4. 근대 잡지의 출현과 소설란의 정착

조선에서 발간된 최초의 잡지는 1890년 7월에 영국선교회(Church of England Corean Mission)가 발행한 *Morning Calm*으로 알려져 있다. 이 잡지는 서울과 런던에서 함께 출간되었다.[34] 이어서 나타난 잡지는 1892년 서양 선교사들이 서울에서 제작 배포한 *The Korean Repository*이다. *The Korean Repository*는 1년 만에 휴간에 들어갔다가 1895년에 복간되어 약 4년 간 더 간행되었다. 그러나 *Morning Calm*이나 *The Korean Repository*는 영어

개월 정도 앞선다. 「모란병」 이후로도 『제국신문』이 '소설' 대신 '신소설'이라는 표기를 계속 사용했는지는 확인할 수 없었다. 1909년 3월 이후의 『제국신문』을 찾을 수 없었기 때문이다.

34 계훈모 편, 『한국언론연표』, 관훈클럽신영연구기금, 1979, 903쪽 참조.

로 간행되었을 뿐만 아니라, 조선인을 상대로 한 잡지도 아니었다. 따라서 이들을 우리나라 잡지의 효시로 보지는 않는다. 이는 한국신문사(韓國新聞史)에서 『조선신보』를 별개로 취급하는 것과 같은 맥락에서 이해할 수 있다.

우리나라 사람들이 만든 최초의 우리말 잡지는 국한문 혼용의 『친목회회보(親睦會會報)』이다. 『친목회회보』는 한말의 관비(官費) 유학생들이 중심이 되어 만든 대조선인일본유학생친목회의 기관지였다.

> 유학생들에 의해 처음으로 조직된 단체는 大朝鮮人日本留學生親睦會(약칭 親睦會)이다. 1895년 4월 政府로부터 113명의 유학생이 파견되자 이를 기반으로 하여 조직한 것이다. 본국에서 대규모의 유학생이 파견된다는 소식이 전해지자, 이미 일본에 와 있던 尹致旿 · 魚允迪 · 朴義秉 · 李秉武 등 유학생과 공사관 서기관인 韓永源 등은 유학생 단체를 창설하기로 결의하였다. 4월 7일 정부파견 유학생들이 도착하고, 12일에 경응의숙에 입학되자 이들은 4월 18일 新渡留學生을 포함하여 東京에 유학하고 있는 유학생들을 경응의숙 俱樂部에 會集케 하고 親睦會를 개최, 투표로 評議員 12명을 선출함으로써 단체를 조직하였다. 이것이 大朝鮮人日本留學生親睦會였다. 친목회의 설립은 최초의 유학생 단체라는 역사적 의의를 갖는다. 아울러 이것은 日本留學生史에 있어서 유학생단체 설립의 효시를 이루고 있다.[35]

『친목회회보』는 1895년 10월에 창간되었고, 1898년 2월 친목회가 해산될 때까지 총 6호가 발행되었다. 『친목회회보』의 간기는 대략 3개월에서 6개월 사이였으며 매 호 100쪽 이상의 분량으로 발행되었고, 내용

35 송병기, 「개화기 일본 유학생 파견과 실태(1881~1903)」, 『동양학』 제18집, 1988, 265~266쪽.

으로 볼 때도 잡지로서의 성격을 분명히 지니고 있었다. 이런 점들로 인해 『친목회회보』는 우리나라 최초의 잡지라는 역사적 의의를 갖는 것[36]으로 정리된다.

『친목회회보』를 만든 유학생들은 이 잡지를 일본 내에만 배포하지 않고 조선에까지 널리 돌려보았다. 다음 기사는 『친목회회보』에 대한 당시 언론의 태도를 잘 보여준다.

> 일본 류학ᄒᆞ는 죠션 학도들이 친목회를 시쟉ᄒᆞ야 년보를 츌판ᄒᆞ는ᄃᆡ 독립신문사에 년보 뎨이호를 보내엿는ᄃᆡ 본즉 국한문으로 셕근 ᄎᆡᆨ이 이ᄇᆡᆨ 칠십장이 되고 그 쇽에 잇는 논셜과 각ᄉᆡᆨ 신문을 죠션 학도들이 지어 각ᄉᆡᆨ 학문샹 의론을 만히ᄒᆞ고 외국 사졍도 만히 긔록ᄒᆞ엿는ᄃᆡ 이런 ᄎᆡᆨ은 죠션 사ᄅᆞᆷ들이 처음으로 ᄆᆞᆫ든 거시라 이런 거슬 보거드면 죠션 사ᄅᆞᆷ들도 차차 남의나라 학도들 모양으로 학문샹에 유의ᄒᆞ고 치국 치민 ᄒᆞ는 방칙에 ᄯᅳᆺ시 잇는 것 ᄀᆞᆺ더라[37]

『친목회회보』 제2호를 받아본 『독립신문』의 편집진들은 조선 사람들이 처음으로 만들어낸 새로운 책에 대해 감탄하고 기대를 표현한다.

『친목회회보』 이후에 국내에서는 '우리나라에서 우리 힘으로 발간된 첫 잡지'[38] 『대조선독립협회회보』(1896)를 비롯하여 『한성월보』(1898), 『일진회회보』(1904), 『신학월보』(1905), 『그리스도인회보』(1905) 등의 잡지가 계속 발간된다. 그러나 이들 잡지는 기사의 독립적 완결성이 떨어지거나 발행기관 내부 용도의 협회지 성격을 지니는 경우가 많았고, 본문의 분량 역시 극히 제한적인 편이었다.[39]

---

36 위의 글, 268쪽 참조.
37 『독립신문』, 1896.9.22.
38 최덕교 편저, 『한국잡지백년』 제1권, 현암사, 2004, 28쪽.

이런 한계를 넘어선 본격적인 종합 잡지가 1906년에 창간된 『조양보(朝陽報)』이다. 1906년도에는 『조양보』뿐만 아니라 『대한자강회월보(大韓自强會月報)』, 『서우(西友)』, 『태극학보(太極學報)』, 『소년한반도(少年韓半島)』 등의 잡지가 거의 동시 다발적으로 출현했다.[40]

1906년은 『대한매일신보』가 처음으로 소설란을 두고 「청루의녀전」 등의 작품을 연재하던 시기이기도 했다. 『대한매일신보』의 소설란 개설은 잡지에도 영향을 미쳐 같은 해 창간된 『조양보』와 『대한자강회월보』에도 소설란이 개설된다. 『조양보』는 소설란 이외에 담총(談叢)란에도 서사문학 작품을 수록했는데 이 역시 『대한매일신보』의 영향으로 볼 수 있다. 한일병합 이전까지 간행된 근대 잡지들 가운데 소설란을 둔 것은 『조양보』와 『대한자강회월보』, 『가정잡지(家庭雜誌)』, 『소년한반도』, 『야뢰(夜雷)』, 『장학보(奬學報)』, 『대한협회회보(大韓協會會報)』, 『자선부인회잡지』, 『기호흥학회월보(畿湖興學會月報)』, 『대한흥학보(大韓興學報)』, 『교남교육회잡지(嶠南敎育會雜誌)』 등이었다. 이들 잡지의 소설란에 수록된 작품의 작가와 수록일자 등을 정리해 표로 제시하면 다음과 같다.

---

39 김근수, 『한국잡지사』, 청록출판사, 1980, 33~34쪽 참조.

40 이 무렵에 발간된 잡지들은 그 성격에 따라 다음과 같이 분류하기도 한다. "첫째, 정치결사의 기관지적 성격을 띤 잡지들이다. 『대한자강회월보』, 『대한협회회보』가 대표적 사례이며, 『조양보』, 『大同報』도 비슷한 성격이다. 둘째, 학회를 표방한 단체들이 발간한 잡지들로 대부분이 특정 지방에 연고를 두고 있었다. 『서우』, 『西北學會月報』, 『湖南學會月報』, 『畿湖興學會月報』, 『嶠南敎育會雜誌』 등이 포함된다. 셋째, 일본유학생 단체들이 발간한 잡지들이다. 단체의 성격은 위에 인용된 학회나 비슷하지만, 유학생이라는 성원들의 성격상 잡지의 논조나 그 게재문의 성격은 상당히 달랐다. 『태극학보』, 『共修學報』, 『大韓留學生會學報』, 『洛東親睦會學報』, 『大韓學會月報』, 『大韓興學報』 등이 포함된다. 넷째는 상업적 잡지를 추구한 사례들로 『少年韓半島』, 『夜雷』, 『少年』 등이 여기에 포함된다. 또한 어디에도 포함되기 어려운 『大韓俱樂部』, 『漢陽報』 등의 잡지들도 있었고, 『商學界』, 『工學界』 같은 전문직을 대상으로 하는 잡지들도 출현했었다." (임상석, 「근대계몽기 잡지의 국한문체 연구」, 고려대 박사논문, 2006, 18쪽)

잡지	저자	게재란	제목	날짜	본문표기
조양보		小說	波蘭革命黨의 奇謀詭計	1906. 7	국한문
〃		小說	비스마룩구 淸話	1906.7~12(미완)	국한문
〃		小說	野蠻人의 奇術	1906.8	국한문
〃		小說	世界奇聞	1906.9	국한문
〃	梁啓超	小說	動物談	1906.10	국한문
〃	法人愛彌兒拉	小說	愛國精神談	1906.11~1907.1	국한문
〃		小說	世界著名훈 暗殺奇術	1907.1	국한문
〃		小說	外交時談	1907.1	국한문
대한자강회월보	李 沂	小說	무제	1906.7~1907.1	국한문
〃	小說	小說	金相國煜은 健陵名臣이라	1906.11	국한문
〃	朴趾源撰 / 李鍾濬 · 李晩茂譯	小說	許生傳	1907.2~4	국한문
〃	韓基準	小說	外交談	1907.5~미완	국한문
가정잡지		가뎡소셜	익모초(益母草)	1908.4~미확인	국문
소년 한반도	李海朝	小說	岑上苔	1906.11~1907.4	국한문
야뢰	尹泰榮	文藝(滑稽小說)	六盲撫象	1907.2	국한문
〃	李承喬	文藝(小說)	爭道不恭說	1907.6	국한문
장학보	盧麟奎	小說	農家子	1908.1	국문
〃	沈相直	小說	만오(晩悟)	1908.2	국문
〃	陸定洙	小說	혈의 영(血의 影)	1908.2	국문
〃	李揆昌	小說	英雄의 魂	1908.2	국문
〃	閔天植	小說	蠅笑蜜蜂	1908.2	국문
〃	劉秉徽	小說	教子說	1908.3	국문
〃	李元伯	小說	見松悔悟	1908.3	국문
〃	元容晉	小說	婦人勸學	1908.4	국문
〃	陸定洙	小說	蜾蠃(과라)의 子	1908.4	국문
〃	李昇煥	小說	夢의 形	1908.4	국문
〃	陸定洙	小說	水輪의 聲	1908.5	국문
〃	沈友燮	小說	몽각(夢覺)	1908.5	국문
〃	李源聖	小說	決斷巖	1908.5	국문
대한협회회보	梁啓超	小說	動物談	1908.4	국한문
자선부인회잡지	심농싱	소셜	약노금	1908.8	국문

잡지	저자	게재란	제목	날짜	본문표기
기호흥학회월보	鳳所生 成樂允	雜俎(滑稽 小說・短篇)	무제	1908.12	국한문
〃	震庵山人 述兼評	雜俎(小說)	壯元禮	1909.3	국한문
대한흥학보	夢夢	小說	요조오한(四疊半)	1909.12	국한문
〃	孤舟	小說	無情	1910.3~4	국한문
교남교육 회잡지	北嶽山人	雜俎(小說)	春秋夢	1909.5	국한문

『조양보』는 1906년 6월에 창간되어 이듬해인 1907년 1월까지 통권 12호를 발간했다.[41] 『조양보』 소설란에는 모두 8편의 작품이 수록되어 있는데, 이 가운데 「외교시담」 1편을 제외하면 나머지는 전부 번역물이다. 번역물 가운데 「비스마룩구 청화」와 「애국정신담」 등은 근대계몽기의 대표적 문학 자료들 가운데 하나인 번역 '역사・전기소설'류에 속하는 것들이다. 창작물인 「외교시담」은 풍자적 성격을 띤 단형 서사문학 작품이다. 『조양보』는 당시 발행되던 국한문 사용 매체 가운데서는 특이하게도 '소설의 자미(滋味)'를 강조하며 지속적으로 소설란을 운용했던 잡지였다.[42] 하지만, 『조양보』가 강조하던 '소설의 자미'는 통속화된 재미가 아니었다. 그보다는 대중적 흥미를 끌기 위한 요소로서의 '자미'였고, 그 재미 속에는 교훈을 담아내려는 의도가 자리하고 있었다. 이는 『대한매일신보』 등 근대계몽기 신문들에 빈번히 등장하던 '서사적 논설'들의 창작 정신과 일맥상통하는 것이기도 하다.

---

41 『조양보』는 11호까지는 매달 10일과 25일에 발간되었고, 12호부터는 월간으로 발행되었다. 12호가 실제 종간호인지는 알 수 없다. 이 잡지의 간행에는 장지연(張志淵) 등 대한자강회 관련 인물들이 참여했다. 『조양보』 관련 서지는 이유미, 「1900년대 근대적 잡지의 출현과 문명담론」, 『한국 근대 서사양식의 발생 및 전개와 매체의 역할』, 소명출판, 2005, 295쪽 참조.

42 위의 글, 296~297쪽 참조.

『대한자강회월보』는 자강회의 기관지로서 1906년 7월에 창간되어 2년 후인 1908년 7월까지 간행되었다. 『대한자강회월보』 소설란에는 「허생전(許生傳)」을 비롯하여 「외교담(外交談)」 등 모두 4편의 작품이 수록되어 있다. 『대한자강회월보』 편집진의 소설에 대한 인식은 같은 시기의 신문 및 여타 잡지 편집진들의 인식에 비해서 매우 넓은 편이다. 「허생전」을 제외한 나머지 세 편의 작품의 성격이 각각 다르다는 점도 주목할 만하다. 한기준의 「외교담」을 소설로 분류해 수록하고 있는 점을 보면, 『대한자강회월보』 편집자들의 소설에 대한 인식의 폭이 얼마나 넓은 것이었나 하는 점을 실감할 수 있다. 이 시기 잡지가 지녔던 '소설'의 폭에 대한 이해를 위해 「외교담」의 전문을 인용하면 다음과 같다.

> 外交ᄂᆞᆫ締盟國과交ᄅᆞᆯ厚케ᄒᆞ야通商의利害ᄅᆞᆯ考量ᄒᆞᆷ에不過ᄒᆞᄂᆞ然ᄒᆞᄂᆞ外交方針은天下의至難ᄒᆞᆫ事라國家의安危가外交의一彈指에在ᄒᆞ도다大抵外交ᄂᆞᆫ其國의實力을利用ᄒᆞ야國際上에特立을得ᄒᆞ며德義와寬容으로國際의話柄을作ᄒᆞ나其實은詭譎이無雙이로다夫個人交際에德義와信用을尙치아니ᄒᆞᄂᆞᆫ者ㅣ有ᄒᆞ면반다시社會의惡評을得ᄒᆞ야其前進의道가阻塞ᄒᆞᆷ이多有ᄒᆞ나至於國際ᄒᆞ야ᄂᆞᆫ此와相反ᄒᆞ니卑辭厚禮도詭譎이自在ᄒᆞ며强梗手段에도詭譎이常存이라夫何德義가有ᄒᆞ며信用이有ᄒᆞ리오
>
> 彼日耳曼를聯邦ᄒᆞ야世界一大强國을成立ᄒᆞ던卑士麥氏ᄂᆞᆫ外交의手段으로普佛의戰功을成ᄒᆞ얏ᄂᆞᆫᄃᆡ其時에露와同盟ᄒᆞᆫ力을賴ᄒᆞ얏스나其後에土耳其獨立問題에對ᄒᆞ야卑士麥氏가露ᄅᆞᆯ反對ᄒᆞ고英과同盟ᄒᆞ니於是乎露人이憤怒ᄅᆞᆯ不勝ᄒᆞ야以爲天下에背恩忘德ᄒᆞᄂᆞᆫ者ㅣ卑士麥갓치甚ᄒᆞᆫ者無ᄒᆞ다ᄒᆞ얏스나外交家의眼孔으로視ᄒᆞᆯ진ᄃᆡ露人이一場愚談에不過ᄒᆞᆯᄯᆞ름이라
>
> 盖外交의能力有無ᄂᆞᆫ其國의强弱에在ᄒᆞᆷ이라金力도外交의外援者오兵力도外交家의外援者라故로舌戰이未決ᄒᆞ면炮火로相對ᄒᆞᄂᆞ니此ᄂᆞᆫ外交正則의說이라

重論ᄒᆞᆯ것업거니와若夫實力이相敵ᄒᆞ거나或彼强我弱ᄒᆞᆫ地位에在ᄒᆞ야도外交의手段이有ᄒᆞ면相敵ᄒᆞᆫ者를能히壓倒ᄒᆞ며强大ᄒᆞᆫ者를能히抵抗ᄒᆞᆷ도有ᄒᆞᄂᆞ니라

昔에漢諸葛亮이單身으로吳에赴ᄒᆞ야群雄을舌戰ᄒᆞᄆᆡ於是에周瑜屈膝ᄒᆞ며魯肅이奔走赴命ᄒᆞ야赤壁의役이孔明의指揮에在ᄒᆞ얏스니此ᄂᆞᆫ外交의手段이라 (未完)[43]

『대한자강회월보』에는 「허생전」 외에도 연암 박지원의 작품이 한 편 더 실려 있다. 문원(文苑)란에 실린 「호질(虎叱)」이 그것이다. 「허생전」과 「호질」은 『대한자강회월보』 제8호(1907.2)부터 제10호(1907.4)까지 나란히 연재되었다. 『대한자강회월보』에서 발견할 수 있는 「허생전」과 「호질」의 차이는, 「허생전」은 국한문으로 번역해 실었고 「호질」은 원문인 한문(漢文)을 그대로 썼다는 점 외에는 없다. 「호질」을 소설란이 아니라 문원란에 배치한 이유는 이 작품을 원문인 한문(漢文) 그대로 수록했기 때문이다. 『대한자강회월보』 편집자들에게 '소설'은 매우 폭넓은 개념으로 사용되는 용어였지만, 표기 문자에서는 한문과 분명히 거리가 있는 문학 양식이었다.

『장학보(奬學報)』에는 열세 편이나 되는 국문소설들이 실려 있다. 이들은 모두가 독자 투고 작품이라는 점이 특이하다.[44] 그밖에 『소년한반도』, 『자선부인회잡지』, 『기호흥학회월보』, 『교남교육회잡지』 등에 실린 작품은 그 성격이 당시 신문에 주로 실리던 단형 서사문학 작품들과 큰 차이를 보이지 않는다. 이들은 『자선부인회잡지』에 실린 「약노금」을 제외하고는 모두가 국한문체로 된 작품들이다.

『대한흥학보』는 1909년 3월에 창간되어 1910년 5월까지 총 13호를

43 한기준, 「외교담」, 『대한자강회월보』, 1907.5, 68~69쪽.
44 『장학보』의 독자 투고와 관련된 상세한 논의는 이 책의 제1장 3절 참조.

발간한 한말의 대표적인 유학생 잡지 가운데 하나이다.[45] 『대한흥학보』에 수록된 「요죠오한」과 「무정」은 1900년대 말 근대계몽기 소설의 수준을 대표하는 중요한 작품들이다.

근대계몽기 잡지 소재 작품들은, 동시대 신문 소설들이 장형화의 길을 가면서 동시에 대중화되었던 것과는 구별되는 면모를 보인다. 잡지에 수록된 소설들은 대중화의 길을 가지 않았고, 그 길이가 단형 서사의 분량을 넘어서기는 했으나 크게 장형화되지도 않았다.[46] 신문 소설과 달리 잡지 소설이 장형화되지 않았던 것은 잡지의 수명이 매우 짧았기 때문에 장형소설을 기획하는 일이 쉽지 않았다는 점 때문이다. 잡지 소재 소설들이 대중화의 길을 가지 않았던 것은, 신문이 지식인에서 일반 대중에 이르기까지 남녀노소 모두를 독자로 상정하고 있었던 것에 반해, 잡지는 비교적 젊은 지식인층을 주된 독자층으로 삼고 있었던 때문이다.

---

45 일본 유학생 잡지에 서사문학 작품이 실리기 시작한 것은 1906년 10월 『태극학보(太極學報)』에 「클럼부스전」이 게재되면서부터이다. 그러나 『태극학보』는 문학작품의 대부분을 문예(文藝) 및 학원(學園)란에 수록했고, 소설란을 따로 두지는 않았다. 이는 『대한유학생학보(大韓留學生學報)』의 경우도 마찬가지였다.

46 「요죠오한」과 「무정」은 원고지 40매 내외 분량의 작품들로 오늘날의 단편소설에 비하면 그 분량이 적은 편이다. 그러나, 원고지 10매 내외가 대부분이었던 당시의 단형 서사문학 작품들에 비하면 상대적으로 긴 편이었다.

제1장 / 제2절

근대 작가의 탄생과 저작의 권리

1. 근대 작가의 탄생

1) 근대 신문의 작가들

근대계몽기 신문에 수록된 서사문학 자료들에는 작가의 이름이 밝혀져 있지 않은 경우가 많다. 특히 1890년대부터 1900대 말까지 간행된 신문들은 대부분 필자의 이름을 밝혀놓지 않았다.[1] 한일병합 이전에 간행된 신문 가운데 작가 명을 가장 적극적으로 기재한 신문은 『대한매일신보』이다. 『대한매일신보』에 수록된 서사문학 자료들은 대부

1 『한성순보』(1883.10.31), 『독립신문』(1896.4.7), 『매일신문』(1898.4.9), 『황성신문』(1898.9.5) 등에 수록된 서사자료는 거의 무서명(無署名) 작품들이다.

분이 창작물들이다.[2] 『대한매일신보』의 서사자료들은 소설, 야승, 잡보(雜報), 기서, 논설, 담총(談叢), 시사평론 등 다양한 지면에 수록되었다. 『대한매일신보』에는 국한문판과 국문판을 합쳐 약 120여 편의 서사문학 작품이 수록되어 있는데 이 가운데 절반 정도는 작가의 이름이 표기된 것들이다. 그런데 주목해 보아야 할 사실은 『대한매일신보』 소재 서사문학 작품에 기재된 작가명은 실명(實名)이 아니라 대부분 비실명(非實名)이거나 필명(筆名)이라는 점이다.

비실명과 필명은 본명이 아니라는 점에서는 공통성이 있지만 이 둘의 성격이 완전히 일치하는 것은 아니다. 비실명은 대체로 한두 번 사용에 그치는 이름이지만 필명은 반복적으로 사용이 되는 이름이다. 한두 번 사용되고 마는 비실명의 경우는 그 작명법이 대체로 사회적 현실과 연관된 경우가 많다. 예를 들면 「향긱담화」(1905.10.29~11.7)의 '우시싱'은 '때를 걱정하는 자'이며, 「몽등천문(夢登天門)」(1906.5.27~5.29)의 '우허자(吁嘘子)'는 '탄식하며 우는 자'이다. 「시사문답(時事問答)」(1907.4.24)의 '몽유생(夢遊生)'이나 「호(狐)와 묘(猫)의 문답(問答)」(1908.3.24)의 '관물생(觀物生)' 등도 유사한 이미지를 지니고 있다.

1900년대 신문들이 무서명 및 비실명 등으로 작품을 발표하게 된 가장 큰 이유는 작가의 대부분이 신문사 내부의 인물들이었다는 점에서 찾을 수 있다. 근대계몽기 신문의 편집진들은 수많은 작품들을 창작해 발표했다. 이들은 때로는 무서명으로, 때로는 비실명으로 저자명을 바꾸어 가면서 다양한 작품을 계속 집필해 나갔다. 『대한매일신보』의 경우를 보면 신문의 편집진들은 무서명 혹은 비실명의 작품들을 상호 의

---

2 국한문판 신문의 야승(野乘)란에 수록된 「젹션여경록」(1905.8.11~8.29)이나 소설(小說)란에 수록된 「청루의녀전(青樓義女傳)」(1906.2.6~2.18) 등 권선징악(勸善懲惡)의 전통적 주제를 드러내는 일부 작품을 제외하면 대부분이 창작물로 추정된다.

견 교환 과정을 거쳐 공동으로 집필하기도 했던 것으로 보인다. 몇몇 작품들의 경우는 공동의 토론 과정을 거쳐 대표 집필의 형식을 밟았을 가능성이 있다. 우시싱의 작품 「향긱담화」(1905.10.29~11.7)와 무서명 소설들인 「소경과 안즘방이 문답」(1905.11.17~12.13), 「향로방문의싱(鄕老訪問醫生)이라」(1905.12.21~1906.2.2), 「거부오히(車夫誤解)」(1906.2.20~3.7), 「시사문답」(1906.3.8~4.12) 등이 독립된 작품들이면서도 또한 연작의 성격을 지니는 것은 이러한 이유 때문이다. 근대계몽기 신문 소설의 작가들이 실명을 밝히지 않은 이유는, 그것을 밝혀 득이 될 이유가 별반 없었기 때문이기도 하다. 편집진들이 작품을 창작해 신문에 게재하는 경우 저작권 개념이 개입될 여지는 물론 없었다. 이른바 민족지의 경우는 사회성 짙은 기사와 작품을 게재하면서 검열 당국과 마찰을 빚는 경우도 적지 않았다. 그런 점에서 보면 무서명이나 비실명으로 작품을 게재하는 제도는 검열 당국과 행정 기관 등으로부터 필자를 보호하는 장치가 되기도 했다.

『대한매일신보』와 『만세보』(1906.6.17), 그리고 『제국신문』(1898.8.10)에서는 특정한 필명이 반복적으로 사용되는 것을 발견할 수 있다. 『대한매일신보』에는 '검심(劍心)'과 '금협산인'이라는 필명을 썼던 신채호(申采浩)가, 『만세보』에는 '국초(菊初)'라는 필명을 썼던 이인직이, 그리고 『제국신문』에는 '동농(東儂)'과 '열지'라는 필명을 썼던 이해조가 있었다. 이들 세 사람의 공통점은 각각 해당 신문의 주필(主筆) 혹은 기자로 근무하고 있었다는 점이다. 신채호는 『황성신문』의 주필로 언론활동을 시작했으나 『황성신문』이 정간을 당하자 『대한매일신보』로 옮겨와 주필 활동을 계속했다. 그는 박은식과 함께 『대한매일신보』의 논설 및 기사의 상당 부분을 담당했다. 그는 금협산인(錦頰山人)이라는 필명으로 「수군제일위인(水軍第一偉人) 이순신(李舜臣)」(1908.5.2~8.18)과 「동국거걸(東國巨傑) 최도통(崔都統)」(1909.12.5~1910.5.27)을, 검심(劍心)이라는 필명으로 「위인(偉人)의 두각(頭角)」(1909.11.28)과 「철인(哲人)의 면목(面目)」(1909.11.30) 등 십여 편의 작품을 발표했다. 이인직은 『국민신보』의 주필로 있으면서 『만세보』의 창간을 주도했다. 1906년 6월 17일 창간된 『만세보』로 자리를 옮긴 그는 신문 편집의 핵심적 역할을 맡았고, 논설과 소설을 잇달아 집필했다. 그는 국초(菊初)라는 필명으로 「단편(短篇)」(1906.7.3~7.4), 「혈의루」(1906.7.22~10.10), 「귀의성」(1906.10.14~1907.5.31)을 발표했다. 이인직은 『제국신문』에도 국초라는 필명을 사용해 「혈의루 하편」(1907.5.17~6.1)을 연재하다 중단한 바 있다. 이해조는 1907년 6월 『제국신문』에 입사하면서 기자 생활을 시작한다.[3] 그는 입사와 동시에 장형소설들을 연이어 집필한다. 이해조가 입사하기 이전인 1907년 5월까지 『제국신문』에는 백여 편에 이르는 '서사적 논설'과 십여 편의 소설들이 실려 있었다. 이들 작품은 「허생전(許生傳)」(1907.3.20~4.19) 한 편만을 제외한다면 모두 길이가 짧은 단형 서사물들이다.[4] 『제국신문』에 수록되는 서사문학 자료들은 이해조 입사 이전과 이해조 입사 이후로 그 성격이 확연히 구분된다. 이해조 입사 이전의 『제국신문』 소재 서사문학 작품들은 대부분 '단형의 무서명 작품들'이었던 것이다. 이러한 점들을 볼 때 『제국신문』이 이해조를 기자로 받아들인 것은 결국 장형소설의 연재를 위한 전문적 작가를 영입한 것임을 알 수 있다. 이해조는 『제국신문』에 들어가 동농(東儂)이라는 필명으로 「고목화」(1907.6.5~10.4), 「빈상설」(1907.10.5~?), 「원앙도」(1908.2.13~4.24)를 연재 발

3 이해조의 생애에 관한 상세한 논의는 최원식, 「이해조와 그 시대」, 『한국 근대소설사론』, 창작사, 1986, 16~29쪽 참조.

4 「혈의루」 하편에 국초라는 필명이 밝혀져 있는 것을 제외하면 나머지 작품들은 모두 무서명으로 발표되었다.

표한다. 이어서 그는 열지라는 필명으로 「구마검」(1908.4.25~7.23), 「홍도화」(1908.7.24~9.17), 「만월디」(1908.9.18~12.3), 「쌍옥젹」(1908.12.4~1909.2.12), 「모란병」(1909.2.13~?) 등을 연재했다. 이해조는 한 편의 작품을 대략 2개월 내지 3개월에 걸쳐 발표했고, 「고목화」에서 「모란병」에 이르기까지, 하나의 소설 연재가 끝나면 바로 다음날 새로운 작품의 연재를 시작했다.[5] 신채호와 이인직, 그리고 이해조는 각각 『대한매일신보』와 『만세보』 그리고 『제국신문』에 필명으로만 작품을 발표했을 뿐 실명을 사용한 적은 한 번도 없다.

1900년대 신문의 경우와는 달리, 한일병합 이후 발행되는 『매일신보(每日申報)』(1910.8.30)에서는 작가들의 실명이 적지 않게 발견된다. 1910년대 『매일신보』에는 김성진(金旋鎭), 오인선(吳寅善), 김진헌(金鎭憲), 조상기(趙相基), 이석종(李晳鐘), 김광순(金光淳), 천종환(千鍾換) 등 수많은 실명의 필자들이 등장하는 것이다. 그런데 주목할 점은, 이들 실명의 필자들은 대부분 응모단편소설(應募短篇小說)의 작가였다는 점이다. 그러니까 이들은 전문적 작가이기보다는 비전문적 작가였고, 이들이 쓴 원고는 독자 투고물이라는 점에서 1900년대 신문의 기서(寄書)란에 실린 원고와 성격상 서로 통하는 면이 있다. 1910년대 『매일신보』가 응모단편소설을 실명으로 게재한 것은, 『대한매일신보』가 독자 투고물인 기서를 실명으로 게재한 것과 같은 맥락에서 이해할 수 있다.[6]

5 이러한 사실로 미루어 보면 「모란병」 이후로도 이해조가 『제국신문』에 계속해서 작품을 집필했을 가능성은 매우 높다. 그러나 현재로서는 1909년 3월 이후의 『제국신문』을 찾을 수 없어 더 이상 확인은 불가능하다. 『제국신문』은 현재 극히 일부만이 영인본으로 제작되어 연구에 활용되고 있는 실정이다. 영인본 이외의 부분들은 한국연구원과 연세대 중앙도서관 귀중본실 소장본을 합하여 1909년 2월까지만 확인이 가능하다.

6 『대한매일신보』의 경우, 실명(實名)의 작품으로 생각되는 예는 국문판 신문에 발표된 「로쇼문답」(1908.2.13~14) 1편 정도이다. 이 작품은 필자가 '김시언'으로 되어 있다. 「로쇼문답」이 실명으로 발표된 이유는 이 작품이 '긔셔(寄書)' 란에 실린 독자 투고물이었기 때문이다.

『제국신문』 폐간 이후 『매일신보』로 자리를 옮긴 이해조는 초기 얼마 동안은 여러 가지 필명을 바꾸어 썼다. 그는 『매일신보』에 발표한 첫 작품 「화세계(花世界)」(1910.10.12~1911.1.17)에는 '선음자(善飮子)'를, 「월하가인(月下佳人)」(1911.1.18~4.5)에는 '하관생(遐觀生)'을, 「화(花)의 혈(血)」(1911.4.6~6.21)에는 '석춘자(惜春子)'를, 「구의산(九疑山)」(1911.6.22~9.28)에는 '신안생(神眼生)'을, 「소양정(昭陽亭)」(1911.9.30~12.17)에는 '우산거사(牛山居士)'를, 「춘외춘(春外春)」(1912.1.1~3.14)에는 '이열생(怡悅生)'을, 「옥중화(獄中花)」(1912.1.1~3.16)에는 '해관자(解觀子)를 필명으로 사용했다. 해관자라는 필명을 사용하기 시작하면서부터는 「강상련(江上蓮)」(1912.3.17~4.26), 「연(燕)의 각(脚)」(1912.4.29~6.7), 「토(兎)의 간(肝)」(1912.6.9~7.11), 「봉선화(鳳仙花)」(1912.7.7~11.29), 「비파성(琵琶聲)」(1912.11.30~1913.2.23) 등의 작품에 모두 이를 기재했다. 이해조는 『매일신보』를 떠날 때까지 자신의 작품에 실명을 표기하지 않았으며 오로지 필명들만을 사용했다.

1912년에 오면 『매일신보』는 이른바 '신소설'의 시대를 정리하고 '번안소설'의 시대를 열게 된다. 번안소설의 시대는 조중환(趙重桓)의 「쌍옥루(雙玉淚) 전편(前篇)」(1912.7.17~9.25)의 연재에서부터 시작된다. 이후 조중환은 계속해서 「쌍옥루 중편」(1912.9.26~11.27)과 「병자삼인(病者三人)」(1912.11.17~12.25), 「쌍옥루 하편」(1912.11.28~1913.2.4), 「장한몽(長恨夢)」(1913.5.13~10.1), 「국(菊)의 향(香)」(1913.10.2~12.28), 「첩(妾)의 허물」(1913.12.6), 「단장록(斷腸錄)」(1914.1.1~6.10), 「비봉담(飛鳳潭)」(1914.7.21~10.28), 「속편(續編) 장한몽(長恨夢)」(1915.5.25~12.26) 등을 발표한다. 『매일신보』의 기자였던 조중환 역시 이해조와 마찬가지로 이 많은 작품들을 모두 필명

이는 『황성신문』의 경우도 마찬가지였다. 『황성신문』에는 이생(吏生) 윤주찬(尹柱瓚)이 「상의의국(上醫醫國)」(1900.2.7)을 투고하여 수록된 바 있다. 윤주찬 역시 실명으로 생각된다.

으로 발표했다. 하지만 조중환은 이해조와 달리 동일한 필명만을 반복적으로 사용했던 바, 그가 사용한 필명은 일재(一齋) 혹은 조일재(趙一齋)였다. 조중환과 함께 번안소설의 시대를 열었던 또 한 사람의 기자 이상협(李相協)은 주로 하몽(何夢)이라는 필명을 사용해 「정부원(貞婦怨)」(1914.10.29~1915.5.19), 「해왕성(海王星)」(1916.2.10~1917.3.31), 「무궁화(無窮花)」(1918.1.25~7.27) 등의 작품을 발표했으나, 「눈물」(1913.7.16~1914.1.21) 등에서는 실명을 사용하기도 했다. 기자 심우섭(沈友燮)은 주로 심천풍(沈天風)이라는 필명을 사용해 「형뎨(兄弟)」(1914.6.11~7.19), 「슐(酒)」(1914.9.9~9.16), 「산중화(山中花)」(1917.4.3~9.19) 등의 작품을 집필했다.

『매일신보』의 작가들이 필명을 주로 사용한 이유는 그들 역시 『대한매일신보』나 『만세보』 그리고 『제국신문』의 작가들처럼 신문사 내부의 필진들이었다는 점에 있다. 동일 인물에 의한 중복 집필이라는 인상을 피하기 위한 목적 또한 1900년대 신문들의 경우와 큰 차이가 없다. 그런데, 『매일신보』의 작가들은 『대한매일신보』나 『만세보』 등의 필자와는 달리 신문사 운영이나 신문 편집의 중책을 맡았던 필진이 아니었다. 그들은 기사 집필을 가장 큰 의무로 했던 일반 기자(記者)들이었다. 이는 『매일신보』의 작가들이 『대한매일신보』나 『만세보』의 필자들에 비해 더욱 전문화된 작가라는 의미 역시 지니게 된다. 이해조의 경우를 예로 들어 보면, 그는 한일병합 이전에는 『제국신문』 최초의 전속 소설가로 글을 썼고 한일병합 이후에는 『매일신보』의 전문 작가로 활동했다. 그런 점에서 보면 이해조야말로 신문의 경영에 관계하지 않으면서 소설을 집필한 우리나라 최초의 전문적 직업 작가였다.[7]

---

7 이인직의 경우 『매일신보』에서는 필명과 실명을 모두 사용했는데 단편소설 「빈선랑(貧鮮郎)의 일미인(日美人)」(1912.3.1)은 '국초생(菊初生)'이라는 필명으로, 장형소설 「모란봉(牡丹峰)」(1913.2.5~6.3)은 실명(實名)으로 발표했다. 그의 마지막 단편소설 「달 속의 토끼[月中

『매일신보』의 현상문에 공모 제도를 통해 등단한 최초의 독자 겸 작가 김성진(金宬鎭)의 사례는 당시 작가들의 실명 및 필명 표기 관행에 대해 시사하는 바가 적지 않다. 김성진은 1912년 3월 20일 「파락호(破落戶)」가 『매일신보』의 응모단편소설란에 1등 당선작으로 발표되면서 등단한 인물이다. 그는 「허영심(虛榮心)」(1912.4.5), 「슈전로(守錢奴)」(1912.4.14), 「잡기비(雜技者)의 량약(良藥)」(1912.5.3)[8] 등 네 편의 당선작을 낸 후 단행본 소설의 작가로 나서게 되고 『매일신보』에서 기성 작가로 대우를 받게 된다. 그의 등단 첫 작품인 「파락호」를 비롯해 「허영심」, 「슈전로」에는 지은이가 수석생(漱石生) 김성진(金宬鎭)으로 되어 있으며, 「잡기비의 량약」에는 수석청년(漱石靑年) 김성진(金宬鎭)으로 되어 있다. 즉 필명과 실명을 함께 사용한 것이다.[9] 그러나, 그의 작품이 응모단편소설란이 아닌 기성 작가의 작품을 수록하는 단편소설란에 실리게 되면서부터는 실명은 사라지고 필명만이 남게 된다. 즉 그가 기성 작가로 대우받기 시작한 이후의 작품들인 「걸식녀(乞食女)의 ᄌᆞ탄(自歎)」(1912.6.23)과 「후회(後悔)」(1914.12.29)는 모두 작가가 수석청년(漱石靑年)으로만 표기되는 것이다. 그는 「리약이 됴와ᄒᆞ다가 랑픠」(1915.4.10)라는 동화를 한 편 발표하기도 했는데 이 경우에도 실명은 밝히지 않

兎」(1915.1.1)에는 '국초 이인직(菊初 李人稙)'으로 필명과 실명이 함께 표기되어 있다. 이인직은 『매일신보』의 입장에서 보면 전문적 작가이면서 외부필자였다.

8 원문에는 「雜技者의 藥良」으로 되어 있으나 '藥良'은 '良藥'의 오타이므로 바로 잡는다.

9 1919년 6월 3일자 현상소설모집 공고에는 "原稿揭載時에ᄂᆞᆫ 雅號를 使用ᄒᆞᆷ도 作家의 隨意이나 本社에 提出ᄒᆞᆯ 時ᄂᆞᆫ 반다시 住所氏名을 明記ᄒᆞᆷ을 要ᄒᆞᆷ"이라는 구절이 있다. 즉 원고에 아호를 사용하는 것은 인정하나 투고 시 반드시 실명을 함께 기록해야 한다는 것이다. 『매일신보』뿐만 아니라 근대계몽기에 발행된 대부분의 매체들은 독자 투고의 경우 실제 사는 주소와 실명을 밝힐 것을 요구했다. 『독립신문』의 경우도 익명으로는 투고하지 말 것을 여러 번 광고한 바 있다. 이와 관련된 논의는 채백, 『독립신문연구』, 한나래, 2006, 144~147쪽 및 배정상, 「『독립신문』의 독자 투고와 '서사적 논설' 연구」, 『현대문학의 연구』 제25집, 2005, 329~361쪽 참조.

고 김수석(金漱石)이라는 필명만을 쓰고 있다. 김성진이 필명만으로 작품을 발표하기 위해서는 이른바 전문적 작가로서 인정받는 절차가 필요했던 것으로 보인다.[10]

2) 근대 잡지의 작가들

근대계몽기 최초로 서사문학 작품을 게재하게 되는 것은 본격적 종합 잡지의 효시격인 『조양보』(1906)부터이다. 『조양보』는 1906년 6월부터 1907년 1월에 걸쳐 모두 12편의 문학 작품을 게재한다. 이 작품들은 소설란에 실린 「외교시담(外交時談)」 한 편을 제외하고는 대부분 번역물이다. 『조양보』는 이들 가운데 단 두 편에 대해서만 저자를 밝히고 있다. 소설란에 수록된 「동물담(動物談)」(1906.10)과, 담총(談叢)란에 수록된 「갈소사전(噶蘇士傳)」(1906.11~12, 미완)만을 저자가 양계초(梁啓超)라고 밝힌 것이다. 창작소설 「외교시담」을 포함해 나머지 열 편의 경우는 작가를 전혀 밝히지 않았다. 모두 무서명으로 발표한 것이다. 그러나 이후에 발간되는 잡지들의 경우는 이와는 다른 모습을 보인다. 『대한자강회월보』(1906.7)의 경우는 1906년 7월부터 1907년 7월까지 약 1년에 걸쳐 6편의 작품을 수록하고 있는데, 이들 작품의 필자 및 원작자, 번역자 등을 모두 실명으로 밝히고 있다. 『대한자강회월보』는 「호질(虎叱)」(1907.2~4)과 「허생전(許生傳)」(1907.2~4)을 번역해 수록하면서

10 그는 잡지 『청춘』에 「반향(反響)」(1914.12)이라는 글을 투고하기도 했는데, 이 글이 독자 투고의 형식을 지니고 있음에도 불구하고 실명이 아닌 필명 '수석청년(漱石青年)'으로만 저자 표기가 되어 있다. 이 때는 이미 김성진이 『매일신보』에서 기성 작가로 인정받았던 시기였던 때문에 이러한 저자 표기가 가능했던 것으로 생각된다.

그것의 출전이 연암집(燕巖集)이고 작가는 박지원(朴趾源)이며 번역자는 이종준(李鍾濬)과 이만무(李晩茂)라는 사실 등을 모두 표기했다. 장지연(張志淵) 역시 문예(文藝)란에 「부산구(釜山狗)」(1907.9)를 수록하면서 '남숭산인(南嵩山人) 장지연(張志淵)'이라고 기재하여 필명과 실명을 함께 밝혔다.

『태극학보(太極學報)』(1906.8)는 동경에서 발행된 유학생 잡지 가운데는 최초로 서사문학 작품을 수록하기 시작한 잡지이다. 『태극학보』는 1906년 10월부터 1908년 9월까지 약 2년에 걸쳐 17편의 서사문학 작품을 발표하는데, 이들 작품에는 모두 필자 표기가 되어 있다. 단, 『대한자강회월보』의 필자명이 모두 실명인 것에 비해 『태극학보』의 경우는 실명과 필명을 섞어 사용했다. 『태극학보』에 실명을 사용한 필자로는 학원(學園)란에 「클럼버스전(傳)」(1906.10~11)과 「비스마—ㄱ(比斯麥)전(傳)」(1906.12~1907.5), 「시싸—(該撒)전(傳)」(1907.6~10)을 발표한 박용희(朴容喜) 외에 최석하(崔錫夏), 이규철(李奎澈), 박래균(朴徠均), 김찬영(金瓚永) 등이 있었다. 필명을 사용한 필자로는 사실소설(寫實小說)로 명기된 작품 「다정다한(多情多恨)」(1907.1~2)과 「춘몽(春夢)」(1907.3), 「월하(月下)의 자백(自白)」(1907.9), 「마굴(魔窟)」(1907.12) 등을 발표한 '백악춘사(白岳春史)' 외에 '포우생(抱宇生)', '이장자(耳長子)', '지언자(知言子)' 등이 있었다.[11]

『가정잡지(家庭雜誌)』(1906.8)는 한국 근대 잡지 가운데서는 드물게 한글을 주된 표기 문자로 사용했다. 『가정잡지』는 1906년 8월부터 1908년 4월까지 20여 편의 서사문학 작품을 수록했는데, 대부분의 필자를 실명으로 기재했다. 가정잡지에서 실명을 밝힌 사람들은 젼덕긔,

---

11 백악춘사는 태극학회의 회장을 맡았던 장응진의 필명이다. 백악춘사에 대한 상세한 논의는 김윤재, 「백악춘사 장응진 연구」, 『민족문학사연구』 제12호, 1998, 179~202쪽 참조.

류일션, 김병현, 쥬시경 등이었다. 『소년한반도(少年韓半島)』(1906.11)는 국한문소설 「잠상태(岑上苔)」를 수록하면서 그 필자를 이해조(李海朝)로 밝히고 있다. 이해조가 신문과 잡지에 소설을 발표하면서 자신의 실명을 밝힌 곳은 여기가 유일하다. 『소년한반도』 이후 이해조의 소설은 주로 신문에 발표되었고, 신문에서 이해조는 단 한 번도 실명으로 소설을 발표하지 않았다. 『소년한반도』의 경우 이해조의 「잠상태」를 제외한 나머지 7편의 작품들 모두에는 작가가 밝혀져 있지 않다. 이들은 동양담설란에 수록되었다. 여기에 수록된 작품들이 무서명으로 발표된 것은 이들 작품이 원작자를 명기하기 어려운 전래서사(傳來敍事)에 토대를 둔 것이었기 때문으로 보인다. 『서우(西友)』(1906.12)의 경우에도 박은식(朴殷植)의 「김유신전(金庾信傳)」(1907.3~7) 1편만을 실명으로 실었을 뿐 나머지 10여 편의 작품은 모두 무서명 혹은 비실명 등으로 발표했다. 이는 『서우』에 실린 작품들이 대부분 위인전기 혹은 고사(故事)에 바탕을 둔 것들이었기 때문으로 보인다. 『야뢰(夜雷)』의 경우는 윤태영(尹泰榮)이 골계소설 「육맹무상(六盲撫象)」(1907.2)을, 현공렴(玄公廉)이 「맹적사구전(孟的斯鳩傳)」(1907.3)을, 이승교(李承喬)가 「산제야화(山齊夜話)」(1907.4)와 「쟁도불공설(爭道不恭說)」(1907.6) 등의 작품을 모두 실명으로 발표했다.

『대한유학생학보』(1907.3)에서는 실명과 필명의 작품이 반반씩을 차지한다. 여기에서는 이형우(李亨雨)가 실명으로 이솝 우화의 초역을 발표하고 있는가 하면, '몽몽(夢夢)'이 「쓰러져가는 딥」(1907.5)을 발표한다.[12] 비슷한 시기에 발표되는 『대동보(大同報)』(1907.6), 『동인학보(同寅

12 몽몽은 진학문(秦學文)의 필명이라는 주장이 가장 유력하다. 이와 관련한 상세한 논의는 김복순, 『1910년대 한국문학과 근대성』, 소명출판, 1999, 241~243쪽 참조.

學報)』(1907.7), 『자신보(自新報)』(1907.10), 『장학보(奬學報)』(1908.1), 『대한학회월보(大韓學會月報)』(1908.2), 『대한협회회보(大韓協會會報)』(1908.4) 등은 대부분 실명으로 작품을 수록한다. 『장학보』는 1908년 1월부터 5월에 걸쳐 노인규(盧麟奎)의 「농가자(農家子)」(1908.1), 심상직(沈相直)의 「만오(晩悟)」(1908.2), 육정수(陸定洙)의 「혈의 영(血의 影)」(1908.2) 등 모두 13편의 소설을 수록하고 있는데 이들 작품을 모두 실명으로만 싣고 있다는 점은 주목할 만하다.

이후 『서북학회월보(西北學會月報)』(1908.6)나 『호남학보(湖南學報)』(1908.6), 『기호흥학회월보』(1908.8), 『소년』(1908.11), 『대한흥학보(大韓興學報)』 (1909.3), 『교남교육회잡지(嶠南教育會雜誌)』(1909.4)에서는 무서명, 비실명, 필명, 실명의 작품이 고르게 나타난다. 여기서도 『소년한반도』에서처럼 무서명으로 발표되는 것은 전래서사를 각색한 경우가 많았다. 대한흥학회(大韓興學會)에서 발간한 대표적 유학생 잡지 가운데 하나였던 『대한흥학보』의 경우 실명과 필명을 고루 사용하는데, 필명으로 발표된 소설들 가운데 '몽몽(夢夢)'의 「요죠오한(四疊半)」(1909.12)과 '고주(孤舟)'의 「무정(無情)」(1910.3~4)이 이후 크게 주목을 받게 된다. '고주(孤舟)'는 이 시기 이광수(李光洙)가 여러 필명 가운데 가장 빈번히 사용하던 것이다. 이광수는 『소년』에도 고주(孤舟)라는 필명으로 「어린희생」(1910.2~5)을 번역해 수록하고[13] 「헌신자(獻身者)」를 창작 발표한다.

1900년대 잡지의 경우는 공통된 원칙이 있었다기보다는 잡지 별 편

13 『소년』의 발행인이었던 최남선은 「어린희생」을 고주 역(孤舟 譯)이라고 표기했다. 이에 대해 이광수는 그것이 자신의 창작물임을 주장한 바 있다. 최근에는 「어린희생」이 이광수가 일본 체류 당시 관람했을 것으로 생각되는 영화의 번안물이라는 주장이 설득력을 얻고 있다. 이에 대해서는 하타노 세츠꼬[波田野節子], 「이광수의 자아 — 작품을 통해 본 이광수의 제1차 유학시대의 세계관」, 『민족문학사연구』 제5호, 1994, 90~118쪽 참조.

집 원칙에 따라 필자 표기를 했다고 보는 것이 옳다. 무서명 작품보다는 서명의 작품들이 많았고, 그 가운데서도 실명의 작품들이 특히 많았다. 잡지 수록 작품에 실명 표기가 많았던 점은, 신문의 경우와 달리 외부 인물의 투고작이 많았던 때문으로 해석할 수 있다.

그런데, 1910년 8월 한일병합 이후 발간되는 잡지들에서는 서사문학 작품에서 작가의 실명이 급격히 사라지는 현상이 나타난다. 이 시기 이후 잡지에 발표되는 창작물에서는 비실명 및 무서명의 작품들이 주류를 이루게 되는 것이다. 『천도교회월보(天道教會月報)』(1910.8)와 『그리스도회보』(1911.1), 『시천교월보(侍天教月報)』(1911.2), 『조선불교월보(朝鮮佛教月報)』(1912.2), 『학계보(學界報)』(1912.4), 『해동불보(海東佛報)』(1913.11), 『불교진흥회월보(佛教振興會月報)』(1915.3), 『신학세계(神學世界)』(1916.2), 『조선불교계(朝鮮佛教界)』(1916.4), 『조선불교총보(朝鮮佛教叢報)』(1917.3) 등 대부분의 잡지에서 이러한 현상을 확인할 수 있다. 『천도교회월보』는 1910년 8월부터 1919년까지 10년간 20여 편의 '단편소설'과 '신소설' 등을 발표한다. 『천도교월보』는 1910년부터 1916년까지 발표하는 소설에는 단 한 편도 실명을 표기하지 않는다. 이는 바로 앞 시기에 발행하던 잡지들이 소설 작가를 대부분 실명으로 발표하던 것과는 확연히 구별되는 일이다. 이 시기에 발표되는 작품들은 봉황산인(鳳凰山人), 옥천자(玉泉子), 연연자(然然子), 연연홍 등의 비실명을 사용한다. 1917년 이후는 이필우(李弼右)의 「우락희비(憂樂喜悲)의 문답(問答)」(1917.3), 한병순(韓炳淳)의 단편소설 「월ᄒᆞ에청슈(月下淸水)」(1918.10~11)과 「동원춘풍(東園春風)」(1919.3), 박달성(朴達成)의 단편소설 「동정(同情)의 루(淚)」 등이 실명으로 발표된다. 『그리스도회보』는 1911년 2월부터 1914년 3월에 걸쳐 120여 편의 길고 짧은 서사물을 발표하는데, 이 가운데 십여 편만이 실명 및 비실명으로 발표되고 나머지 백 여 편의 작품은 모두 무서명으로 발표된다. 『시천교월보』에 발표되는 9편의 서사물 가운데서는 「소원성취」(1911.6.27) 단 한 편만이 오응선(吳膺善)이라는 실명으로 발표되고 나머지는 모두 비실명 및 무서명으로 발표된다. 『조선불교회월보』와 『학계보』, 『해동불교』, 『불교진흥회월보』, 『신학세계』, 『조선불교계』, 『조선불교총보』에서는 실명 소설이 단 한편도 발견되지 않는다. 모두 비실명과 무서명 소설뿐인 것이다.

이렇게 1910년대 이후 잡지에 수록되는 문학 작품에서 실명이 사라지는 현상을 어떻게 이해할 것인가? 이 시기가 한일병합 직후라는 점을 들어 이를 검열 혹은 출판 통제와 연관된 실명 기피 현상으로 우선 추정해 볼 수도 있다. 그러나 이는 개연성이 그리 높지 않다. 서사문학 작품을 무서명 및 필명 등으로 발표하는 1910년대 잡지의 대부분이 일반 기사에서는 1900년대와 마찬가지로 필명 및 실명을 고루 사용하기 때문이다. 소설에서 실명을 피하고 비실명과 필명을 주로 사용하는 현상은 1910년대의 대표적 친일매체로 분류되는 『신문계(新文界)』(1913.4)와 『반도시론(半島時論)』(1917.4)에서도 그대로 발견된다. 이는 1910년대에 들어 급격히 늘어난 필명의 사용이 검열 및 출판 통제와는 별다른 관계가 없는 것이라는 증거가 될 수 있다. 『신문계』에는 낙천자(樂天子)의 「오호박명(嗚呼薄命)」(1915.8)과 「애아(愛兒)의 출발(出發)」(1915.9) 등을 비롯해 십여 편의 창작 소설이 수록되어 있다. 이 가운데 「궤상(机上)의 몽(夢)」(1917.1~3) 1편만이 최찬식(崔瓚植)의 실명으로 발표되었다. 『반도시론』의 경우도 십여 편의 소설 가운데 양건식(梁建植)의 「슯흔 모순(矛盾)」(1918.2)과 이일(李一)의 「황혼(黃昏)」(1919.2)만이 실명작으로 생각될 뿐 나머지 작품들 대부분 해동초인(海東樵人), 백락천자(白樂天子) 등의 필명으로 수록되었다. 『신문계』와 『반도시론』이 실명보다 필명을 사용한 가장 큰 이유는 이들 잡지에 수록된 문학 작품의 작가들이 당시대의 전문적 문필가들이면서 편집에도 깊이 관여한 인물들이라는 점에서 찾을 수 있다. 이들이 필명을 사용해 거둘 수 있었던 효과는 『매일신보』의 집필진들이 필명을 사용해 거둘 수 있었던 효과와 유사하다. 즉 이를 통해 잡지사 내부의 동일인물에 의한 중복 기사 게재에서 오는 부담을 일부나마 피할 수 있었던 것이다. 실제로 『신문계』와 『반도시론』의 주요 작가였던 태화산인(太華山人)이나 해동초인(海東樵人)은 이들 잡지의 일반 기사 필자로도 활동한다. 이들은 기명기사뿐만 아니라 무기명 기사 역시 적지 않게 작성했을 것으로 추정된다.[14]

『신문계』 및 『반도시론』과 대척점에 서서 경쟁했던 『청춘(靑春)』(1914.10)의 경우를 살펴보면 1910년대 잡지의 필자 표기 관행에 어떠한 원리가 존재했었는가를 조금이나마 알 수 있게 된다. 최남선(崔南善)이 주간(主幹)을 맡아 신문관(新文舘)에서 발행한 『청춘』은 1910년대를 대표하는 대중적 교양지 겸 계몽지이면서 또한 상업 잡지였다. 『청춘』은 1914년 10월부터 약 4년에 걸쳐 30여 편의 서사문학 작품을 게재한다. 『청춘』은 상업지였으므로 특별히 내부 필자와 외부 필자를 가릴 필요가 없었다. 그보다는 대중들에게 인기가 있는 전문 작가의 전문적 작품을 싣는 일이 가장 긴요했다. 창간호를 발행한 1914년 10월 이후 1917년 상반기에 이르기까지 청춘에 발표된 문학 작품의 성격은 크게 세 가지로 분류할 수 있다. 첫째는 외국문학 작품의 번역물이며 둘째는 국내 고전 작품의 재수록물이고 셋째는 국내 필자의 창작물이다. 이는 『한성신보』 이래 국내에서 발행된 근대 매체들의 서사 자료 구성 유형과 크게 차이가 나

14 해동초인은 최찬식(崔瓚植)의 필명이고, 태화산인은 최찬식이거나 혹은 그의 부친인 최영년(崔永年)의 필명으로 추정된다. 최찬식과 최영년은 모두 『신문계』의 발행과 편집에 깊이 관여한 인물들이었다. 한기형, 「무단통치기 문화정책의 성격—잡지 『신문계』를 통한 사례 분석」, 『한국 근대소설사의 시각』, 소명출판, 1999, 253~286쪽 참조.

는 것이 아니다. 그런데 이들 세 유형 작품의 필자 표기에는 그 나름대로 원칙이 있었던 것으로 보인다. 첫 번째와 두 번째 유형의 작품에는 모두 작가를 실명으로 밝혔지만 세 번째 유형의 작품은 예외 없이 필명만을 밝혔다. 첫 번째 유형의 예가 되는 것은 투르게네프의 「문 어구」(1914.10), 빅토르유고의 「너 참 불쌍타」(1914.10), 톨쓰토이의 「갱생(更生)」(1914.11), 존밀턴의 「실락원(失樂園)」(1914.12), 세르반테스의 「돈기호전기(頓基浩傳奇)」(1915.1), 초서의 「캔더베리기(記)」 (1915.3, 1917.5, 1917.6~7), 모파상의 「더러운 면포(麵包)」(1917.6) 등이다. 두 번째 유형의 예가 되는 것은 연암(燕巖) 박지원(朴趾源)의 「연암외전(燕巖外傳)」(1914.11)과 백호(白湖) 임제(林悌)의 「수성지(愁城誌)」(1914.12) 등이다. 세 번째 유형의 예가 되는 것은 '소성(小星)'[15]의 「한(恨)의 일생(一生)」(1914.11), 「박명(薄命)」(1914.12), 「재봉춘(再逢春)」(1915.1), 「향상(向上)」(1917.5), 「광야(曠野)」(1917.5), 「핍박(逼迫)」(1917.6)과 '고주(孤舟)'의 「김경(金鏡)」(1915.3), '춘원(春園)'의 「소년(少年)의 비애(悲哀)」(1917.6), '외배'의 「어린 벗에게」(1917.7~11) 등이다. 이를 보면 『청춘』은 필자를 국내외의 지명도 높은 전문적 작가들로 구성했으며 특히 국내 창작물 필자의 경우는 실명이 아닌 필명으로만 작품을 게재했다는 사실을 분명히 알 수 있게 된다. 그런데 1917년 하반기 이후의 『청춘』에서는 앞 시기에는 전혀 보이지 않던 실명의 작품들이 대거 등장한다. 류종석(柳鍾石)의 「냉면(冷麪) 한 그릇」(1917.9)과 「모자(母子)의 정(情)」(1918.4), 배재황(裵在晃)의 「써 쑤라 그늘」(1917.9), 이상춘(李常春)의 「기로(岐路)」(1917.11), 김명순(金明淳)의 「의심(疑心)의 소녀」(1917.11), 김영휴(金泳休)의 「유정무정(有情無情)」(1917.11), 김윤경(金允經)의 「전장기담(戰場奇譚)」(1918.4) 등이 그것이다. 이렇게 갑자기 『청춘』에 실명의 작품들이 등장하게 되는 것은

15 소성은 현상윤(玄相允)의 필명이다.

이 잡지가 현상문예(懸賞文藝)제도를 두고 독자들의 투고를 받았기 때문이다. 즉 여기에 실명작으로 열거한 소설들은 모두가 현상문예 혹은 독자문예(讀者文藝)란에 실린 작품들이라는 공통점이 있다. 『청춘』의 현상문예란 작가 실명 표기는 『매일신보』의 응모 단편소설란 작가 실명 표기와 같은 맥락에서 이해할 수 있는 현상이다.

『청춘』의 필자 표기 방식에 대해서는 다음과 같은 정리가 가능하다. 국내외 작품을 막론하고 고전 문학 작품들은 작가를 실명 그대로 밝혀 놓았다. 창작물의 경우에는 전문적 작가의 작품은 필명으로, 그리고 독자 투고물들은 실명으로 게재하는 것을 원칙으로 했다.[16] 전문적 작가의 필명 투고는 『청춘』에서 세운 원칙이라기보다 1910년대 당시 문단에 점차 굳어진 관행의 결과였다. 이러한 관행이 마련되는 데에는 『대한매일신보』의 신채호 등 1900년대 신문의 주요 필진들과, 『매일신보』의 이해조 등 1910년대 초반의 주요 작가들의 필자 표기 관행이 그 토대가 되었던 것으로 추정된다. 신문의 필자 표기 관행은 점차 잡지에도 영향을 미쳤고 그 결과 1910년대에 이르러 신문과 잡지의 필자 표기 방식은 상호 유사한 형태로 나타나게 되었던 것이다.

그러나, 이러한 필자 표기 방식이 식민지 시기 내내 지속되었던 것은 아니다. 1920년대 이후 신문・잡지에서는 점차 실명을 사용하는 전

16 다만, 여기에 예외가 전혀 없었던 것은 아니다. 『청춘』의 독자문예란에 수록된 작품 가운데 'ㅅㅎ생'이라는 비실명으로 발표된 작품 「우유배달부(牛乳配達夫)」(1918.4)가 포함되어 있는 점을 보면 투고 당시의 비실명을 그대로 실은 경우도 없지 않았음을 알 수 있다. 『한성신보』의 기서란에 실린 글 「하야지괴(夏夜誌怪)」(1903.8.15~18)에도 필자가 '불면자(不眠者)'로 되어 있다. 『가정잡지』의 기서란에 실린 「부ᄌᆞ런훌 일」(1906.10)의 투고자가 '안천강(安天江)'으로 된 것도 그러하다. 이런 경우는 대체로 투고자가 독자 신분으로 투고 하는 것이기는 하나 이미 문명(文名)을 얻었거나 문단에 알려진 투고자였을 가능성이 높다. 『청춘』의 경우 'ㅅㅎ생'이라는 비실명으로 투고한 독자는 방정환이었다. 『가정잡지』의 '안천강' 역시 천강 안국선과 동일 인물일 가능성이 크다.

문 작가들의 숫자가 늘어나고, 1930년대로 가면서 전문적 작가의 실명 사용은 더욱 활성화된다. 그렇게 되는 이유로는 1910년대 후반으로 가면서 신문사 내부 인물이 소설의 필자로 활동하는 일이 급격히 줄어든다는 점과, 한 인물이 동일한 지면에 여러 편의 글을 게재하는 일이 점차 사라지게 된다는 점 등을 들 수 있다.[17] 1920년대 이후 작가 군의 확산이 필명에서 실명으로의 전환을 가져오게 된 것이다.

한 작가가 몇 개의 필명을 사용하는가 하는 것은 개인의 취향에 따른 문제였고, 매체가 직접 관여한 부분은 아니었다. 『매일신보』에서 이해조가 여러 필명을 자주 바꾸어 쓴 것에 반해, 조중환은 주로 일재(一齋)라는 필명으로 작품을 발표했다. 『청춘』에서 현상윤은 소성(小星)이라는 단일 필명으로 작품을 계속 발표하고 있지만, 이광수는 몇 가지 필명을 바꾸어 사용했다. 단지 동일 필자가 잡지 한 호에 여러 편의 글을 싣는 경우에는 의식적으로 다양한 필명을 썼던 것으로 보인다.[18]

『청춘』의 필자 표기 방식은 1910년대 중반 이후 발행되는 대부분의 잡지의 필자 표기 방식의 전범을 이룬다. 이는 국외에서 발간된 유학생 잡지 『학지광(學之光)』(1914.4)과 『여자계(女子界)』 등에도 유사하게 적용된다. 『학지광』은 「외국인(外國人)」(1916.7), 「사진첩(寫眞帖)」(1916.9) 등의 번역소설에만 원작자를 '안드레-쯔'와 '체-호쯔' 등의 실명으로 밝히고 있다. 「희생(犧牲)」(1914.12)은 'KY생', 「청류벽(淸流壁)」(1916.9)은 '소성(小星)', 「부르지짐」(1917.4)은 '순성(瞬星)'이라는 필명으로 발표되

17 한 명의 필자가 동일한 호수의 지면에 여러 편의 글을 발표하는 일은 신문보다는 잡지의 경우가 더 오래 지속되었다. 잡지의 경우는 1920년대까지도 한 사람의 필자가 몇 가지 필명으로 여러 편의 글을 발표하는 일이 적지 않았다.

18 1910년대 이후 신문과 잡지의 문예면에 여러 편의 글을 발표하게 되는 이광수가 여러 가지 필명을 사용하게 되는 이유 가운데 하나가 여기에 있다.

었다.[19] 최근에 발굴된 『학지광』 제8호에 수록된 작품 「크리스마슷밤」(1916.2)은 거울이라는 필명으로 발표되었는데, 거울은 이광수로 밝혀진 바 있다.[20] 『여자계』의 경우도 소설은 대부분 필명으로만 게재된다. 나혜석(羅蕙錫)은 '정월(晶月)'이라는 필명으로 「경희」(1918.3)와 「회생(回生)한 손녀(孫女)에게」(1918.9)를 발표하고, 김명순(金明淳)은 '망양초(望洋草)'라는 필명으로 「조모(祖母)의 묘전(墓前)에」(1920.3)와 「영희(英嬉)의 일생(一生)」(1920.6)을 발표한다. 『청춘』의 현상문예에 「의심의 소녀」를 실명으로 투고했던 김명순은, 등단 절차를 거친 이후 『여자계』에서 '망양초'라는 필명으로 글을 쓰게 된다. 이 사실 역시 이 시기 필자 표기 방식의 원리를 이해하는 데 도움이 된다.[21]

1910년대 중반까지만 해도 신문 소설의 필자들은 대부분 신문사의 주필 혹은 기자였으므로 소설 집필에 따른 별도의 보상을 받지는 않았던 것으로 보인다. 신문사에 소속되어 있지 않으면서, 본격적으로 소설을 창작 집필해 신문에 연재한 최초의 작가는 이광수였다. 그는 『매일신보』에 장편 「무정」을 집필하면서는 한 달에 5원(圓)의 원고료를, 뒤이어 「개척자」를 집필하면서는 한 달에 20원(圓)을 받았다.[22] 『매일신보』 기자 심우섭의 회고에 따르면, 당시 기자의 한달 월급이 20원이었다.[23] 잡지사의 경제적 사정은 신문사에 비해 좋지 않았다. 대부분의 학회지와 기관지들은 경제적 압박에 시달리면서 출판 경비를 마련

19 순성은 진학문(秦學文)의 필명이다.

20 이와 관련된 상세한 논의는 김영민, 「이광수의 새 자료 「크리스마슷밤」 연구」, 『현대소설연구』 제36호, 2007, 7~21쪽 참조.

21 「즁국녀즈(中國女子)의 굿은 졍졀」(제4,5호)은 유영준(劉英俊)이라는 실명작으로 발표된다. 이 작품이 실명으로 발표된 것은 이것이 창작소설이 아니라 중국 전래 야담류 서사의 번역이었던 때문으로 보인다. 이 경우 실명 표기는 번역자의 이름을 밝히는 의미가 있었다.

22 이광수, 「「무정」 등 전 작품을 어(語)하다」, 『삼천리』 1937.1, 129쪽 참조.

23 「창간이래 34년 본보 성장의 회고」, 『매일신보』, 1938.5.5 참조.

하는 일조차 힘겨워 했다. 따라서 필자들에게 원고료를 지급하는 일은 없었던 것으로 보인다. 『청춘』은 동시대의 다른 잡지들과는 성격이 구별되는 상업 잡지였고, 발행 부수도 3,000부에 이를 정도로 인기가 있었다.[24] 하지만 『청춘』은 이광수와 같은 그 시대 최고의 인기 작가에게도 원고료를 제대로 지불하지 못했다.[25] 다음의 지적은 이 시기 작가들에 대한 원고료 보상 문제를 이해하는 데 도움이 된다.

> 1924년의 경우 趙一濟가 번역한 『長恨夢』이 회동서관으로부터 영매 대가로 300원을 받아 최고 기록을 세우기는 하였으나, 일반적으로 영매된 작품의 판권 시세는 10~20원 정도가 보통이었다.
>
> 창작적 저작물의 경우, 저작권이 원저자에게 속했던 까닭에 초기에는 출판사가 출판비용 외에 별도의 저작료를 지불하는 경우는 거의 없었던 것으로 보인다. 그러나 1920년대에는 신문과 잡지의 발간이 늘어나면서 창작적 저작물의 분야에서도 비록 약소하나마 원고료를 지불하는 경우가 나타났다. (…중략…) 결국 1926년에 오면 문예가 협회가 결성되어 창작적 저작물의 작가들을 중심으로 판권침해 방지, 원고료 최저액 협정권, 발행권, 그리고 인세에 관한 논의가 시작되었다. 전문단체 결성은 이후 작가들의 저작권에 대한 의식 형성에 결정적인 영향을 미쳤다.[26]

---

24 1930년대가 되면 잡지의 발행부수는 이보다 늘어난다. 1930년대 중반 『신동아』의 발행부수는 월 8,000부 내외, 『신가정(新家庭)』은 월 8500부 내외, 『삼천리(三千里)』와 『중앙(中央)』 및 『별건곤(別乾坤)』은 월 6,000부 정도였다, 『신여성(新女性)』도 4,000부 정도를 발행했다. B기자(記者), 「문단(文壇) 소신문(小新聞)」, 『신인문학』, 1934.8, 83쪽 참조.

25 이광수, 「「무정」 등 전 작품을 어(語)하다」, 129쪽 참조.

26 방효순, 「일제시대 저작권 제도의 정착 과정에 관한 연구— 저작 관련 사항을 중심으로」, 『서지학연구』 제21집, 2001, 240쪽.

참고로, 당시 문인들이 요구한 소설의 원고료는 24자 10행 원고지 1장 당 50전 이상이었다. 번역의 경우는 여기에서 2할을 감하고, 시(詩)는 한 편에 3원 이상이었다. 인세의 경우는 단행본 1,000부를 기준으로 초판은 정가의 1할, 재판 시에는 정가의 1할 5분을 요구했다.[27]

그러나, 실제로 지불된 원고료의 수준은 작가들의 요구에는 미치지 못했다. 다음은 1930년대 중반에 조사된 신문 잡지의 원고료에 관련된 기사를 인용한 것이다.

> 新東亞 四百字 原稿 一枚에 二十五錢
>
> 新家庭 仝上
>
> 三千里 原稿料를 別로 支拂치 안음
>
> 開闢社 주는 이도 있고 안 주는 이도 있는데 亦是 新東亞 程度
>
> 東亞日報 連載小說에 限하야 一日 貳圓
>
> 朝鮮日報 小說에 限하야 一回에 二圓 或 三圓
>
> 中央日報 小說에 限하야 一回에 二圓 或 一圓五十錢式
>
> 이 外에 各新聞에 揭載하는 學藝欄 文藝品에 對하야 各社 一回에 一圓五十錢가량式 支拂하는데 이것은 特別한 境遇 外에는 支拂치 안음[28]

1930년대 당시 작가들이 신문에 소설을 연재해 받을 수 있는 월수입은 대략 60원 정도였다. 이 역시 1910년대의 경우와 마찬가지로 신문기자의 한 달 월급과 유사한 액수였다.[29]

---

27 위의 글, 240쪽 참조.

28 B기자(記者), 「문단(文壇) 소신문(小新聞)」, 『신인문학』, 1934.8, 83쪽.

29 참고로, 일반 기자의 월급은 약 60원, 부장의 경우 월 70원~80원, 편집국장은 월 120원 정도였다. 이광수가 조선일보 부사장이던 시절 받던 월급은 180원이었다. B기자(記者), 「문인(文

독자 투고물에 원고료가 지급되는 경우는 주로 현상문예 제도와 관련이 있다. 1908년 1월 우리나라 최초로 독자원고 현상모집 제도를 도입했던 『장학보』는 당선 원고료를 "每回懸賞人員은 二百三十四人에 勿越홈 / 每回施賞金額은 無價進呈ᄒᆞᄂᆞᆫ 報價을 幷ᄒᆞ야 一百六十一圜 六十錢에 勿越홈"[30]라고 제시했다. 『청춘』의 경우는 현상문예(懸賞文藝) 제도를 시행하면서 단편소설 1등 당선작에 삼원(參圓)의 상금을 내건다.[31] 『청춘』은 특별대현상(特別大懸賞) 제도도 함께 시행하는데 여기에는 1등 당선 상금이 오원(五圓)이 된다.[32] 『여자계』도 논문(論文)과 미문(美文)을 현상모집하면서, 논문에는 입선에 삼원의 상금을 그리고 미문에는 입선 1등에 이원의 상금을 내걸었다.[33] 『매일신보』는 1910년 12월 한시(漢詩)를 현상 모집하면서 '(갑)오십전 / (을)삼십전'의 상금을 제시했다.[34] 이 상금은 단편소설을 모집하면서부터 '최우등 신문 육개월분 / 일등 삼개월분 / 이등 이개월분 / 삼등 일개월분을 진정(進呈)'[35]으로 변했다. 이 제도가 신년문예(新年文藝) 현상모집 제도로 바뀌면서부터는 '상품(도서권) 일등 일원 / 이등 오십전 삼등 삼십전'[36]으로 변했고 그 상금은 삼원으로까지 오르게 된다.[37] 1910년대 후반으로 가면 장편소설 모집이 시작되면서 상금도 일등 백오십원, 이등 백원, 삼등 오십원으로 대폭 인상이 된다.[38] 상금은 1920년대 중반으로 가면 삼백

人)들의 월수입(月收入) 조사(調査)」, 『신인문학』, 1934.8, 84~85쪽 참조.

30 「장학보 발행 규칙(奬學報發行規則)」, 『장학보』, 1908. 1, 60~61쪽.

31 「매호 현상문예 쟁선 응모(每號懸賞文藝爭先應募)하시오」, 『청춘』, 1917.5, 24쪽.

32 「특별 대현상(特別大懸賞)」, 『청춘』, 1917.5, 125쪽.

33 「현상모집(懸賞募集)」, 『여자계』, 1918.9, 64쪽 참조.

34 『매일신보』, 1910.12.13.

35 『매일신보』, 1912.2.9.

36 『매일신보』, 1914.12.18.

37 『매일신보』, 1916.12.7.

원으로 다시 급등한다.[39] 하지만, 이들 장편소설 공모는 실제 당선작을 배출하지는 못했다.

2. 출판의 관행과 저작의 권리

1) 인쇄 출판사의 설립

근대계몽기에는 인쇄와 출판 작업이 분리되어 있지 않았다. 대부분의 인쇄소가 출판기관의 역할을 겸했던 것이다.[40] 최초의 관영(官營) 인쇄기구로 설립된 박문국(博文局)이나, 최초의 민간 참여 출판사였던 광인사는 모두 인쇄와 출판을 겸했다. 이들은 신식연활자(新式鉛活字)에 의한 기계식 인쇄 방식을 채택했다. 대량출판이 가능한 연활자 기계 인쇄는 소수 특권층에 의한 지식의 독점을 해체한다는 점에서 의미가 적지 않은 일이었다.[41]

---

38 『매일신보』, 1919.6.3.

39 『매일신보』, 1926.3.15.

40 이종국, 「한국 개화기의 인쇄출판문화 연구 상— 개화기의 인쇄출판 인식을 중심으로」, 『인쇄계』, 1995.12, 114쪽 참조.

41 강명관, 「근대계몽기 출판운동과 그 역사적 의의」, 『민족문학사연구』 제14호, 민족문학사학회, 1999, 50쪽 참조. 1881년의 『조선신보』 인쇄 이후 국내 인쇄소에서 활용한 활자들은 대부분 신식연활자(新式鉛活字)였다. 그러나 연활자의 등장이 곧 구식(舊式) 목활자(木活字)의 종식을 의미하는 것은 아니다. 20세기 초반까지는 연활자와 함께 목활자도 계속 사용이 되었다. 특히 지방의 인쇄소에서는 목활자를 꾸준히 사용했다. 조선시대 이후 20세기에 걸친 활자 사용에 대한 논의는 윤병태, 「조선시대 활자 사용고」, 『규장각』 제2호, 1978, 57~77쪽 참조.

박문국(博文局)이라는 명칭은 유길준이 작성한 것으로 알려진 「한성부신문국장정(漢城府新聞局章程)」 가운데 '신문국의 이름을 박문국이라 한다(局號以博文爲稱)'고 적어 놓은 구절에서 유래한다. 박문국은 1883년 8월 17일 통리아문(統理衙門)의 부속기관으로 출발해 『한성순보』와 『한성주보』를 제작·발행했다. 박문국의 운영을 위해 정부에서는 세수권(稅收權)을 주고, 이와는 별도로 신문 값을 지방 관아에서 거두어들이도록 했다.[42] 그러나 『한성주보』의 구독료 수입은 점차 줄어들었고, 1888년 신문이 폐간되면서 박문국 역시 문을 닫게 된다. 이후 정부에서는 우표와 엽서 인쇄를 위해 1896년 농상공부 직영 인쇄소를 설치 운영하였고, 1900년에는 인쇄국을 설립하기에 이른다. 1901년에는 화폐 인쇄를 위한 주전소(鑄錢所)인 전환국(典圜局)에 인쇄과를 설치하였고, 1904년에는 전환국의 업무를 탁지부 인쇄국으로 이관한다.[43]

광인사(廣印社)는 1884년에 설립된 최초의 민간 참여 인쇄소이다. 1884년 3월 18일자 『한성순보』에는 다음과 같이 광인사 관련 기사가 실려 있다.

> 廣印社
>
> 城內又有廣印社各合錢財另設一社將次板出書籍以之規圖商利裨益昌明矣
>
> 성내에 또 광인사가 있는데, 각기 자본을 출자하여 별도로 한 회사를 설립하고 앞으로 서적을 板出하여 이익도 도모하고 문화 창달에 도움을 주기도 할 것이라 한다.[44]

---

42 이광린, 『한국 개화사 연구』, 일조각, 1969, 88~89쪽 참조.

43 전환국을 폐지하면서도 인쇄소를 유지시켰던 것은 1904년 한일의정서가 채택되면서 일본의 식민지화에 필요했던 각종 문서를 인쇄하기 위한 것이었다. 김봉희, 『한국 개화기 서적문화 연구』, 이화여대 출판부, 1999, 35쪽 참조.

44 「광인사(廣印社)」, 『한성순보』 제15호, 1884.3.18.

그런데, 이 기사만으로는 광인사에 자본을 출자한 것이 누구인지 알기 어렵다. 따라서 광인사를 우리나라 최초의 순수 민간 인쇄소로 보는 견해도 있다.

> 광인사는 여러 사람이 자본을 출자하여 설립한 우리나라 최초의 민간 출판사로 일본에서 鉛活字를 수입하여 책을 찍어내었다. 1884년 음력 7월 『忠孝經集註合壁』을 출판한 것을 비롯해서 安宗洙의 『農政新編』(1884), 鄭秉夏의 『農政撮要』(1886), 그리고 1889년에는 姜瑋의 『高歡堂集』 등을 출판했는데 한자만이 아니라 한글 字母까지 갖추고 있었다.
>
> 광인사는 민간출판사였지만 박문국과 그 설립취지가 같았을 것이므로 정부에서도 여러 가지로 후원을 아끼지 않았던 것 같다.[45]

그런가 하면 "광인사가 비록 민간이 참여하였던 인쇄소였기는 하나 정부의 관여가 컸던 半官半民의 인쇄소였음을 짐작할 수 있다. 또 갑신정변 때에 박문국이 피습받자 고종은 한성순보를 광인사에서 속간하도록 명한 바 있었다는 점 역시 광인사의 성격을 잘 보여주고 있다"[46]는 지적도 있다. 광인사와 정부 사이에 있었던 여러 가지 협력 관계를 고려한다면, 광인사는 순수 민간 인쇄소였다기보다는 관영(官營)과 민영(民營)의 성격이 혼합된 인쇄소였던 것으로 판단된다. 출자의 주체가 누구였건 간에, 광인사의 운영에 대해 정부가 관심을 갖고 관여했던 것만은 분명하다.[47]

---

45 정진석, 『한국언론사』, 45~46쪽.

46 김봉희, 『한국 개화기 서적문화 연구』, 36~37쪽.

47 광인사가 출판한 책을 지방에 배포한 후 전라감영(全羅監營)에 지시하여 책값을 거두어 올려 보내도록 한 것 등도 이러한 추정을 가능하게 한다. 이와 관련된 상세한 논의는 정진석,

국내사보(國內私報)란에 광인사 관련 기사를 실었던 『한성순보』 제15호는 같은 호 각국근사(各國近事)란에 「출판권(出版權)」 및 「출판조례벌칙(出版條例罰則)」에 관한 기사를 싣는다. 「출판권」 및 「출판조례벌칙」은 모두 단행본 서적 출판에 관한 기사이다. 『한성순보』가 단행본 서적 출판의 권리 및 벌칙에 관한 두 편의 기사를 게재하게 되는 것은 결국 광인사의 출범을 염두에 둔 일이라는 추정이 가능하다.[48]

지금까지 이루어진 기존 연구들에서는 우리나라에 저작권법이 소개된 시기를 대체로 1900년대 중반 이후로 보고 있다. 하지만, 이는 사실과 다르다. 1884년에 이미 『한성순보』는 서구와 일본의 저작권에 관해 매우 자세히 소개하고 있는 것이다. 『한성순보』 제15호에 게재된 기사 「출판권」은 다음과 같이 시작된다.

> 出板權 歐米各國有所謂出板權者蓋聰明才智之士或自著圖書及繙譯外籍而爲之出板者則自政府嚴定規則令他人不敢摸刻獨許其人之印出而販賣以得著譯之利益亦使人用力於是開進世道之意也
>
> 歐美 각국에는 소위 출판권이란 것이 있다. 이는 총명하고 재능이 있는 인사들이 혹 저서를 내거나 외국서적을 번역하여 출판하면 정부에서 엄격한 규정을 정해 다른 사람들이 모방하여 내지 못하게 하고, 그 사람에게만 印出하여 판매함으로써 저서나 번역에 대한 이익을 얻게 하고, 또 그 사람들에게 세상을 개화하는 데 힘쓰도록 하기 위해서이다.[49]

『한국언론사』, 46쪽 참조.

48 박문국이 인쇄와 출판을 겸한 기구였다고는 하나, 박문국의 출판 업무는 주로 신문 발행에 관계된 것이었다. 박문국이 남긴 출판물은 『만국정표』(1886)와 『천금록』(1887) 정도에 지나지 않는다. 그렇게 보면 광인사의 출범은 실질적으로 우리나라 최초의 단행본 출판사의 설립이라는 의미를 지닌다.

49 「출판권(出版權)」, 『한성순보』 제15호, 1884.3.18.

이 기사에서는 계속해서 서양 여러 나라의 출판에 관한 저자의 권리 보호 기간을 소개하고 '비록 기한이 길고 짧기는 하나 저작권과 번역권의 이익을 보호하기는 마찬가지'라는 점을 설명한다. 출판권은 국내에서만 보호되는 것이 아니고 국제 조약을 통해 국외에서까지 보호된다는 사실도 부연된다. 「출판권」에서는 오늘날 일본에서도 별도로 조례와 벌칙을 정하여 출판권을 보호하고 있음을 거론한 후, 메이지(明治) 5년 문부성이 고시한 법률의 내용을 소개한다.[50] 『한성순보』가 일본의 출판법을 조목별로 매우 상세히 번역 소개하고 있는 것은, 그것이 국내에서도 준용될 수 있음을 시사하는 것으로 보인다. 그런데 「출판권」이나 「출판조례벌칙」에서는 저작권자의 권리보다는, 그가 이행해야 할 의무 및 위반 시의 벌칙에 대한 강조가 더욱 두드러져 보인다. 「출판권」의 주요 내용을 요약하면 다음과 같다. '자기가 저술한 서적이나 외국 서적을 번역하여 출판하고자 하는 자는 그 사유를 내무성에 먼저 신고해야 한다. 출판권은 신고 이후 30년간 소유한다. 출판권 신청 시에는 그 책의 원고를 검열할 수 있다. 출판권을 허가받았으면 관표(官標)를 붙여 증명한다. 출판이 완료되면 내무성에 3부를 납본한다.' 이외에 특별히 주목해 보아야 할 곳으로는 '출판자의 서명을 적지 않거나 별호(別號)로 적었을 때는 허가하지 않는다'는 항목이 있다. 무서명 혹은 필명으로 출판하는 일을 허락하지 않는다는 것이다. 「출판조례벌칙」에서는 '출판권을 획득하지 않고 출판한 자는 판각·인쇄본 및 매매한 대금을 몰수한다. 기계를 관리하는 자가 불법임을 알고도 책을

50 메이지 5년(1872)의 출판조례는, 일본 최초의 저작권법제인 메이지 2년(1869) 5월 13일 포고된 출판조례를 일부 개정한 것이다. 이는 메이지 8년(1875)에 다시 전면적으로 개정된다. 삿카 후미오[作花文雄], 『日本社會の変動と著作權制度の変革の軌跡』, 社団法人 著作權情報センター, 1999, 8쪽 참조.

출판한 경우에는 기계를 몰수한다'는 등의 징벌적 내용이 주를 이룬다. 여기에도 '저자·역자의 성명을 기록하지 않고 판매하는 자 및 성명·주소를 바꾸어 출판에 종사하는 자는 금옥(禁獄) 10일에서 6개월까지 처한다'는 조항이 있어 무서명과 필명 출판을 엄격히 금지했음을 알 수 있다.

광인사는 강위(姜瑋)의 『충효경집주합벽(忠孝經集註合璧)』과 『고환당수초(高歡堂收草)』, 안종수(安宗洙)의 『농정신편(農政新編)』, 정병하(鄭秉夏)의 『농정촬요(農政撮要)』 등을 간행했으며, 강위의 미발굴 저작물 『손무자비평(孫武子批評)』 등도 발행한 것으로 추정된다. 한말의 개화 사상가였던 강위의 저작물들이 모두 여기에서 간행되었다는 점 때문에, 광인사가 강위를 중심으로 설치된 인쇄소였을 가능성도 제기되고 있다. 고종 22년(1885)의 기록물 「통리교섭통상사무아문일기(統理交涉通商事務衙門日記)」에 보면, 부산항일본상법회의소(釜山港日本商法會議所)위원 하나다고로(花田五郎)가 광인사로부터 정기적으로 한글 활자 대금을 받아가고 있다는 기록이 나온다.[51] 이 기록에 나오는 부산항일본상법회의소는, 국내에서 발간된 최초의 근대적 매체인 『조선신보(朝鮮新報)』의 발행 주체였던 재부산항상법회의소(在釜山港商法會議所)와 같은 기관으로 보인다. 광인사가 발행한 『고환당수초(高歡堂收草)』는 1889년에 간행된 것으로 추정되는 바[52] 적어도 이 시기까지는 광인사가 존재했음을 알 수 있다.

광인사 설립 이후 국내에는 적지 않은 수의 민영 인쇄소들이 등장한

51 이광린, 『한국 개화사상 연구』, 일조각, 1979, 13~15쪽 참조. 이를 보면 광인사가 일본으로부터 한글 활자를 구입해 보유하고 있었음을 알 수 있다.

52 간기(刊記)는 붙어있지 않으나 전후 사정으로 볼 때 이러한 추정이 가능하다. 이와 관련된 상세한 논의는 이광린, 『한국 개화사상 연구』, 11쪽 참조.

다. 근대계몽기에 한국인이 운영하던 인쇄소는 1880년대 무렵에 설립된 것으로 추정되는 탑인사(塔印社)와 1890년대의 창문사(昌文社)를 비롯하여 이문사(以文社, 1895), 광문사(廣文社, 1900), 박문사(博文社, 1905), 보문관(普文館, 1906), 보진재인쇄소(寶晉齋印刷所, 1906), 박문서관(博文書館, 1907), 신문관(新文館, 1908) 등 30여 개가 있었다. 1904년에는 한일의정서 체결로 인해 일본인들이 운영하는 대규모의 인쇄소가 국내에 설립되었는데, 일한도서인쇄주식회사(日韓圖書印刷株式會社)[53]가 그 대표적 예에 속한다. 일본인이 운영하는 인쇄소는 1907년에 이르면 10여 개로 늘어난다. 이들은 서울뿐만 아니라 부산, 원산, 인천, 목포 등 전국에 퍼져있었다. 성서활판소와 삼문출판사, 영국성공회 인쇄소 등 종교 단체가 운영하던 인쇄소들도 이 시기에 중요한 역할을 했다. 성서활판소는 원래 일본 나가사키(長崎)에 있던 것을 1886년 국내로 옮겨온 것이고, 삼문출판사는 감리교 선교부가 1889년 배재학당 내에 설치한 것이다. 영국성공회 인쇄소는 1891년 영국성공회가 각종 선교문서와 소책자 등의 간행을 위해 설립한 것이다. 이 밖에 보성학교와 휘문의숙 등 일부 근대적 교육기관에서는 자체 인쇄소를 두고 교과서 등을 제작 출간했다. 특히 보성학교의 경우는 인쇄소 보성사와 출판사 보성관을 설립하였으며, 보성관에는 전문 번역원까지 두어 일본 대학의 강의록을 번역 출판하기도 했다.[54] 근대계몽기의 대표적 저술가 가운데 한 사람이었던 안국선(安國善)이 이곳 보성관의 번역원을 지냈던 것은 잘 알려진 사실이다. 이들 민영 인쇄소가 담당한 일은 신문 및 잡지의 발간, 각급 학교의 교과서 제작, 종교 관련 서적의 제작, 단행본 소설의

---

53 1907년에는 일한인쇄주식회사로, 1919년에는 조선인쇄주식회사로 명칭을 변경한다.

54 김봉희, 『한국 개화기 서적문화 연구』, 32~65쪽 참조.

제작 및 기타 서류 인쇄 등이었다. 그밖에 정식 출판사가 아닌 교육단체나 개인이 출판을 시도하기도 했다. 교육월보사, 국민교육회, 양정의숙, 제중원, 홍사단 등도 서적을 출판했다. 개인이 출판을 시도한 사례는 현공렴(玄公廉)의 경우를 들 수 있다. 현공렴은 당시 저술 및 번역 활동을 왕성하게 하던 현채(玄采)의 아들이었던 바, 그 역시 저작자 겸 번역자로 나서 자신의 집을 출판사로 삼아 서적을 출간했다.[55] 근대계몽기의 출판 활동은 교과용 도서 출판, 서구 서적의 번역・번안, 기독교 계통 서적의 출판, 근대적 활판 시설을 갖춘 신문사들의 출판, 동양의 고전 복간 및 해설서 출판 등을 중심으로 이루어졌다.[56]

한말에서 일제 강점기로 접어들면서는 인쇄물에 대한 당국의 검열과 탄압이 점차 심해지게 된다. 또한 일제의 통치가 정착되면서 연보(年報), 관보(官報), 교과서 등의 인쇄물이 일본인 경영 인쇄소로 몰리는 현상이 일어나게 되고, 한인 경영 인쇄소들은 경제적으로 어려운 국면을 맞게 된다. 한인 경영 인쇄소들은 족보 따위의 자가출판(自家出版) 등 일부 특수 인쇄물을 맡을 수 있을 뿐이었다. 이러한 상황 속에서 소설류에 대한 인쇄와 출판은 한인 인쇄소들이 찾아낸 출구 가운데 하나였다. 1920년대 이후에는 출판물이 격증하는 현상이 일어나게 되고, 이에 따라 영리를 목적으로 하는 민간 인쇄 업체 역시 융성하게 된다. 이 시기 인쇄업체는 전국적으로 6백여 개에 달했으며, 그 가운데 서울에서만 120여 개의 인쇄소가 성업한 것으로 기록되어 있다.[57]

---

55 강명관, 「근대계몽기 출판운동과 그 역사적 의의」, 53쪽 참조.

56 이와 관련된 상세한 서술은 이종국, 「개화기 출판활동의 한 징험 – 회동서관의 출판문화사적 의의를 중심으로」, 『한국출판학연구』 제49호, 2005, 225~227쪽 참조.

57 한국인쇄대감편찬위원회 편, 『한국인쇄대감(韓國印刷大鑑)』, 대한인쇄공업협동조합연합회 출판부, 1969, 129~130쪽 참조. 근대계몽기 인쇄소와 관련된 상세한 논의는 김영민, 『한국근대소설사』, 솔출판사, 1997, 173~179쪽 참조.

2) 서포의 형성

인쇄소를 통해 제작된 단행본들은 서적상인 서포(書鋪)를 통해 유통되었다. 서포는 조선시대부터 존재했던 서사(書肆)가 발전하여 정착된 것이다. 근대계몽기에 이르러 서포가 번성하게 된 동기는 급속히 늘어난 출판물과 다양해진 서적에 대한 욕구 때문이라 할 수 있다. 19세기 중엽부터 20세기 초반에 이르러 더욱 활발히 간행된 방각본의 간행 역시 서포의 정착과 무관하지 않다.[58] 근대계몽기의 대표적인 서포들로는 고제홍서포(高濟弘書鋪)→고유상서포(高裕相書鋪)→회동서관(匯東書館), 주한영서포(朱翰榮書鋪)→중앙서관(中央書館), 김상만책사(金相萬冊肆)→광학서포(廣學書鋪), 그리고 김기현(金基鉉)의 대동서시(大同書市)와 지송욱(池松旭)의 신구서림(新舊書林) 등이 있었다.[59] 초기의 서포들은 서적의 판매만을 담당했다. 그러나 이들은 점차 서적의 발행에도 관여하게 된다. 서적의 발행에 참여했던 서포로는 광학서포, 박문서관, 광덕서관, 유일서관, 동문서림, 옥호서림 등이 있었다. 1905년 무렵부터는 서포가 발행원이 되는 경우가 늘어나게 되고, 1908년 무렵에 이르면 이는 일반적인 현상이 된다. 현공렴, 주한영, 고유상, 김기현, 정희진 등 서적 관련 업자들이 모여 결성한 황성서적업조합 역시 발행처가 되기도 했다. 영림서관(英林書館) 등 일부 서포는 서적의 판매 외에 유료 대여를 하기도 했으며, 야소교서회는 무료 도서관 역할을 하기도 했다. 1880년대 말 고제홍서포(高濟弘書鋪)를 시작으로 서울과 평

58 김봉희, 『한국 개화기 서적문화 연구』, 66쪽 참조.

59 1880년대부터 1910년에 이르는 서점상 총목록(서포명, 주인, 주소)은 김봉희, 『한국 개화기 서적문화 연구』, 82~88쪽에 자세히 수록되어 있다. 이 자료에 따르면 당시 국내에 약 140여 개의 서점이 있었다.

양 등 대도시에서 생겨난 서포는, 1907년을 지나면서부터는 지방 중소 도시로까지 확산되어 그 수가 급격히 늘어나게 된다.[60] 1908년 무렵부터는 서적종람소와 신문잡지종람소도 생기게 되는데, 이들 종람소에서는 신문, 잡지, 단행본들을 무료로 볼 수 있었다. 일부 지식인들에 의해 시도된 종람소 설립운동은 그런대로 성과가 있어서 서울과 지방의 출판사, 학교, 관청, 개인집 등 다양한 곳에 종람소가 생겨났다.[61] 당시 종람소는 일종의 사립 도서관 역할을 하기도 했다.[62]

최남선(崔南善)의 신문관(新文館)의 경우, 1908년 인쇄업과 동시에 서적 판매업을 시작한 것으로 지금까지 알려져 왔다. 하지만 소책자 『신문관 발매 서적 총목록』(1914.5.1)을 보면 신문관이 판매업을 시작한 것은 이보다 훨씬 뒤의 일이라는 사실을 확인할 수 있다. 이 소책자의 서두에는 「경고해내독서가(敬告海內讀書家)」라는 글이 실려 있다. 이 자료는 신문관의 서적판매부(書籍販賣部) 개설 시기에 대한 확인뿐만 아니라, 당시의 서적 판매 관행을 확인하는 데도 도움이 된다. 전문을 인용하기로 한다.

> 敬告海內讀書家
>
> 書籍은 智識의 源泉이오 文化의 關鍵이라 國家文運의 隆替消長이 此에 繫材ᄒᆞ거늘 書舖ᄂᆞᆫ 實로 此를 運用ᄒᆞᄂᆞᆫ 機關이오 推進ᄒᆞᄂᆞᆫ 動力이니 그 責司 쏘한 重大치 아니ᄒᆞᆫ가 故로 書舖는 射利를 專主ᄒᆞᄂᆞᆫ 他營業과 自別치 아닐 수 업도다 然

60 김봉희, 『한국 개화기 서적문화 연구』, 81~91쪽 참조.

61 강명관, 「근대계몽기 출판운동과 그 역사적 의의」, 60쪽 참조.

62 우리나라 최초의 도서관은 1906년 서울에 개설된 대한도서관이다. 대한도서관은 국립도서관의 성격을 띠고 운영되었다. 이후 평양에 사립공공도서관인 대동서관이 설립되었고 서울 등지에 서적 종람소가 계속 생기게 된다. 이와 관련된 상세한 논의는 김세익, 『도서, 인쇄, 도서관사』, 종로서적, 1982, 214~219쪽 참조.

ᄒᆞ나 近來斯業에 從事ᄒᆞᄂᆞᆫ 者 ㅣ 흔이 此 要義를 沒却ᄒᆞᆯ ᄲᅮᆫ 아니라 甚ᄒᆞᆫ즉 廉隅를 冒破ᄒᆞ고 다시 顧忌ᄒᆞᆷ이 업서 末流의 弊端이 底止ᄒᆞᆯ 바를 모르니 痛嘆을 曷勝ᄒᆞ리오 敝館이 深大ᄒᆞᆫ 抱負로 斯界에 一幟를 立코져 ᄒᆞᆫ 지 十許年이라 力이 微ᄒᆞ고 才 ㅣ 乏ᄒᆞ야 아즉 所期의 萬一을 實行치 못ᄒᆞ나 耿耿ᄒᆞᆫ 一心과 斷斷ᄒᆞᆫ 一念은 오래 江湖의 認識을 蒙ᄒᆞᆫ 바 ㅣ 라 그윽히 書舖界 積獘에 感慨ᄒᆞ와 古文獻을 收聚刊布ᄒᆞ고 新學書를 著譯發行ᄒᆞᄂᆞᆫ 同時에 從今으로 다시 書籍販賣部를 兼設ᄒᆞ야 大方의 需用을 應ᄒᆞ되 誠懇忠實로 主旨ᄒᆞ야 더욱 地方 讀書家의 便益을 供ᄒᆞᆯ 것이오 經營 方法은 아즉 恒例에 遵據ᄒᆞᆷ이 多ᄒᆞᆯ지나 經驗을 積ᄒᆞ고 勢力을 植ᄒᆞ고 信用을 博ᄒᆞ야 適當ᄒᆞᆫ 時機에 適當ᄒᆞᆫ 方法으로 斯界廓淸의 實積을 擧ᄒᆞ리니 文敎와 風化에 有志ᄒᆞ신 君子ᄂᆞᆫ 特別히 顧護ᄒᆞ심을 伏望ᄒᆞ노이다

一, 本館의 特色은 酬應迅速, 包裝堅實, 價格務歇, 選擇精密, 信用確守 等이니 一言而蔽ᄒᆞ면 委託ᄒᆞ신 後 安心ᄒᆞ실 수 잇슴

一, 割引은 格外로 低廉ᄒᆞ게 ᄒᆞ되 總督府敎科書와 光文會古書와 外地書籍과 其他 不得已ᄒᆞᆫ 外에ᄂᆞᆫ 零售에 統히 三割로 ᄒᆞ고 五圓以上 注文은 三割에 郵費ᄭᆞ지 自擔ᄒᆞ겟ᄉᆞ오며 ᄒᆞᆯ 수 잇ᄂᆞᆫ 것은 四五割이라도 ᄒᆞ겟슴

一, 此 目錄에 未載ᄒᆞᆫ 것이라도 市上에 發賣되ᄂᆞᆫ 書籍은 一切 酬應ᄒᆞ되 連續請求ᄒᆞ시ᄂᆞᆫ 君子에게ᄂᆞᆫ 特別 優待ᄒᆞ겟슴

一, 千字文, 通鑑, 史略, 唐音, 方藥合編, 天機大要 등 古書도 具備ᄒᆞ오나 市勢가 特異ᄒᆞᆫ 기로 此에 列錄치 아니ᄒᆞᆷ

一, 此 廣告 以外에 結冊ᄒᆞᆫ 書籍 目錄과 本館 專用 振替貯金用紙ᄂᆞᆫ 請求ᄒᆞ시ᄂᆞᆫ 대로 送呈ᄒᆞ겟슴

一, 注文時에 住所姓啣을 楷字로 明記ᄒᆞ시옵

一, 引換代金으로 ᄒᆞᆷ이 便ᄒᆞᆫ 듯ᄒᆞ나 先金으로 注文ᄒᆞ시ᄂᆞᆫ 것보담 代金이 增多ᄒᆞᆯ ᄲᅮᆫ 아니라 彼此不便이 多ᄒᆞᆫ 것이오니 아못조록 先金으로 注文ᄒᆞ시되 別項 割引 規定대로 定價에서 控除ᄒᆞ심이 爲好외다 (下載引換代金論을 一讀ᄒᆞ시오)[63]

최남선의 신문관이 서적판매부를 설치한 것은 1914년 5월 이후였다. 신문관 서적 판매부는 자신의 출판사에서 발행한 서적뿐만 아니라 시중에 나와 있는 다른 서적들에 대해서도 주문을 받아 판매했다. 이 자료를 보면 당시 서적상들이 책을 정가 그대로 판매한 것이 아니라 30% 정도를 할인해 팔았다는 사실도 알 수 있다. 여기에는 '오원 이상 주문에는 삼 할에 우편료까지 부담하고, 할 수 있는 것은 사오 할도 할인할 수 있다'는 구절도 들어 있다.[64]

1920년대가 되면 경성에만 약 30곳의 출판·서적상이 활동하는데 조선도서주식회사(朝鮮圖書株式會社), 한성도서주식회사(漢城圖書株式會社), 동양서원(東洋書院), 박문서관(博文書館), 덕흥서림(德興書林), 회동서관(滙東書館), 영창서관(永昌書館), 일한서방(日韓書房) 등이 거기에 속한다. 조선도서주식회사는 1920년 7월 발족한 것으로, 이제까지 개별적으로 출판과 판매에 종사하던 기성출판사 대표들이 공동으로 출자하여 만든 도서 출판 및 도매를 위한 새로운 조직체였다. 조선도서주식회사는 회동서관의 주인 고유상(高裕相)과 박문서관의 주인 노익형(盧益亨) 등이 취체역(取締役)을 맡았다.[65]

---

63 신문관판매부(新文館販賣部), 『신문관 발매 서적 총목록』 제1호, 1914.5.1.

64 이 상황을 이해하는 데는 다음의 지적 역시 참고가 된다. "서점들 간의 이러한 경쟁과 갈등은 신생 서점들이 대거 등장하는 1910년대 초반에 이르면 더욱 증폭된다. 1910년대의 서적 광고를 보면 예외없이 대규모 할인을 한다는 문구가 삽입되어 있는데 이러한 할인 경쟁이야말로 격화되는 서적계의 경쟁에서 살아남고자 하는 고육책이라 할 수 있다." (한기형, 「1910년대 신소설에 미친 출판·유통 환경의 영향」, 『한국 근대소설사의 시각』, 238쪽) 이밖에 신문관의 활동과 관련된 상세한 논의는 최근에 나온 다음의 논문을 참조할 수 있다. 권두연, 「신문관(新文館)의 '문화운동' 연구」, 연세대 박사논문, 2010.

65 하동호, 「박문서관의 출판서지고(出版書誌攷)」, 『한국 근대문학의 서지연구』, 깊은샘, 1981, 70~71쪽 참조. 참고로, '식민지 시기 전반을 통해 활동한 출판 경력이 있는 한국인 민간 출판사는 총 252곳, 판매만을 하던 한국인 소매서점은 209곳, 일본인이 경영하던 출판사는 21곳 소매서점은 30곳'이었다. 식민지 시기 출판업은 '1926년을 최고 정점으로 쇠퇴하기 시작하여 이후 1936년경까지 약 10년 간 침체기가 지속되었다. 이후 1937년 무렵 일시적으로 활기를 되찾지

박문서관의 노익형은 서점을 시작하게 된 이유를 '우리 조선에도 신문화가 수입되기 시작하는데 역시 책 같은 것도 필요할 것 같아서'였다고 술회한다. 출판의 목적이 어디에 있었건 단행본 소설의 출간은 상업성이 크게 두드러지는 일이었다. 따라서 이 시기 서점들은 자신들이 출간한 서적들을 세간에 널리 알리기 위해 다양한 방식으로 광고를 했다.[66] 대부분의 출판사들은 단행본의 뒷표지에 자신들이 발행한 도서목록을 적어 넣거나, 자체 제작한 도서목록을 별책으로 만들어 배포했다. 박문서관은 다른 서점에 비해 광고에 매우 적극적이었던 것으로 보인다. 『대한매일신보』에 실린 '특별광고'는 그 한 사례가 된다.

博文書館特別廣告박문셔관특별광고

本人이 書館을 營業ᄒᆞᆫ지 未過一年에 業務가 擴張하와 新舊書籍과 耶穌教書籍과 學校教科書類과 文房具 及 學校用品 等 雜貨를 廉價로 大發賣ᄒᆞ오며 本館의 目的은 漢文不足하신 이와 婦人社會를 爲ᄒᆞ야 內外國 史記와 家庭에 合當ᄒᆞᆫ 小說 等을 純國文으로 飜譯ᄒᆞ야 出板도 ᄒᆞ옵고 身體가 康健치 못ᄒᆞ신 이의 不足症 ○뇌점病 ○ᄌᆞ지못할病 ○虛汗症 ○積病 ○속병 ○痢疾 ○落胎諸病에 第壹

만, 1940년 이후 급속히 쇠퇴'한다. 식민지 시기 전반에 걸친 출판사 현황에 관한 상세한 논의는 방효순, 「일제시대 민간 서적 발행 활동의 구조적 특성에 관한 연구」, 이화여대 박사논문, 2001, 19~22쪽 참조. 이 논문의 부록에는 식민지 시기에 활동한 출판사 및 서점의 총목록과 출판사별 출판물 목록이 실려 있다.

66 근대계몽기 신문에 실린 최초의 서적 광고는 『독립신문』 창간호 3면에 실린 다음의 것으로 알려져 있다. "**ᄉᆞ민필지** 세계 지리셔를 한문으로 번역ᄒᆞᆫ 거신ᄃᆡ 사ᄅᆞᆷ마다 볼만ᄒᆞᆫ ᄎᆡᆨ이니 학문샹에 유의ᄒᆞᄂᆞᆫ 이ᄂᆞᆫ 이 ᄎᆡᆨ을 죵노 ᄎᆡᆨ젼에셔 사시옵 갑슨 여덜냥"(『독립신문』, 1896.4.7) "**한영자뎐 한영문법** 죠션 사ᄅᆞᆷ이 영국 말을 ᄇᆡ호랴면 이 두 ᄎᆡᆨ보다 더 긴ᄒᆞᆫ 거시 업ᄂᆞᆫ지라 이 두 ᄎᆡᆨ이 미국인 워두우 ᄆᆡᆫ든 거시니 한영ᄌᆞ뎐은 영국 말과 언문과 한문을 합ᄒᆞ야 ᄆᆡᆫ든 ᄎᆡᆨ이오 한영문법은 영국문법과 죠션문법을 서로 견주엇시니 말이 간단ᄒᆞ야 영국 말을 ᄌᆞ셰히 ᄇᆡ호랴면 이 ᄎᆡᆨ이 잇서야 ᄒᆞᆯ 거시니라 갑슨 한영ᄌᆞ뎐 ᄉᆞ원 한영문법 삼원 ᄇᆡ지학당 한미 화활판소에 와 사라." (『독립신문』, 1896.4.7)

神效흔 防補益水를 發賣흐옵고 名啣印刷도 하오니 만히 來去흐심을 厚望흠[67]

이 광고에서 박문서관은 자신들이 영업을 시작한 지 불과 일년이 지나지 않아 사업을 확장하게 되었다는 사실을 밝히고, 신구서적과 교과서 문방구와 잡화 등을 염가로 발매하고 소설을 국문으로 번역하여 판매하고 있음을 알린다. 박문서관은 자신들이 발행한 단행본 소설의 본문이 끝나는 자리에 다음과 같은 문안을 넣어 광고를 하기도 했다.

여러분! 부탁합니다 잇지 마십시오

여러분! 추야장천 긴긴밤에 압집에서도 소설보는 소리 뒷집에서도 소설보는 소리 이 잠이잇는 소설은 경성 종로 박문서관에서 發行한 소설입니다. 그리고 그 소설의 일홈은 「자동차연애」, 「춘몽」, 「릉라도」, 「마상루」, 「우중행인」, 「애사」, 「사랑의 성공」, 「운명에 지환」, 「단종대왕 실긔」, 「인조대왕 실긔」, 「일륜명월」, 「시드른 방초」, 「동방화촉」 등이니 이 소설을 다-보섯으면 이 소설을 주문해 보십시오.[68]

능나도를 보신 다음에는 조선도서주식회사 발행의 「츈몽」 소설을 한 번 보시면 현대 연애소설로 진진한 자미는 능나도에 비할 수 업스며 소설로는 츈몽을 못보고는 소설책을 구경하엿다고 할 수 업습니다. 내용은 능나도의 갑절이나 확실히 되는 책이 단 륙십전이오니 자미잇는 소설을 보시랴면 「츈몽」을 잇지 마시옵.[69]

---

67 『대한매일신보』 국한문판, 1908.6.27.
68 최찬식, 『금강문』, 박문서관, 1922, 130쪽. 『금강문』은 1914년 8월 19일 초판을 발행했다.
69 최찬식, 『릉나도(綾羅島)』, 박문서관, 1930, 199쪽. 『릉나도』는 1919년 1월 27일 초판을 발행했다.

근대계몽기의 서점 운영은 일종의 문화 사업에 속하는 것이었고, 따라서 개화의 사명에서 이 사업을 택한 서적상도 적지 않았다. 대동서시(大東書市)의 김기현이나 중앙서림(中央書林)을 설립한 주한영 등이 그러했다. 「경고해내독서가(敬告海內讀書家)」에서 최남선도 서포가 지닌 국가적 사명감을 강조하며 서적업은 이익을 추구하는 다른 영업과는 구별되는 것임을 강조한 바가 있다. 물론 신구서림(新舊書林)의 지송욱, 고제홍서포(高濟弘書鋪)의 고제홍처럼 상리(商利)가 앞서 서점을 시작한 경우도 있었다. 서점 설립의 동기가 상리를 목적으로 하였건 혹은 민족을 계몽하려는 문화 사업을 목표로 하였건 간에 근대 서적상이 신문화운동에 이바지한 것만은 부인할 수 없는 사실이다.[70] 당시 서점들은 신구소설류(新舊小說類)의 작품을 팔아 수익을 낼 수 있었다. 특히 서점의 매출에 도움이 되었던 것은 「춘향전(春香傳)」, 「심청전(沈淸傳)」, 「옥루몽(玉樓夢)」, 「유충렬전(劉忠烈傳)」 등 구소설이었다. 이른바 신소설로 지칭되는 근대계몽기 장형소설들도 고소설 못지않게 인기를 끌었다.

서포에서 판매되던 단행본 소설의 가격은 대략 30전 내외였다. 광학서포가 발행한 이인직의 『혈의루』의 가격은 20전이었으며, 중앙서관이 발행한 『귀의성』은 30전이었다. 이는 당시 일반 도서 대금에 비해 그리 비싼 편이 아니었다. 근대계몽기 서적 가격에 대해서는 다음의 정리를 참고할 수 있다.

> 이 무렵의 책값들은 최저 2전(『국민자유진보론(國民自由進步論)』, 고금서해관 발행)에서 최고 7환(『만국사기(萬國史記)』, 김상만책사 발행)까지

70 조기준, 「개화기의 서적상들」, 『월간중앙』, 1970.9, 370~377쪽 참조.

천차만별이었지만 대체로 평균가격은 58전이었다. 이는 당시 『대한매일신보』와 『황성신문』에 게재된 서적 광고에 나타난 165종에 대한 가격을 분석한 것으로, 당시의 쌀 한 가마니(180리터)의 값으로 22권의 서적을 살 수 있는 가격이었다. 이러한 책값은 쌀 1석(15말)이 5량(兩)이었던 1801년에 『사학징의(邪學懲義)』란 책이 1량 7전에 거래된 것과 비교하면 10분의 1 이상으로 저렴해진 것이 된다.[71]

1900년대 들어오면서, 출판 기술의 보급과 독서 인구의 증가로 인해 대량 생산이 가능해짐으로써 조선 후기 사회와는 비교할 수 없을 만큼 책값이 저렴해진 것이다. 책값의 저렴화는 서적의 대량 보급을 가능하게 하고, 독서의 대중화를 촉진시키는 계기가 된다.[72]

1920년대 이후에 등장하는 새로운 문예소설(文藝小說)들은 작가에 따라 판매량의 차이가 매우 컸다. 염상섭의 작품들은 판매가 부진했던 반면 이광수의 작품은 독자들에게 큰 인기를 끌었다고 한다. "春園의 力作 「흙」은 最近 出版界에 있어서 驚異的으로 잘 팔리는데 初版二千部가 三四個月 안에 다 팔리고 再版 印刷中이라"[73]는 기사 등에서 이를 알 수 있다.

1930년대 박문서관의 연간 매출은 약 18만 원 정도였다.[74] 당시 박문서관이 발행한 책 한 권의 평균 가격이 30전 정도였던 것을 생각하면 이는 결코 적지 않은 액수이다.[75] 강의영(姜義永)의 영창서관(永昌書館)의 매상은 약 6만 원정도 였고,[76] 김동진(金東縉)의 덕흥서림(德興書林)은

71 이중한 외, 『우리 출판 100년』, 현암사, 2001, 47쪽.
72 위의 책, 48쪽 참조.
73 B기자(記者), 「문단(文壇) 소신문(小新聞)」, 『신인문학』, 1934.8, 81쪽.
74 「출판문화의 전당 박문서관의 업적」, 『조광』, 1938.12, 312~315쪽 참조.
75 1930년대 박문서관이 발행한 소설 한 권의 가격은 대개 25전에서 35전 사이였다. 기타 서적의 경우는 분량에 따라 차이가 있었으므로 일률적으로 말하기는 어렵다.

빈손으로 출발해 수만금을 모은 것으로 전해진다. 이들 서점은 초창기에는 판권이 없는 고소설의 경우 한 출판사에서 이미 간행한 서적은 다른 출판사에서는 발간하지 않고 상호 교환 판매를 실시했다. 그러나 점차 출판사 사이의 경쟁이 심해지면서 판권이 없는 책은 중복 출판을 하게 된다. 당시의 서점상들은 책과 함께 문구류를 취급했고, 책을 들고 거리로 나가 독자에게 판매하기도 했다. 1916년 공진회(共進會)가 열렸을 당시에는 시골에서 올라온 손님들의 숙소를 돌아다니며 많은 책을 팔았다는 기록이 있다.[77] 당시의 서점상들이 대부분 소규모로 출발해 점차 그 규모를 키워나간 것을 보면 이 시기 서적의 출판·판매업은 성장 일로에 있던 사업이었다고 할 수 있다. 그러나, 한국 근대 서점의 미래가 그리 밝았던 것만은 아니다. 회동서관의 사례를 보면 한국의 근대식 서포가 어떠한 방식으로 성장했고 또 소멸해갔는지를 알 수 있다. 회동서관의 전신인 고제홍서사는 1897년 문을 열고 조선시대 저작물인 『해동명장전』을 출간한다. 이후 아들인 고유상이 가업을 이어 고유상서포를 운영하게 되고, 1907년부터 상호가 회동서관으로 다시 바뀌게 된다. 회동서관은 출판업을 본격적으로 활성화시키게 되는데 이해조의 『화성돈전』(1908)을 3천 부 가량 인쇄하여 모두 소화하고 이후 『철세계』(1908), 『설중매』(1908) 등을 통해 독자를 확대해 나간다. 『화성돈전』의 경우 정가를 20전으로 했는데, 당시 들어간 제작비 총액은 백원

76 「척독류(尺牘類)에서 산성(産聲)을 발(發)한 영창서관의 금일」, 『조광』, 1938.12, 316~319쪽 참조.

77 「적수(赤手)로 성공한 덕흥서림의 현형(現形)」, 『조광』, 1938년 12월, 320~323쪽 참조. 참고로, 안국선의 소설집 『공진회』 서문에는 다음과 같은 언급이 있다. "물산공진회ᄂᆞᆫ 도라단기며 구경ᄒᆞᄂᆞᆫ 것이오 소셜 공진회ᄂᆞᆫ 안져셔ᄂᆞ 두러누어 보ᄂᆞᆫ 것이라 물산공진회를 구경ᄒᆞ고 도라와셔 여관한등 젹젹ᄒᆞᆫ 밤과 긔ᄎᆞ타고 심심ᄒᆞᆯ 젹과 집에 가셔 ᄒᆞᆫ거ᄒᆞᆯ ᄯᅢ에 이 ᄎᆡᆨ을 펼쳐 들고 한ᄃᆡ문 나려보면 피곤근심 간데업고 ᄌᆞ미가 진진ᄒᆞ야……" 안국선, 『공진회』, 안국선 자택, 1915, 1쪽.

내외였다고 한다. 회동서관은 구한국학부(舊韓國學部)에서 나오는 책들을 판매하는 한편 외국 자료들도 번역 출판했다. 이러한 책들은 3천 부씩은 보통 팔려나갔다.[78] 회동서관은 필자 개발과 양서 기획에도 성공했는데 지석영(池錫永)이 만든 옥편 『자전석요(字典釋要)』(1909)가 그 사례가 된다. 이 책은 초판 5천 부를 인쇄한 후 계속 5천 부씩 20여 판을 찍어 10만 부를 판매한 것으로 기록되어 있다. 회동서관은 1918년 지점인 광익서관(廣益書館)을 설립하고, 인쇄소 계문사(啓文社)를 별도 설립하며 대구에도 지점을 내는 등 사세를 확장시켜 갔다. 그러나 1920년대 이후에는 다수의 일본인 서적상 및 출판사들의 상륙과 출판법에 의한 국내 서점 탄압 등으로 인해 점차 내리막길을 걷게 된다.[79] 1930년대에 들어서면 회동서관의 영업 실적은 급격히 악화된다. 결국, 1937년 고유상이 경영일선에서 물러난 이후 회동서관은 출판활동을 포기하고 주로 판매활동에만 주력하게 된다. 변화하는 시대조류에 부응하지 못한 상황에서 많은 신생 출판업자들이 출현함에 따라 이들과의 경쟁이 불가피해진 것도 경영 악화의 원인으로 꼽힌다.[80]

3) 판권의 표기와 저작의 권리

근대계몽기의 저작물에서 판권[81] 표기가 나타나는 것은 이봉운의

78 하동호, 『근대서지고류총(近代書誌攷類叢)』, 탑출판사, 1987, 16쪽 참조.

79 이종국, 「개화기 출판활동의 한 징험 – 회동서관의 출판문화사적 의의를 중심으로」, 215~252쪽 참조. 회동서관의 경우 한일병합 뒤에 일어난 과학 서적 및 사상 서적 압수 소동으로 인해 「설중매(雪中梅)」, 「철세계(鐵世界)」 등을 압수당한 바 있다. 이에 관해서는 하동호, 『근대서지고류총』 16쪽 참조.

80 방효순, 「일제시대 민간 서적 발행 활동의 구조적 특성에 관한 연구」, 50쪽 참조.

저술 『국문정리』(1897)가 처음이라고 알려져 있다.[82] 『국문정리』에는 '관허 판권 소유'라는 사실이 명시되어 있으며 정가는 '두냥 닷돈'으로 제시되어 있다. 이 책에서는 판권지란에 다음과 같은 글을 실어 판권 개념에 대해 설명하고 있다. "관허 판권소유라 ᄒᆞᆫ 뜻슨 ᄂᆞᆷ이 ᄆᆞᆫᄃᆞᆫ ᄎᆡᆨ을 혹 ᄉᆞ의로 인쇄ᄒᆞ야 ᄆᆡ각ᄒᆞ면 그 ᄌᆡ죠를 ᄈᆡᆺᄂᆞᆫ 도적으로 ᄃᆞᄉᆞ리ᄂᆞᆫ 법률이 잇시니 이거시 ᄀᆡ명ᄒᆞᆫ 나라에셔 션비로 ᄒᆞ야곰 셔젹을 져작ᄒᆞᄂᆞᆫ 권리를 주ᄂᆞᆫ 거시라."[83] 판권지 란에 이러한 설명이 쓰여 있다는 것은 역설적으로 판권 개념이 당시로서는 매우 낯선 것이었음을 보여주는 증거가 된다. 『국문정리』의 판권 표기에 대해서는 다음과 같은 해석이 이루어진 바 있다.

> 이러한 저작·출판권에 대한 이해는 경제 거래의 대상이 되는 이른바 유체(有體) 재산에 대한 불가침의 지배권이라는 근대적 소유권 개념의 도입이라 할

81 '판권'은 '저작권'과 같은 개념이다. 이 용어의 역사성에 대해서는 다음의 정리를 참조할 수 있다. "1910년대 저작권과 같은 개념으로 사용된 '판권'은 일본의 저작권법 제정 이전, 1875년(메이지 8) 출판법의 판권 규정 이래 사용된 개념으로 1893년(메이지 26) 판권법이 공포되면서 판권소유의 표시가 의무화되었던 시기에 발행된 서적에서는 '판권소유'라 명기했다. 이후 1899년(메이지 32) 저작권법이 공포되면서 판권을 저작권의 용어로 대체했는데, "저작물을 복제하는 권리를 전용"하는 것에 있다는 저작권법의 저작권자의 규정에 기초하여 '복제불허'는 저작권자의 권리를 명시한 것이다. 일본에서는 저작권법의 역사적 변천에 따른 표기가 1910년대 식민지 조선에서는 시간적 추이와는 관계없이 동일한 시공간에 병기된 셈이다." (권정희, 「식민지 조선의 번역 / 번안의 위치 – 1910년대 저작권법을 중심으로」, 『반교어문학』 제28집, 2010, 300~301쪽) 이 용어의 사용에 대해서는 다음과 같은 견해도 있다. "'판권'이란 용어는 일본의 후쿠자와유키치[福澤諭吉]가 일본의 출판조례(1875)에서 저작권의 소유기간을 30년간 부여하고 '이 專賣權을 판권이라 부른다'에서 유래된 말로서 일본이 구저작권법(1899)을 제정하고 동시에 베른조약에 가입함으로써 일본에서도 공식적으로 소멸된 용어이지만 한국에서는 아직도 사용되고 있는데 '간기면'이란 용어가 적합하다." (남석순, 「1910년대 신소설의 저작권 연구」, 『동양학』 제43집, 2008, 2쪽)

82 이보다 앞서 발간된 연활자본 서적인 『농정촬요(農政撮要)』의 경우를 보면 간기와 판권 표기란이 없다. 간행 시기와 저자에 대해서는 서문을 통해 확인할 수 있을 뿐이다.

83 리봉운, 『국문정리(國文正理)』, 1897, 13쪽.

수 있다. 따라서 저작물 등에 대한 권리도 하나의 소유로 보호되어야 한다는 사회적 욕구에 부응한 근대적 의미의 지적 재산권 개념이라 할 수 있다. 하나의 특정한 사례이긴 하나 '국문졍리'에 제시된 판권 표시는 개화기의 인쇄출판 활동이 근대적 전환과정을 보여주고 있다는 점에서 매우 중요한 의미를 부여할 수 있다.[84]

한기형은 이 시기의 저작권 개념이 오늘날과는 많이 달랐을 것이라는 생각을 드러낸다. "신소설 시대의 출판 관행은 오늘날처럼 작가가 자신의 저작권을 배타적으로 소유한 상태에서 일정한 보상을 받고 출판사와 출판 계약을 맺는 것이 아니라 작품에 대한 모든 권리를 한 몫에 양도하는 방식으로 이루어졌다. 엄밀하게 말해 당시는 현대적 의미의 '저작권'이란 개념 자체가 없었고 서적상의 권리만이 존재했던 것이다. 즉 서적상이 저작물에 대한 권리 일체를 소유하고 있었던 셈이다. 따라서 신소설 작가는 자기 작품이 세인의 주목을 받아 판을 거듭해 팔린다 하더라도 최초에 받은 저작료 이상의 수입을 올릴 수 없었으리라 짐작된다"[85]는 것이다. 근대계몽기 소설의 저작권에 대한 한기형의 연구는 주목할 만하다. 이 연구에 따르면, 근대계몽기 소설가들은 원고를 일단 출판사에 넘기고 나면 이후 원고와 관련된 모든 권리를 출판사가 지니게 된다. 작가의 이름이 기록될 수 있었던 것도 순전히 권리를 소유한 서적상이 베푼 '배려의 결과'가 되는 것이다.[86] 실제로, 근대계몽기 당시에는

84 이종국, 「한국 개화기의 인쇄출판문화 연구 하— 개화기의 인쇄출판 인식을 중심으로」, 『인쇄계』, 1996.1, 109쪽.

85 한기형, 「1910년대 신소설에 미친 출판·유통 환경의 영향」, 245~246쪽 참조. 한기형은 신소설의 저작권 매매는 결과적으로 작가의 문학적 창조성을 위축시키고 작가로 하여금 자기 작품에 대한 예술적 책임으로부터 멀어지도록 하는 요인이 되었다고 지적한다.

86 위의 글, 248쪽 참조.

출판사 및 서적상이 작가로부터 원고와 관련된 상당한 권한을 구입해 행사할 수 있었던 것으로 보인다. 이해조의 경우 『대한민보』에 발표했던 「박정화」(1910.3.10~5.31)는 단행본으로 출간되면서 저작자 이름이 삭제되었을 뿐만 아니라 작품의 제목까지 『산천초목(山川草木)』(유일서관, 1912.1.20)으로 바뀌었다.[87] 이런 경우는 저작권을 출판사가 사들여 보유했을 것이라는 추정이 가능하다. 『매일신보』에 연재 발표했던 「월하가인」(1911.1.18~4.5)이 보급서관에서 단행본으로 간행될 때 저자 겸 발행자가 김용준으로 기록되고, 『제국신문』에 연재했던 「홍도화」(1908.7.24~9.17)가 동양서원에서 출간될 때 '저작 겸 발행자'가 상권은 민준호로 하권은 남궁준으로 기록되는 것도 같은 맥락에서 이해가 가능하다.[88]

하지만 모든 작가가 출판과 동시에 작품의 저작권 일체를 출판사 및 서적상에게 양도했다고만 보기에는 석연치 않은 측면이 있다. 그렇게만 보는 경우, 이인직의 「혈의루」가 출판사를 바꾸어 가면서 개작 과정을 거치게 되는 이유를 설명하기가 어렵다. 이인직의 「혈의루」는 원래 1906년 7월 22일부터 10월 10일까지 『만세보』 연재 발표된 작품이다. 이 작품은 『만세보』 연재 당시에는 부속국문체로 발표되었지만 1907년 3월 17일 광학서포(廣學書鋪)에서 국문체 소설로 제작 출간된다.[89] 이후 1908년 3월 27일 재판을 찍었고, 한일병합 직후인 1911년 6월에는 출판

87 「박정화」와 『산천초목』의 관계에 대해서는 최원식, 「이해조의 문학세계」, 『한국 근대소설사론』, 창비사, 1986, 105~114쪽 참조.

88 '저작 겸 발행자'란 대부분의 경우 책을 제작하고 배포하는 서적상을 의미한다. 그러나, 이외에도 개인적으로 판권을 매입한 자본들이 저작 겸 발행자가 되기도 했다. "개인 명의 외에도 지물상, 포목점, 자전거포, 약방, 의원, 잡화상 등이 서적을 발행하는 경우도 있었는데 이들 역시 판권을 매입했던 자본가들이었던 것으로 보인다."(방효순, 「일제시대 저작권 제도의 정착 과정에 관한 연구— 저작 관련 사항을 중심으로」, 229쪽)

89 이 과정에 대한 상세한 논의는 김영민, 「근대계몽기 신문의 문체와 한글 소설의 정착 과정」, 『현대문학의 연구』 제22집, 2004.47~88쪽 참조.

법에 의해 발행불허(發行不許) 처분을 받게 된다. 그러자 이인직은 이 작품의 일부를 고쳐 『목단봉(牧丹峰)』으로 개제한 후 출판사도 바꾸어 동양서원(東洋書院)에서 다시 출간하게 된다. 『혈의루』는 『목단봉』으로 바뀌는 과정에서 내용뿐만 아니라 형식 역시 많이 변화한다.[90] 『혈의루』를 『목단봉』으로 개작한 것은 출판사가 아니라 이인직 자신이었다. 이러한 사실은 작가의 연재 서언을 보면 알 수 있다. 다음은 『매일신보』의 「모란봉(牧丹峰)」[91] 연재에 앞서 발표된 연재 예고문과 작가의 연재 서언이다.

여러달 츄미잇게 ᄋᆡ독ᄒᆞ시던 쌍옥루(雙玉淚)ᄂᆞᆫ 오ᄂᆞᆯ 본보로써 ᄀᆡ지가 다 되ᄋᆞᆸ고 이 다음에ᄂᆞᆫ 모란봉(牧丹峰)이라ᄒᆞᄂᆞᆫ 신쇼설을 게지ᄒᆞᄋᆞᆸᄂᆞᆫᄃᆡ 이 쇼설은 죠션의 쇼설가로 유명ᄒᆞᆫ 리인직(李人稙)씨가 교묘ᄒᆞᆫ 의쟝을 다ᄒᆞ야 혈루(血淚)의 하편으로 ᄆᆡᆫ든 것인ᄃᆡ 곳 옥련의 십칠세 이후 ᄉᆞ적을 져슐ᄒᆞᆫ 것이오 ᄯᅩᄒᆞᆫ 샹편되ᄂᆞᆫ 혈루와 독립되ᄂᆞᆫ 셩질이 잇스니 그 진々 취미ᄂᆞᆫ ᄆᆡ일 아참에 본보를 고ᄃᆡ치 안이치 못ᄒᆞ리이다[92]

此小說은 曩年에 江湖 愛讀者의 歡迎을 得ᄒᆞ던 玉蓮의 事蹟인ᄃᆡ 今에 其全篇을 訂正ᄒᆞ고 且 血淚라ᄒᆞᄂᆞᆫ 題目이 悲觀에 近ᄒᆞᆷ을 嫌避ᄒᆞ야 牧丹峰이라 改題ᄒᆞ고 下篇을 著述ᄒᆞ야 玉蓮의 末路를 알고ᄌᆞ ᄒᆞ시던 諸氏의 一覽을 供ᄒᆞᄋᆞᆸᄂᆞᆫᄃᆡ

90 「혈의루」의 개작 과정에 대한 상세한 논의는 함태영, 「『혈의루』 제2차 개작 연구」, 『대동문화연구』 제57집, 2007, 204~232쪽 참조. 함태영은 여기서 "내용적 측면의 개작이 일제 당국에 의한 '검열'에 의한 것이라면 형식적 측면에서의 개작은 작가 자신의 '교열(정)'이라 할 수 있다"고 정리한다.

91 한자어 '牧丹峰'의 한글 표기를 단행본에서는 '목단봉'으로, 『매일신보』 연재본에서는 '모란봉'으로 서로 다르게 했다.

92 『매일신보』, 1913.2.4.

此 牧丹峰이 비록 上下篇이나 兩篇이 共히 獨立ᄒᆞᆫ 性質이 有ᄒᆞ야 上篇은 玉蓮의 七歲부터 世間 風霜을 閱ᄒᆞ던 事實로 組織ᄒᆞ얏ᄂᆞᆫᄃᆡ 其下篇이 無ᄒᆞ야도 無妨ᄒᆞ며 下篇은 玉蓮의 十七歲 以後 事蹟을 述ᄒᆞᆫ 것인ᄃᆡ 其上篇이 無ᄒᆞ더릭도 또ᄒᆞᆫ 無妨ᄒᆞᆫ 고로 玆에 其下篇을 揭載ᄒᆞ오니 或 上篇을 閱覽코자 ᄒᆞ시ᄂᆞᆫ 人氏ᄂᆞᆫ 京城 中部 鐵物橋 東洋書院에 請求ᄒᆞ시옵[93]

연재 서언을 보면 작가 자신이 「혈의루」 전편을 수정하고 제목을 바꾸었다는 사실을 알 수 있다. 이런 사례에 따르면, 출판사에 원고를 넘긴 이후에도 작가는 작품에 대한 일정한 권리와 책임을 지니고 있었던 것으로 보인다. 융희(隆熙) 3년(1909)에 공포된 출판법(出版法)을 보더라도 저작자의 권리 및 의무가 초판 출간 이후 모두 사라진 것이 아님을 알 수 있다. 출판법 제9조의 내용은 다음과 같다.

文書圖書를 再版하는 境遇에는 著作者나 又는 其相續者와 及發行者가 連印하여 製本 二部를 添하여 地方長官을 經由하여 內部大臣에게 申告함이 可함. 但 改正增減하거나 註解・附錄・繪畵 등을 添加코자 하는 時는 第二條의 節次에 依함이 可함.[94]

여기서 말하는 제2조의 절차란 '저작자 또는 그 상속자가 발행자와 연인(連印)하여 고본(稿本)을 첨부한 후 지방장관을 경유하여 내부대신(內部大臣)에게 허가를 신청하도록 한 것'을 말한다. 이러한 구절은 근대계몽기 당시에도 단행본의 저작권이 작가에게 귀속될 뿐만 아니라

93 『매일신보』, 1913.2.5.
94 안춘근, 『한국출판문화사대요』, 청림출판, 1987, 363쪽.

그 후손에 대한 상속까지도 인정되는 경우가 있었음을 유추하게 한다. 이로 미루어 보면 저작권의 행사 및 양도 과정이 획일적이지 않았고 다양한 방식의 사례들이 존재했을 가능성이 높다. 어떤 작품들은 출판에 관한 모든 권한이 서적상에게 주어졌지만, 또 어떤 작품들은 작가가 그것을 소유하기도 했던 것이다. 판권란에 저작자 이름을 올린 경우는 '이들이 이름이 알려진 작가였기 때문에 대우를 한다는 의미도 있지만, 한편으로는 이들의 인기와 관련해 독자의 구매심리를 의식한 처사로 볼 수 있다'[95]는 해석도 참고가 된다.[96]

이인직의 경우 신문 소설에서는 필명을 주로 사용했지만,[97] 단행본을 출간할 때는 예외 없이 모두 실명만을 사용한다. 광학서포의 『혈의루』(1907.3.17)와 중앙서관의 『귀의성 상·하』(1907.5.25 / 1908.7.25), 동양서원의 『목단봉(牧丹峰)』(1912.11.10) 등에서 모두 이인직(李人稙)이라는 실명을 사용한 것이다. 이해조(李海朝)는 앞에서 언급했듯이 첫 작품인 『소

95 한태석, 「신소설의 판권」, 『출판학연구』 제23호, 1981, 21쪽 참조.

96 물론 단행본 소설에서 저작자를 표기하는 주된 이유가 독자의 구매심리를 자극하는 데 있었다고만 보기는 어렵다. 이 문제에 대해서는 다음과 같은 견해를 참고할 필요가 있다. "저작자를 삭제하는 것과 작자명을 판권면에 기록하는 것 사이의 차이는 무엇인가? 임화는 앞의 인용문에서 이인직, 이해조같은 저명 작가는 작가명을 기재하고 무명작가들은 작자명을 애초부터 말소했다고 해서 광고 효과를 위해 작가명을 기록했으리라는 암시를 한 바 있다. 그러나 『화원호접』(1913, 현병주), 『금옥연』(1914, 이광하), 『단산봉황』(1913, 안경호), 『신출귀몰』(1912, 황갑수)의 작가들은 무명임에도 불구하고 판권면에 '저작자 아무개'라고 이름이 올라 있다. 반면 앞서 살핀 바대로 이해조의 작품 가운데서도 작자 불명으로 처리된 작품이 적지 않다. 따라서 임화의 판단은 실상과 어긋나고 있는 것이다. 이 점에 대해 필자는 아직 명확한 결론을 갖고 있지 못하다. 보다 치밀한 자료 검증이 필요한 부분이다." (한기형, 「1910년대 신소설에 미친 출판·유통 환경의 영향」, 249쪽)

97 이인직(李人稙)은 『만세보』에 발표한 「소설 단편」(1906.7.3~4)이나 「혈의루」(1906.7.22~10.10), 「귀의성」(1906.10.14~1907.5.31)은 모두 국초(菊初)라는 필명으로 발표되었다. 『제국신문』에 연재하다 중단된 「혈의루 하편」(1907.5.17~6.1)에도 국초라는 필명을 사용했다. 『매일신보』에서는 필명과 실명을 함께 썼는데, 「빈선랑의 일미인」(1912.3.1)에서는 국초생(菊初生)이라는 필명을 「모란봉(牧丹峰)」(1913.2.5~6.3)에서는 이인직이라는 실명을 사용했다. 「달속의 토끼[月中兎]」(1915.1.1)에서는 실명과 필명을 함께 썼다.

년한반도』의 「잠상태」(1906.11~1907.4)에서는 실명을 그대로 사용한다. 그러나 이후 『제국신문』 기자로 입사해 전문적 작가가 된 후에는 언제나 필명만을 사용하게 된다.[98] 이해조는 『매일신보』를 떠날 때까지 자신의 작품에 실명을 표기하지 않았으며 오로지 필명만을 사용했다. 그러나, 이해조 역시 단행본에서는 실명을 사용한다. 앞에서 살핀 저작권의 양도 혹은 포기 등의 사유로 인한 것으로 추정되는 몇 가지 사례를 제외하면, 필명보다는 실명을 주로 사용했던 것이다. 이해조는 광학서포에서 펴낸 단행본 『빈상설』(1908.7.5), 대한서림의 『구마검』(1908.12), 박문서관의 『모란병(牧丹屛)』(1911.4.5) 등을 비롯한 상당수의 작품을 실명으로 간행한 바 있다. 이인직이나 이해조 이외에 이상협이나 조중환 등도 단행본 『재봉춘』(동양서원, 1912.8.15)이나 『장한몽』(유일서관, 1913.12.20) 등을 출간할 때에는 『매일신보』에서 주로 사용하던 하몽(何夢)이나 일재(一齋)라는 필명 대신 실명을 사용했다. 이인직이나 이해조, 그리고 이상협, 조중환 등 이른바 당시의 인기 작가들의 작품은 대개의 경우 신문에 먼저 연재된 후 단행본으로 발간되는 절차를 밟았다. 이들은 신문에 작품을 연재할 때 필명을 사용했으므로 대중들에게는 이들의 본명보다는 필명이 더 익숙했다. 출판사가 광고 효과를 노렸다면 이들의 본명을 표기하는 것보다는 오히려 필명을 표기하는 것이 더 나았을 것이다. 따라서 단행본에 이들이 이름을 실명으로 올린 이유는 저작권 문제와 가장 관련이 크다고 생각할 수밖에 없다.[99]

---

98 동농(東儂), 열지, 신안자(神眼子), 수문생(隨聞生), 선음자(善飮子), 하관생(遐觀生), 석춘자(惜春子), 우산거사(牛山居士), 이열생(怡悅生), 해관자(解觀子) 등이 그가 사용하던 필명이다.

99 그렇다고 하더라도, 필명으로는 저작권을 보호받을 수 없었는가 하는 문제는 여전히 남는다. 국내의 출판법 및 관련 규정에서 그러한 조항을 확인할 수 없기 때문이다. 참고로, 앞에서 살핀 바 『한성순보』가 소개했던 일본의 출반법과 시행 조례에 대한 소개는 이 문제와 관련해 시사하는 바가 없지는 않다. '출판자의 서명을 적지 않거나 별호(別號)로 적었을 때는

근대계몽기 저작권의 혼란 및 매매의 관행을 이해하는 데는 무엇보다 남석순의 연구가 유용하다. 남석순은 이 문제에 관해 다음과 같이 정리한다.

> 이 원인의 배경에는 1910년대라는 특수한 시대상황이 놓여있고 그 시대에는 일제의 규정력이 강하게 작용하고 있었다. 이 규정력은 당대의 출판과 유통환경을 압제하고 있었고, 작가와 독자에게도 폭넓은 영향을 주고 있었다. 첫째, 일제 출판법에 의해서 저작 겸 발행자 제도가 허용되었다는 점이다. 둘째, 일제 출판법의 혹심한 제재와 이중 검열제도이다. 셋째는 한글 저작권의 등록 불허와 방기 정책이다. 이 세 가지의 압제 정책이 출판과 유통환경을 열악하게 만드는 주요 원인으로 작용하였으며 이러한 환경 아래서 저작권의 매매 관행과 혼란이 야기되었고 나아가 1910년대 신소설을 포함한 소설과 근대문학에 심대한 영향을 준 것이다.[100]

한국의 저작권법은 일본의 저작권법을 적용했기 때문에[101] 법규는

허가하지 않는다'는 항목과 '저자·역자의 성명을 기록하지 않고 판매하는 자 및 성명·주소를 바꾸어 출판에 종사하는 자는 금옥(禁獄) 10일에서 6개월까지 처한다'는 조항이 간접적으로 영향을 미쳤을 가능성을 완전히 배제하기는 어렵다. 하지만 이에 대해서는 더욱 면밀한 검증이 필요하다.

100 남석순, 『근대소설의 형성과 출판의 수용미학』, 박이정, 2008, 301쪽.

101 "우리나라의 저작권에 관한 법 규정의 시작은 1908년에 공포된 '한국저작권령'으로 당시 일본의 저작권법을 우리나라에 그대로 의용한 것이다. 이 법은 제1차 한일협약(1904)과 제2차 한일협약(을사보호조약, 1905)에 이어 대한제국의 각종 법제가 일본의 억압으로 근대화 내지 재정비되면서 융희 2년(1908) 8월에 공포되었다. 저작권법의 내용은 1899년(명치 32) 3월에 공포된 일본의 저작권법(법률 제39호)을 그대로 우리나라에 의용(依用)한 것이다. 본문(1-2조)과 부칙(3-7조)으로 구성된 이 간단한 의용에 관한 규정은 융희 2년(명치 41) 8월 13일 '내각고시 제4호 특허, 의장, 상표, 상호 및 저작권에 관한 일본법령을 게포하는 건'이라는 명칭 아래 당시 내각 총리대신 이완용의 명의로 공포되었다. (…중략…) '출판법'은 출판문에 관한 실제를 규정하는 법률로서 사실상 일제에 의하여 1909년 2월 '법률 제6호'로서 제정되었다. 이 법은 잡지와 도서의 발행에 있어서 원고의 사전검열과 출판 후 납본검열이라는 이중의 구속 장치를 규정한 엄격한 허가주의였으며, 사전검열만 해당되는 '신문지법'보다 더

존재했지만, 한국어 저작물에 대한 권리를 등록할 방도가 없어 사실상 유명무실했다는 것이 남석순의 견해이다. 이른바 '언문'은 저작권의 등록으로부터 방기되어 있었다는 점, 아울러 등록에 관한 규정은 있지만 행정청이 이를 시행하지 않았다는 점[102] 등이 1910년대 소설의 저작권의 매매 관행을 불러왔다는 것이다. 남석순은 출판법에 명시된 '저작자 또는 상속자는 발행자를 겸할 수 있다'는 구절에 대해서도 주목한다. 이로 인해 출판사 사주가 저작자에게 저작권을 양도받으면 상속자의 자격을 갖추게 되고, 발행자를 겸할 수 있게 되었기 때문이다. 그리하여 "신소설 간기면에는 거의 '版權所有' '著作及版權所有' '複製不許'라고 인쇄되어 있는 용어가 있다. 이는 신소설의 실제 저작자 또는 저작권을 양도받은 저작 겸 발행자나 발행자가 자신들의 저작권을 소유하고 있다는 증거로서 임의대로 표기한 것으로 당시 저작권법의 보호를 받지 못하는 것이다. 따라서 1910년 당시 신소설의 '판권소유' 또

욱 가혹한 것이었다." (남석순, 「1910년대 신소설의 저작권 연구— 저작권의 혼란과 매매 관행의 원인을 중심으로」, 10~13쪽)

"제도적으로 볼 때 일본에서 1887년 版權條例, 1893년 版權法 과 出版法, 그리고 1899년 저작권법이 제정되어 시행되기는 하였으나 당시 이들 법규들이 직접 국내에 적용된 것은 아니었다. 실제 우리나라에 저작권법이 소개된 것은 1908년부터로, 1899년 3월 3일 일본에서 법률 제39호로 제정된 해당 법이 이 때부터 조선에서도 依用되게 되었다. 그 후 개정을 거쳐 합병이 성립되는 1910년 8월 29일에 이르면 칙령 제338호 '著作權法을 朝鮮에 施行홈에 關ᄒᆞᄂᆫ 件'에 따라 '依用'에 따라 직접 '施行'으로 전환되었다. 그 후 일본의 저작권법은 1920년, 1931년, 1934년의 개정을 거쳐 조선 내의 저작권법으로서 원칙적으로 시행되게 되었다."(방효순, 「일제시대 저작권 제도의 정착 과정에 관한 연구— 저작 관련 사항을 중심으로」, 218쪽) 그런데, 국내에서 공포된 출판법의 큰 틀은 앞에서 다룬 『한성순보』가 소개한 일본의 출판조례와도 크게 다르지 않다. 이와 관련해서는 일본 출판법의 변화 과정뿐만 아니라 국내 유입 과정에 대한 후속 연구가 더 필요한 것으로 보인다.

102 이 문제는 1920년대 중반까지도 해결되지 않았다. 1923년 3월 17일 한국의 출판사, 신문사, 법조계 대표는 「개정기성위원회(改正期成委員會)」를 조직하고 출판법의 개정 건의와 저작권 등록에 관한 건의서를 총독부에 제출한 바 있다. 남석순, 「1910년대 신소설의 저작권 연구— 저작권의 혼란과 매매 관행의 원인을 중심으로」, 22쪽 참조.

는 ‘저작급판권소유’라는 말은 법률상 의미는 없다. 위에서 살펴본 바와 같이 당시 한국에서 적용된 일본저작권법에는 저작물을 등록하여야 저작권의 보호를 받을 수 있도록 되어 있는데 저작물을 등록하지 못한 신소설의 판권소유라는 표기는 자신들이 이 저작권을 가지고 있다는 것을 보여주기 위한 방편으로 보인다”[103]는 것이다. 결국 당시 신소설의 저작권은 법적으로는 인정받지 못했고 민간 차원에서 자율적으로 거래가 되었다고 할 수 있다.[104]

그런가 하면, 근대계몽기 단행본에는 상식적으로 이해하기가 쉽지 않은 특이한 출판 현상들이 존재했던 것처럼 보이기도 한다. 그러나, 이러한 특이한 현상들은 대개는 자료 발굴의 어려움으로 인한 잘못된 추정의 결과일 가능성이 크다. 그 대표적 사례로 제시할 수 있는 것이 「귀의성」과 작가의 문제이다. 그동안 알려진 「귀의성」의 서지에는 상식적으로 이해하기 어려운 점들이 적지 않았다. 신문 연재 도중 단행본이 먼저 나왔다거나,[105] 『귀의성』 상권이 1907년 10월 3일 광학서포에서도 출간되었고 저자는 이인직이 아니라 숭양산인 즉 장지연이라

103 위의 글, 11쪽.

104 그러나, 신소설 이후의 창작물에 대해서는 영매(永賣)가 사라지고 작가의 권리가 상대적으로 강화되었다고 보는 것이 기존 연구 성과들의 공통된 견해이다. 이 시기에는 “간혹 출판업자가 ‘저작겸 발행자’로 등재되어 있는 경우가 있으나 이 경우라 할지라도 판권을 영매해 들인 것이라기보다는 원저자로부터 발행 승낙을 받아 출판한 경우에 해당”(방효순, 「일제시대 저작권 제도의 정착 과정에 관한 연구— 저작 관련 사항을 중심으로」, 233쪽)한다고 보는 것이다.

105 「귀의성」이 연재 도중 단행본으로 출간된 것이라는 주장은 다음 언급에서 유래한다. “이것은 菊初의 세쨋번의 作品(「短篇」 「血의淚」 다음의) 으로 亦是 氏가 總務로서 編輯을 總轄하던 萬歲報에 連載된 것인데, 光武十年(一九○六年) 十月十四日付 第九十二號에서부터 시작하여 다음해 五月三十一日付 第二七○號에서 十五章 百三十四回로 中斷되었다. 그러나 新聞에 連載中에 이미 單行本으로서 出版되었던 것이니, 萬歲報 第二六八號(光武十一年 五月二十九日)부터 여러十번 「新小說 鬼의聲」의 發賣 廣告가 난 것으로서 알 수 있다.” (김하명, 「신소설과 「혈의루」와 이인직」, 『문학』, 1950.5, 191쪽)

는 점 등이 그것이다. 이 작품이 신문 연재 도중 단행본을 먼저 출간했다는 주장은 일부 자료에 대한 잘못된 해석의 결과이다. 하지만, 최근에 중앙서관 발행 『귀의성』 상권이 발견됨으로써 이 문제는 완전히 일단락을 지을 수 있게 되었다. 중앙서관 발행 『귀의성』 상권은 그 발행일이 1907년 5월 25일로 되어 있다. 중앙서관의 『귀의성』 상권은 1908년 7월 25일에 발행된 『귀의성』 하권과 짝을 이루고 완간된다. 『귀의성』 상권은 연재가 끝난 부분만을 대상으로 출판된 것이고, 하권 역시 연재가 완료된 이후 출간된 것이라는 점에서 이 작품이 지극히 상식적인 절차에 따라 출판된 것임을 알 수 있다.[106] 『귀의성』 상권은 1907년 10월 3일 광학서포에서도 출간되었고 이때의 저자는 이인직이 아니라 장지연이라는 점 역시 수정되어야 한다. 광학서포에서는 『귀의성』을 발행한 적이 없으며, 장지연은 이 작품과 아무런 연관성이 없다. 현재 학계에서 연구 대본으로 활용하고 있는 광학서포 발행 『귀의성』 상권의 영인본[107]은 중앙서관본 상권의 일부와 동양서원본 상권[108]의 일부를 합친 판본이다. 이는 이번에 새롭게 발견된 중앙서관본 상권과 또 동양서원본 상권 원본, 그리고 이른바 광학서포본에 대한 확인 대조 과정을 통해 얻은 결론이다.[109] 작품의 출판사가 광학서포로, 그리고

---

106 중앙서관본 『귀의성』이 상권과 하권으로 이루어져 있다는 사실은, 중앙서관 발행 도서 뒷면 광고란에 있는 '신소설 귀성(鬼聲) 전이책(全二冊) 정가 금 육십전'이라는 구절을 보아도 분명히 알 수 있다.

107 한국학문헌연구소 편, 『한국 개화기문학 총서—신소설 · 번안(역) 소설』 제1권, 아세아문화사, 1978.

108 동양서원에서는 1912년 2월 5일 『귀의성』 상권을 발행했다. 동양서원은 이미 출간된 타 출판사의 단행본 소설들을 포함하는 기획물 '동양서원소설구락부(東洋書院小說俱樂部)'를 간행하고 있었다. 『귀의성』의 출간 역시 이 기획의 일부로 이루어진 것이다. 『귀의성』 하권도 동양서원에서 연속 출간되었을 가능성이 있으나 현재는 미발굴 상태이다.

109 참고로 "현재 영인된 광학서포본은 실제로는 광학서포에서 발간된 것이 아니라, 중앙서관본 초판본(상편) 1~144쪽과 동양서원본 초판본(상편) 145~146쪽을 합본한 판본일 가능성을

저자가 장지연으로 되어있는 것은 누군가가 이 합본을 만들면서 판권란에 『귀의성』과는 전혀 관계가 없는 다른 판권지를 끼워 넣었기 때문이다.[110] 이렇게 보면, 그동안 이해하기 어려웠던 단행본 『귀의성』의 작가 및 서지와 연관된 문제들이 『귀의성』의 출판 과정 자체가 지닌 비상식성에서 유래하는 것이 아니라 자료 발굴의 부족에서 유래하는 것이었음을 알 수 있게 된다.

전혀 배제할 수는 없다. 그러나 이러한 추정은 어디까지나 원본의 확인을 통해서만 입증될 수 있는 것이기에 이 논문에서는 최종 판단은 유보하도록 하겠다"(강현조, 「『귀의성』 판본 연구」, 『현대소설연구』 제35호, 2007, 95~96쪽)는 의견도 제시된 바 있다. 본 연구에서는 중앙서관본은 2009년 함태영 발굴본으로, 동양서원본은 서강대 도서관 고서실 소장본으로, 그리고 광학서포본은 아단문고 소장본으로 확인했다.

110 이른바 광학서포본의 원본을 확인한 결과 이 책의 판권지는 본문과 분리된 상태로 철해져 있었다. 그러나 이렇게 첨가된 판권지가 원래 어떤 책의 판권지였는지는 알 수 없다. 1908년 당시 장지연의 이름으로 발행된 서적들을 대부분 확인했지만 이 판권지와 일치하는 것을 발견할 수는 없었다.

제1장 / 제3절

근대 독자의 형성과 창작 참여 제도의 정착

1. 근대 매체의 독자 참여와 투고 서사물의 출현

한국의 근대 매체에서 독자에 대한 언급이 발견되는 것은 『한성순보(漢城旬報)』의 경우가 처음이다. 『한성순보』는 창간호 마지막 면에 수록한 사고(社告)를 통해 독자에 대한 관심을 드러낸다. 사고의 일부를 인용하면 다음과 같다.

第一款 書中所記若有未悉其意未盡其理者幸時務諸先生不惜瓊琚質疑辨非則本局主人等 亦當愼思明辨或自知其非則必登諸旬報令世人不襲舊謬 / 第二款 所述諸條未免淺近且紙頁有限不能悉記只取趕緊以告同志或讀書君子欲得其全不耻下問則必盡其所知以公同好

제1항 책 가운데 기록된 바가 만약 뜻이 자세하지 않거나 그 이치가 미진한

점이 있으면 時務 諸先生은 잘못된 점을 지적해 주시기 바랍니다. 그러면 本局의 主人 등은 자세히 생각하여 밝게 辨析해서 잘못된 점이 발견되면 반드시 旬報에 등재하여 세상 사람들로 하여금 지난 잘못을 도습하지 않도록 하겠습니다. / 제2항 기술한 제반 조항이 淺近함을 면치 못하고, 또 지면이 한정되어 자세히 기록하지 못하고 단지 긴요한 것만 취해서 同志들에게 알립니다. 혹 독서하는 君子께서 그 전체를 알고자 하셔서 不耻下問하시면 반드시 아는 바를 다 同好人에게 알리겠습니다.[1]

제1항에 언급된 '시무 제선생(時務 諸先生)'이나 제2항에 언급된 '독서하는 군자(君子)'는 모두 신문의 '독자(讀者)'들이다. 이 사고에는 편집자들이 독자의 반응을 궁금해 하고, 그들의 참여를 기다린다는 서술이 들어 있다. 『한성순보』의 편집자들이 독자에게 바라는 것은 자신들의 잘못을 지적해 주고 또 보완해야 할 사항들을 알려주는 것이다. 『한성순보』는 같은 내용의 사고를 3호와 4호, 6호 등 여러 차례에 걸쳐 반복적으로 게재한다.

『한성순보』를 이어받은 『한성주보(漢城周報)』도 창간호에 다음과 같은 공고를 실어 독자의 투고를 기다린다는 편집진의 의사를 전달한다.

本報係是私記或有局外先生公議論善知識可以警世教民及質疑辨非者則幸勿吝投稿以發局員之蒙焉

본보는 바로 私記이니 공평한 의논과 훌륭한 지식으로 세상을 깨우치고 백성을 교화하며 의심스러운 것을 質正하고 잘못을 분별할 局外 선생이 계신다면 서슴지 마시고 투고하시어 局員의 몽매함을 깨우쳐 주십시오.[2]

1 『한성순보』, 1883.10.31.

『한성주보』는 같은 내용의 공고를 종간 때까지 매호 반복해 수록했다. 독자 참여에 대한 편집진의 기대가 적지 않았음을 보여주는 것이다. 그러나, 『한성순보』나 『한성주보』에는 독자 투고물이 직접 실린 적이 없다. 따라서, 당시 독자들이 이러한 사고(社告)에 대해 어떠한 반응을 보였는지는 알 수가 없다.

한국의 근대 매체 가운데 독자가 투고한 글을 직접 수록하기 시작한 것은 『독립신문』의 경우가 처음이다.[3] 『독립신문』은 창간호 이후 제7호까지 계속해서 1면 제호 바로 아래에 광고란을 두고, 독자들의 투고를 기다린다는 공고문을 게시한다.

> 무론 누구든지 무러볼 말이 잇든지 셰상사ᄅᆞᆷ의게 ᄒᆞ고스분 말 잇ᄉᆞ면 이 신문샤로 간단ᄒᆞ게 귀졀 ᄯᅦ여서 편지ᄒᆞ면 ᄃᆡ답ᄒᆞᆯ 만ᄒᆞᆫ 말이든지 신문에 낼만ᄒᆞᆫ 말이면 ᄃᆡ답할 터이요 내기도 ᄒᆞᆯ터이옴 한문으로 ᄒᆞᆫ 편지ᄂᆞᆫ 당초에 상관아니홈[4]

『독립신문』의 편집자들은 독자 투고에 대해 자신들이 바로 대답할 뿐만 아니라, 그 내용이 신문에 게재할 만한 것이면 직접 수록하겠다는 사실을 강조한다. 『독립신문』은 독자들에게 익명이 아니라 실명으로 투고할 것을 조건으로 제시하고 있으며, 이름을 밝히기 어려운 경우에는 신문사에 찾아와 대면하고 이야기를 전할 것을 제안한다.[5] 실

---

2 「본국공고(本局公告)」, 『한성주보』, 1886.1.25.

3 참고로, 1881년 일본인들이 부산에 들어와 발행했던 『조선신보』에 독자 투고란인 '기서'란이 있었다. 『조선신보』는 매호 일본어 또는 순한문으로 된 독자의 글을 게재한 바 있다.

4 「광고」, 『독립신문』, 1896.4.9.

5 예를 들면 1897년 2월 18일자 잡보란에는 다음과 같은 광고문이 실려있기도 하다. "무론 누구던지 신문에 긔지ᄒᆞᆯ 일이 잇서 신문샤에 편지 ᄒᆞ랴거든 그 편지 씃히다가 편지 ᄒᆞ난니 거쥬 셩명을 분명히 쓰되 만일 셩명을 편지 씃히다가 들어내기 어렵거든 몸쇼 신문샤에 와셔 ᄃᆡ면ᄒᆞ여 말을 ᄒᆞ오 만일 편지 씃히 편지 ᄒᆞ난니 거쥬 셩명이 업스면 곳 익명셔라 엇지 짐작

제로 『독립신문』은 잡보란과 논설란 등에 수많은 독자 투고물들을 게재하게 된다. 『독립신문』에 실린 독자 투고물은 모두 484건으로 논설란에 실린 것이 70건, 잡보란에 실린 것이 414건이나 된다.[6]

그런데, 『독립신문』은 이렇게 많은 수의 독자 투고물을 수록하고 있음에도 불구하고 독자가 창작한 서사문학 작품을 직접 게재한 경우는 단 한 편도 없었다. 그 대신 『독립신문』은 독자가 보내준 이야기 소재들을 편집진들이 재구성하는 방식으로 서사물을 완성시켜 신문에 게재했다. 독자 투고를 이른바 전언(傳言)의 형식으로 다듬어 서사물을 창작하는 일에 활용했던 것이다.[7] 예를 들면 「엇던 유지각흔 친구에 글을」(1898.2.5)과 같은 형식이 거기에 해당한다. 서두 부분만을 인용해 보면 다음과 같다.

> 엇던 유지각흔 친구에 글을 좌에 긔직흐노라
>
> 녯적에 긔싱이라 흐는 사름이 즈긔의 집 동편에 잇는 흔 방츅에 고기가 만히 잇슴을 보고 직력을 허비흐여 물 근원을 붉히고 방츅 가으로 슈림을 심으고 물 가온딕 연과 슈쵸를 만히 갓굼익 어족의게 위싱도 될 쁜더러 츄월 츈풍에 량삼 호우로 술과 시를 화창홀 문흔 경쳐가 되엿는지라 긔싱이 흥샹 긔이흔 고기를 보면 갑을 앗기지 아니흐고 사다가 방츅에 너어 길음익 이웃 사름이 감히 흔낫 고기를 여어 보지 못흐더니 세월이 흘너감익 긔싱은 셰상을 바리고 그 즈손이 승계흐여 나려 오더니

흐고 익명셔를 쥰신흐야 신문에 긔록 하리요 편지 씃히 거쥬 셩명 잇는 것만 시힝흐겟스니 그리들 알며 편지 흐는니의 셩명은 신문에 들어내지 아니홀 터이니 염녀와 의심들은 마오."

6 채백, 『독립신문 연구』, 한나래, 2006, 144쪽 참조.

7 『독립신문』의 독자 투고와 서사물에 활용된 전언의 형식에 대한 상세한 논의는 배정상, 「『독립신문』의 독자 투고와 '서사적 논설' 연구」, 『현대문학의 연구』 제25집, 2005, 329~361쪽 참조.

이렇게 독자 투고의 형식을 활용한 '서사적 논설'의 창조는 『독립신문』에만 그치지 않고 이후 다양한 매체로 확산된다. 『매일신문』이나 『제국신문』 등 여타 근대계몽기 신문에서도 전언의 형식을 취한 서사 자료들을 어렵지 않게 만날 수 있는 것이다.[8]

『독립신문』·『매일신문』·『제국신문』 등 일련의 한글신문들이 독자 투고를 편집해 '서사적 논설' 형태로 변환시켜 수록했던 것과는 달리, 국한문신문인 『황성신문』의 경우는 독자가 투고한 서사물을 원형 그대로 실었다. 한국의 근대 신문에 독자가 투고한 서사물이 원형 그대로 실린 것은 『황성신문』의 기서(寄書)란에 수록된 소매생(少梅生)의 작품 「상평전(常平傳)」(1900.1.17)이 처음이었다. 「상평전」은 돈을 의인화(擬人化)한 가전체(假傳體)의 순한문 작품이다. 『황성신문』에는 이후에도 윤주찬(尹柱瓚)의 「상의의국(上醫醫國)」(1900.2.7), 이감생(易感生)의 「관구미각국산수인물도유감(觀歐美各國山水人物圖有感)」(1908.2.8), 소요자(逍遙子)의 「몽견창해역사(夢見滄海力士)」(1908.3.29) 등 몇 편의 독자 투고 서사물이 더 실린다. 그런데, 『황성신문』의 독자 투고 서사물의 성격 또한 한글신문의 서사물들처럼 대체로 계몽적 성향을 드러낸다는 점에서는 차이가 없다.[9] 위기에 처한 국가를 치유하기 위한 방안을 모색하는 문답체 유형의 작품 「상의의국」은 그 대표적 사례라 할 수 있다.

『대한매일신보』는 창간과 동시에 곧바로 다음과 같은 사고(社告)를

8 이와 관련된 상세한 논의는 김영민, 「근대계몽기 단형 서사문학 자료 연구」, 김영민·구장률·이유미 편, 『근대계몽기 단형 서사문학 자료전집』, 소명출판, 2003, 547~583쪽 참조.

9 황성신문의 논설적 성격을 띤 서사물들의 가치에 대해서는 다음의 지적을 참고할 수 있다. "연암(燕巖)의 단편들을 비롯하여 조선 후기의 비판적 지식인들에 의한 한문단편(漢文短篇)이 개화기에 들어 개인적 문집(文集)이 아닌 근대적 제도인 『황성신문』의 논설란에서 변용되어 부활하는 모습을 여실히 볼 수 있다. 그리고 이 서사—문학적 논설들은 시대적 요구들을 표출하기 위한 일종의 글쓰기 전략이었다고 할 수 있을 것이다."(정선태, 『개화기 신문 논설의 서사 수용 양상』, 150쪽)

통해 독자 투고에 대해 안내한다.

> 우리 대한ᄆᆡ일신보의 목덕은 대한의 안녕 질셔에 관한 모든 뎨목에 ᄃᆡᄒᆞ야ᄂᆞᆫ 공평한 변론을 쥬장ᄒᆞᆷ이라 우리 통신원의 탐보ᄂᆞᆫ 신문 보시ᄂᆞᆫ 쳠군ᄌᆞ의게 ᄒᆞᆼ상 보도ᄒᆞ리며 편지를 긔셔ᄒᆞ여주시ᄂᆞᆫ 이ᄂᆞᆫ 셩명과 반ᄃᆡ를 젹어 붓치시기를 희망ᄒᆞ오니 이거슬 신문샹에 긔ᄌᆡᄒᆞ랴ᄂᆞᆫ 거시 아니오 다만 극히 신용ᄒᆞᄂᆞᆫ 증거를 ᄉᆞᆷ고쟈 ᄒᆞᆷ이라 긔쟈ᄂᆞᆫ 아모 긔셔던지 긔ᄌᆡᄒᆞᆷ을 퇴각ᄒᆞᄂᆞᆫ 권리를 가졋ᄉᆞ나 퇴각ᄒᆞᄂᆞᆫ 리유를 말ᄒᆞᆯ 터이오며 공즁평화를 문란케 ᄒᆞᄂᆞᆫ듯ᄒᆞᆫ 긔셔ᄂᆞᆫ 의례히 밧지 안켓ᄉᆞᆸ나이다[10]

『대한매일신보』의 독자 투고 안내는 『독립신문』과 유사한 면이 있다. 실명(實名)을 통해 공신력을 확보하려는 시도 등이 그러하다. 『대한매일신보』의 편집자들은 '공중평화를 문란케 하는' 기서는 받지 않을 것이라는 사실을 강조한다. 『대한매일신보』는 1907년 5월 23일 국문판 첫 호를 발간하면서도 다음과 같은 특별 광고를 통해 독자 투고에 대해 안내한다.

> 본사에 긔셔ᄒᆞ시ᄂᆞᆫ 쳠군ᄌᆞᄂᆞᆫ 셩명과 거쥬를 분명히 써셔 증거가 잇게 ᄒᆞ시기ᄅᆞᆯ 바라오며 ᄯᅩ 쫄막々々ᄒᆞᆫ 투셔를 밧아 투셔 란ᄂᆡ에 긔ᄌᆡᄒᆞᆯ터이오니 투셔ᄂᆞᆫ 아모죠록 ᄉᆞ의가 간단ᄒᆞ고 분명ᄒᆞᆫ 일노 긔록ᄒᆞ시되 ᄉᆞ오 줄에 넘지 안케 ᄒᆞ시오며 일반 국민의 평화ᄒᆞᆷ을 어지럽게 ᄒᆞ거나 남의 사회샹을 황잡게 ᄒᆞᄂᆞᆫ 긔셔

---

10 「샤고」, 『대한매일신보』, 1904.8.4. 『대한매일신보』는 창간호부터 제15호까지가 결호인 상태로 전해진다. 이 사고는 제16호인 8월 4일자를 비롯해 국영문판의 마지막 호인 1905년 3월 10일자까지 하루도 빠짐없이 수록되어 있다. 이로 미루어 보면 이 사고는 창간호부터 실려 있었을 것으로 추정된다.

는 밧지 안는 권리가 본사에 잇사오니 그리아시옵[11]

『대한매일신보』는 1910년 8월 28일 폐간될 때까지 국문판 및 국한문판에 적지 않은 수의 독자 투고물을 지속적으로 게재하게 된다.[12] 『대한매일신보』 기서란에는 일반 기사 형태의 독자 원고뿐만 아니라 서사물 형태의 원고 역시 수록되어 있다. 『대한매일신보』 국한문판 기서란에 수록된 첫 번째 독자 투고 서사물은 북곽거사(北郭居士)의 「호가인형담(狐假人形談)」(1906.11.2)이다. 이어서 몽유생(夢遊生)의 「시사문답(時事問答)」(1907.4.24)과 「신석(晨夕)이 사량(乍凉)에 추의(秋意)가 완연(宛然)이라」(1907.9.26), 우수산인(友殊山人)의 「초공설(梢工說)」(1907.11.16), 관물생(觀物生)의 「호(狐)와 묘(猫)의 문답(問答)」(1908.3.24), 산운자(山雲子)의 「미래한반도문답(未來韓半島問答)」(1908.9.18) 등도 수록된다. 국문판 기서란에 실린 독자 투고 서사물로는 김시언의 「로쇼문답」(1908.2.13~14)을 비롯해 쥭ᄉᆞ싱의 「몽즁ᄉᆞ」(1908.3.8), 산운ᄌᆞ의 「한국의 쟝릭」(1908.9.18) 등이 있다. 국문판 신문에 실린 산운ᄌᆞ의 「한국의 쟝릭」는 국한문판에 실린 산운자(山雲子)의 「미래한반도문답(未來韓半島問答)」을 문체를 달리해 실은 것이다. 그런데, 「한국의 쟝릭」는 단순히 「미래한반도문답(未來韓半島問答)」의 한자(漢字)를 한글로 바꾸는 데 그친 것이 아니라 어휘까지도 새롭게 풀어 쓰고 있다. 일종의 번역 과정을 거쳐 작품을 재수록하고 있는 것이다.

11 「특별광고」, 『대한매일신보』 국문판, 1907.5.23.

12 국문판의 기서란에 실린 독자 투고의 총 숫자는 171편이다. 이들 원고의 성격 및 필자 문제 등에 대해서는 김영희, 「『대한매일신보』 독자의 신문 인식과 신문 접촉 양상」, 『대한매일신보 연구』, 커뮤니케이션북스, 2004, 339~378쪽 참조.

秋風이 新起ᄒᆞ고 宿雨가 初歇하얏는대 山雲子ㅣ 愴感이 方切ᄒᆞ얏는대 悽〃然 獨坐ᄒᆞ얏더니 忽然 門外 剝啄數聲에 容貌는 리黑ᄒᆞ고 布衣가 襤褸ᄒᆞᆫ 壹客이 곽然히 余를 揖하야 曰 子가 山雲이 아닌가. 余ㅣ 愕然히 問ᄒᆞ야 曰 我는 山雲이어니와 子는 何許人으로 此無能잔伏ᄒᆞᆫ 人物을 惠顧ᄒᆞ는가. 客이 喟然 曰 我의 號는 嗚乎子라. 所見도 嗚乎오 所思도 嗚乎오 所言도 嗚乎라. 此二拾世紀 新舞臺의 好個光陰을 壹嗚乎中에 送ᄒᆞ더니 天地를 俯仰ᄒᆞᄆᆡ 立談ᄒᆞᆯ 者ㅣ 無ᄒᆞ야 彷황躊躇ᄒᆞ다가 子를 訪ᄒᆞ야 子의 手를 握ᄒᆞ고 子의 言을 聞ᄒᆞ기 爲ᄒᆞ야 來ᄒᆞ얏노라.[13]

가을 바ᄅᆞᆷ은 ᄉᆡ로 니러나고 싸인비는 처음으로 긔엿는ᄃᆡ 산운ᄌᆞㅣ 창감ᄒᆞᆫ ᄆᆞᄋᆞᆷ이 홀연 동ᄒᆞ여 쵸연히 홀노 안졋더니 홀연 문 밧긔셔 문을 ᄯᅮᄃᆞ리는 소릐가 나며 얼골은 검고 의복은 람루ᄒᆞᆫ ᄀᆡᆨ이 드러와셔 나의게 읍ᄒᆞ고 ᄀᆞᆯᄋᆞᄃᆡ 그ᄃᆡ는 산운이 아닌가 내가 괴이히 녁여 무러 ᄀᆞᆯᄋᆞᄃᆡ 나는 산운이어니와 그ᄃᆡ는 엇던 사람이완ᄃᆡ 이 무지무능ᄒᆞ야 칩복ᄒᆞᆫ 나를 차ᄌᆞ왓ᄂᆞ뇨 ᄀᆡᆨ이 ᄒᆞᆫ번 탄식ᄒᆞ고 ᄀᆞᆯᄋᆞᄃᆡ 나는 오호ᄌᆞㅣ라 ᄒᆞ는 사ᄅᆞᆷ인ᄃᆡ 보는 바ㅣ 슯흔 물건이오 ᄉᆡᆼ각ᄒᆞ는 바ㅣ 슯흔 일이며 듯는 바ㅣ 슯흔 소릐라 오늘날 이십세긔 이 시ᄃᆡ의 셰월을 다만 슯흔 가온ᄃᆡ셔 보ᄂᆡ며 하늘을 쳐다보고 ᄯᅡ흘 굽어보ᄆᆡ 가히 더브러 말ᄒᆞᆯ 쟈ㅣ 업기로 방황쥬져ᄒᆞ다가 그ᄃᆡ의 청풍을 듯고 차ᄌᆞ옴은 그ᄃᆡ의 손을 잡고 그ᄃᆡ의 긔위ᄒᆞᆫ 말ᄉᆞᆷ을 듯고져 ᄒᆞᆷ이로라[14]

이러한 번역 과정에는 신문사 편집진의 관여가 있었음이 분명하다.[15] 국문판 및 국한문판 기사의 문체 변환 과정 등을 살피다 보면,

13 산운자(山雲子), 「미래한반도문답(未來韓半島問答)」, 『대한매일신보』 국한문판, 1908.9.18.

14 산운ᄌᆞ, 「한국의 쟝릐」, 『대한매일신보』 국문판, 1908.9.18.

15 이 글의 투고자인 산운자(山雲子)는 당시 『대한매일신보』 논설 기자로 활동하고 있던 산운

『대한매일신보』의 기서란이 실제 독자 투고로만 이루어졌을까 하는 점에 대해서 의문이 생기게 된다. 『대한매일신보』의 기서란이 독자 투고로만 이루진 것으로 보기 어려운 구체적 증거로는 관물생의 작품 「호(狐)와 묘(猫)의 문답(問答)」의 예를 들 수 있다. 이 작품 역시 국한문판에 수록된 후 번역을 거쳐 국문판에 재수록되었다.

深山之底 絶壑之濱에 有狐가 窟焉ᄒᆞ야 其族을 生殖ᄒᆞ고 傍近村落에 有猫가 宅焉ᄒᆞ야 其子를 産育ᄒᆞ더니 一日은 狐와 猫가 相遇於田間ᄒᆞ야 跳랑舞蹈ᄒᆞ고 叱咤呼叫ᄒᆞ야 其技能을 角ᄒᆞ며 其口舌을 爭ᄒᆞ다가 蒼山日暮에 四無人聲이라.

狐乃謂猫曰 爾의 智慧와 才能이 不及吾族ᄒᆞ고 地位와 勢力이 大遜吾族ᄒᆞ니 爾의 群子를 將ᄒᆞ야 我의게 供獻ᄒᆞ면 吾가 實心庇護ᄒᆞ고 極力馴化ᄒᆞ야 吾族과 共히 福樂을 享케 ᄒᆞᆯ지니 爾ᄂᆞᆫ 我를 猜疑치 말고 我ᄅᆞᆯ 信賴ᄒᆞ며 我ᄅᆞᆯ 對抗치 말고 我ᄅᆞᆯ 歡迎ᄒᆞ라. 若其不然이면 爾가 他族의 侵害ᄅᆞᆯ 受ᄒᆞ고 呑噬를 被ᄒᆞ리니 吾言을 不聽ᄒᆞ면 後雖悔之나 噬臍莫及ᄒᆞ리라 ᄒᆞᆫ대[16]

심산궁곡 무인쳐에ᄂᆞᆫ 여호가 사러 그 종족을 뎐졉ᄒᆞ고 촌락 근쳐에ᄂᆞᆫ 고양이가 사러 그 ᄌᆞ손을 양육ᄒᆞ더니 ᄒᆞ로ᄂᆞᆫ 여호와 고양이가 밧머리에셔 맛나 귀를 느리고 춤을 츄며 뷜을 들고 ᄌᆡ됴를 넘어 각기 쟝기를 ᄌᆞ랑ᄒᆞ며 언변을 닷토다가 셔산에 ᄂᆞᆯ이 ᄯᅥ러지고 ᄉᆞ방에 인젹이 고요ᄒᆞᆫ지라

여호가 고양이ᄃᆞ려 말ᄒᆞ되 네가 지혜와 ᄌᆡ능이 모다 우리만 못ᄒᆞ고 디위와 셰력이 우리만 못ᄒᆞ니 너의 여러 ᄌᆞ손을 모다 내게 밋기면 내가 실심으로 보호ᄒᆞ고 셩력으로 교도ᄒᆞ야 우리와 ᄀᆞᆺ치 ᄒᆡᆼ복을 누리게 ᄒᆞᆯ지니 너ᄂᆞᆫ 나ᄅᆞᆯ 일호라

(汕耘) 장도빈(張道斌)일 가능성이 있다.

16 관물생(觀物生), 「호(狐)와 묘(猫)의 문답(問答)」, 『대한매일신보』 국한문판, 1908.3.24.

도 시긔ᄒᆞ지 말고 단단히 밋으며 나를 항거치 말고 깃거이 환영홀지어다 만일 네가 내 말과 ᄀᆞᆺ치 아니 ᄒᆞ면 필경 다른 즘싱에게 침해를 당ᄒᆞ야 멸망홈을 면치 못ᄒᆞ리니 네가 지금 내 말을 듯지 아니ᄒᆞ면 후회막급ᄒᆞ리라 ᄒᆞ거놀[17]

「호(狐)와 묘(猫)의 문답(問答)」은 전형적인 동물우화 계열에 속하는 서사물로, 비슷한 시기에 발표된 안국선의 단행본 소설 『금수회의록』(1908.2)의 영향이 엿보이는 작품이기도 하다. 「호(狐)와 묘(猫)의 문답(問答)」에서는 일제를 비롯한 제국주의 열강의 약소국 침략 논리에 대한 허구성이 폭로되고, 그 침탈에 순응하는 고위 관료의 행위가 풍자와 비판의 대상이 된다.[18] 「호(狐)와 묘(猫)의 문답(問答)」은 국한문판에는 기서란에 실려있지만, 국문판에서는 「여호와 고양이의 문답」(1908.3.27)이라는 제목으로 논설란에 수록되었다. 국한문판에 있던 관물생이라는 작가의 이름도 국문판에서는 사라진다. 동일한 작품이 국한문판에는 독자 투고물을 다루는 기서란에, 그리고 국문판에는 편집진의 의견을 개진하는 논설란에 실렸다는 사실에 대해서는 다양한 해석이 가능하다. 이 경우 논설란에 실린 「여호와 고양이의 문답」의 실제 필자가 익명의 독자일 가능성보다는, 기서란에 실린 「호(狐)와 묘(猫)의 문답(問答)」의 실제 필자가 관물생이라는 필명을 사용한 신문사 내부 인물일

17 「여호와 고양이의 문답」, 『대한매일신보』 국문판, 1908.3.27.

18 북한문학사에서는 이 작품을 근대계몽기의 대표적 소설 가운데 하나로 꼽는다. 이는 안함광이 『조선문학사』(연변교육출판사, 1956)에서 '이 작품이 「금수회의록」에 비해 정치사상적 입장이 더욱 뚜렷한 것'이라고 평가한 이래 줄곧 이어지는 주장이다. 단, 안함광뿐만 아니라 근래 나온 류만·이동수의 『조선문학사』(과학백과사전종합출판사, 2000)에서도 이 작품의 문체가 낡은 국한문체라는 점은 한계로 지적하고 있다. 하지만 이는 『조선문학사』의 서술자들이 국문 작품인 「여호와 고양이의 문답」을 확인하지 못한 상태에서 내린 판단으로 생각된다. 이와 연관된 상세한 서술은 김영민, 『한국의 근대 신문과 근대소설 1 : 대한매일신보』, 소명출판, 2006, 145~149쪽 참조.

가능성이 더 높다. 「호(狐)와 묘(猫)의 문답(問答)」은 일정 수준 이상의 필력을 지닌 전문가가 창작한 작품으로 추정되는 것이다.

『독립신문』이나 『황성신문』 그리고 『대한매일신보』 등의 경우로 미루어 보면, 근대 신문 지면에서 독자의 참여가 결코 저조했다고 말하기는 어렵다. 일반 기사뿐만 아니라 서사물의 게재에도 독자들의 참여가 지속되었던 것이다. 하지만, 1900년대에는 독자의 창작 참여가 편집진의 윤색을 거친 형태로 나타나는 것이 대부분이었다. 특히 독자가 완성해 보낸 독립 서사물이 원래 형태를 띠고 실린 경우는 『황성신문』과 『대한매일신보』의 사례를 모두 합쳐도 열 편 내외에 지나지 않는다. 더구나 『대한매일신보』의 사례로 미루어 보면, 이들 가운데 일부는 실제 독자 투고물이라기보다는 신문사 내부의 필자가 창작해 독자 투고 형식으로 게재한 작품일 가능성 또한 적지 않아 보인다.[19]

19 서사문학 작품뿐만 아니라 일반 기사 역시 내부 필자가 써서 독자 투고 형식으로 수록한 경우가 없지 않았다. 예를 들면 『대한매일신보』 1908년 7월 25일자 1면 기서란에 게재된 글 「한국과 만주」는 당신 신문사 주필로 활동하던 신채호의 글로 추정된다. 이에 관한 상세한 논의는 김영희, 「『대한매일신보』 독자의 신문 인식과 신문 접촉 양상」, 『대한매일신보 연구』, 커뮤니케이션북스, 2004, 357쪽 참조.

2. 독자 창작 참여의 제도적 정착 과정

1) 잡지의 경우 : 『장학보』

한국의 근대 매체가 독자 창작 문예 원고를 적극 수용하기 시작한 것은 1900년대 후반의 일이다.[20] 1908년 1월 20일에 창간된 『장학보(奬學報)』는 독자 원고 현상모집 제도를 도입함으로써 이 분야의 새로운 길을 열게 된다.[21] 『장학보』는 "一般學員을 奬勵ᄒᆞ야 課業을 自相進步케 하며 文學界를 贊助ᄒᆞ야 士氣을 振興發達케 홈으로 目的홈"[22]이라고 발행 목적을 밝히고 있다. 『장학보』는 창간호에서부터 이미 현상모집 당선 원고들을 게재하고 있는 바, 그 대상은 논설, 소설, 사조(詞藻), 역사, 지리, 재담(才談) 등으로 다양하다. 이 잡지가 첫 호부터 이렇게 다양한 투고 기사를 게재할 수 있었던 것은 불완전한 방식으로나마 창간 이전부터 원고 모집 사실을 알리고 접수를 받았기 때문이다. 다음은 원고 모집을 알리는 「사보(社報)」의 한 예이다.

---

20 한국의 근대 매체와 독자의 문제를 연구한 주목할 만한 업적으로는 천정환의 『근대의 책 읽기 — 독자의 탄생과 한국 근대문학』(푸른역사, 2003)이 있다. 이 책에서는 1920년와 30년대를 중심에 놓고 전후 시기를 포괄해 가면서 매체와 독자의 문제를 다루고 있다.

21 송민호는 '학생(學生)들의 면학(勉學)을 권장(勸奬)하며 사기(士氣)를 진흥(振興) 발달(發達)하게 하는 것을 목적(目的)으로 삼았던 『장학보』는 학생들의 소설란(小說欄)을 따로 두고 여기에 수시로 응모하도록 하여 이를 심사(審査), 입선작품(入選作品)을 동지(同誌)에 게재(揭載)했다'는 사실에 대해 간략히 언급한 바 있다. 송민호, 『한국 개화기소설의 사적 연구』, 일지사, 1975, 40쪽 참조. 『장학보』의 발행처는 장학월보사이며 발행인은 박태서(朴太緖)이다. 발행 목적은 교육의 권장과 애국계몽에 있었다.

22 「장학보 발행 규칙」, 『장학보』, 1908.1, 59쪽.

第一回에는 本社規則를 詳悉치 못ᄒᆞ신 僉位도 有ᄒᆞ시고 又 疑訝躊躇ᄒᆞ시는 僉位도 有ᄒᆞ야 應募ᄒᆞ시는 人員이 零星ᄒᆞ심으로 一百八十五人의 應募案를 接受ᄒᆞ얏ᄉᆞᆫ즉 本社의 本意가 아니로ᄃᆡ 不得已ᄒᆞ야 四十人만 推選ᄒᆞ얏싸오며

第一回로 始하야 本報의 規則ᄃᆡ로 體裁를 井井有規케 編緝코져하얏더니 原稿의 輻湊와 紙數의 不許로 不得盡揭하오며

第二回에는 設備도 稍整하겟고 紙數도 有餘하겟사오니 漸次規排하겟샤오며

第二回에는 應募人員도 多數홀터이오니 合格者도 如數選定하겟사오니 以此照亮焉[23]

『장학보』는 잡지의 구성을 사설(社說), 논설(論說), 소설(小說), 학술(學術), 문예(文藝), 학해평론(學海評論), 잡보(雜報), 사보(社報) 등으로 공고한다. 여기서 특기할 만한 점은 소설과 문예를 구별하면서 "小說은 學術教育에 關ᄒᆞᆫ 事"로, 문예는 "詞藻 歌調 謎語 才談 等으로 홈"으로 규정하고 있다는 사실이다. 『장학보』는 지면의 상당 부분을 독자들의 원고로 채웠는데, 「장학보 발행 규칙」 가운데 일부도 독자 원고 현상모집에 관한 규정으로 이루어져 있다. 관련 조항만을 발췌해 인용하면 다음과 같다.

第二章 懸賞募集

第十四條 論說小說은 不爲懸題홈

第十七條 每回懸賞人員은 二百三十四人에 勿越홈

第十八條 每回施賞金額은 無償進呈ᄒᆞ는 報價을 幷ᄒᆞ야 一百六十一圜 六十錢에 勿越홈

第三章 應募人의 資格

23 「사보」, 『장학보』, 1908.1, 67쪽.

第十九條 應募人의 資格은 如左홈

一 一個月以上報價을 先納혼 者

二 學校生徒

三 學業上에 有志혼 者

第四章 應募흐는 節次

第二十條 應募코즈흐는者는 報價을 先納흐고 本社領收證을 添付혼 應募紙을 領受홈

第二十四條 應募案를 提出흐고 本社接受番號을 書入혼 領收證을 還推홈

第五章 應募人의 注意

第二十五條 論說은 皇室의 尊嚴을 冒瀆흐거나 國憲을 紊亂흐거나 或國際交誼을 沮礙흐는 事項을 不得議評흐며 但學術教育에 關혼 事로만 흐되 國漢文을 交用홈

第二十六條 小說은 人을 諷刺흐거나 事을 譬諭홈을 不得흐며 純國文으로 홈[24]

『장학보』의 발행 규칙에서는 현상소설은 특별히 제목을 제한하지 않는다는 사실과 순국문으로 써야 한다는 점, 그리고 사람을 풍자하거나 사건 등을 비유하지 말아야 한다는 사실을 강조한다. 그런데 『장학보』의 '응모인의 자격'에 관한 조항을 보면 이 시기 매체가 독자 투고에 관심을 갖게 된 이유가 어디에 있는가 하는 점을 분명히 알 수 있게 된다. 『장학보』 등 근대 초기 매체가 독자 투고를 중시한 요인 가운데 하나는 독자의 수를 늘리기 위한 것이었다. 『장학보』는 투고의 자격을 '1개월 이상 잡지 대금을 선납한 독자'로만 한정했고, 이를 증명하기 위해 영수증을 첨부한 규격 응모지의 사용을 공식화했다. 『장학보』에 원

24 「장학보 발행 규칙」, 60~61쪽.

고를 투고하는 독자들의 수는 한 호에 대략 300명 내외였던 것으로 보인다. 다음 기사를 보면 이를 알 수 있다.

> 第二回 應募人員이 第一回보담은 稍多ᄒᆞᄂᆞ 三百人에 不過홈으로 本社 規定ᄒᆞᆫ 人數를 推選치 못ᄒᆞ옵고 八十四人만 推選ᄒᆞ오니 第三回에ᄂᆞᆫ 多數應募ᄒᆞ시와 本社 規定ᄒᆞᆫ 二百三十六人을 推選케 ᄒᆞ시면 幸甚[25]

> 第五回 應募案이 三百人에 不過ᄒᆞ오니 本社에서 如規히 選定치 못ᄒᆞ니 學界諸君은 多數應募ᄒᆞ시와 本規則ᄃᆡ로 選定케 ᄒᆞ심을 望홈[26]

삼백 명이라는 투고자 수는 적은 것이 아니었다. 하지만, 이 기사에서 『장학보』는 좀 더 많은 독자들의 참여를 기대하고 있음을 알린다. 흥미로운 것은 현상 모집에 당선한 독자들에게는 정해진 상금 외에도 유명인사로부터 기증받은 도서 등 물품을 함께 수여했다는 사실이다. 다음의 기사들이 이를 보여준다.

> 韋菴先生張志淵氏가 東國歷史, 大韓地誌各五部, 式第二回應募合格人員에게 分排添賞ᄒᆞ시오니 感謝莫名이오며 校洞姜文煥씨가 葛蘇士傳, 十部를 亦爲寄贈ᄒᆞ오니 謝意을 玆에 表홈[27]

> 吳榮根氏와 安國善氏가 多數ᄒᆞᆫ 書籍을 寄附ᄒᆞ야 五回應募合格人員의게 施賞

25 「사보(社報)」, 『장학보』, 1908.2, 69쪽.
26 「사보」, 『장학보』, 1908.5, 67쪽.
27 「사고(謝告)」, 『장학보』, 1908.2, 71쪽. "大韓地誌各五部, 式第二回應募合格人員에게"는 "大韓地誌各五部式, 第二回應募合格人員에게"의 오식이다.

케 ᄒᆞ시니 謝意ᄅᆞᆯ 表홈[28]

『장학보』는 각계의 명망가를 원고 선별 위원으로 위촉했고 김윤식(金允植), 장지연(張志淵), 남궁억(南宮檍), 정교(鄭喬) 등 총 15명이 선발 작업에 참여했다.[29] 그러나 『장학보』의 편집진은 이들 선별자가 당선작으로 결정한 작품들을 그대로 잡지에 게재하지는 않았다. 『장학보』 제1호부터 제5호까지 당선작으로 뽑힌 작품은 총 16편이지만, 이들 가운데 세 편은 제목만 알리고 작품은 수록하지 않았다. 게재된 13편의 작품과 미게재된 3편의 작품 목록은 다음과 같다.

〈게재 작품〉

노인규(盧麟奎) 「농가자(農家子)」 제1호(3등) / 심상직(沈相直) 「만오(晩悟)」 제2호(1등) / 육정수(陸定洙) 「혈(血)의 영(影)」 제2호(2등) / 이규창(李揆昌) 「영웅(英雄)의 혼(魂)」 제2호(3등) / 민천식(閔天植) 「승소밀봉(蠅笑蜜蜂)」 제2호(등외) / 유병휘(劉秉徽) 「교자설(教子設)」 제3호(3등) / 이원백(李元伯) 「견송회오(見松悔悟)」 제3호(등외) / 원용진(元容晋) 「부인권학(婦人勸學)」 제4호(3등) / 육정수(陸定洙) 「과라(蜾蠃)의 자(子)」 제4호(등외) / 이승환(李昇煥) 「몽(夢)의 형(刑)」 제4호(등외) / 육정수(陸定洙) 「수륜(水輪)의 성(聲)」 제5호(2등) / 심우섭(沈友燮) 「몽각(夢覺)」 제5호(3등) / 이원성(李源聖) 「결단암(決斷巖)」 제5호(등외)

〈미게재 작품〉

심우섭(沈友燮) 「침상유각(枕上有覺)」 제3호(2등) / 차리석(車利錫) 「몽중

28 「사보」, 『장학보』 1908.5, 68쪽.

29 『장학보』, 1908.2, 70쪽 참조.

몽(夢中夢)」 제3호(등외) / 신태원(申泰元) 「가도정제(家道整齊)」 제4호(2등)

당선작 중 일부가 잡지에 게재되지 않은 이유는, 이들이 "小說은 學術敎育에 關ᄒᆞᆫ 事"라고 하는 규정에 어긋나기 때문이다. 「침상유각」에 대한 다음과 같은 원고 선별자의 심사평(審査評)과 뒤 이은 편집인의 입장 제시를 통해 이를 확인할 수 있다.

> 枕上有覺
>
> 評曰文筆俱佳但字母反切宜加注意
>
> 編輯員曰評論은 如是ᄒᆞ나 語意가 學術에 無關이기 揭載치 안이ᄒᆞᆷ[30]

「몽중몽」과 「가도정제」 역시 유사한 이유로 인해 게재되지 않았다. 『장학보』의 독자 현상 문예 제도는 명망가들을 위촉해 원고를 선별한 후, 다시 내부 심사를 거쳐 작품의 게재를 확정하는 이중의 절차를 구비하고 있었던 셈이다. 그렇다면, 이들 내부 편집원들이 강조하는 학술(學術) 및 학술교육의 실질적 내용은 무엇인가? 이는 계몽의 의도와 직결되는 것들이었다. 『장학보』에 게재된 작품들의 내용을 살펴보면 이를 알 수 있다.

『장학보』에 실린 첫 작품 「농가자」는 철저하게 교훈을 드러내는 작품이다. 옛날 한 농부에게 두 아들이 있었고 그중 작은 아들은 부지런했으나 큰 아들은 게을렀다. 큰 아들이 농사를 망치게 되자 작은 아들은 '농사는 때를 맞추어 힘써 노력하면 그에 상응하는 대가를 얻는 일'이라는 사실을 강조한다. 그 말을 들은 큰 아들이 마음을 고쳐먹게 되

30 『장학보』, 1908.3, 23쪽.

고, 작가는 '무릇 학문과 교육도 이와 같은 것'이라는 사실을 언급하면서 작품을 마무리 한다. 「만오」는 '사람이 욕심이 많으면 반드시 망하게 된다'는 교훈을 만오생이라는 인물의 일화를 통해 우화적 수법으로 표현한 작품이다. 「혈의 영」은 독립, 자유, 교육, 실업의 중요성을 강조한 작품이다. 「영웅의 혼」은 영웅에 대한 기대를, 「승소밀봉」은 학문을 연구하는 일의 필요성을 강조한다. 이하 「교자설」이나 「견송회오」, 「부인권학」, 「과라의 자」, 「몽의 형」, 「수륜의 성」, 「몽각」, 「결단암」 등 여타의 작품들도 모두 예외 없이 이러한 주제를 반복적으로 표현한다.

『장학보』의 현상소설 당선자 가운데 육정수(陸定洙)와 심우섭(沈友燮)은 이후 전문적 문필가로 활동하게 된다. 배재학당의 제1회 졸업생인 육정수는 「혈의 영」 투고 당시 23세의 청년으로 YMCA에서 일하고 있었다. 『장학보』에 「과라의 자」, 「수륜의 성」 등 모두 세 편의 단편을 발표한 그는 1908년 10월 박문서관(博文書館)에서 단행본 소설 「송뢰금(松籟琴)」을 출간하면서 '신소설' 작가로 이름을 올리게 된다.[31] 심우섭은 「침상유각」과 「몽각」이 당선될 당시 휘문의숙(徽文義塾) 중학과(中學科) 2학년으로 19살 청년이었다. 그는 추후 『매일신보』에 「형뎨(兄弟)」(1914.6.11~7.19), 「숡(酒)」(1914.9.9~16), 「산중화(山中花)」(1917.4.3~9.19) 등의 소설을 발표한다. 1916년에는 『매일신보』에 입사하여 정식 기자가 되고, 춘원 이광수(李光洙)를 『매일신보』의 필자로 불러들이는 중개인 역할도 맡게 된다.

『장학보』에서 시작된 근대 잡지의 독자 원고 현상 모집 제도는 『청춘』에서 뿌리를 내리게 되고, 『조선문단』과 『개벽』 등으로 이어지면서 근대 문인 배출의 주요 창구 역할을 담당하게 된다.[32]

---

31 육정수의 생애와 「송뢰금」에 대해서는 최원식, 『한국 근대소설사론』, 창작사, 1986, 244~261쪽 참조.

2) 신문의 경우 : 『매일신보』

1910년 8월 30일 한일병합 직후, 『대한매일신보』를 인수해 출범한 『매일신보』는 이해조의 「화세계(花世界)」(1910.10.12~1911.1.17)를 필두로 적지 않은 수의 서사문학 자료들을 수록하게 된다. 1910년부터 1919년 말까지의 경우만을 보더라도 『매일신보』에는 약 150편 정도의 길고 짧은 창작 서사물들이 수록되어 있다.[33] 1910년대 초반의 서사물들은 주로 신소설과 단편소설란에 수록되는데, 단편소설들의 대부분은 독자들이 투고한 응모(應募) 단편소설(短篇小說)이었다. 『매일신보』의 응모 단편소설 게재는 창간 직후인 1910년대 초반부터 폐간 직전인 1940년대 중반까지 지속적으로 이어진다.

『매일신보』가 단편소설에 관심을 갖고 현상모집 광고를 게재하기 시작한 것은 1912년 2월 9일부터이다. 이때까지 『매일신보』에 발표된 단편소설은 무도생(舞蹈生)의 「재봉춘(再逢春)」(1911.1.1)과 작가 미상의 「해몽선생(解夢先生)」(1912.1.1) 단 두 작품뿐이었다. 「재봉춘」과 「해몽선생」은 모두 1월 1일에 발표되는 '신년소설'로서의 의미를 지니고 있는 작품들이다.[34] 「재봉춘」과 「해몽선생」은 새해의 분위기와 어울리

---

32 『장학보』 이후의 독자 창작 참여 과정에 대해서는 박헌호 외, 『작가의 탄생과 근대문학의 재생산 제도』에 수록된 논문 중 다음의 것들을 참조할 수 있다. 박헌호, 「동인지에서 신춘문예로」, 최수일, 「『개벽』의 '현상문예'와 신경향파문학」, 박헌수, 「근대문학 재생산 제도와 방정환」, 박지영, 「『신여성』지의 '독자 투고문'을 통해서 본 '여성적 글쓰기'의 형성 과정」 등.

33 창작 서사물에 대한 판단 기준에 따라 이 숫자는 조금씩 달라질 수 있다. 참고로, 최근에 발표된 『매일신보』 소재 소설에 관한 한 연구에서는 1910년대 신문에 게재된 서사 자료를 총 141편으로 정리한다. 이들 141편의 서사 자료는 크게 '소설'(98개)과 희곡, 동화 등 '기타'(43개)로 나뉜다. 함태영, 「1910년대 『매일신보』 소설 연구」, 연세대 박사논문, 2009 참조.

34 『매일신보』에는 이후에도 박용환(朴容奐)의 「신년(新年)의 문수(問數)」(1913.1.1)와 작자 미상의 「떡 잘 먹는 우리 너와」(1914.1.1), 이인직의 「달 속의 토끼[月中兎]」(1915.1.1), 몽외생(夢外生)의 「용몽(龍夢)」(1916.1.1) 등의 신년 소설이 계속 실린다.

는 내용으로 이루어져 있어, 편집진에 의해 미리 기획된 것임을 알 수 있다. 「재봉춘」은 시집가서 구박받고 고생하던 라씨부인이 행복한 삶을 살게 된다는 소재를 다루고 있다. 「해몽선생」은 장님의 꿈풀이 과정을 통해, 세상을 어떻게 살 것인가 하는 문제를 다소 풍자적으로 보여준다.

『매일신보』의 독자 원고 현상모집은 서사문학 작품이 아닌 한시(漢詩)부터 시작되었다. 『매일신보』는 1910년 12월 중순 다음과 같은 공고문을 여러 차례 게재한다.

> **新詩懸賞募集**
>
> 歲色將暮風物蕭瑟剩添騷人之感懷所以本社以左記諸條廣募
>
> 大方家之傑作幸陸續投稿以爭甲乙焉
>
> 詩體 絶句, 律詩
>
> 日限 十一月二十日以內
>
> 課題 寒江釣雪, 電話
>
> 拈韻 自由
>
> 懸賞 (甲)五拾錢
>
> (乙)三拾錢 每日申報社 編輯室[35]

『매일신보』가 절구(絶句)와 율시(律詩)를 모집하면서 거기에 '신시(新詩)'라는 표현을 쓴 것이나, 한시의 시제(詩題)에 '전화(電話)'를 포함시킨 것은 어색한 느낌이 있다. 하지만 일등 50전, 이등 30전의 상금을 건 신시 현상모집이 당시에 매우 새로운 시도였던 것만은 분명하다. 『매일신

35 『매일신보』, 1910.12.13.

보』는 12월 22일자 사조(詞藻)란에 신시당선(新詩當選)을 공고하고 한강조설(寒江釣雪)과 전화(電話)에 각각 세 편과 두 편의 당선작을 게재한다.

이후 매일신보의 독자문예 현상모집은 점차 그 영역을 확장시켜가게 되는데, 이와 관련하여서는 다음의 공고가 특히 주목할 만하다.

◀ **懸賞募集** ▶

本社에서 **各地奇聞**을 揭載ᄒᆞ야 讀者眼前에 望遠鏡을 置듯이 方々曲々의 奇事美談을 昭然히 知케 ᄒᆞ기 爲ᄒᆞ야 左와 如ᄒᆞᆫ 記事諸件을 募集ᄒᆞ오며 記事ᄒᆞ야 보너시ᄂᆞᆫ 諸氏의게 一二三등을 選擇ᄒᆞ야 懸賞이 有ᄒᆞᆫ 同時에 **俗謠**, **詩**, **笑話**, **短篇小說**, 叙情叙**事**等도 募集ᄒᆞ오니 應募하실이ᄂᆞᆫ 左開諸項中에셔 隨意投稿ᄒᆞ시옵

左開

一 各地奇聞

(1) 慈善家의 美擧가 有ᄒᆞᆫ 事

(2) 實業家의 成蹟이 有ᄒᆞᆫ 事

(3) 孝子의 出天의 誠이 有ᄒᆞᆫ 事

(4) 節婦의 秋露갓ᄒᆞᆫ 節이 有ᄒᆞᆫ 事

(5) 忠僕의 主恩을 報하ᄂᆞᆫ 義理가 有ᄒᆞᆫ 事

(6) 妖婦의 怪々罔測ᄒᆞᆫ 妖物이 人의 耳目을 迷眩케 ᄒᆞᄂᆞᆫ 것이 有ᄒᆞᆫ 事

(7) 風俗習慣 美風良俗이 社會上에 表彰ᄒᆞᆯ만ᄒᆞᆫ 事와 又 山野間에 質朴ᄒᆞᆫ 習慣의 現狀ᄃᆡ로 記ᄒᆞᆷ도 可ᄒᆞᆷ

(8) 隱ᄒᆞᆫ事蹟 勝地의 景槪와 古事美談의 秘傳等事

以上人物及風景의 寫眞을 要ᄒᆞᄂᆞᆫᄃᆡ 若寫眞이 有ᄒᆞ거든 投稿時에 添付ᄒᆞ야 送交ᄒᆞ시옵

一 **俗謠** 要簡單

一 **詩**

一 **笑話** 要簡單

一 **短篇小說** 一行은 十八字인ᄃᆡ 行數ᄂᆞᆫ 多不過 一百五十行을 要홈

一 **叙情叙事** 隨意

友의 記事에 對ᄒᆞ야 揭載코 안이키ᄂᆞᆫ 被選與否에 在ᄒᆞ오며 其 被選됨에 對ᄒᆞ야ᄂᆞᆫ

最優等 新聞六個月分

一等 仝 三個月分

二等 仝 二個月分

三等 仝 一個月分을 進呈　　每日申報 편집국[36]

이 공고문에서 편집자가 가장 큰 관심을 가졌던 것은 '각지기문(各地奇聞)'이며, 그 사례로 제시되는 것은 자선가, 실업자, 효자, 절부, 충복 등의 미담과 미풍양속을 진작시킬 수 있는 글이다. 이 공고문은 1912년 2월 9일부터 6월 20일까지 4개월 이상 반복 게재되었고, 그 결과 적지 않은 수의 독자 투고가 이루어졌다. 투고자의 주소가 나고야(名古屋) 등지로 표기된 경우가 있는 것으로 미루어 보면, 『매일신보』의 독자 투고는 국내외를 가리지 않고 적극적으로 이루어졌음을 알 수 있다. 『매일신보』가 이 공고문에 대응하는 현상모집 제1회 당선작으로 발표한 독자 투고물은 1912년 2월 11일자 1면에 게재한 순한문 속요(俗謠) 두 편이다. 이어서 3월 1일자부터는 우슴거리(笑話) 당선작도 계속 발표가 되고, 3월 중순 이후에는 풍속습관(風俗習慣) 등을 알리는 각지기문도 속속 당선작으로 발표가 된다. 이와 더불어 『매일신보』에는 적지

36 『매일신보』, 1912.2.9.

않은 수의 응모 단편소설 당선작이 발표되기 시작한다. 1912년 한 해 동안 게재된 응모 단편소설 당선작의 예로는 김성진(金旋鎭)의 「파락호(破落戶)」(1912.3.20) · 「허영심(虛榮心)」(1912.4.5) · 「수전로(守錢奴)」(1912.4.14) · 「잡기비(雜技者)의 량약(良藥)」(1912.5.3), 오인선(吳寅善)의 「산인(山人)의 감추(感秋)」(1912.4.27), 김진헌(金鎭憲)의 「허욕심(虛慾心)」(1912.5.2), 조상기(趙相基)의 「진남ᄋᆞ(眞男兒)」(1912.7.18), 김광순(金光淳)의 「청년의 거울(青年鑑)」(1912.8.10~8.11), 천종환(千鍾煥)의 「육맹회개(六盲悔改)」(1912.8.16~8.17), 박용협(朴容浹)의 「섬진요마(殲盡妖魔)」(1912.8.29), 김동훈(金東薰)의 「고학싱(苦學生)의 성공(成功)」(1912.9.3~9.4). 신기하(辛驥夏)의 「픽ᄌᆞ(悖子)의 회감(回感)」(1912.9.25), 김태희(金太熙)의 「한씨가여경(韓氏家餘慶)」(1912.10.24~10.27), 김정진(金鼎鎭)의 「회기(悔改)」(1912.10.29~10.30) · 「고진감내(苦盡甘來)」(1912.12.26~12.27), 고진호(高辰昊)의 「대몽각비(大夢覺非)」(1912.10.31), 박용원의 「손쌔릇ᄒᆞ다픽가망신을ᄒᆞᆨ」(1912.11.2), 김진숙(金鎭淑)의 「련(戀)의 말로(末路)」(1912.11.12~11.14) 등을 들 수 있다.

『매일신보』의 현상문예 공모는 무엇보다 작가군(作家群)을 넓히는 효과를 가져온다.[37] 그동안 『매일신보』에서 활동하던 작가는 이해조 등 극히 일부에 지나지 않았다. 그러나 현상문예 공모는 『매일신보』 소설의 집필자 수를 급격히 늘리는 역할을 한다. 이해조가 『매일신보』에 발표한 작품은 모두 장형소설들이었고, 응모 단편소설들이 실리기 이전까지는 단편소설은 『매일신보』의 주목 받는 서사양식이 아니었다. 그 이전까지 『매일신보』의 소설란을 차지하고 있던 것은 「월

37 이 점에서 보면, 『매일신보』의 현상문예 모집 제도를 "단지 읽는 사람이 아니라 '글을 쓰는 사람'을 염두에 두고서, 학생층이라든가 지식인을 신문의 필자와 독자로 흡입해 낸다는 기획이었을 것"으로 보는 견해는 설득력이 있다. 김재영, 「1910년대 '소설' 개념의 추이와 매체의 상관성」, 『한국 근대 서사양식의 발생 및 전개와 매체의 역할』, 소명출판, 2005, 248쪽 참조.

하가인(月下佳人)」(1911.1.18~4.5), 「화의혈」(1911.4.6~6.21), 「구의산(九疑山)」(1911.6.22~9.28), 「소양정(昭陽亭)」(1911.9.30~12.17), 「춘외춘(春外春)」(1912.1.1~3.14), 「옥중화(獄中花)」(1912.1.1~3.16), 「탄금대(彈琴臺)」(1912.3.15~5.1), 「강상련(江上蓮)」(1912.3.17~4.26) 등이었다. 이른바 '신소설'로 불리는 이들 장형소설은 선음자(善飮子), 하관생(遐觀生), 석춘자(惜春子) 등의 다양한 작가명으로 발표되었지만 실제 작가는 예외 없이 이해조 한 사람이었다.

'현상단편소설'의 출현은 『매일신보』 소재 서자자료의 형식이 다양화되는 계기로도 작용한다. 『매일신보』 응모 단편소설의 발표 시기는 일차적으로 1912년 3월부터 1913년 2월 사이에 집중되어 있다. 이는 독자 투고에 의한 응모 단편소설이, 새롭게 등장한 번안소설과 함께 『매일신보』 문단의 변화를 이끄는 주도적 역할을 하고 있었음을 보여주는 것이다.[38]

『매일신보』의 독자 현상문예 제도의 탄생은 신문사 발행진의 결정에 의한 것으로 보인다. 그렇다고 해도, 당시 『매일신보』의 직제나 인적 구성 등으로 미루어 보면 투고된 독자들의 원고를 심사해 순위를 매기고 당선작을 결정하는 실무를 담당했을 가능성이 가장 높은 인물은 편집장 선우일과 소설 전문 기자 이해조이다. 이들에 의해 시작된 선정 작업이 뒤를 이어 입사한 조중환 등으로 이어졌다고 보아야 할 것이다.[39] 그렇게 보면 이해조는 현상문예 제도에 의한 새로운 작가

38 『매일신보』에 응모 단편소설이 집중적으로 게재되는 1912년은 『매일신보』 소설 연재란에서 '신소설'이라는 표기가 사라지는 해이기도 하다. 『매일신보』가 그동안 줄곧 연재되던 이해조의 소설 앞에 붙어 있던 '신소설'이라는 표기를 없앤 것은 1912년 7월 19일부터이다. 『매일신보』가 이해조의 소설에서 이 수식어를 떼어낸 것은 우연히 일어난 일이 아니라 편집진의 의도에 의한 것이었다. 이는 『매일신보』의 문단이 이해조의 '신소설' 중심주의를 벗어나 조중환의 번안소설 등으로 다변화되는 것을 알리는 상징적 신호와도 같은 것이었다. 이와 관련된 논의는 김영민, 『한국 근대소설의 형성 과정』, 156쪽 참조.

39 당시 『매일신보』의 사장은 요시노 타자에몬[吉野太左衛門]이었고 발행겸 편집인은 변일이

선발 작업을 진행하면서 결과적으로는 자신의 퇴진을 준비한 셈이 된다. 『매일신보』의 응모 단편소설의 당선자들의 직업은 교사, 학생, 기생 등으로 다양했다. 이 가운데 김성진은 전통적 한학의 소양을 지닌 구지식인 계층에 속하는 인물이었다.[40] 독자 겸 작가 김성진의 등장은 여러 가지 점에서 의미가 있다. 김성진의 등장은 한국 근대문학사에서, 독자가 어떠한 과정을 거쳐 작가가 되는가를 실증적으로 보여주는 첫 번째 사례에 해당한다. 김성진의 작품을 비롯한 수십 편의 당선작 게재는 『매일신보』 소재 서사문학 작품이 이해조 중심주의를 벗어나는 직간접적 계기가 된다는 점에서도 의미가 있다.

김성진은 1912년 3월 20일 「파락호(破落戶)」가 『매일신보』의 응모단편소설란에 1등 당선작으로 발표되면서 지면에 이름을 올리게 된다. 경성(京城) 중부 궁동에 거주하는 것으로 주소를 밝힌 그는 수석생(漱石生)이라는 필명을 함께 사용한다.[41] 김성진의 「파락호(破落戶)」를 비롯해 『매일신보』에 게재된 응모단편소설 당선작들은 대부분 계몽적 내용을 담고 있거나, 계몽을 목적으로 집필된 것들이다.[42] 김성진의 첫 당선 소

었다. 하지만 1910년대 『매일신보』의 편집과 제작에 실질적 권한을 행사한 사람은 나카무라 겐타로[中村健太郎]였다. 조중환의 입사 시기는 정확히 알 수 없지만 1912년 5월부터 7월 사이로 추정된다. 『매일신보』의 직제와 인적 구성에 관한 논의는 함태영, 「1910년대 『매일신보』 소설 연구」, 15~37쪽 참조.

40 교사의 예로는 이상춘을, 학생의 예로는 이진석을, 기생의 예로는 채란을 들 수 있다. 이와 관련된 상세한 논의는 한진일, 「근대 단편소설의 형성 과정 연구」, 성균관대 박사논문, 2002, 60~68쪽 및 함태영, 「1910년대 『매일신보』 소설 연구」, 126~130쪽 참조.

41 김성진이 필명에 사용한 한자어 '수석(漱石)'에서 특별한 의미를 발견하기는 어렵다. 그가 사용한 '수석생(漱石生)' 혹은 '수석청년(漱石靑年)'이라는 필명은 일본 근대문학의 대표적 작가 가운데 한 사람인 '나쓰메 소세키[夏目漱石]'라는 이름 가운데 일부를 차용한 것으로 보인다. '그가 나쓰메 소세키로부터 영향을 받은 듯하다'는 지적도 이루어진 바 있다. 한진일, 「근대 단편소설의 형성 과정 연구」, 68쪽 참조. 김성진의 필명 사용과정에 대한 논의는 이 책의 제1장 2절 참조.

42 이에 대해서는 '응모단편소설은 처음부터 계몽성이 목적이었을 뿐, 작품의 완성도는 고려

설 「파락호」는 남의 꾀임에 넘어가 기생과 잡기에 빠져 가산을 탕진한 인물이 생계를 잇기 위해 고초를 겪게 되는 이야기를 다룬 작품이다. 이어서 발표된 「허영심(虛榮心)」은 자신이 대신(大臣)이 될 것이라는 허영심에 들떠 허송세월을 하는 인물을 비판적으로 그려낸 작품이다. 「슈전로(守錢奴)」 또한 풍자와 희화(戱畵)가 결합된 작품이다. 여기서는 돈에만 집착하던 한 노인이 결국은 불어난 강물에 떠내려가며 목숨마저 잃게 된다는 내용을 다루고 있다. 「잡기비(雜技者)의 량약(良藥)」 역시 희화가 주를 이루는 작품으로 노름에 빠진 아들을 건져내려는 노모의 시도와 의원의 희화적 처방에 관한 내용이 담겨 있다.

『매일신보』는 응모 단편소설 게재 이후로도 수시로 공고문을 실어 독자들의 작품을 모집한다. 『매일신보』는 특히 연말을 맞아 신년 문예 작품을 모집하는 공고를 종종 게재하고 그 성과물을 뽑아 수록했다. 이러한 제도가 1920년대 중반 이후 정착되는 '신춘문예(新春文藝)' 현상모집의 효시가 되는 셈이다. 다음은 『매일신보』에 게재된 신년문예 현상모집 공고의 몇 가지 사례들이다.

新年文藝募集

◁種 目 及 課 題▷

◁詩　　「屠蘇」韻 押蘇

◁文　　「兎에 關흔 滑稽文 及 傳說」

대상이 아니었다'는 지적도 이루어진 바 있다. 함태영, 「1910년대 『매일신보』 소설 연구」, 132쪽 참조. 이는 독자들의 원고를 모집하게 된 동기가 '기사미담(奇事美談)'을 수집하려는 데 있었다는 점에서 보면 설득력이 있다. 함태영의 연구에서는 응모단편소설을 인물 형상화의 내용과 성격을 기준으로 크게 다음 세 유형으로 나눈다. 첫째, 악습에 빠져 몰락하는 인물들을 형상화한 유형. 둘째, 몰락한 인물들이 회개하고 새 사람으로 거듭나는 유형. 셋째, 고난을 극복하고 성공하는 유형.

◁ 時調　「덧업는 세월」(平調)

◁ 언문줄글 「過去 一年間의 깃겁던 일 슯흐던 일」(女子에 限홈)

◁ 언문풍월 「달속에 옥토끼」 운즈 아, 다, 가

◁ 우숩거리 「신년에 관계잇는 것」

◁ 歌 (唱歌) 「우리青春」(七五調)

◁ 언문편지 「신년의 경성에셔 고향의 모친의게」(女子에 限홈)

◁ 단편쇼셜 「新年의 家庭小景」

◁ 畵　「兎」(担任敎師의 證明捺印 잇는 普通程度學校 男女生徒에 限홈)

◀ 規定 (一) 詩, 詩調, 언문풍월, 우슴거리, 畵의 用紙는 葉書에 限홈 (二) 文, 언문줄글, 언문편지, 단편소설은 一行을 三十字로 計算ᄒᆞ야 五十行以內 (三) 一題에 對ᄒᆞ야 一首, 一件又는 一文을 限홈 (四) 用紙一枚에 對ᄒᆞ야 一種을 限홈 (五) 住所氏名을 明記ᄒᆞ고 반다시 「每日申報編輯局懸賞係)라 記ᄒᆯ 事

◀ 期限 十二月二十日 (其後到着ᄒᆞᆫ 것이라도 二十日의 郵便日附印이 有ᄒᆞᆫ 것은 採用홈)

◀ 賞品(圖書券) 一等一圓 二等五十錢 三等卅錢[43]

新年文藝募集

一, 短篇小說 (時代는 現在에 適ᄒᆞᆫ 者)

　一行二十四字 六十行以內

　賞金 參圓

一, 論文 (題는 「日鮮同化論」)

　十六字諸百行以內

　賞金(甲) 一圓五十錢

43 『매일신보』, 1914.12.18.

同 (乙) 一圓

一, 新調歌詞 (題는 隨意 但 現代에 流行홀 價値가 有홈을 要홈) 數는 無制限

賞金(甲) 二圓

同 (乙) 一圓五十錢

同 (丙) 一圓

右記者는 本紙新年號의 一色彩를 添ᄒᆞ기 爲홈만안이라 新年元旦을 機ᄒᆞ야 應募諸彦의 學術天才를 本紙面으로 解決코져 홈이니 原稿는 來二十日ᄭᆞ지에 本社 編輯局으로 到着케 ᄒᆞ시오(二十日 以後에 到着ᄒᆞᄂᆞᆫ 分은 施賞 審査에 未參됨으로 認홀 事)[44]

1915년 1월 1일자 『매일신보』에는 창가(唱歌) 1등 및 2등 당선작, 그림(畵) 1등과 2등 및 3등 당선작, 언문풍월 1등 당선작, 언문편지 2등 당선작, 웃음거리 3등 당선작, 골계문·전설(滑稽文及傳說) 1등 및 3등 당선작, 한시(漢詩) 2등 및 3등 당선작 등 여러 편의 작품이 수록되어 있다. 이는 물론 1914년 12월에 게재한 신년문예모집(新年文藝募集) 공고의 성과물들이다. 이들 작품의 투고자는 서울, 강원도, 황해도, 함경도 등 전국 각지에 퍼져 있으며,[45] 당선작의 수록 지면도 어린이란과 부인란 등 모든 지면에 걸쳐 있다. 문체도 순한문체, 국한문혼용체, 국문체 등 매우 다양하다. 『매일신보』의 신년문예모집에는 다양한 지역에 거주하는 남녀노소 모두가 고르게 관심을 표명하고 있었음을 알 수 있다.

---

44 『매일신보』, 1916.12.7.

45 이렇게 당선작 투고자의 주소지가 다양한 것은 『매일신보』 편집국의 배려에 의한 것일 가능성도 있다. 예를 들어 1915년의 경우 『매일신보』는 서울 독자의 투고물보다는 지방 독자의 투고물을 우선 게재할 것임을 공개적으로 거론한 바 있다. 이는 "지방민에 대한 독자층의 확대와 판매부수 확장을 위한 『매일신보』의 또 다른 전략"(전은경, 「1910년대 번안소설 연구 — 독자와의 상호 소통성을 중심으로」, 경북대 박사논문, 2006, 31쪽)이기도 했다.

그러나 『매일신보』의 현상문예 모집에 대한 독자들의 참여가 모든 분야에서 적극적이었던 것은 아니다. 1919년 6월에 게재된 공고문과 그 결과를 보면 당시 독자들의 창작 참여 현상의 특질과 한계를 알 수 있게 된다. 공고문의 내용은 다음과 같다.

懸賞小說募集

黎明에 向ᄒᆞᄂᆞᆫ 半島의 新文藝界에 光明을 投ᄒᆞ야 其發達을 促進케 ᄒᆞ랴ᄂᆞᆫ 目的의 一端으로 今回本社ᄂᆞᆫ 賞을 掛ᄒᆞ야 小說의 原稿를 募集코져 ᄒᆞᄂᆞᆫ 바 此에 當選ᄒᆞᆫ 原稿ᄂᆞᆫ 本紙上에 連載ᄒᆞ야 廣히 社會에 紹介ᄒᆞᆯ 것이라 新進의 作家로 其作品의 眞價를 江湖에 問ᄒᆞᆯ 機關이 乏小ᄒᆞᆫ 現時에 在ᄒᆞ야 本社의 此擧ᄂᆞᆫ 實로 本島文藝界에 一大登龍門이라 文士諸氏ᄂᆞᆫ 瓊汁을 速投ᄒᆞ야 榮光잇ᄂᆞᆫ 優勝을 期待ᄒᆞ시라

當選賞金

一等 一篇 一百五十圓

二等 一篇 一百圓

三等 一篇 五拾圓

應募規程

一. 小說의 種類ᄂᆞᆫ 新聞連載에 適當ᄒᆞᆫ 家庭小說, 一回一行 二十字式 一百二十行內外, 總回數 一百回로 完結ᄒᆞᆯ 것임을 要ᄒᆞᆷ

一. 材料ᄂᆞᆫ 總히 現代에 置ᄒᆞ되 創作을 爲貴요 但飜譯이라도 朝鮮의 現代에 矛盾되지 안이ᄒᆞ면 無妨ᄒᆞᆷ, 飜譯은 此를 取치 안이ᄒᆞᆷ. 用語ᄂᆞᆫ 可成口語體를 使用ᄒᆞ며 漢文을 未修ᄒᆞᆫ 人이라도 充分히 了解ᄒᆞ도록 可成漢文의 難解ᄒᆞᆫ 熟語를 避ᄒᆞ고 가쟝 通俗的의 純朝鮮語로 作稿ᄒᆞᆷ을 要ᄒᆞᆷ. 一回式 適當히 此를 分配ᄒᆞ야 每回마다 반다시 其順號를 記ᄒᆞᆷ을 要ᄒᆞᆷ

一. 原稿ᄂᆞᆫ 반다시 楷書ᄒᆞᆷ을 要ᄒᆞ며 句點을 明記ᄒᆞ거나 句節에ᄂᆞᆫ 一字 又ᄂᆞᆫ

半字의 間隙을 置ᄒᆞ고 行數와 配字를 均一히 홈을 要홈. 原稿ᄂᆞᆫ 稿紙의 片面에 만 記載홈을 要홈

一. 原稿에ᄂᆞᆫ 別로히 原稿와 同一ᄒᆞᆫ 文體로 其小說의 梗概를 記ᄒᆞ고 尙 編中의 主要人物로부터 順位로 其性格年齡地位系統 等을 簡潔히 列記ᄒᆞᆫ 梗概書을 添附홈을 要홈

一. 原稿揭載時에ᄂᆞᆫ 雅號를 使用홈도 作家의 隨意이나 本社에 提出ᄒᆞᆯ 時ᄂᆞᆫ 반다시 住所氏名을 明記홈을 要홈. 原稿ᄂᆞᆫ 此를 小包로 送附홈을 要ᄒᆞ며 別로히 書狀으로 此旨를 通ᄒᆞ되 送處ᄂᆞᆫ 總히 本社 編輯部라 明記ᄒᆞ고 原稿의 表面에 懸賞應募小說原稿라 朱書홈을 要홈

一. 原稿의 審査採點은 本社及各大家에 依賴ᄒᆞ야 가쟝 公平히 此를 行홈

一. 原稿提出期限은 大正八年九月三十日ᄭᅡ지 本社에 到着ᄒᆞ도록 提出홈을 要홈

一. 當選된 原稿ᄂᆞᆫ 隨時 本紙에 連載ᄒᆞ되 其 板權은 本社에 屬ᄒᆞᆯ 것이오 其餘의 原稿ᄂᆞᆫ 作家의 通知가 有ᄒᆞᆯ 時ᄂᆞᆫ 本社에셔 此를 返送홈 매일신보사[46]

이 공고문에는 『매일신보』 현상문예가 최초로 장편소설을 모집한다는 내용이 담겨 있다.[47] 여기서 요구하는 원고의 길이는 한 회 2400자에 총 100회 연재 분량에 해당하는 것으로 200자 원고지 1200매에 이른다. 1등 상금 또한 150원으로, 신년문예 원고의 1등 당선 상금이 1원에서 3원 사이였던 점을 생각하면 파격적인 조건이라 할 수 있다. 이 공고문에서는 작품의 마감일을 1919년 9월 30일로 제시하고 있다. 그

46 『매일신보』, 1919.6.3.

47 여기서 요구하는 것은 분량으로 볼 때 장편소설이지만, 『매일신보』는 아직 '장편소설'이라는 용어를 직접 사용하지 않았다. 한국 근대 신문에서 '장편소설'이라는 용어를 사용하기 시작한 것은 이보다 뒤의 일이다. 이에 관해서는 이 책의 제3장 3절에서 상세하게 다룰 예정이다.

러나, 1919년 10월 이후 『매일신보』에 실린 서사문학 작품들 가운데는 이러한 현상모집의 결과물로 보이는 것이 없다.[48] 1920년대 이후에도 『매일신보』의 장편소설 현상모집 공고는 계속되고, 상금도 300원으로 크게 인상된다. 그러나 신문사가 마감 기일을 연기하고, 투고를 독려하는 공고를 누차 게재하는 것을 보면 장편소설에 대한 응모는 매우 부진했던 것으로 보인다.

> **小說懸賞募集**
>
> **賞金** 一等 (一篇) 金 參 百 圓 也
>
> 二等 (一篇) 金 壹 百 圓 也
>
> (但 二等에 限ᄒᆞ야 本紙에 揭載하는 境遇에는 賞金 以外에 謝禮를 添呈함)
>
> **規正** 原稿는 本紙連載의 分 百回以上으로 하되 飜譯과 飜案은 取치 안이함
>
> ◇住所氏名은 原稿以外에 明記添附하야 每日申報社 小說懸賞係로 送付할事
>
> **締切** 大正十五年五月三十一日　每日申報社編輯局[49]

> **懸賞小說 募集期日延期**
>
> **賞金** 一等 【一篇】 金 參 百 圓 也
>
> 二等 【一篇】 金 壹 百 圓 也
>
> (但 二等에 限ᄒᆞ야 本紙에 揭載하는 境遇에는 賞金 以外에 謝禮를 添呈함)
>
> **規正** ◇本紙連載의 分 百回以上(純□文)으로 하되 飜譯과 飜案은 取치 안이함
>
> ◇住所氏名은 原稿以外에 明記添附하야 每日申報社 小說懸賞係로 送付

48 이는, 단편소설의 경우와는 달리 장편소설 모집에는 독자들의 호응이 별반 없었거나, 편집진의 기대에 호응하는 작품이 전혀 없었던 때문으로 해석할 수 있다.

49 『매일신보』, 1926.3.15.

할事

締切 大正十五年五月末日까지를 六月三十日로　每日申報社編輯局[50]

懸賞小說 締切은 今卅日

賞金 一等 【一篇】 金參百圓也

二等 【一篇】 金壹百圓也

(但 二等에 限ᄒᆞ야 本紙에 揭載하는 境遇에는 賞金 以外에 謝禮를 添呈함)

規正 ◇本紙連載의 分 百回以上(純□文)으로 하되 飜譯과 飜案은 取치 안이함

◇住所氏名은 原稿以外에 明記添附하야 每日申報社 小說懸賞係로 送付

할事

締切 大正十五年六月末日　每日申報社編輯局[51]

이 공고문에서 명시된 작품의 길이는 100회 이상 연재할 수 있는 것이어야 하고, 성격은 번역이나 번안이 아니라 순수 창작물이어야 한다. 마감일은 원래 1926년 5월 31일이었지만, 새로운 공고를 통해 한 달 뒤로 늦추어진다. 그러나 1926년 6월 말 이후 『매일신보』에는 이러한 조건에 해당하는 작품이 발표된 바가 없다. 1926년도 하반기 이후 1927년도 상반기까지 『매일신보』에 연재된 장편소설은 「하니야」(1926.9.27~1927.1.21)와 「애(愛)의 개가(凱歌)」(1927.1.22~8.8) 두 편뿐이다. 그런데 「하니야」에는 번역자가 표기되어 있고, 「애의 개가」에는 번안물이라는 표기가 되어 있다. 1926년 9월에 가서 "춘원 이광수 선생이 그간 본사에서 모집한 소설을 목하 고선 중"[52]이며 그 결과를 곧 지상에 발

50 『매일신보』, 1926.5.21.

51 『매일신보』, 1926.6.30.

표할 것이라는 짧은 기사가 실린 것으로 보면, 응모작이 전혀 없었던 것은 아니나 결국 당선작을 내지는 못했던 것으로 판단된다. 『매일신보』가 원고 현상모집의 결과로 장편소설을 게재할 수 있게 되는 것은 1930년대 말에 이르러서이다. 『매일신보』에서 확인할 수 있는 마지막 독자 투고 작품은 윤기영(尹起榮)의 신춘 현상희곡 제2석 당선작 「석탄(石炭)」(1943.2.8~3.25)이다.

『매일신보』의 독자 문예 현상모집 제도 및 신춘문예 제도는 1920년대에 창간된 민간신문들인 『조선일보』와 『동아일보』로 이어지고 확산된다.[53] 특별히 이들 신문에 의해 활성화되는 신춘문예는 신인 발굴의 창구이자 한국 근대 문인의 등단을 위한 가장 영향력 있는 제도로 자리를 잡아가게 된다.

52 「현상소설(懸賞小說) 목하(目下) 고선중(考選中)」, 『매일신보』, 1926.9.18 참조.

53 『매일신보』가 '신춘문예'라는 표현을 처음 사용한 것은 1919년이며, 『동아일보』는 1924년 말부터 그리고 『조선일보』는 1927년 11월부터 이 용어를 사용한 것으로 정리된다(김석봉, 「식민지 시기 『조선일보』 신춘문예의 제도화 양상 연구」, 『작가의 탄생과 근대문학의 재생산 제도』, 소명출판, 2008, 162쪽 참조). 하지만, 이 용어를 처음 사용한 시기와 실제 신춘문예 제도가 정착된 시기는 차이가 있다. 이 제도의 본격적 정착은 1920년대 후반부터 1930년대 초에 걸치는 시기에 이루어진다.

제2장
근대 민족어의 형성과 근대문학 문체의 정립

제2장 / 제1절

국한문체 및 국문체의 등장

1. 한말(韓末) 정부의 국한문 및 한글 사용 정책과 그 영향

한말(韓末) 정부가 공적으로 한글의 사용을 강조하고, 지식인들이 국한문체 문장을 본격적으로 사용하기 시작한 것은 1894년 갑오경장 이후의 일이다. 이 시기 여러 가지 개혁정책이 시행됨으로써, 한글의 지위는 '언문'에서 '국문'으로 수직 상승한다.[1] 근대계몽기 한글운동사를 정리하면서 갑오경장을 기점으로 접근하는 이유가 여기에 있다.

1894년 7월 9일자 관보(官報)는 「凡國內外公私文字遇有外國國名地名人名之當用歐文者俱以國文繙譯施行事」[2]라는 구절로 '국문'의 사용을 강

1 고영진, 「근대한국어 연구의 성과와 과제」, 『한일 근대어문학 연구의 쟁점(1)』, 연세대 근대한국학연구소 제3회 국제 학술 심포지엄 자료집, 2008, 6~14쪽 참조.

2 『구한국 관보』 개국 503년 7월 9일, 아세아문화사, 1973, 288쪽.

조한다. 모든 문서에 외국의 나라 이름과 땅 이름 그리고 사람 이름을 한글로 적도록 지시한 것이다.[3] 이어서 벼슬아치의 등용 고시에 한글을 출제하는 규정 또한 법제화된다. 한말 정부는 편집국(編輯局)을 두게 되는데, 편집국의 업무 시행 과정에서 한글은 점차 실질적인 국문(國文)으로서의 위상을 찾아 가게 된다.[4]

한말 정부의 한글 사용 시도는 공문서(公文書)의 전면적인 한글 사용 지시로 계속 확산된다. 1894년 11월 21일 공포된 칙령(勅令) 제1호 공문식(公文式) 14조에 제시된 「法律勅令總以國文爲本漢文附譯或混用國漢文」[5] 즉, 법률과 칙령은 한글을 기본으로 삼고, 한문으로 번역한 것을 덧붙이거나 혹은 국한문을 섞어 쓸 수 있다는 규정은 정부가 지녔던 한글 사용 의지의 매우 강력한 표현이었다. 그러나, 이러한 규정은 실제로는

---

3 이에 대해서는 다음과 같은 견해가 있다. "이 규정은 '무릇 국내외 공사문자 중 구문(歐文)으로 상용되는 외국 국명·지명·인명이 있으면 모두 국문으로 번역하여 시행한다'는 것인데, 이것이 왜 처음으로 나왔는지는 알기 어렵다. 외국의 지명이나 인명 따위를 '국문'으로 적는다고 해서 당장 언어 생활에 변화를 가져오는 것은 아니기 때문이다. 굳이 그 이유를 찾자면, 이것이 실제의 언어 생활에 큰 문제를 일으키는 것이 아니므로 시험삼아 실시해 본다는 정도의 의미는 있었을지 모른다." 고영진, 「근대한국어 연구의 성과와 과제」, 8쪽 참조.

4 이에 대해서는 다음의 정리를 참고할 수 있다. "그중에 『편집국』을 두었는데, '국문철자법', '국문으로의 번역' 및 '교과서 편집'의 일을 맡게 한 것이 특기할 일이다. 이것은 세종대왕이 마련했던 『정음청(正音廳)』이 중종 때에 없어진 것을 부활시켜 새로 마련해 놓은 듯했다. 그리하여 『군국기무처』가 꾸민 개혁안에 마련한 『편집국』의 업무에는 맞춤법 업무와 국어로 번역하는 업무가 새 일거리로 마련된 셈이다. 아울러 특기할 일은, 이로부터 비로소 **'한글'**을 **'국문(國文)'**이란 이름으로 부르기 시작한 것이니, 한글을 통한 자주 독립운동은 정식으로 문을 열었다 할 것이다." (이응호, 『개화기의 한글 운동사』, 성청사, 1975, 103~104쪽) 다만, '국문'에 관한 논의가 곧 '국어'에 대한 논의와 동일한 것은 아니다. 이에 대해서는 "흥미로운 사실은 '국문'에 대한 이러한 다양한 논의 속에서 '국어'에 대한 언급은 전혀 없다는 점이다. 지금까지의 조사로는 1906년 이전에는 '국어'라는 말이 사용되지 않은 것으로 보인다" (정대성·김병문·김수경·박지연·이수진·주향아, 「근대자료 구축에 관한 몇 가지 문제－개념사 / 담론사를 중심으로」, 『복합지식 창출을 위한 인문자료 구축방안』, 연세대 언어정보연구원 제27회 학술대회 자료집, 2011, 41쪽)는 지적 및 김병문, 「'國語'를 찾아서－주시경의 경우」, 『사회언어학』 제17권 2호, 2009, 25~55쪽 참조.

5 『구한국 관보』 개국 503년 11월 21일, 아세아문화사, 1973, 744쪽.

거의 지켜지지 않았던 것으로 보인다.[6] 그럼에도 불구하고 같은 해 12월 10일자 관보가 처음으로 국한문 기사를 수록하고, 12월 12일자 관보가 동일한 내용의 문서인 「大君主 展謁 宗廟 誓告文」, 「대군쥬게셔 종묘에 젼알ᄒᆞ시고 믱셔ᄒᆞ야 고ᄒᆞ신 글월」, 「大君主게셔 宗廟에 展謁ᄒᆞ시고 誓告하신 文」을 각각 순한문, 순한글, 국한혼용문의 세 가지 형태로 게재한 것은 획기적인 변화가 아닐 수 없다. 이러한 세 가지 형태의 기사 게재는 다음날인 12월 13일자까지 계속된다. 이후의 관보는 다시 원래대로 순한문표기로 환원되고 이따금 국한문 표기를 활용하게 된다.

그런데 한말 정부와 지식인의 국한문 및 한글 사용 의지를 논할 때, 주목해 보아야 할 사실이 하나 더 있다. 근대계몽기 자료들을 검토해 보면 한말 지식인과 정부 기관의 한글 사용의 실질적 시도가 갑오경장보다 훨씬 이른 시기에 이루어졌음을 알 수 있다. 1886년에 창간된 『한성주보(漢城周報)』의 국한문체 및 국문체 기사는 이를 확인할 수 있는 구체적 사례가 된다.

『한성주보』는 발행처가 정부의 공식 기구인 통리아문박문국(統理衙門博文局)으로 『한성순보(漢城旬報)』와 동일했다. 두 신문은 발간 의도도 차이가 없었으며 지면 구성도 유사한 편이었다. 그런데 『한성주보』는 『한성순보』가 사용하던 순한문 외에도 국한문과 한글을 사용해 기사를 작성한다. 이는 여러 가지 점에서 의미가 있다. 창간사에 해당하는 「주보서(周報序)」는 다음과 같이 시작된다.

> 洪惟我
>
> 聖上睿智天縱規謨宏遠旣通和列國命統理衙門設博文局置官掌其事記內政譯

6 이응호, 『개화기의 한글 운동사』, 118쪽 참조.

外報頒示國中遍布寰宇內可以化民敎俗外可以禦侮除畔每十日成一編故名之曰漢城旬報古人所謂知我亦知敵者此也上下官民甚便之洎甲申變作局撤而不行上下官民咸茹恨齎歎曰甚矣人之情隨見而遷也始旬報之未剏行也固未甚知其爲不便既行矣而中撤矣如耳目之僅得開廣者旋又褎如而矇然人於是知行之爲便而撤之爲不便

上察其情命統理衙門議復設博文局便否僉曰復之便局於是復其官其法視前而稍損益之凡隣邦之交涉官工之陞黜以至閭巷謠俗農桑事務商稅市値之鉅纖長短無不斬載而皎書如有無官職之人恣爲不拘束之談錣諸別本亦本局之所不問背之十日成一編者七日而畢其工因改旬報爲周報局規於是乎粗備矣顧是擧也

삼가 생각하건대 우리 전하께서는 天縱의 叡智와 宏遠하신 규모로써 많은 나라들과 國交를 通和하시고, 統理衙門에 명하시어 博文局을 설치하고 관리를 두어 內政을 기록하고 外報를 번역하여 國中에 頒示하는 동시 온 천하에 두루 반포하게 하시니, 이는 안으로 백성을 교화하고 밖으로 外侮를 막고, 전쟁을 없앨 수 있는 일이다.

10일에 한 편씩을 펴냈으므로 漢城旬報라고 이름하였으니 "나를 아는 것이 적을 아는 것이다"고 한 옛 사람의 말이 바로 이런 경우를 이름한 것이다. 상하의 官民이 매우 편리하게 여겼더니 甲申政變이 일어나 博文局이 철폐되고 旬報가 간행되지 않게 되자 상하 官民이 모두 말하기를 "사람의 情은 보는 바에 따라 옮겨감이 참으로 심한 것이로다. 과거 순보가 간행되지 않았을 적에는 불편한 것을 모르고 지냈더니, 旬報가 간행되다가 중단되니 겨우 틔었던 耳目이 다시 어두워지는 것 같다"고 하며 모든 사람들이 간행을 바라고 폐간을 바라지 않았다.

上께서는 이런 실정을 살펴 아시고 統理衙門에 명하시어 다시 博文局의 설치에 대한 가부를 의논케 하시니, 모두들 "다시 설립하는 것이 좋겠다"고 하였다. 그러므로 그 官員과 法을 전보다 약간 증감하고 국가의 교섭과 官吏의 陞黜에서부터 巷間의 謠俗과 農桑事務와 商稅 市價의 고하에 이르기까지 빠짐없이 모두 기재하고, 또 官職을 갖지 않은 사람의 投稿는 그 내용을 따지지 않고 別本으로 出刊하기로 하였다. 과거에는 10일에 한편씩 펴내던 것을 工程을 단축하여 7일에 한편을 펴내기로 하고 旬報란 이름을 周報로 개칭하니 이에 이르러서야 局의 규모가 대략 갖추어졌다.[7]

「주보서」에서는 『한성주보』가 국한문 및 한글을 사용하게 된 이유를 직접 언급하고 있지는 않다. 그럼에도 불구하고 이 문제와 관련하여 「주보서」를 주목하게 되는 이유는 『한성순보』와 『한성주보』 발행의 주요 목적 가운데 하나가 백성에 대한 교화(教化)에 있다는 점을 밝히고 있기 때문이다. 『한성순보』는 비록 순한문체로만 기사를 수록했지만, 유길준과 박영효 등이 관여하던 초기 단계에서는 국한문 신문으로 기획된 바 있었다.[8] 『한성순보』가 원래 국한문 신문으로 기획되었다는 사실은, 유길준이 미리 써두었던 것으로 알려진[9] 다음의 창간사를 보아도 알 수 있다.

今夫新聞紙라稱ᄒᆞᄂᆞᆫ者ᄂᆞᆫ文明諸國에盛行ᄒᆞ야其功效을不遑枚擧로되其大概을論辨ᄒᆞᆫ則殆無涯際(ᄒᆞ)나그러ᄒᆞ나其要領은一國人民의智見을擴大ᄒᆞᄂᆞᆫ데

---

7 「주보서(周報序)」, 『한성주보』, 1886.1.25.

8 이와 관련된 논의는 이광린, 『한국개화사 연구』, 일조각, 1969, 64쪽; 정진석, 『한국언론사』, 36~43쪽; 김민환, 『한국언론사』, 111쪽 참조.

9 이 창간사에는 필자명이 나와 있지 않으며, 필체 역시 유길준의 다른 원고와는 차이가 난다. 여러 가지 정황으로 미루어 보면 이 원고의 초안을 유길준이 마련하고 옮겨 적는 일을 다른 사람이 했을 가능성이 있다. 이광린은 다음과 같은 말로, 이것이 유길준의 글임을 단언한다. "新聞發刊의 일은 將次는 몰라도 當時에는 朴泳孝의 個人的인 부탁으로 準備委員格으로 일하였던 모양이니, 어쨌든 그는 이 일에 대단한 情熱을 쏟았다. 이 사실은 兪吉濬 自筆의 「漢城府新聞局章程」과 長文(約 2700字)의 「新聞創刊辭와 新聞에 대한 「解說文」이 現在 남아 있는 것을 보아도 알 수 있다." (이광린, 『한국 개화사 연구』, 일조각, 1969, 51쪽) 이 글의 필자에 관한 논란은 정진석, 『한국언론사』, 38쪽 참조.

(不)過(치아니)ᄒᆞ(ᄂᆞ)니大則一國政의(万国政治)事理로븟터小則一身一家의修齊에이르히日新又新ᄒᆞ야其卑陋ᄒᆞᆫ習俗을脫ᄒᆞ여開明ᄒᆞᆫ化運에向ᄒᆞ야弊害을除ᄒᆞ고正理에歸ᄒᆞ며不便을捨ᄒᆞ고有盜(益)에就ᄒᆞ야其國의文明(化)을增進ᄒᆞ게ᄒᆞᄂᆞᆫ데不出ᄒᆞᄂᆞ니何爲其然고新聞紙ᄂᆞᆫ內外國(의)政(治)事項을細大업시記載論辨ᄒᆞ고民間事情을遠近업시搜聞傳播ᄒᆞᄂᆞᆫ故로勸善懲惡ᄒᆞᄂᆞᆫ道가(自然)流行ᄒᆞ며ᄯᅩ人民이恒常政治得失을辨知ᄒᆞ야其弊害除袪事을希望ᄒᆞ며政府도ᄯᅩᄒᆞᆫ時勢의變遷과民心의向背을觀察ᄒᆞ야其政治을適宜ᄒᆞ게改良ᄒᆞᄂᆞᆫ事을得ᄒᆞ며[10]

『한성순보』의 미간행 창간사는 『한성주보』의 창간사처럼 신문의 발행 목적 가운데 하나를 백성에 대한 계도에 두고 있다. 그러나 유길준은 신문 발간을 준비하던 중 통리아문의 관직을 물러나게 되고, 뒤이어 창간된 『한성순보』는 순한문으로 제작이 되었던 것이다.[11] 이렇게 본다면 『한성주보』의 국한문 혼용은 『한성순보』가 기획했던 문체 변화 시도의 뒤늦은 실현이 되는 셈이다.[12] 「주보서」에는 또 하나 주목

10 국사편찬위원회 편, 『유길준전서(兪吉濬全書)』 제4권, 1971, 7쪽. 이 원고에는 누군가 가필을 한 흔적이 여러 곳에서 발견된다. 가필은 오자(誤字)를 바로 잡는 것 이외에도, 독자가 문맥을 더욱 이해하기 쉽도록 하는 방향으로 이루어졌다. 예를 들면 원문의 "內外國政事項"을 "內外의國政治事項"으로 바꾼 것이다. 인용문 중 괄호 안에 표기한 부분이 가필한 것이다.

11 이와 관련해서는 다음의 지적을 참고할 수 있다. "김옥균은 이미 신문 창간이 결정되기도 전에 한글 연활자를 포함한 활자 도입, 일본인 고문 초빙, 인쇄기 도입 등을 준비하고 있었다. 적어도 1883년 전후의 시점에서 국한문을 섞어서 쓰고 이를 개화 담론의 중점적인 담론 체계로 삼는다는 사고가 이루어졌음을 암시하는 대목이다. 주목되는 부분은 한글 문어, 한글 인쇄에 대한 당대 지식인들의 태도나 활동이다. 김옥균이 신문과 관련해 한글 연활자의 도입을 기획했다는 사실, 유길준이 그러한 가정 아래에서 국한문으로 된 창간사를 썼다는 사실은 의미심장하다. 이들이 적어도 신문 발행을 기획하는 단계에서부터 표상 체계의 전변을 구상했던 증거인 까닭이다. 이들은 네이션 혹은 문명의 재현 도구로 한글의 존재를 새롭게 재발견했다." (황호덕, 『근대 네이션과 그 표상들』, 소명출판, 2005, 266~267쪽)

12 『한성주보』에 사용된 한글 활자는 김옥균의 주문에 의해 1883년 11월경 일본에서 제작되어 후쿠자와 유키치가 보관 소유하고 있던 것이다. 이것을 김윤식의 명에 의해 매입하여 조선에 들여왔다. 이에 관한 상세한 서술은 위의 책, 266~271쪽 참조.

해야 할 부분이 있다. "官職을 갖지 않은 사람의 投稿는 그 내용을 따지지 않고 別本으로 出刊"한다는 사실이다. 이 구절에 따르면, 별본(別本)이 아닌 본보(本報)에 실린 기사는 모두 현직 관리들이 작성한 것으로 볼 수가 있다. 국한문체 기사는 물론 한글 기사도 모두 관리들이 작성한 것이다. 갑오경장보다 약 8년이나 앞선 시기에, 정부 기구에서 관리들이 발행한 신문에 한글을 사용했다는 사실은 중요한 역사적 의미가 있다.

그런데 『한성주보』의 문체 사용 빈도수를 호수 별로 확인해 보면 적지 않은 의문이 생긴다. 『한성주보』가 발간 초기에는 국한문체와 국문체 기사를 꾸준히 수록했지만 시간이 지나면서 이들 문체의 사용을 포기하고 점차 순한문 신문으로 변모하기 때문이다. 『한성주보』의 국한문체 및 국문체 기사는 발행 초기에 집중적으로 나타나다가 점차 사라진다. 25호를 넘기면서는 국한문체와 국문체 기사의 빈도수가 급격히 감소하고, 40호 이후에는 『한성순보』와 마찬가지로 순한문 신문으로 회귀하는 것이다. 『한성주보』가 국한문체 및 국문체 신문에서 순한문체 신문으로 돌아가게 되는 이유는 무엇일까? 그 첫 번째 이유는 『한성순보』나 『한성주보』가 모두 관보(官報)로서 관청을 중심으로 배포되었고, 대부분의 독자가 관리(官吏) 등 한문 향유층 독자였다는 점에서 찾을 수 있다. 『한성순보』가 처음에는 국한문신문으로 기획되었다가 관리들의 반발로 인해 순한문신문으로 창간되었다는 사실은, 『한성주보』가 국한문 및 한글 병용 신문으로 창간되었으나 얼마 지나지 않아 순한문신문으로 바뀌게 되는 현상을 이해하는 데 도움을 준다. 『한성주보』가 국한문 및 한글의 사용을 포기하고 순한문체 신문으로 변화하는 데에는, 이러한 외적(外的)인 요인이 없지 않았을 것이다. 일종의 보수적 지식인 사회의 저항의 결과로 해석할 수 있는 것이다. 그러나,

이를 모두 외적 요인에 의한 것으로만 볼 수는 없다. 『한성주보』가 국한문 및 국문체 기사를 포기하게 되는 또 다른 원인 가운데 하나는, 그것이 국한문 및 한글을 사용했을 때 얻을 수 있는 효과를 제대로 보여주지 못했기 때문이다. 『한성주보』는 과감히 한글 기사를 도입하고는 있지만 그 문체에 맞는 기사의 영역을 새롭게 발굴하는 데는 실패했다. 문체의 변화는 지면 구성의 변화를 수반할 때 효과적이다. 그러나 『한성주보』는 『한성순보』의 지면 구성을 대부분 이어받았고, 거기에 표기 문자만을 다양화시켰다. 『한성주보』는 『한성순보』에 게재되었던 유사한 내용의 기사를 문체만 바꾸어 재수록하기도 했다. 『한성주보』는 창간 이후 여러 차례에 걸쳐 「눅주총논」을 한글로 연재한다. 그런데 이 한글 기사 「눅주총논」은 『한성순보』의 창간특집 기획 기사였던 「지구도해(地球圖解)」와 「지구론(地球論)」을 번역·윤색한 것이다. 결국 『한성주보』 한글 기사의 대부분은 『한성순보』의 순한문 기사를 문체만 바꾸어 수록한 셈이 된다. 다음은 『한성순보』의 「지구론」의 한 부분인 「구라파주(歐羅巴洲)」와 『한성주보』의 「눅주총론」의 한 부분인 「유로부디략」의 일부를 각각 인용한 것이다.

歐羅巴洲在東半球之西北五洲中最小者也東北至西南長五千六百六十餘里西北至東南寬五千八百餘里面積五千一百萬四千零八十方里北至北氷洋西至大西洋南至地中海東與亞細亞接壤濱海之地曲折六萬餘里其地較亞細亞爲四分之一較亞弗利加洲爲三分之一不過是全地球陸地十四分之一又俄羅斯居其半其所爲地者雖小於他洲而觀其方位形勢則非他洲所可及合全土而論歐洲實處中央何哉

歐羅巴(유럽)주는 東半球의 서북쪽에 있는데, 5洲 가운데 제일 작은 주이다. 동북쪽에서 서남까지의 길이는 약 5천6백60여 里이고, 서북쪽의 동남쪽 너비는 5천8백여 里이며 면적은 5천1백만4천80 方里이다. 북쪽은 北氷洋에 이르고,

서쪽은 大西洋에 이르며, 남쪽은 地中海에 이르며, 동쪽은 아시아와 연접되었다. 해안선의 曲折은 6만여 리인데, 그땅은 아시아의 4분의 1, 아프리카주의 3분의 1에 불과하며, 전 지구 육지의 14분의 1이다. 또 俄羅斯(러시아)가 그 반을 차지하고 있어 땅은 다른 주에 비교하여 아주 작다. 그러나 그 位置와 形勢를 보면 다른 洲가 따를 수 없다. 전 지구와 비교하여 유럽을 論하면 실로 중앙에 처함은 무슨 까닭인가.[13]

유로부ᄂᆞᆫ여섯뉵디즁의가장젹그니동북으로셔남의이르기가장이ᄉᆞᆷ쳔사빅영리요셔북으로동남의이르히널비가ᄉᆞᆷ쳔뉵빅영리니북편으로아그짓그의련ᄒᆞ고셔편으로아다란짓그의이르고남편의디즁히라ᄒᆞᄂᆞᆫ바다가잇스니유로부와아흐리가두뉵시의ᄉᆡ이로드러가두뉵디를나누어잇고동편은홀로예시야로더부러디경을접ᄒᆞᆫ고로바다를련ᄒᆞᆫᄯᅡᆼ기리가일만구쳔오빅영리라그러허나ᄯᅡᆼ널비를예시야의비ᄒᆞ면사분의일이되고아흐리가의비ᄒᆞ면ᄉᆞᆷ분의일이되니통계ᄒᆞ면디구뉵디십사분일에지나지못ᄒᆞᆯ너라비와볏과차고더오미심히고로고빅셩이번셩ᄒᆞ고학슐과ᄌᆡ됴가가장잇셔사회를주류ᄒᆞ고부흠을텬허의쳔자이ᄒᆞᄂᆞᆫ고로이긔녹흠은별로그형셰를살펴보ᄂᆞᆫ자로히여금ᄃᆡ긔를알게ᄒᆞ노니이졔유로부에잇ᄂᆞᆫ열일곱나라ᄯᅡᆼ널비를긔녹ᄒᆞ되영리로ᄡᅧ셰음ᄒᆞ노라[14]

『한성순보』의 「지구론」과 『한성주보』의 「뉵주총론」이 꼭 같은 것은 아니지만 유사한 성격을 지닌 유사한 내용의 기사인 것만은 틀림이 없다.

그런가 하면, 『한성주보』가 공들여 연재했던 「뉵주총론」은 특별히 국문체로 써야 할 이유가 있는 기사가 아니었다. 그 내용이 한글 독자

---

13 「구라파주(歐羅巴洲)」, 『한성순보』, 1883.11.10.

14 「유로부디략」, 『한성주보』, 1886.2.22. 띄어쓰기도 원문대로임.

를 위한 것이 아니었음은 물론이고 국문체가 이 기사의 의미를 전달하는 데 특별히 도움이 되는 것도 아니었다. 오히려 「뉵주총론」에서 한글로 번역되어 표기된 외래 지명들은 이 신문의 주된 독자층이라 할 수 있는 한문 향유층들의 이해를 어렵게 만드는 측면이 있었다. 『한성주보』가 제2호에서 「뉵주춍론 부록」[15]이라는 난을 두어 "이총논중에 잇는뉵쥬쥬명을한문으로번역ᄒᆞ면 예시야는亞細亞요아흐리가는亞非利加요 남아메리가는南亞米利加요 북아메리가는 北亞米利加요 예시아니야는大洋洲요ᄯᅩ바다일홈은바시힛그는太平洋이요 아다란짓그는大西洋이요 인찌안은印度洋이요 북아그짓그는北冰洋이요 남아그짓그는南冰洋이요ᄯᅩ나라일홈은즁국은中國이요 일본은日本이요 인쯔리스는英吉利요 셰야만은日耳曼이요 로시아는俄羅斯요 이다리야는伊太利요 유나이뎃되스데도는美利堅이라"[16]라고 별도의 해설을 하고 있는 것은 이를 짐작할 수 있게 한다. 별도의 해설이 필요하다는 것은 곧 한글 표기만으로는 의사 전달이 쉽지 않았음을 반증하는 것이다.

관리들이 제작하고 발행한 『한성주보』가 국한문체 및 국문체 기사를 도입한 것은 근대계몽기의 새로운 문체 실험으로서 적지 않은 의미가 있는 일이었다. 하지만 『한성주보』는 새로운 문체 도입에 알맞은 지면 구성을 하지 못했고, 새로운 기사의 영역을 개척하지도 못했다. 결국 새로운 문체로 기존의 독자층에 다가가려는 실험에 실패한 것이었다. 문체 실험에 실패한 결과 『한성주보』는 결국 자신의 모체였던 『한성순보』처럼 순한문 신문으로 돌아갈 수밖에 없었던 것이다.

『한성주보』의 한글 문체 실험 실패는 이후 지식인들의 문체 선택에

15 '뉵주총론' '뉵주춍론'이라고도 표기했다. 이 시기 자료에서는 단모음과 복모음의 혼용 사례가 매우 많다.

16 「뉵쥬춍논부록」, 『한성주보』, 1886.2.1. 띄어쓰기도 원문대로임.

적지 않은 영향을 미친 것으로 보인다. 이는 한글에 대해 큰 관심을 보였던 개화파 지식인 유길준이, 곧바로 한글을 사용하지 않고 국한문과 부속국문을 사용해 대표적 저서들을 집필한 이유를 해명하는 데에도 중요한 실마리가 될 수 있다.

2. 지식인의 국한문 및 한글 사용 의지와 그 의미

1) 유길준의 해외 유학과 『서유견문』의 탄생

유길준은 우리나라 최초의 일본유학생 가운데 한 사람이다. 그는 1881년 신사유람단의 일원으로 일본에 간 후 도쿄[東京]에 머물며 유학생활을 시작했다.[17] 유길준이 속했던 신사유람단은 총 62명으로 대규모였다. 이들은 12개 반으로 나뉘어 나가사키에 도착한 후 배로 요꼬하마까지 가서 철도로 도쿄로 이동했다. 이들은 도쿄에 머물면서 일본 정계의 주요 인물들을 만나고 각종 공장과 조선소, 도서관, 박물관, 병원, 우편과 전신 등의 공공시설 및 각종 학교를 견학했다.[18] 신사유람단은

17 1881년 이전에도 이미 일본 유학생이 존재했다는 주장은 있다. 이에 대해서는 김영모『한말 지배층 연구』, 한국문화연구소, 1972, 164~166쪽 참조. 그러나, 이전에 유학생 집단이 실제로 존재했다고 할지라도 그들이 한국 근대사에 미친 영향은 미미하거나 전혀 없다고 해도 과언이 아니다. 따라서 한국 근대사에서 의미를 지니는 일본유학의 시작은 유길준 이후로 보는 것이 타당하다.

18 이 시기 일본에서는 불완전하게나마 서양식 교육제도와 관제, 군대, 공장, 철도, 전신제도 등이 운영되고 있었다. 가미가이토 켄이치[上垣外憲一], 김성환 역,『일본유학과 혁명운동』, 진흥문화사, 1983. 15쪽 참조.

유길준과 유정수(柳正秀), 그리고 윤치호(尹致昊)를 유학생으로 남기고 돌아간다. 유길준과 유정수는 후쿠자와 유키치[福澤諭吉]의 게이오의숙[慶應義塾]에, 그리고 윤치호는 나카무라 마사나오[中村正直]의 도진사[同人社]에 남았다. 여러 정황으로 미루어 볼 때, 이들은 처음부터 유학을 목적으로 선발되었던 것으로 추정된다.[19] 유길준 등은 근대 일본이 받아들인 최초의 외국 유학생이기도 했다.[20] 유길준과 유정수를 자신의 집에 머무르게 한 후쿠자와 유키치는 당시 조선의 상태를 30년 전의 일본과 같다고 이해했다. 교육은 유교 계통으로 고정되어 한문 이외의 외국어는 거의 사용되지 않으며, 철도와 전신 등의 형이하학적 서양문명조차 아직 실현되지 않고 있는 것이 30년 전의 일본과 마찬가지라는 것이다. 후쿠자와는 이러한 조선을 개방시키려는 생각을 갖는다.[21]

유길준은 일본에 오래 머물지는 못했다. 임오군란이 일어나면서 민영익(閔泳翊)이 그에게 귀국을 권고했고, 1882년 12월 수신사 박영효 일행을 따라 조선으로 돌아왔기 때문이다. 귀국 후인 1883년 2월 유길준은 근대식 외무(外務) 기관인 통리교섭통상사무아문(統理交涉通商事務衙門)의 주사가 되어 우리나라 최초의 신문인 『한성순보』의 발간 준비 작업에 참여한다. 유길준이 『한성순보』의 발간 작업에 참여하게 된 것은 박영효가 한성판윤을 맡았기 때문이다. 박영효는 일본에서 귀국한 지 한 달 뒤인 1883년 2월 6일 한성판윤에 임명되었고 곧바로 고종으로부터 신문 발간을 맡으라는 하교를 받게 된다. 고종의 하교를 받은 박영효가 신문 발간의 실무를 유길준에게 맡겼던 것이다. 유길준은 한성부

19 송병기, 「개화기 일본 유학생 파견과 실태(1881~1903)」, 251쪽 참조.

20 가미가이토 켄이치[上垣外憲一], 『일본유학과 혁명운동』, 15쪽 참조. 후쿠자와 유키치가 최초로 미국에 건너갔던 것은 1858년이었고, 나카무라 마사오가 영국으로 갔던 것은 1866년이었다.

21 위의 책, 16쪽 참조.

신문국장정(漢城府新聞局章程)을 만들고 신문 발간 준비에 들어갔다. 그러나 그해 4월 박영효가 갑자기 한성판윤의 자리를 물러나게 되자 유길준도 신병을 이유로 직을 사임한다.[22]

1883년 7월 유길준은 다시 해외여행의 길에 올라 유학의 기회를 맞게 된다. 민영익을 전권대신으로 한 보빙사(報聘使)의 수행원에 선발되었기 때문이다. 보빙사는 우리나라 최초의 미국 파견 사절단으로, 1882년 체결된 한미수호통상조약의 결과 내한한 주한공사(駐韓公使)에 대한 답방 형식으로 조직된 것이었다. 9월에 미국대통령을 접견한 보빙사 일행은 40여 일 동안 미국에 머물며 문물을 살핀 후 귀국하게 되는데, 이때 민영익이 유길준을 미국 정부에 추천하여 유학생으로 머물 수 있도록 한다.[23] 한국 최초의 미국 유학생 유길준은 일본에서부터 알고 지내던 전(前) 도쿄대학[東京大學] 초빙교수 모스(Morse)의 집에서 생활하게 된다. 하지만 이번 유학 생활도 길게 이어지지는 않았다. 1884년 9월 덤머 아카데미에 입학해 공부하던 그는 그해 12월 갑신정변이 일어나면서 다시 귀국 길에 오른다. 유럽 각지를 돌아 싱가포르와 홍콩을 거쳐 입국한 유길준은 곧바로 체포되어 우포도청에 감금되었다가 다시 우포장 한규설(韓圭卨)의 집으로 옮겨져 구금된다.[24] 1887년 가을 한규설은 유길준의 거처를 민영익의 별장인 취운정(翠雲亭)으로 옮겨준다. 여기서 유길준은 『서유견문』의 본격적 집필을 시작하게 된다.

『서유견문』은 원래 한 편의 기행문으로 출발하여 총 20편에 이르는 체계적 저서로 완성된다. 일본 기행에 대한 기록에 다시 미국 유학에

22 정진석, 『한국언론사』, 36~40쪽 참조.

23 이광린, 「미국 유학 시절의 유길준」, 『한국개화사 연구』, 일조각, 1969, 258~265쪽 참조.

24 한규설이 유길준을 감금한 것은 실제로는 그를 수구파들로부터 보호하기 위한 조치였다고 알려져 있다.

대한 기록을 더하고, 거기에 미국에서 수집된 자료들을 정리 활용한 결과로 나타난 것이 『서유견문』이 되는 것이다.[25] 일본 유학시기부터 치면, 짧지 않은 준비 기간 동안 몇 번의 원고 유실 과정이 있었지만 유길준은 결국 『서유견문』을 완성한다. 서문에 따르면 이 책의 본격적 집필이 시작된 것은 1887년 가을이고 완성된 것은 1889년 늦은 봄이다. 본격 저술에 들어간 후로는 약 1년 6개월만에 『서유견문』을 완성한 셈이다. 서문에 이은 '비고(備考)'를 보면 이 책의 저술 과정과 목적에 대한 좀 더 상세한 언급이 나온다.

> 此書의 蒐輯이 我四百九十三年에 起호 故로 西曆 一千八百八十四年에 始홈이라(9)[26] / 이 책의 (자료) 수집이 우리나라 493년에 시작하였으므로 서력 1884년에 시작한 것이다.(30)[27]

> 本書의 輯述홈이 或 自己의 見聞을 隨ᄒᆞ야 論議를 立호 者도 有ᄒᆞ고 他人의 書를 傍考ᄒᆞ야 譯出호 者도 有ᄒᆞ니 盖繹法은 文繹과 意繹의 區別이 存ᄒᆞ야(…중략…) 此書는 意繹을 多從홈이라(11) / 이 책의 저술 방법은 나 자신이 듣고 본 바에 따라 논의를 세운 것도 있고, 다른 사람의 책을 참고하여 번역한 것도 있다. 번역에는 문역(文繹)과 의역(意繹)의 구별이 있다. (…중략…) 이 책은 의역을 많이 따랐다.(32)

---

25 『서유견문』은 유길준의 문명화 기획을 담은 저술로 평가된다. 『서유견문』에 담긴 유길준의 문명 이념과 문명화 기획에 대한 상세한 논의는 김현주, 「문명론과 국민국가 – 유길준의 『서유견문』을 중심으로」, 『이광수와 문화의 기획』, 태학사, 2005, 39~84쪽 참조.

26 유길준전서편찬위원회 편, 『유길준전서(兪吉濬全書) 1 : 서유견문(西遊見聞)』, 일조각, 1971. 이 책은 코쥰샤[交詢社]본을 그대로 영인한 것이다. 다만 코쥰샤본에는 서문과 비고 그리고 본문 등에서 쪽수의 반복이 있어 편의상 일조각 영인본에서 새롭게 매긴 쪽수를 표기한다.

27 허경진 역, 『서유견문』, 서해문집, 2004. 본 논문의 대역본 쪽수 표기는 모두 이 책의 쪽수이다.

本書는 吾人의 西遊훈 時에 學習ᄒᆞ는 餘暇를 乘ᄒᆞ야 見聞을 蒐輯ᄒᆞ고 又或 本國에 歸훈 後에 書籍에 考據ᄒᆞ니 傳聽의 誤謬와 事件의 遺漏가 自多훈 則 不朽에 傳ᄒᆞ기를 經營홈 아니오 日時 新聞紙의 代用을 供홈이 可훈 故로 讀者는 此意를 體諒ᄒᆞ야 文字의 巧拙에 勿泥ᄒᆞ고 主旨의 大槩를 勿失훈 則 幸甚이라(12) / 이 책은 내가 서양을 유람할 때에 학습하는 여가를 틈타서 듣고 본 것을 수집하고, 또 본국에 돌아온 뒤에 서적에 의거하여 지은 것이다. 전해 듣는 (과정의) 오류와 사건을 빠뜨린 것들이 많다. (나는 이 책이) 영원히 전해지기를 바라고 쓴 것이 아니라, 일시적인 신문지의 대용품으로 이바지하고자 한 것이다. 그러므로 독자도 이러한 뜻을 깊이 헤아려서 글이 잘되었는지 못되었는지 따지지 말고, 근본 되는 뜻의 큰 줄거리를 잃어버리지 않으면 매우 다행이겠다.(33)

여기서 주목해야 할 것은 유길준이 『서유견문』을 신문지의 대용품으로 생각하고 있다는 점이다. 유길준이 『서유견문』의 초고를 마무리했던 1889년까지 우리나라 사람들이 발행한 신문으로는 『한성순보』와 『한성주보』가 있었고, 그 외에 국내에 체류 중인 일본인들이 발행한 『조선신보』 등 몇 가지 신문이 더 있었다. 유길준이 여기서 말하는 신문지의 대용품이란 크게 두 가지 의미를 지니는 것으로 해석할 수 있다. 하나는 소식지로서의 신문이며, 다른 하나는 계몽지로서의 신문이다. 당시 신문은 국내외에서 일어나는 새로운 소식을 전하는 매체이기도 했지만, 독자들을 계몽하기 위해 등장한 새로운 도구이기도 했다.[28] 이 가운데 유길준이 더 큰 관심을 가졌던 것은 계몽의 도구로서의 신문이었다. 유길준은 『서유견문』을 통해 독자들을 계몽하려는 의도를 분

28 『한성순보』와 『한성주보』가 신문 발행의 목적 가운데 하나를 '백성에 대한 계도'에 두고 있었다는 점을 주목할 필요가 있다.

명히 지니고 있었다. 그가 독자들을 향해 '글이 잘되었는지 못되었는지 따지지 말고, 근본 되는 뜻의 큰 줄거리를 잃어버리지 않으면 매우 다행'이라고 당부하고 있는 것도 이와 연관이 있다. "그 밖에 제대로 되지 못한 것들은 내 뒤에 올 박식한 사람이 바로잡기를 바라고 기다릴 뿐이다"(33쪽)라고 적은 것 또한 그러하다.

『서유견문』은 원고가 완성된 후 5년이 더 지난 1895년 4월 25일 일본의 코쥰사[交詢社]에서 간행된다. 후쿠자와 유키치[福澤諭吉]의 주선으로 자비 출판을 진행했던 것이다. 책은 1,000부를 인쇄했고 발간 즉시 서울로 들여와 정부 고관을 비롯한 당시의 유력자들에게 배포했다.[29] 유길준이 『서유견문』을 자비로 출판한 후 관리들에게 배포했다는 사실이 의미하는 것은, 『서유견문』이 계몽 혹은 교화를 목적으로 집필된 것이기는 하나 그 대상이 일반 대중이 아니었다는 점이다. 유길준이 우선적으로 계몽 및 대화의 대상으로 삼았던 것은 당시의 지식인 및 이른바 정관계의 '유력자'들이었다. 이 점은 『서유견문』의 문체가 지닌 특질을 이해하는 데 중요한 요소가 된다.

2) 『서유견문』 문체의 성립 배경과 국한문체 사용의 의미

유길준의 『서유견문』은 국한문혼용(國漢文混用)의 현토체(懸吐體)로 쓰였다. 유길준은 자신이 사용한 이러한 국한문혼용체가 우리나라 칠서언해의 기사법을 본받아 쓴 것임을 밝히고 있다. 이를 통해 상세하고도 분명한 기록을 시도했다는 것이다.[30] 그런데, 유길준이 『서유견

29 이광린, 『한국개화사상연구』, 일지사, 1979, 66~67쪽 참조.

문』에서 사용한 문체에 대한 평가는 여러 가지 점에서 서로 엇갈린다.

김완진은 유길준의 언급대로 『서유견문』 문체의 근원을 경서(經書) 언해에서 찾는다. "그의 문체는 經書의 諺解들에서 흔히 볼 수 있었던 문체라는 것을 확인하기 어렵지 않게 되어 있다. 한 인간의 文章修業은 곧 그가 받은 교육의 과정이라고 할 수 있으니, 그가 전통적인 漢學 수업을 받는 과정에서 한문에 吐를 붙여 읽고 諺解體로 해석하고 한 수련에서 그의 국문 문장의 문체가 형성된 것은 너무나도 당연한 것이라 할 수 있다"[31]는 것이다. 하지만, 『서유견문』 문체의 성립 배경에 대한 이러한 방식의 이해는 소수 의견에 속한다. "兪吉濬이 國漢文混用體를 사용하게 된 데에는 福澤諭吉의 영향이 작용하였다는 說이 있다"[32]는 이광린의 지적이 나온 이래 여러 연구자들이 이와 유사한 맥락의 논지를 전개하고 있는 것이다. 최근 학계의 논의를 종합하면, 유길준이 『서유견문』에 사용한 문체의 성립 배경은 주로 일본 문장의 영향으로 설명된다. 근대계몽기 국어 문체에 관한 종합적 연구를 시도한 민현식은 칠서언해의 문체와 『서유견문』의 문체 사이에는 적지 않은 차이가 있다고 하면서, 유길준의 국한문체 형성의 요인을 다음과 같이 두 가지로 정리한다. "첫째는 그가 20대 초에 池錫永의 집에서 당대 한시의 대가인 姜瑋의 영향을 많이 받으면서 강위가 『擬定東文字母分解』(1869)를 지어 한글에 관심이 컸듯 그도 민중 계몽상 한글의 필요성을 느낀 점이다(후에 그는 자신의 문법서인 『大韓文典』도 여러 차례 깁고 고친 바 있다). 단

30 『서유견문』의 내용 중 "我邦七書諺解의 法을 大略 倣則ᄒᆞ야 詳明홈을 爲홈이라(8) / 우리나라 칠서언해의 기사법을 대략 본받아서 상세하고도 분명한 기록이 되도록 하기 위해서다(26)"라는 부분 참조.

31 김완진, 「한국어 문체의 발달」, 『한국어문의 제문제』, 일지사, 1983, 246쪽.

32 이광린, 『한국개화사연구』, 52~53쪽 참조.

지, 국문 존중 의식이 한글 전용에까지 이르지는 못하고 국한 혼용에서 멈춘 것이다. 둘째는 일본 유학시 福澤諭吉의 영향으로 조선의 문체는 일본의 日漢混用體처럼 國漢混用體가 되어야 한다는 복택의 교시를 받은 점이다.(이광린, 1979 : 64) 특히 조선 침략의 이론가로서 조선경영론을 주장하던 복택이 유길준을 자기 집에서 기숙시켜 친일화시키고 유길준, 박영효의 『한성신문』 발행을 적극 지원했다는 점에서 개화기 국한문체는 일제의 문화 침략의 의도와 개화 인사들의 문체 개혁 의도가 어울린 산물로 볼 수 있다."[33]

이기문은 초창기 연구에서는 유길준의 국한문체 사용이 우리나라의 전통적인 문자생활에 대한 인식에 바탕을 둔 것이라는 입장을 보여준 바 있다. "그가 國漢文體를 채택한 것은 1881年 日本 滯在時 접촉한 福澤諭吉의 영향이라고 하는 一說이 있으나, 비록 어떤 자극은 받았을지 몰라도 그는 역시 우리나라 文字生活의 傳統 속에서 이 文體를 認識했었다고 하는 것이 온당할 것 같다"[34]고 주장했던 것이다. 하지만 이

33 민현식, 「개화기 국어 문체에 대한 종합적 연구(1)」, 『국어교육』 제83호, 1994, 131쪽. 이 밖에 조규태는 유길준이 칠서언해의 문체를 본받아 썼다고 하는 말을 그대로 받아들일 수 없다고 하면서 "유길준의 행적, 유길준의 문체에 대한 견해, 동시대 사람의 증언을 종합해 보면 『서유견문』은 일본 글을 본받아 그 문체를 수립했다는 결론을 얻을 수 있다"(조규태, 「『서유견문』의 문체」, 『들메 서재극 박사 환갑 기념 논문집』, 계명대 출판부, 1991, 759쪽)고 주장한다. 조규태는 이어서 유길준이 1908년 『황성신문』에 발표한 「小學教育에 대ᄒᆞ는 意見」에서 훈독(訓讀)을 주장한 것에 대해 "우리나라는 고대국어시대에 한자를 훈독한 전통이 있으나 그 이후는 줄곧 음독만을 해왔다. 그럼에도 위의 기고문에서 훈독을 주장한 것은 일본의 방법을 따르자는 것으로 볼 수 있다. 이는 유길준이 채택한 국한혼용문이 일본의 한자—카나 섞어 쓰는 방식에서 모방한 것이라는 단적인 증거가 될 수 있다"(조규태, 「『서유견문』의 문체」, 760~761쪽)는 견해를 보인다. 이병근은 유길준의 국한문혼용체는 전통적인 이두문이나 구결문과 유사한 것으로, 이것이 칠서언해(七書諺解)를 본떴다 함은 개략적인 국한문혼용체의 사용을 뜻하는 것이라고 이해한다. 그러나, 실제로 한자주위 국자부속은 후쿠자와 유키치[福澤諭吉] 등의 영향이 컸고 훈독식 표기 역시 일본의 영향으로 이는 소학교육(小學教育)을 위한 것이었다고 본다. 이병근, 「유길준의 어문사용과 『서유견문』」, 『진단학보』 제89집, 2000, 325쪽 참조.

기문의 견해 역시 점차 일본의 문자사용 방식이 유길준의 문장 형성에 영향을 미쳤다는 방향으로 무게 중심을 옮겨 가게 된다.

> 國漢文體를 누구보다도 먼저 主唱한 사람이 兪吉濬임은 앞서도 말한 바요 그가 이 문체의 근거를 우리 나라의 七書諺解에 두었음도 지적된 바와 같다. 그 자신이 이렇게 明言하고 있으니, 그것을 믿을 수밖에 없지만, 필자는 그가 日本의 文字 使用에 많은 관심을 가지고 있었음도 否認할 수 없다고 생각한다. 그 하나의 증거로서 그가 漢字를 '訓讀'할 것을 주장하고 실제로 그가 저술한 '勞動夜學讀本'(1908.7)에서는 모든 문장을 다음과 같이 표기하고 있음을 들 수 있다.
>
> 사람　하날　ᄯᅡ　　　　　　신령
> 人은 天과 地 사이에 가장 靈ᄒᆞ니라
>
> 이것은 前章에서 본 이인직의 초기 신문 소설의 문체와 일치하는 것이다.[35]

여기서 이기문이 말하는 이인직의 초기 신문 소설의 문체란 곧 『만세보』에 연재된 「소설 단편」 및 「혈의루」 등의 문체가 된다. 이기문은 20세기 초반에 발표된 한국 소설의 문체를 일본의 모형(模型)에 사로잡혀 일본의 것을 본뜬 것이라고 주장한다. 이 부분을 인용하면 다음과 같다.

> 李人稙은 1906年 萬歲報에 제목이 없는 '小說 短篇'을 連載하면서 국문과 한자를 혼용했는데 그 첫머리에 "이 小說은 國文으로만 보고 漢文音으로는 보지 말으시오"라 註記하고 있다. 이제 그 한 대목을 引用하면 다음과 같다.
>
> 웃 더　좁은길　저리꾸부러　이러꾸부러
> 何如ᄒᆞᆫ 夾路이 彼曲지고 此曲저셔
>
> 가다보면마킨길　　　　　뚤린길
> 行看則窮路, 오가셔 보면 ᄯᅩ 通路이라.

---

34 이기문, 『개화기의 국문 연구』, 일조각, 1970, 18~19쪽.

35 이기문, 「개화기의 국문 사용에 관한 연구」, 『한국문화』 제5집, 1984, 77쪽.

> 이것은 두말할 것도 없이 日本의 '후리가나'(漢字 옆에 讀法을 표시하는 글자를 적음) 방법을 따른 것이다. 音으로 읽거나 새김으로 읽거나 구별하지 않고 그 讀法을 小活字로 표시한 것이다. 이에 대해서는 次章에서 논의할 생각이지만, 이것은 李人稙이 小說을 日本에서 배웠음을 말해 주는 가장 직접적인 증거가 된다. 같은 해에 '血의 淚'를 萬歲報에 발표했을 때에도 李人稙은 이와 같은 表記를 채택했었다.[36]

이인직의 「소설 단편」 등에 사용된 부속국문 표기를 일본식 '후리가나' 표기와 동일한 것으로 보고, 그것이 유길준의 『노동야학독본』의 훈독 표기와 일정한 연관성이 있다고 보는 것이 이기문의 주장이다.

유길준이 『노동야학독본』에서 사용한 문체가 이인직이 「소설 단편」 및 「혈의루」에서 사용한 문체와 일정한 관계가 있는 것은 사실이다. 하지만, 『노동야학독본』의 문체는 엄밀히 말하면 이인직 소설의 문체와 연관된 것이라기보다는 『만세보』의 문체와 연관된 것이다. 이인직이 소설을 부속국문체[37]로 표기한 이유는 『만세보』의 편집 방침에 따른 것이었기 때문이다. 『만세보』가 시도한 부속국문체 표기는 일본의 '후리가나' 방식을 일방적으로 따른 것이 아니라, 훈민정음 창제 이후 꾸준히 사용되어 오던 전통적인 부속국문표기 방식을 응용한 것이다.[38] 『만세보』는 1906년 6월 17일 창간되어 1907년 6월 29일까지 총

---

36 이기문, 위의 글, 73쪽.

37 '후리가나' 방식, '루비활자' 표기 등의 용어 대신 본 논문에서는 '부속국문체' 혹은 '부속국문' 표기라는 용어를 사용한다.

38 훈민정음 창제 직후부터 전통적으로 한자와 한글을 병기하는 표기 방식이 우리나라에 존재했다. 「월인천강지곡」에는 한글 옆에 동일한 음의 한자를 표기하고 있고, 『석보상절』과 『월인석보』에는 한자 옆에 동일 음의 한글을 병기하고 있는 것이다. 이러한 표기법이 존재하는 이유에 대해 김완진은 다음과 같이 설명한다. "예컨대 종교적 내용의 서적이라면 되도록 많은 사람들이, 가능하다면 글자를 읽을 수 있는 모든 국민이 읽어줄 것을 기대하게 된다.

293호를 발행했다. 『만세보』는 한자 위에 작게 표기한 한글 활자를 '부속국문 활자'라 불렀다. 『만세보』의 부속국문 활자사용은 제 201호인 1907년 3월 8일까지 지속된다. 초기의 『만세보』는 약 4분의 3에 이르는 기사를 부속국문체로 수록하고 있다. 이 점에서 보면 이인직의 「소설 단편」이나 「혈의루」는 『만세보』가 수록한 수많은 부속국문 기사의 극히 일부에 지나지 않는 것이다.

지금까지 나온 대부분의 연구들은 「혈의루」의 부속국문체를 일본의 후리가나식 표기의 모방으로 보고 비판했다. 조연현 등 근대문학 연구자들의 경우도 「혈의루」의 부속국문표기가 일본의 훈독식 표기 방식에 토대를 둔 무국적의 문장이라 보고 이를 비판했던 것이다.[39] 그러나 최근의 연구 결과들은 이러한 주장이 잘못된 것임을 차츰 검증해가고 있다. 「혈의루」의 한자 사용과 읽기 방식을 분석하면 일본의 후리가나 표기로는 설명할 수 없는 예가 너무 많다.[40] 「혈의루」를 비롯해 『만세보』 전반에 사용된 부속국문체 표기는 일본의 후리가나 표기와 근본적으로 차이가 있다. 『만세보』가 부속국문체를 사용한 가장 큰 이유는 독자의 신분 계층에 따라 사용 문자가 한문과 한글로 분리되어 있던 조선의 특

이러한 기본적 욕구는 문자적인 제약으로 독자층이 한정되는 것을 용납하지 못할 것이다. 그러니까 석가모니의 일생을 기술한 「釋譜詳節」이나 聖德을 칭송한 「月印千江之曲」은 그 성격상 한문이 아닌 우리글로 발간되는 것이 당연한 요청이며, 그 문장 중에 漢字로만 된 부분이 있어 독자들이 이해하는 데 지장을 주어서도 안 되게 되어 있다. 그런데 문제는 이들 불교 서적을 읽을 독자가 소위 無學이라 할 일반 서민에게 국한되지 않는다는 점에 있다. 오히려 실제적인 독자 가운데에는 한문에 익숙하거나 아니면 漢字에 대한 상당한 지식이 있는 부류의 사람들이 포함되어 있게 마련이다. 이와 같이 질적으로 다른 두 부류의 독자들을 전제로 할 때, 「월인천강지곡」에서 시작하여 「석보상절」, 「월인석보」에 이르는 일련의 서적들에서 보는 바와 같이 일종의 折衷式 표기가 오히려 자연스러운 결과였다고 할 수도 있을 것이다." (김완진, 「한국어 문체의 발달」, 236쪽)

39 조연현, 「신소설 형성 과정고」, 『현대문학』, 1966.4, 178쪽 참조.

40 사에쿠사 토시카츠[三枝壽勝], 「이중표기와 근대적 문체 형성」, 『현대문학의 연구』 제15집, 2000, 54~60쪽 참조.

수한 상황 때문이었다. 근대계몽기에 새롭게 출현한 신문들은 하나의 문체로는 대중독자와 지식인 독자를 함께 끌어들일 수 있는 방법이 없었다. 『대한매일신보』가 동일한 날짜에 국한문체 신문과 국문체 신문 두 가지를 각각 발행한 것은 이 때문이었다. 『만세보』는 『대한매일신보』가 했던 고민을 다른 방식으로 해결했다. 부속국문체를 고안해 하나의 신문으로 두 계층의 독자를 모두 끌어들이려는 새로운 시도를 한 것이다.

『만세보』의 필진들은 모두가 한문에 익숙한 사람들이었다. 그러나 이들은 '비록 한문을 모르는 자라도 그 곁의 국문을 보고 알게 만들겠다'[41]는 생각으로 부속국문체를 고안해 낸다. 『만세보』의 발행에 관여한 주요 인물들인 손병희와 오세창, 이인직 등은 일본에 체류한 경험이 있는 인물들이다. 이 점에서 보면 이들이 한자와 일본어를 함께 표기하는 일본식 표기법에 대해서도 익숙했으리라는 점은 분명하다. 그러나 이것만으로 『만세보』와 이인직의 문체를 설명할 수는 없다. 조선의 문자 생활의 전통 속에는 이미 부속국문체 혹은 부속한문체 표기가 적지 않게 존재했다. 『만세보』 사장 오세창이 역관(譯官)의 집안에서 성장했다는 사실 또한 두 가지 문자의 병기를 자연스러운 현상으로 받아들이게 했을 것이다. 오세창의 부친 오경석은 조선후기 대표적 역관(譯官)으로, 중국의 새로운 서적들을 들여와 번역했고 김옥균과 박영효 등 개화파 사상가를 길러내는데 중요한 역할을 했다. 『만세보』는 천도교가 발행했던 신문이다. 그런데, 천도교를 대표하는 두 경전인 『동경대전(東經大全)』과 『용담유사(龍潭遺詞)』가 각각 다른 문체로 되어있다는 사실도 『만세보』의 부속국문체 연구에 시사하는 바가 크다. 동학의

41 『제국신문』, 1906.5.11 참조.

교조 수운 최제우(崔濟愚)는 자신의 가르침을 『동경대전』이라는 한문본 경전과 『용담유사』라는 한글 가사체의 경전으로 나누어 썼다. 동학 이념의 체계화와 용어의 개념화는 한자와 한문을 통해 이루어졌다. 하지만 그것이 세상 사람들에게 유포되는 단계에서는 이들의 한글화 과정이 필요했다. 식자층(識者層)을 위한 한문 경전 『동경대전』을 일반 대중과 아녀자를 위한 한글 경전 『용담유사』로 재창조해 새롭게 표기하는 과정이 필요했던 것이다.[42]

『만세보』의 부속국문체를 분석해 보면 외형상 같은 문체처럼 보이는 문장들이 실은 성격이 크게 다른 두 부류로 구성되어 있음을 알 수 있다. 하나는 원래 국한문혼용체로 쓰인 글에 한글을 달아 부속국문체로 만든 문장이다. 다른 하나는 원래 한글로 쓰인 글에 한자를 병기해 부속국문체로 만든 문장이다. 『만세보』의 경우 논설은 원문이 모두 국한문이다. 일반 기사는 극히 일부를 제외하면 대개 원문이 국한문이고, 소설은 원문이 모두 한글이다.

이인직의 대표적 작품 「혈의루」의 원문은 국한문혼용체로 쓰인 것이 아니라 국문체로 쓰인 것이다. 이인직이 『만세보』에 연재된 「혈의루」에서는 국한문혼용체로 작품을 쓰고, 이것을 이듬해 단행본으로 발행할 때 국문체로 개작했다고 보는 것은 잘못된 해석이다. 이인직은 「혈의루」를 원래부터 한글로 썼고, 그것을 신문에 연재할 때는 『만세보』의 표기 방침에 따라 부속국문체로 바꾸어 게재한 것이며, 단행본으로 출간할 때는 원래 원고대로 다시 한글로 출간했을 뿐이다.[43] 일본

42 김영민, 「근대계몽기 신문의 문체와 한글소설의 정착 과정」, 『한국 근대소설의 형성 과정』, 67~110쪽 참조.

43 이에 대한 증명 과정 및 기타 상세한 논의는 김영민, 「근대계몽기 신문의 문체와 한글 소설의 정착 과정」, 96~104쪽 참조.

의 후리가나 표기의 가장 큰 목적은 일한혼용문체(日漢混用文體)의 한자 읽기에 있다. 그러나, 「혈의루」는 원문이 한글이고 거기에 소리[音]나 뜻[訓]이 유사한 한자를 나란히 적어 한자를 읽을 줄 아는 이들의 독해를 도운 것이다. 이 점을 생각하면, 「혈의루」의 부속국문 표기와 일본의 후리가나 표기는 근본부터 그 성격이 다른 것임을 알 수 있다.[44]

지금까지 기존의 연구에서는 모두가 유길준의 『노동야학독본』의 부속국문 표기를 일본식 표기로 이해한다. 기존 연구가 이러한 시각으로 진행된 데에는, 유길준이 쓴 『노동야학독본』의 원문이 국한문혼용체라는 전제가 확고하게 자리를 잡고 있다. 더불어, 한글과 섞어 쓴 한자를 읽는 방식이 일본에서 온 것이라는 가설도 함께 자리 하고 있는 것이다. 심지어 유길준의 국문관(國文觀)을 존중하고, 그를 어문민족주의(語文民族主義)의 기반을 닦은 인물로 높이 평가하는 연구자들의 경우도 이 전제와 가설을 벗어나지는 못한다. 예를 들어, 고영근은 "역사적으로는 고대의 漢文飜譯資料들이 모두 훈독을 거쳐 이해되었으며 그것이 일본의 經典 解讀에 영향을 주었다는 점이 밝혀지고 있다는 사실"[45]을 강조하고, "구당의 어문민족주의는 이미 『西遊見聞』에서 싹이 터서 晩年에는 거의 完成의 단계에 이르렀던 것으로 보인다"[46]고 지적한다. 하지만 그럼에도 불구하고 그는 유길준의 훈독법은 일본 훈독의 영향 아래 이루어졌음이 틀림없다는 주장을 펼치는 것이다.[47] 고영근은 유길준이 『노동야학독본』 전권 91쪽 50단원을 모두 국한문혼용체

44 『만세보』의 부속국문체의 성격과 「혈의루」의 원문에 대한 검증 과정은 위의 글, 82~110쪽 참조.

45 고영근, 「유길준의 국문관과 사회사상」, 『어문연구』 제32권 1호, 2004. 420쪽.

46 위의 글, 416쪽.

47 위의 글, 420쪽 참조.

로 엮고, 한자와 한자어에 대하여 그 나름의 원칙에 따라 훈독과 음독을 병행하고 있다고 본다. 여기서 고영근이 밝힌 『노동야학독본』의 훈독 원리는 ① 체언, 동사, 관형사, 부사의 훈독 ② 체언, 동사, 부사의 음독 ③ 한국 한자어로의 음독 ④ 훈독과 음독의 절충 등 네 가지 유형이다.[48] 그러나, 이러한 전제와 가설 그리고 이에 따른 원리 분석은 모두 재고의 여지가 있다. 그것은 유길준의 『노동야학독본』의 원문이 국한문체가 아닌 국문체이기 때문이다. 따라서 거기에 사용된 훈독 방식에 대한 해석 역시 수정이 필요할 수밖에 없다. 이해를 돕기 위해 부속국문체로 된 『노동야학독본』의 한 곳을 원문대로 인용하고, 이를 국한문체와 국문체로 분리 환원시켜 보면 다음과 같은 문장이 된다.

부속국문체 : 그러ᄒᆞᆫ고로 가죡의 륜긔가 亂(어지러)운즉 그 家(집)이 敗(패)ᄒᆞ고 국가의 륜긔가 어지러운 즉 그 國(나라)가 亡(망)ᄒᆞ며 샤회의 륜기가 어지러운즉 그 人民(인민)이 衰(쇠)ᄒᆞ나니라 집을 興(이르키)는 쟈ᄂᆞᆫ 사람의 도리를 修(닥그)며 나라를 사랑ᄒᆞ는 者(쟈)ᄂᆞᆫ 사람의 도리를 守(직히)며 샤회를 正(발호)는 쟈ᄂᆞᆫ 사람의 도리를 扶(붓드)나니 진실로 이러ᄒᆞ면 家(집)에 在(잇)셔ᄂᆞᆫ 良(어진)아달 되고 나라에 잇서ᄂᆞᆫ 어진 민(백셩) 되고 샤회에 잇셔ᄂᆞᆫ 어진 人(사람) 되나니라[49]

국한문체 : 그러ᄒᆞᆫ고로 가죡의 륜긔가 亂운즉 그 家이 敗ᄒᆞ고 국가의 륜긔가 어지러운 즉 그 國가 亡ᄒᆞ며 샤회의 륜기가 어지러운즉 그 人民이 衰ᄒᆞ나니라 집을 興는 쟈ᄂᆞᆫ 사람의 도리를 修며 나라를 사랑ᄒᆞ는 者ᄂᆞᆫ 사람의 도리를 守며 샤회를 正는 쟈ᄂᆞᆫ 사람의 도리를 扶나니 진실로 이러ᄒᆞ면 家에 在셔ᄂᆞᆫ 良아달 되고 나라에 잇서ᄂᆞᆫ 어진 民 되고 샤회에 잇셔ᄂᆞᆫ 어진 人 되나니라

국문체 : 그러ᄒᆞᆫ고로 가죡의 륜긔가 어지러운즉 그 집이 패ᄒᆞ고 국가의 륜긔

48 위의 글, 416~423쪽 참조.

49 유길준, 『노동야학독본』, 경성일보사, 1908, 3쪽.

> 가 어지러운즉 그 나라가 망ᄒᆞ며 샤회의 륜기가 어지러운즉 그 인민이 쇠ᄒᆞ나니라 집을 이르키는 쟈ᄂᆞᆫ 사람의 도리를 닥그며 나라를 사랑ᄒᆞ는 쟈ᄂᆞᆫ 사람의 도리를 직히며 샤회를 발흐는 쟈ᄂᆞᆫ 사람의 도리를 붓드나니 진실로 이러ᄒᆞ면 집에 잇셔ᄂᆞᆫ 어진아달 되고 나라에 잇서ᄂᆞᆫ 어진 백셩 되고 샤회에 잇셔ᄂᆞᆫ 어진 사람 되나니라

부속국문체로 인쇄된 『노동야학독본』의 문장들을 국한문혼용체와 국문체로 각각 다시 써보면, 국한문혼용체는 지극히 어색하나 국문체는 매우 자연스럽다. 국한문혼용체로 썼을 때 '亂운즉' '家이' '國가' '興는 쟈' '修며' '守며' '正는 쟈' '扶나니' '在셔ᄂᆞᆫ' '良아달' 등은 우리말이라 부르기도 어렵다. 이를 '어지러운 즉' '집이' '나라가' '이르키는 쟈' '닥그며' '직히며' '발흐는 쟈' '붓드나니' '잇셔ᄂᆞᆫ' '어진 아달' 등의 국문체로 바꾸면 자연스러운 우리말이 되는 것이다. 이 밖에 『노동야학독본』 이곳저곳에서 발견되는 '知며'(1쪽) '生매'(4쪽) '敎치는'(5쪽) '曰대'(5쪽) '後지지 아니ᄒᆞ는'(6쪽) 등의 어색한 표현도 모두 '알며' '나매' '가라치는' '갈오대' '뒤지지 하니ᄒᆞ는' 등 한글로 읽으면 아무런 문제가 없다.

이런 현상이 나타나는 것은 유길준이 『노동야학독본』의 원고를 원래 국한문이 아니라 한글로 썼기 때문이다. 이후 그는 원고를 부속국문체로 바꾸어 인쇄했다. 유길준은 『노동야학독본』에서 한글의 원뜻을 한자로 재확인하는 방식으로 한자를 병기했다. 그것이 『노동야학독본』에 사용된 부속국문체의 본질인 것이다. 『노동야학독본』의 제8과 「육조가(六條歌)」의 경우는 부속국문체가 아니라 부속한문체 표기를 했다. 즉 한글을 본문에 쓰고 한자를 부속활자로 인쇄한 것이다. 예를 들면 "이(此) 만물(萬物)을 나(生)여시니"와 같은 방식이 된다. 「육조가」는 유길준이 가사체(歌辭體)로 쓴 문장인 바, 이는 조선시대 송강 정철의 「관동별곡」

등의 가사문학(歌辭文學) 작품이 부속한문체로 인쇄되어 유통되던 것과 동일한 모습을 보인다. 부속한문체 표기는 원문인 한글을 강조할 수 있다는 장점이 있다. 그러나 부속한문체 표기는 부속국문체 표기에 비해 매우 많은 지면 즉 인쇄 공간을 필요로 한다. 한자의 크기를 줄여 활자를 제작하고 이를 인쇄에 사용하는 과정이 결코 쉽지 않기 때문이다. 전래하는 문헌 자료를 보더라도, 산문에 비해 운문에서 주로 부속한문체가 나타난다. 이것은 시가(詩歌) 등의 운문 자료가, 소설 등의 산문에 비해 상대적으로 분량이 적어 한글로 쓴 원문에 한자를 부속 문자로 병기하는 일이 가능했기 때문이다.

유길준이 『노동야학독본』에서 활용한 부속국문체를 일본 문장의 영향의 증거로 제시하고, 이를 바탕으로 다시 『서유견문』의 국한문혼용체의 토대가 일본 문장에 있다고 거슬러 올라가 주장하는 것 또한 잘못된 것이다. 물론 기존의 많은 연구자들이 인용하고 또 비판하듯이, 유길준은 1908년 6월 10일 『황성신문』에 「小學教育에 대ᄒᆞᆫ 意見」을 써서 다음과 같이 한자 훈독(訓讀)을 주장한 바 있다.

> 然則 小學教科書의 編纂은 國文을 專主로 ᄒᆞᆷ이 可ᄒᆞᆫ가 曰 然ᄒᆞ다 然則 漢字ᄂᆞᆫ 不用ᄒᆞᆷ이 可ᄒᆞᆫ가 曰 否라 漢字를 烏可廢리오 漢文은 廢호ᄃᆡ 漢字ᄂᆞᆫ 可廢치 못ᄒᆞ나니라 曰 漢字ᄅᆞᆯ 用ᄒᆞ면 是乃 漢文이니 子의 全廢라 ᄒᆞ는 說은 吾人의 未解ᄒᆞ는 바이로라 曰 漢字ᄅᆞᆯ 連綴ᄒᆞ야 句讀을 成ᄒᆞᆫ 然後에 始可曰 文이니 字字別用ᄒᆞᆷ이 豈可曰 漢文이리오 且夫吾人이 漢字ᄅᆞᆯ 借用ᄒᆞᆷ이 已久ᄒᆞ야 其同化ᄒᆞᆫ 習慣이 國語의 一部를 成ᄒᆞ야시니 苟其 訓讀ᄒᆞ는 法을 用ᄒᆞᆫ則 其形이 雖曰 漢字이나 卽 吾國文의 附屬品이며 補助物이라 英人이 羅馬字ᄅᆞᆯ 取ᄒᆞ야 其國語ᄅᆞᆯ 記ᄒᆞᆷ과 同ᄒᆞ니 漢字 取用ᄒᆞᆫ 緣由로 誰人이 敢히 大韓國語ᄅᆞᆯ 指ᄒᆞ야 漢文이라 ᄒᆞ리오[50]

그러나 정작 이 글의 핵심은 한자를 훈독하는 법에 있지 않다. 이 글의 핵심을 이루는 논지는 국문 전용의 방법이다. 소학 교과서에서 어떻게 국문을 전용할 수 있을 것인가를 논의한 것이 이 글의 취지인 것이다. 유길준은 소학교과서는 국문만을 사용하는 것이 옳다고 생각한다. 그러나 한문(漢文)은 폐지할지라도 한자(漢字)는 버릴 수 없는 것이 현실이다. 따라서 한자를 빌려 쓰되, 그것을 훈독하는 법을 취하면 한자는 우리 국문의 부속품이나 보조물의 위치로 전환된다는 것이 유길준의 생각이었다. 한자가 음(音)을 유지하는 문장에서는 한자가 문장의 주문자(主文字) 역할을 한다. 그러나 한자가 뜻[訓]만을 유지하는 경우 한글이 주된 문자가 되고 한자는 부속문자가 될 수밖에 없다. 예를 들어 『만세보』에 사용된 음독(音讀) 문장 "目을 擧ᄒᆞ야 世界狀態를 眄ᄒᆞ다가 首를 俯ᄒᆞ야 我國民社會를 思ᄒᆞ건ᄃᆡ 忽然이 悲感을 不禁ᄒᆞ노라"에서는 '目, 擧, 世界狀態, 眄, 首, 俯, 我國民社會, 思, 忽然, 悲感, 不禁' 등의 한자가 주문자로서의 위치를 점한다. 그러나, 『노동야학독본』의 문장 "家에ᄂᆞᆫ 집을 昌케 ᄒᆞ는 일이오/國에ᄂᆞᆫ 나라를 安케 ᄒᆞ는 일이오/社會에ᄂᆞᆫ 샤회를 利게 ᄒᆞ는 일이니라"에서 '家, 昌, 國, 安, 利' 등의 한자는 이 문장에서 주문자가 아니라 한글에 딸린 부속문자의 지위밖에는 차지할 수 없게 된다. 한자의 훈독 표기는 한글을 위주로 하면서 한자를 아는 사람에게 문장의 독해력을 높이는데 도움을 줄 수도 있다. 「小學教育에 대ᄒᆞᄂᆞᆫ 意見」의 서두 부분인 다음의 서술을 보면 유길준의 의도를 더욱 명확히 알 수 있다.

蓋其 國語로 以ᄒᆞ는 所以는 兒童의 講習의 便易케 ᄒᆞ는 同時에 自國의 精神

50 유길준, 「小學教育에 대ᄒᆞᄂᆞᆫ 意見」, 『황성신문』, 1908.6.10.

> 을 養成ᄒᆞ기 爲ᄒᆞᆷ이라 故로 大韓國 兒童의 敎科書籍은 大韓國語를 用ᄒᆞᆷ이 可ᄒᆞ거날 近來 行用ᄒᆞ는 小學書籍을 觀ᄒᆞ건ᄃᆡ 國漢字를 混用ᄒᆞ아시나 漢字를 主位에 寘ᄒᆞ야 音讀ᄒᆞᄂᆞᆫ 法을 取ᄒᆞ고 國字ᄂᆞᆫ 附屬이 되야 小學用으로ᄂᆞᆫ 國文도 아니며 漢文도 아닌 一種 蝙蝠 書籍을 成ᄒᆞᆫ지라 (…중략…) 故로 曰 小學敎科書ᄂᆞᆫ 國語를 專用치 아님이 可치 안타ᄒᆞ노라[51]

유길준은 근래 나온 소학서적들이 국한자를 혼용하고 한자를 음독하는 법을 취하고 있기 때문에 우리 글자는 한자의 부속물이 되고 문장은 국문도 아니고 한문도 아닌 것이 되어버리고 말았다고 지적한다. 이런 폐단을 극복하기 위해 앞으로 소학교과서는 국어를 전용(專用)해야 하겠다는 것이 유길준의 생각이었다. 한자 훈독 주장의 궁극적 의미는 한자를 풀어 한글로 표기하려는 생각과도 연관된다. 한자를 훈독해 한글로 표기하면 한자와 한자어의 사용을 점차 줄여나갈 수 있고, 결국은 한글만으로 쓰는 일도 가능해 질 것이기 때문이다. 그런 점에서 보면, 『노동야학독본』은 한글 전용을 목적으로 한자 훈독을 실험하고 있는 교재였다.

유길준의 『서유견문』의 문체가 일본의 근대 문체를 본받은 것이라고 하는 이른바 후쿠자와 유키치[福澤諭吉] 영향 설은, 후쿠자와 유키치의 제자였던 이시카와 미키아끼[石河幹明]가 1932년에 저술 발행한 『후쿠자와 유키치전[福澤諭吉傳]』에 근거를 둔 것이다. 여기서 이시카와 미키아끼는 후쿠자와 유키치가 '유길준에게 명하여 「文字의 敎」의 문장을 한언혼용(漢諺混用) 즉 국한문혼용체로 번역하도록 하고, 문장은 이러한 것이 아니면 안 된다'[52]는 말을 했다는 것이다. 이는 사실일 수 있

---

51 위의 글.

다. 그러나 후쿠자와 유키치의 이러한 언급이 곧바로 『서유견문』과 근대계몽기 조선의 새로운 문체를 여는 계기가 되었다고 볼 수 있는 근거는 어디에도 없다. 그렇게 받아들이는 것은 지나친 비약이 아닐 수 없다. 후쿠자와 유키치의 언급에 대한 이러한 방식의 해석 혹은 과도한 의미 부여는 『후쿠자와 유키치전[福澤諭吉傳]』에조차 나와 있지 않다.[53]

유길준의 문체가 일본의 영향권 안에 있는 것이라는 주장의 바탕이 되는 또 하나의 진술은 황현(黃玹)의 『매천야록(梅泉野錄)』이다. 황현은 여기서 당시 사용하던 국한혼용문이 일본의 글 쓰는 법을 본뜬 것이라는 언급을 한다. 이러한 언급은 일부 연구자들이 유길준의 『서유견문』 문체가 일본 글을 본받아 쓴 것이라는 주장을 하는 데 중요한 근거로 활용된다. 이른바 유길준과 '동시대인의 진술'로 종종 인용되는 것이다. 관련 부분을 『매천야록』에서 확인해 보면 다음과 같다.

> 是時, 京中官報及外道文移, 皆眞諺相錯, 以綴字句, 蓋效日本文法也. 我國方言, 古稱華文曰眞書, 稱訓民正音曰諺文, 故統稱眞諺, 及甲午後, 趨時務者, 盛推諺文曰國文, 別眞書以外之曰漢文. 於是, 國漢文三字, 遂成方言, 而眞諺之稱泯焉. 其狂佻者, 倡漢文當廢之論, 然勢格而止[54]
>
> 이때에 중앙의 관보(官報) 및 지방의 공문서들은 모두 진서(眞書)와 언문(諺文)을 섞어 자구를 연결한 것이었으니 대개 일본의 글 쓰는 법을 본뜬 것이었다. 우리나라 말에서는 예부터 중국문자를 진서라 하고 훈민정음을 언문이라

---

52 이시카와 미키아키[石河幹明], 『福澤諭吉傳』, 岩波書店, 1932, 298쪽 참조.

53 근대계몽기에 새롭게 사용되기 시작한 어휘들의 근원 가운데 상당수가 일본어인 것만은 분명해 보인다. 특히 이 시기에 들어온 학술 및 전문 용어가 그러하다. 그러나 이는 문체의 근원 논의와는 별개의 것이다.

54 황현, 『매천야록(梅泉野錄)』(원문교주본), 문학과지성사, 2005, 173쪽.

하여, 통칭 진언(眞諺)이라 하였다. 갑오년(1894) 이후로 시무(時務)를 추종하는 자들은 언문을 대단히 받들어 국문이라 일컫고, 진서를 구분지어 외국 것으로 취급하여 한문이라고 불렀다. 이에 국한문이라는 말이 용어가 되었고 진서나 언문이라는 말은 드디어 없어지게 되었다. 경박한 자들이 한문은 응당 폐기해야 한다는 주장을 폈으나 형세가 막혀서 제지되었다.[55]

황현의 『매천야록』은 우리 역사의 소중한 기록물임에 틀림이 없다. 그러나, 『매천야록』의 저자 황현은 당시 한글 및 국한문의 위치에 대해서는 객관적으로 파악할 수 있는 자리에 있지 않았다. 조선시대의 전형적 한문 향유층이었던 황현은 이른바 진서(眞書)가 한문(漢文)으로 낮추어 불리고, 언문(諺文)이 국문(國文)의 자리를 차지하며, 국한문(國漢文)이 방언(方言)이 되는 현실을 쉽게 받아들이기 어려웠다. 위 인용문에서 글쓴이의 비판적 태도가 느껴지는 것은 이 때문이다. 결국 그는 한문 폐지론자들을 경박한 자들로 비판하고 그 세력이 곧 멈추게 될 것이라고 단언하기에 이른다. 그러나 황현의 이러한 희망은 실현되지 않는다. 황현이 한문을 옹호하고 국한문과 한글 사용을 비판하는 것은 황현 개인의 한계라기보다는 시대의 한계를 그가 반영하고 있는 것으로 보아야 한다. 그에게 한문이 사라져 가는 현실과 조선의 힘이 약해져 가는 현실은 자연스럽게 병치될 수 있는 것이었다.

한글 창제 이후 조선조 전반에 걸쳐 나타난 언해체 문장의 형태는 매우 다양하다. 언해체는 한글 문장만을 기본으로 삼았던 문체가 아니다. 한문 독자를 위해 한문 문장을 기본으로 삼았던 언해체 역시 존재한다. 경우에 따라서는 한 권의 책 속에 한문 독자와 한글 독자를 위한

55 황현, 임형택 외 역, 『역주 매천야록』 상, 문학과지성사, 2005, 424쪽.

두 가지 언해체가 함께 사용되기도 했다. 예를 들면, 1796년에 간행된 것으로 추정되는 정조 때의 법의학서인 『증수무원록언해(增修無冤錄諺解)』는[56] 다음과 같이 전혀 다른 성격의 두 가지 언해문을 동시에 보여 준다. 『증수무원록언해』는 한문본 『증수무원록대전(增修無冤錄大全)』을 풀어 쓴 것이다.

(가) 三書中애 最關檢驗者를 類聚于此ᄒᆞ니 卽一篇之要旨라 司民命者 ㅣ 熟講深念이오 且以條例所論으로 參考融會則 庶幾乎不失權度 ㅣ니 若臨時ᄒᆞ야 只憑條例而驗得則自誤而誤人이 必矣리라

(나) 三삼書셔 셰원록 평원록 결안식이라 中듕에 ᄀᆞ장 檢검驗험에 관계ᄒᆞᆫ 者쟈를 이예 類류로모도니 곳 一일篇편의 종요로온 뜻이라 民민命명 ᄀᆞ옴아는 者쟈 ㅣ 닉이 講강ᄒᆞ며 깁히 念념홀 꺼시오 ᄯᅩᄒᆞᆫ 條됴例례에 의론ᄒᆞᆫ 바로ᄡᅥ 섯거 샹고ᄒᆞ야 무르녹게 알오면 거의 權권度도롤 일티아닐 띠니 만일 臨림時시ᄒᆞ야 條됴例례만 의빙ᄒᆞ야 驗험得득ᄒᆞ면 스ᄉᆞ로 그룻하고 사름을 그르팀이 반ᄃᆞᆺ ᄒᆞ리라[57]

한문을 풀어 쓴 언해문 (가)는 한문을 거의 그대로 살리고 한글로 토만 달아 준 것이다. 이런 종류의 문장들은 지식인 독자들을 위한 언해체로서 현토체의 일종이다. 언해문 (나)는 국문의 문장 구조를 살리고 한자 뒤에 한글을 다시 적었으며, 필요한 낱말에는 해설을 덧붙이기까지 했다. 이는 분명 대중들을 위한 언해체라 할 수 있다. 『서유견문』과 비교의 대상이 될 수 있는 『주역언해』나 『시경언해』의 문장들은 한글

---

56 이 책의 서지 및 언어적 특질에 관한 상세한 논의는 장윤희, 「근대어 자료로서의 『증수무원록언해』」, 『한국문화』 제27집, 2001, 1~24쪽 참조.

57 「증수무원록언해권지일(增修無冤錄諺解卷之一)」, 『증수무원록언해(增修無冤錄諺解)』 영인본, 여강출판사, 1988, 209~210쪽.

독자가 아닌 한문 독자를 위한 언해체였다.[58] 조선 중기에서 후기에 걸쳐 일어나는 여러 가지 문장 쓰기의 관습들을 생각할 때, 유길준이 스스로 칠서언해의 기사법을 본받아 『서유견문』을 집필했다고 하는 진술은 신뢰할 만하다. 오히려, 그것이 사실이 아니라고 비판하고 폄하하는 주장들에는 받아들일 만한 객관적 근거가 없다.

『서유견문』의 현토체는, 이른바 전통적 국한문체 및 일반 대중을 위한 언해체와 외형상 유사한 측면이 적지 않다. 이들은 모두 단일하게 국한문혼용체로 분류된다. 그러나 다른 한편으로는 전통적 국한문체 및 대중적 언해체와, 현토체는 일정한 차이가 있는 문체이다. 그 가장 큰 차이는 전통적 국한문체 및 대중적 언해체의 상당수는 한글이 토대를 이루는 문체이며, 현토체는 한문이 토대를 이루는 문체라는 점에 있다. 전통적 국한문체는 한글을 기본으로 하고 거기에 한자를 일부 섞어 쓴 것이다. 반면, 현토체는 한문을 기본으로 하고 거기에 한글을 일부 섞어 쓴 것이다. 전통적 국한문체는 한글을 기본으로 한 것이기 때문에 거기에 포함된 한자를 모두 한글로 바꾸어 표기할 경우에도 어느 정도는 해석이 가능하다. 그러나 현토체는 한문을 기본으로 한 것이기 때문에 거기에 포함된 한자를 모두 한글로 바꾸어 표기할 경우 문장의 의미가 전혀 전달되지 않는다. 유길준이 사용한 국한문혼용체가 한글 사용의 정신을 후퇴시켰다는 비판이 존재했던 것은 이러한 이유 때문으로 보인다.

그러나 『서유견문』의 국한문혼용 현토체는 한글 사용의 정신을 후퇴시킨 문체가 아니다. 유길준의 문체가 궁극적으로 지향한 세계 역시 한글의 세계였다. 전통적 국한문체 및 대중적 언해체와, 『서유견문』식 현토체의 독자가 같은 계층이었다면 이를 한글 사용 정신의 후퇴로 해

58 김완진, 「한국어 문체의 발달」, 244~246쪽.

석하는 것도 가능할 것이다. 그러나 이들 문체는 그것을 수용하는 계층이 서로 달랐다. 『서유견문』에 사용된 현토체는 명백히 한문 사용층들을 위한 국한문혼용체였다. 전통적 국한문체나 대중적 언해체는 이미 한글에 익숙한 독자들을 대상으로 쓴 문체이기 때문에 한자의 사용을 최소화하는 경우에도 의미 전달이 가능했다. 그러나 『서유견문』의 현토체는 한문에 익숙하고 심지어 한글에는 거부감까지 지니고 있는 독자들을 대상으로 쓴 문체였기 때문에 한글의 사용을 최소화할 수밖에 없었다. 그렇게 해야만 의사소통이 가능했기 때문이다.[59] 근대소설사의 경우를 예로 든다면 이광수의 장편소설 「무정」 이전까지는 한글소설의 독자와 국한문소설의 독자가 서로 분리되어 있었다. 1917년 『매일신보』에 연재 발표된 「무정」 이후 처음으로 한글소설의 독자와 국한문소설의 독자가 같은 텍스트를 읽게 되는 것이다. 한글 문장의 독자와 국한문 문장의 독자가 철저히 분리된 상황에서 국한문체로 글을 쓰는 일을 한글의 후퇴라고 보는 것은 잘못이다. 20세기 초반의 지식인들조차도 한글보다는 국한문으로 상호 소통하는 것이 보편적 현상이었다. 따라서 『서유견문』의 시대에는 말할 나위조차 없는 일이었다.

개화파 지식인 유길준이 지향했던 언어관은 일관된다. 그것은 점차 한문을 버리고 한글을 살리는 길이다. 이른바 국문만의 길을 지향했던 것이다. 『서유견문』 이후 그가 집필한 『노동야학독본』이나 『朝鮮文

59 김흥수는 근대계몽기 국한문혼용체 및 『서유견문』의 문체가 지니는 의미에 대해서 긍정적 평가를 하고 있다. 그는 유길준의 『서유견문』 이전에도 국한문혼용체는 사용되었지만, 『서유견문』의 간행이 근대계몽기 국한문혼용체 사용의 촉매가 되었다고 본다. 김흥수는 근대계몽기의 국한문혼용체(현토체)가 전통적인 언해문보다 더 한문투여서 국문 지향의 흐름에 역행하고 있는 듯이 보이지만, 그것이 전 같으면 한문으로 쓰였을 글에 사용되었다는 점에서 비판적으로 보기 어렵다는 견해를 제시한다. 김흥수, 「이른바 개화기 표기체의 유형과 양상」, 『국어문학』 제39집, 2004, 58~77쪽 참조.

典』, 『大韓文典』 등은 모두가 이를 잘 보여주는 자료들이다. 유길준이 『대한문전』 자서(自序)에서 "읽을 지어다, 우리 大韓文典을 읽을지어다, 우리 大韓同胞여, 우리 民族이 檀君의 靈秀혼 後裔로, 固有혼 言語가 有호며, 特有혼 文字가 有호야, 其"思想과 意志롤 音聲으로 發表호고 記錄으로 傳示호매, 言文一致의 精神이, 四千餘의 星霜을 貫호야, 歷史의 眞面올 保호고, 習慣의 實情올 証호도다"[60]라는 말 등으로 우리 민족이 고유한 언어와 문자를 가진 민족임을 거듭 강조한 사실을 기억할 필요가 있는 것이다.

유길준은 『서유견문』의 서문에서 한글을 우리글자[我文]라 불렀다. "我文과 漢字를 混集호야 文章의 體裁롤 不飾호고 俗語를 務用호야 其意롤 達호기로 主호니(7) / 우리 글자[我文]와 한자를 섞어 쓰고, 문장의 체제는 꾸미지 않았다. 속어를 쓰기에 힘써, 그 뜻을 전달하기를 위주로 하였다(25)" 등의 문장에서 그러한 표현을 볼 수 있다. 그가 여기에서 사용한 아문(我文)이나 한자(漢字)라는 용어는 당시 한글을 언문으로, 한자를 진서(眞書)로 부르던 관습에 비할 때 매우 새로운 것이었다.[61] 그는 언어에 대한 생각들을 다음과 같이 드러낸 바도 있다.

> 其國의 事物을 欲知홈애 其文字롤 不解홈이 不可호고 其文字롤 欲解홈애 其言語롤 不學호면 不得홀디니(5) / 그 나라의 사물을 알려고 하면 그 나라의 글자를 알지 못하고서는 불가능하며, 그 글자를 알려면 그 말을 배우지 않고는 안

60 유길준, 『대한문전』, 융문관, 1909, 1쪽.

61 이에 대해서는 "'한글'을 '우리글자[我文]'라고 한 것에서부터 사상의 전환을 엿볼 수 있다. 국한문혼용체는 예전에도 일부 시행되었지만, 그가 이 책을 국한문혼용체로 쓴 까닭은 나라마다 말과 글이 있다는 것을 알았기 때문이다. 그는 세계 여러 나라를 돌아다니면서 이러한 사실을 새삼 깨달았다(허경진, 「서유견문에 대하여」, 허경진 역, 『서유견문』, 5~6쪽)"는 지적을 상기할 필요가 있다.

될 것이다.(22)

> 且宇內의 萬邦을 環顧ᄒᆞ건ᄃᆡ 各其邦의 言語가 殊異ᄒᆞᆫ 故로 文字가 亦從ᄒᆞ야 不同ᄒᆞ니 盖言語ᄂᆞᆫ 人의 思慮가 音聲으로 發흠이오 文字ᄂᆞᆫ 人의 思慮가 形象으로 顯흠이라 是以로 言語와 文字ᄂᆞᆫ 分ᄒᆞᆫ 則 二며 合ᄒᆞᆫ 則 一이니(8) / 또 세계 여러 나라를 둘러보면 각 나라의 말이 다르기 때문에 글자도 따라서 같지 않으니, 무릇 말은 사람의 생각이 소리로 나타난 것이요, 글자는 사람의 생각이 형상으로 나타난 것이다. 그러므로 말과 글자를 나누어 보면 둘이지만 합하면 하나가 되는 것이다.(26)

한자는 소리와 글자 사이에 별다른 연관성이 없는 문자이다. 그런 점에서 볼 때 한자와 한문만으로는 글자를 배우는 일과 말을 배우는 일의 상관성을 설명하기 어렵다. 미국 유학을 경험한 유길준은 국한문을 거쳐 궁극적으로는 한글 사용을 지향하게 된다. 이는 그가 외국어의 사용을 통해 입말과 글자말의 일치를 경험한 뒤 갖게 된 언어의 세계에 대한 새로운 인식의 결과라 할 수 있다. "말과 글자를 나누어 보면 둘이지만 합하면 하나가 되는 것"이라는 진술은 넓게 보면 '언문일치(言文一致)'의 의미까지를 포함하게 된다. 물론 유길준의 이러한 진술을 근대계몽기의 언문일치 운동으로까지 확대 해석할 필요는 없다. 그러나 말과 글자에 대한 이러한 언급이, 그가 다른 세계를 체험하면서 깨달은 한글의 가치와 그 미래적 효용에 대한 새로운 인식을 포함하고 있는 것만은 분명해 보인다.

유길준은 순한글만으로 『서유견문』을 쓰지 못한 아쉬움을 다음과 같이 토로한다.

我文은 卽 我先王朝의 刱造ᄒᆞ신 人文이오 漢字ᄂᆞᆫ 中國과 通用ᄒᆞᄂᆞᆫ 者라 余ᄂᆞᆫ 猶且我文을 純用ᄒᆞ기 不能홈을 是歉ᄒᆞ노니 外人의 交ᄅᆞᆯ 旣許홈애 國中人이 上下貴賤婦人孺子를 毋論ᄒᆞ고 彼의 情形을 不知홈이 不可ᄒᆞᆫ 則 拙澁 ᄒᆞᆫ 文字로 渾圇ᄒᆞᆫ 說語ᄅᆞᆯ 作ᄒᆞ야 情實의 齟齬홈이 有ᄒᆞ기로ᄂᆞᆫ 暢達ᄒᆞᆫ 詞旨와 淺近ᄒᆞᆫ 語義ᄅᆞᆯ 憑ᄒᆞ야 眞境의 狀況을 務現홈이 是可ᄒᆞ니(8) / 우리나라 글자는 우리 선왕(세종)께서 창조하신 글자요, 한자는 중국과 함께 쓰는 글자이니, 나는 오히려 우리 글자만을 순수하게 쓰지 못한 것을 불만스럽게 생각한다. 외국 사람들과 국교를 이미 맺었으니, 온 나라 사람들—상하 · 귀천 · 부인 · 어린이를 가릴 것 없이 저들의 형편을 알지 못해서는 안 될 것이다. 그러니 서투르고도 껄끄러운 한자로 얼크러진 글을 지어서 실정을 전하는 데 어긋남이 있기보다는, 유창한 글과 친근한 말을 통하여 사실 그대로의 상황을 나타내는 것이 올바르다고 생각한다.(26)

외국 사람들과 이미 국교를 맺었으니 신분의 귀천을 떠나 모든 사람들이 저들의 형편을 아는 것이 당연하며, 이를 위해서는 쉬운 글자를 사용해야 한다는 것이 유길준의 생각이다. 서투르고 껄끄러운 한자로 글을 지어 그 뜻을 잘못 전달하기보다는, 유창한 글과 친근한 말로 실정을 바로 전하는 것이 옳다는 것이다. 그럼에도 불구하고 유길준은 순한글 대신 국한문을 섞어 사용했다. 『서유견문』에서 유길준이 국문체 문장을 사용하지 않은 가장 큰 이유는 근대계몽기 문체와 독자 계층 사이의 상관관계 속에서 해명될 수 있다. 그가 목표로 삼아 소통하고자 했던 대상이 누구였는가 하는 점이 『서유견문』의 문체를 결정하는 데 가장 중요한 요소가 되었던 것이다.[62] 그런 점에서 보면 유길준

62 다음의 두 지적은 유길준의 『서유견문』의 국한문체의 의미를 종합적으로 판단하는 데 도

이 『서유견문』에서 국한문혼용의 현토체를 사용한 것은 시대적 한계 속에서 그가 선택할 수밖에 없었던 언어 현실을 받아들인 결과였다.

움이 된다. "그가 한글 전용을 하지 못한 이유는 이 책을 나눠 주려고 생각한 독자층이 바로 사대부 양반들이었기 때문이다. 그는 개화의 주체가 조정과 임금이라고 생각했다. 그랬기에 1890년 『서유견문』 초고를 고종에게 바쳤으며, 비매품으로 출판하여 관원과 지식인들에게 무상으로 나눠주었다. 만약 일반 독자들을 대상으로 생각했다면, 한글 전용의 책을 써서 판매하였을 것이다. 그는 '우리 글자만을 순수하게 쓰지 못한 것을 불만스럽게 생각'했는데, 한글 전용을 실천하지 못한 자신에 대한 불만이기도 했지만, 아직 일반인들이 개화의 주체로 나설 수 없는 시대적 한계에 대한 불만이기도 했다."(허경진, 「서유견문에 대하여」, 9쪽) "순한문만 숭상하던 당시로서는 이만해도 큰 발전이었다. (…중략…) 국어의 존중과 한글만쓰기의 이상적인 필요성을 크게 자극시켜서 오늘날에도 많은 감명을 던져준 책인 점은 틀림없는 일이다." (이응호, 『개화기의 한글운동사』, 72쪽)

제2장 / 제2절

근대 매체의 언어 선택과 그 의미

1. 신문의 국한문체 및 국문체 사용과 그 의미

1) 국한문체 신문의 간행

우리나라 최초의 신문인 『한성순보』는 순한문체로 발행되었다. 이어서 발간된 『한성주보』는 국한문체 신문으로 분류되지만, 실제로는 한문 신문에 더 가까웠다. 근대계몽기의 대표적인 국한문체 신문은 『황성신문(皇城新聞)』이다. 1898년 9월 5일부터 1910년 9월 14일까지 발행된 『황성신문』은 장지연(張志淵), 박은식(朴殷植), 남궁억(南宮檍) 등 민족주의적 성향의 개신 유학자들이 중추적 역할을 맡아 창간했다.[1] 『황성

1 『황성신문』의 초대 사장은 남궁억(南宮檍)이다. 그는 재임 중 정치문제를 다룬 기사로 인해

신문』은 창간호에 실린 「본사고백(本社告白)」에서 '국한문(國漢文)의 교용(交用)'에 대해 밝히고 있으며, 「사설(社說)」을 통해 국한문혼용의 당위성을 설명한다.

> 欽惟 大皇帝陛下씌셔 甲午中興之會를 適際ᄒᆞ샤 自主獨立ᄒᆞ시는 基礎를 確定ᄒᆞ시고 一新更張ᄒᆞ시는 政令을 頒布ᄒᆞ실ᄉᆡ 特이 箕聖의 遺傳ᄒᆞ신 文字와 先生의 創造ᄒᆞ신 文字로 並行코져 ᄒᆞ샤 公私文牒을 國漢文으로 混用ᄒᆞ라신 勅敎를 下ᄒᆞ시니 百揆가 職을 率ᄒᆞ야 奔走奉行ᄒᆞ니 近日에 官報와 各府郡의 訓令指令과 各郡에 請願書 報告書가 是라 現今에 本社에셔도 新聞을 擴張ᄒᆞᄂᆞᆫᄃᆡ 몬져 國漢文을 交用ᄒᆞᄂᆞᆫ 거슨 專혀 大皇帝陛下의 聖勅을 式遵ᄒᆞᄂᆞᆫ 本意오 其次는 古文과 今文을 幷傳코져 ᄒᆞᆷ이오 其次는 僉君子의 供覽ᄒᆞ시ᄂᆞᆫᄃᆡ 便易ᄒᆞᆷ을 取ᄒᆞᆷ이로라[2]

이 「사설」에서는 『황성신문』이 국한문혼용체를 사용하게 된 이유를 크게 세 가지로 설명한다. 첫째, 황제가 '公私文牒을 國漢文으로 混用ᄒᆞ라신 勅敎' 때문이다. 둘째, '古文과 今文을 幷傳코져 ᄒᆞᆷ' 때문이다. 셋째, '僉君子의 供覽ᄒᆞ시ᄂᆞᆫᄃᆡ 便易ᄒᆞᆷ을 取ᄒᆞᆷ' 때문이다. 『황성신문』은 한말의 대표적 지식인들이었던 양반·유생(儒生)을 주된 독자로 삼아 창간되었다. 따라서 '古文과 今文을 幷傳코져 ᄒᆞᆷ'이라거나, '僉君子의 供覽ᄒᆞ시ᄂᆞᆫᄃᆡ 便易ᄒᆞᆷ을 取ᄒᆞᆷ'이라는 언급은 그대로 받아들일 만한 것이

두 번이나 구속된다. 제2대 사장이 된 장지연 역시 1905년 을사늑약을 비판한 논설 「시일야방성대곡(是日也放聲大哭)」으로 인해 경무청에 체포된 바 있다. 장지연은 1908년 러시아의 블라디보스톡으로 망명하여 『해조신문(海朝新聞)』의 주필을 지낸 후 귀국하여 1909년에는 『경남일보(慶南日報)』의 주필을 맡게 된다. 『황성신문』의 서지 등 발행과 관련한 상세한 사항은 정진석, 『한국언론사』, 167~171쪽 및 이광린, 「황성신문 연구」, 『개화파와 개화사상 연구』, 일조각, 1989, 155~195쪽 참조. 『황성신문』의 성격에 대해서는 최기영, 「『황성신문』의 역사관련 기사에 대한 검토」, 『한국 근대 계몽운동 연구』, 일조각, 1997, 2~21쪽 참조.

2 「사설(社說)」, 『황성신문』, 1898.9.5.

다.[3] 그러나 고종황제가 공사문첩을 국한문으로 혼용하라고 명했으며, 따라서 자신들이 신문에서 국한문을 교용하는 것은 오로지 황제폐하의 성스러운 칙령을 따르려는 의도 때문이라고 하는 주장은 그대로 받아들이기 어렵다. 이 주장의 근원이 되는 '황제의 칙교'는 1894년의 칙령(勅令) 제1호 공문식(公文式) 14조에 제시된 「法律勅令總以國文爲本漢文附譯或混用國漢文」을 말한다. 하지만, 이 규정의 원 뜻은 국한문 혼용의 장려에 있지 않다. 여기서 핵심을 이루는 사항은 '국문으로 본을 삼는다'는 것이다. 이 조항을 적극적으로 해석할 경우, 국문체는 모든 법률과 칙령 등에서 의무적으로 사용해야 하는 기본 문체가 된다. 한문으로 번역해 덧붙이거나 국한문체를 사용하는 것은 국문체만으로 의사소통이 어려울 때 동원해야 할 보조적 수단에 불과하다. 아무리 소극적으로 해석하더라도, 국문체가 문장의 기본이 된다는 사실만은 변하지 않는다. 그렇게 본다면 『황성신문』의 이러한 국한문체 사용의 근거 제시는 일면 억지스러운 면이 없지 않다.[4]

여기서 주목할 것은 『황성신문』의 발행진들이 국한문체의 사용 이유를 밝히면서도 국문의 가치 또한 높이 평가하고 있다는 점이다.[5] 『황성신문』의 발행진들은 세종이 창제한 국문이 우부우부(愚夫愚婦)를

3 이와 관련된 논의는 김영민, 「근대계몽기 신문의 문체와 한글소설의 정착 과정」, 71~73쪽 참조.

4 이광린 역시 이에 대해서 "국한문혼용체의 채택을 정당화하려는 말에 지나지 않는다"고 비판한 바 있다. 이광린, 「황성신문 연구」, 165쪽 참조.

5 이는 창간호 「사설」 중 다음과 같은 부분에서 유추가 가능하다. "太祖大王끠셔 艱大ᄒᆞ신 業을 定ᄒᆞ시고 右文ᄒᆞᄂᆞᆫ 治를 先ᄒᆞ샤 一世의 民을 敺ᄒᆞ야 文明의 域애 進케 ᄒᆞ시니 百餘年間에 天下의 聖經賢傳과 遺文古事가 無不畢集ᄒᆞᆫ지라 於是乎賢人이 輩出ᄒᆞ고 文章이 並世ᄒᆞ야 其作興ᄒᆞᆫ 氣像이 可히 天下에 侔擬ᄒᆞᆯ 만ᄒᆞ나 然ᄒᆞ나 瓦金이 質이 異ᄒᆞ고 齒角이 俱키 難ᄒᆞ야 能히 人人마다 學業에 就키 難ᄒᆞᆷ으로 惟我 世宗大王끠셔 別노 一種文字ᄅᆞᆯ 創造ᄒᆞ샤 愚夫愚婦로 無不開明케 ᄒᆞ시니 曰 國文이라 其文이 克簡克易ᄒᆞ야 雖童穉兒女라도 時月의 工을 推ᄒᆞ면 可히 平生의 用이 足ᄒᆞᆯ지라 是로 以ᄒᆞ야 一世에 傳習ᄒᆞᄂᆞᆫ 者 十에 五六에 至ᄒᆞ더니……"(「社說」, 『황성신문』, 1898.9.5)

깨우쳐 개명(開明)케 하는 수단으로 손색이 없다는 점을 인식하고 있었다. 창간호 사설에서, 신문의 '창간(創刊)'이 아니라 '확장(擴張)'이라는 표현을 쓴 것은 『황성신문』이 『대한황성신문』을 이어받은 신문이라는 맥락 속에서 이해될 수 있다. 『황성신문』은 원래 국문체 신문이던 윤치호(尹致昊)의 『경성신문(京城新聞)』 및 그 후신인 『대한황성신문(大韓皇城新聞)』을 인수해 국한문혼용체 신문으로 바꾼 것이다.[6]

『황성신문』의 발행진들이 한글의 중요성을 인식하고 있었다는 사실은 1898년 9월 28일자 논설 「국문한문론(國文漢文論)」에서도 확인된다. 논설 「국문한문론」은 "한자(漢字) 사용을 당연한 것으로 여겼던 전통적 교양인을 독자층으로 설정한 이상 국한문체가 갖는 효용 내지는 그 의미를 보다 정밀하게 논구(論究)하여 독자들을 설득할 필요성"[7]에 따른 결과물이기도 하다. 하지만 국한문혼용의 필요성을 역설한다는 의도 못지않게 이 글에는 『황성신문』의 발행진들이 지녔던 한글에 대한 깊이 있는 인식이 담겨 있다. 『황성신문』의 「국문한문론」은 내용상 그 제목을 「국문론」으로 바꾸어도 좋을 만한 글이다. 「국문한문론」은 먼저 표음문자(表音文字)인 한글이 지니는 우수성에 대한 논의로부터 시작된다. 상형문자(象形文字)인 한자에 바탕을 둔 한문(漢文)은 평생을 배워도 깊이 깨우치기 어려우나, 로마자는 일이 년이면 깨우칠 수 있고 한글은 더욱 쉬워 어린아이라도 열흘이면 대강을 깨우쳐 무식을 면할 수 있게 된다. 그리하여 한글은 천하각국의 문자 중 가장 간략한 문자이니, 천하공론(天下公論)이 반드시 대한반절(大韓半切)로 문단맹주(文壇盟主)를 정하게 되리라는 것이다.[8]

---

6 이에 대한 상세한 논의는 정진석, 『한국언론사』, 167~171쪽 참조.

7 정선태, 『개화기 신문 논설의 서사 수용 양상』, 124쪽.

8 「국문한문론」은 세종대왕이 한글을 창제한 연유와 과정에 대해 설명한 후 다음과 같은 주

『황성신문』이 한글에 대한 이렇게 적극적인 인식을 지니고 있었음에도 불구하고 국한문체 발행을 선택한 이유는 어디에 있는가? 『황성신문』의 문체 선택 배경에는, 문체에 따른 독자 선택과 그에 따른 시장 분할이라는 요소가 중요했던 것으로 보인다. 『독립신문』을 필두로 『그리스도신문』·『협성회회보』·『매일신문』 등으로 이어지는 한글 신문 시장에서, 『대한황성신문』의 국문체를 그대로 계승해 이들과 경쟁하기는 쉽지 않았을 것이다.[9] 더구나, 1898년 8월에 창간되어 이후 오랜 기간 동안 서로 경쟁 구도를 형성하게 되는 『제국신문』이 순한글 신문으로 창간되었다는 사실 역시 『황성신문』이 기본 문체를 국한문체로 확정하는 데 적지 않은 영향을 미쳤을 것으로 추정된다. 고종의 칙령에도 불구하고, 관보(官報)를 비롯한 공문서들이 순한문이나 국한문체로 간행되는 보수적 언어 현실 또한 문체 결정 과정에서 참고가 되었음에 틀림이 없다. 그런 점에서 보면 『황성신문』의 문체 선택 과정은 매체의 생존 전략 겸 현실 적응 방식을 보여주는 사례가 될 수 있다. 『황성신문』의 발행진들은 개신 유학자들이었다. 그들이 유생을 주된 대상으로 삼아 근대 인식과 근대화의 논리를 전파한 것은 가장 대중적이면서 또

장으로 마무리 된다. "漢文은 上才가 아니면 學ᄒᆞ기 難ᄒᆞ니 中下才는 皆歸於無識ᄒᆯ가 大聖人 弘遠ᄒᆞ신 制法이 今日에 寢弛不振ᄒᆞ니 慨歎處이며 至易ᄒᆞᆫ 國文을 賤閣ᄒᆞ고 極難ᄒᆞᆫ 漢文만 崇尙ᄒᆞᆷ이 外國嘲弄거리라 맛당히 國文으로 主文을 定ᄒᆞ야 奏疏文字라도 國文을 純用케도 ᄒᆞ며 國漢文叅用도 不拘케 하며 同文ᄒᆞᄂᆞᆫ 一衙門을 另設ᄒᆞ야 漢文日本文英法等文을 敎習ᄒᆞ야 交隣事務를 修擧케 ᄒᆞ며 國內人民敎授法을 講究ᄒᆞ야 物名과 經史에 易曉ᄒᆯ 章句를 簡而備토록 國文으로 譯成數卷ᄒᆞ야 幼穉男女를 設校敎習ᄒᆞ야 十五歲 以內에 卒業토록 行ᄒᆞ면 通鑑史略 十許卷으로 好歲月를 消遣타가 文理도 通치 못ᄒᆞ고 無識之流에 歸ᄒᆞᄂᆞᆫ 것과 何如오 一代文明之運이 唾手在此ᄒᆞ고 拭目不遠ᄒᆞ리니 政府諸公은 奮發之志를 振刷ᄒᆞ야 極圖極行ᄒᆞ시ᄋᆸ."(「국문한문론 하」, 『황성신문』, 1898.9.28)

9 이와 관련해서는 "보다 실질적인 측면에서 볼 때 국문체로 발간하는 신문이 이미 셋이나 있는 마당에 다시 국문 신문을 낸다는 것 자체가 모험이라는 판단이 작용했던 것으로 볼 수도 있다"(정선태, 『개화기 신문 논설의 서사 수용 양상』, 127쪽)는 지적도 있다.

한 효과적인 전략이었다.[10] 이러한 전략의 수행을 위해서는 한문현토에 가까운 국한문체가 필수적일 수밖에 없었다.[11] 『황성신문』은 국한문혼용체를 기본으로 하는 신문이기는 하나, 실제로는 『한성주보』와 마찬가지로 국한문체와 순한문체 그리고 국문체 기사를 섞어 썼다.[12] 하지만 『황성신문』 발행진의 문체에 대한 인식은 이전의 『한성주보』의 경우와는 많이 달랐다. 『황성신문』에서는 문체와 기사 사이에서 그 나름

10 다음과 같은 지적은 『황성신문』이 국한문혼용체를 선택한 이유를 이해하는 데 도움이 된다. "개신유학자들은 비록 현실 정치에서 집단적 영향을 발휘하지는 못했지만, 여론을 주도하는 세력으로 큰 영향력을 행사하였다. 『황성신문』은 서민과 부녀를 대상으로 하는 폭넓은 대중보다 봉건적 유학자 계층을 주 독자층으로 상정하였다. 유생들을 대상으로 했기에 한문현토에 가까운 국한문체를 채택하였다. 이 시기에 여론을 주도할 수 있는 중심 계층은 전통문화를 주도한 유생들이다. 개화지식인은 극히 미미하고 서민 부녀의 지식 확충은 교육의 보급이 더 확대될 때 가능하다. 시사와 문명의 향방에 관심을 가장 많이 기울일 이는 전국에서 공부하는 많은 유생들이다. 『황성신문』이 유생을 주요 타겟 삼아 근대 인식과 근대화 논리를 전파한 것은 어찌 보면 이 시기의 가장 대중적이고 유효한 전략이 아니었을까?"(길진숙, 「문명의 재구성 그리고 동양 전통 담론의 재해석 – 『황성신문』을 중심으로」, 『근대계몽기 지식의 발견과 사유 지평의 확대』, 소명출판, 2006, 16쪽)

11 최근의 연구 성과 가운데는 장지연이 사용한 국한문체가 양계초에게 영향 받은 것이라는 주장이 있다. "양계초의 문체는 한문밖에 모르는 국내 보수층 지식인들에게 서양에 대한 지식을 알려주는 유일한 통로였기 때문에 이후의 문장 모델 선택에도 큰 영향을 미쳤다. 특히 장지연(張志淵, 1864~1921)이 양계초의 산문을 많이 번역하여 구절 현토와 어절 현토의 중간 형태인 새로운 국한문체를 만들었는데, 이는 문장 모델이라는 관점에서는 상당히 불안정하여 생명력이 오래 가지 못하였고 단지 지식 전달의 일시적 통로에 지나지 않았다"(배수찬, 『근대적 글쓰기의 형성 과정 연구』, 소명출판, 2008, 95쪽)는 것이다. 장지연이 『황성신문』의 대표 필자 가운데 한 사람이었다는 점에서 이러한 견해 역시 『황성신문』의 문체 특징을 이해하는 데 참고가 될 수 있다. 배수찬은 "궁극적으로 양계초의 글 또한 고전 한문의 문장 모델을 활용해 일본을 경유한 서구 지식을 흡수하는 것이었으므로, 이 또한 넓은 의미에서는 일본의 구문직역체(歐文直譯體)에 해당하는 것으로 볼 수도 있다"는 견해를 보인다.

12 『황성신문』의 문체를 국한문체라 칭하는 것에 대해서는 "國漢文體라고 말은 하지만 이 신문을 꼼꼼하게 검토한 사람이라면 이 용어 사용이 혼란스럽다는 것을 어렵지 않게 알아차릴 수 있다"(정선태, 『개화기 신문 논설의 서사 수용 양상』, 112쪽)는 견해가 있다. "국한문체가 상식선에서 이해될 경우 심각한 문제가 생길 수 있다. 극단적으로 말해 『皇城新聞』의 문체도 국한문체이며, 최근 신문의 이른바 '한주국종체'도 국한문체이다. 그러나 그 내질을 따졌을 때에 『皇城新聞』의 문체는 사실상 한문체이며 최근 신문의 문체는 보통문체이다"(배수찬, 『근대적 글쓰기의 형성 과정 연구』, 93쪽)라는 견해도 참고가 된다.

대로 상관관계가 발견된다. 『황성신문』은 국한문혼용체를 기본으로 삼고, 기사를 쓰는 사람과 읽는 사람의 편의에 따라 그 문체를 일부 변용시켰던 것으로 보인다. 이때 순한문체 기사는 필자의 편의에 따른 경우가 많고, 국문체 기사는 독자의 편의를 생각한 경우가 많았다.[13] 『황성신문』은 지식층을 주된 독자로 삼았다고는 하나, 신문이라는 매체의 성격상 잠재적 독자들인 대중을 완전히 외면할 수는 없었다. 특히 1907년 8월 12일부터 9월 17일까지 연재 발표된 소설 「몽조(夢潮)」가 국문체로 되어 있다는 점 등을 보면 그러한 유추가 가능하다.

1910년 8월 한일병합으로 인해 『황성신문』, 『대한매일신보』 등이 사라진 이후 1945년에 이르기까지 국내의 신문계는 3대 기관지와 3대 민간지의 발행으로 정리된다. 『매일신보』·『경성일보』·『서울프레스』는 모두 총독부의 기관지 역할을 했고, 『조선일보』·『동아일보』 그리고 『시대일보』가 그에 맞선 민간지로 출발한다. 『경성일보』는 일본인 발행 신문이었던 『한성신보』와 『대동신문』을 합쳐 1906년 9월 1일 창간한 통감부 기관지로서 발간 초기에는 일본어와 국한문 및 한글 기사를 모두 실었으나 곧 일본어 전용 신문으로 성격을 굳히게 된다. 『서울프레스(*The Seoul Press*)』는 1905년 영국인 하지(J.H. Hodge)가 창간했던 주간신문이었던 바, 통감부가 사들여 1906년 12월 5일부터 1937년 5월까지 일간으로 발행한다. 이를 사들인 이유는 『대한매일신보』 영문판이었던 *The Korea Daily News*에 대항하기 위한 것이었다. 『매일신보』는 『대한매일신보』를 인수해 발행한 것으로, 이들 신문은 한일병합 이후 모두 총독부의 기관지가 된다.[14]

13 이와 관련된 논의는 김영민, 「근대계몽기 신문의 문체와 한글소설의 정착 과정」, 72~73쪽 참조.

14 정진석, 『언론 조선총독부』, 4~5쪽 및 김민환, 『한국언론사』, 164쪽 참조. 『매일신보』의 편집과 발행에 상당한 권한을 행사하게 되는 나카무라 겐타로[中村健太郎]가 기고한 글 「조선

발행주체가 총독부로 바뀌기는 했지만 초창기 『매일신보』는 그 활자와 지면 구성에서는 전신(前身)인 『대한매일신보』를 거의 그대로 이어받고 있다. 8월 31일자부터 제호를 가로쓰기에서 세로쓰기로 바꾸고 크기를 약간 줄인 것을 제외하면, 실질적 기사 구성에서는 별 차이가 없다. 제1면 서두에 논설(論說)란을 두고 외보(外報), 학계보(學界報), 세계역사(世界歷史)와 사조(詞藻)란 등을 두고 제2면에 잡보란 등을 둔 것도 동일했다. 3면 하단에서 4면에 이르기까지는 광고를 수록했는데, 광고의 대상과 문구 또한 『대한매일신보』에 게재되던 것을 상당 부분 그대로 가져다 사용했다. 『대한매일신보』가 그랬던 것처럼 『매일신보』 또한 국문 및 국문 독자들에 대해서도 적지 않은 관심을 지니고 있었다. 그런 점에서 『매일신보』 국한문판 1910년 9월 21일자 제1면에 실린 「국문(國文)의 필요(必要)」는 몇 가지 점에서 주목할 만한 글이다.

신문계(朝鮮新聞界)의 회고와 아보(我報)」에서는 『대한매일신보』에 대한 비판적 태도를 볼 수 있다. 그는 『매일신보』의 탄생 과정을 다음과 같이 설명한다. "이와 같이 우후죽순적 신문 발생의 시기에 즈음하여 우매한 조선인 상하로 하여금 암흑동천에 빠지게 하고, 그 때를 타 어부지리를 얻고자 하는 악덕 신문이 발생하였으니 대한매일신보가 이것이라. 이 신문은 영국인 배설이 神戶 등지에서 도래하고 조선의 형편을 살필 새, 일반 조선인을 속이기 쉬움을 알고 지금은 고인된 당시의 모 대관의 찬조를 얻고 동지를 발행하여 왕성하게 우매한 조선인의 약점을 올라타 황당무계의 설을 전포하고 我利我利주의를 실행하였으니, 저 怪狐에게 被瞞한 감이 있던 국채보상문제가 그 좋은 예이라. 가련하다. 당시의 조선인은 그 광폭한 수단에 빠짐을 깨닫지 못하였도다. 未幾에 배설이 죽고 부하 만함이 그 후를 경영하였으나, 시세의 변천과 일반 조선인의 각성으로 광폭한 필봉으로 점차 마멸하여 다수 조선인이 그 악덕 신문에 向意치 아니하여 자연스럽게 그 勢를 失墜하여 다시 서지 못하게 되었더라. / 일한병합에 따라 소위 우후죽순적 신문은 연이어 폐간되고 於是乎 조선 유일의 신문이 발생하여 2천만 동포에게 복음을 전하였으니 매일신보가 이것이라. 명치 43년 10월분에 德富蘇峰 선생의 감독으로 동경 국민신문 편집국장으로 전임한 吉野太左衛門 군이 경성일보 사장으로 사장을 겸대하고……"(삼소거사(三笑居士), 「조선신문계(朝鮮新聞界)의 회고와 아보(我報)」, 『매일신보』, 1916.3.4) 나카무라 겐타로는 이 글에서 『독립신문』, 『경성신문』, 『황성신문』, 『만세보』 등에 대해서는 특별한 감정을 드러내지 않는다. 그러나 유독 『대한매일신보』에 대해서만은 '악덕 신문' 등의 표현을 써가며 강하게 비판했다. 조선총독부는 『대한매일신보』에 대해 비판적이었지만, 한일병합 이후 이 신문을 자신들의 기관지로 활용하게 된다.

天下에 書同文이라ᄒᆞ나 言文이 一致치 못ᄒᆞᆫ 者ᄂᆞᆫ 日本에ᄂᆞᆫ 日本國文이 有ᄒᆞ야 國語ᄅᆞᆯ 因作ᄒᆞ엿고 泰西列國에ᄂᆞᆫ 泰西國文이 有ᄒᆞ야 國語ᄅᆞᆯ 因作ᄒᆞ엿고 露國에ᄂᆞᆫ 露國々文이 有ᄒᆞ야 國語ᄅᆞᆯ 因作ᄒᆞ엿고 支那에ᄂᆞᆫ 漢文을 純用ᄒᆞ나 語錄으로 國語ᄅᆞᆯ 因作ᄒᆞ엿고 至於日本ᄒᆞ야ᄂᆞᆫ 國文도 有ᄒᆞ고 漢文도 有ᄒᆞᆯ지라도 研究가 稍精ᄒᆞᆫ 者ᄂᆞᆫ 各學校의 教課의 雜用ᄒᆞᆫ 所以로 雖兒童婦女라도 文意를 易解ᄒᆞ야 目不識丁ᄒᆞᄂᆞᆫ 歎이 無ᄒᆞ고 朝鮮則國文이 雖有ᄒᆞᆯ지라도 漢文을 專尙ᄒᆞ야 言文이 相違ᄒᆞᆫ 者ᄂᆞᆫ 漢文學者ᄂᆞᆫ 國文을 賤棄ᄒᆞ여 曰 文人의 可學ᄒᆞᆯ 者가 아니라ᄒᆞ야 初不掛眼ᄒᆞᆷ으로 但婦女小竪의 通情ᄒᆞᄂᆞᆫ 문字로만 作ᄒᆞ야 解知ᄒᆞᄂᆞᆫ 者ㅣ 無幾ᄒᆞ도다 其 문意가 簡易ᄒᆞ야 其 字를 統計ᄒᆞ면 其 母ᄂᆞᆫ 十一字오 其 子ᄂᆞᆫ 十四字에 不過ᄒᆞ니 비록 愚昧ᄒᆞᆫ 智見이라도 幾個日間 工夫만 費ᄒᆞ면 通知치 못ᄒᆞᆯ 者ㅣ 無ᄒᆞ니 其 문也ㅣ 簡ᄒᆞ나 其 用也ㅣ 繁ᄒᆞ야 一貫貫來에 문意가 接續ᄒᆞᆷ으로 口舌上에 易謄ᄒᆞ야 一聞而難忘ᄒᆞᆯ 者인즉 宏大ᄒᆞᆫ 功力을 費치 아니ᄒᆞ야도 日用事務에 切要ᄒᆞᆫ 効力을 得ᄒᆞᆯ지니 엇지 精美치 아니ᄒᆞ리오 國문의 發展치 못ᄒᆞᆷ을 切嘗慨歎ᄒᆞᄂᆞᆫ 者ᄂᆞᆫ 簡易ᄒᆞᆫ 要路ᄅᆞᆯ 棄ᄒᆞ고 由行치 못ᄒᆞ니 語學을 學習코져 ᄒᆞ나 國문을 不通ᄒᆞ면 國語ᄅᆞᆯ 未解ᄒᆞᆯ지니 語音의 淸濁高低를 全昧ᄒᆞ고 語學을 學ᄒᆞ기가 詰屈ᄒᆞᄂᆞᆫ 歎을 免치 못ᄒᆞᆯ지니 其 本을 捨ᄒᆞ고 馳무涉獵ᄒᆞ면 雖終身求之ᄒᆞ야도 成功ᄒᆞ기를 得지 못ᄒᆞᆯ 者라 是以로 本社에셔 國문으로 同胞의 智識을 發展ᄒᆞᄂᆞᆫᄃᆡ 必要로 認ᄒᆞᄂᆞᆫ 者ᄂᆞᆫ 漢문을 解得ᄒᆞᄂᆞᆫ 人은 少ᄒᆞ고 國문을 解得ᄒᆞᄂᆞᆫ 人은 稍多ᄒᆞᆷ으로 國문申報를 刊行ᄒᆞᆫ지가 九百五十八号에 至ᄒᆞ엿도다

國漢문을 並解ᄒᆞᄂᆞᆫ 效果를 奏치 못ᄒᆞᆫ 者ᄂᆞᆫ 元來로 國문을 抛棄ᄒᆞ던 惡習이 因以成痼ᄒᆞ야 本社의 國문報ᄂᆞᆫ 有識ᄒᆞᆫ 人은 等閒히 視ᄒᆞ야 同胞에게 有益ᄒᆞᆫ 記事와 難解ᄒᆞᆫ 문意ᄂᆞᆫ 研究ᄒᆞᆯ 思想이 無ᄒᆞ니 民智의 發展을 望키 難ᄒᆞ리로다 朝鮮의 國문도 日本괴 如히 漢문과 叅互ᄒᆞ야 研究가 益深ᄒᆞ면 語學의 解得이 易ᄒᆞ야 民智開發의 捷徑을 作ᄒᆞ리라ᄒᆞ노라[15]

이 글에서는 우선 '국문 신보를 간행한 지가 958호에 이르렀다'는 구절을 주목할 필요가 있다.[16] 이 구절은 한일병합 후에도 『대한매일신보』의 국문판이 『매일신보』의 국문판으로 그 호수를 이어가며 계속 발행되었다는 사실을 확인시켜 준다. 『대한매일신보』의 국문판 최종 발행일은 1910년 8월 28일이었고 최종 호수는 938호였다. 같은 날 종간된 국한문판의 호수는 1461호였다. 이후 국한문판 『매일신보』는 1910년 8월 30일자 첫 호를 1462호로 표기하고 있다. 「국문의 필요」를 게재한 국한문판 『매일신보』의 호수는 1481호이므로, 그동안 발행된 국한문판 신문의 총 호수는 20호가 된다. 이 20호라는 숫자는 그동안 간행된 것으로 기록된 국문판 신문의 수와 정확히 일치한다. 이는 『매일신보』가 한일병합 이후에도 하루도 거르지 않고 국문판 신문을 국한문판 신문과 함께 발행했다는 사실을 말해주는 것이다.

『매일신보』 국문판은 1912년 2월 29일까지만 발행되었다. 1912년 3월 1일부터 『매일신보』는 다음과 같은 사고(社告)를 통해 국문판 신문의 중단을 알린다. 이 사고는 2면에는 국한문체로, 그리고 3면에는 국문체로 실린다. 두 기사의 표현은 일부 차이가 있지만 맥락은 거의 동일하다.

社告

本紙의大擴張

---

15 「국문(國文)의 필요(必要)」, 『매일신보』, 1910.9.21.

16 『매일신보』에 대한 연구는 현재까지 국한문판을 중심으로 진행되고 있고, 국문판의 실체에 대해서는 확인이 어렵다. 『매일신보』 국문판에 대한 직접 인용은 정진석의 글 중 1910년 8월 30일자 즉 실질적인 창간호 속의 신문제호 변경 관련 기사가 유일한 것으로 보인다. 정진석, 『언론 조선총독부』, 65쪽 참조.

五號活字의嚆矢

諺文新聞의合併

由來의本紙도往日에比ᄒᆞ면多大ᄒᆞᆫ發展과多大ᄒᆞᆫ改良이라ᄒᆞᆯ지도社會의進運을伴ᄒᆞ야讀者諸氏의智識이愈益發達ᄒᆞᆫ今日에ᄂᆞᆫ到底히由來의本紙로써滿足타ᄒᆞ야諸君의前에提供키不能ᄒᆞᆫ故로全社員이大々的活動을試ᄒᆞ야記事의綜核詳悉을爲主ᄒᆞ고社會의森羅萬象을包括ᄒᆞ야日月所照와霜露所墜에凡有益氣者ᄂᆞᆫ莫不捕捉ᄒᆞ야我筆端으로模寫ᄒᆞ고我紙面에配藏ᄒᆞᆯᄉᆡ本日브터紙面을大擴張ᄒᆞ고法令,政治,實業,教育,電報,外報,雜報,文藝,衛生,地方通信及其他奇聞奇見笑話等을無漏揭載ᄒᆞ며且鮮明ᄒᆞᆫ寫眞銅版을每日挿入ᄒᆞ야讀者에게趣味를感케ᄒᆞᄂᆞᆫ同時에本社特別注文의諺文五號活字(某女史의有名ᄒᆞᆫ筆法)를使用ᄒᆞ야全紙面을改良刋出ᄒᆞ오니朝鮮에在ᄒᆞᆫ新聞界에ᄂᆞᆫ五號活字新聞이本報로써嚆矢라謂ᄒᆞᆯ지오記事의行數字數가由來의本紙보다倍以上에達ᄒᆞᆯ것은不待明算而可知인즉假令一時間에閱覽ᄒᆞ던것을今에ᄂᆞᆫ二時間以上을費ᄒᆞᆯ터인즉由來의諺漢文四頁과純諺文四頁를閱覽ᄒᆞᆷ보다優勝ᄒᆞᆯ지라故로純諺文新聞을廢止ᄒᆞ고諺漢文三面紙上에純諺文記事를揭載ᄒᆞ얏스되已往보다諺文記事가尤多ᄒᆞ고諺漢文記事도亦然ᄒᆞ니由來에比ᄒᆞ면不過三十錢에一個月兩種의新聞을購覽ᄒᆞᆷ과如ᄒᆞᆫ즉購覽者의利益이此에過ᄒᆞᆯ者ㅡ更無ᄒᆞ리라ᄒᆞᄂᆞ이다[17]

슌언문 신문의 합병

오호활ᄌᆞ의 대확쟝

유리의본신보도이왕에비교ᄒᆞ면크게발젼ᄒᆞ고크게ᄀᆡ량ᄒᆞ얏다ᄒᆞᆯ지라도샤회의진보ᄒᆞᆷ을ᄯᅡ라독쟈졔군의지식이더욱발달ᄒᆞᆫ오ᄂᆞᆯ날의ᄂᆞᆫ도뎌히만죡지못ᄒᆞᆫ고

17 『매일신보』, 1912.3.1.

로젼부샤원이대활동을시험ᄒᆞ야긔ᄉᆞᄂᆞᆫᄌᆞ세ᄒᆞᆷ을쥬장ᄒᆞ되샤회의만반ᄉᆞ위와세계의일톄동졍을ᄒᆞᆫ아도유루업시본보지면을크게확장ᄒᆞ고법령,졍치,실업,교육,뎐보,외보,잡보,문예,위싱디방통신과밋기타의긔문진담를게직ᄒᆞ며ᄯᅩ사진동판을ᄆᆡ일삽화로ᄒᆞ야독쟈졔군에게취미를돕게ᄒᆞᄂᆞᆫ동시젼젼지면을오호로ᄀᆡ량간츌ᄒᆞ오니죠션의잇ᄂᆞᆫ오호신문은본신보가쳐음이라ᄒᆞᆯ지오긔ᄉᆞ의항ㅅ수ᄌᆞㅅ수가이왕보다비이샹의달ᄒᆞᆯ것은물을안어ᄒᆞ야도아실터인즉가령ᄒᆞᆫ시간에보시던것이두시간이샹에달ᄒᆞᆯ터이오며이왕의한문네폐지와슌언문네폐지보심보다나으실지라그런고로슌언문신문을폐지ᄒᆞ고삼면ᄉᆞ면에ᄂᆞᆫ슌언문긔ᄉᆞ를게직ᄒᆞ얏ᄉᆞ되이왕보다언문긔ᄉᆞ가더욱ᄆᆞᆫ코한문긔ᄉᆞ도ᄯᅩᄒᆞᆫ그러ᄒᆞ오며이왕에비ᄒᆞ면불과삼십젼에두가지신문을보시게되얏슨즉독쟈졔군은이와ᄀᆞᆺ흔리익이다시업ᄂᆞ이다

경셩대화뎡일뎡목 ᄆᆡ일신보사[18]

『매일신보』는 국문판 신문의 분리 발행은 중단하지만 국문 독자에 대한 배려까지 중단했던 것은 아니다. 이 기사는 서두의 소제목을 보아 알 수 있듯이, 국문신문의 합병과 오호 활자의 사용이라는 두 가지 사실을 강조하고 있다. 기사의 핵심은 『매일신보』가 활자의 크기를 줄이고 기사의 분량을 두 배 이상으로 늘렸다는 것이며, 기존의 국한문 신문 네 페이지와 순한글 신문 네 페이지를 합하되 국한문 기사는 1면과 2면에 그리고 순한글 기사는 3면과 4면에 배치한다는 것이다. 『매일신보』의 이러한 지면 개편의 의미에 대해서 정진석은 "매일신보가 지금까지 국한문 혼용과 한글 전용으로 나뉘어 발행되던 두 개의 신문을 합병하여 이른바 '경파기사(硬派記事)'인 정치와 경제 기사를 싣는 1

18 『매일신보』, 1912.3.1.

면과 2면에는 국한문을 쓰고, '연파기사(軟派記事)'인 사회면(3면)과 문화면(4면)을 한글 전용으로 쓰기 시작한 방법은 이때부터 우리나라 신문 제작의 패턴이 되었다"[19]라고 지적한다. 『매일신보』의 문체별 기사 편집 관행이 『조선일보』와 『동아일보』는 물론이고 광복 후 신문 편집에까지 영향을 미치게 되었다는 것이다.

결국 『매일신보』는 지면 개편 이후, 기사의 성격에 따라 문체를 분리 사용하는 방식을 취한 셈이 된다. 이 점은 『만세보』가 부속국문활자 사용을 중단한 이후 '일반 기사는 국한문혼용체, 소설은 국문체'로 문체를 분리해 사용하던 방식과도 일맥상통하는 면이 있다.[20] 그러나 『만세보』가 소설 등 극히 일부 원고만을 국문체로 수록하는 '기사 분리'의 원칙을 활용했던 것과 달리, 『매일신보』는 '지면 분리'라는 새로운 원칙을 도입 정착시켰다는 점에서 획기적이다. 이 '지면 분리'의 원칙이 실질적으로는 '기사 분리'의 원칙을 포괄하는 더욱 큰 문체 분리의 틀로 국내 신문계에서 자리를 잡게 되었던 것이다.

『조선일보』와 『동아일보』, 그리고 『시대일보』의 등장은 식민지하에서 새롭게 시도되는 민간신문의 발행이라는 점에서 주목을 끈다. 1919년의 3·1 운동 등 민족적 저항을 경험한 일제(日帝)는 1920년대 들어 통치 정책을 이른바 문화정치로 전환한다. 그 결과 가운데 하나로 나타난 것이 민간신문의 발행이었다. 『조선일보』는 1920년 3월 5일에, 『동아일보』는 같은 해 4월 1일에 그리고 『시대일보』는 1924년 3월 31일 각각 창간호를 내놓는다. 이들 민간신문은 총독부 기관지 『매일신보』와 경쟁하면서 때로는 총독부의 탄압 대상이 되기도 한다. 그러나,

19 정진석, 『언론 조선총독부』, 94쪽.
20 김영민, 『한국 근대소설의 형성 과정』, 107쪽 참조.

이들 신문 사이의 관계가 꼭 적대적 분리 경쟁의 관계만은 아니었다. 다음의 지적은 총독부 기관지 『매일신보』와 『조선일보』 및 『동아일보』 등 민간지와의 관계를 이해하는 데 도움이 된다. "1920년대에 조선일보와 동아일보가 창간된 이후에 매일신보는 반대 입장에 선 경쟁자이면서도 언론인의 교류가 끊이지 않았던, 어쩌면 상호보완적인 관계이기도 했다. 매일신보 출신이 민간지로 옮아가는 사람도 많았고, 민간지에서 매일신보로 옮기는 경우도 자주 있었다. 동아일보 창간 당시에 발행인 겸 편집국장이었던 이상협은 매일신보 출신이었다. 그는 동아일보, 조선일보, 중외일보를 거쳐 다시 매일신보로 돌아가 부사장을 지냈다."[21] 이러한 현상이 나타나게 된 요인 가운데 하나는 당시 신문 발행을 위한 인적 자원이 극히 소수로 한정되어 있었다는 점에서 찾을 수 있다. 신문의 편집 및 발행을 감당할 수 있는 인적 자원이 충분하지 않았던 것이다. 『조선일보』와 『동아일보』, 그리고 『시대일보』 등 1920년대 이후 창간된 대부분의 신문은 국한문 기사와 한글 기사를 혼용하는 방식으로 출발했다. 그런 점에서 보면 이들 신문의 문체는 이른바 지면 개편 이후 『매일신보』의 문체와 큰 차이가 없는 것이다. 『조선일보』와 『동아일보』는 시기에 따라 국한문 기사와 한글 기사의 비중이 달라지기는 한다. 그러나, 큰 틀에서 보면 1920년대 이후 국내 신문 기사의 주종을 이루는 문체가 국한문체로 집중되었다는 점만은 분명해 보인다.[22]

---

21 정진석, 『언론 조선총독부』, 커뮤니케이션북스, 2005, ix쪽.

22 다만, 신문 연재소설의 경우는 1920년대 중반 이후 국문체로 수렴되는 양상을 보이게 된다. 이에 대해서는 제3장에서 자세히 다룰 예정이다. 참고로, 배수찬은 국한문 중심의 『매일신보』, 『조선일보』, 『동아일보』 사설의 문체 특질에 대해 다음과 같이 언급한 바 있다. "정착기의 신문 사설 문체는 '2음절 한자어 위주 어절 현토식 국한문체'가 압도적이었다. 다만 기본 어휘에서 1음절 한자들이 많이 보이는 경우가 있는데, 이는 일본문의 영향을 받은 것이

2) 국문체 신문의 간행

근대계몽기의 대표적 한글 신문은 『독립신문』이다. 『독립신문』은 1896년 4월 7일 창간 당시 한글3면과 영문1면의 격일간지로 출발했다. 이후 1897년 1월부터 영문판이 분리되면서 온전한 한글4면 신문으로 발행된다.[23] 『독립신문』 창간의 준비는 김홍집 내각의 내무대신이던 유길준 등의 개화파 관료를 중심으로 진행되었다.[24] 신문 발행의 책임은 서재필이 맡았고, 서재필은 정부로부터 신문 창간에 필요한 경비를 지원받았다. 초기 한글제호는 『독닙신문』이었으나 제12호부터 『독립신문』으로 바꾸어 쓰게 된다. 『독립신문』은 본문 기사에서 거의 완벽하게 한글을 전용했다.[25] 『독립신문』은 최초의 한글 신문일 뿐만 아니라,

---

다. 이후 이러한 기본 어휘에서 나타나는 1음절 한자들을 고유어로 전환하거나 2음절의 한자어로 대체하여 구어문체로 바꾸어 나가는 과정이 1910년대 문장 모델의 기본 방향이었다."(배수찬, 『근대적 글쓰기의 형성 과정 연구』, 282~283쪽) "1920~1924년 사이는 『매일신보』 독점이 깨지면서 문장 모델의 외형에도 상당한 변화가 일어난다. 이 시기의 변화는 『조선일보』와 『동아일보』의 양상을 통해 살펴볼 수 있다. (…중략…) 1923년 이후에는 기본 품사의 경우에도 상당한 수준의 자국어화가 진행되는 것을 확인할 수 있다."(286~289쪽)

23 『독립신문』 영문판의 경우는 가로쓰기를 시도한 최초의 신문이라는 점에서도 중요하다. 이에 대해서는 다음의 서술을 참고할 수 있다. "신문과 잡지는 단행본보다 뒤늦게 가로쓰기를 도입했다. 1883년 10월 1일(음력) 창간된 『한성순보』를 필두로 근대 신문들이 속속 등장했지만, 해방 전까지 거의 모든 신문은 세로쓰기 조판을 고집했다. 예외는 영자신문이었다. 1896년 창간된 『독닙신문』은 한글판 3페이지와 영문판 *The Independent* 1페이지를 동시에 발행했는데, 한글판은 3단 세로쓰기였지만 영문판만은 3단 가로쓰기였다. (…중략…) 한글판의 제호는 '문신닙독'으로 가로쓰기했지만, 방향은 반대였다. 이후 창간된 신문들도 제호만은 거의 대부분 '문신닙독'처럼 가로쓰기였다."(박천홍, 「가로쓰기의 등장과 텍스트 공간의 변형」, 『근대서지』 제3호, 2011, 368쪽) 이 글에서는 1880년 파리외방선교회 선교사들이 발행한 『한불ᄌᆞ뎐(韓佛字典)』이 한글을 가로쓰기로 인쇄한 최초의 사례로 보고 있다. 한글 가로쓰기는 사전류를 필두로 해서, 단행본 가운데는 수학과 기술, 음악 관련 서적이 이를 시도한 것으로 정리된다.

24 채백, 『독립신문 연구』, 한나래, 2006, 58쪽 참조.

25 일부 광고 문안에서는 국한문체를 사용한 사례가 있다.

최초로 한글을 전용한 근대적 매체였다. 『독립신문』의 한글 전용은 근대 계몽기 당시의 문자사용 현실 속에서는 매우 이례적인 것이었다.[26] 『독립신문』은 창간 직후부터, 국한문 및 일본어를 위주로 발행되던 『한성신보』와 여러 가지 측면에서 대립했다.[27] 정부가 서재필의 『독립신문』 발간을 지원한 이유 가운데 하나는 바로 일본인 발행의 『한성신보』와 대항하는 데 있었다.[28] 『한성신보』가 1896년 5월 이후 적극적으로 한글 서사자료를 수록하기 시작한 데에는 여러 가지 정치적 요인이 자리하고 있으나, 『독립신문』과의 경쟁 구도 역시 거기에 적지 않은 영향을 미쳤던 것으로 판단된다. 『독립신문』의 한글 전용 이유와 그 의미를 이해하기 위해서는 창간호의 논설을 살펴볼 필요가 있다. 『독립신문』 창간호 논설란에는 두 편의 글이 수록되어 있다. 우선 첫 번째 글의 전문을 인용하면 다음과 같다.

> 우리가 독닙신문을 오늘 처음으로 츌판ᄒᆞ는ᄃᆡ 조션속에 잇는 ᄂᆡ외국 인민의게 우리 쥬의를 미리 말ᄉᆞᆷᄒᆞ여 아시게 ᄒᆞ노라
>
> 우리는 첫지 편벽 되지 아니ᄒᆞᆫ고로 무ᄉᆞᆷ당에도 상관이 업고 샹하귀쳔을 달니ᄃᆡ졉아니ᄒᆞ고 모도 죠션 사ᄅᆞᆷ으로만 알고 죠션만 위ᄒᆞ며공평이 인민의게 말 ᄒᆞᆯ

26 『독립신문』이 국문체를 선택한 이유에 대해서는 "지식의 대중화를 통하여 개혁의 지지세력을 확대하겠다는 생각이 신문이라는 제도로 구체화 되었던 것"(정선태, 『개화기 신문 논설의 서사 수용 양상』, 54쪽)이라는 견해도 있다.

27 『한성신보』에 대한 상세한 논의는 김영민, 『한국의 근대 신문과 근대소설 2 : 한성신보』, 소명출판, 2008 참조.

28 정진석, 「민간신문의 효시 독립신문」, 『독립신문』 영인본, LG상남언론재단, 1996, 7쪽 참조. 이에 대해서 채백 역시 다음과 같은 견해를 보인다. "일본 외무성의 기관지 『한성신보』에 대응할 매체의 필요성이다. 『한성신보』가 일본의 침략을 일방적으로 옹호하고 뒷받침하는 선전 기관으로서의 역할만을 하자 이에 대응하여 우리의 이익을 대변해 줄 신문의 필요성에 대한 인식이 매우 높아갔던 것이다."(채백, 『독립신문 연구』, 54쪽)

터인딕 우리가 셔울 빅셩만 위홀게 아니라 죠션젼국인민을 위ᄒᆞ여 무숨일이든지 딕언ᄒᆞ여 주랴홈 졍부에셔 ᄒᆞ시는일을 빅셩의게 젼홀터이요 빅셩의 졍셰을 졍부에 젼홀터이니 만일 빅셩이 졍부일을 자세이알고 졍부에셔 빅셩에 일을 자세이 아시면 피ᄎᆞ에 유익ᄒᆞᆫ 일만히 잇슬터이요 불평ᄒᆞᆫ ᄆᆞ옴과 의심ᄒᆞ는 싱각이 업서질 터이옴 우리가 이신문 츌판 ᄒᆞ기는 취리ᄒᆞ랴는게 아닌고로 갑슬 헐허도록 ᄒᆞ엿고 모도 언문 으로 쓰기는 남녀 샹하귀쳔이모도 보게홈이요 ᄯᅩ 귀졀을 ᄯᅦ여 쓰기는 알어 보기 쉽도록 홈이라 우리는 바른 딕로만 신문을 홀터인고로 졍부 관원이라도 잘못ᄒᆞ는이 잇스면 우리가 말홀터이요 탐관오리 들을 알면 셰상에 그사룸의 힝젹을 폐일터이요 ᄉᆞᄉᆞ빅셩이라도 무법ᄒᆞᆫ일ᄒᆞ는 사룸은 우리가 차저 신문에 셜명홀터이옴 우리는 죠션

대군쥬폐하와 됴션졍부와 죠션인민을 위ᄒᆞ는 사룸드린고로 편당잇는 의논이든지 ᄒᆞᆫ쪽만 싱각코 ᄒᆞ는 말은 우리 신문상에 업실터이옴 ᄯᅩ ᄒᆞᆫ쪽에 영문으로 기록ᄒᆞ기는 외국인민이 죠션 ᄉᆞ졍을 자세이몰은즉 혹 편벽 된 말만 듯고 죠션을 잘못 싱각홀ᄭᅡ 보아 실샹 ᄉᆞ졍을 알게ᄒᆞ고져ᄒᆞ여 영문으로 조곰 긔록홈

그리ᄒᆞᆫ즉 이신문은 ᄯᅩᆨ 죠션만 위홈을 가히 알터이요 이신문을 인연ᄒᆞ여 닉외 남녀 샹하 귀쳔이 모도 죠션일을 서로알터이옴 우리가 ᄯᅩ 외국 사졍도 죠션 인민을 위ᄒᆞ여 간간이 긔록홀터이니 그걸 인연ᄒᆞ여 외국은 가지 못ᄒᆞ드릭도 죠션인민이 외국 사졍도 알터이옴 오날은 처음인 고로 대강 우리 쥬의만 셰샹에 고ᄒᆞ고 우리신문을 보면 죠션인민이 소견과 지혜가 진보홈을 밋노라 논셜긋치기 젼에 우리가

대균쥬 폐하ᄭᅴ 송덕ᄒᆞ고 만세을 부르ᄂᆞ이다[29]

이 글에 나타난 『독립신문』 창간의 취지는 ‘상하귀천을 동등하게 대

29 「논셜」, 『독립신문』, 1896.4.7.

접하며 공평무사하게 정보를 전달하는 일'에 있다. 이 취지를 달성하기 위한 방편 가운데 하나가 '언문'을 사용하여 '남녀 상하귀천'이 기사를 쉽게 볼 수 있도록 하는 일이다. 그런데 여기서 주목해보아야 할 사실은 『독립신문』이 한글을 전용할 뿐만 아니라 낱말 사이의 띄어쓰기를 시도하고 있다는 점이다. 『독립신문』은 창간호 논설을 통해 띄어쓰기의 의미와 중요성에 대해 거듭 강조하는데, 이는 두 번째 글에서도 다음과 같이 반복된다.

> ᄯᅩ 국문을 알아보기가 어려운건 다름이 아니라 첫ᄌᆡᄂᆞᆫ 말마ᄃᆡ을 ᄯᅦ이지 아니 ᄒᆞ고 그져 줄줄 ᄂᆡ려쓰ᄂᆞᆫ ᄭᆞᄃᆞᆰ에 글ᄌᆞ가 우희부터ᄂᆞᆫ지 아ᄅᆡ부터ᄂᆞᆫ지 몰나셔 몃 번 일거본 후에야 글ᄌᆞ가 어ᄃᆡ부터ᄂᆞᆫ지 비로소 알고 일그니 국문으로 쓴 편지 ᄒᆞᆫ 장을 보자ᄒᆞ면 한문으로 쓴 것보다 더듸 보고 ᄯᅩ 그나마 국문을 자조 아니 쓴ᄂᆞᆫ 고로 셔틀어셔 잘못 봄이라[30]

여기서는 국문을 알아보기 어려운 첫째 이유가 말마디를 띄어 쓰지 않는 데 있다고 본다. 모든 낱말을 붙여 줄줄 내려 쓰는 까닭에 글자가 어디서부터 시작되는지 몰라 여러 번 읽어본 후에나 그 뜻을 파악하게 된다는 것이다. 더구나 국문을 자주 쓰지 않는 사람들 입장에서는 이러한 이유로 인해 한문을 보는 것보다 더 시간이 걸리게 된다는 것이다. 『독립신문』 이전에 발간된 『한성주보』 및 『한성신보』의 국한문체와 국문체 기사는 띄어쓰기가 되어있지 않았다. 이들 기사는 제목과 본문 사이만 띄어 썼고, 본문은 처음부터 끝까지 이어 쓴 상태로 수록이 되었다. 물론, 『한성주보』의 「뉵주총논부록」 등 일부 기사에서는

30 위의 글.

이따금 예외적으로 띄어 쓴 구절들이 발견되기도 한다. 하지만, 『한성주보』에서 이러한 현상이 발견되는 것은 낱말에 대한 띄어쓰기의 인식이 있었기 때문이 아니다. 『한성주보』에서 간혹 보이는 띄어쓰기는 어절들 사이의 공간을 임의로 안배하는 과정에서 우연히 나타난 현상일 뿐이다. 즉 그것은 띄어쓰기에 대한 시도라기보다는 인쇄 여백이었다는 점에서 『독립신문』의 경우와는 본질적으로 다른 것이다.

그런 점에서 『한성주보』에서 한글 기사가 점차 줄어들고 결국은 사라지게 되는 중요한 요인 가운데 하나를 띄어쓰기가 되어 있지 않은 점으로 파악하고, "漢城周報에서 號가 거듭되어 갈수록 諺文 記事가 줄어든 사실은 흥미롭다. 그 가장 중요한 理由는 諺文 記事는 읽어서 그 뜻을 파악하기가 매우 어렵다는 점을 들지 않을 수 없다. 띄어쓰기가 되지 않았던 것이 이러한 어려움의 主要 要因이었다. 이 점, 독립신문이 句節을 띠어서 쓴 것은 매우 현명한 일이었다"[31]라고 한 지적은 의미가 있다. 국문체의 대중화를 위한 필수 조건의 하나가 띄어쓰기였고, 『독립신문』의 국문체 표기 성공의 요인 가운데 하나가 띄어쓰기가 되는 셈이다.

『독립신문』 창간의 요인 가운데 하나는 갑오경장에서 이루어진 일련의 신문 관련 개혁 조치들이며, 그 가운데서도 한글을 공식 문자로 채택하는 조치가 긴요했던 것으로 평가받는다. 이러한 개혁 조치가 있었기에 『독립신문』의 한글 전용이 가능했다는 것이다.[32] 『독립신문』은 전례가 없는 최초의 한글 매체가 된다는 점에서, 이 신문의 발행은 이른바 당시의 진보적 지식층의 일반적 취향에 대한 거역으로도 해석된다.[33]

31 이기문, 『개화기의 국문연구』, 일조각, 1970, 18쪽.
32 채백, 『독립신문 연구』, 54쪽 참조.
33 "순국문체로 그것도 띄어쓰기를 한 『독립신문』을 보고 독자들이 받았을 충격을 가늠하기는

『독립신문』의 한글 발행은 특정한 개인의 주도에 의한 것이라기보다는, 몇몇 주요 인물들이 일정한 역할을 나누어 맡은 결과였다.[34] 유길준은 『독립신문』의 편집이나 발행에는 직접 관여하지 않았지만, 창간 준비 과정에 깊이 관계했다. 『독립신문』이 '당시의 내각을 중심으로 한 국내의 개화 세력이 서재필을 기용하여 창간한 것'[35]이라고 했을 때 그 개화 세력의 중심 인물 가운데 한 사람이 유길준이었다.[36] 비록 그 뜻을 이루지는 못했지만, 유길준은 1883년 『한성순보』를 순한문 신문이 아니라 국한문 신문으로 창간하고자 시도한 바 있었다. 유길준은 『독립신문』의 창간보다 한 해 앞선 1895년 『서유견문』을 출간했다. 그는 이 책을 한글이 아니라 국한문으로 간행했지만, 장래 그가 사용해야 할 글자가 한글이라는 점을 명확히 인식하고 있었다.[37]

여러 가지 정황을 참고할 때, 서재필이 『독립신문』의 발행에서 주도적 역할을 맡았던 것은 분명하다. 다만 그 일을 혼자 한 것이 아니라 주변 인물들이 도왔다는 점 또한 부인할 수 없다. 그런 점에서 보면, 서재

쉽지 않지만……"(정선태, 『개화기 신문 논설의 서사 수용 양상』, 55쪽)이라는 서술 참조.

34 『독립신문』의 한글 전용에 대해서는 주시경과 서재필의 합작설이 한동안 주류를 이루었다. 그런가 하면, 이기문은 이 문제에 대한 전면적 검토를 제기하면서 서재필의 단독 주도설을 주장한 바 있다. 이기문은 서재필의 회고를 바탕으로 『독립신문』 창간호 논설을 비롯하여 대부분의 주요 논설을 그가 혼자서 쓴 것으로 정리한다. 특히 『독립신문』의 빈칸 띄어쓰기야말로 서재필의 업적이라는 것이다(이기문, 「독립신문과 한글문화」, 『주시경학보』 제4집, 1989, 7~15쪽 참조). 하지만 채백은 그와는 반대로, 서재필의 성장과 교육 과정으로 미루어 볼 때 그가 한글을 잘 몰랐다고 보는 것이 타당할 것이며 따라서 『독립신문』에 순한글을 사용하기로 한 것도 그의 결정이었다고 보기는 어려울 것이라는 주장을 내놓은 바 있다(채백, 『독립신문 연구』, 69~70쪽 참조).

35 채백, 『독립신문 연구』, 76쪽 참조.

36 『독립신문』의 창간을 방해하기 위한 일본의 저항내지 협박이 유길준을 주된 대상으로 삼아 이루어졌다는 사실은 역설적으로 당시 신문의 창간 과정에 유길준이 깊이 관여하고 있었음을 말해준다.

37 이와 관련된 상세한 논의는 이 책의 제2장 1절 참조.

필의 회고 가운데 '물가 시세와 관보는 두 사람의 기자가 재료를 구해 왔고, 그 외에 논설이며 모든 것은 내가 혼자 원고를 썼다'는 진술은 그대로 받아들이기 어렵다. 『독립신문』의 지면 제작을 서재필이 혼자 다 한 것으로 보는 것은 무리한 해석이라는 주장[38]은 타당하다. 당시 서재필을 도울 수 있는 위치에 있었던 인물 가운데 한 사람은 윤치호이다. 근대 초기 지식인의 한글 사용에 윤치호가 미친 영향은 적지 않다. 윤치호 역시 서재필과 마찬가지로 전통적인 유학 교육을 받으며 성장했고, 일본 체류 경험과 미국 체류의 경험을 지닌 인물이다. 윤치호는 특히 신문 발간의 필요성에 대해서 공감하고 있던 인물이었다. 윤치호는 1898년 3월 2일 『경성신문(京城新聞)』을 순한글로 창간 발행한 바 있다. 그는 서재필이 『독립신문』을 떠난 이후인 1898년 5월 12일부터는 신문의 발행 책임을 이어 받게 된다.[39] 윤치호는 『독립신문』에 국문 관련 글을 투고해, 이 글이 1897년 5월 27일자 잡보란에 게재된 바 있다.[40] 윤치호는 이 글을 『죠션크리스도인회보』와 『그리스도신문』에도 투고했다.[41]

38 채백, 『독립신문 연구』, 82~83쪽 참조.

39 윤치호가 『독립신문』의 한글 창간에 직접 관여했다는 기록은 없다. 그러나, 윤치호는 1895년 미국에서 귀국한 뒤 학부협판 등 관직을 지냈고, 서재필·이상재 등과 함께 독립협회 운동을 이끌어 가는 등 적극적으로 활동했다. 당시 그의 사회적 위상으로 미루어 볼 때, 그가 정부 주도로 새롭게 창간되는 신문의 문체 결정에 어떤 경로로건 직·간접적으로 영향을 미칠 수 있었다는 추정이 가능하다. 그는 자신의 일기를 한문으로 기록하다가 이후 한글로 바꾸어 기록한 바 있다. 윤치호는 상해를 거쳐 미국 유학 생활을 하게 되면서 일기를 영어로 기록하게 된다. 그의 일기는 1883년 1월 1일부터 1887년 11월 24일까지기는 한문으로, 1887년 11월 25일부터 1889년 12월 7일까지는 국문으로, 1889년 12월 7일 이후의 일기는 모두 영문으로 기록되어 있다.

40 이 글 서두에는 다음과 같은 편집자 주가 달려있다. "윤치호 씨가 죠션 국문 일로 글을 지여 신문사에 보내엿기에 좌에 긔지 ᄒᆞ노라"(『독립신문』, 1897.5.27). 이 글에서 윤치호는 우리 국문이 지극히 편리하고 쉬운 글자라는 사실을 말한 후, 두 가지 '아(ㅏ, ㆍ)' 음의 활용법에 대해 거론하고 있다.

주시경은 『독립신문』 창간 당시 회계 겸 교보원(校補員)을 맡아 1898년 9월까지 재직했다. 지금까지의 연구에 따르면, 그가 교보원으로 『독립신문』의 기사 작성에 관여했지만 구체적으로 어떤 난에 어느 범위까지 참여했는지는 불확실하다.[42] 하지만, 『독립신문』의 국문체 간행에 주시경이 일정한 역할을 담당했다는 사실은 분명하다.[43] 주시경은 『독립신문』의 편집에 관여하며 다양한 기사를 작성했던 것으로 보인다.[44] 주시경의 이름을 밝혀 게재한 두 편의 「국문론」은 한글의 편리함과 우수성 그리고 활용의 방향 등에 대해 조리 있게 논의한 글이다. 첫 번째 「국문론」에서는 먼저 표음문자인 한글의 우수성에 대해 논의한다. "죠션 글ᄌᆞ가 셰계에 뎨일 조코 학문이 잇ᄂᆞᆫ 글ᄌᆞ"[45]라는 것이 주시경의 생각이다.[46] 주시경은 수 개월 후 다시 기고한 두 번째 글에서

---

41 『죠선크리스도인회보』는 1897년 5월 26일자에 「죠선국문」 이라는 제목으로 전문을 소개했다. 『그리스도신문』은 전문은 싣지 않았으나 1897년 6월 3일 기사로 소개했다.

42 채백, 『독립신문 연구』, 90쪽 참조.

43 『독립신문』 간행에서 서재필의 역할을 극대화 시키고 주시경의 역할을 상대적으로 미미한 것으로 정리하는 이기문 역시도 이에 대해서는 다음과 같이 지적한 바 있다. "이 신문이 띄어쓰기까지 실시하고 있으니 그 先見之明에 놀라지 않을 수 없거니와, 이처럼 純國文體를 택하게 된 보다 구체적인 이유에는 徐載弼을 비롯한 인물들이 基督教와 관련이 있은 것도 포함되어 있었을 것 같다. 徐載弼의 培材學堂 弟子인 周時經이 독립신문사의 會計事務兼校補 또는 總務兼校補員으로 있어 이 신문을 國文으로 편집하는 데 큰 도움을 주었을 것임에 틀림없다.(이기문, 『개화기의 국문연구』, 20쪽)

44 편집에 관여한 예로는 『독립신문』 1897년 5월 27일자 기사 중 윤치호가 투고한 글에 대한 논평을 들 수 있다. 여기서 편집자는 투고자 윤치호의 의도를 존중하면서도 그에게 'ㅏ, ㆍ'의 용법에 대한 이해가 부족한 면이 있다는 점을 지적한다. 여기서 편집자 겸 논평자의 역할을 한 인물이 서재필이라는 의견이 있으나(이기문, 「독립신문과 한글문화」, 『주시경학보』 제4집, 1989, 7~21쪽 참조) 주시경이었을 가능성 또한 배제하기 어렵다.

45 『독립신문』, 1897.4.22. 투고 당시에는 주상호라는 이름을 사용했다. 주상호가 그의 본명이다.

46 그는 '어리석은 아이라도 하루 동안만 배우면 다 알 수 있는 글자'가 한글임을 주장한다. 그러나, 상당수 사람들은 이러한 한글을 경시하고 아직도 한문을 배우는 일에 허송세월을 하게 되니 안타깝기 그지 없다는 것이다. 한문은 그것을 익히는 일에만 십여 년을 허비하고도 성취하지 못하는 사람이 절반이 넘는다. 또 십여 년을 공부하여 잘 익혔다고 해도 그가 아는 것이 무엇인지 말하기 어렵게 된다. 글자는 결국 지식을 익히는 수단에 불과한 것이니, 손쉽

는 주로 문법의 정비와 사전 만들기의 필요성에 대해 언급한다. 문법을 모르고 글을 보거나 짓는 것은 글의 뜻은 모른 채 입으로 읽기만 하는 것과 같다. 따라서 "죠션 말노 문법 칙을 정밀ᄒᆞ게 ᄆᆞᆫ드어셔 남녀 간에 글을 볼 ᄯᅢ에도 그 글의 ᄯᅳᆺ을 분명이 알아 보고 글을 지을 ᄯᅢ에도 법식에 ᄆᆞᆺ고 남이 알아 보기에 쉽고 문리와 경계가 ᄇᆞᆰ게 짓도록 ᄀᆞᆯᄋᆞ쳐야 ᄒᆞ겟고 ᄯᅩ는 불가불 국문으로 옥편을 ᄆᆞᆫ드러랴 ᄒᆞᆯ지라"[47]는 주장을 하게 되는 것이다. 그가 여기서 구체적으로 제안하는 내용들은 음이 높고 낮은 글자의 구별을 위해 방점을 찍는 일 등인데, 이는 주시경이 점차 전문적 한글학자로서의 면모를 드러내는 것이기도 했다.[48]

국문체 신문의 간행은 『독립신문』을 시작으로 『죠선크리스도인회보』·『대한크리스도인회보』·『그리스도신문』·『미일신문』·『제국신문』 등으로 이어지게 된다. 『죠선크리스도인회보』·『대한크리스도인회보』·『그리스도신문』 등 기독교 신문이 국문체를 사용하게 된 것은 선교에 사용된 대표적 언어가 한글이었기 때문이다. 이는 비단 기독교에만 적용되는 것이 아니었고, 천주교 및 천도교 발행 매체에서도 한글 독자에 대한 배려는 중요했다.[49] 『그리스도신문』은 「국문이 편리

게 한글을 익혀 그것을 도구 삼아 여러 방면의 공부를 하게 되면 개인도 잘 살게 될 것이며 우리나라 또한 문명 부강한 나라가 될 것이라는 것이 이 「국문론」의 요지이다. 이러한 「국문론」의 요지는 뒤에 발간되는 다른 한글 신문의 논설들에도 영향을 미쳐 유사한 내용이 거론되기도 한다.

47 『독립신문』, 1897.9.25.

48 주시경의 국문론과 관련된 상세한 논의는 김병문, 「'국어'를 찾아서—주시경의 경우」, 『사회언어학』 제17권 2호, 2009, 25~55쪽 참조. 참고로, 독립신문에는 「타국 글 아니다」(1899.5.20) 등 한글의 중요성에 대해 언급한 글들이 여러 편 더 실려 있다. 「타국 글 아니다」 등에서는 한글의 유용성을 강조하거나, 한글에 대한 정부의 미온적 태도 등을 비판하고 있다.

49 기독교 신문의 문체 및 기독교 신문과 한글의 관계에 대한 상세한 논의는 김영민, 「근대문학의 발생 및 전개와 근대계몽기 기독교 신문의 역할」, 『한국 근대소설의 형성 과정』, 111~138쪽 참조.

ᄒᆞᆫ 말」(1897.8.19)을 통해, 『대한크리스도인회보』는 「한문글ᄌᆞ와 국문글ᄌᆞ에 관계」(1900.1.24)를 통해 각각 한글 보급의 중요성에 대해 언급한 바 있다.

『ᄆᆡ일신문』은 배재학당 학생회인 협성회(協成會)가 발간하던 주간(週刊) 『협성회회보』를 발전시켜 재창간한 신문이다. 『협성회회보』는 1898년 1월 1일 창간되었고, 1898년 4월 9일 『ᄆᆡ일신문』으로 거듭 태어났다. 『ᄆᆡ일신문』은 우리나라 최초의 일간신문이기도 하다.[50] 『ᄆᆡ일신문』의 국문체는 『협성회회보』의 문체를 그대로 이어 받은 것이다.[51] 『ᄆᆡ일신문』의 모체인 『협성회회보』는 한글을 전용하기는 했지만, 문체 선택 과정이 순탄하지만은 않았던 것으로 추정된다. 『협성회회보』 창간호의 「회즁잡보」에는 협성회가 창립된 이후 그동안 토론해 온 33가지 항목의 논제가 수록되어 있다. 이 가운데 첫 번째 항목이 "국문과 한문을 석거 씀이 가ᄒᆞᆷ"[52]이다. 여기에 제시된 내용들은 특정한 논제에 대한 의견을 종합한 최종 결론처럼 보인다.[53] 이로 미루어 보면 실생활에서 사용하는 문체에 대한 협성회 회원들의 주된 생각은 국문과 한문의 혼용이 되는 셈이다. 회원들의 생각이 그러함에도 불구하고 어떠한 절차를 거쳐

50 『협성회회보』와 『미일신문』의 서지에 대한 상세한 정리는 정진석, 「해제」, 『협성회회보·매일신문』 영인본, 한국신문연구소, 1977, 4쪽 참조. 『ᄆᆡ일신문』 창간호에는 '광무 이년 일월 이십육일 농상공부 인가'라는 표기가 있다. 이로 미루어 보면 주간지 『협성회회보』 창간과 거의 동시에 일간지 『ᄆᆡ일신문』의 창간 작업이 이루어졌던 것으로 짐작된다.

51 『ᄆᆡ일신문』에 수록된 논설 「국문이 나라 문명ᄒᆞᆯ 근본」(1898.6.17)에는 "다ᄒᆡᆼ이 대한에 국문이 잇ᄂᆞᆫ ᄭᆞ닭이라 이런 요긴ᄒᆞᆫ 글을 실시ᄒᆞ야 써셔 우부 우ᄆᆡᆼ이라도 다 ᄀᆡ명ᄒᆞᆫ 학문을 ᄇᆡ화 젼국이 어셔 문명에 나아가기를 우리는 간졀히 위ᄒᆞ노라"라는 내용으로 한글 사용에 대한 편집진의 생각이 표현되어 있다.

52 「회즁잡보」, 『협성회회보』, 1898.1.1.

53 이후 제시되는 항목들이 "안희와 ᄌᆞ미와 ᄯᆞᆯ을 각죵 학문으로 교육ᄒᆞᆷ이 가ᄒᆞᆷ" " 학원들은 ᄆᆡ일 운동ᄒᆞᆷ이 가ᄒᆞᆷ" "노비를 속량ᄒᆞᆷ이 가ᄒᆞᆷ" "회원들은 이십셰 안으로 혼인을 ᄒᆞ지 말미 가ᄒᆞᆷ" 등으로 정리된 것을 보면 이를 알 수 있다.

『협성회회보』가 순한글로 발행되었는가에 대해서는 명확한 설명이 없다. 그러나 『독립신문』의 창간을 주도했던 서재필이 배재학당에서 강의했고, 『독립신문』의 한글 제작에 관여했던 주시경(周時經)이 배재학당 출신으로 협성회의 간부를 맡은 바 있다는 사실 등은 『협성회회보』와 『미일신문』의 한글 발행 사실을 이해하는 데 도움이 된다. 『협성회회보』 제8호 논설에는 그가 제의(提議)로 선출되었다는 다음과 같은 내용이 실려 있다.

> 요젼 통상회ᄂᆞᆫ 임원의 긔한이 차셔 새임원들을 회즁에셔 투표ᄒᆞ여 션거 ᄒᆞ엿ᄂᆞᆫᄃᆡ 회장에 류영셕 부회장에 윤챵렬 셔긔에 니응진 김연근 회계에 노병션 냥홍묵 민찬호 사찰에 박인식 김긔원 사젹에 졍도원 최학구 졔의에 신흥우 오신영 쥬샹호 졔씨더라[54]

주시경은 이후 『제국신문』의 기자로도 잠시 근무하게 된다. 『제국신문』은 1898년 8월 10일 이종일(李鍾一)의 주도 아래 창간되었다. 편집에는 이종일 외에 유영석・이승만이 함께 관여했던 바, 유영석과 이승만은 『미일신문』의 사장을 지낸 바 있는 사람들이었다. 이 사실은 『제국신문』의 창간에 『미일신문』이 관련되었음을 보여준다.[55] 『제국신문』은 근대 신문 가운데 가장 오랜 기간 동안 발행된 한글신문이었다. 『제국신

54 「론셜」, 『협성회회보』, 1898.2.19.

55 최기영, 「『제국신문』의 간행과 하층민 계몽」, 『대한제국기 신문 연구』, 일조각, 1991, 13쪽 참조. 이종일의 회고록인 옥파비망록 1898년 1월 10일자에는 유영석이 찾아와 신문 발간을 권유하는 내용이 실려 있다. 유영석이 이종일을 찾아 신문 발간을 권유하던 시기는 『협성회회보』가 창간된 지 얼마 지나지 않은 때였다. 아울러 이 시기는 『미일신문』의 창간을 위한 인가 절차가 진행 중인 때이기도 했다. 더욱 상세한 내용은 김용호, 『옥파 이종일 연구』, 교학사, 1984, 82쪽 참조.

문』은 창간호 서두에 게재된 「고빅」을 통해 이 신문을 순국문으로 발행한다는 사실과 그렇게 하는 이유에 대해 간략히 밝히고 있다.

본샤에셔 몃몃 유지ᄒᆞᆫ 친구를 모하 회샤를 죠직ᄒᆞ여 가지고 ᄉᆡ로 신문을 발간ᄒᆞᆯ시 일홈를 뎨국신문 이라 ᄒᆞ야, 순국문으로 날마다 츌판ᄒᆞᆯ 터이니 ᄉᆞ방쳠군ᄌᆞ는 만히 쥬의 들ᄒᆞ여 보시오 대ᄀᆡ 뎨국신문이라 ᄒᆞ는 뜻슨 곳 이신문이 우리 대황뎨 폐하의 당당ᄒᆞᆫ 대한국 빅셩 의게 속ᄒᆞᆫ 신문이라 홈이니 뜻시 ᄯᅩᄒᆞᆫ 즁대ᄒᆞ도다 보ᄅᆡ우리 대한이 ᄀᆡ국ᄒᆞᆫ지 ᄉᆞ천여년 동안에혹 놈의게 죠공도 ᄒᆞ고 ᄌᆞ쥬도 ᄒᆞ엿스나 실노 대한국이 되고 대황뎨 존호를 밧으시기는 하ᄂᆞᆯ ᄀᆞᆺᄒᆞ신 우리 황상폐하 ᄭᅴ오셔 처음으로 창업ᄒᆞ신 긔쵸라 우리 일쳔이빅만 동포가 이 ᄀᆞᆺ치 경ᄉᆞ로은 긔회를 져음ᄒᆞ여 나셔 당당ᄒᆞᆫ 대한 뎨국 빅셩이 되엿스니 동양 반도국 ᄉᆞ천여년 ᄉᆞ긔에 처음 되ᄂᆞᆫ 경ᄉᆞ라 우리가 이ᄀᆞᆺ치 경츅ᄒᆞᄂᆞᆫ 뜻슬 쳔츄에 긔렴ᄒᆞ기를 위ᄒᆞ야 특별히 뎨국 두 글ᄌᆞ로 신문 졔목을 삼아 황상 폐하의 지극ᄒᆞ신 공덕을 찬양ᄒᆞ며 우리 신민의 무궁히 경츅ᄒᆞᄂᆞᆫ 뜻슬 낫하 ᄂᆡ노라 그러나 그동안에 국즁에 신문이 여러히 싱기여 혹 날마다 발간도 ᄒᆞ며 혹 간일ᄒᆞ여 ᄂᆡ이기도 ᄒᆞ며 혹 일쥬일 동안에 ᄒᆞᆫ두번식 ᄂᆡ이기도 ᄒᆞᄂᆞᆫᄃᆡ 그즁에 영어신문이 ᄒᆞ나히오 국한문으로 셕거 ᄂᆡ이ᄂᆞᆫ 거시 ᄒᆞ나히오 일어로 셕거 ᄂᆡ이ᄂᆞᆫ 것도 잇스되 그즁에 국문으로 ᄂᆡ이ᄂᆞᆫ 거시 뎨일 기요ᄒᆞᆯ 쥴노 밋ᄂᆞᆫ 고로 우리도 ᄯᅩᄒᆞᆫ 순국문으로 박인 터인ᄃᆡ 론셜과 관보와 잡보와 외국 통신과 뎐보와 광고등 여러가지를 ᄂᆡ여 학문상에 유조ᄒᆞᆯ만ᄒᆞᆫ 말이며 시국에 진젹ᄒᆞᆫ 소문을 드러 등ᄌᆡᄒᆞ려ᄂᆞᆫ바 본샤 쥬의인즉 시문을 아모됴록 널니 젼파ᄒᆞ여 국가 ᄀᆡ명에 만분지 일이라도 도음이 될가ᄒᆞ야 특별히 갑슬 간략히 마련ᄒᆞ고 날마다 신실히 젼ᄒᆞ여 보시ᄂᆞᆫ 이들의게 극히 편리토록 쥬의ᄒᆞ오니 ᄉᆞ방 쳠군ᄌᆞ늠 나히 ᄉᆞ다들 보시기를 깁히 ᄇᆞ라오.[56]

국내에서 발행되는 신문의 종류도 일간과 주간 등 여러 가지이고, 문체 또한 국한문뿐만 아니라 일문 · 영문 등 다양하지만 그 가운데 국문으로 내는 것이 가장 필요한 일이라 판단되어 순국문 신문을 발행하게 되었다는 것이다. 『제국신문』은 1898년 9월 7일자 논설에서도 "우리나라 사룸들이 열니지 못ᄒᆞ야 신문보ᄂᆞᆫ 거시 별노 요긴ᄒᆞᆫ 쥴노 아ᄂᆞᆫ 이가 몃치 못되미 날리 보게 ᄒᆞ자ᄂᆞᆫ 쥬의를 힝홀 슈 업ᄂᆞᆫ 고로 국문으로 박여 폭원을 젹게 만들고 갑슬 간략히 마련ᄒᆞ야 그져 주나 다름이 업시ᄒᆞ야 상하 남녀 귀쳔 무론ᄒᆞ고 져마다 보게 ᄒᆞ니" 라고 설명한다. 국문으로 찍고 값을 헐하게 함으로써 상하 남녀 귀천의 구별없이 모든 사람이 신문을 볼 수 있도록 하겠다는 것이다. 이는 『독립신문』의 국문체 창간 취지와도 유사한 내용이다. 1900년 1월 17일자 논설을 통해서는 "교육샹 각항 학문을 실디로 슝상ᄒᆞ야 한문의 허문만 슝샹ᄒᆞᄂᆞᆫ 폐단을 업시ᄒᆞ면 ᄀᆡ명샹에 크게 유익홀 듯"하다는 주장을 펼친다. 실제 학문을 위한 도구로 국문이 적합하며, 한문에 매달리는 것은 오로지 허명에 집착하는 것이라는 이러한 주장은 앞의 『독립신문』에 수록된 주시경의 「국문론」의 내용과 맥이 서로 통하는 것이기도 하다. 『제국신문』의 한글 사용에 대해서는 다음과 같은 지적들이 이루어진 바 있다.

> 뒤떨어졌던 부녀자층과 일반 서민층을 위해서는 알기 쉽고 익히기 좋은 한글만으로 신문을 만들어야 되겠다는 『제국신문』의 창간 구성원들의 결단은 당연한 것이었으나 한편 그 용단과 슬기로움은 높이 평가되어야 하겠다. 왜냐하면 이미 지적했듯이 언문(諺文) 혹은 반절(半切)이라 일컫고 부녀자나 쓰는 부엌글, 심지어는 쌍글이라고까지 불러 천대하고 있었던 때, 이러한 결단을 내렸기

56 「고빅」, 『뎨국신문』, 1898.8.10.

까닭이다. 그것은 바로 겨레의 글, 즉 국문인 한글을 전적으로 표면에 내세웠음은 자주 독립의 의지를 뚜렷이 밝힌 것이 되었으며 (대)한제국 국민의 긍지를 또한 높였기 때문이다.[57]

부녀자들은 국문신문이 여럿 있을 때에는 『帝國新聞』 이외의 신문도 애독하였다. 그러나 1899년 4월 4일자로 『ᄆᆡ일신문』이, 그해 12월 4일자로 『독립신문』이 폐간되자, 국문신문은 『帝國新聞』만이 존재하게 되었다. 따라서 국문해득자들은 『帝國新聞』만을 읽을 수밖에 없었다. 부녀자들 중에서도 일부가 국문을 해득하였으므로 이들이 『帝國新聞』만 보았을 것이며, 부인용 의약품이나 婦人求人의 광고가 1900년대 전반기에 이 신문에 주로 실린 것도 그러한 이유에서였다.[58]

『제국신문』이 국문체로 발행된 가장 큰 이유는 그것이 여성을 포함한 일반 대중을 주된 독자로 삼아 창간되었다는 점에 있다.[59] 거기에, 『ᄆᆡ일신문』을 순한글로 발행하던 인물들이 『제국신문』의 창간에 관여했다는 점 또한 간과할 수 없는 요소라 할 수 있다.[60]

57 최준, 「『제국신문』 해제」, 『제국신문』 영인본, 한국학문헌연구소, 1986, 2쪽.

58 최기영, 「『제국신문』의 간행과 하층민 계몽」, 23쪽.

59 이에 대해서는 다음의 서술을 참고할 수 있다. "沃坡는 편집 방향에 대해서 독립신문은 민중 선도를 제일 목표로 삼고 있으나 가장 중요한 부녀자층을 계몽해서 개명시키는 데는 아직 신문의 힘이 미치지 못하고 있으므로 만일 내가 신문을 한다면 반드시 부녀자의 계몽지로 출발하겠다고 沃坡는 자기의 소신을 굳혔다."(김용호, 『옥파 이종일 연구』, 85쪽)

60 『황성신문』에 실린 『독립신문』·『ᄆᆡ일신문』·『제국신문』·『그리스도신문』 등 네 종류 국문체 신문에 대한 다음의 광고 문안은 각 신문이 지닌 성격의 핵심을 잘 드러낸다. "독립신문은 우리나라에 처음으로 발명ᄒᆞᆫ 국문 신문인ᄃᆡ ᄀᆡ명샹에 유익ᄒᆞᆫ 론셜과 외국 통신과 젼보를 만이 긔ᄌᆡ ᄒᆞ엿ᄉᆞ오니 쳠군ᄌᆞ는 만히들 ᄉᆞ셔보시오 / ᄆᆡ일신문은 국ᄂᆡ에 쳐음으로 ᄆᆡ일 츌판ᄒᆞᆫ 신문이온ᄃᆡ 론셜 잡보에 긴요ᄒᆞ고 ᄌᆞᆷ미 잇는 말이 만ᄉᆞ오니 쳠군ᄌᆞ는 만이 ᄉᆞ들 보시오 / 뎨국신문은 근쟈에 신셜ᄒᆞᆫ 신문이온ᄃᆡ 학문 잇는 말과 긔이ᄒᆞᆫ 소문을 만히 긔ᄌᆡ ᄒᆞ엿ᄉᆞ오니 쳠군ᄌᆞ는 ᄉᆞ셔들 보시오 / 그리스도신문은 농업과 공장의 편리ᄒᆞᆫ 것과 외국통

1906년 창간된 천주교의 『경향신문』 역시 국문체로 발행된다. 『경향신문』은 논설을 통해 창간의 목적을 다음의 네 가지로 제시한다. 첫째, 대한과 타국의 소문을 드러냄. 둘째, 관계있는 소문의 대소를 판단함. 셋째, 요긴한 지식을 나타냄. 넷째, 모든 사람이 알아듣기 쉬운 신문을 만듦. 『경향신문』이 한글을 선택한 것은 네 번째 목적을 달성하기 위해서이다. 『경향신문』의 창간호 논설에는 "이 신문에는 진셔나 어려온 말을 쓰지 아니ᄒᆞ고 슌언문으로 쉽게 알아듯도록 말ᄒᆞ니 유식ᄒᆞᆫ 이도 쉽게 보고 무식ᄒᆞᆫ 이도 알아보기 쉽겟소"[61]라는 구절이 포함되어 있다. 모든 독자가 쉽게 읽을 수 있도록 한글로 발행한다는 사실을 강조하고 있는 것이다. 『경향신문』은 이후 논설란에 「국문론」(1907.5.10~17)을 실어 천주교가 지닌 국문에 대한 관심을 거듭 드러내기도 한다.

근대계몽기의 국한문체 신문과 국문체 신문은 각각 서로 다른 층의 독자를 확보하고 있었다. 따라서 어느 하나의 문체만으로 모든 독자와 소통하는 것은 불가능했다. 그런 점에서 "문체라는 것이 반드시 글을 쓰는 사람 쪽에서만 이끌어가는 것이 아니라 읽는 사람 쪽에서 글쓰는 사람의 문체에 견제를 가하는 일면이 있음을 우리는 생각해야 할 것이다. 기독교 간행물이 본래 순국문체로 출판되는 것을 원칙으로 하면서도 20세기 초엽에 들어 새삼스럽게 國漢字 混用의 성서를 따로 간행한 것도 이러한 시대적 상황을 말해주는 것이라 하겠다"[62]는 지적은 이 시대의 문자 수용 상황 및 문체와 매체의 관계를 이해하는 데 적지 않은 도움이 된다. 동일한 신문으로 지식인과 일반 대중 모두를 독자로 끌어들이

신과 젼보와 잡보와 각항 물가를 긔지ᄒᆞᆫ 것이 미우 유익ᄒᆞ니 만니 ᄉᆞ셔 보시오 신문샤은 뎌경동 미국 목ᄉᆞ 원두우씨 집이오" (『황성신문』, 1908.9.23)

61 「경향신문을 내는 본 뜻이라」, 『경향신문』, 1906.10.19.

62 김완진, 「한국어 문체의 발달」, 248쪽.

려는 노력은 『대한매일신보』와 『만세보』를 통해 구체적으로 나타난다. 『대한매일신보』는 1904년 한글과 영문 기사를 함께 다루는 신문으로 출발해 1907년 5월 23일 이후부터는 한글판, 국한문판, 영문판의 세 가지 종류를 간행한다. 『대한매일신보』가 다양한 종류의 신문을 통해 다양한 독자층을 흡수하려 노력했다면, 『만세보』는 하나의 신문을 통해 이 문제를 해결하려 한다. 천도교 신문이었던 『만세보』는 1906년 6월 17일 창간되어 약 1년간 발행이 되었다. 『만세보』는 길지 않았던 이 발행 기간 동안에 매우 다양한 문체 실험을 하게 되는데, 그 가운데 하나가 소설 「혈의루」 등에서 사용된 부속국문체이다. 『만세보』는 부속국문체의 사용을 중단한 이후에는, '일반 기사는 국한문체, 소설은 국문체'라는 편집 방침을 고수하게 된다. 『대한매일신보』와 『만세보』의 독자 흡수 노력 및 문체 실험의 성과들은 대부분 『매일신보』로 이어진다.[63]

2. 잡지의 국한문체 및 국문체 사용과 그 의미

1) 국한문체 잡지의 간행

근대 신문이 지식인과 일반 대중 모두를 대상 독자로 삼아 발행되던 매체였던 것과 달리, 근대 잡지는 지식인 독자를 주된 대상으로 삼아

63 이와 관련한 논의는 김영민, 「『대한매일신보』와 한국의 근대소설」, 『한국의 근대 신문과 근대소설』, 소명출판, 2006, 62~122쪽 및 김영민, 「『만세보』와 부속국문체 연구」, 『대동문화연구』 제64집, 2008, 415~453쪽 참조.

발행되던 매체였다. 근대 초기에 발간되던 잡지들의 경우 이러한 성격은 더욱 분명했다. 지식인 독자를 대상으로 발행되는 매체가 근대계몽기 지식인들의 대표적 문자인 국한문체로 발행되는 것은 자연스러운 일이었다.

최초의 우리말 잡지이면서 유학생 잡지였던 『친목회회보(親睦會會報)』(1895)는 국한문혼용체를 위주로 하면서 순한문체를 일부 사용했다.[64] 『친목회회보』 창간호의 내용은 회지(會旨), 사설(社說), 논설(論說), 잡보(雜報), 연설(演說), 문원(文苑), 내보(內報), 외보(外報) 등으로 이루어져 있다. 제2호 이후의 지면 구성 역시 이에 준하고 있다. 『친목회회보』의 문체와 지면 구성 방식 등은 이후 발행되는 유학생 잡지 『태극학보(太極學報)』(1906.8), 『공수학보(共修學報)』(1907.1), 『대한유학생학보(大韓留學生學報)』(1907.3), 『동인학보(同寅學報)』(1907.7), 『낙동친목회학보(洛東親睦會學報)』(1907.10), 『대한학회월보(大韓學會月報)』(1908.3), 『대한흥학보(大韓興學報)』(1909.3) 등에 영향을 미쳤다. 국한문혼용체를 주로 사용하면서, 순한문체를 일부 활용하는 것은 1900년대 유학생잡지에서 발견할 수 있는 일반적 현상이다. 다만 『태극학보』를 비롯한 일부 잡지에서는

64 『친목회회보』의 문체를 이해하는 데는, 창간호를 분석한 다음의 정리가 도움이 된다. "본문 기사들의 사용 문자를 보면, 한문 또는 우리 말글로 되어 있으나, 순한문으로 쓴 기사들은 전체 본문기사 1백 15건 중에서 20건(17.4%)에 불과했으며, 이들 20건 중에서 12건은 문원난에 실려 있는 한시(漢詩)들이었다. 따라서 이들 한시를 빼면, 오직 8건(전체 본문 기사의 약 7%)만 한문으로 되어 있다. 즉 사설 2건과 논설난에서 4건, 연설난에서 1건 및 친목회일기만 한문으로 되어 있다. 그리고 나머지 기사들은 우리 말글로 되어 있으며, 특히 내보기사(총 12건)와 외보기사(총 73건)들은 모두 우리 말글로 썼다. 그러나 한글만으로 쓴 것이 아니라 국한문(國漢文)을 혼용했으며, 문체는 옛날 식의 한문투(漢文套)로서, 토씨[助詞]와 서술어미(敍述語尾)등만 한글로 되어 있다. 또한 띄어쓰기도 전혀 하지 않았으며, 구두점도 간혹 쉼표와 마침표만 찍었다. 하지만 되도록 어문일치(語文一致)의 국한문혼용체(國漢文混用體)를 사용하려교 노력했음을 엿볼 수 있는데, 이는 1895년 당시로서는 획기적인 일이었다."(차배근, 『개화기 일본 유학생들의 언론 출판 활동 연구(1)』, 서울대 출판부, 2000, 246쪽)

국한문혼용체 및 순한문체뿐만 아니라 국문체 기사가 발견되기도 한다.[65] 1910년대 이후에도 유학생 잡지에서 국한문혼용체 기사가 주류를 이룬다는 점에서는 시기별로 큰 차이가 없지만, 이 시기에는 순한문체가 차지하던 분량을 점차 국문체가 대체하는 현상이 일어난다. 이렇게 보면 근대 초기 유학생 잡지의 문체는 (1) 순한문체와 국한문혼용체를 섞어 쓰는 단계 (2) 순한문체와 국한문혼용체 그리고 국문체를 함께 쓰는 단계 (3) 국한문혼용체와 국문체를 섞어 쓰는 단계로 변화했음을 알 수 있다.[66]

근대 초기 일본 유학생들은 대부분 국한문혼용체 문장을 사용했지만, 이들 사이에서 점차 한글을 사용해야 한다는 인식이 퍼져나갔던 것 또한 사실이다. 최초의 잡지 『친목회회보』가 제2호에서 사설(社說) 「한문자(漢文字)와 국문자(國文字)의 손익여하(損益如何)」를 통해 국문 사용을 강조한 것은 주목할 만한 일이다. 이 글에서는 먼저 '문자(文字)는 학문의 수혼자(守閽者)'라는 사실과, 언어(言語)와 문자(文字)는 서로 떨어질 수 있는 성질의 것이 아니라는 점을 강조한다. 이어서 문자의 두 종류인 '상자(象字)'와 '발음문자(發音文字)' 즉 상형문자와 표음문자에 대해 설명한 후, 세종대왕이 표음문자인 국문(國文)을 발명하였으나 안타깝게도 그것이 한문(漢文)에 권리를 빼앗기게 되었다는 사실을 지적한다.

65 『대한학회월보』와 『대한유학생학보』에는 한글 기사가 일부 수록되어 있다. 그러나 『공수학보』·『낙동친목회보』·『대한흥학보』 등의 잡지는 한글 기사를 단 한 편도 수록하지 않는다.

66 유학생 잡지의 문체와 관련된 상세한 논의는 김영민, 「근대 유학생 잡지의 문체와 한글체 소설의 형성 과정—『여자계』를 중심으로」, 『현대문학의 연구』 제41호, 2010, 39~69쪽 참조. 유학생 잡지의 발간과 유학생 글쓰기의 전반적 특질에 관한 최근의 연구 성과로는 서은경, 「1910년대 유학생 잡지와 근대소설의 전개 과정—『학지광』·『여자계』·『삼광』을 중심으로」, 연세대 박사논문, 2011 참조.

建陽紀元前 四百八十年 頃에, 우리 睿聖文武世宗大王게옵셔 國文을 發明ᄒᆞ시니, 此ᄂᆞᆫ 곳 口上音訓을 依ᄒᆞ사 製ᄒᆞ숨이라, 此ᄅᆞᆯ (國文讀本)이라 名ᄒᆞ시고, 一은 (諺文反切)이라 名ᄒᆞᄉᆞ 父母合音에 子音을 並ᄒᆞ야 凡十八行에 百九十六字로 綱領을 立ᄒᆞ얏더니 (…중략…) 不幸히 漢文에 權利ᄅᆞᆯ 見奪ᄒᆞ고 下等에 沉落ᄒᆞᆯ ᄲᅮᆫ 아니라, 此ᄅᆞᆯ 閨房間 女子輩 通情文字라 擯斥ᄒᆞ니, 此處에 歐米人 一大笑資ᄅᆞᆯ 買ᄒᆞᆷ이 足ᄒᆞ도다. 假令 漢文字ᄅᆞᆯ 會得ᄒᆞᆯ 時ᄂᆞᆫ 十年精力을 費ᄒᆞ야 僅々히 半點意味ᄅᆞᆯ 領畧ᄒᆞᆯ지나 國文字ᄅᆞᆯ 會得ᄒᆞᆯ 時ᄂᆞᆫ 一月精力을 勵ᄒᆞ야 頓然히 全體意味ᄅᆞᆯ 了解ᄒᆞᆯ 거시오[67]

한문자를 습득하기 위하여 십 년의 세월을 보낼 지라도 절반의 의미밖에 깨닫지 못하는 것이 현실이지만 국문자를 습득하면 단 한 달의 세월로 전체 의미를 터득할 수 있게 된다는 것이 이 글의 주장이다. 이 글은 다음과 같은 말로 국문 사용의 필요성을 강조하면서 마무리 된다.

嗚呼ㅣ라, 우리 二千萬 同胞ᄂᆞᆫ 如何ᄒᆞᆫ 決心에 在ᄒᆞᆯ고, 家事에 齷齪ᄒᆞ야, 屋外에 思想이 不及ᄒᆞ고, 父母國에 一片丹誠을 盡ᄒᆞᄂᆞᆫ 義俠이 頓無ᄒᆞᆫ則 高麗半島ᄂᆞᆫ 永히 陸沉ᄒᆞᆯ ᄲᅮᆫ이라, 玆에 想到ᄒᆞᆷ애 吾人은 舊勇一番의 責任을 各擔ᄒᆞ얏ᄉᆞ니, 卑屈保守의 頑迷習慣을 脫ᄒᆞ고, 實力競爭의 域에 就ᄒᆞ야, 羈絆에 縶ᄒᆞᆫ 鎖鑰을 切斷ᄒᆞ야써 列國의 暴虐을 防衛ᄒᆞ고, 大朝鮮國에 古有ᄒᆞᆫ 光輝ᄅᆞᆯ 發ᄒᆞᆷ이, 小生의 日夜企望ᄒᆞᄂᆞᆫ 비ㅣ라, 一國一人의 私有ᄒᆞᆯ 學問을 學ᄒᆞᆯᄭᆞ, 萬國萬人의 同由利用ᄒᆞᆯ 學問을 學ᄒᆞᆯᄭᆞ, 萬智萬愚의 平等均得ᄒᆞᆯ 者ᄂᆞᆫ 國文專修ᄒᆞᄂᆞᆫ 一點에 不外ᄒᆞᆯ뜻.[68]

---

67 신해영, 「한문자(漢文字)와 국문자(國文字)의 손익여하(損益如何)」, 『친목회회보』, 1896.3, 5쪽.
68 위의 글, 8쪽.

결국, 학문을 익히고 식견을 넓히는 데 가장 유용한 도구가 곧 우리의 국문임을 강조하는 것이 이 글의 결론인 셈이다. 『태극학보(太極學報)』 제6호부터 7호에 걸쳐 발표된 강전(姜筌)의 글 「국문편리급한문폐해(國文便利及漢文弊害)의 설(說)」 역시 유학생 지식인의 국문에 대한 인식을 보여주는 주요 자료 가운데 하나이다. 강전 역시 이 글에서 국문의 편리성과 한문의 폐해에 대해 주로 언급한다. 여기서도 글쓴이가 강조하는 것은, 국문은 배우기 쉽고 활용도가 높지만 한문은 그 반대라는 것이다.[69] 그는 국문은 배우고 쉽고 쓰기 쉬운 문자임에도 불구하고 그것을 '자문(雌文)'이라 칭하여 포기하고, 한문은 오랜 세월 고통스럽게 배워도 큰 특효가 없는 문자임에도 불구하고 '웅문(雄文)'이라 칭하여 찬연(鑽硏)하는 세태를 비판한다. 여기에 우리 이천만 동포의 슬픔과 가련함의 근원이 있다는 것이다. 그는, 만일 십년 동안 읽어 한문을 성취하는 노력을 삼사일 동안에 능통할 수 있는 국문에 옮겨 붓는다면 우리의 학문과 사업에 큰 진보가 있을 것임을 주장한다. 일 년이 소비될 학문과 사업상의 진보가 이삼일에 가능할 것이며, 십년이 소비될 일은 수개월에 마칠 수 있다는 것이다.[70] 강전은 이러한 주장을 펴는 과정에서 다음과 같이 세 가지 사항의 실현을 주장한다.

> 第一은 上으로 政府에 始ᄒᆞ야 制誥勅語等 絲綸과 또 庭僚大臣의 奏御疏章의 體格과 句讀을 刪繁取簡ᄒᆞ며 祛舊就新ᄒᆞ고 國漢文을 相半挿入ᄒᆞ야 面目을 另開ᄒᆞ야써 全國의 標準을 作ᄒᆞ며 人民의 趨向을 定ᄒᆞᆯ거시요
>
> 第二ᄂᆞᆫ 學部로부터 全國各學校의 敎科書籍을 一切히 國漢文으로 改定ᄒᆞ고

69 이 부분에 대한 상세한 논의는 김영민, 「근대적 유학제도의 확립과 해외 유학생의 문학·문화 활동 연구」, 『현대문학의 연구』 제32집, 2007, 313쪽 참조.

70 강전, 「國文便利及漢文弊害의 說」, 『태극학보』, 1907.1, 17쪽 참조.

純然훈 漢文은 中學校의 四五年生이나 다만 文章에 適宜훈 一二冊을 編選호야 教호며 쏘 將來에 大學을 建設호거던 文學部에는 特別히 充用홀거시오

第三은 諸般社會의 應用호는 各種簿書와 流行小說雜誌라도 다 國漢文을 混用케 홀 거시니……[71]

그런데 이 주장을 통해 확인할 수 있는 글쓴이 강전의 문체 의식은 아직은 한글 전용이 아니라 국한문혼용이라는 점이다. 조정에서 주고받는 글들, 교과서의 문장, 소설 잡지의 문장들에 한글과 한문을 섞어 쓰자는 것이 주장의 핵심이다. 이를 보면 '국문의 편리성과 한문의 폐해'를 길게 논하는 강전의 문자 인식에 비해 그 주장이 너무 소극적이라는 평가를 내릴 수도 있다. 그러나 글쓴이 강전이 순한문을 문체의 본령으로 삼아 글을 쓰던 지극히 보수적 문자사용 층에 속하는 인물이었다는 점[72]을 생각하면 이러한 주장만으로도 변화하는 지식인의 문체 의식을 보이기에는 충분한 것이었다.

『태극학보』 제21호(1908.5)에 실린 이광수(李光洙)의 글 「국문(國文)과 한문(漢文)의 과도시대(過渡時代)」는 강전의 글에 비해 더욱 변화된 문체 의식을 보여준다. 이광수 역시 앞의 글쓴이들과 마찬가지로 국문이 배우기 쉬운 문자라는 점을 우선 지적한다. 아울러 "大抵 文字의 要는 思想及 智識을 交通호며 古來의 事蹟을 演繹홈에 在호거늘"[73]이라는 말로, 문자의 가장 큰 효용은 지식을 전달하는 수단이라는 점을 강조한다. 이광수는 우리가 현재 선택할 수 있는 문자사용 방식을 다음 세 가지로 제시한다. 첫째, 국문을 전폐(專廢)하고 한문을 전용(專用)하는 것.

71 강전, 「國文便利及漢文弊害의 說(續)」, 『태극학보』, 1907.2, 20쪽.
72 임상석, 『20세기 국한문체의 형성 과정』, 지식산업사, 2008, 227쪽 참조.
73 이보경(李寶鏡), 「국문(國文)과 한문(漢文)의 과도시대(過渡時代)」, 『태극학보』, 1908.5, 17쪽.

둘째, 국문과 한문을 병용(竝用)하는 것. 셋째, 한문을 전폐하고 국문을 전용하는 것. 이 가운데 이광수가 선택 지지하는 것은 세 번째 방식 즉 한문을 전폐하고 국문을 전용하는 것이다. 이광수의 구체적인 생각은 다음과 같다.

> 國文을 專用하고 漢文을 專廢ᄒᆞᆫ다 함은 國文의 獨立을 云함이요 絶對的 漢文을 學하지 말나함이 아니라 此萬國이 隣家와 갓치 交通ᄒᆞᄂᆞᆫ 時代를 當ᄒᆞ야 外國語學을 研究ᄒᆞᆷ이 學術上 實業上 政治上을 勿論ᄒᆞ고 急務될 것은 異議가 無ᄒᆞᆯ 바이니 漢文도 外國語의 一課로 學ᄒᆞᆯ지라 此重大ᄒᆞᆫ 問題를 一朝에 斷行ᄒᆞ기ᄂᆞᆫ 不可能ᄒᆞᆫ 事라할 듯ᄒᆞᄂᆞ 遷延히 歲月을 經ᄒᆞ야 新國民의 思想이 堅固케 되고 出判書籍이 多數히 되면 더옥 行ᄒᆞ기 難ᄒᆞ리니 一時의 困難을 冒ᄒᆞ야 我邦文明의 度를 速ᄒᆞ게 함이 善策이 아닌가 玆의 淺薄ᄒᆞᆫ 意見을 陳ᄒᆞ야 有志同胞의 注意를 促ᄒᆞ며 幷ᄒᆞ야 方針의 講究를 願ᄒᆞ노라[74]

이광수는 여기서 국문 전용의 필요성을 강조하면서 한문은 단지 외국어의 하나로 배우면 된다고 주장한다. 이 글은 이광수가 유학시절 발표한 최초의 글이라는 점에서도 의미가 있다.

그런데, 국문 전용을 주장하는 이광수의 이 글이 국한문체로 되어 있다는 점은 당시의 문자사용 환경에 대해 시사하는 바가 적지 않다. 그가 당시로서는 비교적 진보된 문체 의식을 지녔음에도 불구하고, 실제로 사용하는 문장은 국문보다는 국한문이었다. 이광수 이후에도 국문 사용의 중요성을 강조하는 지식인의 글은 계속 발표되는데, 이들의 글 역시 대부분 국한문으로 되어 있다.[75] 이들이 국한문을 통해 국문

---

74 위의 글, 18쪽.

의 사용을 강조한 이유는 무엇보다 자신들이 쓴 글을 읽어 줄 독자가 한글 독자가 아닌 한문 독자였기 때문이다.[76] 이는 유길준이 일찍이 자국어 사용의 중요성을 깨달은 상태에서 『서유견문』을 한글이 아니라 국한문으로 집필한 이유와도 같은 맥락에서 이해될 수 있다.

국내에서 발간된 최초의 근대 잡지는 1896년 11월 30일자로 창간된 『대조선독립협회회보(大朝鮮獨立協會會報)』이다. 『대조선독립협회회보』는 매달 15일과 말일에 발간되는 반월간(半月刊) 정기간행물이었다. 이 잡지는 『친목회회보』 보다 한 해 늦게 출현했지만 발행지가 국내라는 점으로 인해 실질적인 우리나라 최초의 잡지로 분류되기도 한다. 『대조선독립협회회보』는 1896년 7월에 창립된 「독립협회」의 공식 기관지이다.[77] 『대조선독립협회회보』는 표지 제자(題字)를 영문, 한자, 한글 세 가지로 도안했다는 점이 특이하다. 한자와 한글은 거의 비슷한 크기의 자체(字體)를 사용했고, 영문 활자 또한 이에 버금가는 것을 썼다. 호수 표기 역시 'VOL. Ⅰ. NO.1 / 第一號 / 뎨일호'로 세 가지 문자를 사용했다. 본문은 순한문체와 국한문체, 그리고 국문체 기사를 수록했다. 『대조선독립협회회보』가 국문체 기사를 수록한 것은 『독립신문』의 한글 발행 취지와 맥락이 닿아 있었던 것으로 보인다. 『대조선독립협회회보』 창간호에 지석영의 「국문론」이 실린 것 또한 이러한 맥락에서 이해할 수 있다. 지석영은 「국문론」에서 다음과 같은 지적을 통해 우

75 예를 들면 단재 신채호의 글 「국한문(國漢文)의 경중(輕重)」(『대한매일신보』 1908.3.17~19), 「국문연구회(國文研究會) 위원(委員) 제씨(諸氏)에게 권고(勸告)함」(『대한매일신보』 1908.11.14) 「국문(國文)의 기원(起源)」(『대한매일신보』 1909.12.29) 등이 모두 여기에 해당한다.

76 이광수의 문체 의식과 소설 문체의 변화 과정에 대한 상세한 논의는 김영민 「근대소설의 문체와 근대성의 발현」, 『한국 근대소설의 형성 과정』, 177~193쪽 참조.

77 한홍수, 「『대조선독립협회회보』 해제」, 『대조선독립협회회보』 영인본, 아세아문화사, 1978, 6~7쪽 참조.

리나라 사람들이 국문의 소중함을 깨닫지 못함을 안타까워 한다.

> 나라에 국문이 잇서셔 힝용 ᄒᆞᄂᆞᆫ거시 사ᄅᆞᆷ이 입이 잇서셔 말솜ᄒᆞᄂᆞᆫ 것과 ᄀᆞᆺᄒᆞ니 말솜을 ᄒᆞ되 어음이 분명치 못ᄒᆞ면 남이 닐으기를 반벙어리라 ᄒᆞᆯ 쑨더러 졔가 ᄉᆡᆼ각ᄒᆞ야도 반벙어리오 국문이 잇스되 힝ᄒᆞ기를 젼일ᄒᆞ지 못ᄒᆞ면 그나라 인민도 그나라 국문을 귀즁ᄒᆞᆫ 줄을 모르리니 엇지 나라에 관계가 젹다 ᄒᆞ리오 우리나라 사ᄅᆞᆷ은 말을 ᄒᆞ되 분명이 긔록ᄒᆞᆯ 슈 업고 국문이 잇스되 젼일ᄒᆞ게 힝ᄒᆞ지 못ᄒᆞ야 귀즁ᄒᆞᆫ 줄을 모르니 가히 탄식 ᄒᆞ리로다[78]

지석영의 「국문론」은 '미완'이라는 표기가 되어 있으나 제2호 이후 어느 곳에서도 다시 발견되지는 않는다. 특기할 만한 사실은, 『대조선독립협회회보』 기사의 문체가 점차 보수적으로 변모해 제7호부터는 한글 기사가 완전히 사라지고 순한문 기사가 늘어나게 된다는 점이다. 이에 대해서는 '『대조선독립협회회보』의 문체는 호를 거듭할수록 이상형(한글)에서 현실적응형(국한문)으로, 그리고 결국은 재래답습형(한문)으로 기울어지게 되었다'[79]는 지적이 이루어진 바 있다.

『대조선독립협회회보』 이후 거의 10년 정도의 공백기를 두고 출현한 잡지가 『조양보(朝陽報)』(1906.6)였다. 월 2회, 통권 12호를 발행한 『조양보』는 우리나라 최초의 종합지적 성격을 띤 잡지이다.[80] 조양보의 기본을 이루는 문체는 국한문혼용체이다. 발간의 취지를 알리는 창간호

---

78 지석영, 「국문론」, 『대조선독립협회회보』, 1896.11, 11쪽.

79 한홍수, 「『대조선독립협회회보』 해제」, 『대조선독립협회회보』 영인본, 10쪽 참조.

80 『조양보』는 1907년 1월 제12호를 발행하고 종간한 것으로 알려져 있으나 이후 더 발행이 되었을 가능성도 있다. 『조양보』의 성격 및 서지 등에 관한 상세한 정리는 이유미, 「1900년대 근대적 잡지의 출현과 문명 담론— 잡지 『조양보』를 중심으로」, 『한국 근대 서사양식의 발생 및 전개와 매체의 역할』, 소명출판, 2005, 291~310쪽 참조.

서두의 「조양보발간서(朝陽報發刊序)」가 순한문으로 된 것을 제외하면, 한문체 기사는 더 이상 찾아보기 어렵다. 「반도야화(半島夜話)」(1906.6.7), 「비스마룩구 청화(淸話)」(1906.7~12) 등 담총(談叢) 및 소설란에 발표된 12편의 서사문학 작품들도 모두 국한문혼용체로 수록되었다. 특기할 만한 사실은, 창간호부터 제7호에 이르기까지 「부인의독(婦人宜讀)」이라는 한글 기사가 한 편 연재되었다는 점이다. 이 글에는 '일본 하던가자(下田歌子) 뎌 뎍한 됴양보스 역'이라는 부기가 달려있어 이것이 번역문임을 알려준다. 글의 내용은 '가정의 관계, 가정의 책임, 유아교육의 대요, 유모의 주의, 보모' 등 부인을 대상으로 한 가정교육에 관련된 계몽적인 것들이 주를 이룬다. 그런데 제7회 연재분이 '미완'으로 표기되어 있음에도 불구하고 8호부터는 이 기사가 보이지 않는다. 「부인의독」의 연재가 중단된 뒤부터는 『조양보』에는 단 한 편의 한글기사도 수록된 바가 없다. 사고(社告), 논설(論說), 교육(教育), 실업(實業), 담총(談叢), 잡보(雜報), 사조(詞藻)뿐만 아니라 독자 투고물인 기서(寄書) 등도 모두 국한문체로만 실려 있는 것이다. 제8호 이후의 『조양보』는 완벽한 국한문혼용체 잡지의 모습을 띠게 된다.

『조양보』를 뒤이어 나온 잡지들로는 『대한자강회월보(大韓自强會月報)』(1906.7), 『서우(西友)』(1906.12), 『대동보(大同報)』(1907.3), 『대동학회월보(大東學會月報)』(1908.2), 『대한학회월보(大韓學會月報)』(1908.2), 『대한협회회보(大韓協會會報)』(1908.4), 『서북학회월보(西北學會月報)』(1908.6), 『호남학보(湖南學報)』(1908.6), 『기호흥학회월보(畿湖興學會月報)』(1908.8), 『교남교육회잡지(嶠南教育會雜誌)』(1909.4) 등의 기관지와 학회지가 있다. 『대한자강회월보』는 대한자강회의 기관지인 동시에 한말(韓末)의 대표적인 정치잡지(政治雜誌)로 평가받는다. 대한자강회는 장지연, 윤효정, 임진수 등이 중심이 되어 조직한 단체로, 처음부터 전국적 조직을 갖춘

기구로 출발했다. 따라서 당시 사회 및 문화계에서 『대한자강회월보』의 영향력은 매우 컸다.[81] 『대한자강회월보』는 국한문체를 기본으로 하면서 순한문 기사를 함께 수록하는 형태로 발행했다. 소설 및 문원(文苑)란에 실린 서사문학 작품 가운데 연암(燕巖) 박지원의 「호질(虎叱)」(1907.2~4) 한 편만이 순한문으로 수록되었고, 나머지 「허생전(許生傳)」(1907.2~4)이나 「외교담(外交談)」(1907.5) 등 5편의 작품은 모두 국한문체로 되어 있다. 『서우(西友)』는 서우학회(西友學會)의 기관지이면서 정치언론지(政治言論誌)적 성격을 띤 잡지였다.[82] 『서우』 역시 국한문체를 기본으로 하면서 순한문 기사를 일부 수록했다. 『서우』에 실린 서사문학 작품들은 문원(文苑)란에 실린 「동물담(動物談)」(1907.2)만 순한문이고, 인물고(人物考)와 아동고사(我東故事)란에 실린 「을지문덕전(乙支文德傳)」 등 십여 편의 작품은 모두 국한문체로 쓰였다. 『서북학회월보』는 서북학회(西北學會)에서 발간한 기관지이면서 정치언론지적 성격을 띠고 있는 잡지였다.[83] 『서북학회월보』는 모든 기사를 국한문체로만 수록했다. 『서북학회월보』의 서사문학 작품들은 대부분 인물고(人物考) 및 잡조(雜俎)와 담총(談叢)란 등에 발표되었는데 「이지란전(李之蘭傳)」(1908.7), 「박대덕전(朴大德傳)」(1908.9)을 비롯한 총 25편이 작품이 국한문체로 수록되었다. 『서북학회월보』에서 한글 기사가 발견되는 것은 담총란에 수록된 서사문학 작품 「인력거군수작」(1909.12)과 「갑을문답(甲乙問答)」(1910.1)의 경우가 전부이다. 그 밖에 『대한학회월보』, 『대한협회회보』, 『호남학보』, 『기

81 『대한자강회월보』에 관한 상세한 논의는 백순재, 「『대한자강회월보』 해제」, 『대한자강회월보』 영인본, 아세아문화사, 1978, 3~8쪽 참조.

82 『서우』에 관한 상세한 논의는 백순재, 「『서우』 해제」, 『서우』 영인본, 아세아문화사, 1978, 3~6쪽 참조.

83 『서북학회월보』에 관한 상세한 논의는 백순재, 「『서북학회월보』 해제」, 『서북학회월보』 영인본, 아세아문화사, 1978, 3~7쪽 참조.

호흥학회월보』, 『교남교육회잡지』 등도 모두 국한문체를 기본으로 하면서 극히 일부 기사만 순한문체를 사용했다. 이들 잡지에 실린 서사문학 작품들은 모두가 국한문으로만 되어 있다.[84]

1900년대에는 학회지뿐만 아니라 『소년한반도(少年韓半島)』(1906.11), 『야뢰(夜雷)』(1907.2), 『소년(少年)』(1908.11) 등의 일반 교양 위주의 상업지 역시 국한문체를 기본 문체로 삼았다. 『야뢰』의 문체는 학회지와 마찬가지로 국한문체를 기본으로 하면서 순한문체를 일부 사용한 것이었다. 「골계소설(滑稽小說) 육맹무상(六盲撫象)」(1907.2) 등 『야뢰』의 서사문학 작품들은 모두 문예(文藝)란에 수록되었는데 이들은 예외 없이 국한문으로만 되어 있다. 하지만 이들 상업지들 가운데 일부는 문예 작품을 점차 한글로 게재함으로써 앞에서 정리한 학회지들과는 문체 사용에서 일정한 차이를 보이기 시작한다. 『소년한반도』의 일반 기사는 국한문체를 기본으로 했다. 그러나, 『소년한반도』에 수록된 서사문학 작품은 이해조의 소설 「잠상태(岑上苔)」(1906.11~1907.4)만이 국한문체일 뿐, 동양담설란에 수록된 「朝寢者 아참잠꾸렉이」(1906.11) 등의 기타 작품들은 모두 한글로 되어 있다. 이른바 한국 최초의 근대적 종합잡지로 평가받기도 하는[85] 『소년』의 기본 문체는 국한문체였다. 초창기 『소년』에 수록된 서사문학 작품들은 국한문이 주류를 이룬다. 그런데, 1909년까지는 대부분 국한문으로 작품을 수록하다가 1910년 이후는 상당 수 읽을거리를 국문으로 게재한다는 점이 특기할 만하다. 창간호와 제2호에 걸쳐 발표된 번역물 「거인국표류기(巨人國漂流記)」(1908.11~12)의 경우, 첫 회는 국한문체로 다음 회는 한글로 번역되었다는 점 역시 특이하다.[86]

84 『대한학회월보』 등에 수록된 일부 시가(詩歌)가 한글로 된 경우도 있으나 서사문학 작품들은 예외 없이 국한문으로 되어 있다.

85 김근수, 「『소년』지에 대하여」, 『소년』 영인본, 현대사, 1980, 1~4쪽 참조.

1910년대부터 1945년까지 발간된 대부분의 잡지는 국한문을 기본 문체로 삼았다. 이는 『학지광(學之光)』(1914.4)이나 『창조(創造)』(1919.2), 『삼광(三光)』(1919.2) 등과 같이 일본에서 간행된 잡지의 경우나 『청춘(青春)』(1914.10), 『신청년(新青年)』(1919.1), 『개벽(開闢)』(1920.6), 『폐허(廢墟)』 (1920.7), 『백조(白潮)』(1922.1), 『시사평론(時事評論)』(1922.4), 『조선지광(朝鮮之光)』(1922.11), 『금성(金星)』(1923.11), 『폐허이후(廢墟以後)』(1924.1), 『영대(靈臺)』(1924.8), 『조선문단(朝鮮文壇)』(1924.10), 『신인간(新人間)』(1926.4), 『동광(東光)』(1926.5), 『별건곤(別乾坤)』(1926.11), 『해외문학(海外文學)』(1927.1), 『현대평론(現代評論)』(1927.1), 『신생』(1928.10), 『문예공론(文藝公論)』(1929.5), 『철필(鐵筆)』(1930.7), 『혜성(彗星)』(1931.3), 『문예월간(文藝月刊)』(1931.11), 『조선문학(朝鮮文學)』(1933.5), 『중앙(中央)』(1933.11), 『문학(文學)』(1934.1), 『신인문학(新人文學)』(1934.7), 『삼사문학(三四文學)』(1934.12), 『시(詩)와 소설(小說)』(1936.3), 『단층(斷層)』(1937.4), 『인문평론(人文評論)』(1939.10), 『국민문학(國民文學)』(1941.11) 등과 같이 국내에서 발행된 잡지의 경우가 별반 차이가 없었다.

2) 국문체 잡지의 간행

근대문학사 초기에 발간된 잡지 가운데 한글을 기본 문체로 활용한 최초의 잡지는 개신교 및 천주교 등 기독교계에서 발간한 잡지들이다. 『신학월보』(1900.12)는 이 시기에 간행된 가장 대표적인 한글 잡지라 할

86 제2회 번역에서는 한자의 사용을 최소화하고, 필요한 경우에는 괄호 속에 넣어 표기하였다. 이와 관련된 상세한 논의는 권두연, 「근대 초기 번역소설에 관한 연구—『쩔리버유람긔』의 '순국문' 번역 양상을 중심으로」, 『사이』 제3호, 2007, 47~76쪽 참조.

수 있다. 『신학월보』는 제자(題字)를 비롯해 문장의 거의 대부분을 순한글로 표기하고 있으며, 일부 숫자를 한자로 쓰거나 '교회 고물(古物)' 등과 같이 불가피한 경우에만 한자를 괄호 속에 함께 적고 있다. 이외에도 『예수교신보』(1907.12), 『예수교회보』(1910.2), 『그리스도회보』(1911.1), 『만인보』(1913.1) 등의 잡지가 순한글로 발간되었다.

『경향잡지』는 1906년부터 『경향신문(京鄕新聞)』의 부록으로 간행되던 주간 잡지 『보감(寶鑑)』(1906.10)을 이어 받은 천주교의 대표적 잡지이다. 『경향잡지』는 한일병합 이후인 1910년 12월 일제의 탄압으로 『경향신문』이 폐간되자, 「경향신문」의 통권 호수와 「보감」의 체제 및 내용을 이어받아 1911년 1월부터 순수종교지 성격을 띠고 월 2회 간행되기 시작했다. 『보감』과 『경향잡지』는 순한글로 간행되었고, 「법률문답」 등 극히 일부 기사가 예외적으로 국한문체로 실렸다. 이렇게 예외가 나타나는 이유는 국한문으로 된 칙령(勅令) 등을 소개할 때 원문을 풀어쓰지 않고 그대로 인용했던 때문으로 생각된다.

다만, 기독교 잡지가 모두 국문체로 발간되었던 것은 아니다. 예를 들면 『신학세계(神學世界)』(1916.2) 등의 경우는 국한문혼용체를 기본으로 하면서 한글 기사를 일부 수록했다. 천도교가 발행한 『천도교회월보(天道敎會月報)』(1910.8)의 문체는 비교적 특이한 사례에 속한다. 『천도교회월보』는 순한문체내지 국한문혼용체를 기본으로 삼았다. 첫 호의 경우를 살펴보면, 창간사에 해당하는 「천도교회월보취지(天道敎會月報趣旨)」를 비롯한 십여 편의 축사(祝辭)가 순한문으로 되어 있으며, 축사 중 일부와 「논설」 등의 기사가 전부 국한문으로 되어 있다. 호를 거듭해 가더라도 순한문기사만 줄어들 뿐, 국한문 기사가 주류를 이루는 현상은 변함이 없다. 한글 기사는 「시자문답(侍字問答)」(1910.9) 등 극히 일부 기사에서만 볼 수 있다. 『천도교월보』에서 쓰고 있는 국한문체는 대부분의 경우 한문 구문(構文)을 활용하면서 토씨 등 일부에만 한글을 채용한 지극히 보수적 국한문체였다. 이 점으로만 보면 『천도교월보』의 문체가 보수적 성향의 초기 학회지 문체와 크게 다를 것이 없어 보인다. 그럼에도 불구하고 이 잡지의 문체를 특이한 것이라 정리하는 이유는 여기에 수록된 서자문학 자료들의 문체 때문이다. 『천도교회월보』에는 봉황산인(鳳凰山人)의 단편소설 「모란봉」(1910.8), 「가련홍(可憐紅)」(1910.11), 「감츄풍별졍우(感秋風別情友)」(1910.12) 등을 비롯해 봉산자(鳳山子)의 단편소설 『해당화하몽천옹(海棠花下夢天翁)』(1918.10) 등 약 20여 편의 소설이 수록되어 있다. 이들은 대부분 단형의 서사물들이지만, 그 중에는 옥천산인(玉泉山人)의 '신소설(新小說)' 「화악산(華嶽山)」(1911.3~10)과 같은 연재소설도 포함되어 있다. 그런데, 이들 20여 편의 작품이 예외 없이 모두 국문체 소설들인 것이다. 이들 작품은 순한글로 되어 있거나, 필요한 경우 한자를 괄호 속에 표기하는 방식으로 게재되었다.[87]

『가뎡잡지(家庭雜誌)』(1906.6), 『녀즈지남(女子指南)』(1908.4), 『자선부인회잡지』(1908.8) 등의 여성 계몽지도 근대 초기의 대표적 한글 잡지에 속하는 것들이다. 『가뎡잡지』, 『녀즈지남』, 『자선부인회잡지』 등의 여성 계몽지는 국문체를 기본으로 하면서 부득이한 경우 한문 및 국한문체 기사를 수록했다. 『녀즈지남』 창간호의 경우 박은식(朴殷植)의 글 「여자보학원유지회취지서(女子普學院維持趣旨書)」가 국한문으로, 그리고 외부 필자 장박(張博)이 보내온 축사(祝辭)가 순한문으로 게재되었을 뿐 나머지 기사는 모두 순한글로 되어 있다. 『자선부인회잡지』 창간호의 경우도 외부 축사와 「자선부인회회칙(慈善婦人會會則)」을 제외하면 모두 순

87 『천도교회월보』가 이렇게 양극단으로 구별되는 문체를 사용한 이유는 천도교 지도부의 문체와 일반 교인의 문체가 서로 달랐던 때문으로 생각된다. 이와 관련된 논의는 이 책의 제2장 제1절 참조.

한글 기사들뿐이다. 『자선부인회잡지』 창간호에는 심농싱의 소설 「약노금」이 수록되어 있다. 「약노금」은 근대 초기 잡지에 수록된 한글 소설이라는 점뿐만 아니라 "혼인이란 것은 그 사름만 선택훌 것이오 문벌은 볼 것 아니올시다. 우리나라는 문벌만 너무 숭상호는고로 졍치에도 방히가 적지 아니훕니다"[88] 등의 대사를 통해 적극적인 풍속 교정을 시도하고 있다는 점에서도 관심을 끈다. 『자선부인회잡지』 창간호의 「발간취지」 가운데는 "이 잡지를 국문으로 발간훔은 일반동포자미의 쳥람을 공코자훔이오니 일월에 일추식 구람호시와 이 잡지의 문법도 비평호시고 자선의무의 미달훔도 경계호야 주시기를 앙망호오며"[89]라는 구절이 있다. 이 잡지를 한글로 발간하는 이유가 일반 동포 자매의 적극적인 참여를 돕는 데 있음을 밝히고 있는 것이다. 『가뎡잡지』의 경우는 현재 확인 가능한 호수들의 기사는 예외 없이 모두 한글로만 되어 있다. 『가뎡잡지』에는 전덕기의 「니외간 회목한 일」(1906.8) 등을 비롯하여 필자 미상의 가정소설(家庭小說) 「익모초(益母草)」(1908.4)에 이르기까지 20여 편의 서사물들이 수록되어 있는 바 이들 역시 예외 없이 모두 한글로만 되어 있다.

1900년대에 발간된 여성 계몽지들이 대부분 기본 문체를 국문체로 선택했다는 점을 참고로 할 때, 1910년대에 창간된 유학생 잡지인 『여자계』가 어떠한 문체를 기본 문체로 선택했는가 하는 점 또한 관심의 대상이 된다. 『여자계』는 1915년 4월에 조직된 동경여자유학생친목회(東京女子留學生親睦會)의 회원들을 중심으로 발간한 잡지이다. 동경여자유학생친목회가 실질적으로 이 잡지의 발행을 주도하기 시작한 것

88 심농싱, 「약노금」, 『자선부인회잡지』, 1908.8, 37쪽.
89 「발간취지」, 『자선부인회잡지』, 1908.8, 1~2쪽.

은 1918년 3월에 발행된 제2호부터라고 알려져 있다. 이 잡지는 현재 제2호부터 제6호까지 그리고 1927년 1월의 속간호가 전해질 뿐 창간호가 보이지 않는다. 따라서 그 정확한 창간 시기에 대해서는 논란이 있다. 『여자계』의 창간호는 두 개의 판본이 있었던 것으로 추정되는데 1915년 4월 초의 등사본과 1917년 6월 말의 활판본이 그것이다. 『여자계』는 여성들을 위한 잡지이기는 했지만 다른 유학생 잡지와 마찬가지로 본질적으로는 지식인 잡지였다. 따라서 『여자계』는 '여성'의 문자인 '한글'보다는 '지식인'의 문자인 '한자(漢字)'를 주로 사용했다. 하지만 『여자계』는 국한문체 기사뿐만 아니라 국문체 기사들을 함께 수록한다. 국문체 기사의 수록은 1910년대에 발행된 지식인 매체 가운데서는 흔히 볼 수 있는 현상이 아니었다. 『여자계』가 국문체 기사를 수록한 것은 우연히 일어난 일이 아니다. 『여자계』는 출범 초기부터 잡지를 순한글로 발간하는 것에 대해 심각하게 고민을 했던 것으로 보인다.

> 여러분께 이러한 말슴을 드럿삽니다. 이 女子界를 순언문으로 ᄒᆞ엿스면 엇더하냐고 말슴하웁더이다. 事實 우리들도 그런 의론이 만핫섯습니다. 그러나 아직 實行치 못ᄒᆞ엿ᄉᆞ으며 將次는 그러케ᄒᆞ웁던지 或은 순언문 附錄을 ᄂᆡ도록 經營히볼가 ᄒᆞ습니다. 그러고 次號붓허라도 할 수 잇ᄂᆞᆫ ᄃᆡ로 原稿를 쉬웁게 써주셧스면 돗켓습니다.[90]

위 인용문을 보면, 여러 사람들이 『여자계』를 '순언문'으로 발간할 것을 권유했고 편집진 역시 그런 의견을 놓고 고심했음을 알 수 있다. 『여자계』의 편집진은 필자들에게 이후부터라도 원고를 쉽게 써줄 것

90 「편집실(編輯室)에셔」, 『여자계』, 1918.3, 76쪽.

을 당부한다. 『여자계』가 국문체의 쉬운 원고를 지향한 이유 가운데 하나는 이 잡지가 가정개량(家庭改良)과 아동교육(兒童教育)에 대해 관심을 지녔던 때문이기도 하다. 결국 『여자계』는 국한문 잡지로 남았지만, 나혜석의 「경희」(1918.3) 등의 작품을 통해 언문일치체 소설의 개척에 기여하게 된다.[91]

1920년대 이후 여성을 주된 독자로 삼았던 근대 잡지들로는 『신여성』(1923.10)과 『신가정』(1933.1), 그리고 『여성』(1936.4) 등이 있다. 『신여성』은 동시대의 다른 잡지들에 비해서는 한글 기사를 많이 게재하고 있지만, 국한문체로 쓰인 기사 역시 적지 않아 이를 온전한 한글 잡지로 보기는 어렵다. 그에 비하면 『신가정』이나 『여성』은 한글 잡지라고 보아도 별 무리가 없다. 『신가정』은 대부분의 기사가 한글 표기 중심이었고, 일부 문장에서 한자를 괄호 속에 넣어 병기하는 방식으로 편집을 했다. 이는 『신가정』의 편집진이 마련한 한자 표기의 기본 방침이었던 것으로 판단된다.[92] 『여성』의 문장들도 국문체를 기본으로 하면서 일부 한자를 사용했는데, 표기 방식은 통일되어 있지 않았다. 즉 한자의 본문 노출 혹은 괄호 속 병기 등에 일정한 원칙은 없었던 것으로 보인다. 1923년부터 1934년까지 십여 년에 걸쳐 『신여성』에 발표된 서사문학 작품의 숫자는 번역물을 포함하여 대략 170여 편에 이른다. 이 가운데 20여 편은 국한문 작품이고 나머지는 모두 국문체로 수록되어 있다. 『신가정』에는 3년 반에 걸쳐 약 130편 정도의 작품이 발표되었다. 이 가운데 국한문으로 된 작품은 이무영(李無影)의 희곡 「펼처진

91 이에 대한 상세한 논의는 김영민, 「근대 유학생 잡지의 문체와 한글체 소설의 형성 과정—『여자계』를 중심으로」, 『현대문학의 연구』 제41호, 2010, 39~69쪽 참조.

92 예외가 그리 많은 것은 아니지만 발간 후반부로 가면서 한자를 직접 노출 시키는 사례가 일부 보이기는 한다.

날개」(1933.1)와 독자 투고 당선 희곡 「피를 팔앗다」(1933.5) 등 단 두 편뿐이다. 나머지 작품들은 모두 한글로 쓰였다. 『여성』은 1940년 폐간 시까지 150여 편의 작품을 수록했다. 이 가운데 이상(李箱)의 「봉별기(逢別記)」 등 10여 편 정도만이 국한문체를 사용했고 나머지는 모두 국문체로 된 작품이었다. 이 밖에 한글을 기본 문체로 사용한 잡지로 『붉은져고리』(1913.1), 『아이들보이』(1913.9), 『어린이』(1923.3), 『아희생활』(1926.3) 등의 아동 잡지가 있었다.[93]

『월간야담(月刊野談)』(1934.11)은 종교잡지도 또한 여성 및 아동 잡지도 아니면서 한글을 주로 사용한 잡지라는 점에서 특이한 사례에 속한다. 『월간야담』은 1930년대 말까지 무려 400여 편의 서사물을 게재했다. 이 가운데 국한문으로 된 것은 양백화(梁白華)의 「전등신화 감호야범기(剪燈新話 鑑湖夜泛記)」(1936.7) 단 한 편뿐이다. 나머지는 모두 순한글로만 쓰인 것이다. 『월간야담』이 한글을 전용한 이유는, 이 잡지가 일반 대중을 상대로 한 통속적 성격을 띤 잡지였던 때문으로 생각된다. 그러나 거기에 게재된 서사물의 질적 수준과는 별도로, 『월간야담』과 같은 한글 잡지의 출현은 한국문학사 내지 문화사에서 주목할 만한 현상이 아닐 수 없다. 『월간야담』과 같은 한글 대중지의 출현은 이제 한국 근대 문화사에서 잡지가 더 이상 지식인의 전유물이 아니라는 사실을 보여주는 증거가 될 수 있기 때문이다.

93 아동잡지 가운데 『새별』은 다른 아동 잡지와 달리 국한문 표기를 했다. 이 시기 아동 잡지에 대한 상세한 논의는 조은숙, 『한국 아동문학의 형성』, 소명출판, 2009. 참조.

제2장 / 제3절

근대적 표기법의 다양화와 한글 소설의 정착 과정

1. 근대계몽기의 문체와 다양한 표기의 유형들

1) 문체 유형

문장 표기에 사용된 문자만을 중심으로 근대계몽기의 문체를 분류하면 한문체(漢文體), 국한문혼용체(國漢文混用體), 국문체의 세 가지로 정리할 수 있다. 그러나, 실제로 존재하는 문장들을 놓고 살펴보면 이러한 단순 분류만으로는 문자사용 현실을 제대로 반영하기가 쉽지 않다. 한문체의 경우는 순한문(純漢文)으로 된 문장을 지칭하는 것으로 명확하게 정리가 될 수 있어 아무런 문제가 없다. 하지만 국한문혼용체와 국문체에 관한 분류는 그리 단순하지 않다.[1]

김홍수는 근대계몽기의 표기체 유형을 국한문혼용체, 국한자혼용체, 순국문체, 구결식한문체 등 네 가지로 분류한다. 국한문혼용체는 현토식 또는 한문투 혼용체로 한주국종(漢主國從)의 문체라 부를 수 있다. 이는 다시 첫째, 한문 구문이 부분적으로 나타나는 경우 둘째, 간단한 한문 구성·표현이 나타나는 경우 셋째, 한문투 표현이 간단한 관용적 어구에 제한되는 경우 등으로 나눌 수 있다. 국한자혼용체는 국주한종(國主漢從)의 방식이다. 이는 대체로 언해투 문어체를 벗어나지 못하고 한자어의 한자 표기를 선호하되 국한문체에 가까운 경우부터 제한된 한자어만 한자로 표기하는 경우까지 다양하게 나타난다. 순국문체는 국어 구문이나 고유어를 살리려는 노력으로 이어지는 표기체이다. 구결식 한문체는 한문체에서 국한문체로 바뀌는 과정에서 잠정적으로 나타났던 표기체 유형이다.[2] 임상석은 근대계몽기 잡지의 국한문체를 1유형－한문 문장체, 2유형－한문 구절체, 3유형－한문 단어체, 그리고 『소년』의 문체 등 네 가지로 구분한 바 있다. 1유형에서는 한문 접속어와 종결어미를 그대로 사용하여 한문 문장이 거의 완결된 형태로 실현된다. 2유형은 한문 문장은 해체된 상황이지만 구절들은 그대로 남아 있어 한문의 통사구조와 수사법이 직접적으로 문면에 나타난다. 3유형은 한문 구절들도 단어의 수준으로 분절되어 국문의 통사구조가 문장을 완성하는 원리가 된다. 『소년』의 문체는 여러 가지 측면에서 당시 국한문체와는 이질적 양상을 나타낸다.[3]

---

1 예를 들면 한영균은 표기 수단으로 한자를 섞어 쓴 글을 가리킬 때는 '국한 혼용문(國漢 混用文)'이라는 용어를 쓰고, '국한 혼용 문체(國漢 混用 文體)'는 표기 수단과는 무관하게 한자어(漢字語)에 대한 문식성(文識性, literacy)을 전제로 한 글쓰기의 결과로 나타나는 문체를 가리키는 것으로 구분해 사용한다. 한영균은 '국한문혼용체(國漢文混用體)'라는 용어는 근대계몽기라면 모르겠으나 오늘날의 학술 용어로는 적절하지 않다고 지적한다. 그 이유는 '국한문(國漢文)'이라는 용어가 문체가 아니라 글에 사용한 문자(文字)를 가리키기 때문이다. 한영균, 「현대 국한 혼용 문체의 정착과 어휘의 변화」, 『국어학』 제51집, 2008, 232~233쪽 참조.

2 김홍수, 「이른바 개화기의 표기체 유형과 양상」, 『국어문학』 제39집, 2004, 75쪽 참조.

최근의 문체 연구에서 발견되는 공통점은 기존에 국한문혼용체로 통칭하던 문장 유형을 국한문혼용체와 국한자혼용체로 분류해 내고 있다는 점이다.[4] 기존의 연구 성과들을 바탕으로,[5] 국한문혼용체의 문장들을 재분류하면 결국 다음의 네 가지 유형으로 정리가 가능하다.

첫째. 국한문혼용체 제1유형 : 한문 구조를 기본으로 하면서 한글을 일부 사용한 문장.

예) 以其有學識而謂之니然則人不可以無學이오學不可以無序라學有小子大人之學ㅎ고覺有先覺後覺之覺ㅎ니苟非生知之聖이면必資學問而覺이오學問不可個人而獨成이라(「祝詞」,『奬學月報』, 1908.2, 8~9쪽).

둘째. 국한문혼용체 제2유형 : 한글 구조를 기본으로 하면서 한문 구문을 일부 사용한 문장.

---

3 임상석, 『20세기 국한문체의 형성 과정』, 125쪽 참조.

4 임상석의 한문단어체는 김홍수의 분류 중 국한자혼용체와 유사한 것으로 볼 수 있다.

5 앞에서 언급한 연구 성과 외에도 민현식과 홍종선 등의 연구를 추가로 살펴볼 필요가 있다. 민현식은 근대계몽기의 문체 변화 단계를 문체 실험기(1880~1894), 문체 경쟁기(1894~1904), 현토체 정착기(1904~1910) 등으로 구분한 후, 그 기간에 존재했던 문체들을 현토식 국한문체, 구결식 국한문체, 전통국한문체, 한글체 등으로 나누어 정리했다. 이에 대한 상세한 논의는 민현식, 「개화기 국어문체에 대한 종합적 연구(1)」, 『국어교육』 제83집, 1994, 113~152쪽 및 「개화기 국문문체에 대한 종합적 연구(2)」, 『국어교육』 제84집, 1994, 101~123쪽 참조. 홍종선은 근대계몽기 문체를 기본적으로 문어체와 구어체의 두 가지로 분류한 후, 당시 문헌에 나타난 언어의 모습은 결국 문어체에서 구어체로 향하는 과도기적 양상을 띤다고 정리했다. 문어체와 구어체는 각기 그 표기 문자에 따라 국한문체와 한글체로 나뉘는데, 문어체 가운데 국한문체는 한문구 국한문체, 한문어 국한문체 그리고 우리말 국한문체로 다시 나눌 수 있다는 것이다. 여기서, 한문구 국한문체는 한문으로 이루어진 구절 단위에 한글에 토를 단 문장이다. 그러나 이 문장 역시 통사 체계는 기본적으로 국어의 구조를 갖추고 있어 한문문장에 우리말 토를 단 현토문과는 구별된다. 한문어 국한문체는, 한문구 국한문체가 좀 더 국어에 가깝게 변화한 문장이다. 통사 구조는 구절 안에서도 국어의 체계를 가졌으나, 한문식으로 된 단어가 자주 나타나는 문장이다. 우리말 국한문체는 훈민정음으로 쓰여진 문헌에서도 보이던 전통적인 국한문체로, 이후 대다수 언해본에서 쓰인 문체이다. 홍종선, 「개화기 시대 문장의 문체 연구」, 『국어국문학』 제117호, 1996, 35~37쪽 참조.

예) 人類가相集ᄒᆞ야社會를結合ᄒᆞᆫ形成을考察ᄒᆞ랴면社會學을不可不質이오且政治社會에人心의 變化를知코저ᄒᆞᆯ진ᄃᆡ心理學을不可不徵이오欲進而明人類之學인ᄃᆡ生物學을不可不溯오至若物理學ᄒᆞ야ᄂᆞᆫ以圖表之ᄒᆞ니政治學의地位가如左ᄒᆞ니라.(「政治原論」, 『朝陽報』, 1907.1, 16쪽)

셋째. 국한자혼용체 제1유형 : 한글 구조를 기본으로 하면서 단어 표기에 한자를 주로 사용한 문장.

예) 人類를全有機生活體의關係中에排置한것이따―윈 一派學說의 眞髓이다. 大抵同學說은 宗教的詩人或哲學者의空想에反對하야우리人類도亦是他種族과가치全動物界의一支族인대簡易同形한生活體되는共通한根幹으로부터發生된것으로解釋한다.(「따―윈의 淘汰論과 社會的進化」, 『학지광』, 1919.1, 16쪽)

넷째. 국한자혼용체 제2유형 : 한글 구조를 기본으로 하면서 단어 표기에 한자를 일부 사용한 문장.

예) 본인이해너외와 사면팔방을 휘휘 도라단니다가 엇그졔고토라고 도라와얼마동안 귀먹고 눈어둡게 셰월을 지너나오다가 맛참一日은 東京친구 秋湖君이 「녀즈계」란잡지를 「포켓트」속에서부터 내여서 보라하거늘 내가 그녀즈계란소리를 듯고 먹엇던귀가 다시 열니며 그녀즈계란글자를 빗쵬의 어두엇든눈이 다시, 밝것습니다. (「育兒에 對한 二大注意」, 『女子界』, 1918.3, 52~53쪽)

국한문혼용체 제1유형은 한문 구문이 바탕이 되는 문장이다. 국한문혼용체 제2유형은 문장의 전체 구조는 한글 구조이지만, 중간에 한문 구문이 일부 남아 있는 문장이다. 국한문혼용체 제1유형과 제2유형의 차이점은 문장의 기본 구조가 각각 한문과 한글로 다르다는 것이다. 그러나, 이들 문장에는 한문 구문이 포함되어 있기 때문에 문맥을 이해하기 위해서는 한문에 대한 해독력이 필요하다는 공통점이 있다. 국한자혼용체 제1유형과 제2유형은 한자만 읽을 수 있다면 한문에 대

한 지식 없이도 문장 전체의 의미 파악이 가능하다.[6]

국문체 문장은 문자적 의미로만 보면 '순한글로 쓴 문장'을 지칭한다. 하지만 근대계몽기의 문자사용 현실을 염두에 둘 때, 국문체 문장이 완벽하게 순한글로만 표기한 문장을 의미한다고 보기는 어렵다. 국문체 문장을 '순수 한글로만 쓴 문장'이라고 정의할 경우, 그 정의는 실제 문자사용 현실을 반영하지 못한다. 근대 자료들에는 순수하게 한글로 쓴 문장들이 계속 이어지다가 특정 부분에서 한자(漢字)로 쓰인 낱말들이 한두 개 나타나는 사례가 적지 않다. 절대적 문자주의에만 얽매인다면, 이러한 문장들 또한 국한자혼용체 문장으로 분류될 가능성이 있다. 그렇게 분류할 경우, 즉 완벽하게 순한글로 표기한 문장만을 국문체로 분류할 경우 한국 근대문학사에서 순수 국문체 작품이란 거의 존재하지 않게 된다.[7]

국문체 문장 여부를 판별하는 기준은 표기 언어로 기본을 삼되 문단의 전체 구조와 중심 언어의 역할을 중시하는 것으로 정리되어야 한다. 한자를 괄호 속에 표기한 경우는 물론이고, 한자를 본문에 직접 노출시킨 경우도 국문체 문장으로 분류되는 사례가 나타날 수 있는 것이다.[8]

---

6 근대계몽기에 국한문혼용체 사용이 일반화 된 이유에 대해서는 아직까지 명확하게 논의된 바가 없다. 참고로, 고영진은 언문일치법을 국한문혼용체와 연관지어 설명한 바 있어 주목을 끈다. 고영진의 연구에서는 "첫째로 「당시에는 언문일치라는 용어가 잘못 이해되고 있었다」, 둘째로 「당시의 '언문일치' 개념은 오늘날과 달랐다」의 두 가지 가능성을 생각해 볼 수 있다. 물론 첫째와 같이 생각해 버리면 해결책은 무척 간단하나, 그 경우에는 일관되게 '언문일치'라는 말이 여기저기에서 비슷한 뜻으로 사용되고 있었다는 사실을 설명하기가 어려워진다"(고영진, 「한국어의 근대문체 연구 서설」, 『20세기 초 동아시아의 언어관 – '국어'와 '국문'을 중심으로』, 연세대 근대한국학연구소 제9회 국제 학술 심포지엄 자료집, 2011, 별지 2쪽)라는 견해를 제시한 바 있다. 이와 관련된 상세한 내용은 자료집 83~94쪽 참조.

7 근대 한글 장편소설의 효시로도 일컬어지는 이광수의 작품 『무정』 역시 이러한 경우에 해당된다.

8 기존에 집필된 대부분의 문학사 저술들에서도 국문체 문학 작품에 대한 분류는 실제로 이러한 기준을 적용했던 것으로 보인다. 다만, 그 기준을 명시적으로 제시하지 않았을 뿐이다.

2) 표기 유형

근대계몽기의 문체에 대한 논의는 표기법의 문제와도 분리가 불가능하다. 근대계몽기 이후에는 한자와 한글뿐만 아니라 일본어까지 활용한 매우 독특한 표기 형태들이 존재했다. 이들 표기 형태 가운데 일부는 한국 근대소설사의 전개 과정에서 비교적 중요하게 활용되었다. 근대계몽기에 볼 수 있는 다양한 문장 표기의 유형을 몇 가지 제시해 보면 다음과 같다.

(A) 부속국문체 표기 : 본문을 국한문으로 인쇄하고 한자 낱말 위에 한글을 부속 활자로 덧붙여 인쇄하는 표기.

예) 新聞의 效力으로 言홀진디 個人의 智識모 啓發홀 쁜 아니라 一則 國際의 關係와 政治의 挽回와 甚至戰爭을 激成ᄒᆞ며 平和ᄅᆞᆯ 恢復ᄒᆞᄂᆞᆫ 一機關이오 二則 善을 彰ᄒᆞ며 惡을 懲ᄒᆞ고 上化가 下에 浹ᄒᆞ며 下恫이 上에 達케ᄒᆞ며 加之生活上 步趣와 開化的階級이 各히 個人의 品性資格을 隨ᄒᆞ야 水의 漸漬홈과 如히 全國을 開導誘掖ᄒᆞᄂᆞᆫ 一槖鑰이니 生存競爭의 時代ᄅᆞᆯ 遭遇ᄒᆞ야 新聞社會의 多數興旺홈이 亦是 人民을 警省ᄒᆞᄂᆞᆫ 處處遒人의 一木鐸이라 謂홀지로다. (오세창, 「사설」, 『만세보』, 1906.6.17)

(B) 부속한문체 표기 : 본문을 한글로 인쇄하고 한글 낱말 위에 한자를 부속 활자로 덧붙여 인쇄하는 표기.

예) 진흙물에도 련꼿이 나니 챵류엔들 츈향이 업슬소냐 지여낸 사람이라 ᄒᆞ지마라 것과 속과 말과 일이 참으로 어름가치 맑고 옥가치 깨끗홀진디 나는 그 우상 압헤 절홀것이오 업ᄂᆞᆫ일이라 ᄒᆞ지마라 놈과 년과 압서와 뒤서가 한갈

가치 산악처럼 굿고 금셕처럼 밋블진ᄃᆡ 나는 그 가작 속에서큰 교훈을 기러낼 지니 츈향의 눈물은 만고 졍녀의 만흔 셜흠을 도취ᄒᆞᆫ것이오 리도령의 한숨은 텬하 졍남의 긴 ᄒᆞᆫ을 총합ᄒᆞᆫ것이오 쳔리 산하에 리랑츈낭이 애가 마르고 속이 탐은 곳 텬하만고 가인ᄌᆡᄌᆞ의 격고 늣기ᄂᆞᆫ 일과 생각을 ᄃᆡ포ᄒᆞᄂᆞᆫ것이라어린 산아희와 어린 계집아희가 문벌은 귀쳔이 틀니고 거쥬ᄂᆞᆫ 경향이 다른ᄃᆡ 온갓 어려움을 격그면서도 서로 ᄒᆞᆫᄒᆞ고 의심ᄒᆞᄂᆞᆫ일 업시 깨긋으로 비롯ᄒᆞᆫ 관계를 깨긋으로 결국ᄒᆞᄂᆞᆫ 일편졍ᄉᆞ에 뉘 능히 감흥차탄홈을 금ᄒᆞ리오 렬녀의 거울은 내 셩츈향에 보고 졍랑의 본은 내 리몽룡에 보앗도다(『고본 춘향젼』, 신문관, 1913, 1~2쪽).

(C) 한일병기체 표기 : 한글과 일본어를 나란히 적는 표기. 이는 다시 부속일문체, 부속국문체, 병렬체 등으로 세분화된다.

(C-1) 한일병기 부속일문체 표기 : 본문을 국한문으로 인쇄하고 한글 위에 일본어를 부속 활자로 인쇄하는 표기

예) 左記圖書中에ᄂᆞᆫ世間에往往學部編纂이라稱ᄒᆞᄂᆞᆫ者가有ᄒᆞ나實際事實은不然ᄒᆞ야擧皆學部印刷圖書라홈에不過ᄒᆞᆫ者인즉私立學校에서此等圖書ᄅᆞᆯ教科書로使用코자ᄒᆞᄂᆞᆫ境遇에ᄂᆞᆫ私立學校令第六條第二項에依ᄒᆞ야學部大臣의認可ᄅᆞᆯ受홈이可홈 (학부편집국(學部編輯局), 『교과용도서일람(教科用圖書一覽)』, 1910, 3쪽)

(C-2) 한일병기 부속국문체 표기 : 본문을 일본어로 인쇄하고 순수 일본어[カナ] 위에 한글을 부속 활자로 인쇄하는 표기

예) 私立學校ニ於テ前條第一項ノ教科用圖書ヲ用ヰタルトキハ其ノ圖書ノ名稱, 冊數, 使用スル學年, 著譯者及發行者ノ氏名, 發行年月日ヲ具シ朝鮮總督ニ届出ツヘシ

前條第二項ノ圖書ヲ用ヰムトスルトキハ其ノ圖書ノ名稱, 冊數, 使用セムトスル學年, 著譯者及發行者ノ氏名, 發行年月日ヲ具シ 申請スヘシ(조선총독부(朝鮮總督府), 『교과용도서일람(教科用圖書一覽)』, 1917, 1~2쪽).

(C-3) 한일병기 병렬체 표기 : 일본어 문장과 한국어(한글) 문장을 반복해 나란히 적는 표기

예) 古人は仁義 忠 孝を重んじ、今人は自己の利益と權利とを重んず、

고인은인의와츙효를즁히녁이고, 금인은ᄌᆞ긔의리익과권리를즁히녁히ᄂᆞ니,

古人は自れの親の命ずる所には斷じて背かず如何なる服從の重稅をも

고인은ᄌᆞ긔어버이의명ᄒᆞ는바를단졍코비반치아니ᄒᆞ야ᄋᆞ모리복종키어려운일

納めき、卽ち父 々たらざるも、子は子たるの道を守りしが、

이라도봉힝ᄒᆞ야, 아비가, 아비되지못ᄒᆞ야도, 아달은아달된도리를직키더니,

今人は然らず、未だ中學に通へる程の年小者にして、動もすれば親の

지금ᄉᆞ롬은불연ᄒᆞ야, 아직즁학에다닐만ᄒᆞᆫ연소ᄒᆞᆫ쟈도, 툭ᄒᆞ면어버이의

命令に反抗し辨駁する者すら尠なからず、是れ豈人の父たる人にして、

명령을반ᄃᆡᄒᆞ야박론ᄒᆞ는쟈도즈읏지아니ᄒᆞ니, 이는혹사ᄅᆞᆷ의ᄋᆞ비된쟈가,

(현공렴, 『동각한매(東閣寒梅)』, 문명사, 1911, 1쪽)

(D) 일본어 음성 한글 표기 : 일본어를 한글로 발음해 소리 나는 대로 적는 표기

예) 兄님들께서 말도다르고風俗도다른곳을向하야오실때汽車가到着되야停車場에서리실때브터 따른집 艱難에 逼迫으로 一個月二三次는가시마를 찻게되매 한달이면十五日은집찻는날노 犧牲을하게되나 如意하게집도엇지못하고 눈이병어눈이되도록 가시마써붓친집을찻다가 千幸으로하나잇스면 그립든父母

나 뵈온 듯이 뛰여드러가「고멘구다사이」한다음에는「오다구노니가이니가시마고자이마스가」하면저편에서는「온나나라고도와리시마스」하는집도잇고 엇던집에서는「하이고자이마스」한후에 이약이해보고는「죠센진나라싯스레이데스아오고도와리이다시마스」하는 집도 잇고 엇던집에서는自己나라사람인줄알고 親切하게許諾하엿다가 잇흔날짐실녀가지고가면 밤사이로 변하야 六圓에빌니겟다고하든 것을 十二圓을달나든지 그래도잇겟다면 벌서다른사람이왓다고하든지해서 핑계를하니 工夫는해야하겟고 집은업고거리에나설경우가만흠으로 처음부터 마음을정돈하야 工夫는못하게되고 오나 가나 집걱정뿐이요…….

(박승호(朴承浩),「業을맛츠시는여러兄님들의게올님」,『여자계』, 1920.6, 1쪽)

유형 (A) 부속국문체 표기는「훈민정음」등을 비롯한 여러 문헌에 이미 사용된 바 있다. 근대계몽기에는『만세보』가 이를 본격적으로 활용하였고 이후『대한민보』와『기독신보』등 여타 신문과 유길준이 저술한『노동야학독본』등 단행본에서도 어렵지 않게 발견할 수 있다.『만세보』가 부속국문체를 사용한 가장 큰 이유는 한자를 모르는 대중 독자들이 한자를 쉽게 읽을 수 있도록 배려하는 데 있었다. 아울러, 한 장의 신문으로 국한문 독자와 한글 독자를 모두 흡수할 수 있다는 판단 때문이기도 했다.『대한민보』,『기독신보』등의 매체가 부속국문체를 사용한 목적은『만세보』의 경우와 큰 차이가 없었다.『노동야학독본』이 부속국문체를 활용한 이유는 이러한 표기법이 한자 교육에 유용한 것으로 판단했던 때문으로 보인다.[9] 부속국문체 표기는 1920년

9 『만세보』의 부속국문체 표기 관련 논의는 김영민,「『만세보』와 부속국문체 연구」, 415~453쪽 참조.『노동야학독본』의 경우는 김영민,「근대계몽기 문체 연구－유길준을 중심으로」,『동방학지』제148집, 2009, 391~428쪽 참조.

대까지도 지속적으로 사용되었다. 1920년대 중반에 간행된 『조선동요집(朝鮮童謠集)』(창문사, 1924), 『조선동화대집(朝鮮童話大集)』(한성도서주식회사, 1926) 등 단행본에서도 이 표기를 매우 적극적으로 활용한 바 있다. 『조선동요집』의 서언(序言)에서는 이러한 표기의 이유를 "本書의 特色은 朝鮮文 과 漢文을 混用하야 男女老少를 勿論하고 어느 程度일지라도 愛讀에 便宜케하야……"[10]라는 말로 설명한다. 이러한 방식의 표기가 남녀노소의 독서에 도움이 된다는 주장이다.

유형 (B) 부속한문체 표기는 「관동별곡」 등 조선시대 시가(詩歌)에서 주로 활용하던 표기법이다. 이는 인쇄 공간을 많이 차지하기 때문에 산문(散文) 문장에서는 활용하기 어려운 표기체이나, 신문관에서 간행한 최남선의 『고본춘향전』 등 일부 자료에서 간혹 활용한 사례가 발견된다. 유길준의 『노동야학독본』에서도 「육조가(六條歌)」 등 시가를 인쇄할 때는 이 표기를 사용한 바 있다. 『고본춘향전』에서 한글에 부속 한자를 추가한 이유는 한자의 부기(附記)가 원문의 뜻을 명확히 할 수 있다고 생각했던 때문으로 보인다. 『대한민보』 등 정기간행 대중 매체에서도 이와 동일한 목적 아래 부속한문체를 사용한 경우가 가끔 있다. 『노동야학독본』의 경우 시가(詩歌)에서만 부속한문체를 사용한 이유는 시가가 산문에 비해 인쇄 공간이 여유가 있었기 때문이다.

유형 (C) 한일병기체 표기는 근대계몽기 이후 등장한 새로운 표기 방식 가운데 하나이다. 이러한 표기는 주로 단행본에서 많이 사용되었다. (C-1) 한일병기 부속일문체 표기는 본문에 한자와 한글을 적고, 그 중 한글에만 일본어 부속 활자를 붙여 인쇄한 것이다. (C-2) 한일병기 부속국문체 표기는 본문을 일본어 즉 한자(漢字)와 가나(カナ)로 적고,

10 엄필진, 『조선동요집(朝鮮童謠集)』, 창문사, 1924, 1쪽.

이 가운데 가나(カナ)에만 한글 부속 활자를 붙여 인쇄한 것이다. (C-1)과 (C-2)는 동일한 아이디어를 바탕으로 삼은 표기법이다. 이러한 표기는 조선인과 일본인 모두가 해독이 가능한 문장을 만들려는 취지에서 나온 것으로 보인다. 다만 차이가 있다면 (C-1)은 한국어를 위주로 한 표기이고 (C-2)는 일본어를 위주로 한 표기라는 점이다. 즉, 문장의 중심을 이루는 언어에 차이가 있는 것이다. 이러한 차이는 두 예문이 쓰인 시기가 각각 한일병합 이전과 이후라는 사실에서 연유한다. 유형(C-1)의 예문은 1910년 1월 「학부편집국」이 간행한 『교과용도서일람』에서, (C-2)의 예문은 1917년 11월 「조선총독부」가 간행한 『교과용도서일람』에서 뽑은 것이다. 여기에 인용한 사례 외에도 현재 확인할 수 있는 『교과용도서일람』들 가운데 「학부편집국」이 간행한 것들은 모두 (C-1) 즉 한일병기 부속일문체 표기로 되어 있으며, 「조선총독부」가 간행한 것들은 모두 (C-2) 즉 한일병기 부속국문체 표기로 되어 있다. 「학부편집국」이 발행한 한글 중심의 부속일문체 『교과용도서일람』의 최종판은 한일병합 직전인 1910년 7월에 간행된 증보제5판(增補第五版)까지 확인할 수 있다. 이후의 자료들은 모두 「조선총독부」가 발행한 것으로 여기서는 중심 문장이 한글이 아니라 일본어로 바뀌게 된다. 유형(C-3) 한일병기 병렬체 표기는 한글과 일본어를 같은 크기의 활자로 나란히 인쇄하는 것이다. 예문으로 제시한 『동각한매』에는 표제 앞에 일선어 신소설(日鮮語 新小說)이라는 수식어가 붙어 있다. 『동각한매』의 저작겸 발행자였던 현공렴(玄公廉)은 이 작품 외에도 『쥭셔루(竹西樓)』(일한인쇄주식회사, 1911) 등의 일선어 신소설과 『일선담화(日鮮談話)』(대창서원, 1915), 『일선골계화(日鮮滑稽話)』(대창서원, 1915) 등의 다양한 저술을 한일병기 병렬체로 간행한 바 있다. 한일병기 병렬체로 인쇄된 책들은 일종의 대역본(對譯本)에 속한다. 이러한 대역본들은 한일병합 직후에 집중적으로 등장했다.

유형(D) 일본어 음성 한글 표기는 수필이나 소설 등의 대화 부분에서 주로 나타난다. 이 표기는 대화 상황을 현실감 있게 전달하려는 목적으로 사용되었던 것으로 보인다. 이는 『만세보』, 『매일신보』 등 신문에서 이따금 발견할 수 있으며, 이광수 등 근대문학 작가들의 작품에서도 일부 활용된 바가 있다.[11]

2. 근대계몽기 한글 소설의 정착 과정

한국의 근대 매체에서 한문 사용의 관습은 비교적 오랫동안 지속되었다. 관보(官報)였던 『한성순보』와 『한성주보』뿐만 아니라, 민간신문이었던 『황성신문』, 유학생잡지 『친목회회보(親睦會會報)』(1895), 학회지 『대한학회월보(大韓學會月報)』(1908) 등에서도 순한문으로 된 글들을

11 소설의 표기 방식과 연관된 최근의 연구로 이윤석의 「조선시대 소설의 표기문자에 따른 몇 가지 문제」가 있다. 이윤석은 조선시대 소설을 표기문자에 따라 분류하면 한자로 쓴 소설과 한글로 쓴 소설 두 가지로 나눌 수 있으며, 이는 다시 다음과 같이 세분될 수 있다고 정리한다. 첫째, 본문을 한글로만 쓴 것. 여기에는 띄어쓰기를 한 것과, 하지 않은 것이 있다. 둘째, 한글 본문에 한자를 병기한 것. 여기에는 한자를 괄호 안에 넣고 띄어쓰기를 한 것, 한자를 괄호 안에 넣고 띄어쓰기를 하지 않은 것, 본문은 한글로 쓰고 난 외에 한자를 쓴 것, 한글 본문의 오른쪽에 한자를 붙인 것, 순한글 단어에 대응하는 한자를 오른쪽에 붙인 것, 한글 본문에 일본어를 붙인 것 등이 있다. 셋째, 본문에 한자와 한글을 섞어 쓴 것. 여기에는 모든 한자에 한글 음을 단 것, 한자의 훈을 쓴 것이 섞여 있는 것 등이 있다. 넷째, 한문 현토. 여기에는 기존에 있던 것과 새로 창작한 것이 있다. 이윤석, 「조선시대 소설의 표기문자에 따른 몇 가지 문제」, 『언어 / 서사 / 권력』 제1회 연세대학- 히토츠바시대학 국제공동학술대회 자료집, 2011, 7~19쪽 참조.

어렵지 않게 발견할 수 있다. 심지어 순한글 잡지를 지향하던 『녀ᄌᆞ지남(女子指南)』(1908.4) 등 여성지들의 경우도 일부 필자의 투고를 순한문으로 게재한 바 있다. 그러나, 문예물에서는 일반 기사의 경우와는 달리 일찍부터 한문이 사라지고 그 자리를 국한문 및 한글 작품들이 채워가게 된다. 한국 근대 매체에 최초로 수록된 서사문학 자료는 『한성순보』에 실린 「아리스토텔레스전[亞里斯多得里傳]」(1884.6.14)이다. 「아리스토텔레스전」은 중국 자료를 활용한 번역물로 판단된다. 「아리스토텔레스전」은 『한성순보』의 편집 원칙에 따라 순한문으로 기재되었다. 「아리스토텔레스전」 이후 한국 근대계몽기 인쇄 매체에서는 순한문으로 기록된 서사문학 자료는 거의 발견되지 않는다.[12]

근대계몽기 지식인 집단의 일반적인 문체 사용 궤적은 순한문→국한문→한글의 단계적 변화 과정을 거쳤다. 근대문학사를 이해하는 데에도 이 도식은 어느 정도 유용하다. 하지만, 문학사의 전개 과정에는 그것이 꼭 순차적으로만 진행되었던 것은 아니다. 근대계몽기 문학 작품의 경우는 국한문과 한글이 거의 동시에 독자(讀者)를 분할(分割)하는 형식으로 자리를 잡아가기 때문이다. 물론 근대계몽기 매체에서 국문체 소설이 국한문체 소설보다 늦게 등장했다는 점만은 분명하다. 하지만 그들 사이의 시차(時差)가 특별한 의미를 지닐 만큼 큰 것은 아니다. 국한문혼용체 및 국한자혼용체, 국문체와 부속국문체 등의 다양한 표기 방식을 활용한 서사문학 작품들은 커다란 시간적 거리를 두고 변화했다기보다는 약간의 시차를 두고, 거의 동시다발적으로 출현한 이후 공존하는 양상을 보인다. 문학 작품이 상품적 가치를 지니게 되면

12 「아리스토텔레스전[亞里斯多得里傳]」에 대한 상세한 논의는 김찬기, 「『한성순보』 소재 「아리스토텔레스전」에 관한 연구」, 『한국 근대소설의 형성과 전』, 소명출판, 2004, 231~252쪽 및 김영민, 「근대적 문학 제도의 탄생과 근대문학 지형도의 변화」, 『사이』 제5호, 9~50쪽 참조.

서, 국한문체와 국문체 시장이 거의 동시에 조성되어 공존한 것이 근대계몽기의 현실이었던 것이다. 이 시기에는 국한문 소설의 작가들뿐만 아니라 한글 소설 작가들 역시 전통적 한문 교육을 받고 성장한 지식 계층이었다. 한문을 향유하던 지식층들이 수용자 계층의 요구에 맞추어 새로운 문체를 구사하기 시작하면서부터 한국 근대문학은 새로운 길로 들어서게 된 것이다. 한문을 익히고 성장한 지식층들이 국한문혼용체 및 국문체로 작품을 창작하게 된 데에는 계몽적 의도가 가장 크게 작용했다. 계몽적 의도는 점차 상업적 의도와 어울리게 되었고, 그 결과 한글 작품의 창작이 더욱 활성화되는 현상이 나타나게 되었던 것이다.

근대계몽기 매체에 최초로 수록된 한글 서사 자료는 『한성신보(漢城新報)』에 연재 발표된 「조부인전(趙婦人傳)」(1896.5.19~7.10)이다. 1894년 11월 창간 이래 국한문 작품만을[13] 주로 싣던 『한성신보』가 한글 작품을 연재하기 시작한 것은 이 신문의 지면 개량 계획과 관련이 있다. 일본 외무성의 자금을 토대로 간행되던 격일간 신문 『한성신보』는 아관파천(俄館播遷) 등의 정치적 사건과 맞물리면서 구독자 수가 급격히 감소한다. 이러한 상황을 탈피하기 위해 『한성신보』는 지면을 개편하고 대중 독자의 관심을 끌기 위한 여러 가지 시도를 하게 되는데, 그 시도 중 하나가 국문 서사문학 작품들의 연재였다. 『한성신보』는 한글 소설의 연재를 기획하면서 그 첫 작품을 여성들의 관심을 끌만한 것으로 선정했다. 이는 소설란을 통해 부녀자를 계도하겠다는 지면 개량안(紙

13 「조부인전」에 앞서 『한성신보』는 「나보레언(拿破崙傳)」(1895.11.7~1896.1.26) 등 5편의 서사물을 연재한 바 있다. 이들은 모두 국한문 작품들이다. 『한성신보』의 서지 및 수록 작품에 대한 상세한 논의는 김영민, 『한국의 근대 신문과 근대소설 2 : 한성신보』, 소명출판, 2008, 11~120쪽 참조.

面 改良案)의 성과이기도 했다. 「조부인전」에서는 명문귀족의 딸이 영웅호걸로 변해가는 과정이 중심 서사를 이룬다. 「조부인전」은 가정소설처럼 시작되어 영웅 군담소설의 면모를 보이며 마무리된다. 문체적 특질을 살피기 위해 작품의 도입부를 일부 인용하면 다음과 같다.

> 화셜도광년간의강도ᄯᅡ의명문귀족이ᄒᆞᆫ집잇스니승은조씨요이름언익셩이라그부친의이름언 계림이니벼술은예부샹셔요물망과덕힝이일셰의ᄌᆞᄌᆞᄒᆞ야사민의ᄇᆞ라고우러보는바일너니하놀이슈를빌니시지아니ᄒᆞ셔셔사십여셰의셰샹을하직ᄒᆞ니악기지아니ᄒᆞ는쟈ㅣ업더라ᄋᆞ돌을둘을 두엇스니맛ᄒᆞ돌은곳익셩이요둘직ᄋᆞ돌은긔셩이니익셩은긔우가헌앙ᄒᆞ고지긔과인ᄒᆞ며춍명이 출즁ᄒᆞ고지모가비범ᄒᆞ더니밋나히쟝셩ᄒᆞ여셔ᄒᆞᆨ문을닥그미문무겸비ᄒᆞᆫ국가동냥지지가되는지라일즉청운의올나환로를당ᄒᆞ미진심진츙ᄒᆞ야긔이ᄒᆞᆫᄉᆞ업이만코황졔ᄶᅦ셔도그ᄃᆡᄃᆡ츙신의ᄌᆞ손으로지긔가비범ᄒᆞ며ᄒᆞᆨ식이츌등ᄒᆞᆫ것슬보시고크게ᄉᆞ랑ᄒᆞ시고깁히밋드시더니북방의란리가 크게일어ᄂᆞ셔텬하가소동ᄒᆞ거늘황졔가깁히근심ᄒᆞ셔죠졍에문무겸비ᄒᆞᆫ신하를보ᄂᆡ셔진무ᄒᆞ라 ᄒᆞᆫ즉익셩의우히업ᄂᆞᆫ지라이에대신과의논ᄒᆞ시고익셩으로ᄒᆞ야금진북대쟝군병마도독을시기셔슈만군ᄉᆞ로ᄒᆞ여금츌젼케ᄒᆞ셧더니과언나가셔큰공을셰우고개가를불으며도라오니황졔ᄶᅦ셔 크게깃버ᄒᆞ셔셔그훈로를갑흐실ᄉᆡ익셩으로ᄒᆞ여금병부상셔의강도후를봉ᄒᆞ시고죠졍대ᄉᆞ를 의논ᄒᆞ시더니슈년후에황제가세상을버리시고ᄐᆡᄌᆞ가즉위ᄒᆞ시ᄆᆡ외척대신덜이권셰를닷투ᄂᆞᆫ지라[14]

이 작품은 '화셜'로 시작되는 상투적 서두나, 문장의 전반적 형태 등에서 전형적인 고전소설의 모습을 띠고 있다. '−이라' '−더라' '−ㄴ지

14 「조부인젼(趙婦人傳)」, 『한성신보』, 1896.5.19.

라' 등은 한글 고소설에서 흔히 볼 수 있는 종결어미들이다. '쟈ㅣ'에서처럼 주격조사 'ㅣ'를 사용하는 것 역시 고소설의 한글 표기와 별다는 차이가 없다. '강도ᄯᅡ의' '황졔 ᄭᅦ셔도'에서처럼 'ㅼ' 'ㅺ' 등 합용병서(合用竝書)의 사용 역시 그러하다. 이렇게 보면 「조부인전」은 근대계몽기 신문에 연재된 소설이면서도 비교적 오래된 투의 국문체로 쓰인 작품임을 알 수 있다.[15] 『한성신보』는 「조부인전」 이후에도 「신진사문답기(申進士問答記)」(1896.7.12~8.27), 「기문전(紀文傳)」(1896.8.29~9.4) 등 20여 편의 한글 작품을 더 연재한다. 창작 서사물이었던 「신진사문답기」와 일본 작품의 번역물이었던 「기문전」 등의 문장도 「조부인전」의 문장과 큰 차이가 없다. 이러한 문장 형태는 『한성신보』에 수록된 마지막 국문체 서사물 「노상청문(路上聽聞)」(1904.1.15)에 이르기까지 별다른 변화 없이 거의 그대로 이어진다.

『한성신보』에 이어 한글 서사물을 게재한 매체로는 『죠선크리스도인회보』(1897.2)와 『그리스도신문』(1897.4) 등의 기독교 신문들이 있다. 『죠선크리스도인회보』에는 「콘으라드가 환가ᄒᆞᆫ 일」(1897.3.31), 「됴와 문답」(1897.5.26) 등 20여 편의 한글 자료가, 『그리스도신문』에는 「코기리와 원숭이의 니야기」(1897.5.7) 등 10여 편의 한글 자료가 실려 있다. 이 가운데 각 신문의 첫 서사물들인 「콘으라드가 환가ᄒᆞᆫ 일」과 「코기리와 원숭이의 니야기」의 서두를 인용하면 다음과 같다.

15 「조부인전」의 문장에 대해서는 다음과 같은 지적이 있다. "敍述에 있어서 文章은 古代小說의 그것과 같이 안이하고 평면적인 敍述體 文章이다. 古代小說(朝鮮朝小說)의 律文體는 벗어났으나 說話調 문장인 …이라, …허더라, …음이라, …ᄒᆞ눈가 등의 文體는 여전하며 또 하나 文體上의 특징으로는 이들 작품이 漢文熟語와 典故에 많은 표현을 의존하고 있는 점이다." (한원영, 『한국 개화기 신문 연재소설 연구』, 일지사, 1990, 255쪽)

지금 노웨라 ᄒᆞ는 나라에 ᄒᆞᆫ 적은 동리 잇는ᄃᆡ 그 동리 ᄒᆞᆫ ᄇᆡᆨ셩의 집 문지방 우에 나무로 ᄒᆞᆫ 학을 삭여 부쳣는지라 지금 유젼ᄒᆞᆫ 니아기에 그 집에셔 네젼에 ᄒᆞᆫ ᄋᆞ희가 사롯는ᄃᆡ 일홈은 콘으라드라 ᄒᆞ는 ᄋᆞ희라 그 집 근쳐에 ᄒᆞᆫ 학이 ᄆᆡ년 여름이면 와셔 집을 짓고 사는지라 콘으라드가 그 학을 ᄆᆡ우 ᄉᆞ랑ᄒᆞ야 오면 음식을 먹여 기르더니 그 후에 그 ᄋᆞ희가 ᄌᆞ라 소년이 되엿는지라 우연이 제 모친을 비반ᄒᆞ고 집을 ᄯᅥ나 ᄒᆡ상으로 ᄯᅩ 도라 ᄃᆞᆫ니는지라 콘으라드 나간 후에도 그 학은 여젼히 여름이 되니 제 집을 차져 오는지라 콘으라드의 어머니가 나간 ᄌᆞ식을 ᄉᆡᆼ각ᄒᆞ여 그 학을 보고 ᄉᆞ랑ᄒᆞ여 먹이더니 콘으라드는 ᄒᆡ상으로 ᄯᅥᄃᆞᆫ닐 ᄯᅢ 무수ᄒᆞᆫ 고초를 젹고 ᄒᆞ로는 ᄇᆡ를 ᄐᆞ고 ᄃᆡ즁히로 지내가다가 ᄒᆡ적을 맛나 온 일ᄒᆡᆼ 즁이 다 붓들녓는지라 콘으라드ᄃᆞ려 말ᄒᆞ기를……. (「콘으라드가 환가ᄒᆞᆫ 일」, 『죠션크리스도인회보』, 1897.3.31)

ᄒᆞᆫ 코기리와 ᄒᆞᆫ 원숭이가 극히 친ᄒᆞᆫ 벗이 되여 각각 제 능홈을 자랑ᄒᆞ야 말ᄒᆞᆯ 시 코기리 ᄀᆞᆯᄋᆞᄃᆡ 나의 몸을 보라 엇더케 크고 나의 힘은 일ᄇᆡᆨ 즘승이 ᄯᆞᄅᆞ지 못ᄒᆞᆯ 거시오 셰상에셔 능히 나를 업수히 넉일 쟈가 업ᄉᆞ니 가히 닐ᄋᆞᄃᆡ 지극히 크다ᄒᆞ거늘 원숭이가 ᄯᅩ ᄃᆡ답ᄒᆞ야 말ᄒᆞᄃᆡ 너는 그러커니와 ᄯᅩᄒᆞᆫ 나의 몸을 보라 엇더케 경쳡ᄒᆞᆫ고 나의 능홈은 모든 즘승이 내 엇기와 등을 ᄇᆞ라보지 못ᄒᆞ니 이럼으로 셰샹 사ᄅᆞᆷ이 다 즐거이 날노 더브러 ᄒᆞᆫ가지 노니 가히 닐ᄋᆞᄃᆡ 즐겁다ᄒᆞ며 서로 닷토아 론난ᄒᆞᆯ시 오래도록 승부를 결단치 못ᄒᆞ고 두 놈이 ᄀᆞᆺ치 부엉새의게 가셔 결단ᄒᆞ야 달나ᄒᆞ니 부엉새가 ᄀᆞᆯᄋᆞᄃᆡ 내가 그 의심됨을 결단코져 ᄒᆞ나 모롬즉이 나의 훈계를 좃겟ᄂᆞ냐 ᄒᆞ거늘 원숭이와 코기리가 ᄀᆞᆯᄋᆞᄃᆡ 삼가 ᄀᆞᄅᆞ침을 밧으리가 부엉새 ᄀᆞᆯᄋᆞᄃᆡ 그러ᄒᆞ면 너희들이 하슈를 건너 큰 나모 실과를 ᄯᅡ다가 나를 주면 그 일을 ᄇᆞᆰ이 판단ᄒᆞ야 주겟노라 ᄒᆞ거늘 두 놈이 ᄀᆞᆺ치 하슈가ᄭᆞ지 니ᄅᆞ럿시나 원숭이는 능히 건널 ᄌᆡ조가 업고 코기리는 능히 건널 ᄌᆡ조가 잇는지라……. (「코기리와 원숭이의 니야기」, 『그리스도신문』, 1897.5.7)

『한성신보』 소재 서사자료들에 비하면 『죠선크리스도인회보』 등 기독교 신문에 실린 작품들은 한자어(漢字語)를 상대적으로 적게 사용한다. 그런데, 「코기리와 원숭이의 니야기」는 중간에 이야기를 끊어 읽기가 매우 어렵다. 「콘으라드가 환가훈 일」에서도 '되엿논지라' '오논지라' '붓들넛논지라' 등에서 사용된 연결 어미 '－ㄴ지라' 때문에 문장을 끊어 읽기가 어렵다. 『죠선크리스도인회보』와 『그리스도신문』에 수록된 서사자료들뿐만 아니라, 『독립신문』(1896.4) 등 이후에 발표된 서사자료에서도 이는 마찬가지이다. 근대계몽기 서사자료의 한글 문장이 이렇게 길게 이어지는 이유를 이해하는 데는 "국어의 글이 전통적으로 긴 문장으로 표현되어 온 것에 대해선 몇 가지 원인을 찾을 수 있을 것이다. 한국어 언중들이 갖는 인식의 체계, 국어의 통사 구조, 한문 번역문의 영향, 문어는 구어보다 장중하여야 한다는 태도 등이 그것이다"[16]라는 지적이 참고가 된다. 특히 국어의 통사 구조가 용언의 활용어미에 의해 얼마든지 내포와 접속을 계속하며 이어갈 수 있는 특성을 지녔다는 점은 한국어의 특성과 근대계몽기 한글 문장의 특성을 연결 지어 이해하는 데 중요한 실마리가 될 수 있다.[17]

『독립신문』(1896.4)의 창간은 『죠선크리스도인회보』와 『그리스도신문』보다 빨랐지만, 이 신문이 서사자료를 수록하기 시작한 것은 1898년 1월 이후의 일이다. 『독립신문』은 근대계몽기 최초의 한글 전용 신문이었으므로, 여기에 실린 서사물들이 모두 국문체로 발표된 것은 당연한 일이었다. 『독립신문』에는 30여 편의 '서사적 논설'이 수록되어

16 홍종선, 「개화기 시대 문장의 문체 연구」, 45쪽.

17 시간이 흐르면 점차 글에 크고 무거운 가치와 권위를 두려는 태도도 약화되고, 문장의 통사 구조도 간소화되어 감으로써 문장의 길이가 짧아지는 현상이 나타나게 된다. 홍종선, 「개화기 시대 문장의 문체 연구」, 50쪽 참조.

있다. 그중 첫 번째 작품인 「일젼에 엇더ᄒᆞᆫ 대한 신ᄉᆞ ᄒᆞ나이」(1898.1.8)의 서두 부분을 인용하면 다음과 같다.[18]

> 일젼에 엇더ᄒᆞᆫ 대한 신ᄉᆞ ᄒᆞ나이 외국 정치가 ᄒᆞ나를 맛나 보고 방금 셰계 ᄉᆞ정과 동양 형편과 별노히 대한 일을 이약이 ᄒᆞᄂᆞᆫᄃᆡ 대한 사ᄅᆞᆷ이 ᄌᆞ긔 나라 일노 ᄆᆡ오 걱정 ᄒᆞ거ᄂᆞᆯ 그 외국 정치가가 말 ᄒᆞ되 내가 만일 대한 사ᄅᆞᆷ이 되엿드면 다니며 나라 걱정을 덜 ᄒᆞ고 안져셔 실샹 근심되ᄂᆞᆫ 일을 펴일 도리를 ᄒᆞ겟노라 대한 사ᄅᆞᆷ 말이 무ᄉᆞᆷ 도리가 잇나냐 ᄒᆞᆫ직 그 사ᄅᆞᆷ 말이 도리가 잇시나 내가 말은 아니 ᄒᆞ겟노라 ᄒᆞᆫ직 대한 사ᄅᆞᆷ 말이 만일 도리가 잇시면 일너 주ᄂᆞᆫ 것이 친구의 정의어ᄂᆞᆯ 엇지 ᄒᆞ야 도리ᄂᆞᆫ 잇다면셔 ᄀᆞᄅᆞ쳐 주지 아니ᄒᆞᄂᆞ뇨 외국 사ᄅᆞᆷ 말이 내가 ᄀᆞᄅᆞ쳐 주어도 당신이 능히 힝ᄒᆞ지 못 ᄒᆞᆯ줄을 내가 아ᄂᆞᆫ 고로 말을 아니 ᄒᆞ노라 대한 사ᄅᆞᆷ이 말 ᄒᆞ기를 엇지ᄒᆞ야 내가 힝치 못 ᄒᆞᆯ줄을 아ᄂᆞ뇨 외국 사ᄅᆞᆷ 말이 내가 두어 마ᄃᆡ 말을 물어볼 것이니 당신이 죠곰치도 협샤 업시 대답을 ᄒᆞ라
> (『독립신문』, 1898.1.8)

『독립신문』의 기사 및 서사물 표기에서 가장 주목할 만한 변화는 최초로 띄어쓰기를 시도한다는 점이다. 『독립신문』의 띄어쓰기가 문장의 가독성을 높이고, 근대 한국어 표기의 새로운 이정표를 세우는 결정적 역할을 했다는 점은 주지의 사실이다.[19] 현대적 의미의 띄어쓰기는 한

---

18 『독립신문』을 비롯한 근대계몽기 신문에 수록된 ‘서사적 논설’에는 제목이 없는 글들이 적지 않다. 이 경우 연구 관례에 따라 글의 서두 일부 구절을 따서 제목을 삼았다. 이에 관련된 논의는 김영민, 「근대계몽기 단형 서사문학 자료 연구」, 『근대계몽기 단형 서사문학 자료 전집』 상권, 소명출판, 547~583쪽 참조.

19 『독립신문』에 적용된 맞춤법의 원리는 다음과 같이 정리된 바 있다. “첫째, ‘ㅅ, ㅈ, ㅊ’이 ‘ㅑ, ㅕ, ㅛ, ㅠ, ㅒ, ㅖ’와 만났을 때 당시의 습관에 따라 뒤딸리는 홀소리 ‘ㅑ, ㅕ, ㅛ, ㅠ, ㅒ, ㅖ’를 그냥 썼다.(예 : 논셜) 둘째, ‘ㆍ’를 썼다. 셋째, 된시옷을 썼다.(예 : ᄯᅩ) 넷째, ‘하게’가 변한 접미사인 ‘히’는 ‘이’로 적었다.(예 : 자세이) 다섯째, ‘긔, 듸’를 썼다.(예 : 긔록) 여섯째, ‘ㄹ’ 다음

국어 회화문을 영역문과 대비하는 과정에서 나타난 현상으로 정리된다. 즉, '영역문의 띄어쓰기에 맞춰 국문을 배열하다 보니 자연스런 띄어쓰기가 나타났다는 것이다.[20] 『독립신문』 이후 『협성회회보』(1898.1), 『매일신문』(1898.4), 『제국신문』(1898.8), 『대한매일신보』(1904.7), 『경향신문』(1906.10) 등에는 적지 않은 수의 단형 및 장형의 서사문학 자료가 게재된다. 하지만 이들 서사문학 자료의 문체와 표기법 또한 『독립신문』의 문체와 표기법을 크게 벗어난 것이 아니었다.[21]

근대계몽기에 발표된 서사물 가운데 문체와 표기 방식에서 월등히 변화된 모습을 보이는 것은 『만세보』에 발표된 이인직의 작품 「소설단편」(1906.7.3~7.4)이다. 서두를 인용하면 다음과 같다.

에 'ㄹ'로 소리나는 것을 옛날 관습대로 'ㄹ'+'ㄴ'으로 썼다.(예 : 몰나셔) 일곱째, 위쪽에 받치지 않고서 다음 첫소리로 내려적기를 했다.(예 : 갑슨) 여덟째, 윗낱내의 받침으로 적은 경우도 있다.(예 : 신문을) 아홉째, 토씨 '에게'를 당시 습관에 따라 '의게'로 적었다.(예 : 인민의게) 열째, 불완전명사 '간(間)'을 띄어썼다.(예 : 빈부 귀천 간에) 열한째, 홀소리 'ㅣ'의 내리닮음을 그 소리나는 대로 적은 것이 있다.(예 : 쪠여) 열두째, 필요없는 'ㅎ'이 끼어 있는 경우가 있다.(예 : 나흔)" (이응호, 『개화기의 한글운동사』, 성청사, 1975, 235~238쪽 참조) 그런가 하면, 『독립신문』의 문체는 크게 다음의 다섯 가지 유형으로 정리된 바도 있다. "첫째, 종결어미 '－하노라, －하니라' 형으로 대표되는 논설문 계열. 둘째, 종결형태가 '－홈' 'ᄒᆞ겟삽' 등으로 되어서 종결어미를 생략한 형태로 나타나는 공공성 광고문 계열. 셋째, '－ᄒᆞ라, －ᄒᆞ오, －ᄒᆞ시오, －ᄒᆞ쇼셔' 등 대화체 명령형으로 대표되는 상업성 광고문 계열. 넷째, 시제 표시가 없는 '－ᄒᆞ다' 형으로 나타나는 관보 계열. 다섯째, '－ᄒᆞ더라'형을 종결어미로 하는 잡보 계열." (심재기, 『국어문체 변천사』, 집문당, 1999, 116쪽 참조)

20 민현식, 『국어정서법 연구』, 태학사, 2004, 170쪽 참조. 참고로, 민현식은 『독립신문』보다 앞선 띄어쓰기의 예로 박영효가 수신사로 일본에 다녀와 남긴 기록인 「사화기략(使和記略)」(1882)을 들기도 한다. 이 글에서 국한문혼용체의 일부 띄어쓰기를 하고 있다는 것이다. 단지 박영효의 띄어쓰기는 개인적 차원에서 머물렀으나 『독립신문』의 띄어쓰기는 대중적 확산을 보였다는 점이 다르다.

21 『독립신문』의 표기가 "씨끝과 토씨를 따라 갈라보는 눈을 가지게 했다. 이것은 확실히 국어에 대한 분석적인 관찰이 이루어졌음을 증명하는 것이며, 나아가서는 소리글자의 뜻글삼기(음성문자의 표의화)가 가능함을 보여주었다고 하겠다"(이응호, 『개화기의 한글운동사』, 238쪽)거나, 언문일치의 이상을 현실화시켜 보여주기 시작했다는 지적도 있다.

> 짬 비 긔운 토 구름 ᄉᆞ람 셔울길 묘동 셔울
> 汗을ᄲᅳ려雨가되고氣을吐ᄒᆞ야雲이되도록人만흔곳은長安路이라廟洞도都城
> 엇지그리 묘동 웃디 길 좁은 이리모부러 저리주부러
> 이언마ᄂᆞᆫ何其쓸쓸ᄒᆞ던지廟洞으로드러가자ᄒᆞ면何如ᄒᆞᆫ狹路이此曲 지고彼曲 저
> 가다 보면 막다른 길이 뚤닌 길 그길 ᄃᆡ낫 고
> 셔行看則窮路 오가셔보면ᄯᅩ通路이라其路에ᄂᆞᆫ晝에사ᄅᆞᆷ이잇스락업스락ᄒᆞᆫ故로
> 긔 ᄉᆞᄅᆞᆷ 다 젹젹 곳 그길 ᄉᆞᄅᆞᆷ
> 狗가人을보면짓거ᄂᆞ走라ᄂᆞ거ᄂᆞᄒᆞᄂᆞᆫ寂寂ᄒᆞᆫ處이라其路에엇더ᄒᆞᆫ人이드러가ᄂᆞᆫ
> 나 오십여세 풍치쥰수 귀뒤 옥관ᄌᆞ 거만 거름
> ᄃᆡ年흔五十餘歲ᄶᅳᆷ되고風采俊秀ᄒᆞ고耳後에玉圈子부치고倨傲ᄒᆞᆫ步거리가아모
> 빈곱흔 직상 압 모시두루마기 상노 담빈ᄃᆡ 왼 오막ᄉᆞ리
> 리보아도食貧宰相갓더라前헤ᄂᆞᆫ苧周衣입은床奴아희가烟臺들고가다가何小屋
> 평ᄃᆡ문 다친문 미러 혼ᄌᆞ말 이문
> 긔와집平大門압흐로가더니閉門을推 보다가獨語로此門이걸닛네하면셔……[22]

이 작품은 부속국문체로 발표된 근대계몽기 최초의 서사물이라는 점에서 관심의 대상이 된다.[23] 「소설 단편」은 그간 발표되었던 다른 작품들과는 달리 묘사 문장의 비중이 매우 높다는 점 또한 주목할 만하다. 근대계몽기에 발표된 단형 서사문학 작품들은 이야기 줄거리 전달을 위한 서사문들로만 이루어지는 경우가 많다. 그에 비해 「소설 단편」의 문장들은 공간이나 인물에 대한 묘사가 특히 두드러진다. 위에 인용한 부분만을 보더라도 이는 쉽게 확인된다. 묘동으로 들어가는 구부러진 길에 대한 묘사나, 그 길을 지나는 오십여 세쯤 되는 인물의 풍채에 대한 묘사 등도 그 예가 된다. 대화와 지문을 분리하고, 대화의 주체를 밝혀 놓은 것 또한 주목할 만하다.

---

22 국초(菊初), 「소설 단편」, 1906.7.3.

23 한글로된 원문에 한자를 나란히 적으면서, 서두에 "이 小說(소셜)은 國文(국문)으로만 보고 漢文音(한문음)으로ᄂᆞᆫ 보지 말으시오"라는 주(註)를 달았다. 그렇게 한 것은 이 작품에 사용된 부속국문의 유형이 음독이 아니라 훈독에 속하는 것이었기 때문이다. 이와 관련된 상세한 논의는 김영민, 「『만세보』와 부속국문체 연구」, 415~453쪽 참조.

(床奴)門(문)여러라 門(문)여러라 門(문)여러라

(玉圈子)이ᄋᆡ그것괴狀(상)ᄒᆞᆫ일이구ᄂᆞ 다死(죽)고 아모도업단말이냐汝(네)그門(문)이破(깨)지도록躅(거더차) 거라

(床奴)그門(문)이如干(좀)ᄎᆞ셔(채로)ᄂᆞᆫ破(깨)지지도아니ᄒᆞ깃습니다ᄒᆞ더니……[24]

지문과 분리된 「소설 단편」의 대화체 문장은 당시로서는 보기 드문 구어체 문장의 주목할 만한 사례에 속한다. 이는 '일상 생활과 밀접한 관련을 가지는 신문이나 신소설 등에서도 비교적 구어에 가까운 문장 표현이 일찍 이루어졌다'[25]는 지적을 실증할 만한 사례로서도 손색이 없다.[26] 이인직이 이렇게 지문과 대화의 분리표기 방식이라는 의사희곡적 형식을 활용할 수 있었던 것은 그가 간접적으로나마 당시의 창극(唱劇) 혹은 신극(新劇) 활동과 관계를 맺고 있었던 때문이라는 견해도 있다.

그러나, 대화의 주체를 문장 서두에 밝히는 방식을 이인직과 『만세보』가 처음 창안해 낸 것은 아니다. 근대계몽기 단형 서사문학 작품들 가운데는 대화체의 작품이 적지 않다. 근대계몽기 최초의 대화체 서사물은 『한성신보』에 연재된 「신진사문답기」(1896.7.12~8.27)이다. '이학자'와 '신진사'라는 두 인물이 계속해서 묻고 답하는 형식으로 진행되는 이 작품에서는 '신진사 ᄀᆞᆯᄋᆞ디' '니혹자 ᄀᆞᆯ아디'라는 표현을 반복함으로써 화자를 밝히는 방식을 사용했다. 이어서, 『독립신문』에 수록된

---

24 국초, 「소설 단편」, 1906.7.3.

25 홍종선, 「개화기 시대 문장의 문체 연구」, 53쪽 참조.

26 이와 관련하여서는 '지문과 대화의 분리표기 방식은 생생한 대화 언어를 구현시킬 수 있었고, 인물들의 성격을 구체적으로 형상화시킬 수 있었으며, 신소설이 근대소설로 나아가는 한 계기를 이루게 된다'는 지적도 있다. 양문규, 「이인직 소설의 문체에 관한 연구」, 『한국 근대소설사 연구』, 국학자료원, 1994, 37쪽 참조.

대화체의 작품들은 동일 어구의 반복을 피하고 대화의 주체를 명료히 밝히기 위한 방편으로 다음과 같은 방식을 활용한다.

어졔 밤에 본샤 탐보원이 셔촌 ᄒᆞᆫ 친구의 집에 갓더니 ᄆᆞᆺ춤 유지각ᄒᆞᆫ 四五인이 안져셔 공동회 일졀노 슈쟉이 란만ᄒᆞᆫ 것을 듯고 그 죵요ᄒᆞᆫ 것을 ᄲᅩᆸ아셔 좌에 긔ᄌᆡᄒᆞ노라

(문) 공동회를 파ᄒᆞᆫ 후에 시비가 분운ᄒᆞ야 혹은 공동회에셔 실슈를 만히 ᄒᆞ엿다 ᄒᆞ고 혹은 졍부에셔 잘못ᄒᆞ엿다 ᄒᆞ니 누구의 말이 올흔지

(답) 대한 사ᄅᆞᆷ들은 몃百 년 압졔에 눌녀셔 무엇이던지 졍부가 ᄒᆞᄂᆞᆫ 일은 감히 평론 못ᄒᆞᄂᆞᆫ 것을 리치로 아는 고로 졍부에셔 올타면 올흔 줄 알고 글타 ᄒᆞ면 글은 줄 알거니와 실샹으로 말ᄒᆞ면……[27]

셔울 힝셰군과 시골 구사求仕ᄒᆞᄂᆞᆫ 사ᄅᆞᆷ의 문답ᄒᆞᆫ 것을 좌에 긔ᄌᆡᄒᆞ노라

셔울 사ᄅᆞᆷ(그ᄅᆡ 이 치운ᄃᆡ ᄀᆡᆨ고가 엇던가

시골 사ᄅᆞᆷ(아 ᄀᆡᆨ고도 ᄀᆡᆨ고려니와 시셰가 다 틀넌네 그려

셔울(무ᄉᆞᆫ 시셰란 말인가

시골(아 갑갑ᄒᆞᆫ 사ᄅᆞᆷ일세 그랴도 이젼에ᄂᆞᆫ 셰도도 잇고 셰의도 보고 아니 그리ᄒᆞ엿나 지금은 아모 것도 업네 그려 ᄀᆡ화인가 무엇인가 ᄭᆞ닭에 우리 ᄀᆞᆺ흔 시골놈은 셔울 와셔 밥 ᄒᆞᆫ 술 공히 먹을 슈가 업네 그려 하 긔가 막혀셔

셔울(하 그 사ᄅᆞᆷ 무식ᄒᆞᆫ 쇼릐도 ᄒᆞ네 사ᄅᆞᆷ이 시셰를 ᄯᆞ라야지 시셰가 사ᄅᆞᆷ을 ᄯᆞ르든가 지금이라도 ᄌᆞ네ᄆᆞᆫ ᄯᅩᆨᄯᅩᆨᄒᆞ면 무엇을 못ᄒᆞᆯ 터인가 더러 일너주ᄭᅡ

시골(아 참 견딜 슈 업네 그랴도 아니 밥술을 먹던지 탕건이나 ᄒᆞ나 엇어 써야 아니 ᄒᆞ나 진작 왓드면 픠랑이나 ᄒᆞ나 쓰고 ᄒᆞ로 엿 량식은 버릿슬걸 지금은

27 「공동회에 ᄃᆡᄒᆞᆫ 문답」, 『독립신문』, 1898.12.28.

그것도 업다네 그려[28]

외국 사름이 대한 말을 겨오 통ᄒᆞᄂᆞᆫ 고로 그 문답에 우슈은 말이 만흐나 이샹ᄒᆞ기에 드른 ᄃᆡ로 긔지ᄒᆞ노라

외국 사름(쟈네 평안ᄒᆞ시오닛가

대한 사름(당신을 오릭 못보앗쇼

외국(당신이라는 말 무슴말

대한(당신 그ᄃᆡ 너 쟈네 공지ᄃᆡᆨ 임쟈 노형 다 남을 대ᄒᆞ야 ᄒᆞᄂᆞᆫ 말이오

외국(오 귀국 말 만히 어렵쇼 영감님도 쟈네라 ᄒᆞᄂᆞᆫ 말 아니오 그러면 엇던 말이 그 즁 좃소

대한(타국 사름이 말ᄒᆞ기ᄂᆞᆫ 당신이라거나 공이라는 것이 그 즁 편ᄒᆞ지오[29]

위에 든 예문들은 괄호를 이용해 대화의 주체를 밝히고 있다는 점에서 서로 유사하다. 다만, 이러한 표기들은 한동안은 일반 서사체 작품에서는 활용된 바 없고 순수 대화체 작품에서만 발견된다. 이를 일반 서사체 작품에 처음으로 도입한 사례가 이인직의 작품 「소설 단편」이었다.

『만세보』에 수록된 작가 미상의 단편소설 「백옥신년(白屋新年)」(1907.1.1)에서도 이는 다음과 같이 활용된다.

(뎡셔방) 빗 조르러 온 사름들은 졸나보면 돈이 ᄂᆞ오려니 ᄒᆞ고 조르지마는 마누라는 졸라도 슬ᄶᅥ업ᄂᆞᆫ 쥴 알면서 조르니 답답ᄒᆞᆫ 일이지

28 「힁셰 문답」, 『독립신문』, 1899.1.23.
29 「외국 사름과 문답」, 『독립신문』, 1899.1.31.

(부인) 나ᄂᆞᆫ 갑돌의게 졸려셔 구리ᄒᆞ지

ᄒᆞ면셔 압혜 안진 아ᄒᆡ를 물규름이 보니

(갑돌) 암ᄆᆞᆫ 졸낫기로 어머니가 나를 셜빔 ᄒᆞᆫ가지 ᄒᆞ야 쥰 것 무엇 잇소[30]

부속국문체 및 묘사문의 활용과 대화 주체의 분리 표기는 이인직의 연재소설 「혈의루」(1906.7.22~10.10)에 이르러 완전히 정착된다. 다음은 『만세보』에 연재 발표된 「혈의루」의 일부이다.

平壤城外牧丹峯(평양성외목단봉)에, ᄯᅥ러지ᄂᆞᆫ 저녁볏은, 뉴엿뉴엿 너머 가ᄂᆞᆫᄃᆡ, 저 ᄒᆡᆺ빗을, ᄇᆞᆺ드러 ᄆᆡ고시픈, 마음에, ᄇᆞᆺ드러 ᄆᆡ지ᄂᆞᆫ 못ᄒᆞ고, 숨이 턱에 단듯이, 갈팡질팡 ᄒᆞᄂᆞᆫ 一婦人(한부인)이 年(나)히 三十(삼십)이 되락말락 ᄒᆞ고 얼골은 粉(분)을 ᄲᅡ고 넌듯이, 흰 얼골이ᄂᆞ, 人情(인정)업시 ᄯᅳ겁게, ᄂᆞ리ᄶᅬ히ᄂᆞᆫ 秋(가을)볏에 얼골이, 익어셔, 션잉도빗이 되고, 거름거리ᄂᆞᆫ, 허동지동ᄒᆞᄂᆞᆫᄃᆡ, 쪽진머리ᄂᆞᆫ 흘러ᄂᆡ려셔, 등에 짊어지고, 옷은 흘러ᄂᆞ려셔, 젓가슴이, 다 드러ᄂᆞ고, 치마ᄶᅡ락은, ᄯᅡ헤 질질 ᄭᅳᆯ려셔, 거름을 건ᄂᆞᆫᄃᆡ로 치마가 발피니, 그 婦人(부인)은 아무리 急(급)ᄒᆞᆫ 거름거리를 ᄒᆞ더ᄅᆡ도, 멀니 가지도 못ᄒᆞ고 허동거리기만 ᄒᆞᆫ다(…중략…) 사람이 겁이 ᄂᆞ다가, 오ᄅᆡ되면, 악이 ᄂᆞᄂᆞᆫ 법이라, 겁이 날 ᄯᅢᄂᆞᆫ, 슘도 크게 못 쉬다가, 악이 ᄂᆞ면, 반벙어리 갓튼 사람도, 말이 물 퍼붓듯, 나오ᄂᆞᆫ 일도 잇다

(부인)여보 왼 사람이오

여보 ᄃᆡ답 좀 ᄒᆞ오

여보 남을 붓들고, ᄭᅥᆯ기ᄂᆞᆫ, 우ᄋᆡ 그리 ᄶᅥ오

여보 벙어리오, 도적놈이오, 도적놈이거든, ᄂᆡ 몸에 옷이ᄂᆞ 버셔 쥴 터이

30 「백옥신년(白屋新年)」, 『만세보』, 1907.1.1.

니, 다 가저가오

그 男子(남ᄌᆞ)가, 못싱긴 마음에, 어긔뚱ᄒᆞᆫ 싱각이 낫다

말 ᄒᆞᆫ마듸가, 엄두가 아니 나던 위인이, 불갓튼 욕심에, 말문이 함부루 열렷다

(男)(남ᄌᆞ)여보, 윈 녜편네가, 이 밤중에, 여긔 와셔 잇소[31]

『만세보』에 연재되었던 부속국문체 소설 「혈의루」는 1907년 3월 17일 광학서포에서 단행본으로 출간되는 과정에서 국문체 소설이 된다. 하지만, 이 과정에서 작가 이인직이 소설 「혈의루」의 문체를 특별히 수정해 다시 쓴 것은 아니다. 연재본 「혈의루」에서 한자를 제거하고, 부속활자로 쓰인 국문의 크기를 키워 본문으로 인쇄하면 그대로 단행본 『혈의루』의 문장이 된다. 이는 부속국문체로 발표된 『만세보』 연재본 「혈의루」의 원문이 순한글이었다는 점을 실증할 수 있는 구체적 증거가 된다는 점에서 의미가 크다.[32] 단행본 『혈의루』는 본문을 순한글로 인쇄했지만, 읽는 이의 이해를 돕기 위해 한글과 한자(漢子)를 나란히 적는 경우가 간혹 있었다. 이때, 단행본 『혈의루』에서는 오늘날의 표기 관행과는 달리 괄호 안에 한자를 먼저 쓰고 이어서 한글을 기재하는 방식을 사용했다. "이집저집함부루드러간다 본릐 (戰時國際公法) 젼시국제공법에 전장에셔 피란가고사ᄅᆞᆷ업ᄂᆞᆫ집은 집도점녕ᄒᆞ고 물건도점녕ᄒᆞᄂᆞᆫ법이라"[33] "귀국ᄒᆞᄂᆞᆫ(病傷兵)병상병의게부탁ᄒᆞ야 일본디판으로보닉니"[34] 등과 같은 모습이 되는 것이다. 이는 「귀의성」의 경우

31 이인직, 「혈의루」, 『만세보』, 1906.7.22 및 7.25.

32 연재본 「혈의루」와 단행본 『혈의루』의 관계에 대한 상세한 논의는 김영민, 「근대계몽기 신문의 문체와 한글 소설의 정착 과정」, 『한국 근대소설의 형성 과정』, 96~104쪽 참조.

33 이인직, 『혈의루』, 광학서포, 1907, 15쪽.

34 위의 책, 1907, 36쪽.

도 마찬가지였다. 단행본 『귀의성』의 서두는 다음과 같은 문장 형태를 띠고 있다. "깁픈밤, 지는 돌이 (春川三鶴山) 츈천삼학산그림자를, 써러다가 (南內面松峴)남니면솔기동니 (姜同知) 강동지집, 건넌방, 셔창에, 드렷더라."[35] 여기에 사용된 한자들은 오늘날의 표기 방식대로라면 '전시국제공법(戰時國際公法)' '병상병(病傷兵)' '츈천삼학산(春川三鶴山)' '남니면솔기동니(南內面松峴)' '강동지(姜同知)' 등으로 기재되어야 했다.

『대한매일신보』의 경우는 대화 주체를 구분하기 위해서 특수한 부호를 사용하기도 했다. 구체적인 예를 들면 다음과 같다.

> ▲북촌에 로인들이 모혀 안져 슈작ᄒᆞ더니 양복을 션명히 닙은 쇼년 ᄒᆞ나가 맛참 와셔 긔식이 당돌ᄒᆞ야 조곰도 긔탄이 업ᄂᆞᆫ지라 ᄒᆞᆫ 로인이 말ᄒᆞ기를 근릭에 긔화ᄒᆞᆫ 량반들은 딕단히 무셥더고 ᄒᆞ매 그 쇼년이 발연변식ᄒᆞ여 왈 긔화로 무어시 못된 일 잇쇼
>
> ▲로인이 랭쇼ᄒᆞ며 왈 긔화 바람이 ᄒᆞᆫ번 불더니 소위 오됴약이니 칠협약이니 ᄒᆞ야 국ᄉᆞ가 이 디경에 니르럿ᄉᆞ니 이거시 잘된 일이오
>
> ▲쇼년왈 긔화 의미를 모로시ᄂᆞᆫ 말숨이오 이거슨 매국 대신의 ᄉᆞ업이라 엇지 긔화 ᄉᆞ업이라 ᄒᆞ겟소
>
> ▲로인왈 그러ᄒᆞ면 몃 쳔년 례의문물을 일죠에 변긔ᄒᆞ야 머리 싹고 양복 닙기를 외국 사ᄅᆞᆷ의 모양과 ᄀᆞᆺ치 ᄒᆞᄂᆞᆫ 거시 잘된 일이오
>
> ▲쇼년왈 지금 시딕ᄂᆞᆫ 긔혁 시딕라 외양브터 변긔ᄒᆞ여야 ᄉᆞ상이 변ᄒᆞ여 문명상에 진보가 되지오 (「북촌에 로인들이 모혀」, 『대한매일신보』, 1908.3.3)

이 인용문에서는 "▲쇼년왈, ▲로인왈" 등으로 부호 ▲와 '-왈'이라

35 이인직, 『귀의성』, 중앙서관, 1907, 1쪽.

는 문구의 반복을 통해 화자를 구분하고 있다. 「동창에 ᄃᆞᆯ이 빗쳐 밤이 거즌」(1908.7.21) 등의 작품에서는 '-왈' 대신 '-말ᄒᆞ기를'이라는 표현을 썼다. 「인쳔항구 쥐무리들 제 ᄌᆡ조을」(1909.10.23)에서는 부호 ▲와 ()의 동시 사용을 통해 대화의 주체를 밝힌다.[36]

근대계몽기 신문들이 다양한 형태의 한글 작품들을 수록하던 것과는 달리, 이 시기의 잡지들은 대체로 국한문 작품들을 수록했다. 그런 점에서 『대한유학생학보』가 순한글 소설을 게재했다는 점은 적지 않은 의미가 있다.[37] 『대한유학생학보』 제3호(1907.5)에는 몽몽(夢夢) 진학문(秦學文)의 순한글 표기 작품 「쓰러져가는 딥」이 실려 있다. 「쓰러져가는 딥」은 일화형(逸話型) 단편소설로, 하나의 에피소드에 간략한 후일담이 곁들여진 작품이다. 이 작품에 사용된 한글은 아직 구투가 남아있는 문어체 한글이다. 작품의 서두를 인용하면 다음과 같다.

> 「젼싱차싱무슴죄로 네ᄂᆞ너나이고싱을ᄒᆞᆫ단말이냐너몸이귀티안으니 ᄌᆞ식도귀티안코아무것도귀티한다」ᄒᆞ면서 다쓰러려져ᄀᆞ는초가딥, 다색딘마루우헤ᄯᅩ이는볏흘화로쌀숨아 남향ᄒᆞ야안져 무릅우헤됴고만ᄒᆞᆫ 어린ᄋᆞ희를누이고두렁이를둘너듀는부인은 나이ᄂᆞ 숨십밧게못되얏는데이마에는벌셔듀름술이잡히고 얼골은족박ᄀᆞᆺ티 오그라딘것을보면 쳔가디만가디 온ᄀᆞᆺ시름을다격근듯ᄒᆞ며 ᄃᆞ시 그집을 ᄉᆞᆯ펴보면 집이ᄀᆞᆫ슈는오륙간되는모양이ᄂᆞ 그집 헷ᄀᆞᆫᄒᆞᆫ간은반이ᄂᆞ쓰러졋스니 디는희당마그몹슬앙마가 이불ᄉᆞᆼᄒᆞᆫᄉᆞ람의집ᄶᆞ디 희를입힌듯ᄒᆞ

---

36 이렇게 별도의 부호를 활용해 화자를 구별하는 방식은 『대한매일신보』에서만 존재했으며, 이후 다른 매체로는 전이 되지 않고 소멸한 것으로 보인다.

37 이와 관련된 논의는 김영민, 「근대적 유학제도의 확립과 해외 유학생의 문학·문화 활동 연구」, 『현대문학의 연구』 제32호, 2007, 32쪽 참조.

고 안방은동으로기우러디고 거는방은셔으로물너ᄂᆞ며 마루라고널마루가억결다힝이라[38]

몽몽(夢夢)은 이후로도 『대한흥학보(大韓興學報)』에 「요조오한(四疊半)」(1909.12) 등의 소설을 계속해서 발표한다. 하지만 이후 유학생 잡지에 발표되는 소설들은 대부분 한글이 아니라 국한문체 소설이 된다.

이 시기 『대한흥학보』 등 잡지에 수록된 소설을 다룰 때 주목해야 할 사실 가운데 하나는 작가 이광수(李光洙)의 등장 과정이다. 이광수는 일본어 소설 「사랑인가」(1909.12)를 『백금학보』에 발표한 후, 국내에서 간행되는 종합지 『소년』에 번안소설 「어린희생」(1910.2)을 발표한다. 이어서 다시 『대한흥학보』에 단편 「무정」(1910.3~1910.4)을 발표하는데, 이 작품이 이광수가 쓴 최초의 우리말 창작소설이 되는 셈이다. 단편소설 「무정」의 문장은 한자의 사용이 빈번하다는 점에서만 보면 동시대의 다른 작품들에 비해 크게 새로운 면모를 보이는 것은 아니다. 그럼에도 불구하고 이 작품의 문장 구조가 한문이 아닌 한글의 구조를 보이고 있다는 점만은 분명하다. 또 다른 유학생잡지 『태극학보』에 실린 백악춘사(白岳春史) 장응진의 작품 「다정다한(多情多恨)」(1907.1)과 이광수의 단편 「무정」의 문장을 비교해보면 둘 사이의 차이를 쉽게 알 수 있다.

嗚呼라天皇이不弔ᄒᆞ샤人事가多端ᄒᆞ니孤掌難鳴이오隻輪不行이라先生의高尙ᄒᆞᆫ思想과 剛直公平ᄒᆞᆫ行事가於公於私間에半點公然의非難을受ᄒᆞᆯ處ᄂᆞᆫ無ᄒᆞ나羣疑의焦點이되고衆目의 的이되야地位를保有치못ᄒᆞ고必也木浦警務官으로移

38 몽몽, 「쓰러져가ᄂᆞᆫ딥」, 『대한유학생회보』, 1907.5, 60쪽.

職되는境에至ᄒᆞ미先生이快然應諾後에 遊覽兼到任次로即日束裝發程ᄒᆞ야輪船便을기다리러仁川港으로下來ᄒᆞᆷ일네라. (백악춘사(白岳春史), 「다정다한(多情多恨)」, 『태극학보』, 1907.1, 47~48쪽)

六月中旬, 지지는듯하는太陽이 너마가고, 안기갓흔水蒸氣가萬物을잠가. 山이며,川이며 家屋이며, 모든물건이 모다 半이나 녹난 듯. 어두운帳幕이次次次次너림애쓸는듯하던空氣도 얼마큼 식어가고, 서을하고부드러운 바룸이, 쎅쎅ᄒᆞᆫ밤나무ㅅ닙을 가만가만히흔들어셔, 靜寂ᄒᆞᆫ밤에바삭바삭ᄒᆞ는 소릐가난다. 處所는博川松林. 朦朧ᄒᆞᆫ月色이꿈가티이村落에비치엿는ᄃᆡ……. (고주(孤舟), 「무정(無情)」, 『대한흥학보(大韓興學報)』, 1910.3, 38쪽)

「다정다한」의 문장은 국한문혼용체 제2유형에 가깝고, 단편 「무정」의 문장은 국한자혼용체 제2유형에 가깝다. 단편 「무정」뿐만 아니라 이 시기에 발표한 이광수의 초기 단편들, 즉 「크리스마슷밤」 「소년의 비애」 「어린 벗에게」 「윤광호」 등의 문장도 별반 다르지 않다. 이광수의 단편소설 「무정」에서 볼 수 있는 표기의 특징으로는 쉼표와 마침표 등 구두점의 사용을 들 수 있다. 완전하지는 않지만 띄어쓰기 역시 일부 시도하고 있다. 이는 위에 인용한 예문에서도 확인이 된다. 구두점은 띄어쓰기의 끊는 기능과 같은 가치를 지니므로 띄어쓰기의 선구적 방식으로 볼 수 있다.[39] 단편 「무정」의 구두점 사용이 소설사 최초의

39 민현식, 『국어정서법 연구』, 태학사, 2004, 244쪽 참조. 구두점의 활용 과정에 대해서는 다음과 같은 정리를 참조할 수 있다. "신소설에서는 「혈의루(血의 淚)」(1906)의 경우 전혀 구두점이 없으나 「귀의성(鬼의 聲)」(1906)은 붙여쓰기를 하되 모점 표시를 구절 단위마다 사용하고 있고 줄임표(…)도 사용하였다. 잡지는 『태극학보(太極學報)』(1906), 『서우(西友)』(1906) 등의 개화기 학술지들이 붙여쓰기를 보이며 구두점은 아직 쓰이지 않았으나 『소년』(1908), 『청춘』(1914)에 이르러 붙여쓰기가 아직 우세한 중에 시(詩)의 띄어쓰기를 비롯해서 부분적

구두점 사용은 아니다. 하지만 그것이 지극히 이른 시기에 이루어진 구두점 사용 사례 가운데 하나라는 점만은 분명하다. 이 시기 다른 잡지들에 비하면, 단편 「무정」이 수록된 『대한흥학보』는 구두점이나 느낌표 등 여러 가지 문장부호 사용에 적극적이었다. 『대한흥학보』 제8호에 수록된 몽몽(夢夢)의 소설 「요조오한」이나 제9호에 수록된 이광수의 수필 「옥중호걸(獄中豪傑)」 등은 그 중요한 예가 될 수 있다.

이광수의 소설이 국한문체에서 완전한 국문체로 변하는 것은 『매일신보』에 연재된 장편소설 「무정」에서부터이다. 이광수는 원래 국한문체만으로 글을 쓰던 작가였으므로 장편소설 「무정」 또한 국한문체로 탈고를 했다. 그러나, 「무정」의 연재지면인 『매일신보』 소설란의 성격에 맞추어 이광수는 「무정」의 초고를 국문체로 바꾸게 된다. 「무정」의 연재를 시작하는 『매일신보』 1917년 1월 1일자에는 '국한문혼용체 소설은 신문에는 적절치 않은 것으로 생각되어 작가가 문체를 변경했다는 사실과, 이 작품이 비록 국문으로 쓰여지지만 지식 청년들에게도 받아들여지기를 원한다'는 해명 기사가 실린다.[40] 결과적으로 이광수는 장편소설 「무정」을 통해, 한글로 지식인 문학의 새로운 길을 열어

인 구절 단위의 띄어쓰기와 권점이나 낫표(『 』)의 사용이 보인다. 『창조』(1919)에 이르면 어절형 띄어쓰기도 늘고 !, ?도 잘 쓰여 20년대에는 대개의 잡지에서 점차 띄어쓰기와 구두점이 증가한다. 이에는 일본 유학 세대의 영향도 컸을 것으로 보인다. 반면, 개화기 신문에서는 구두점이 거의 사용되지 않았는데 일제하 『매일신보』가 1912년 3월 8일자 사설부터 붙여쓰기에 마침표로 권점을 쓰기 시작하나 1914년 6월 9일자에서는 구두점을 폐지하고 대신 띄어쓰기로 대치하였다. 그 후 1920년에 창간한 『동아일보』, 『조선일보』에서도 매우 드물고도 불규칙하게 권점이나 !, ? 가 일부 지면이나 연재소설에서 쓰일 뿐이었으며 해방 이후에도 구두점은 일부 기사에서나 도입되고 정치, 사회면에서는 억제되다가 『조선일보』는 1962년 4월 3일자, 『동아일보』는 같은 해 9월 10일자부터 구두점을 전면 사용하기 시작하여 그 역사는 짧은 편이다(이석주, 1990). 이처럼 신문이 잡지보다 구두점 도입이 늦었던 이유는 지면 절약상의 이유와 전래의 관습 때문으로 보인다."(251쪽)

40 장편소설 「무정」의 문체 변경 과정에 대한 상세한 논의는 김영민, 『한국 근대소설의 형성 과정』, 162~172쪽 참조.

가게 되는 것이다. 장편소설 「무정」은 한국소설사 최초로 지식인과 대중 독자가 함께 읽은 소설이며, 지식인이 공론의 장으로 가지고 나온 최초의 한글 소설이기도 하다. 한국 근대문학사는 소수 선각자 지식인들이 자신들의 학문적 · 문화적 토대를 이루던 문자인 한문을 버리고 국한문을 거쳐 한글을 사용하게 되면서부터 시작되었다. 한글 '서사적 논설'의 게재는 새로운 문학사의 출발을 알리는 신호 가운데 하나였던 것이다. 한국 근대문학사는 다수의 대중과 지식인들이 한글 작품을 함께 읽고 공감하고 교류하는 일로 한 단계가 완성된다. 이광수의 장편소설 「무정」이 한국 근대문학사에서 중요한 자리를 차지하게 되는 가장 큰 이유가 여기에 있는 것이다.

제3장
근대 서사의 전개와 소설 양식의 변이

제1절 신소설 개념의 변화와 문학사적 의미

제2절 단편소설의 등장과 서사 유형의 다양화

제3절 서사의 장형화와 근대 장편소설의 전개

제3장 / 제1절

신소설 개념의 변화와 문학사적 의미

1. 보통명사로서의 신소설

근대계몽기 당시에 사용된 '신소설'이라는 용어의 의미는 오늘날의 그것과는 많이 달랐다. 근대계몽기에 사용된 '신소설'이라는 용어는 대개의 경우 문학 양식(樣式)을 지칭하는 것이 아니라 단순한 수사(修辭)에 불과한 것이었다.

이를 증명할 수 있는 자료는 많다. 『대한매일신보』는 일정한 기간 동안 국한문판과 국문판을 동시에 발행했다. 따라서 동일한 기사가 두 가지 문체로 작성되어 중복 수록되는 경우가 적지 않았다. 1908년 7월 8일자 『대한매일신보』 국한문판과 국문판 논설란에는 각각 「近今 國文小說 著者의 注意」와 「근일 국문쇼셜을 져슐ᄒᆞᄂᆞᆫ 쟈의 주의ᄒᆞᆯ 일」이라는 글이 실려있다. 그런데 국한문으로 작성된 「近今 國文小說 著者의

注意」에 들어있는 '新小說'이라는 용어가 한글로 작성된 「근일 국문쇼셜을 져슐ᄒᆞᄂᆞᆫ 쟈의 주의ᄒᆞᆯ 일」에서는 '신소설'이 아니라 '소설' 또는 '새소설'로 표기되어 있는 것이다.

> 各種 新小說을 著出하여 此를 一掃홈이 亦 汲汲ᄒᆞ다 云ᄒᆞᆯ지로다 (…중략…)
>
> 綾羅島 葛衣를 換ᄒᆞ면 不應者가 無ᄒᆞ고 染肉으로 脫粟을 易ᄒᆞ면 不樂者가 無홈과 갓치 奇妙瑩潔ᄒᆞᆫ 新小說만 多出ᄒᆞ면 舊小說은 自然 絶跡退藏ᄒᆞᆯ 지어늘, 何必 此等 强制的으로 民心을 逆ᄒᆞ여 難行의 事를 行하리오 然而 近今 新小說이라 云하는 者ㅣ 刊出이 稀罕ᄒᆞᆯ뿐더러 又 其 刊出者를 觀ᄒᆞᆫ즉, 只是 一時 牟利的으로 草草 選出ᄒᆞ야 舊小說에 比함에 便是 百步五十步의 間이라 足히 新思想을 輸入ᄒᆞᆯ 者ㅣ 無ᄒᆞ니 噫라 余가 此를 慨ᄒᆞ여 管見을 陳ᄒᆞ여 小說 著者에게 警ᄒᆞ노라[1] (밑줄은 인용자)

> 각죵 쇼셜은 져슐ᄒᆞ여 내여셔 이런거슬 ᄒᆞᆫ번 쓸어 ᄇᆞ리ᄂᆞᆫ거시 뎨일 급ᄒᆞ다 ᄒᆞᆯ지로다 (…중략…)
>
> 릉라를 가지고 갈포를 밧고쟈ᄒᆞ면 응치 아니ᄒᆞᆯ쟈 업고 고량진미를 가지고 조밥을 밧고쟈ᄒᆞ면 즐겨ᄒᆞ지 아닐쟈 업슴과 ᄀᆞᆺ치 긔묘ᄒᆞ고 졍결ᄒᆞᆫ 새쇼셜만 만히 나면 구쇼셜은 ᄌᆞ연 졀죵이 될거시어ᄂᆞᆯ 엇지 반ᄃᆞ시 이런 강졔ᄒᆞᄂᆞᆫ일노 민심을 거ᄉᆞᆯ녀셔 힝ᄒᆞ기 어려운 일을 ᄒᆞ리오
>
> 그러나 근일에 새쇼셜이라ᄒᆞᄂᆞᆫ 쟈ᄂᆞᆫ 발간ᄒᆞ여 내ᄂᆞᆫ거시 드믈기도 ᄒᆞᆯ뿐더러 그 발간ᄒᆞ여 내ᄂᆞᆫ쟈를 본즉 다만 ᄒᆞᆫ때에 리익이나 도모ᄒᆞᄂᆞᆫ ᄉᆞ샹으로 초초ᄒᆞ게 지어내셔 녯쇼셜에 비교ᄒᆞ면 곳 오십보를 다라난쟈가 ᄇᆡᆨ보를 다라난쟈를 웃ᄂᆞᆫ 것과 ᄀᆞᆺᄒᆞ니 죡히 새ᄉᆞ샹을 슈입케ᄒᆞᆯ 수 업ᄂᆞᆫ지라 슯흐다

1 「近今 國文小說 著者의 注意」, 『대한매일신보』 국한문판, 1908.7.8.

나는 이거슬 개탄ᄒᆞ야 좁은 소견을 베프러 쇼셜짓는자를 경고ᄒᆞ노라[2](밑줄은 인용자)

이는 당시 『대한매일신보』의 필자들이 '신소설(新小說)'을 고유명사가 아닌 보통명사로 사용하고 있었음을 보여주는 구체적 사례가 된다. 『대한매일신보』의 경우, 필자뿐만 아니라 독자들 역시 '신소설'을 보통명사로 이해하고 있었다. 다음의 인용문을 보면 이를 알 수 있다.

오늘날 교육의 힘쓰시는 여러분 학원과 유지제군ᄌᆞ는 유명무실이란 원통ᄒᆞᆫ 말솜을 듯지 마시고 각죵 신셔적 신문잡지와 각죵 신쇼셜과 교육계에 응용될만ᄒᆞᆫ 교과셔를 각국에셔 슈입ᄒᆞ야 도덕샹과 의무뎍으로 국민의 혈셩을 다ᄒᆞ야 자자근근히 열심양셩ᄒᆞ시오[3] (밑줄은 인용자)

이 글을 투고한 인물은 롱운이라는 이름의 기생이었던 바, 그는 신소설을 각종 '신서적'과 동일한 위상에서 다루고 있다.

이 문제는 국문판 『대한매일신보』에 수록된 '신소설' 「보응」(1909.8.11~9.7)의 경우를 보면 더욱 분명해진다. 신소설이라는 용어 자체에 집착해 이 시기 문학을 연구하는 기존의 시각으로 본다면, 「보응」은 『대한매일신보』에 실린 유일한 신소설 작품이 된다. 「보응」에 앞서, 이인직의 「혈의루」를 비롯한 여러 작품에 신소설이라는 명칭이 사용되기는 했지만 이는 주로 단행본의 경우에 한정된 것이었다.[4] 하지만 대부분

2 「근일 국문쇼셜을 져슐ᄒᆞ는 쟈의 주의ᄒᆞᆯ 일」, 『대한매일신보』 국문판, 1908.7.8.

3 「교육이 뎨일 급선무」, 『대한매일신보』 국문판, 1908.5.28.

4 근대계몽기 소설 가운데 신문 연재 당시부터 작품에 '신소설'이라는 표식을 단 것은 1909년 2월 13일부터 『제국신문』에 발표된 이해조의 작품 「모란병」이 처음인 것으로 보인다. 「혈

의 연구자들은 이 작품에 대해 별반 주의를 기울이지 않는다. 그것은 정작 「보응」을 읽어보면 이 작품이 소설사적으로 그렇게 의미가 있는 작품이 아니기 때문이다. 「보응」은 가족 구성원들 간의 헤어짐과 만남을 큰 축으로 하면서 그 사이에 일어나는 선행과 악행에 따른 보상과 징벌의 문제들을 다룬 것이다. 이 작품은 전반적인 소설의 기법이나 서술 방식 등에서 『대한매일신보』에 연재되었던 소설 가운데 구소설적(舊小說的) 잔영(殘影)을 가장 많이 보여주는 작품[5]이라고도 할 수 있다. 그런 점에서, 『대한매일신보』가 사용한 신소설(新小說)이라는 용어가 실제로는 구소설(舊小說)에 대응되는 개념이었다고 보기 어렵다.[6]

1913년 회동서관(滙東書舘)에서 구활자본으로 나온 야담집 『청야휘편(靑野彙編)』은 짤막한 야담 여러 편을 묶어낸 책이다. 이 책의 표지에는 제목을 '신소설(新小說) 청야휘편(靑野彙編)'이라고 적고 있다. 여기에 수록된 글들은 이른바 전래 설화들이라는 점에서 책 표지에 사용된 '신소설'이라는 용어가 철저히 수사(修辭)로 쓰인 것임을 알 수 있다. 본문 첫 장에는 제목 앞에 긔문미담(奇聞美談)이라는 수식이 달려 있다.

오늘날 흔히 '역사·전기소설'의 대표적 작품으로 분류되는 『애국부인전』(광학서포, 1907)의 경우도 신소설로 광고가 되었다.[7] 『애국부인전』을 신소설로 지칭하는 예는 다음과 같은 『대한매일신보』의 기사에서도 발견된다.

의루」나 「귀의성」 등도 『만세보(萬歲報)』에 연재될 당시에는 신소설이 아니라 '소설'로 지칭되었다.

5 한원영, 『한국 개화기 신문 연재소설 연구』, 일지사, 1990, 110쪽 참조.

6 이와 관련된 상세한 논의는 김영민, 「한국 근대계몽기 '소설'의 정체성」, 『해방 60주년에 다시 생각하는 한국문학의 정체성』, 서울대 한국문학연구소 심포지엄 자료집, 2005, 41~43쪽 참조.

7 '新小說 愛國婦人傳(신쇼셜 이국부인젼)'이라 표기된 상태에서 '신소설'로 누차 광고되고 있다.(『대한매일신보』 국문판, 1907.10.25 참조)

녀ᄌᆞ 교육이 남ᄌᆞ 교육에 션진이 될 ᄲᅮᆫ만 아니라 근일에 신쇼셜 ᄋᆡ국부인젼과 라란부인젼을 볼지라도 그 ᄉᆞᄅᆞᆷ도 ᄯᅩᄒᆞᆫ 일개 녀ᄌᆞㅣ로ᄃᆡ 이ᄀᆞᆺ치 큰 ᄉᆞ업을 셩취ᄒᆞ엿스니 그 ᄉᆞᄅᆞᆷ들은 엇지 무식ᄒᆞᆫ 녀ᄌᆞ로 이를 ᄒᆞ엿스리오[8]

기서란에 실린 이 기사에서는 「애국부인전」과 「라란부인전」을 모두 신소설로 지칭하고 있다. 그런가 하면 다음의 기사에서는 「삼국지」·「수호지」와 같은 중국 소설, 「장한몽」과 같은 번안소설, 「귀의성」과 같은 창작소설을 모두 동일하게 신소설로 칭하고 있다.

新小說의 訴訟

일빅구십칠권 달라고

경셩 련지동 이빅ᄉᆞ십륙번디 잡화상ᄒᆞᄂᆞᆫ 호근호 「경셩 蓮池洞二百四十六番地雜貨商扈根澔」ᄂᆞᆫ 본년 일월 십구일 련지동 삼십륙번디 장쥰식방에잇ᄂᆞᆫ 리슌용 「蓮池三十六番地張俊植方李淳容」의 쇼유되ᄂᆞᆫ 삼국지, 수허지, 장한몽, 귀의셩, ᄌᆡ봉츈등 각항 신쇼셜칙 일빅구십칠권을 십이원에 ᄉᆞ가지고 즉시 빌녀줄 ᄯᅢ에 셰금을 한달에 삼십륙젼을 주고 밧기로 작뎡ᄒᆞ고 그칙젼부ᄅᆞᆯ 그달 삼십일에 호근호에게 넘겨주기로 언약ᄒᆞ엿스나 일향 ᄂᆡ여주지 안키 ᄯᅢ문에 넘기여 달나ᄂᆞᆫ 쇼숑을 경셩디방법원에 뎨긔ᄒᆞ야 심리즁 지나간 이십칠일 ᄌᆡ판날에 피고되ᄂᆞᆫ 리슌용이가 츌누치 안엇슴으로 드듸여 결셕 판결이 되야 호근호가 승소되엿더라[9]

『대한민보』의 경우를 살펴보는 것도 근대계몽기 신문이 단편소설

---

8 『대한매일신보』 국한문판, 1908.8.11.

9 『매일신보』, 1916.4.1.

(短篇小說), 소설(小說), 신소설(新小說)을 어떻게 구분했는가를 이해하는 데 도움이 된다. 『대한민보』는 「화수(花愁)」(1909.6.2~13), 「화세계(花世界)」(1910.1.1), 「상린서봉(祥麟瑞鳳)」(1910.6.2) 등 길이가 짧은 작품을 단편소설란에 수록했다. 이에 비해 길이가 긴 작품들은 소설란에 수록했는데 「현미경(顯微鏡)」(1909.6.15~7.11), 「만인산(萬人傘)」(1909.7.13~8.18), 「오경월(五更月)」(1909.11.25~12.28) 등이 거기에 해당한다. 「오경월」 연재 이후에 발표되는 길이가 긴 작품들은 모두 신소설란에 수록했는데, 「소금강(小金剛)」(1910.1.5~3.6), 「박정화(薄情花)」(1910.3.10~5.31), 「금수재판(禽獸裁判)」(1910.6.5~8.18) 등이 거기에 해당한다. 『대한민보』에서 소설과 신소설을 구분하는 것은 실제로는 별다른 의미가 없어 보인다. 신소설이 소설에 비해 연재 일자가 상대적으로 긴 것은 사실이나 이 역시 커다란 의미를 지니는 것은 아니다. 결국 단편소설은 길이가 짧은 작품들이며, 소설과 신소설은 길이가 긴 작품들이라는 점 외에 별다른 차이를 발견하기 어려운 것이다. 다만 『대한민보』의 경우는 신소설이라는 용어를 사용하기 시작한 이후는 줄곧 이 용어만을 사용했을 뿐 장형 연재물에 소설이라는 용어를 쓰지 않았다는 점을 확인할 수 있다. 서사문학 작품을 길이에 따라 단편소설과 신소설로 분류하는 사례는 근대계몽기 잡지에서도 발견된다. 예를 들면 『천도교회월보(天道教會月報)』는 제1호에 「모란봉」(1910.8), 제2호에 「해당화하몽천옹(海棠花下夢天紅)」(1910.9), 제4호에 「가련홍(可憐紅)」(1910.11), 제5호에 「감츄풍별경우」(感秋風別情友) 등을 발표했는데 이들은 대부분 한 회로 마무리 되는 작품들로 모두가 단편소설란에 실려 있다. 그러나, 제8호부터 12호까지 연재 수록된 「화악산(華嶽山)」(1911.3~7)의 경우는 신소설란에 수록되어 있다.[10]

1910년대를 대표하는 신문 『매일신보』는 서사자료들을 수록하면서 소설란을 두지 않았다. 그 대신 단편소설과 신소설로 구분해 서사문학 작품을 수록했다. 『매일신보』가 서사문학 작품을 단편소설과 신소설로 구분한 것은 『대한민보』의 편집방식을 그대로 이어받은 것이다. 소설사의 맥락에서 본다면 신소설은 1900년대 중반 이후부터 소설을 대신해 사용되기 시작하던 용어였고, 『대한매일신보』 이후 『대한민보』와 『매일신보』 등에서는 단편소설과 구별되는 장형의 연재물을 지칭하는 용어로 정착 사용되었다. '소설'이라는 용어는 매체에 따라 단형 서사물에도 사용되었지만 '신소설'이라는 용어는 처음부터 장형 연재물에만 사용되었다는 특징이 있는 것이다. 연재 서사물을 위한 신소설란은 『매일신보』에서 1912년까지 존재하다가 이후 자취를 감추게 된다.[11]

당시 신문이나 단행본의 편집자들이 '신소설'이라는 용어를 사용한 가장 큰 이유는 독자들의 관심을 끌기 위한 것이었다. 연재본 「혈의 루」에는 없던 신소설이라는 표식을, 단행본에 붙이게 된 가장 큰 이유 역시 마찬가지였다. 신소설이라는 용어가 담고 있는 '새로움'의 의미는 새로 썼다거나, 새로 인쇄를 했다거나, 혹은 새로 번역했다거나 하는 것이었다.

신소설이라는 용어의 등장이 독자의 관심을 끌기위한 것이었다면, 그 용어의 소멸 역시 이와 관계가 깊다. 신소설이라는 용어의 소멸은 독자의 관심을 멀리하는 일, 더 정확히 말하면 독자의 관심의 방향을 바꾸는 일과 연관된다. 근대계몽기 신문에서 작품에 직접 붙어 다니던 신소설이라는 수식어가 사라진 것은 1912년 7월이다. 『대한매일신

10 『천도교회월보』의 경우로 미루어 보면 이러한 관행이 주로 1910년대 초반에 성행했던 것으로 판단된다. 1910년대 후반으로 가면 연재소설에도 다시 단편소설이라는 명칭을 사용한 사례들이 발견된다.

11 이와 관련된 상세한 논의는 김영민, 『한국 근대소설의 형성 과정』, 149~152쪽 참조.

보』를 이어받아 한일병합 이후 총독부 기관지로 발행되기 시작한 『매일신보』에는 줄곧 이해조의 작품들이 연재된다. 『매일신보』에 연재되는 이해조의 작품 제목에는 대부분 신소설이라는 수식어가 함께 붙어 다녔다. 「신소설 화세계」, 「신소설 월하가인」, 「신소설 화의혈」, 「신소설 구의산」, 「신소설 소양정」, 「신소설 춘외춘」 등이 그 예가 된다. 하지만, 이렇게 신소설이라는 수식어가 작품에 사용되던 것은 「신소설 봉선화」가 연재되던 도중인 1912년 7월 18일까지이다. 『매일신보』는 「봉선화」 연재 도중 조중환의 번안소설 「쌍옥루」를 연재하기 시작한다. 「쌍옥루」 연재가 시작된 지 사흘째 되던 날부터 이해조의 「봉선화」에서는 별다른 이유도 없이 그동안 줄곧 따라다니던 신소설이라는 수식어가 사라진다. 이 날 이후 『매일신보』는 연재 창작물의 제목에 신소설이라는 수식어를 병기하는 것을 완전히 중단한다. 이후부터는 광고문이나 기사에서만 이 용어를 사용하는 것이다.

『매일신보』가 이해조의 연재 창작물에서 '신소설'이라는 수식어를 삭제한 것은 의도적인 행위였으며, 이는 곧 『매일신보』 편집자의 관심이 이해조의 소설들에서 조중환의 소설로 옮겨갔음을 보여주는 것이기도 했다.[12] 신문 편집자의 강조점이 '신소설'에서 '번안소설'로 옮겨가면서, 『매일신보』는 독자의 관심의 방향을 바꾸려는 시도를 하게 된다.[13] 이해조의 '신소설'들인 「봉선화」, 「소학령」, 「탄금대」, 「춘외춘」 등은 모두 『매일신보』의 마지막 장인 제4면에 연재되었다. 그러나, 조중환의 번안소설 「쌍옥루」는 제1면에 자리를 잡는다. 그뿐만 아니라,

12 근대계몽기 번안소설의 등장 과정과 그 의미에 대해서는 박진영, 「일재 조중환과 번안소설의 시대」, 『민족문학사연구』 제26호, 민족문학사학회, 2004, 199~230쪽 참조.

13 이와 연관된 상세한 논의는 김영민, 「1910년대 신문의 역할과 근대소설의 정착 과정」, 『한국 근대소설의 형성 과정』, 155~156쪽 참조.

이 작품이 연재를 시작한 1912년 7월 17일자 신문 제3면에는 다음과 같은 별도의 홍보성 기사를 싣기도 한다.

> 演藝界 / 雙玉淚(쌍옥루)
>
> 본샤々 고에, 초호 글ㅅᄌᆞ로, ᄆᆡ일 공포홈을 인ᄒᆞ야, 일반샤회에셔, 날마다 고ᄃᆡᄒᆞ시던, 쌍옥루(雙玉淚)가, 오ᄂᆞᆯ브터, 일면지상에 현츌ᄒᆞ야, 고ᄃᆡ고ᄃᆡᄒᆞ시던, 동포ᄌᆞᄆᆡ의, 반가온 면목을ᄃᆡᄒᆞ고, 궁금ᄒᆞ던 회포를, 펴겟ᄂᆞ이다, 그러ᄒᆞ나, 이 쌍옥루ᄂᆞᆫ, 일시파적ᄒᆞᄂᆞᆫ 쇼셜로만, 돌닐 것이안이라, 곳 실디를 현츌ᄒᆞ야, 일반 샤회의 풍쇽을 ᄀᆡ량ᄒᆞᆯ만ᄒᆞᆫ, 됴흔긔관이로다, 이것을, 실디로 현츌코져 ᄒᆞ면, 무슨 방법으로 ᄒᆞᆯ가, 불가불, 연극으로 ᄒᆞ여야 ᄒᆞ겟다고 ᄒᆞ겟ᄂᆞ이다, 죠션의 연극 졍도가 유치홈은, 일반이 개탄ᄒᆞᆯ ᄲᅮᆫ안이라 본샤에셔도 이것을 ᄀᆡ량ᄒᆞᆯ 계획이 잇스되, 됴흔 긔회를 엇지 못ᄒᆞ야, 지우금 ᄅᆡᄒᆡᆼ치 못ᄒᆞᆫ 바이더니, 다ᄒᆡᆼ히, 이와 ᄀᆞᆺ흔, 됴흔 ᄌᆡ료를 엇엇기로, 쟝ᄎᆞ 문예부(文藝部)를 셜시ᄒᆞ야, 연예의 모범을 짓고져 ᄒᆞᄂᆞᆫ, 계획이 잇스며, 만일, 계획이 완젼 셩립ᄒᆞᄂᆞᆫ 동시에ᄂᆞᆫ, 반ᄃᆞ시, 본보(本報)를 ᄋᆡ독ᄒᆞ시ᄂᆞᆫ, 동포ᄆᆡᄌᆞᄂᆞᆫ, 무료 관람을 허ᄒᆞ야, 평일의 ᄉᆞ랑ᄒᆞ시든 졍을 표ᄒᆞ려니와, 일반 ᄋᆡ독졔군은, 본샤의 계획을 인ᄒᆞ야 뎨일호로브터, 죵말ᄭᆞ지, 한 쟝이라도 두락지 마시고 츅호ᄒᆞ야 모와두면 부지 즁에, 완젼ᄒᆞᆫ 쇼셜 한 권이 될 것이니, 이것도 됴커니와, 이후 실디를 연극ᄒᆞᆯ ᄯᅢ에, 큰 참고거리가, 되겟다고 ᄒᆞ겟ᄂᆞ이다, 이쇼셜은, 누가 만든 것이뇨 ᄒᆞ면, 문슈셩원 죠즁환(文秀星員趙重桓)씨가, ᄂᆡ디 쇼셜계의, 뎨일 유명ᄒᆞᆫ 긔의죄(己의罪)라ᄒᆞᄂᆞᆫ 소셜을, 번역ᄒᆞ야, 죠션 풍쇽에, 뎍당ᄒᆞ도록 만든 것이니, 쳥컨ᄃᆡ, 이왕보다, 더욱ᄋᆡ독ᄒᆞ시ᄋᆞᆸ[14]

『매일신보』의 편집진은 이 기사에서, 앞으로 「쌍옥루」가 연극으로

14 「雙玉淚(쌍옥루)」, 『매일신보』, 1912.7.17.

꾸며져 무대에 오르게 될 것이라는 점을 강조하고, 연재물을 한 회도 누락시키지 말고 잘 모아 두어 한 권의 책으로 보관할 것을 권고한다. 더불어 이 소설이 일본의 「긔의죄(己의罪)」를 번역하여 조선 풍속에 적당하도록 만든 것이니, 이전의 소설들보다 더욱 애독해줄 것을 당부하기도 한다.[15]

'신소설'이라는 용어는 광고 문안에도 빈번히 사용되었다. 그 예로는 '신소설 「쳡(妾)의 허물」'(1913.12.6),[16] '신소설 「단장록(斷腸錄)」'(1913.12.28), '신년(新年)의 신소설(新小說) 「무정(無情)」'(1916.12.26), '신소설 예고 「홍루(紅淚)」'(1917.9.7), '신소설 예고 가정소설(家庭小說) 「허영(虛榮)」'(1919.8.29), '신소설 예고 장편소설(長篇小說) 「자유(自由)의 길」'(1923.3.17), '신소설 「순정(純情)」 재명(再明)부터 게재(揭載)'(1928.2.16) 등의 경우를 들 수 있다.[17] 『매일신보』 뿐만 아니라, 1920년대 및 1930년대에 발행된 다른 신문들에서도 이러한 예는 어렵지 않게 발견할 수 있다. '신소설 예고 「광야(曠野)를 가는 자(者)」'(1927.6.11), '신소설 예고 「최후(最後)의 승리(勝利)」'(1928.1.26), '신소설 연재예고 「명일(明日)」'(1930.9.18) 등은 『중외일보』에서 확인할 수 있는 사례들이다. '신소설 예고 장편소설 「영원(永遠)의 미소(微笑)」'(1933.7.8), '신소설 예고 「제2의 운명(運命)」'(1933.8.19), '신소설 예고 장편소설 「정열(情熱)의 도시(都市)」'(1933. 12.31), '신소설 예고 「직녀성(織女星)」'(1934.3.4), '신소설 예고 장편소설 「불멸(不滅)의 함성(喊聲)」'(1934.5.7) 등은 『조선중앙일보』에서 확인할 수 있는 사례들이다.

---

15 『매일신보』의 지면 배치와 번역 및 번안소설에 대한 편집부의 강조 의도에 대해서는 함태영, 「1910년대 『매일신보』 연구」, 144~148쪽 참조.

16 「쳡의 허물」은 조일재의 작품으로 1914년 1월 1일부터 연재될 것이라는 광고가 실려 있다. 그러나, 1914년 1월 1일 이후 『매일신보』에는 조일재의 작품 「단장록(斷腸錄)」이 연재되기 시작한다.

17 이들 용례는 모두 연재소설 예고문에 포함된 것들이다.

『시대일보』에서도 '신소설 예고 「약혼(約婚)」'(1925.12.24) 등 동일한 유형의 사례를 확인할 수 있다. 『조선일보』와 『동아일보』의 경우도 마찬가지이다. 『조선일보』는 1927년 1월 1일부터 이익상의 장편소설 「키 잃은 범선」의 연재를 시작한다. 그런데, 1926년 12월 21일자 이후에 실린 여러 차례의 광고에서는 이 작품에 대해 계속 '신소설'이라는 용어를 사용한다. 1929년 9월에 실린 염상섭의 장편소설 「광분(狂奔)」 역시 연재 예고문에는 '신소설'로 표현된다. '신소설 연재예고 「광분(狂奔)」'(1929.9.13)으로 표현된 것이다. 더구나 「최근 해외문예 소식」이라는 기사에서는 외국소설에 대해서도 '신소설'이라는 표현을 쓰고 있다. 'H.G. 웰쓰의 신소설'(1930.8.13)에 대한 기사가 실려 있는 것이다. '신소설 예고 정탐소설(偵探小說) 「염마(艶魔)」'(1934.4.29)를 보면, 우리나라 최초의 장편 연재 탐정소설인 채만식의 「염마」 역시 '신소설'로 광고되었다는 사실을 알 수 있다. 『동아일보』도 윤백남의 작품 「봉화(烽火)」를 연재하면서 이를 '삼국시대 재현 신소설(新小說) 「봉화(烽火)」' (1933.8.22)로 광고한 바 있다.

흥미로운 사례 가운데 하나는, 식민지 시기 초반 가장 주목할 만한 출판사였던 신문관이 광고하던 '신쇼셜' 목록에 들어 있는 책들은 대부분 번역소설이었다는 점이다. 이른바 신문관 발간 '신쇼셜'은 『썰늬버유람긔』(스위프트 지음, 신문관 편집국 번역, 1912.2), 『불샹훈 동무』(라메이부인 지음, 최남선 번역, 1912.6), 『만인계』(에지워스부인 지음, 최창선 번역, 1912.9), 『검둥의 셜음』(피쳐 스토 지음, 이광수 번역, 1913.2), 『허풍션이 모험긔담』(뮌히하우젠 지음, 최창선 번역, 1913.5) 등이다. 여기에 원전이 확인되지 않은 『자랑의 단추』도 목록에는 추가되어 있다. 이들 목록으로 미루어 보면, 신문관은 "단행본 번역소설들을 한 자리에 모아 '신문관 발간 신쇼셜'이라는 총서를 기획함으로써 새로운 번역소설의 장을 구축"[18]하고 있음을 알 수 있다. 신문관 발간 '신쇼셜'에 대해서는 다음과 같은 설명이 첨부되어 있다. "이 모든 칙은 다 셔양에 유명훈 쇼셜을 번역훈 것이니 시속에 쓸디업시 씩둑싹둑훈 잡셩으러운 것과 달나 한번 닑으면 무궁훈 ᄌ미만 잇슬 뿐아니라 소견에 어들 것이 클지니 훈번 사보소셔 졍ᄒ게 박아 아담ᄒ게 칙매고 권권히 졍훈 그림을 너헛 숩니다."[19] 그런데, 신문관은 이 목록에 포함된 『불샹훈 동무』, 『자랑의 단추』, 『검둥의 설움』, 『썰늬버유람긔』 등을 개별적으로 소개할 때에는 거기에 신소설이라는 용어를 사용한 바가 전혀 없다. 이러한 점 등으로 미루어 볼 때, 신문관이 이들 작품을 함께 묶어 신소설이라 지칭한 것은 순전히 '새로 제작한 소설' 혹은 '새로 기획한 소설'들에 대한 상업적 광고의도 때문이었던 것임을 알 수 있다.

1920년대 후반에는 『신소설』이라는 제명을 단 잡지가 출간된 바도 있다. 잡지 『신소설』의 발행처는 건설사(建設社)였고 창간사는 홍명희가 썼다. 내용은 주로 당시대를 대표하는 소설가들의 작품으로 채워졌는데, 현진건의 「정조와 약가」, 이성해의 「유산」, 최서해의 「같은 길을 밟는 사람들」, 김동인의 「K박사의 연구」, 염상섭의 「남편의 책임」 등의 단편과, 이광수의 장편소설 「아들의 원수」가 수록되어 있다.[20]

1922년 경성서관(京城書館)에서 간행된 『리봉빈전(李鳳彬傳)』의 경우는 표지에는 '신소설 리봉빈전'이라 되어 있지만, 뒷면 판권란에는 '고

18 권두연, 「신문관 단행본 소설과 신문예 운동」, 『최남선 다시 읽기』, 현실문화, 2009, 108쪽. 이 논문에는 '신문관 발간 신소설'에 대한 상세한 논의가 들어 있다.

19 『삼셜긔』 하, 신문관, 1913, 54쪽.

20 「신간안내」, 『동아일보』, 1929.11.29. 잡지 『신소설』은 이듬해인 1930년 12월부터 제호를 『해방(解放)』으로 바꾸고 발행사 역시 해방사(解放社)로 이름을 바꾼다. 이후 작품 게재가 예고된 필자들로는 이광수, 이기영, 박영희, 김기진, 이은상, 현진건, 이효석, 이태준, 유진오, 김동인 등으로 그 성향이 매우 다양하다. 이에 관한 상세한 논의는 김영민, 「근대계몽기 문학 연구의 성과와 과제」, 『한국문학의 근대와 근대성』, 소명출판, 2006, 207~209쪽 참조.

대소설(古代小說)'이라고 적고 있다. 이렇게 사용된 신소설이라는 용어는 판본의 새로움을 의미하는 것일 뿐이며, 여기서 더 다른 의미를 찾기는 어렵다. '신소설'은 이렇게 오랫동안 수식적 기능을 지닌 용어로 사용되었다. 근대계몽기 이후 1930년대 말까지 이 용어가 지닌 수식어로서의 기능은 '새로움'을 강조하는 것이었다.

2. 고유명사로서의 신소설

신소설을 한국 근대문학사의 특정한 문학 양식으로 정리하기 시작한 것은 1930년대 이후의 일이며, 그렇게 한 연구자들은 김태준과 임화였다. 김태준은 신소설의 문학사적 의미를 구소설과 현대소설의 교량적 역할을 한 과도기의 소설이라고 정리한 최초의 연구자이다.

김태준과 임화는 어떠한 문화사적 맥락 속에서 '신소설'이라는 용어를 문학사적 의미를 지닌 고유명사로 사용하게 되었던 것일까? 논란의 여지가 없는 것은 아니지만, 김태준 이전에도 신소설을 문학사적 의미를 지닌 용어로 사용했다고 해석할 수 있는 사례들이 일부 존재한다. 물론 이러한 사례에 해당하는 자료들은 극히 소수에 불과하고 또 거기에 담겨 있는 의미 역시 매우 모호한 것이기는 하다.

우선, 다음과 같은 양건식의 글 「춘원의 소설을 환영하노라」에 사용된 신소설이라는 용어는 다소나마 문학사적 의미를 지닌 것으로 볼 수 있다.

朝鮮小說의 起源이 何代에 屬ᄒᆞᆫ지ᄂᆞᆫ 予ᄂᆞᆫ 寡聞ᄒᆞ야 不知ᄒᆞ나 所謂 新小說이 란 名稱이 發生되기ᄂᆞᆫ 十餘年前이며 此를 始作ᄒᆞ기ᄂᆞᆫ 故菊初先生 李仁稙氏라 氏가 그 該博ᄒᆞᆫ 學識과 輕妙ᄒᆞᆫ 文章으로 情趣가 橫溢ᄒᆞ게 結搆가 巧妙ᄒᆞ게 前에 無ᄒᆞ던 新文体로 創作ᄒᆞᆫ 小說四五種을 出ᄒᆞ니 그 江湖上의 歡迎이 多大ᄒᆞ얏셧도다 그 後에 氏ᄂᆞᆫ 不得已ᄒᆞᆫ 事故를 因ᄒᆞ야 執筆치 못ᄒᆞ게 되고 雨後의 竹筍과 如히 續出ᄒᆞᄂᆞᆫ 小說은 可觀ᄒᆞᆯ 者ㅣ 別無ᄒᆞ미 但히 吾人은 一齋, 何夢 兩氏의 飜譯文學을 愛讀ᄒᆞᆯ ᄲᅮᆫ이러니 突然히 前月에 菊初先生 逝去ᄒᆞᆫ 報ᄅᆞᆯ 接ᄒᆞ고 驚愕ᄒᆞ며 且惜ᄒᆞ다가 又本紙上으로 喜報ᄅᆞᆯ 接ᄒᆞ니 卽春園氏의 小說豫告라 春園氏여 予ᄂᆞᆫ 君과 비록 一面의 識은 無ᄒᆞ나 曾히 君의 作物은 留學生의 雜誌에셔 一讀ᄒᆞᆫ 事有ᄒᆞ얏노라 予가 該留學生雜誌에셔 得覽ᄒᆞᆫ 短篇小說로브터 夢夢氏와 君의 手腕이 非凡ᄒᆞᆷ을 始知ᄒᆞ얏노니 予ᄂᆞᆫ 但히 讀者된 地位에 在ᄒᆞ야 此를 讀ᄒᆞᆯ 時에 그 絢爛ᄒᆞᆫ 彩筆로 人生의 半面을 情趣잇고 深刻ᄒᆞ게 描寫ᄒᆞᆫᄃᆡ 對ᄒᆞ야ᄂᆞᆫ 미상불 敬歎ᄒᆞ얏노라 爾來予ᄂᆞᆫ 夢夢氏와 君의 小說이 出來ᄒᆞ기를 切企ᄒᆞ얏스나 그 間에 執筆치 안이ᄒᆞᆷ인지 一篇의 短篇作物이나마 得見치ᄅᆞᆯ 못ᄒᆞ미 予로ᄒᆞ야곰 失望을 正히 不少케 ᄒᆞ더니 君이 先히 小說을 執筆ᄒᆞᆫ다 豫告ᄒᆞ니 그 執筆ᄒᆞᄂᆞᆫ 바ᄂᆞᆫ 無情이라ᄂᆞᆫ 小說內容이 如何ᄒᆞᆫ지ᄂᆞᆫ 未知ᄒᆞ거니와 君의 作이면 必然코 今日小說界에 一頭地ᄅᆞᆯ 超出ᄒᆞᆫ 小說일지니 엇지 文壇에 可喜ᄒᆞᆫ 事안니냐 從此로 吾人의 荒蕪ᄒᆞᆫ 心田에ᄂᆞᆫ 君의 小說로 因ᄒᆞ야 高尙ᄒᆞᆫ 情味의 種을 播ᄒᆞᆯ지라 請컨ᄃᆡ 君은 今으로 그 文學의 價値잇ᄂᆞᆫ 作物을 續出ᄒᆞ야 君의 號와 如히 荒凉ᄒᆞᆫ 文壇을 春園과 如히 百花가 爛漫케 ᄒᆞᆯ지어다 予ᄂᆞᆫ 以上의 理由로 君의 小說을 歡迎ᄒᆞᄂᆞᆫ ᄇᆡ로라[21](밑줄은 인용자)

여기서 양건식은 신소설이 이인직의 창안이라는 표현을 사용한다. 이

21 국여, 「춘원의 소설을 환영하노라」, 『매일신보』, 1916.12.29.

경우 신소설은 보통명사가 아니라 특정한 문학 양식 혹은 특정한 부류의 문학을 지칭하는 고유명사가 될 수 있다. 그렇다면 양건식은 어떻게 이인직에게 최초의 신소설 작가라는 명칭을 부여하게 된 것일까? 이는 다음에 인용하는 글 「죠선 최초의 쇼셜가」와 관련성이 있는 것으로 판단된다.

> 죠선 최초의 쇼셜가
>
> 씨ᄂᆞᆫ 우리 조션 문학계의 적지 안이ᄒᆞᆫ 공로가 잇셧다 ᄒᆞᆯ지니 씨의 창작ᄒᆞᆫ 소셜이 문학상 얼마나 가치가 잇ᄂᆞᆫ지ᄂᆞᆫ 지금 말ᄒᆞᆯ 바이 안이여니와 조션 최쵸의 쇼셜가이며 쇼위 신소설의 원됴가 됨은 확실ᄒᆞᆫ 사실이라 아직 조션의 일반 사회가 소설이라ᄂᆞᆫ 무엇인지 아지도 못ᄒᆞ던 명치 삼십구 년에 씨가 국민신보 쥬필이 되야 비로소 ᄇᆡᆨ로쥬(白蘆洲)라ᄂᆞᆫ 쇼설을 련지ᄒᆞ얏스니 이 ᄇᆡᆨ로쥬ᄂᆞᆫ 실로 동씨의 처녀작(處女作)이며 죠션 신소설의 효시라 불힝이 그 쇼셜은 출판되지 안이 ᄒᆞ얏고 그 다음에ᄂᆞᆫ ᄯᅩ 혈의 루(血의 淚)가 출판되얏ᄂᆞᆫ 바 본지에도 일시 련직되던 모란봉(牧丹峯)은 그 하편이요 계쇽ᄒᆞ야 귀의 셩(鬼의 聲)치악산(雉岳山)의 각 상하편 쇼셜이 츌판되야 호평을 밧엇더라 그러ᄒᆞᆫ즉 씨ᄂᆞᆫ 우리 됴션 문학계에 공로가 만은 사ᄅᆞᆷ이며 그의 죽음에 ᄃᆡᄒᆞ야 우리ᄂᆞᆫ 한 주먹의 눈물을 악기지 못ᄒᆞ리로다[22] (밑줄은 인용자)

이 글은 이인직의 별세를 알리는 신문기사이다. 이 기사에서는 이인직의 작고 사실을 알리고, 그가 조선 최초의 소설가이며 소위 '신소설'의 원조가 됨을 주장한다. 「죠선 최초의 쇼셜가」와 「춘원의 소설을 환영하노라」는 모두 『매일신보』에 실려 있다. 양건식이 「춘원의 소설을 환영하노라」를 쓴 것은 이인직의 별세 기사가 나간 지 불과 한 달 뒤의

22 『매일신보』, 1916.11.28.

일이다. 1910년대 중반 당시 문필 활동을 하고 있었던 양건식이, 당대의 대표적 문인 가운데 한 사람이었던 이인직의 별세 기사를 읽고 그 내용을 마음에 담아 두었을 개연성은 충분히 있다. 「춘원의 소설을 환영하노라」의 "所謂 新小說이란 名稱이 發生되기는 十餘年前이며 此를 始作ᄒᆞ기는 故菊初先生 李仁稙氏라"는 구절은, 「죠선 최초의 쇼셜가」의 핵심을 축약한 것으로도 볼 수 있다. 물론 이 경우에도 '신소설'이 지니는 의미가 무엇인지는 명확하지 않다. 단지 분명한 것은 그것이 '이인직 류의 작품들'이라는 의미가 될 수 있다는 점이다. 즉 '신소설'의 표준이 이인직의 「혈의루」 등이 될 수 있는 것이다.

『조선일보』에서도 이와 유사한 사례를 발견할 수 있다. 이해조가 세상을 떠났음을 알리는 다음의 기사가 그것이다.

> 李海朝氏長逝
>
> 신소설 길을 연 공로자
>
> 일즉이 중추원의관(中樞院議官) 매일신보 편집국장(每日申報 編輯局長)과 긔왕 조선일보 편집주임 등을 력임하는 일방 또다른 한편으로는 여러 가지 작품(作品)을 발표하야 신소설(新小說)의 길을 연 해관(解觀) 리해조(李海朝)는 그동안 포천(抱川) 자택에서 신병으로 신음하든 중 지난 십일에 드듸어 세상을 써나고 말앗다는데 동씨의 영면은 여러 가지 의미로 일반이 애석(哀惜)함을 마지 안는 바이라더라[23] (밑줄은 인용자)

『매일신보』가 이인직의 죽음을 알리며 그를 '신소설의 원조'로 추앙한 것처럼, 『조선일보』 역시 이해조의 죽음을 알리며 그를 '신소설의

23 『조선일보』, 1927.6.14.

길을 연 공로자'로 높이고 있는 것이다.

이광수가 조선문학의 현실을 돌아보며 "우리가 항상(恒常) 경멸(輕蔑)과 조롱(嘲弄)으로써 대(對)하는 소위(所謂) 신소설(新小說)들이 문학적(文學的)으로 보아서 과연(果然) 가치(價値)가 잇는지 업는지는 고사(姑捨)하고 언문(諺文)을 보급(普及)시킨 공(功)과 독서욕(讀書慾)을 좀 늘여준 공(功)은 멸(滅)할 수가 업다. 이 역시(亦是) 신문학(新文學)의 준비(準備)라고 할 수 잇는 것이다"[24]라고 언급했을 때 '신소설'은 일면 문학사적 의미를 지니는 용어였다. 이광수는, 그것이 비록 경멸과 조롱의 대상이 될지라도 '신문학의 준비' 단계에 속하는 작품들이라는 생각을 지니고 있었던 것이다. 『매일신보』가 이광수의 작품 「무정」을 '신소설'로 광고하던 시기에, 이광수가 신소설을 경멸과 조롱의 대상이라고 언급한다는 사실 자체는 아이러니가 아닐 수 없다. 물론 이 때 『매일신보』의 편집자가 사용하던 신소설이라는 용어의 개념과, 이광수가 『청춘』에서 사용한 신소설의 의미는 서로 다른 것이었다.

한국 근대문학사의 자료를 살피다 보면 '신소설'을 고유명사처럼 사용한 사례를 몇 편 더 발견할 수 있다. 이러한 사례들은 대체로 김태준의 『조선조설사』(1933)가 발간된 이후, 임화의 「개설 신문학사」(1939)가 발표되기 이전 시기에 존재한다. 그중 하나는 「낙양(洛陽)의 지가(紙價)를 올린 장한몽(長恨夢)・쌍옥루(雙玉淚)-신소설 원조(新小說 元祖) 조일재(趙一齋)」이며, 다른 하나는 「신소설(新小說) '소양정(昭陽亭)'의 표현수법(表現手法)에 관한 소고(小考)」[25]이다. 이중 전자는 작가론에 가깝고, 후자는 작품론의 성격을 지니고 있다. 「낙양(洛陽)의 지가(紙價)를 올린

24 이광수, 「부활(復活)의 서광(曙光)」, 『청춘』, 1918.3, 28쪽.

25 신문 기사 제목에는 작품 명 '소양정(昭陽亭)'이 '소양궁(昭陽宮)'으로 잘못 표기되어 있다.

장한몽(長恨夢)·쌍옥루(雙玉淚)—신소설 원조(新小說 元祖) 조일재(趙一齋)」는 『조선일보』의 기자가, 병석에 누워있던 조일재를 찾아가 취재한 내용을 담은 기사이다. 이 기사는 다음과 같이 시작된다. "지금으로부터 삼십년 전 아직도 소설이 무엇인지를 알지도 못하든 때 처음으로 신소설의 체재를 완전히 가진 작품을 쓰신 이는 조일재(趙一齋) 선생이다."[26] 이어서 기사는 곧 조중환의 술회로 이어진다. 이른바 '신소설의 원조' 조중환의 이야기는 다음과 같다.

> 내가 소설이라고 처음 쓴 것은 스물네살 때, 즉 지금으로부터 삼십년 전 덕부로화(德富蘆花)의 원작 불여귀(不如歸)를 조선말로 번역하야 그 내용을 변하야 가지고 소위 조선 신소설로 발표한 것이다. 그후 련달아 장한몽(長恨夢) 쌍옥루(雙玉淚) 단장록(斷腸錄) 등을 매일신보(每日申報)에 련재하얏다.
>
> 내가 이러케 다른 사람이 기상천외(奇想天外)(당시는 이러케 생각하얏다)로 녁이엿든 신소설을 쓰려고한 동기는 대개 이러하다. 내가 겨우 칠팔세박게 안되얏슬 때……[27](밑줄은 인용자)

조일재는 여기서 자신이 '신소설'을 쓰게 된 동기가 어릴적 어른들에게서 들었던 '전설(傳說)'에 대한 기억에 있음을 술회한다. 아울러 그 '전설' 가운데 특히 기억나는 것으로 「숙영랑자전(淑英娘子傳)」이 있다고 회고한다. 여기에서는 글을 쓴 『조선일보』의 기자나, 조중환 자신 모두가 「장한몽」, 「쌍옥루」, 「단장록」 등의 '번안소설'을 기상천외한 '신소설'의 효시로 술회하고 있음을 볼 수 있다.

---

26 「낙양(洛陽)의 지가(紙價)를 올린 장한몽(長恨夢)·쌍옥루(雙玉淚)—신소설 원조(新小說 元祖) 조일재(趙 一 齋)」, 『조선일보』, 1938.1.3.

27 위의 글.

이화여전(梨花女專) 재학생이던 『조선일보』 독자 이정숙(李正淑)이 투고한 「신소설(新小說) '소양정(昭陽亭)'의 표현수법(表現手法)에 관한 소고(小考)」의 서두는 이렇게 시작된다. "「昭陽亭」은 新小說 時代의 寵兒 李海朝氏의 作品으로 「흙」이나 「달밤」 「常綠樹」의 祖上이라 할 수 잇슬 것이다."[28] 여기서 이정숙은 '신소설 시대'라는 표현을 사용함으로써 '신소설'을 분명히 문학사적 의미로 사용한다. 그는 이해조의 '신소설' 「소양정」이 이광수의 「흙」이나 이태준의 「달밤」, 그리고 심훈의 「상록수」의 조상이 된다고 본 것이다. 다음 구절은 이들 '신소설'의 문학사적 의미에 관한 내용을 담고 있다는 점에서 눈여겨 볼 필요가 있다.

> 오늘 와서 이런 冊들이 행길에서 굴고 時代 뒤떨어진 讀物로 農民層으로만 돌지만 언젠가는 이 冊도 中流以上 家庭에서 寵愛를 밧던 黃金時代가 잇섯던 것이다. 荒唐無稽하고 神出鬼沒類의 事實을 主로 取扱한 古代小說에 倦怠를 느꼇던 그때에 그래도 그 時代의 리알리티를 多分히 包含하고 나온 이 小說은 當時 全讀書界에 一大 센세숀을 이르켯슬 것이다.[29]

이 글에서는 우선 이해조의 작품이 당시 고대소설에 권태를 느끼던 독자들에게 그 시대의 리얼리티를 보여주었다는 지적이 눈에 띈다. 그런가 하면 이해조의 「소양정」을 분석하면서, '이 작품에 아직도 고대소설투의 권선징악주의(勸善懲惡主義)가 남아있다는 문제가 있음에도 불구하고 이 소설을 통하여 뚜렷한 그 시대상을 몇 가지 엿볼 수 있다' 등의 긍정적 평가를 내리기도 한다.[30]

---

28 이정숙, 「신소설(新小說) 「소양정(昭陽亭)」의 표현수법(表現手法)에 관한 소고(小考)」, 『조선일보』, 1938.4.25.

29 위의 글.

3. 신소설의 양식화

김태준은 1933년과 1939년 두 번에 걸쳐 『조선소설사』를 출간한다. 그런데, 1933년의 초간본과 1939년의 증보판의 내용은 일부 차이가 있으며, 특히 큰 차이가 나는 것이 제7편 「문예운동 후 40년간의 소설관」 부분이다. 이 부분은 각 장의 구성에서도 차이가 난다.[31] 여기서 외형상의 차이가 가장 크게 눈에 띄는 것은 제2장과 제4장이다. 제4장은 초판에서는 그 제목이 '계급문학(階級文學)의 여명기'로 되어 있지만 증보판에서는 '신흥문학(新興文學)의 발전'으로 바뀌어 있다. 구체적으로는 4장 2절에서 '신경향파 문학의 대두와 서해(曙海) · 팔봉(八峯) · 회월(懷月) 제씨'에 관한 서술 분량이 줄었고 특히 카프(KAPF)에 관한 서술이 많이 생략된 것을 확인할 수 있다. 이러한 변화가 일어난 것은 검열 등 외부적 조건의 변화와 관련이 깊어 보인다. 특히 카프에 관한 서술이 줄어든 것은 초판과 증보판의 간행 사이에 일어났던, 카프 조직원에 대한 대대적 검거와 카프 해산이라고 하는 역사적 사건의 발발 때문으로 이해할 수 있다. 이에 반해 제2장의 신소설의 문학사적 위치에 대한 서술 변화는 외부적 조건에 의한 것이 아니라, 문학사적 관심의 변화를

30 김태준의 『조선소설사』 초판이 발행된 것은 1933년의 일이다. 주지하다시피 이 책에는 '신소설'의 문학사적 의미에 대한 고찰이 일부 이루어져 있다. 「신소설 소양정의 표현수법에 관한 소고」가 신문에 게재된 것은 1938년이다. 당시 이 글을 투고한 독자 이정숙이 이화여전 학생이었다는 사실로 미루어 볼 때, 이 글은 김태준의 『조선소설사』 초판에 대한 독서를 토대로 작성된 것일 가능성이 있다.

31 초간본의 차례는 '제1장 서언, 제2장 계몽운동 시대의 문학, 제3장 발아기(發芽期)의 미숙한 소설, 제4장 계급문학(階級文學)의 여명기, 제5장 문단의 현세(現勢) ― 결론' 등으로 이루어져 있다. 이에 비해 증보판의 차례는 '제1장 소설을 중심으로, 제2장 계몽운동 시대의 문학, 제3장 발아기의 소설, 제4장 신흥문학(新興文學)의 발전, 제5장 결론' 등으로 되어 있다.

반영하는 것이다.

> 新文藝 혹은 新小說이라고 하는 것은 文學的 表現 方法이 在來의 그것과는 形式과 內容에 顯著히 判異하다.[32]

> 朝鮮의 新劇運動과 新小說運動에 있어서 누구보담도 先覺이엿고 先驅이엿든 菊初를 推戴함에는 異議가 없을 줄로 믿지만은 菊初의 一面인 演劇運動을 말함에는 먼저 조선 演劇의 由來를 말치 아니할 수 없다.[33]

> 菊初는 萬歲報 記者로부터 大韓新聞 社長이 되엿다가 내종에는 經學院 司成으로써 歿하엿지만은 政治生活에 得意치 못한 그는 꾸준히 文藝生活에 奮鬪하엿다. 그리하야 新小說의 創作에도 努力하게 되엿다. 그의 眼孔에 燦爛히 흘으는 明治文化의 光芒의 굳게 비춰고 그 가삼에는 希望과 抱負 理想과 實現의 未來를 透視하고 있엇다.[34]

> 녜전부터 傳하여 오든 니약이책으로는 새로운 知識을 받은 靑年들에게 歡迎될 수 없으니 古代의 小說은 어느새 形式을 變하야 長回小說로 되엿고 內容도 千篇一律한 軍談類인 蘇大成傳·梁朱鳳傳·權龍仙傳·八壯士傳 같은 것으로는 滿足할 수 없엇다. 그렇나 中國式의 長回小說만으로도 滿足할 수 없으니 說話의 趣味를 좀더 豊富하게 하며 言文一致의 文體로서 어떤 한 개 事件을 取扱하야 그 事件의 推移를 딸아 瞬間瞬間의 行動과 對話까지 그대 쓰는 것이엿다. 이는 自發的이래기보담은 歐米 日本文藝의 模倣이엿다. 그리하야 古代小說(舊

32 김태준, 『조선소설사』, 청진서관, 1933, 168쪽.
33 위의 책, 174쪽.
34 위의 책, 175쪽.

小說)에 對하야 新小說이라고 불럿다.

이 新小說은 아즉도 歐米의 小說을 모방하야 아즉 그 完備한 域에 達하지 못한 者로서 己未運動 以後의 圓熟한 小說作品을 小說이라고 불음에 對하야 이때의 小說風은 그대로 新小說이라고 불러 인제는 小說·新小說·舊小說(古代小說) 三種의 區別이 있게 되엿다. 그리하야 이 新小說은 己未以前의 文苑에 流行되엿다.[35]

김태준의 이러한 정리를 통해 신소설(新小說)은 문학사적 의미를 지닌 용어 즉 특정한 의미를 지닌 고유명사로 새롭게 태어나게 된다. 김태준이 여기서 정리한 신소설의 가장 큰 속성은 고대소설 즉 구소설에 대응되는 것이다. 신소설은 새로운 지식을 받아들인 청년들의 새로운 요구에 부응하기 위하여 태어난 소설로, 서구 소설을 모방하며 출발한 것으로, 형식과 내용에서 모두 고대소설과 차이가 난다. 신소설이 대두한 시기는 역사적으로 갑오경장 이후부터이다. 신소설의 핵심은 "설화(說話)의 취미(趣味)를 좀더 풍부(豊富)하게 하며 언문일치(言文一致)의 문체(文體)로서 어떤 한 개 사건(事件)을 취급(取扱)하야 그 사건(事件)의 추이(推移)를 딸아 순간순간(瞬間瞬間)의 행동(行動)과 대화(對話)까지 그대 쓰는 것"이다. 하지만 그것은 1919년 기미년의 삼일운동 이후의 원숙한 소설에는 아직 미치지 못한다. 그런 점에서 한국 소설사는 고대소설(갑오경장 이전의 소설)-신소설(갑오경장 이후 삼일운동 이전의 소설)-소설(삼일운동 이후의 소설)로 이어지는 단계적 변화를 거쳤다고 할 수 있다.

'신소설'의 문학사적 의미에 대한 김태준의 인식은 『조선소설사』 증

35 위의 책, 177쪽.

보판에 이르면 다음과 같이 더욱 정리된 형태로 제시된다.

이 新小說은 社會가 많은 古代的遺制를 包含한 채 近代的構成을 일러 이것이 이 나라의 社會의 特性을 일운 만큼 이도 市民의 單純한 娛樂과 消遣에서 市民들의 부르짓는 新文化의 啓蒙的情神이 澎湃한 理想主義였고 이는 舊小說 卽 이야기책에서 春園, 東仁, 想涉, 諸氏가 쓰기 시작한 現代的意義의 小說에 닐으기까지의 橋梁을 일워 니른바 過渡期的 混血兒라 니약이책에서 대번에 現代小說이 나온 것이아니라 이러한 過程을 밟어서 現代小說은 發達하여 온 것이다.

春園 以後의 여러 作家의 手法이 全혀 歐羅巴的輸入에서가 아니라 이러한 前代의 傳統을 土臺로 하고 卽 니야기책의 長久한 發展과 有名無名의 新小說作家의 隱隱한 그러면서도 莫大한 努力의 成果 우에 立脚함으로써 現代의 文學的世界의 建設이 成功된 것이다.[36]

김태준의 이러한 정리의 결과 한국 소설사는 고대소설 → 신소설 → 현대소설로 이어지는 단계적 변화의 기본 틀을 확보하게 된다. 아울러, 신소설의 문학사적 의미는 '고대소설에서 현대소설에 이르는 교량적 역할을 한 과도기적 소설'로 명시된다. 김태준이 『조선소설사』 증보판에서 제시한 이러한 견해는 오늘날 신소설의 가치를 이해하는 데도 매우 유용하다.[37] 김태준은 신소설의 대표적 작가로 이인직을 꼽은

36 김태준, 『조선소설사』 증보판, 학예사, 1939, 247~248쪽.

37 예를 들면, 전광용은 신소설의 문학사적 위상에 대해 다음과 같이 정리한 바 있다. "신소설의 문학사적인 연기(年紀)는 이인직의 초기 작품이 발표된 1900년대 초엽부터 1917년 이광수의 「무정」이 『매일신보』에 발표되기 이전까지로 볼 수 있는 것이며, 좀더 배경적인 폭을 넓힌다면, 갑오경장(甲午更張)부터 기미(己未)운동까지 20년 내외에 해당된다 하겠다. (…중략…) 따라서 갑오경장 후에 쓰여지고, 또한 신문 잡지에 발표되거나 단행본으로 출간된 고대소설이 없는 바는 아니지만, 신소설 발아(發芽) 이후의 고대소설은 이미 문학사적인 의의를 상실하게 되는 것이며, 이러한 논거는 결국 기미운동 이후에 발표된 신소설이 없지 않

후 「혈의 루」, 「귀의 성」, 「치악산」 등의 작품에 나타난 새로운 특질에 대해서 다음과 같이 정리한다. 첫째, 갑오경장 당시의 조선사회를 여실히 보여주는 소재를 선택한 것. 둘째, 생활상을 사실적(寫實的)으로 그린 것. 셋째, 뜨거운 정열과 엄숙한 비판을 통해 새로운 사회관과 인생관을 보여준 것. 넷째, 어문일치(語文一致)의 신문체(新文體)를 보여준 것.[38] 이른바 이인직의 신소설들에 대한 김태준의 이러한 가치 평가는 매우 적극적이어서 다소 과장된 것처럼 보이기도 한다. 그러나, 이를 통해 김태준이 이인직 이전의 소설과 이인직 이후의 소설을 구별하려는 시도를 하게 된 이유를 짐작할 수 있다. 김태준은 이인직의 소설들 속에서 이른바 신소설의 양식적 가능성을 발견해냈던 것이다.

김태준의 논의를 이어 받아, 신소설을 새로운 문학 양식으로 설정한 이론가가 임화이다. 임화는 다음과 같은 말로 이인직과 신소설의 관계를 설명한다.

> 그러나 실제로 신소설의 발전사를 보면 반드시 우리의 예상하는 도식대로 낡은 소설양식에 새로운 정신을 담은 작품이나 작가가 먼저 나고 그 다음에 새 정신에 적응한 새 양식이 발견되는 경로를 밟지는 않았다.
>
> 무엇보다도 신소설 작가 중에 그중 현대문학에 가까운 이인직(李人稙)이 누구보다도 먼저 신소설단(新小說壇)에 출현하였다는 사실은 이러한 사정을 증명한다. 이인직은 단지 가장 우수한 신소설 작가일 뿐만 아니라 실로 신소설이란 양식을 창조한 사람이다. 이인직의 손으로 비로소 신소설이란 것이 조선문학사 위에 등장한 것이다.[39]

으나, 이 또한 문학사적인 논의의 대상에서는 제외될 수밖에 없다는 역사적인 객관조건을 수반하지 않을 수 없게 되는 것이다."(전광용, 『신소설 연구』, 13쪽)

38 김태준, 『조선소설사』 증보판, 243~244쪽 참조.

임화는 신소설의 대표적 작가로 이인직을 지칭하면서, 이해조를 그 다음가는 작가로, 최찬식은 그것을 일층 흥미 본위로 통속화하여 대중화시킨 작가로 정리한다. 신소설 출현의 가장 주요한 요인으로는 '이미 수입된 정치소설과 번역문학이 신소설 출현의 도를 닦았기 때문'으로 생각한다. 임화는 김태준의 신소설과 구소설의 구분론을 인용하면서 "신소설이란 대체 무엇인가 하면 먼저 그것은 현대소설(혹은 우리가 부르는 그냥 소설)과 고대소설(혹은 구소설)과의 사이를 점유하고 있는 문학사적 과도기의 소설이다"[40]이라고 정리한다. 이러한 정리는 김태준의 견해를 그대로 가져온 것이다.[41]

임화는 신소설의 특징을 문장의 언문일치, 소재와 제재의 현대성(혹은 신시대성), 인물과 사건의 실재성(혹은 사실성) 등으로 정리한다. 구소설이 가지고 있는 문장의 운문성과 소재 및 제재의 비현대성, 그리고 사건의 비실재성 등으로부터 결별하기 시작한 것이 신소설이 지니는 가장 중요한 문학사적 가치가 된다는 것이다. 그리하여 임화는 "신소설 가운데는 새로운 형식적 제(諸)특징이 압도적으로 우세했고 승리하고 있었기 때문에 신소설은 새로운 시대의 소설 양식이 된 것"[42]임을 주장하게 된다.

한국 근대문학사의 전개 과정 속에서 '신소설'이라는 용어가 수사적

39 임화, 「개설 신문학사」, 『임화 문학 예술 전집 2 — 문학사』, 소명출판, 2009, 165쪽. 「개설 신문학사」는 임화가 1939년 9월부터 1941년 4월까지 『조선일보』와 『인문평론』 등에 연재한 일련의 신문학사 관계 저술을 연구의 편의상 하나의 글로 묶어 부르는 명칭이다. 임화 자신은 각각의 소논문들에 별개의 제목을 붙여 발표했다.

40 임화, 「개설 신문학사」, 168쪽.

41 '우리가 부르는 그냥 소설'은 『조선소설사』 초판의 용어이고 '현대소설'은 증보판의 용어이다. 임화의 문학사 집필과 김태준의 문학사 집필의 상관 관계에 대한 상세한 논의는 김영민, 「임화의 신문학사 연구의 성과와 의미」, 『임화 문학의 재인식』, 소명출판, 2004, 13~40쪽 참조.

42 임화, 「개설 신문학사」, 171쪽.

기능이 강한 것이었다는 점을 생각한다면, 이를 양식화시켜 정리하는 일은 거의 불가능하다. 더불어 그 의미 역시 크지 않다. 그럼에도 불구하고 임화가 신소설을 특정한 문학 양식으로 정리할 수 있었던 것은 이인직과 이해조 등의 몇몇 작가의 대표적 단행본 소설들만을 대상으로 문학사 기술을 시도했던 때문이다. 이러한 방식으로 신소설의 특질에 대해 접근하면 종합적으로 다음과 같은 정리가 가능하다. 첫째, 구소설에 비해 다양한 성격과 개성을 지닌 인물들이 등장한다. 둘째, 구소설의 권선징악적 주제를 벗어나 인간의 삶과 연관된 다양한 주제 및 그와 연관된 복합적 정서를 드러낸다. 셋째, 구소설에 비해 언문일치에 가까운 새로운 문체를 보여준다. 넷째, 소재를 갑오경장 이후의 현실에서 구하고 있다. 다섯째, 구소설에 비해 사실성이 강화된다. 여섯째, 구소설에 비해 제목이 매우 다양하다.[43]

임화는 신소설이 거둔 가장 큰 문학사적 성과를 소재의 현실성 및 사건의 실재성이라 정리한다. 하지만, 이러한 성과는 이인직의 작품 이전에 출현한 근대계몽기 단형 서사물에서도 이미 확인할 수 있는 것들이었다. 그런 점에서 보면, 신소설에 대한 임화의 평가 역시 김태준의 그것처럼 다소 과장된 측면이 있다. 그럼에도 불구하고 김태준과 임화가 근대계몽기 장형소설들에 대한 문학사적 위치를 정리하고, 그것이 지니는 가치를 적극적으로 평가하려 한 의도는 존중할 만하다. 다만, 이들의 신소설에 대한 적극적 가치 평가가 1890년대 이후 3·1 운동 이전까지의 시기에 존재했던 다른 유형의 작품들의 가치에 대한 폄하 혹은 무관심의 근거로 작용하는 것은 경계해야 할 것이다.

43 이와 관련된 상세한 논의는 『한국 근대소설사』, 145~146쪽 참조.

4. 신소설류 단행본의 작가와 작품

근대문학 서지(書誌)를 연구한 하동호(河東鎬)는 이 시기에 활동한 이른바 신소설류(新小說類)의 작가를 "구연학(具然學), 김교제(金敎濟), 김병현, 김영한(金榮漢), 김용준(金容俊), 김우진(金宇鎭), 김찬(金欑), 김필수, 남궁설(南宮楔), 리창직, 민준호(閔濬鎬), 박건병(朴建秉), 박건회(朴建會), 박영운(朴永運), 박영진(朴永鎭), 박은식(朴殷植), 박신양(朴頣陽), 선우일(鮮于日), 송헌석(宋憲奭), 안경호(安景濩), 안국선(安國善), 유원표(劉元杓), 육정수(陸定洙), 이광하(李匡夏), 이상춘(李常春), 이상협(李相協), 이인직(李人稙), 이종린(李鍾麟), 이채우(李採雨), 이풍호(李豊鎬), 이해조(李海朝), 장지연(張志淵), 졍은모, 조중환(趙重桓), 지송욱(池松旭), 최병헌(崔炳憲), 최찬식(崔瓚植), 현공렴(玄公廉), 현병주(玄丙周), 현순(玄楯), 황갑수(黃甲秀), 수석청년(漱石靑年), 소운(紹雲), 은국산인(隱菊山人), 일랑촌산인, 청초당(聽蕉堂)"[44] 등 모두 46명으로 정리해 제시하고 있다. 이들 작가 가운데 일부는 서점의 경영자이기도 했는데 김용준은 보급서관(普及書館)을, 민준호는 동양서원(東洋書院)을, 지송욱은 신구서림(新舊書林)을, 현공렴은 현공렴가(玄公廉家)를 운영했다. 박문서관(博文書館)의 주인 노익형(盧益亨)도 『안의 성』(1915.4.5) 등 몇몇 작품을 창작 발행했으나 이 목록에는 빠져 있다.[45] 이들이 창작해 유통시킨 단행본의 수는 1910년대 말까지

---

44 하동호, 「개화기 소설 연구—서지 중심으로 본 개화기 소설」, 단국대 석사논문, 1972, 25쪽 참조. 이 명단 가운데 '朴頣陽'은 '朴頤陽'의 오자로 보인다. '박이양(朴頤陽)'은 『명월정』(1912)의 작가이다.

45 신소설 서지 데이터베이스를 구축하고 분석한 오윤선의 연구에서는 주요 작가와 작품 창작 횟수를 다음과 같이 제시한다. "이해조(14회), 민준호(12회), 노익형(9회), 지송욱(8회), 홍순필(8회), 김동진(7회), 현공렴(7회), 강은형(6회), 강의영(6회), 고유상(6회), 남궁준(6회)" 오윤선, 「신

만 해도 약 200편에 이른다.[46] 1920년대까지 간행된 주요 단행본 작품 목록을 제시해 보면 〈표〉와 같다.[47] 이 〈표〉를 보면 단행본 소설류의 출간은 이후 1908년부터 1914년 사이에 절정을 이룬다는 사실을 알 수 있다. 1912년부터 1914년까지 발간된 단행본 소설의 수만 해도 약 120 편 정도가 된다.[48] 이들 신소설류 단행본들의 가격은 25전에서 30전이 60%를 차지하고 있으며, 출판지는 1914년의 「운외운」이 평양의 광문책사에서 출판된 것을 제외하면 모두 서울에서 간행되었다.[49]

이른바 신소설류의 작품들은 1920년대 중반까지는 꾸준히 출판이 되었다. 이광수의 근대적 장편소설 『무정』이 출현한 이후에 나오는 이러한 소설들에 대해서는 '잔류신소설(殘留新小說)'이란 명칭을 붙여 구별하기도 한다.[50] 잔류신소설들의 출간은 1920년대 중반을 넘기면서 현격히 줄어든다. 하지만 그 맥락이 완전히 단절되는 것은 아니다. 그 숫자가 줄기는 했어도, 이들은 1930년대에도 대중소설계에 일정한 영향을 미치며 남아 있었다.

소설 서지 데이터베이스의 분석과 그 의미」, 『우리어문연구』 제25집, 2005, 549~583쪽.

46 하동호, 「개화기 소설 연구— 서지 중심으로 본 개화기 소설」, 32~43쪽 참조. 원래 하동호가 제시한 작품의 수는 208편이다.

47 이 표에는 이른바 신소설로 분류되는 작품들뿐만 아니라 근대계몽기에 간행된 주요 '역사·전기소설' 목록도 포함시켰다. 아울러 신소설이라는 수식어를 달고 유통되던 일부 고소설들도 목록에 포함시킨 후 비고란에 그 사실을 밝혔다. 이 표는 하동호의 「개화기 소설 연구— 서지 중심으로 본 개화기 소설」, 오윤선의 「신소설 서지 데이터 베이스의 분석과 그 의미」, 남석순의 「한국 근대소설 형성의 출판 수용 연구」, 김병선의 「신소설 어휘사전 편찬」(한국학중앙연구원 어문생활사연구소, 2009) 등을 토대로 보완 작성한 것이다. 국립중앙도서관 및 연세대 중앙도서관 귀중본실 등 국내 주요 기관 소장 자료들 또한 참고로 했다. 토야마대학(富山大學) 중앙도서관 소장 「조선 개화기 대중소설 원본 목록」 등 해외 소장 자료 목록도 활용했다.

48 한기형은 1912년에서 1914년까지의 3년간을 신소설 간행의 전성기로 정리한 바 있다. 한기형, 「1910년대 신소설에 미친 출판·유통 환경의 영향」, 224쪽 참조.

49 오윤선, 「신소설 서지 데이터베이스의 분석과 그 의미」, 550쪽 참조.

50 하동호, 『근대서지고습집(近代書誌攷拾潗)』, 탑출판사, 1986, 12쪽 참조.

예를 들면, 1931년 회동서관에서 펴낸 고병교(高丙教)의 작품 『실연(失戀)의 루(淚)』에도 신소설이라는 수식이 붙어 있다. 보성서관의 조준경은 『앗가운 청춘』(1937.9.10), 『사랑은 눈물인가』(1937.9.25), 『그날 밤의 비밀』(1937.8.30), 『순정(純情)을 찾아서』(1938.1.20), 『여점원의 비밀』(1938.5.15), 『실연(失戀)의 화원(花園)』(1938.6.15), 『순정(純情)한 사랑』(1938.7.10), 『카후에의 하로밤』(1938.7.10), 『진심(眞心)의 혈루(血淚)』(1939.2.10) 등 수많은 대중소설을 발표하는데, 이들 소설의 표지 형태는 1910년대에 간행된 신소설류 단행본 표지의 모습을 그대로 유지하고 있다.[51] 이들 소설의 뒷면에 광고된 서적 목록에는 『고목화』, 『구의산』, 『안의성』 등 기존의 작품들이 수록되어 있다. 이를 보면 1930년대 후반 대중들 사이에서는 새롭게 창작되는 대중소설들이 근대계몽기에 창작된 단행본 소설들과 섞여 꾸준히 유통되고 있었음을 알 수 있다.

---

51 이 밖에 1930년대 이후 간행된 신소설류 작품들로는 다음과 같은 것들이 있다. 김동진, 『부벽루(浮碧樓)의 미인(美人)』(덕흥서림, 1931.11.25) / 유석조, 『사랑의 번뇌(煩惱)』(화광서림, 1933.1.25) / 김준환, 『백의미인(白衣美人)』(덕흥서림, 1933.11.10) / 김동진, 『청춘의 혈루(血淚)』(덕흥서림, 1934.11.15) / 이종수, 『병자임진록』(성문당서점, 1934.11.25) / 김동진, 『백의청년(白衣青年)』(덕흥서림, 1934.12.10) / 신태삼, 『미남자의 눈물』(세창서관, 1935.12.30) 등.

〈표 : 단행본 작품 목록 (1890~1929)〉

번호	작품	작가 / 역자	출판사	출판일	비고
1	伊太利建國三傑伝	양계초 / 신채호 역	광학서포	1906.10.25	번역 · 번안
2	血의 淚	이인직	광학서포	1907.3.17	만세보 1906.7.22~10.10 / 牧丹峰으로 개제(改題) (동양서원, 1912.11.10)
3	五偉人小歷史	양계초 / 신채호 역	보성관	1907.5.18	번역 · 번안
4	鬼의 聲(上)	이인직	중앙서관	1907.5.25	만세보 1906.10.14~1907.5.31
5	瑞士建國誌	박은식 역	대한매일신보사	1907.7	번역 · 번안
6	比斯麥伝	황윤덕 역	보성관	1907.8.25	번역 · 번안
7	라란부인젼		대한매일신보사	1907.8.	대한매일신보 1907.5.23~7.6
8	의국부인젼	장지연	광학서포	1907.10.3	번역 · 번안(?)
9	瑞士建國誌	김병현 역	박문서관	1907.11.10	번역 · 번안
10	禽獸會議錄	안국선	황성서적업조합	1908.2	재판 1908.5
11	미국고대통령 까퓌일트젼	현공렴 편	현공렴	1908.3	번역 · 번안
12	匈牙利愛國者 噶蘇士伝	양계초 / 이보상 역	중앙서관 박문서관	1908.4	번역 · 번안
13	華盛頓伝	이해조 역	회동서관	1908.4	번역 · 번안
14	乙支文德	신채호	광학서포	1908.5.30	
15	을지문덕	신채호 / 김연창 역	광학서포	1908.7.5	
16	鬢上雪	이해조	광학서포	1908.7.5	제국신문 1907.10.5~1908.2.12 동양서원 1911
17	姜邯贊伝	우기선 편	현공렴	1908.7.15	
18	鬼의 聲(下)	이인직	중앙서관	1908.7.25	만세보 1906.10.14~1907.5.31
19	우순소리	윤치호	대한서림	1908.7.30	우화모음집(저본:이솝우화) / 재간행 미국하와이 신한국보사 1910.5.10
20	拿破崙戰史(上)	유문상 역	의진사	1908.8.9	번역 · 번안
21	夢見諸葛亮	유원표	광학서포	1908.8	
22	羅賓孫漂流記	김찬 역	의진사	1908.9.10	번역 · 번안
23	雉岳山(上)	이인직	유일서관	1908.9.20	동양서원 1911, 1912 보문관 1918, 1919, 1922
24	經國美談	현공렴 역	각책사	1908.9.	번역 · 번안

번호	작품	작가 / 역자	출판사	출판일	비고
25	松籟琴	육정수	박문서관	1908.10.25	
26	경셰종	김필수	광학서포	1908.10.30	
27	彼得大帝(伝)	김연창 역	광학서포	1908.11.5	번역 · 번안
28	雪中梅	구연학	회동서관	1908.11.20	
29	銀世界	이인직	동문사	1908.11.20	
30	鐵世界	이해조	회동서관	1908.11.20	번역 · 번안
31	계명셩	이풍호	광학서포	1908.12	
32	驅魔劒	이해조	대한서림	1908.12	제국신문 1908.4.25~7.23 이문당 1917
33	紅桃花(上)	이해조	유일서관	1908	제국신문 1908.7.24~9.17 동양서원 1912
34	教育小說 伊太利少年	이보상 역	중앙서관	1908	번역 · 번안
35	布哇遊覽記	현순	현공렴	1909.1.20	
36	大韓十三道遊覽 (上 · 下)	정은모	옥호서림	1909.2.10	
37	안인거	리창직 역	보구서관	1909.3.15	번역 · 번안
38	聖山明鏡	최병헌	황화서재	1909.3.20	번역 · 번안
39	紅桃花(下)	남궁준	동양서원	1910.4.15	원저자 이해조 재판 1911.10.20 유일서관 1910
40	自由鐘	이해조	광학서포	1910.7.30	
41	만월대	이해조	동양서원	1910.12.5	제국신문 1908.9.18~12.3
42	瑤池鏡	박희관	수문서관	1910.12.10	재판 1911.11.4 3판 1912.3.30
43	牧丹屛(모란병)	이해조	박문서관	1911.4.5	제국신문 1909.2.13~? 재판 1911.8.25 3판 1916.1.25
44	牧丹花(목단화)	김교제	광학서포	1911.5.17	
45	富蘭克林伝	이시후 편	보급서관	1911.6.20	
46	東閣寒梅	현공렴	현공렴	1911.9.27	일본어 병기
47	竹西樓	현공렴	현공렴	1911.10.2	일본어 병기
48	花世界	이해조	동양서원	1911.10.10	매일신보 1910.10.12~1911.1.17
49	双玉笛	김용준	보급서관	1911.12.1	제국신문 1908.12.4~1909.2.12 (이해조 작) 재판 1912.3.20 동일서관 1917

번호	작품	작가 / 역자	출판사	출판일	비고
50	月下佳人	김용준	박문서관	1911.12.20	매일신보 1911.1.18~4.5 (이해조 작) 9판 1924.1.7 박문서관 1916, 1917, 1921
51	雉岳山(下)	김교제	동양서원	1911.12.30	상권 저자는 이인직
52	鴛鴦図	이해조	동양서원	1911.12.30	제국신문 1908.2.13~4.24 동양서원 1913 박문서관 1921
53	黃金塔	김용준	보급서관	1912.1.10	
54	江上奇遇	이해조	동양서원	1912.1.20	
55	萬人傘	민준호	동양서원	1912.1.20	
56	山川草木	이해조	유일서관	1912.1.20	대한민보 1910.10.3~5.31 「薄情花」로 연재
57	枯木花	이해조	동양서원	1912.1.20	제국신문 1907.6.5~10.4 박문서관 1922 한성도서주식회사 1923
58	玉壺奇緣	이해조	보급서관 · 동양서원 · 광학서포	1912.1.20	
59	指環党	민준호	보급서관 · 동양서원	1912.1.27	번역 · 번안
60	十五小豪傑	민준호 역	동양서원	1912.2.5	번역 · 번안
61	秋風感樹錄	이해조	동양서원	1912.2.15	
62	秋月色	최찬식	회동서관	1912.3.13	재판－8판 1912, 1913, 1914, 1916, 1917, 1921, 1922, 1923
63	綱鐵大王伝	김용준 역	보급서관	1912.3.25	번역 · 번안
64	行樂図	민준호	동양서원	1912.4.10	
65	飛行船	김교제 역	동양서원	1912.5.15	번역 · 번안
66	顯微鏡	김교제	동양서원	1912.6.5	번역 · 번안, 보문관 1918
67	신출귀몰	황갑수	광학서포	1912.6.14	
68	花의 血	이해조	보급서관	1912.6.30	매일신보 1911.4.6~6.21
69	昭陽亭	이해조	신구서림	1912.7.20	매일신보 1911.9.30~12.17 재판 1914.2.20 3판 1916.4.21
70	九疑山(上 · 下)	이해조	신구서림	1912.7.20	매일신보 1911.6.22~9.28
71	洞庭秋月	민준호	동양서원	1912.7.25	청송당 1914
72	광악산	박건병	박문서관	1912.7.30	
73	明月亭	박신양	유일서관	1912.7.30	조선도서주식회사 1922
74	不老草	남궁준	유일서관	1912.8.10	

번호	작품	작가 / 역자	출판사	출판일	비고
75	再逢春	이상협	동양서원	1912.8.15	박문서관 1923
76	玩月樓	남궁준	유일서관	1912.8.28	고소설 재간행
77	馬上淚	민준호	동양서원	1912.9.5	
78	만인계	엣디워어쓰 부인	신문관	1912.9.6	번역 · 번안
79	獄中花	이해조	보급서관	1912.9.10	매일신보 1912.1.1~3.16
80	話中話	이종정	광동서국	1912.9.10	
81	三角山	이종정	광동서국	1912.9.10	
82	榴花雨	김우진	동양서원	1912.9.15	
83	杜鵑聲(上 · 下)	선우일	보급서관	1912.9.20	재판 1913 박문서관 1913
84	劒中花		신구서림	1912.9.25	
85	鼓의 聲	현공렴	대창서림	1912.9.30	
86	廣野	남궁준	유일서관	1912.9.30	
87	瀟湘江	남궁준	유일서관	1912.10.20	
88	恨月 (上)	노익형	박문서관	1912.10.30	대한서림 1908
89	江上村	청훈당	박학서원	1912.10.30	동미서시 1913 덕흥서림 1917, 1920, 1922, 1928
90	花上雪	김우진	동양서원	1912.11.5	
91	牧丹峰	이인직	동양서원	1912.11.10	혈의루에서 개제
92	碧梧桐		신구서림	1912.11.25	
93	江上蓮	이해조	광동서국	1912.11.25	매일신보 1912.3.17~4.26
94	鳳凰臺		유일서관	1912.11.28	
95	彈琴臺	이해조	신구서림	1912.12.10	매일신보 1912.3.15~5.1 고소설
96	碧芙蓉	소운 / 고경상	회동서관	1912.12.12	고소설 재간행
97	空山明月	박영운 / 박영원	박문서관	1912.12.15	재판 1916.6.30 3판 1916.12.25
98	千里鏡	박건회	조선서관	1912.12.19	
99	錦囊二山		회동서관	1912.12.20	
100	春外春	이해조	신구서림	1912.12.25	매일신보 1912.1.1~3.14 재판 1918.3.11
101	地藏菩薩	김교제	동양서원	1912.12.25	번역 · 번안
102	金指環	박영운	동양서원	1912.	
103	江上月	고유상	회동서관	1913.1.7	고소설 재간행

번호	작품	작가 / 역자	출판사	출판일	비고
104	夢外人	황일수	광덕서관	1913.1.10	
105	花園蝴蝶	현영선 / 현병주	대창서원	1913.1.16	
106	桃李園	노익형	박문서관	1913.1.20	
107	쌍옥루	김용준	보급서관	1913.1.20	
108	獄中錦囊	지송욱	신구서림	1913.1.25	6판 1924.1.15
109	六仙閣	지송욱	신구서림	1913.1.25	
110	金의 錚聲	남궁준	유일서관	1913.1.25	
111	天中佳節	남궁준	유일서관	1913.1.30	
112	雨中奇緣	지송욱	신구서림	1913.1.30	
113	朴淵瀑布	이상춘	유일서관	1913.2.7	
114	紅寶石	보급서관 편역	보급서관	1913.2.10	번역 · 번안
115	宝環緣	구승회	박학서원	1913.2.25	
116	秋夜月	수석청년	광덕서관	1913.3.5	
117	三寸舌(上)	민준호 역	동양서원	1913.4.15	번역 · 번안
118	一萬九千磅	김교제 역	동양서원	1913.4.25	번역 · 번안
119	玉梅花	손재용	보급서관	1913.5.22	
120	鸞鳳奇合	김교제	동양서원	1913.5.25	
121	누구의 罪	은국산인	보급서관	1913.6.5	
122	斷髮嶺	지송욱	신구서림	1913.6.20	
123	報恩錄	유영상	이종성	1913.8.25	발행소 인명 표기 발매소 광학서포
124	雪中梅花	김익수	창문사	1913.8.25	신구서림 1917, 1920, 1923
125	波濤上船	고유상	회동서관	1913.9.5	
126	금국화	김용준	보급서관	1913.9.5	재판 1914
127	巢鶴嶺	이해조	신구서림	1913.9.5	매일신보 1912.5.2~7.6
128	鳳仙花(上 · 下)	이해조	신구서림	1913.9.20	매일신보 1912.7.7~11.29
129	鍊光亭	김익수	신구서림	1913.9.20	재판 1917.4.9 회동서관 1929
130	美人図	고유상	회동서관	1913.9.20	고소설 재간행
131	雨中行人	이해조	신구서림	1913.9.22	매일신보 1913.2.25~5.11
132	金鰲奇說		보급서관	1913.9.30	
133	芙蓉의 相思曲	지송욱	신구서림	1913.9.30	
134	金菊花 (上)	김용준	보급서관	1913.10.1	

번호	작품	작가 / 역자	출판사	출판일	비고
135	靑野彙編	고경상	회동서관	1913.10.10	
136	洗劍亭	지송욱	신구서림	1913.10.13	
137	恨月 (下)		박문서관	1913.10.13	
138	秋風感別曲	지송욱	신구서림	1913.10.16	고소설 재간행
139	天然亭	지송욱	신구서림	1913.10.16	
140	玉蓮堂 (下)		동양서원	1913.10.20	
141	丹山鳳凰	안경호	신구서림	1913.10.20	
142	琵琶聲	이해조	신구서림	1913.10.28	매일신보 1912.11.30~1913.2.23
143	錦上添花	지송욱	신구서림	1913.10.28	재판 1916.3.31
144	百年恨	소운	회동서관	1913.11.20	
145	靑天白日	박신양	박문서관	1913.12.18	
146	長恨夢	조중환	유일서관	1913.12.20	매일신보 1913.5.13~10.1 조선도서주식회사 1916, 1921, 1930 박문서관 1930
147	燕의 脚	이해조	신구서림	1913.12.25	매일신보 1912.4.29~6.7
148	金菊花 (下)	김용준	보급서관	1914.1.10	
149	松竹	노익형	박문서관	1914.1.10	7판 1925.11.25 8판 1937.10.20 회동서관 1918
150	秋天明月	지송욱	신구서림	1914.1.15	
151	絶處逢生	노익형	박문서관	1914.1.17	3판 1921.6.10 박문서관 1921
152	西海風波	이상춘	유일서관	1914.1.20	
153	浮碧樓	보급서관 편집부 / 김용준	보급서관	1914.1.20	
154	貨水盆	심우택	광학서포	1914.1.25	
155	芙蓉軒	김영한	동미서시	1914.3.7	고소설 재간행
156	留聲機	김창석	광학서포	1914.3.18	
157	彩鳳感別曲	석농거사 / 노익형	박문서관	1914.5.25	고소설 재간행
158	菊의 香(上·下)	조중환	유일서관	1914.8.5	매일신보 1913.10.2~12.28
159	金剛門	최찬식	박문서관 · 동미서시	1914.8.19	4판 1919.12.28. 5판 1922.1.5 박문서관 1922

번호	작품	작가 / 역자	출판사	출판일	비고
160	雲外雲	박영운	춘포약국, 야소교책사, 광문책사, 서적상회득린	1914.9.21	
161	暎山紅	이종린	성문사	1914.9.24	
162	花玉双奇 (上)		대창서원	1914.9.25	
163	金玉緣	이광하	동미서시	1914.9.26	고소설 재간행
164	梨花夢	지송욱	신구서림	1914.9.30	고소설 재간행
165	雁의 聲	노익형	대창서원	1914.9.30	박문서관 1915
166	花玉双奇 (下)		대창서원	1914.10.10	
167	螢月	노익형	박문서관	1915.1.25	
168	苦盡甘來	신구영	광동서국	1915.2.25	
169	金剛聚遊		동미서시	1915.4.12	
170	芙蓉潭	이용한	동미서시	1915.4.30	회동서관 1920, 1923
171	伯林巴里	현공렴	동미서시	1915.4.30	
172	双珠奇緣	남궁계	한성서관	1915.6.10	
173	共進會	안국선	안국선자택	1915.8.25	
174	金剛山實記	박건회	유일서관	1915.9.26	
175	江陵秋月	김동진	덕흥서림	1915.11.9	고소설 재간행
176	荊山白玉	박건회	신구서림 · 박문서림	1915	
177	兎의肝	이해조	박문서관	1916.1.5	매일신보 1912.6.9~7.11
178	水溢瀧	김연규	동아서관	1916.1.15	
179	錦香亭記		동미서시	1916.1.18	
180	쌀쌀우슴	남궁계	유일서관	1916.2.8	
181	桃花園	최찬식	박문서관	1916.8.30	조선도서주식회사 1921
182	孤獨閣氏	박건회	광명서관	1916.9.14	고소설 재간행
183	鴛鴦의 相思	신구영	청송당서점	1916.9.30	
184	斷腸錄 (下)	조일재	유일서관 · 한성서관	1916.11.30	매일신보 1914.1.1~6.10
185	相思淚	남궁계	한성서관	1916.12.10	
186	눈물 (上)	이상협	동아서관	1917.1.31	매일신보 1913.7.16~1914.1.21 영창서관 1923
187	斷腸錄 (中)	조일재	유일서관 · 청송당	1917.2.2	매일신보 1914.1.1~6.10
188	눈물 (下)	이상협	동아서관	1917.2.15	

번호	작품	작가 / 역자	출판사	출판일	비고
189	죠션유람록	최상의	광학서포	1917.6.25	부속한자 병기
190	沙村夢		광학서포	1917.7.5	
191	紅淚地(上·下)	이종린	회동서관	1917.9.26	재판 1921.11.26
192	신랑의 보쌈	박건회	광익서관	1917.10.15	
193	一大壯觀	박건회	동미서시 · 회동서관 · 광익서관	1918.1.7	고소설 재간행
194	千秋怨	이규용	동미서시	1918.1.26	
195	千里遠情	왕세창	신명서림	1918.2.5	
196	乙密臺	이민한	대창서원 · 보급서관	1918.2.15	재판 1921.11.25
197	笑天笑地	장춘도인	신문관	1918.3.31	
198	海棠花	최창선	신문관 · 광학서포	1918.4.25	번역 · 번안
199	佳人奇遇	현공렴	대창서원 · 보급서관	1918.4.25	
200	海棠花	최창선	신문관	1918.4.25	
201	三聖記	이학재	천일서관	1918.9.25	고소설 재간행
202	三綱門	최찬식	덕흥서림	1918.11.11	
203	兄弟	심천풍	영창서관	1918.11.20	매일신보 1914.6.10~7.19 재판 1921 3판 1923
204	無窮花(上)	이상협	신문관	1918.12.5	매일신보 1918.1.25~7.27
205	花容月態	강의영	태화서관	1918.12.31	대창서원 1918, 1919 영창서관 1926
206	双蜂爭花	김교제	보문관	1919.1.17	번역 · 번안, 영창서관 1934
207	江上淚	김이태 / 강의영	대창서원	1919.1.25	고소설 재간행
208	綾羅島	최찬식	조선도서주식회사 · 박문서관	1919.1.27	12판 1930.3.10
209	美人計	김동진	덕흥서림	1919.11.18	
210	美人奇事	김동진	덕흥서림	1919	
211	明沙十里	박승태	박문서관	1920.1.10	초판 1918
212	海王星	이상협	박문서관 · 회동서관	1920.7.30	매일신보 1916.2.10~1917.3.31 번역 · 번안
213	雪中松	고유상	회동서관	1920.9.30	
214	金剛遊覽歌	김규진	회동서관	1920.11.20	
215	訪花隨柳亭	김원길	박문서관	1920.12.1	3판 1923.12.20

번호	작품	작가 / 역자	출판사	출판일	비고
216	腰絶超風	송완식	영창서관	1921.3.15	이야기모음집
217	花間鶯	현공렴	대창서원 · 보급서관	1921.4.22	
218	薄命花	노익형	박문서관	1921.9.1	
219	哀怨聲		박문서관	1921.10.5	
220	霍娘哀史		회동서관	1921.11.20	
221	薄命	백대진	新明書林	1921.12.5	
222	美人의 涙	노익형	박문서관	1921	
223	名金	윤병조	경성서관	1921	
224	月世界	현공렴	대창서원 · 보급서관	1922.1.17	고소설 재간행
225	虛榮	홍난파	박문서관	1922.1.20	매일신보 1919.9.3~11.18
226	罪惡의 씨	최인택	문창사	1922.2.25	
227	洞庭湖	고유상	회동서관	1922.6.15	
228	哀史	홍영후	박문서관	1922.6.15	매일신보 1918.7.28~1919.2.8 (민태원) 번역 · 번안
229	단소	최인택	문창사	1922.6.28	
230	俾士麥과 獨逸皇帝	송완식	영창서관	1922.6.30	
231	黑眞珠	박용오	조선도서주식회 사 · 동양서관	1922.8.18	
232	最後의 握手	홍난파	박문서관	1922.9.20	
233	離婚의 裁判	김연배	한양서관	1922.10.19	
234	行路人	김승주	광명서관	1922.10.25	
235	九尾狐	김동진	덕흥서림	1922.11.8	
236	疑問	강의영	영창서관	1922.11.10	
237	玉蓮의 눈물	김동진	덕흥서림	1922.12.10	7판 1933.12.26
238	李鳳彬傳	현공렴	경성서관	1922.12.10	고소설 재간행
239	靑樓奇緣	김동진	덕흥서림	1922	
240	최후의 사랑	김재식	경성서관 · 동양대학당	1922	
241	暗影	진학문	동양서원	1923.1.30	
242	鏡中花	김교제	보문관	1923.1.30	
243	蒼松綠竹	백두용	한남서림	1923.2.15	
244	사랑의 꿈	박철혼	영창서관	1923.3.5	
245	老處女의 秘密	강의영	영창서관	1923.5.10	고소설 재간행

번호	작품	작가 / 역자	출판사	출판일	비고
246	青春의 사랑	홍영후	신명서림	1923.5.10	번역 · 번안
247	人情의 涙		신명서림	1923.7.6	
248	무쇠탈	민태원	동아일보사	1923	동아일보 1922.1.1~6.20 번역 · 번안
249	仁香傳	노익형	박문서관	1924.1.20	
250	春夢	최찬식	박문서관	1924.2.29	
251	玉蓮奇談	新原辛槌	동양대학당	1924.12.9	
252	快男兒	강의영	영창서관 · 한흥서림	1924	
253	湖上夢	손수근	봉양서원	1924	
254	斷髮美人	노익환	신구서림	1925.1.30	
255	女丈夫	유광열	박문서관	1925.3.6	
256	李舜臣伝	장도빈	고려관	1925.4.17	
257	美人의 恨	유광열	박문서관	1925.4.30	번역 · 번안
258	二八青春	강은형	대성서림	1925.5.3	3판 1925.12.23
259	浮萍草	민우보	박문서관	1925.7.25	동아일보 1920.4.1~9.4 번역 · 번안
260	青春花	무궁생	태화서관	1925.9.25	
261	玉浦洞奇玩錄	김석철	동양서원	1925.9.30	
262	사랑의 煩惱	유석조	광학서포 · 광문사	1925.10.15	
263	探花蜂蝶	안경호 / 노익환	신구서림	1925.11.5	
264	康明花傳	최찬식	신구서림	1925.11.15	회동서관 1927 영창서관 · 한흥서림 1935
265	萬花方暢	현공렴	태화서관	1925.12.10	재판 1929.1.10
266	二十春光	박만희	대성서림	1925.12.20	
267	玉上花	김송규	광한서림	1925.12.27	
268	貞婦怨	이상협	박문서관	1925	매일신보 1914.10.29~1915.5.19 번역 · 번안
269	四時長春	강은형	대성서림	1926.1.7	
270	春怨	이소	경성서관	1926.1.10	
271	蠻國大會錄	송완식	동양대학당	1926.2.5	
272	康明花實記	이해조	회동서관	1926.2.8	초판 1925
273	紅白花		박문서관	1926.2.10	
274	奇人奇緣	김광배 역	박문서관	1926.5.30	
275	青春의 꽃동산	근원	삼광서림	1926.6.10	

번호	작품	작가 / 역자	출판사	출판일	비고
276	유정(有情)의 눈물(淚)	강범형	화광서림	1926.6.15	재판 1931.1.25
277	血淚夢	서병수	대성서림	1926.7.26	재판 1927.12.5 3판 1929.1.20 4판 1929.11.20 5판 19030.12.30 6판 1932.12.10 7판 1932.12.20
278	德成福	이규용	대성서림	1926.10.5	
279	愛의 樂園	채성석	광문사	1926.10.7	
280	熱情	백남신	태화서관	1926.10.12	
281	山中處女	大丹敎士	대성서림	1926.10.13	
282	大丈夫	이규용	대성서림	1926.10.21	
283	薄命한 美人	강의영	영창서관 · 한흥서림	1926.11.15	
284	解惑	강의영	영창서관 · 한흥서림	1926.11.15	
285	西山大師와 四溟堂	장도빈	덕흥서림	1926.11.15	
286	秋風明月	최호형	한성서관	1926.11.20	
287	子爵夫人	최찬식	조선도서(주)	1926.11.30	
288	一枝梅	안경호	조선도서(주)	1926.11.30	
289	龍井村	최찬식	조선도서(주)	1926.11.30	
290	飛行女史	안경호	조선도서(주)	1926.11.30	
291	豪傑男子	김동진	덕흥서림	1926.12.5	
292	永遠의 사랑	월파생	영창서림 · 한흥서림	1926.12.11	번역 · 번안
293	鏡浦臺	이종정	광동서국 · 동양서원	1926.12.15	
294	渤海太祖	장도빈	고려관	1926.12.15	
295	冬嶺秀松		조선도서(주)	1926.12.20	
296	處女의 魂	노익환	신구서림	1926.12.20	재판 1927.1.28
297	美人의 姿態	노익환	신구서림	1926.12.20	
298	錦繡江山	노익환	박문서관	1926.12.20	
299	錦衣還鄕	노익환	신구서림	1926.12.20	3판 1929.11.25
300	楊貴妃	현영선	경성서적조합	1926.12.20	
301	김덕령전	장도빈	덕흥서림	1926	
302	義俠의 兒	고유상	회동서관	1926	

번호	작품	작가 / 역자	출판사	출판일	비고
303	薄倖한 處女	조춘광 역	박문서관 · 신구서림	1926	번역 · 번안
304	꼿다운 靑春	강봉회	백합사	1927.3.20	
305	蓮花夢	최덕용	회동서관	1928	
306	鴛鴦의 雙	현공렴	대창서원	1929.2.5	

제3장 / 제2절

단편소설의 등장과 서사 유형의 다양화

1. 단형 서사문학의 등장과 전개

한국 근대 서사문학의 특질을 이루는 중요한 요소 가운데 하나는 단형성(短型性)이다. 단형성은 한국의 근대소설이 상업적 자립성보다는 공익성 및 계몽성을 목표로 출발했다는 사실과도 연관성이 크다. 근대소설의 작가들은 자신들이 겪어야 했던 절박한 현실과 삶의 어려움을 짧은 문학 양식 속에 담아 강렬하게 표현했다. 장기적 발행을 기약할 수 없는 근대 초기의 대중 매체들은 길이가 긴 작품을 기획하고 연재하기 어려웠다. 따라서 단형의 서사물을 주로 게재한 것은 매우 자연스러운 현상이었다.

한국의 근대 서사문학사는 1890년대 신문 논설란에 수록된 단형 서사의 한 양식인 '서사적 논설'의 등장과 함께 시작된다. '서사적 논설'은 근대문학의 출발을 알리는 과도기적 양식이다. '서사적 논설'은 근대계몽기 전반에 걸쳐 지속적으로 발표되었는데, 『매일신문』, 『독립신문』, 『그리스도신문』, 『황성신문』, 『제국신문』 등 1890년대 신문 대부분에서 쉽게 발견할 수 있다. '서사적 논설'은 1900년대와 1910년대 이후에도 『대한매일신보』와 『신한민보』 등으로 그 맥락이 이어진다.[1] '서사적 논설'이 지닌 문학사적 의미는 "특별히 '소설란'이 설정되지 않은 상황에서, 다시 말해 근대적 제도로서의 문학이 그 독립적인 영역을 확보하지 못한 미분화의 상태에서 서사문학은 논설란을 빌어 명맥을 유지하면서 그 가능성을 실험했다"[2]는 점에 있다. '서사적 논설'은 외형상 서사문학의 모습을 띠고 있었지만, 글쓴이가 궁극적으로 지향하는 바는 소설이라기보다는 논설이었다. '서사적 논설'은 대부분 편집자 주와 해설을 포함하고 있다. '서사적 논설'이 소설로 가기 위해서는 적어도 다음의 두 가지 변화 과정을 거쳐야 했다. 하나는, 게재란이 논설란에서 잡보 및 소설란으로 바뀌는 것이었다. 다른 하나는 편집자 주와 필자 해설이 사라지는 일이었다.[3]

단형 서사물의 게재를 잡보 및 소설란으로 이동시키고, 작품에 직접 노출된 필자의 목소리를 감추는 작업을 최초로 시도한 근대 신문은 『대한매일신보』였다. 「향긱담화」(1905.10.29~11.7)의 등장은 그런 점에

---

1 '서사적 논설'의 가장 중요한 특질은 그것이 주로 논설란에 실린 글이면서, 글의 일부 또는 전부를 서사로 채우고 있다는 점이다. '서사적 논설'에 관한 상세한 논의는 김영민, 『한국 근대소설사』, 23~48쪽 및 『한국 근대소설의 형성 과정』, 15~30쪽 참조.

2 정선태, 『개화기 신문 논설의 서사 수용 양상』, 191쪽. 정선태는 "신문이라는 근대적 제도는 독자들이 낯선 문명과 이에 동반한 사상을 익히는 '학교'였으며, 동시에 미래의 전망을 제시하는 '등불'이기도 했다. 이러한 물적 토대를 바탕으로 하여 지식인들은 자신들의 사상을 개진할 수 있었고, 그 핵심적 글쓰기 공간이 논설란이었다"고 정리한 바 있다.

3 '서사적 논설'이 근대문학사에서 완전히 사라지기까지는 비교적 오랜 시간이 걸린다. 초창기 한국 근대문학사에서 발견할 수 있는 특질 가운데 하나는, 서사 양식의 다양성이다. 하나의 양식이 사라진 이후 새로운 양식이 생겨나는 것이 아니라, 약간의 시차를 두고 다양한 문학 양식이 생겨나면서, 그렇게 생겨난 양식들이 오랜 기간 공존하는 모습을 보여주게 된다.

서 적지 않은 문학사적 의미를 지닌다. 「향긱담화」는 잡보란에 실린 단형 서사문학 작품이면서, 편집자 주나 해설이 사라진 순한글 작품이라는 점에서 주목할 가치가 있다. 비록 비실명(非實名)이기는 하나, '우시싱'이라는 작가 이름이 밝혀져 있다는 점 또한 당시로서는 새롭다. 「향긱담화」는 근대계몽기의 대표적 토론체 소설이면서, 넓은 의미의 액자소설에 속한다. 「향긱담화」에서 시도된 대화와 토론의 형식, 그리고 현실비판과 풍자의 내용들은 「소경과 안즘방이 문답」(1905.11.17~12.13), 「향로방문의싱이라」(1905.12.21~1906.2.2), 「거부오히」(1906.2.20~3.7) 등의 작품들로 이어진다. 이들은 모두 초기 『대한매일신보』의 단형 서사를 대표하는 작품들로 꼽힌다. 「거부오히」는 연재 지면에 '소설'이라는 표기가 되어 있다는 점으로 인해 연구자들에게 특히 주목을 받았다. 그러나, 근대계몽기 당시에는 '소설'과 '잡보'의 구별은 크게 중요한 것이 아니었다.[4] 소설란에 수록된 「거부오히」가 잡보란에 게재된 여타 작품들에 비해 서사성이 더 강화되었던 것도 아니다. 「거부오히」는 「소경과 안즘방이 문답」, 「향로방문의싱이라」, 「시사문답」 등과 내용상으로 연결될 뿐만 아니라 동일한 구성법을 택하고 있다. 이들 작품은 동일 작가 집단에 의해 창작되었을 가능성이 크다. 이들 작품의 작가는 『대한매일신보』의 편집과 발행에 직접 관여하던 인물들로 추정된다. 「거부오히」 등의 작품에는 풍자적 희문소설(戱文小說)이라는 명칭이 붙기도 했다.[5] 「향긱담화」 등이 수용한 대화와 토론의 서사 형식은 『독립신문』 등의 '서사적 논설'에서 이미 자리를 잡았던 것이기도 했다. 이러한 토론체 단편은 '문예의식의 소산이기보다 신문 편집자의 계몽의

4 소설란에 실려 주목을 받았던 「거부오히」도 실은 연재 첫 회에만 '소설'이라는 표기가 붙어 있다.

5 이재선, 『한말의 신문소설』, 한국일보사, 1975, 34~47쪽 참조.

식을 효과적으로 전달하기 위해 고안된 것'이다. 그런 점에서 이러한 토론체 양식은 '시대의 특수성을 넘어 소설사의 보편적 흐름에 합치되기에는 일정한 한계가 있었던' 것으로 평가되기도 한다.[6] 주목할 만한 것은, 이러한 문제들이 있음에도 불구하고 토론체작품들이 근대계몽기의 '시대적 요구에 가장 충실한 서사양식'[7]으로 인정받는다는 점이다. 근대계몽기 작가들이 토론체 단형 서사물을 통해 부응하고자 했던 시대적 요구란 곧 '계몽'이라는 말로 대치될 수 있다. 계몽을 추구하는 작가들이 원했던 것은 가장 빠른 시간 안에 자신들의 주장을 독자들에게 전달하는 일이었다.

하지만 해설자는 사라졌어도 「향긱담화」 등의 토론체 단형 서사물에서는 아직도 등장인물의 목소리와 작가의 목소리를 구별하는 일이 쉽지 않다. 그 둘 사이에 거리가 없기 때문이다. 작가와 분리된 등장인물의 시점으로 서사를 전개해 나간 주목할 만한 작품이 「디구셩 미릭몽」(1907.7.15~8.10)이다. 「디구셩 미릭몽」은 『대한매일신보』 소설란에 실린 대표적 창작 서사물로 꼽힌다. 근대계몽기 신문에 수록된 단형 서사물들은 대부분 계몽의 의도를 직접 드러내는 구성 방식을 취하고 있다. 이 점에서는 「디구셩 미릭몽」 역시 예외가 아니다. 그러나 「디구셩 미릭몽」은 앞에 등장한 토론체 서사물들과는 일정한 거리가 있다. 「디구셩 미릭몽」은 「향긱담화」와 「거부오히」 등 토론체 단형 서사물의 창

6 한기형, 『한국 근대소설사의 시각』, 26쪽 참조. 한기형은 "「거부오히」 등의 주인공들은 그러한 자기 세계를 충실히 갖지 못한 인물들이다. 우리는 그들을 통해 주인공의 독자적 목소리가 아닌 작자의 음성을 듣는다. 그런 점에서 「거부오히」 등은 작가의 세계에 개방되어 있다. 이는 「거부오히」 등의 소설 구조가 견고하지 못함을 뜻한다. 주인공이 작가의 대리인이고 작가의 목소리를 대변하는 책임을 지고 있으므로 주인공의 고유한 삶과 관련된 환경이나 가치관이 작품 속에 반영될 수 있는 가능성은 거의 없다"(46쪽)는 문제 또한 제기한 바 있다.

7 한기형, 『한국 근대소설사의 시각』, 26쪽 참조.

작 정신을 이어가면서, 독자적 서술방식의 도입과 서사성의 강화 등 형식적 특질들을 새롭게 개척해 간 작품이기도 하다. 「디구셩 미러몽」에서는 형식상 작가와 분리된 3인칭 주인공인 '우세자'의 시점이 중요하다. 그동안 불안정하던 단형 서사물의 서술 시점이 이를 통해 점차 자리를 잡아가는 사례를 보여주기 때문이다.

2. 단편소설 용어의 등장 과정

근대계몽기 신문 가운데 최초로 '단편소설'이라는 명칭을 사용해 서사문학 작품을 게재한 신문은 『대한일보』이다. 국내에서 발행되던 일본인 신문이었던 『대한일보』는 1904년 8월 12일자 제1면에 '단편소설(短篇小說)'이라 명기된 작품 '뇌공(雷公)'을 발표한다.[8] 이 작품의 필자는 '뇌공(腦公)'이다. 「뇌공」은 국한문혼용체 작품인 바, 여기에 사용된 문장은 한문 구조가 적지 않게 포함되어 있는 문장이다.[9] 이 작품의 서두를 일부 인용하면 다음과 같다.

讀者諸君!!

8 『대한일보』와 「뇌공(雷公)」에 관한 논의는 이유미, 「일본인 발행 미디어의 기획된 단편소설」, 『현대문학의 연구』 제41호, 71~105쪽 참조.

9 『대한일보』의 잡보란에는 「쌍봉기연(雙鳳奇緣)」(1904.4.29~6.1)을 비롯하여 「진중소화(陣中笑話)」(1904.5.20) 등 여러 편의 읽을거리가 수록되어 있다. 그런데 이들 잡보란에 수록된 읽을거리들은 순한글로 되어 있다.

> 日來本報에 時事葉葉欄을 借ᄒᆞ야 雷公의 名을 冠ᄒᆞ야 隱諱업시 忌憚업시 紫閣의 羣台와 黃堂의 列宿을 詰之警之譏之誚之ᄒᆞ야 一世에 疑를 貽ᄒᆞ고 萬人의 責을 受ᄒᆞ든 所謂雷公…은 別樣人이 아니라 姓은 ○ 名은 △△… 이라ᄒᆞᄂᆞᆫ 一個 逐利的賤人…이라 稟ᄒᆞ야 生不有天智ᄒᆞ고 長無所修養ᄒᆞ야 蠅頭의 微利로 鵬程의 大業을 誤ᄒᆞᄂᆞᆫ 野人이ᄂᆞ 然而志를 學問에 存ᄒᆞ고 意를 讀習에 用ᄒᆞ야 비록 身은 賈胡的生活을 爲ᄒᆞ나 心은 書籍에 在ᄒᆞ더니 此時를 當ᄒᆞ야 國政의 日非홈을 慨ᄒᆞ고 民生의 日困홈을 慮ᄒᆞ야 漆憂의 鬩發홈을 抑키 難ᄒᆞᆫ지라 何暇에 緯를 恤홈을 得ᄒᆞ리오 世運의 循環에 目을 注ᄒᆞ고 國事의 得失에 耳를 傾ᄒᆞ야 機를 得ᄒᆞ면 頭를 世에 出코쟈 ᄒᆞ든 次 大韓日報의 廣求投書라ᄂᆞᆫ 告白이 頗히 志士의 聲을 喚起ᄒᆞᆫ다 ᄒᆞ는지라[10]

「뇌공」은 소설이라기보다는 논설을 목적으로 쓰인 글이다. "독자제군(讀者諸君!!)"으로 시작하는 첫 문장에서부터 그러한 성격은 여실히 드러난다. 그렇다면 『대한일보』가 「뇌공」에 '단편소설'이라는 명칭을 붙였던 이유는 무엇일까? 그 이유는 역설적이게도, 「뇌공」의 서술 방식이 직설적이며 내용이 매우 현실적이라는 점에서 찾을 수 있다. 「뇌공(雷公)」의 작가가 '뇌공(腦公)'으로 표기되어 있는 것은 일종의 언어희(言語戲)에 속하는 것이다. 이 작품의 실제 작가는 『대한일보』의 편집진으로 추정된다. 「뇌공」은 『대한일보』가 시도한 부패 관리(官吏) 비판에 대한 상대방의 반응과, 그에 대한 『대한일보』의 대응 태도를 밝힌 글이다.[11] 편집진의 기획 의도에 대한 독자 집단의 반발을 피해가려는

---

10 뇌공(腦公), 「뇌공(雷公)」, 『대한일보』, 1904.8.12.

11 "단편소설 「뇌공」은 단일성을 띠는 한 편의 온전한 허구 서사가 아니라, 『대한일보』 내부에서 당시의 실정(失政)을 폭로하는 정치적 목소리를 내기 위해 기획된 글임을 알 수 있다"(이유미, 「일본인 발행 미디어의 기획된 단편소설」, 『현대문학의 연구』 제41호, 84쪽)는 지적 참조.

조치가 이 글에 '단편소설'이라는 양식 명을 첨가하는 일이었다.[12]

『대한일보』가 '광구투서(廣求投書)'라는 사고(社告) 통해 탐관오리를 찾아내려 애쓰고, '시사엽엽(時事葉葉)'란을 통해 조선의 타락한 관리들에 대한 비판의 날을 세우던 1904년 여름은 러일전쟁이 한창 진행 중이던 시기였다. 이 시기 『대한일보』가 논설과 소설을 통해 시도한 탐관오리 비판은, 그 목적이 관리의 부패척결이라는 순수한 면모만을 지닌 것으로 보기는 어렵다. 이는 이인직의 소설 「혈의루」에서 '일청전쟁(日淸戰爭)'의 원인을 부패하고 무능한 조선 관리의 탓으로 돌리는 일과도 연관되어 있다. 그런가 하면, 또 다른 일본인 발행 신문 『한성신보』가 러일전쟁을 앞두고 「낙심천만(落心千萬)」(1904.2.7) 등을 통하여 대한제국 조정에 대한 일본의 불만을 표출하던 일과도 일맥상통하는 것으로 해석할 수 있다.[13]

『대한일보』 이후 국내 신문에서 '단편소설'이라는 용어가 발견되는 것은 『만세보』를 통해서이다. 1906년 7월 3일자 『만세보』 제1면에는 소설(小說)란에 단편(短篇)이 한 편 실려 있다. 이 작품은 흔히 「소설 단편」이라는 명칭으로 근대소설사에서 정리가 되지만, 엄밀히 말하면 소설란에 실린 제목이 없는 단편 작품인 셈이다. 「소설 단편」은 다음날인 7월 4일까지 연재되었다. 「소설 단편」에서는 특정 장면에 대한 매우 상세한 묘사가 이루어지고 있는 바, 이는 당시로서는 보기 드문 현상이었다. 「소설 단편」의 첫 회에서는 '옥관자짜리'로 불리는 한 양반이 첩의 집을 찾아가 문을 걷어차고 들어가는 장면 하나를 그려내는 것으로 작

12 이는 「향긱담화」 등의 단형 서사문학 작품이, 사회적 검열을 피하기 위한 방편으로 논설적 주장을 소설 속 인물의 입을 통해 발화하는 것과 유사한 맥락에서 해석될 수 있다.

13 러일전쟁 전 후 『한성신보』 소재 서사자료에 대한 논의는 김영민, 『한국의 근대 신문과 근대소설 2 : 한성신보』, 2008, 105~111쪽 참조.

품의 대부분이 채워지고 있다. 제2회의 내용으로 미루어 보면 후편이 더 필요한 것으로 보이나 실제 연재는 여기서 마무리가 되었다.

1907년 1월 1일자 『만세보』 제4면에는 '단편소설(短篇小說)'이라는 양식 명칭과 함께 「백옥신년(白屋新年)」이라는 신년소설(新年小說)이 게재된다. 「백옥신년」은 남산골 사는 정서방 집의 신년 맞이 풍경을 그려낸 작품이다. 작품의 개요는 다음과 같다. 설날이지만 가난한 정서방 집에서는 떡국을 끓이지 못한다. 정서방은 아들 갑돌이에게 밖에 나가 아이들 연날리는 구경이라도 하라고 권유하지만, 아내는 새까만 옷이 남부끄러우니 차라리 집에 그냥 있으라고 말한다. 「백옥신년」에는 작가 명이 표기되어 있지 않다. 따라서 이 작품의 작가가 누구인지 단정할 수는 없다. 하지만 당시의 정황으로 미루어 볼 때, 이인직일 개연성이 매우 높다. 이 시기는 『만세보』의 주필이었던 이인직이 「귀의 성」을 연재하던 중이었다. 이인직은 「귀의성」 제60회를 1906년 12월 28일자 『만세보』 제154호에 게재한 후, 약 열흘 동안의 휴지기를 거쳐 1907년 1월 8일자 제158호에 제61회를 연재한다. 그 사이 신년호인 『만세보』 156호에 「백옥신년」이 발표되었던 것이다. 「백옥신년」은 두 가지 점에서 주목을 끈다. 하나는 『만세보』의 편집진이 '소설'과 '단편소설'을 분명히 구별하고 있었다는 점이다. 『만세보』에서 소설은 단편소설과는 구별되는 장형(長型)소설의 의미를 지니게 된다. 다른 하나는 『만세보』에서 신년소설을 시도하고 있다는 점이다. 『만세보』는 1907년 6월 29일까지만 발행되었기 때문에 신년소설 게재는 단 한번으로 그치고 말았다. 특정한 장면에 대한 묘사가 중심이 되는 「소설 단편」과 「백옥신년」은, 그 성격상 뒷날 이인직이 『매일신보』에 발표하게 되는 단편 「빈선랑의 일미인」(1912.3.1)의 토대를 이루는 작품으로 볼 수 있다.

1909년 1월 1일자 『제국신문』에서도 '단편소설'란이 발견된다. 여기에는 한 편의 짧은 무서명 소설이 수록되어 있다. 이 작품은 신년소설의 형식을 취하고 있으면서, 설날 옷 투정을 하며 밖에 나가기를 꺼려하는 소년의 이야기를 소재로 삼고 있다. 소재의 측면에서 보면 『제국신문』에 수록된 무서명 단편은 『만세보』에 수록된 「백옥신년」의 영향을 받았다고 할 수 있다.[14]

'소설'에 비해 상대적으로 길이가 짧은 작품을 '단편소설(短篇小說)'로 표기하는 『만세보』의 편집 방식을 이어받은 신문이 『대한민보(大韓民報)』이다. 『대한민보』의 '단편소설(短篇小說)'란에는 「화수(花愁)」(1909.6.2~6.13), 「화세계(花世界)」(1910.1.1), 「상린서봉(祥麟瑞鳳)」(1910.6.2) 등의 작품이 수록되어 있다.[15] 「상린서봉(祥麟瑞鳳)」은 『대한민보』 창간 1주년을 기념하여 발표한 일종의 자축소설이다. 「상린서봉」에서는 주객대화(主客對話)라는 형식을 통해 『대한민보』의 우수성을 강조하고 있는데, 이는 『대한일보』가 「뇌공」을 통해 자신들의 신문을 홍보하던 것과 유사하다. 『대한민보』는 1910년대부터 '소설'란 대신 '신소설'란을 두

14 다만, 이 작품은 계몽의 의도를 노골적으로 드러내고 있다는 점에서 「백옥신년」과 구별된다. 이 점에서는 『제국신문』의 여타 단형 서사문학 작품과 맥을 같이 하는 것으로 볼 수 있다.

15 『대한민보』는 1909년 6월 2일 창간되어 한일병합 때인 1910년 8월 31일까지 발행되었는데 이 기간 동안 10여 편의 서사문학 작품을 수록했다. 『대한민보』는 '소설(小說)', '단편소설'이라는 용어 외에도 '풍자소설(諷刺小說)', '골계소설(滑稽小說)' 등의 하위 분류어를 사용해 작품을 수록했다. 풍자소설로는 「병인간친회록(病人懇親會錄)」(1909.8.19~10.12)이 수록되어 있고 골계소설로는 「절영신화(絶纓神話)」(1909.10.14~11.23)가 수록되어 있다. 이 중 무도생(舞蹈生)의 작품 「화세계(花世界)」는 발표 일자가 새해 첫 날일 뿐만 아니라, 하나의 장면을 포착해 한 편의 작품을 완성하는 수법이 「백옥신년」과 닿아 있다. 여기서 중심이 되는 장면은 한부홍이라는 인물이 주관하는 낙성식이다. 「화수(花愁)」는 문장이 율문체이고 묘사가 상투적이어서 진부한 느낌을 준다는 한계가 있다. 하지만 이 작품 역시, 갑작스러운 일을 당해 당황해하는 한 부인의 일화를 강렬한 느낌으로 전달한다는 점에서는 주목할 만하다. 『대한민보』의 서지사항 및 수록 작품에 대한 상세한 논의는 이유미, 「근대계몽기 단편소설의 위상 연구—『대한민보』 소설란을 중심으로」, 『근대계몽기 단형 서사문학 연구』, 소명출판, 2005, 247~275쪽 참조.

고 길이가 긴 작품들을 여기에 수록하기 시작한다. '소설' 대 '단편소설'의 구도에서 '신소설' 대 '단편소설'의 구도로 바꾸어 문예란을 꾸려갔던 것이다. 『대한민보』의 이러한 서사양식 분류 구도는 한일병합 이후 발간되는 『매일신보』까지 그대로 이어지게 된다.

3. 근대 단편소설의 정착과 발전

1) 근대 신문의 단편소설

한국 근대 단편소설 양식의 정착 및 활성화가 이루어지는 것은 1910년대 『매일신보』를 통해서이다. 『매일신보』는 '단편소설'과 '신소설'란을 두고 서사문학 작품들을 게재한다. 신소설란은 1912년 7월 번안소설의 등장과 함께 사라지지만, 단편소설란은 『매일신보』가 폐간되던 1940년대까지 존속했다. 『매일신보』의 단편소설은 크게 보면 현상 응모 단편소설과 신년 단편소설, 그리고 전문 작가의 창작 단편소설 등으로 이루어진다.

1910년대 현상 응모 단편소설은 1912년 3월부터 1913년 2월까지 거의 일 년 사이에 집중적으로 게재된다.[16] 현상 응모 단편소설의 등장은 『매일신보』의 지면 개편 작업과도 연관이 있는 일이었다. 『매일신보』는 지면 개편 작업을 통해, 신소설에 대한 관심을 접고 단편소설과

16 현상 응모 단편소설에 대해서는 이 책의 제1장 3절 참조.

번안소설의 게재에 주력하게 된다.[17]

『매일신보』 지면 쇄신의 가장 큰 특징은 그동안 국한문 신문과 한글 신문으로 분리 발행되던 것을 한 가지 신문으로 통합하는 것이었다. 『매일신보』는 두 가지 신문의 통합을 위해 좀 더 작고 새로운 활자를 개발해 기사의 분량을 늘린다. 이른바 조선 신문 최초의 5호 활자의 사용이 그것이다. 지면 편집 방식도 7단 편집에서 8단 편집으로 바꾸고, 기존의 한글 독자를 위해 신문의 3면과 4면의 대부분을 순한글 기사로 채우는 변화 역시 시도한다.[18]

『매일신보』의 지면 쇄신의 가장 큰 목적은 좀 더 많은 독자를 끌어들이기 위한 것이었다. 『매일신보』가 지면을 개혁하면서 독자 투고란을 활성화시키고 문예 현상모집을 실시한 것은 모두 이러한 맥락에서 이해될 수 있다.[19] 이 외에 『매일신보』의 전신인 『대한매일신보』의 편집 체제의 잔영을 완전히 떨쳐버리는 것도 그 목적 가운데 하나였다.[20] 『매일신보』는 지면 쇄신을 시도한 첫날인 1912년 3월 1일 이인직의 단편소설 「빈선랑(貧鮮郎)의 일미인(日美人)」을 수록한다. 이 작품이 한글

---

17 이 시기 『매일신보』의 단편소설 게재에는 특정한 목적과 의도가 있었다는 해석도 이루어진 바 있다. 이에 대해서는 다음의 서술 참조. "1910년대 『매일신보』 단편소설은 대부분의 작품이 전반기 5년 사이에 발표·게재되어 있다. 1910년대 전체 61편의 단편소설 중 55개가 1910~1914년에 발표되었는데, 90% 이상의 작품이 이 시기에 집중되어 있는 것이다. 1910년대 후반기 『매일신보』는 단편소설에 대해 그리 관심을 가지지 않았던 것으로 판단된다. 이는 『매일신보』가 단편소설에 어떤 의도나 목적을 가지고 있었음을 시사한다." (함태영, 「1910년대 『매일신보』 소설 연구」, 126쪽)

18 『매일신보』의 지면쇄신과 관련된 논의는 이 책의 제2장 2절 참조.

19 『매일신보』의 독자 투고란은 '도청도설(塗聽塗設 : 1912.3.1~8.23)', '사면팔방(四面八方 : 1912.8.24~10.23)', '독쟈구락부(1912.11.6~1913.12.4)', '매일구락부(1913.12.5~12.7)', '투셔함(1913. 12.12~1914.1.11)', '독쟈긔별(1914.1.13~1916.2.15)' 등으로 변화한다. 『매일신보』 독자 투고란의 게재 내용과 그 변화 과정에 대한 논의는 전은경, 「1910년대 번안소설 연구 — 독자와의 상호 소통성을 중심으로」, 28~41쪽 참조.

20 함태영, 「1910년대 『매일신보』 소설 연구」, 123~125쪽 참조.

독자를 위한 지면인 제3면 첫머리에 게재되었다는 점도 의미가 있다. 「빈선랑의 일미인」은 『매일신보』의 지면 혁신을 광고하는 좋은 재료가 될 수 있었던 것이다. 「빈선랑의 일미인」은 1910년대 초반에 발표된 일화형 단편소설의 대표적 사례 가운데 하나이다.[21]

1910년대 중반 이후에도 『매일신보』의 단편소설 공모는 계속되었다. 그 결과 실리게 되는 작품이 유영모(柳永模)의 「귀남(貴男)과 수남(壽男)」(1917.1.23), 김영우(金永偶)의 「신성(神聖)ᄒᆞᆫ 희생(犧牲)」(1917.1.24) 등이다. 1910년대 말 『매일신보』는 「소품문예 현상모집」 공고를 통해 다시 한 번 단편소설을 모집한다. 공고의 내용은 다음과 같다.

> 半島新文學의 發達을 助長ᄒᆞ며 文藝의 趣味를 一般에 普及케 ᄒᆞ기 爲ᄒᆞ야 每週 一次 本紙에 '문예폐—지'를 設ᄒᆞ야 來月브터 此를 實行코져 ᄒᆞᄂᆞᆫ 바 其 紙面의 一部를 公開ᄒᆞ야 讀者의게 提供코져 左記條件으로 繼續ᄒᆞ야 原稿를 募集ᄒᆞᆷ
>
> 一. 作品의 種類ᄂᆞᆫ 短篇小說, 詩調, 新體詩, 日記 及 紀行 其他 隨筆 ᄃᆞᆼ小品文藝

---

21 「빈선랑의 일미인」에는 가난에 시달리는 인물의 심리가 잘 나타나 있다. 일화형 단편소설은 단일 장면이 중심이 되는 소설이다. 일화형 단편소설에서는 인상적 장면에 대한 묘사와 그 장면에 등장하는 주인공의 심리를 드러내는 일이 작품의 핵심을 이룬다. 이와 연관해서는 다음의 진술이 좋은 참고가 된다. "그런데 여기서 눈에 띄는 것은 이 날 『매일신보』 3면에 『만세보』의 주필이자 소설연재란을 담당하였던 이인직의 순한글 단편소설 「빈선랑의 일미인」이 게재된 사실이다. 이것은 『매일신보』에 실린 첫 단편소설이자 이인직이 『매일신보』에 처음으로 쓴 소설로, '순언문' 신문의 합병을 기념하는 것으로 마련된 것임을 알 수 있다. 이처럼 『매일신보』는 1910년대 초기부터 조선총독부 관보라는 성격을 유지하기 위해 전반적으로는 식자(識者)들에게 익숙한 국한문혼용체를 택하였으나, 3면의 사회면 기사와 1면과 4면의 연재소설은 기본적으로 대중독자에게 익숙한 순한글체를 택하는 이원화된 언어정책을 펼쳤던 것이다."(이희정, 『한국 근대소설의 형성과 『매일신보』』, 소명출판, 2008, 291쪽) 단, 『매일신보』에는 「빈선랑의 일미인」에 앞서 「재봉춘(再逢春)」(1911.1.1), 「해몽선생(解夢先生)」(1912.1.1) 등의 작품이 '단편소설(短篇小說)'란에 실린 적이 있다. 김재영은 「빈선랑의 일미인」이 그 전달부터 광고된 응모단편의 본보기로서의 성격을 갖는 작품이라고 본다. 이에 대한 논의는 김재영, 「1910년대 '소설' 개념의 추이와 매체의 상관성」, 『한국 근대 서사양식의 발생 및 전개와 매체의 역할』, 소명출판, 2005, 248쪽 참조.

一. 賞은 甲(二圓) 乙(一圓) 丙(五十錢)으로 定員을 設치 안이ᄒᆞ며 入賞 以外라도 秀逸로 採用ᄒᆞᄂᆞᆫ 時ᄂᆞᆫ 若干의 賞을 贈呈

一. 每週 繼續ᄒᆞ야 募集ᄒᆞᆷ으로 投稿의 期限은 定치 안이ᄒᆞ얏스며 短篇小說은 一行 約 二十字 一編 一百行을 超치 안이ᄒᆞᆷ을 要ᄒᆞᆷ

一. 原稿의 封皮에ᄂᆞᆫ 반다시 '懸賞文藝原稿'라 朱書ᄒᆞᆷ을 要ᄒᆞᆷ 매일신보사[22]

여기서 단편소설은 '소품문예'에 속하는 것으로 정리가 된다. 그 길이는 '일 행 이십 자, 백 행 이내'로 200자 원고지 10장 정도의 분량이다. 소품문예 현상모집은 여러 편의 당선작을 배출하게 된다. 『매일신보』 1919년 7월 7일자 '매신문단(每申文壇)'에 실린 수필 「여름동산」이나 시가(詩歌) 「신부(新婦)의 셔름」, 그리고 최형렬(崔亨烈)의 단편소설 「불힝ᄒᆞᆫ 싱명」과 남태희(南泰熙)의 단편소설 「인정(人情)」 등이 그 예에 해당한다. '매신문단'은 이후에도 여러 편의 당선작 및 가작을 게재하는데, 1919년 7월 14일자에 발표된 장재문(張載文)의 단편소설 「녹음(綠陰)이 무르녹을 ᄯᅢ」와 이익상(李益相)의 「낙오자(落伍者)」 등이 거기에 속한다. 이익상의 「낙오자」는 『매일신보』에서 선외가작(選外佳作)으로 소개된다. 이익상은 이후 『학지광』과 『개벽』 등을 통해 활발히 작품 활동을 하며 1920년대의 주목할 만한 소설가의 한 사람으로 성장하게 된다.[23]

---

22 『매일신보』, 1919.6.22.

23 1910년대 『매일신보』 소재 단편소설이 지니는 문학사적 가치를 이해하는 데는 다음과 같은 지적이 참고가 된다. "『매일신보』 소재 단편의 이런 특징은 '계몽'이라는 시대정신과 맞물리면서 1910년대 당시 여타 작품들의 의식적인 바탕을 형성한다. 『매일신보』 단편에 흔히 나타나는 고학생의 이미지가 당시 잡지에 발표된 보다 세련된 형식의 작품에서도 쉽게 찾아볼 수 있다는 점에서 이 같은 사실을 확인할 수 있다. 나아가 1910년대의 작품들이 이후 전개되는 우리 근대문학의 여러 양상들을 암시하고 있다는 점에서 본다면, 『매일신보』 소재 단편의 의미는 가벼이 넘겨버릴 수는 없을 듯하다."(이재봉, 『근대소설과 문화적 정체성』, 세종출판사, 2003, 41~42쪽)

1920년대 이후에도 『매일신보』에는 계속해서 김영팔(金永八)의 '현상당선 단편소설' 「해고사령장(解雇辭令狀)」(1924.1.1), 김숙정(金淑貞)의 '당선단편' 「기아(飢餓)」(1925.1.1), 박장순(朴長順)의 '당선단편' 「어머님 뵈오리」(1925.1.1), 이창순(李昌淳)의 '당선문예 발표소설' 「백동화(白銅貨)」(1925.7.26), 김종학(金鐘學)의 '일등 당선소설' 「방황(彷徨)하는 풍경(風景)」(1931.1.13), 이백선(李百善)의 '일등 당선소설' 「설야애곡(雪夜哀曲)」(1932.1.13~1.16), 약산학인(藥山學人)의 '당선소설' 「우정(友情)」(1933.1.17~1.21), 광륜(光輪)의 '현상문예 입선소설' 「토정나루 환상(幻想)」(1934.1.20~1.30), 김일평(金一平)의 '입선단편' 「기오(基五)와 소녀(小女)」(1936.1.1~1.22), 허민(許民)의 '현상 입선소설' 「구룡산(九龍山)」(1937.1.15~2.2), 조풍연(趙豊衍)의 '현상 입선소설' 「젊은 예술가군상(藝術家群像)」(1937.2.3~2.24), 김문학(金汶鶴)의 '현상 당선소설' 「림우(霖雨)」(1938.1.8~1.17), 김동규(金東奎)의 '신춘현상 당선단편' 「박과부(朴寡婦)」(1939.1.20~2.3), 김사영(金士永)의 '신춘현상 당선소설' 「춘풍(春風)」(1940.11~1.24), 박찬모(朴贊謨)의 '신춘 당선소설' 「전설(傳說)」(1941.1.11~1.24), 김문학의 '신춘현상 당선소설' 「앵속화(罌粟花)」(1942.1.15~1.30), 이성표(李性杓)와 이곡토(李谷土)의 '신춘문예 현상당선' 「산협(山峽)」(1943.1.5~1.25) 및 「오리숍」(1943.1.27~2.7) 등의 작품이 게재된다. 1920년대 중반 이후 『매일신보』에 수록된 현상 응모 단편소설은 게재 일자가 대체로 신년(新年) 초로 집중되어 있다. 이는 『매일신보』 응모 단편소설이 점차 신춘문예(新春文藝)의 성격을 띠어가고 있음을 보여주는 것이다.

『매일신보』에는 신춘문예 형식의 독자 투고 단편소설 외에도, 신년을 기념하여 실리는 특별한 단편소설들이 있었다. 『매일신보』에 실린 첫 번째 단편소설이 바로 이 신년소설의 형식을 취한 작품 「재봉춘(再逢春)」(1911.1.1)이다. 「재봉춘」의 작가는 무도생(舞蹈生)이다. 무도생은

『대한민보』의 신년소설 「화세계」의 작가이기도 하다. 「재봉춘」의 구성 수법은 「화세계」의 그것과 유사하다. 「재봉춘」은 「화세계」와 마찬가지로 밝은 분위기의 서두로 시작해 우여곡절을 알리고 다시 밝은 분위기로 끝을 맺는다.[24] 「재봉춘」은 계몽적 성격이 강한 작품이다. 여기서는 남편의 몰지각한 행위가 가져온 가정의 불행과 이후의 참회, 그리고 이어지는 행복이 대조적으로 그려진다.[25] 1912년의 신년소설로는 「해몽선생(解夢先生)」(1912.1.1)이, 1913년의 신년소설로는 박용환(朴容奐)의 「신년(新年)의 문수(問數)」(1913.1.1)가 발표된다. 이 두 편의 작품은 모두 신년에 문복(問卜)하는 풍습을 비판한 것으로 역시 계몽의 의도를 담고 있다. 1914년에는 호랑이 해를 맞아 「나는 호랑이오」(1914.1.1)가, 1915년에는 토끼해를 맞아 이인직의 「달 속의 토끼[月中兎]」(1915.1.1)가, 1916년에는 몽외생(夢外生)의 「용몽(龍夢)」(1916.1.1)이 게재된다. 1919년에는 윤백남(尹白南)의 「몽금(夢金)」(1919.1.1)이 신년소설로 발표된다.[26] 이인직의 마지막 작품인 「달 속의 토끼[月中兎]」[27]에서는 다음과 같은 토끼의 대사를 통해 장님 판수를 비판한다. "오냐 그 병 진찰(診察) 다ᄒᆞ엿다 눈먼 것은 션싱 죄라 악ᄒᆞᆫ 마음으로 남의 눈을 만히 속

24 「화세계」에서는 몰지각한 인물과 지각 있는 인물의 행위가 각각 분리되어 나타난다면, 「재봉춘」에서는 한 인물이 그 두 가지 역할을 모두 수행한다는 점에서 차이가 있다.

25 '육간대청에 분합문을 열어젖히고 떡가래를 썰며 얼굴에 기쁜 빛을 띠고 있는 라씨 부인'을 묘사하는 서두는 신년 아침의 밝은 분위기를 염두에 둔 것이다.

26 이 작품은 안국선의 소설집 『공진회』에 실린 작품 중 「인력거군」을 각색한 것이다. 이와 관련된 상세한 논의는 이유미, 「근대 단편소설의 전개 양상과 제도화 과정 연구」, 연세대 박사논문, 2010 94쪽 참조.

27 이인직은 1913년 6월 3일 『매일신보』에 「모란봉」을 연재하다 중단 한 후 일시 절필한 것으로 알려져 있다. 이 작품은 「모란봉」 이후 최초의 작품이자 그의 마지막 발표작으로 추정된다. 1914년 12월 10일자 『매일신보』의 '신년문예모집(新年文藝募集)' 공고 중 '언문풍월'의 과제가 「달속에 옥토끼」였던 점을 생각하면, 이인직의 「달 속의 토끼[月中兎]」는 신문사 청탁시 주어진 제목에 따라 집필한 작품이었던 것으로 추정된다.

혀셔 남의 눈에서 피눈물이 ᄯᅥ러지게 ᄒᆞᆫ 죄롤 밧노라고 져 병신이 되얏고나 비탈난 것은 ᄎᆞ싱(此生)의 허물이라 어진 말을 듯거던 황률먹듯이 씹고 씹어서 마옴에 먹어두면 유익ᄒᆞ렷마는 자셰히 듯지 안이ᄒᆞ고 통으로 삼켜 싱키ᄂᆞᆫ고로 그 허물을 증게 ᄒᆞ느라고 비탈이 ᄌᆞ쥬 나ᄂᆞᆫ 것이오 너머져셔 몸을 닷친 것도 ᄎᆞ싱 허물이라 남을 너멋드리고 졔 욕심을 치우려ᄂᆞᆫ 마옴이 잇스면 져런 고싱을 ᄒᆞᄂᆞᆫ 것이로고나."[28] 이인직이 「달 속의 토끼」에서 장님 판수를 '남을 속이는 죄인'으로 비난하는 것은, 박용환이 「신년의 문수」에서 장님 판수를 '남을 속이는 도적'으로 비난하는 것과 일맥상통한다.

1910년대에 기획 발표된 신년소설들은 모두가 오락과 함께 대중 계몽을 목적으로 쓰인 작품들이다. 『매일신보』의 신년소설은, 1920년대 이후에는 현상응모 소설 당선작을 게재하는 것으로 점차 대체된다. 결국 신춘문예 당선작이 신년소설란을 차지하게 되는 것이다. 하지만, 1920년대 이후 『매일신보』에서 신년소설이 완전히 사라지는 것은 아니다. 특별히 이효석의 「달의 파란 우숨」(1926.1.1) , 최서해의 「쥐 죽인 뒤」(1927.1.1)와 「어썬날 석양(夕陽)」(1929.1.1), 김동인의 「순정(純情)—부부애편(夫婦愛篇)」(1930.1.1) 등이 『매일신보』의 신년소설로 발표되었다는 사실은 주목할 만하다.

『매일신보』에 실린 전문 작가의 일반 단편소설로는 이효석의 「나는 말 못햇다」(1925.9.13)와 「노인의 죽엄」(1926.2.14) · 「맥진(驀進)」(1926.1.24) · 「마음의 의장(意匠)」(1934.1.3~1.8), 안회남(安懷南)의 「적멸(寂滅)」(1932.11.15~12.10)[29]과 「아버지의 승리(勝利)」(1942.11.7~11.18), 박태원(朴泰遠)의 「낙

28 이인직, 「달 속의 토끼[月中兎]」, 『매일신보』, 1915.1.1.
29 게재란에는 중편소설로 표기가 되어 있다. 작가명도 본명인 안필승(安必承)으로 되어 있다.

조(落照)」(1933.12.8~12.29)와 「명랑(明朗)한 전망(展望)」(1939.4.9~5.21), 전영택(田榮澤)의 「곰」(1935.11.23~12.3)과 「재출발(再出發)」(1939.7.8~8.18), 박영준(朴榮濬)의 「교수성장기(教授成長期)」(1937.5.21~6.2)와 「사위」(1938.2.24~3.10), 장덕조(張德祚)의 「여인도(女人圖)」(1939.5.23~7.6), 방인근(方仁根)의 「젊은 안해」(1939.11.5~12.27), 이북명(李北鳴)의 「화전민(火田民)」(1940.1.31~2.23), 장혁주(張赫宙)의 「순례(巡禮)」(1943.9.7~9.22) 등이 있다. 『매일신보』에 실린 단편소설들이 그동안의 한국문학사 연구에서 중요한 자리를 차지하고 있었다고 보기는 어렵다. 그럼에도 불구하고 한국 근대소설사에서 단편소설 창작의 한 축이 『매일신보』를 통해 지탱되고 있었다는 사실만은 분명하다. 특히 현상 공모 제도를 통해 단편소설 양식에 대한 대중적 관심을 불러일으킨 점은 『매일신보』의 주목할 만한 공적이 아닐 수 없다.

『매일신보』를 통해 본격화된 현상 단편소설 공모는 1920년대 이후 창간되는 민간신문들인 『동아일보』와 『조선일보』로 확산된다. 1923년 『동아일보』에 게재된 단편소설로는 김인길(金仁吉)의 「비운(悲運)」(1923.5.25), 신필희(申必熙)의 「사진(寫眞)」(1923.5.26), 이홍원(李紅園)의 「화(靴)」(1923.5.27) 등이 있다. 『동아일보』의 현상문예 제도는 1920년대 말이 되면 신년 초에 당선작을 발표하는 신춘문예 방식으로 전환된다. 이렇게 해서 게재된 작품이 이석신(李錫新)의 「인정(人情)」(1929.1.1~1.3), 방휴남(方烋南)의 「감ㅅ돌」(1930.2.2~2.5), 김명수(金明水)의 「두 전차(電車)—인스펙터」(1930.2.6~2.9), 신서원(申曙園)의 「물방아ㅅ간」(1930.2.11~2.16), 박근선(朴根善)의 「어여뿐 동지(同志)」(1930.2.22~2.26), 포일(抱一)의 「대나무 침대」(1930.3.1~3.2), 문성훈(文成薰)의 「명랑한 전망(展望)」(1932.1.6~1.9), 최인준(崔仁俊)의 「황소」(1934.1.1~1.6), 김정혁(金正革)의 「이민열차(移民

列車)」(1935.1.18~1.19),[30] 정비석(鄭飛石)의 「졸곡제(卒哭祭)」(1936.1.19~2.2)[31] 등이다. 정비석은 가작(佳作)으로 등단하지만 이듬해 『조선일보』 신춘문예에서는 일등으로 당선이 된다.

『조선일보』는 백신애(白信愛)의 「나의 어머니」(1929.1.1~1.6),[32] 전춘호(田春湖)의 「자기(自己)의 길」(1929.1.8~1.15) 등의 작품으로 현상문예 단편소설의 게재를 시작한다. 『조선일보』의 현상문예 제도 역시 1930년대 이후 본격적인 신춘문예 공모 형식으로 정착되고 김용송(金龍松)의 「민감증(敏感症)」(1930.1.16~19)과 정순정(鄭順貞)의 「어머니와 나」(1930.1.21~1.25)를 '신춘 독자문예 당선 소설'로 공고하게 된다. 1931년 1월 『조선일보』는 신춘문예 단편 2등 당선작으로 송내순(宋迺淳)의 「비오는 날」(1931.1.20~1.21), 이영근(李永根)의 「희생(犧牲)」(1931.1.21~1.25), 현홍(玄鴻)의 「누님을 뭇는 날」(1931.1.28~1.31) 등 세 편의 소설을 게재한다. 이어서 2월에는 3등 당선작으로 안필승(安必承)의 「발(髮)」(1931. 2.8~2.10)을 수록한다. 이후 안필승은 안회남이라는 필명을 사용하면서 『조선일보』와 『매일신보』·『동아일보』, 『조광』, 『신동아』, 『인문평론』 등에서 소설과 평론의 주요 필자로 자리 잡게 된다. 1933년에는 석산(石山)의 「아들의 소식(消息)」(1933.1.15~1.19)이, 1934년에는 박영준(朴榮濬)의 「모범경작생(模範耕作生)」(1934.1.10~1.23)[33]이 당선작으로 발표된다. 박영준은 이듬해 잡지 『신동아』 장편소설 현상 모집에 「일년」(1934.3~12)이 당선되면서 작가로서 입지를 굳히게 된다. 1935년 1월에는 이경근(李暻根)의 「차(車)에서 맛난 여자」(1935.1.13~1.27)가 2등 당선소설로, 김유정(金裕貞)의

30 이 작품은 당선작이 아니라 선외가작(選外佳作)으로 발표된다.
31 발표 당시에는 비석생(飛石生)이라는 필명을 사용했다.
32 발표 당시에는 박계화(朴啓華)라는 필명을 사용했다.
33 발표 당시에는 박영준(朴映浚)이라는 필명을 사용했다.

「소낙비」(1935.1.29~2.3)가 1등 당선소설로 발표된다. 김유정의 「소낙비」는 1월 1일자 당선 공고에 원제가 「따라지 목숨」으로 기재되어 있다. 김유정은 같은 해 『조선중앙일보』에 「노다지」(1935.3.2~3.9)가 당선되고, 『중앙』, 『조선문단』 등의 잡지에 계속해서 작품을 발표하면서 식민지 시기를 대표하는 단편소설 작가로 자리를 잡게 된다. 1936년 1월에는 김정한(金廷漢)의 「사하촌(寺下村)」(1936.1.9 ~1.23)[34]과 차자명(車自鳴)의 「전락(轉落)」(1936.1.28~2.22)이 당선소설로 발표된다. 1937년에는 정비석(鄭飛石)의 「성황당(城隍堂)」(1937.1.14~1.26)이, 그리고 1938년에는 현덕(玄德)의 「남생이」(1938.1.8~1.25)가 일등 당선소설로 발표된다. 이 해에는 '본보(本報) 당선작가(當選作家) 단편 리레'의 기획 아래 현덕의 「경칩(驚蟄)」(1938.4.10~4.23), 정비석의 「애증도(愛憎道)」(1938.4.24~5.13), 차자명의 「청담(晴曇)」(1938.5.14~6.1), 김정한의 「기로(岐路)」(1938.6.2~6.22) 등이 발표된다. 1939년에는 김영수(金永壽)의 「소복(素服)(?~1939.2.4)이 1등 당선작으로 그리고 1940년에는 김만선(金萬善)의 「홍수(洪水)」(1940.1.10~1.27)가 2등 당선작으로 발표된다. 당시 『조선일보』 신춘문예에는 매우 많은 투고가 몰렸다. 1935년도의 「신춘문예(新春文藝) 선후감(選後感)」을 보면 단편소설에만 462명이 응모했다는 사실을 알 수 있다.[35]

『동아일보』와 『조선일보』의 신춘문예 현상 공모 제도는 매우 효율적인 단편소설 작가 등용문으로서의 역할을 수행했던 것으로 평가할 수 있다. 신춘문예 당선 작가의 대부분은 이후 소설, 희곡, 평론 등 다양한 방면에 걸쳐 활발한 문단활동을 하게 된다. 특기할 만한 점은 『조

34 1936년 1월 4일자 『조선일보』는 예외적으로 당선자 김정한의 약력에 대해 소개하고 있다. 여기에는 그가 현재 28세이며 고보졸업 후 보통학교에서 6개월간 교편을 잡았다는 사실과 와세다대학 제1고등학원 3학년을 중퇴했다는 사실 등이 적혀 있다.

35 일선자(一選者), 「신춘문예선후감(新春文藝選後感)」, 『조선일보』, 1935.1.1 참조.

선일보』가 1930년대 후반 일시적으로, 신춘문예 현상 공모 제도와는 별도로 '신인단편(新人短篇)'란을 운용했다는 사실이다. 신인단편란에는 등단한 지 얼마 지나지 않은 젊은 작가들의 작품이 실렸는데 허준(許浚)의 「야한기(夜寒記)」(1938.9.3~11.10), 박노갑(朴魯甲)의 「이랑이」(1938.11.13~12.6), 김동리(金東里)의 「잉여설(剩餘說)」(1938.12.8~1938.12.24), 최명익(崔明翊)의 「폐어인(肺魚人」(1939.2.5~2.25) 등의 소설이 그 예가 된다.

『매일신보』의 경우와는 달리 『동아일보』와 『조선일보』는 기성작가의 신년소설을 특별히 중시하지 않았다. 다만, 1930년 1월 1일자 『매일신보』에 신년소설 「순정(純情)-부부애편(夫婦愛篇)」을 수록했던 김동인이 같은 날짜 『조선일보』에 「순정(純情)-연애편(戀愛篇)」(1930.1.1~1.2)을, 그리고 『동아일보』에는 「순정(純情)-우애편(友愛篇)」(1930.1.23~24)을 발표했다는 점이 흥미롭다.

이 밖에 『조선일보』에 발표되었던 주목할 만한 단편소설로는 김남천(金南天)의 「공장신문(工場新聞)」(1931.7.5~7.15), 권환(權煥)의 「목화(木花)와 콩」(1931.7.16~7.19), 조벽암(趙碧巖)의 「건식의 길」(1931.8.1~8.21)과 「불멸의 노래」(1934.10.24~11.3), 이기영(李箕永)의 「묘(猫)·양(養)·자(子)」(1932.1.1~1.29)와 「김군(君)과 나와 그의 안해」(1933.1.2~1.15), 이북명(李北鳴)의 「질소비료공장(窒素肥料工場)」(1932.5.29~?), 박태원(朴泰遠)의 「애욕(愛慾)」(1934.10.6~10.23), 박화성(朴花城)의 「신혼여행」(1934.11.6~11.21), 이무영(李無影)의 「취향(醉香)」(1934.12.16~12.28), 김유정의 「만무방」(1935.7.17~7.31), 엄흥섭(嚴興燮)의 「구혼행(求婚行)」(1935.8.1~8.23), 송영(宋影)의 「복순이」(1935.8.30~9.18), 김기림(金起林)의 「번영기(繁榮記)」(1935.11.1~?), 이석훈(李石薰)의 「회색가(灰色街)」(1936.5.8~5.29), 안석주(安碩柱)의 「아카시아」(1936.5.30~6.17), 채만식(蔡萬植)의 「보리방아」(1936.7.14~7.18), 최정희(崔貞熙)의 「곡상(穀象)」(1938.7.8~7.22), 김남천의 「바다로 간다」(1939.5.2~6.15)

등이 있다.

『동아일보』에 발표된 주목할 만한 단편소설로는 최서해(崔曙海)의 「토혈(吐血)」(1924.1.28~2.4)과 「향수(鄕愁)」(1925.4.6~4.13), 「오원 칠십 오전」(1926.1.1~1.3), 「서막(序幕)」(1927.1.11~1.15), 「폭풍우 시대」(1928.4.4~4.12), 임노월(林蘆月)의 「지옥찬미(地獄讚美)」(1924.5.19~5.26), 윤백남(尹白南)의 「월자(月子)와 시계」(1926.1.9~1.14), 송순일(宋順鎰)의 「병신」(1926.12.17~12.23), 조명희(趙明熙)의 「이쁜이와 룡이」(1928.2.7~2.15), 김영팔(金永八)의 「어여쁜 노동자」(1928.2.16~2.26), 최독견(崔獨鵑)의 「유린(蹂躪)」(1928.2.27~3.8), 김동인의 「강도(强盜)를 잡으면」(1929.12.25~1930.1.10),[36] 박태원(朴泰遠)[37]의 「적멸(寂滅)」(1930.2.5~3.1), 이무영(李無影)의 「꾸부러진 평행선(平行線)」(1935.3.20~4.14) 등이 있다. 『동아일보』에 수록된 단편소설의 수는 『조선일보』에 비해 많지 않다. 『동아일보』의 문예란은 점차 동화(童話)를 비롯한 아동물(兒童物) 내지 가정독물(家庭讀物)을 싣는 일에 주력하게 된다. 이러한 특징은 발행 후기로 갈수록 심화되는 양상을 보이게 된다.[38]

2) 근대 잡지의 단편소설

한일병합 이전에 발간된 잡지 가운데서는 『태극학보(太極學報)』, 『대한유학생학보(大韓留學生學報)』, 『대한흥학보(大韓興學報)』 등 해외에서 발간된 유학생 잡지들이 주목할 만한 단편소설들을 게재했다. 문체의 변화와 구성의 수법, 등장인물의 심리 묘사 등에서 유학생 잡지에 수

36 이 작품은 뒤에 「송동이」로 개제했다.
37 발표 당시에는 박태원(泊太苑)이라는 필명을 사용했다.
38 이는 현상문예 공모에서도 나타나는 현상이다.

록된 단편소설들은 같은 시기 국내에서 발표된 작품들에 비해 한걸음 더 나아간 상태였다.[39]

『태극학보』에 게재된 단편소설 가운데는 백악춘사(白岳春史) 장응진의 작품들이 주목할 만하다. 장응진은 『태극학보』에 「다정다한(多情多恨)」(1907.1~2), 「춘몽(春夢)」(1907.3), 「월하(月下)의 자백(自白)」(1907.9), 「마굴(魔窟)」(1907.12) 등을 발표한다. 『대한유학생학보』에 발표된 몽몽(夢夢) 진학문(秦學文)의 작품 「쓰러져가는 딥」(1907.5)은 이 시기 잡지에 발표된 서사문학 자료 가운데서는 드물게 순한글로 표기된 작품이다. 「쓰러져가는 딥」은 하나의 에피소드에 간략한 후일담이 곁들여진 일화형(逸話型) 단편소설이다. 이 작품에 사용된 한글은 언문일치체 한글이라기보다는 아직 구투가 남아있는 문어체 한글이다. 근대 초기 잡지의 서사문학 작품들은 대부분 국한문혼용체로 수록되었다. 이는 해외에서 발행된 유학생 잡지뿐만 아니라 국내에서 발행된 잡지의 경우에도 마찬가지이다. 그런 점에서 지식인 집단을 독자로 삼아 발행한 『대한유학생학보』에 수록된 「쓰러져가는 딥」이 순한글 표기를 사용했다는 점은 적지 않은 의미가 있다. 몽몽(夢夢)은 『대한흥학보(大韓興學報)』에 「요죠오한[四疊半]」을 발표한다. 「요죠오한」은 유학생 잡지 최초로 '소설'란에 발표된 작품이기도 하다. 「요죠오한」은 국한문혼용체 작품이다. 「요죠오한」은 「쓰러져가는 딥」과 문체에서는 차이가 있지만, 작품 성격을 볼 때는 서로 유사한 측면이 많다. 「요죠오한」 역시 일화형 단편소설이다. 『대한흥학보(大韓興學報)』에는 이광수의 단편소설 「무정(無情)」(1910.3~1910.4)이 함께 실려 있다. 「요죠오한」과 「무정」은 여러 가지 점에

39 유학생 잡지 소재 단편소설에 대한 상세한 논의는 김영민, 「근대적 유학제도의 확립과 해외 유학생의 문학·문화 활동 연구」, 『현대문학의 연구』 제32호, 2007, 297~338쪽 참조.

서 앞 시기 작품들 보다는 한 단계 더 진전된 근대 단편소설로서의 면모를 보여준다. 「요죠오한」의 서사의 기본 틀은 사첩반짜리 좁은 집에 사는 함영호에게 친구 채군이 찾아와 하루 저녁 머물며 이야기를 나누고 가는 것이다. 「요죠오한」은 등장인물들의 심리상태를 잘 드러내고 있다는 점이 주목할 만하다. 「요죠오한[四疊半]」에서는, 이전의 문학 작품들에서 전혀 발견할 수 없었던 새로운 용어들을 의식적으로 나열해 사용하는 모습 또한 확인할 수 있다. 이 작품에서 발견되는 개성(個性), 허무주의(虛無主義), 사회주의(社會主義), 자연주의(自然主義), 도덕주의(道德主義), 사실주의(寫實主義), 로맨틱 사상(思想), 포켓트 등의 어휘는 과거에는 찾아보기 어려운 것들이다. 이는 1900년대 후반 잡지에 실린 서사문학 작품들이 새로운 세계를 개척하고 표현하기 시작했다는 사실을 의미하는 것이기도 하다.

단편소설 「무정(無情)」은 이광수가 처음으로 쓴 우리말 창작 소설이다.[40] 「무정」은 남편에게 외면당한 한 여인이 스스로 목숨을 끊는다는 내용을 기본 줄거리로 하고 있다. 「무정」에서 비판의 대상이 되는 것은 잘못된 혼인제도와 그로 인해 손상을 입게 되는 가족 관계이다. 그로 인해 주인공은 상처받게 되고 결국 자신의 존재를 원망하며 세상과 결별하게 된다. 「무정」은 마무리 부분에 "(作者曰) 此篇은 事實을 敷衍훈 것이니 맛당히 長篇이 될 材料로딕 學報에 揭載키 爲호야 梗槪만 書훈 것이니 讀者諸氏는 諒察하시옵"[41]이라는 주석이 달려있다. 이 주석

40 이광수는 단편 「무정」 이전에도 「사랑인가」와 「어린희생」을 발표한 바 있다. 그러나 「사랑인가」는 일본어로 창작했고, 「어린희생」은 창작물로 보기 어렵다. 따라서 이광수의 첫 번째 창작물은 「무정」이 된다. 이와 관련된 상세한 논의는 김영민, 「근대적 유학제도의 확립과 해외 유학생의 문학·문화 활동 연구」, 316쪽 참조.

41 고주(孤舟), 「무정(無情)」, 『대한흥학보(大韓興學報)』, 1910.4, 53쪽.

에는 「무정」의 이해를 돕는 두 가지 중요한 사실이 담겨 있다. 하나는, 이 작품이 소재를 실제 사실에서 취했다는 점이다. 다른 하나는, 이 작품은 재료의 성격상 장편으로 쓰는 것이 더 적합하겠지만 단편으로 줄여 썼다는 점이다. 이광수가 장편에 어울리는 작품의 재료를 줄여 단편으로 완성한 이유는 주어진 발표 지면의 분량이 충분하지 않았기 때문이다. 비슷한 시기에 발표된 작품 「헌신자(獻身者)」에도 이와 유사한 내용의 후기가 달려 있다. 이렇게 매체의 여건에 맞추어 작품의 분량을 줄이는 일은 「무정」이나 「헌신자」에서만 일어나는 현상이 아니다.[42] 이후 한국 근대문학사의 전개 과정 속에서 이러한 현상들을 발견하는 것은 크게 어렵지 않다. 이광수를 비롯한 상당수 근대문학 작가들은 매체에 맞추어 작품의 길이를 조정하고 문체를 변경하는 등 다양한 시도를 하게 된다. 제도(制度)가 양식(樣式)을 규정하는 일들이 빈번히 일어나게 되는 것이다.

단편소설의 정착과 발전에 기여한 대표적인 근대 잡지는 『청춘』이다. 『청춘』이 초기 근대문학을 재편한 방식은 다음의 세 가지로 정리된 바 있다. "첫째, 고전적 서구문학의 소개를 통해 근대문학의 모범, 즉 正典을 제시하여 기존의 문학관념을 새롭게 한 일. 둘째, 문학필진을 소수정예화하고 여타 인물의 잡지 참여를 배제하여 특정인의 관점을 중심으로 문학의 새로운 성격화를 시도한 일. 셋째, 신진작가의 육성과 독자의 유지・확대를 위해 현상문예 제도를 시행한 일."[43] 이러

---

42 이런 유형의 소설들을 '축약형 단편소설'로 지칭할 수 있다. 축약형 단편소설에 대한 상세한 논의는 김영민, 『한국 근대소설사』, 349~365쪽 참조.

43 한기형, 「최남선의 잡지 발간과 초기 근대문학의 재편－『소년』, 『청춘』의 문학사적 역할과 위상」, 『대동문화연구』 제45집, 2002, 243쪽. 한기형은 한국 근대문학의 발전에 기여한 『청

한 방법을 통해 최남선은 근대문학 형성기에 매체와 인적 자원을 동시에 장악할 수 있었다는 것이다. 『청춘』의 현상문예 제도는 '문학 저변의 확대와 전문 작가의 발굴' 및 목적에 걸맞는 결과를 산출했다. 『청춘』의 현상문예 제도는 단편소설 양식의 정착에도 적지 않은 기여를 한 것으로 평가받는다.[44]

『청춘』이 실시한 현상문예는 그 성격에서 『매일신보』의 경우와는 차이가 있다.[45] 『매일신보』가 기사모집이나 매체 홍보를 위한 수단으로 현상문예를 도입했다면, 『청춘』은 신진작가의 발굴을 표면에 내세워 현상문예를 시행했고, '순문학적 목적'을 표방하며 작품을 모집한 것이다.[46] 『청춘』의 현상문예의 성과는 신진 작가의 발굴과 그들을 중심으로 하는 문예그룹의 부상(浮上)으로 나타나게 되고, 현상문예 제도 중 단편 양식의 강조는 시간이 흐르면서 무의식적으로 단편 양식에 대한 가치 부여 현상으로 나타나게 된다.[47]

춘』의 역할에 대해 "서구 문명의 결과로 나타난 '근대지식'의 하위 범주로 문학을 배치하고 그것을 전범화하려는 최남선의 태도는 『청춘』을 통해 보다 구체화되었다"(229쪽)고 파악한다.

44 "근대문학사에 각인되어 있는 단편양식의 주류성이란 인식도 현상문예 제도와 긴밀히 관계된 사항이다. 현상문예의 단편양식 강조는 단편의 배타적 중요성에 대한 인식의 보편화에 이면적 배경으로 작용했다. 잡지가 단편의 형식을 강조한 것은 신문과는 다른 발행 기간 때문에 매호마다 완결된 형식의 소설이 필요했던 것, 그리고 다양한 메뉴를 준비해야 하는 잡지의 매체 특성과 관련된 일이었다. 따라서 자연스럽게 단편 양식을 현상의 대상으로 삼게 된 것이며 이런 조건은 동인지도 마찬가지였다. 많은 동인들이 작품을 동시에 한 공간 속에 배치해야 했기 때문이다. 이러한 매체의 단편양식 강조는 시간이 지남에 따라 무의식적으로 내면화되어 단편양식에 대한 선험적 가치판단을 만들어 낸 것이다."(한기형, 「최남선의 잡지 발간과 초기 근대문학의 재편—『소년』, 『청춘』의 문학사적 역할과 위상」, 249쪽)

45 '신문 단편소설은 대중 독자 포섭을 위한 편집 기획의 산물이며 잡지 단편 소설은 식민지 현실에 대한 지식인 필자의 현실 인식의 산물'이라는 견해도 있다. 이유미, 「근대 단편소설의 전개 양상과 제도화 과정 연구」, 214쪽 참조.

46 박현수, 「한국 근대문학의 재생산 과정과 그 의미」, 『한국 근대문학 재생산제도 자료집 1』, 성균관대 대동문화연구원, 2008, 862쪽 참조. 이와 관련된 논의는 이 책의 제1장 3절 참조.

47 이유미, 「근대 단편소설의 전개 양상과 제도화 과정 연구」, 210쪽 참조.

청춘의 현상공모는 크게 두 가지 방식으로 이루어졌다. 하나는 '매호 현상모집'의 방식이었고,[48] 다른 하나는 일회성 '특별대현상모집'의 방식이었다.[49] 두 가지 현상모집의 공고 문안을 각각 인용하면 다음과 같다.

> 每號懸賞文藝爭先應募하시오
>
> 一, 時調 (卽景卽興) 入選壹圓書籍券
>
> 一, 漢詩 (卽景卽興)(七絶七入律만) 入選壹圓書籍券
>
> 一, 雜歌 (長短及題任意) 入選賞金五十錢至五圓
>
> 一, 新體詩歌 (調格隨意) 入選賞金五十錢至五圓
>
> 一, 普通文 一行 二十三字 三十行 以內, 純漢文不取 入選賞金 天貳圓, 地壹圓, 人五十錢
>
> 一, 短篇小說 一行 二十三字 百行內外 漢字 약간 석근 時文體 入選賞金 天參圓, 地壹圓, 人壹圓
>
> 一, 以上은 每月末日까지 接受하야 그 이듬 이듬달 發行號에 發行호대 時限에 未到하얏슬지라도 次回에 入하야 考選함
>
> 一, 應募는 반드시 本誌의 讀者인 後에 許하나니 故로 本誌에 印入한「青春讀者證」을 原稿始面에 貼付할 事
>
> 一, 一人이 幾種幾編이든지 隨意로 應募함을 得하며 兩種以上을 投稿할 時에는 其中一種에만 讀者證을 貼付하면 可함
>
> 一, 原稿는 반드시 楷字로 書하며 應募者의 住所, 氏名을 題目下에 明記하며 對皮左方에『青春讀者文藝』六字를 記入할 事
>
> 一, 賞金及 書籍券은 本雜 誌發行 後 一週日 內로 發送할 터이니 郵便抵達日

48 제7호(1917.5)부터 제15호(1918.9)까지 공고가 이어졌다.

49 제7호부터 시작되어 제8호(1917.6) 및 제9호(1917.7)까지 광고가 이어졌지만 마감 기일을 7월 15일로 한정하고 있다.

數를 料量하야 未着된 時에 卽時通問하시옵

一, 發表는 第九號로 始하야 每號에 例續함

一, 考試는 本誌 編輯局員과 밋專門大家에 囑托하얏슴

一, 他人의 改竄이나 剽竊임을 發見하야 一週日 內로 告發하면 告發人에게 賞物을 代送함[50]

特別大懸賞

一. 故鄕의 事情을 錄送하는 文崔六堂 考選

自己 故鄕의 山河風土며 人物事蹟 等 諸般事情을 在遠한 知人에게 報知하는 文이니 文體와 意匠과 長短은 任意로 하되 張皇치 아니한 中에 要領을 得하며 煩瑣치 아니한 中에 情趣가 有하도록 함이 可하며 엇더케 하든지 모든 事實을 料理 按排하야 統一과 組織잇는 文章을 成하여야 함은 毋論이니라.

一. 自己의 近況을 報知하는 文崔六堂 考選

學生이면 工夫生活과 農人이면 耕作生活과 其他 엇더한 生活을 하는 이든지 自己가 最近에 經歷한 바 感想한 바 觀悟한 바 聞見한 바 中 무엇이든지 情趣잇는 筆致로 寫出하야 親知에게 報知하는 文이니 아못조록 眞率을 守하고 誇虛를 避함이 可함.

● 制限 一行 二十三字 百行內外 純漢文만 避하고 文體 任意

● 賞給 一等五圓, 二等參圓, 三等壹圓, 各若干人

一. 短篇小說 李春園 考選

學生을 主人公으로 하야 猥雜에 流치 아니하는 範圍에서 體裁, 意匠은 任意로 할것이며 滑稽味를 帶한 것도 無妨함 (以上 三種應募는 原稿始面에 반드시 讀者證을 貼付하시오)

50 『청춘』, 1917.5, 124쪽.

● 制限 一行 二十三字 五百行 以內 叙說體 記述體 書翰體 俱無妨

● 賞給 一等十圓, 二等五圓, 三等三圓, 各若干人

一. 應募期限

來七月十五日 本館着, 九月發行 倍號發表[51]

매호현상문예에서 요구하는 단편소설의 분량은 '일 행 이십삼 자 백 행 내외' 즉 2,300자 내외이다. 문체는 '한자 약간 섞은 시문체(時文體)'를 요구하고 있고 그밖에 특별히 정해진 사항은 없다. 특별현상문예에서 요구하는 단편소설의 분량은 '일행 이십삼자 오백행 이내'로 매호현상문예에서 요구하는 분량의 다섯 배에 해당한다. 이는 200자 원고지로 따져 대략 60매에 이르는 분량이다. 분량으로 보면 특별현상문예에서 요구하는 것이 근대 단편소설 양식에 더 근접해 있다. 문체는 서설체, 기술체, 서한체가 모두 무방한 것으로 되어 있다. 다만 특별현상문예에서는, 체재와 의장은 임의로 할 수 있으며 골계미를 띤 것도 무방하나 '학생을 주인공으로 하라'는 단서가 달려있다는 점이 특기할 만하다.

『청춘』은 현상문예 작품 모집 공고를 낸 후 두 달쯤 뒤에 접수 현황 보고 및 독려 기사를 내보낸다. 여기서 편집자가 응모자에게 요구하는 것은 '인생의 본진(本眞)을 묘사하고 세태의 기미를 발명하야 신소설계의 천리구가 되는 것'이다.[52] 첫 번째 당선작 발표가 나온 것은 1917년

51 『청춘』, 1917.5, 125쪽.

52 원문은 다음과 같다. "또 特別大懸賞의 兩種論文과 短篇小說도 應募된 成績이 아즉 시원치 못하야 쏘느고 엇저고할 餘地가 매우 적으니 여러분 녀름 休暇를 利用하야 或 故鄕의 風物이든지 人傑이든지 자랑할 수 잇는 것을 한껏 자랑하고 異俗이든지 奇聞이든지 적을 수 잇는대로 만히적어 各基 桑梓의 光色을 더으시기에 至善을 다하시며 或 煩悶 懊惱, 滿足 快樂, 不平不安, 自梧自得, 무엇이든지 物心 兩生活上의 所遭와 隨感을 簡潔 切實하게 寫出하야 一邊 胸中의 蘊鬱을 헤치고 一邊 天下에 共鳴을 求하시며 或 錦心繡肚 奇思妙相으로써 人生의 本眞을 描寫하고 世態의 機微를 發明하야 新小說界의 千里駒가 되도록 하시어 우리의 深大한 期待가 보람

9월에 발간한 제10호에서이다. 이때에 입선작으로 발표된 소설이 류종석(柳鐘石)의 「냉면 한 그릇」, 이상춘(李常春)의 「두벗」, 배재황(裵在晃)의 「쌘쌔라 그늘」이다.[53] 이어서 제11호(1917.11)에서는 특별현상문예 당선작을 발표한다. '자기의 근황을 보지하는 문' 및 '고향의 사정을 록송하는 문'에 대한 심사는 최남선이 담당하고, 여기에 심사 총평이라 할 수 있는 「양문고선(兩文考選)의 감(感)」을 덧붙인다. 최남선의 「양문고선의 감」을 보면 그가 '문(文)과 상(想)의 결합과 조화'를 좋은 글의 기준으로 삼았음을 알 수 있다. 최남선은 여기서 현재 조선 청년에게 크게 부족한 것이 시문(時文)에 대한 준비라고 지적한다. '문(文)이 상(想)을 따르지 못함' 즉 문장(文章) 혹은 문체(文體)가 사고(思考)를 담아내지 못하는 것이 현실이라는 것이다. 최남선은 이를 극복하기 위한 방편이 교육이라는 사실을 강조한다.[54] 이광수는 단편소설 당선작으로 이상춘의 「기로(岐路)」를 선정한 후 "平凡한 事實을 가지고 滋味잇게 글을 만들엇다. 이 글을 取한 것은 決코 그 勸善懲惡的임에 잇지 아니하다. 勸善懲惡的이면서도 勸善懲惡 냄새가 아니 나고 가장 逼眞하게 流暢하게 그린 것이 이 글을 取한 緣由다"[55]라고 언급한다. 2등 입선작으로는 주요한[56]의 「마을집」을, 3등 입선작으로는 김명순(金明淳)의 「의심(疑

잇도록 하시기 깁히 바라나이다."(「매호현상문예」, 『청춘』, 1917.7, 126쪽)

53 이후 매호현상 독자문예를 통해 등단한 주목할 만한 작가로는 이익상(李益相), 방정환(方定煥), 최학송(崔鶴松) 등이 있다.

54 관련 원문은 다음과 같다. "두를 合하야보건대 대개 文이 想을 짜르지 못하야 모처럼 훌늉한 思想이 붓대에서 억결이 되며 또 或 一部分에는 相當한 揮灑를 하고도 全體를 그대로 엉구지 못한 것이 만흐니 總히 文章練習이 엇더케 現代靑年에게 不足함을 볼 것이며 時文에 對한 用意가 殆無한 時下 敎育의 缺陷이 엇더케 甚함을 깨다를지라 敎育者와 아울러 靑年當者ㅣ 한가지 警醒하며 策勵하는 바ㅣ 잇슬지니라 이 點에 關하얀 鄙見을 짜로 開陣하겟기 長堤치 아니하노라 / 考選의 標準은 文과 想을 分하야 想을 主하고 文을 次호대 文이 또한 成樣한 것이라야 取하얏슴은 毋論이니라."(選者, 「양문고선(兩文考選)의 감(感)」, 『청춘』, 1917.11, 40쪽)

55 『청춘』, 1917.11, 53~54쪽.

心)의 소녀(少女)」와 김영휴(金泳烋)의 「유정무정(有情無情)」 등을 선정한 후 "個性은 表現됨이 적으나 全體의 結構가 滋味잇스며 用筆도 매우 自由로다"[57]라는 평가를 덧붙였다.

현상 응모 단편소설들에 대한 이광수의 본격적인 심사평이라 할 수 있는 글은 『청춘』 제12호(1918.3)에 실린 「현상소설(懸賞小說) 고선여언(考選餘言)」이다.[58] 「현상소설 고선여언」은 초기 이광수의 문학관을 선명하게 보여주는 자료 가운데 하나이다. 현상문예 공고문의 내용과 실제 입선작, 그리고 최남선의 「양문고선의 감」 및 이광수의 「현상소설 고선여언」 등의 심사평으로 미루어 볼 때, 『청춘』이 산문(散文)적 글쓰기에서 가장 주력한 부분은 '시문체(時文體)'의 보급과 확산임을 알 수 있다. 최남선이 선정한 '자기의 근황을 보지하는 문' 및 '고향의 사정을 록송하는 문'의 입선작들은 물론이고 이광수가 선정한 단편소설들 역시 이 부분이 심사의 근간을 이룬다. 이는 설령 다른 요소들을 두루 잘 갖춘 작품일지라도 시문체로 쓰이지 않은 작품은 선정권에 들 수 없다는 사실을 말해준다. 『청춘』이 지향하는 시문체가 갖추어야 할 가장 기본적인 요건은 먼저 한문체(漢文體)로부터 벗어나는 것이었다. 이는 매호현상문예 공고 중 보통문(普通文)의 경우 '순한문불취(純漢文不取)'라는 표현에서도 확인된다. 특별대현상 공고문의 경우에도 '순한문(純漢文)만 피하고 문체(文體) 임의(任意)'라는 구절이 들어 있다.

이광수는 「현상소설 고선여언」에서 응모 소설들이 갖춘 가장 주목

56 발표 당시에는 주낙양(朱落陽)이라는 필명을 사용했다.

57 『청춘』, 1917.11, 80쪽.

58 이 글은 원래 당선작 발표와 함께 제11호에 수록될 예정이었으나 편집 마감일까지 원고가 제출되지 않아 부득이 다음 호에 따로 실린 것이다. 『청춘』 제11호의 기사 중 "選者의 總評은 本號 編輯了勘時까지 不及되여 來號에 揭載하게 하얏사오며……"(80쪽)라는 내용 참조.

할 만한 덕목이 바로 이 시문체의 사용에 있다고 말한다. 다음의 인용문은 응모소설들이 갖춘 덕목에 대해서뿐만 아니라, 이광수가 생각한 시문체가 무엇이었나를 확인시켜 준다.

> 첫재. 그것이 모도다 純粹한 時文體로 씌엇슴이외다. 毋論 應募規定에 「時文體」라고 明記하엿지마는 그것만 보고는 到底히 이처름 자리잡히게 쓰실 수가 업슬 것이닛가 平素의 練習한 結果인 것이 分明하외다. 그中에는 毋論 文의 體裁를 成하지 못한 것도 잇지오. 假令 全혀 句節을 쎄지아니하고 죽 닛대어 쓴 것이라든지, 或 句節을 쎄더라도 規則업시 쎈 것 假令
> 「그때에 그는 겨오 젓쩔어진 아희엇섯다」 할 것을 「그때에그는 겨오 젓쩔어진아희엇섯다」하는 것이라든지, 「?」와 「!」를 混同하야 感歎할 곳에 疑問票 「?」를 달며 疑問할 곳에 感歎票 「!」를 다는 것이며 또 本文과 會話의 區別이 업시, 맛당히 引用票 「 ㄱ 」을 달 것을 아니단것이며, 「 , 」, 「 . 」 갓흔 句讀를 전혀 달지 아니한 것과 省略票 「… 」을 或은 濫用하며 或은 두서너字 자리 卽 「… 」 이만큼 할 것을 半 줄이나, 或은 한줄, 甚한 것은 두줄 석줄이나 點線을 친 것이며, 一節一節 節을 쎄지 아니하고 처음부터 긋까지 단節로 나려쓴 것等 퍽 無識한 것도 만치마는 大概는 자리잡힌 훌륭한 時文입데다.[59]

이광수가 생각한 시문체에는 이른바 정서법(正書法)에 대한 이해가 들어 있다. 그가 구절 띄어쓰기와 구두점 바로 사용하기, 그리고 단락 나누어 쓰기 등을 예로 든 것을 보면 이를 알 수 있다. 그런데 이광수의 「현상소설 고선여언」의 문장은 오늘날의 그것과 적지 않은 차이를 보인다. 그 가운데 놓칠 수 없는 부분이 어미에 관한 것이다. 이광수가

59 춘원생(春園生), 「현상소설고선여언(顯賞小說考選餘言)」, 『청춘』, 1918.3, 97쪽.

「현상소설 고선여언」에서 가장 많이 사용하고 있는 어미는 '－(이)외다' 이다. 최남선이 「양문고선의 감」에서 주로 사용한 어미는 '－(하)노라' 였다. '－(하)노라'는 당시 지식인들이 비교적 흔히 사용하던 어미에 속한다. 이에 비하면 이광수가 사용한 '－(이)외다'는 사용 빈도가 그리 높지 않았다. 이광수가 사용한 '－(이)외다'는 '－(하)노라'에 비하면 구어적 느낌이 강하다. 물론, 이를 언문일치의 구어체라고 말하기는 어렵다. 하지만, 그가 「현상소설 고선여언」을 쓰면서 어떠한 어미를 쓰는 것이 독자와의 대화에 효율적인가를 고민했던 것만은 분명해 보인다.

이광수는 「부활(復活)의 서광(曙光)」에서는 시문체를, '순수한 현대적(現代的) 조선문(朝鮮文)'이라는 말로 표현한다.[60] 「부활의 서광」은 「현상소설고선여언」 집필 직후에 쓴 글로 보인다. 「부활의 서광」 속에는 이광수가 『청춘』의 현상문예 응모 단편소설을 심사한 사실과 작품들에 대한 평가가 요약 소개되어 있다. 이 시기 시문체가 보여주는 외형적 특징 가운데 하나는 '한자를 약간 섞은' 문체 즉 국한문혼용의 문체이다. 이 시문체에서는 그것이 국한문혼용체일지라도 거기에 한문(漢文)의 구조는 전혀 활용되지 않았고, 한자(漢字)만 남아 한글 문장의 의미 전달을 보조하는 형태로 존재했다. 이광수는 이러한 시문체 사용의 역사가 불과 십 수년에 불과한 것이며, 그 문체를 개척한 최초의 인물이 최남선이라고 언급한다.[61] 아울러, 조선 신문학(新文學)의 막(幕)은

60 『청춘』 제12호에 「현상소설 고선여언」과 함께 수록한 「부활의 서광」은 탈고 일자가 1917년 10월 16일로 되어 있다.

61 "今日만한 朝鮮文學의 機運을 造出하기에는 여러 先驅者와 犧牲者의 努力으로 걸음 삼은 것이다. 只今 우리가 쓰는 文體一小說이나 普通論文은 發生한지가 十數年에 不過한다. 漢籍의 諺解와 支那小說의 飜譯과 其他 니야기책 等屬으로 諺文의 命脉이 保全되엇고, 併合 前 各種 新聞이며 教科書 等으로 諺漢文體가 普及도 되고 發達도 되엇스며 耶穌教會의 聖經讚美歌 其他 宗教文學의 飜譯으로 諺文은 無前한 權威와 發達을 어덧다. 그러나 그것은 아직도 現代朝鮮人의 思想感情을 담기에는 넘어 낡고 넘어 不自由하고 넘어 不親切하엿섯다. (…중략…) 그러나 朝

상당한 문체의 준비와 함께 신사상(新思想)의 세례를 받은 청년들의 정신의 발효과 함께 열리기 시작한 것이라는 사실을 강조한다.

이광수는 『청춘』에 「김경(金鏡)」(1915.3)·「소년의 비애」(1917.6)·「어린 벗에게」(1917.7~11)·「방황(彷徨)」(1918.3)·「윤광호(尹光浩)」(1918.4) 등의 단편소설을 계속해서 발표한다. 이광수는 『청춘』에 수록된 단편소설들에서 '-(이)다'체를 빈번히 사용한다. 이광수 소설 문체의 경우 『청춘』을 통해 '-(이)다'체가 정착되었다 해도 과언이 아니다.[62] 「소년의 비애」 서두를 보면 이러한 어미의 변화를 선명하게 인식할 수 있게 된다.[63]

하지만 이러한 어미의 변화에도 불구하고, 일부 작품에는 아직도 한

鮮의 新文壇에서 眞正한 自覺을 가지고 十年 一日과 가티 努力하야 新青年에게 思想上 文學上 多大한 刺激을 준 功은 崔六堂에게 許할 수밧게 업다. 十年 前에 잇서서 大膽하게 動詞와 形容詞는 勿論이오 名詞까지도 될 수 잇는 대로 現代의 朝鮮語로 쓰기 시작한 者는 내가 아는 範圍에 잇서서는 實로 崔六堂이 그 사람이라."(춘원, 「부활의 서광」, 『청춘』, 1918.3, 27~28쪽)

62 『소년』에 실린 이광수의 단편 「헌신자」(1910.8)에서도 종결 어미로 '-(이)다'를 일부 사용한 바 있으나, 그보다는 '-(이)라' '-(이)오' 등 구투의 어미가 더 많이 사용되었다. 그런데, 이광수의 초기 단편 소설의 문체를 논의할 때 다시 생각해 볼 만한 것 가운데 하나가 '-라'체에 관한 것이다. '-라'체는 그동안 낡은 문어체의 상징 가운데 하나로 이해되어 왔다. 그러나 최근의 연구 성과들은 '-라'체를 꼭 부정적으로만 생각하지 않는다는 점을 고려할 필요가 있다. 김미형은 '-다'체가 '-더라'체에 비해 더 문어적 성격이 강하다고 주장한다. 이에 대해서는 김미형, 「한국어 언문일치의 정체는 무엇인가」, 『한글』 제265호, 2004, 181쪽 참조. 권보드래는, '-다'체는 사실상 일상언어와 거리가 먼 문체라는 견해를 보인다. 이에 대해서는 권보드래, 『한국 근대소설의 기원』, 소명출판, 2000, 264쪽 참조. '-다' 종결어미는 화자와 청자 간에 어떠한 실제적인 상황 맥락 정보도 제시하지 않는 객관점 시점을 반영한다. 근대 이후 투명한 주체가 감각적으로 얻은 정보를 전달하는 것이 보편적 인식의 틀로 되고, 화자와 청자가 실제 만남보다는 활자를 통한 비대면적 의사소통 상황에 놓이게 되면서 보편화된 어미가 '-다'라는 해석도 존재한다. 이에 대해서는 배수찬, 『근대적 글쓰기의 형성 과정 연구』, 소명출판, 2008, 106~107쪽 참조. 배수찬은 종결어미 '-다'에 대해 다음과 같이 부연 설명한다. "지배적 종결어미가 '-라'에서 '-다'로 바뀌는 것은 한문체가 해체된 뒤에도 상당히 오랜 후의 일이며, 그러한 변화는 소설문체와 기사문체에서 먼저 일어나 논설문 등의 추상어 글쓰기까지 확산되는 것이다. 이것이 의미하는 바는, '-다' 종결어미로 변화한 근대의 문체가 단순한 구어체가 아니라 구어를 바탕으로 새롭게 형성된 문어체라는 사실이다."(107쪽)

63 「소년의 비애」 서두에 나오는 '-사랑한다', '-자칭한다', '-모른다', '청하기도 한다', '반갑게 맞는다' 등을 예로 들 수 있다.

문투의 문장이 섞여 있다. 예를 들면, 「김경」에서 볼 수 있는 '—거의 狂할번 하엿더라'와 같은 형태의 문장은 이광수가 한문투의 문장을 완전히 벗어나지 못했음을 보여주는 구체적 사례가 된다.[64] 「김경」은 이광수가 오산학교 교사로 재직하던 시절의 스스로의 모습을 그려낸 작품이다. 「김경」에 나타난 '바이런'과 '톨스토이' 사이의 방황이라는 명제는 「소년의 비애」에 이르러서는 '시인'과 '도덕가' 사이의 대립이라는 명제로 재구성된다. 「어린 벗에게」는 『청춘』 제9, 10, 11호에 걸쳐 연재된 작품으로, 근대소설사 최초로 서간문의 형태를 취한 작품이다. 서간문이 상대에게 자신을 드러내는 데 적합한 글쓰기 양식이라는 점을 생각할 때, 이광수가 서간체 소설이라는 새로운 형식을 통해 자신의 내면을 드러낸 것은 매우 적절한 선택이었다. 이광수는 「어린 벗에게」에서, 한 여학생을 사모하다가 방황하게 되고 다시 가치 있는 삶을 찾아 일어서는 청년의 심리 상태를 고백록의 형태로 제시한다. 이 고백록 속에 「소년의 비애」와 이어지는 구습에 대한 비판이 담겨 있는

64 이는 「헌신자(獻身者)」(1910.8)의 다음과 같은 문장과 연속선상에 있다. "이가 事務室에 누엇스니 客地에 난 사람인 故일까, 집업슨 사람인 故일까? 아니! 아니! 그는 이 學校近傍에 집을 두엇스니 집에는 妻子도 잇고 兄弟도 잇고 또 집도 깨끗하고 財産도 有餘해."(고주(孤舟), 「헌신자(獻身者)」, 『소년』, 1910.8, 52쪽) 여기서 확인할 수 있는 '—故일까', '—有餘해' 등의 조어법은 '—狂할번'의 그것과 동일한 것이다. 한편, 한문투의 잔재가 남아 있음에도 불구하고 『소년』이 이룩한 문체 변화 역시 주목할 만한 것이다. 최남선과 더불어, 이광수 역시 그 변화의 축을 담당한 주요 인물 가운데 한 사람이었다. 이에 대해서는 다음의 지적이 참고가 된다. "『소년』은 당시의 기준으로 국주한종의 원칙이 실제 국한문체로 실현된 가장 선구적인 형태였다. 국문의 통사구조에 근거한 수사기법을 진작하며, 문장을 접속하고 문단을 구분하는 원리를 정비하여 시대적 요구에 맞는 문체를 창조했다. 국문의 수사적 표현력이 월등히 증대하여, 특히 문예적 글쓰기에서 그 성과는 선구적이었다. 이 과정에서 번역과 문예의 다양한 활용이 큰 영향을 미쳤다. 이는 무단정치라는 정치적 압력과 시대의 변화에 부응하는 일종의 문체 전환으로, 획기적인 성과는 후속지인 『청춘』에도 이어져서, 그 맥락이 1910년대에도 계승되어 국문 글쓰기의 큰 성과로 자리잡았다. 그러나 정작 이 문체의 전환을 이용하여 시대적 요구에 맞는 논리와 사상을 보여주지 못했다는 한계도 있다."(임상석, 『20세기 국한문체의 형성 과정』, 293~294쪽)

것이다. 작가 이광수는 관습으로 인해 고통 받는 젊은 주인공의 모습을 그려내면서, '조선인의 애정은 잎도 피기 전에 사회의 습관과 도덕이라는 바위에 눌리어 말라죽고 만다'는 주장을 하게 된다. 「어린 벗에게」는 원래 『학지광』 제8호(1916.3)에 「크리스마슷밤」이라는 제목으로 발표된 단편을 개작한 것이다. 「크리스마슷밤」은 '거울'이라는 필명으로 발표되었기 때문에 그동안은 이 작품의 작가가 누구인지 알기 어려웠다. 그러나, 「크리스마슷밤」의 작품 구조와 「어린 벗에게」의 구조가 동일하고 부분적으로 내용이 겹치는 점 등으로 미루어 볼 때 이는 이광수의 작품임에 틀림이 없다. 필명 '거울'은 이광수의 어릴 적 이름 보경(寶鏡)에서 따온 것이다. 「어린 벗에게」는 다시 「젊은꿈」으로 개작된다.[65] 「어린 벗에게」 이후에도 이광수는 『청춘』에 「방황」(1918.3), 「윤광호」(1918.4) 등의 단편소설을 더 발표한다. 「방황」에는 작가 이광수가 계몽주의 작가로 대중들 앞에 나서는 과정에서 감당해야 했던 인간적 고뇌와 자기 정체성에 대한 물음이 담겨 있다.[66] 김동인은 「춘원연구」에서, 이광수가 『청춘』에 「소년의 비애」와 「어린 벗에게」를 발표하면서 창작가로서의 제일보를 내딛었다고 평가한 바 있다. 그는 「어린 벗에게」가 '서양문학의 영향을 받은 최초의 조선 작품'이라고 주장한다. 이광수 소설 전반에 대해 부정적인 평가를 내리고 있는 김동인일지라도, 「어린 벗에게」가 지닌 선구적 가치에 대해서만은 일정한 공감

---

65 이에 관한 상세한 논의는 김영민, 「이광수의 새 자료 「크리스마슷밤」 연구」, 『현대소설연구』 제36호, 2007, 7~21쪽 및 「이광수 초기 문학의 변모 과정」, 『현대문학의 연구』 제34호, 2008, 107~140쪽 참조.

66 이광수 외에도 『청춘』에 단편소설을 발표한 주요 작가로 현상윤을 들 수 있다. 현상윤은 『청춘』에 「한의 일생」(1914.11) 등 총 5편의 작품을 발표한 바 있다. 다만 현상윤의 소설들은 「핍박」(1917.6)을 제외하면 문학사적으로 커다란 의미를 띤다고 보기 어렵다. 『청춘』에 수록된 현상윤의 작품에 대한 상세한 논의는 이유미, 「근대 단편소설의 전개 양상과 제도화 과정 연구」, 199~204쪽 참조.

을 표하고 있는 것이다.[67]

『청춘』과 같은 시기에 동경(東京)에서 발간된 『여자계』 역시 한국 근대 단편소설의 정착에 크게 기여한 잡지이다. 『여자계』는 『학지광』(1914.4)과 함께 1910년대의 대표적 유학생 잡지로 꼽힌다. 『여자계』 창간호는 1917년 6월 말경에 발간된 것으로 추정되지만 그 실물은 확인된 바 없고, 제2호(1918.3) 이후부터 확인이 가능하다. 『학지광』과 『여자계』는 이른바 오누이 잡지로 불리면서, 『학지광』의 집필진들이 『여자계』의 발간을 도운 것으로 알려져 있다. 근대 한글소설의 정착 과정에서는 『학지광』보다 『여자계』의 역할이 더욱 두드러진다. 『여자계』가 근대 단편소설의 정착에 기여한 바가 크다고 했을 때, 그 중심에 놓이는 작가는 나혜석(羅蕙錫)이다. 나혜석은 『여자계』에 「경희(瓊姬)」(1918.3)와 「회생(回生)ᄒᆞᆫ 손녀(孫女)에게」(1918.9) 등의 단편소설을 발표한 바 있다.[68] 나혜석의 「경희」와 「회생ᄒᆞᆫ 손녀에게」는 근대 지식인 소설에서 언문일치의 국문체 문장이 완성되어 가는 모습을 잘 보여주는 작품들이다. 근대 이후 전개된 '언문일치 운동'이란 한마디로 언(言)과 문(文), 다시 말해 말과 글을 일치시키려는 노력이라고 할 수 있다. 그런데 말과 글을 일치시켜야 한다는 생각은 전통 사회에서는 유래를 찾아보기 힘든 근대적인 의식이다.[69] 말과 글의 일치를 손쉽게 확인할

67 김동인은 「춘원연구」에서 「어린 벗에게」를 개작 이후의 작품명인 「젊은 꿈」으로 표기하고 있다. 「춘원연구」는 1934년 12월부터 1935년 10월까지 『삼천리』에 그리고 1938년 1월부터 4월까지 『삼천리문학』에 연재 발표되었다. 김동인, 「춘원연구」, 『김동인전집』 제6권, 삼중당, 1976, 79~144쪽 참조.

68 나혜석은 미발굴 상태인 창간호에도 「부부」라는 작품을 게재했을 가능성이 있다. 이에 대한 논의는 서정자, 「나혜석의 처녀작 「夫婦」에 대하여」, 『여성문학연구』 창간호, 1999, 307~329쪽 참조.

69 김병문, 「발화기원 소거로서의 언문일치체의 의미에 대하여」, 『사회언어학』 제16권 2호,

수 있는 것은 우선 대화체 문장들을 통해서이다. 「경희」의 대화체 문장들은 동시대의 다른 작가들, 예를 들면 진학문이나 현상윤, 양건식뿐만 아니라 이광수의 경우와 비교해도 전혀 손색이 없는 새로운 문장들이다.[70] 이 예문들은 구어의 실현이라는 측면뿐만 아니라 현실적 생동감이라는 측면에서 보아도 모자람이 없다. 「경희」의 문장 특색 가운데 또 하나 두드러지게 눈에 뜨이는 것은 묘사와 서사가 독특한 방식으로 결합된다는 점이다. 「경희」의 회화적(繪畵的) 특징이 담긴 문장들을 보면 '자연주의 문학의 토대를 이루는 사생문(寫生文)의 발달이 근대 구어문체(口語文體)의 발달에 기여했다는 점과, 그 사생문의 토대를 이루는 것이 서양회화의 영향[71]이었다는 지적이 의미 있게 다가온다. 물론 나혜석의 회화적 문장과 근대 자연주의 문학의 토대를 이루는 사생문의 성격이 동일한 것은 아니다. 그럼에도 불구하고, 나혜석이 소설가이면서 서양화가였고 그의 유학생활이 일본 도쿄 사립여자미술학교 서양화부 입학으로 시작되었다는 점을 주목하지 않을 수 없다.

「회생훈 손녀에게」는 발화자로서의 작가의 흔적내지 발화기원의 소거를 통해 언문일치를 실현하고 있는 작품이다. 근대문학사의 전개 과정에서 말과 글은 서로 거리를 좁히며 가까워진다. 그러나 근본적으로 말과 글은 그 기능이 다른 것이므로 완벽하게 동일한 모습으로 만나지는 못한다. 이런 점들로 인해 실제 언문일치는 불가능에 가까운

2008, 83쪽 참조.

70 이와 관련된 논의는 김영민, 「근대적 유학제도의 확립과 해외 유학생의 문학·문화활동 연구」, 324~329쪽 참조.

71 미요시 유키오[三好行雄], 다케모리 텐유[竹盛天雄] 編, 「口語文體の確立」, 『文學的近代の成立』, 有斐閣, 1977, 132~141쪽 참조. 이와 연관지어서는 '사생문이 일본 근대소설 리얼리즘의 원류'라는 기술 또한 참고할 수 있다. 이효덕(李孝德), 박성관 역, 『표상공간의 근대』, 소명출판, 2002, 123쪽 참조.

것이며 관념적으로만 존재하는 것이라는 비판적 견해가 제시되기도 한다. 근대적 언문일치체가 궁극적인 목표로 삼는 것 가운데 하나는 이른바 발화기원의 흔적을 최대한 지워내는 것이다. 발화자의 흔적을 말끔히 지워냄으로써 텍스트가 그 자체만으로 의미를 지닐 수 있게 하는 것이 언문일치의 문체가 지향하는 바라 할 수 있다. 교훈적이고 설교적인 전근대적 언설은 이때 비로소 의미 있는 예술 작품의 문장으로 태어난다. 이광수의 초기 소설이나 논설은 이러한 과정, 즉 발화기원의 소거를 지향한 언문일치 운동의 끝자락에 위치한다.[72] 근대문학사 초기의 이른바 신소설류 작품들에서 빈번히 발생하던 작가 개입의 문장들이 사라지는 것이야말로 한국문학사가 성취한 언문일치의 구체적 증거 가운데 하나가 된다. 「회생훈 손녀에게」는 작중 화자인 할머니가 병을 앓다 회생한 손녀를 향해 말을 거는 형식으로 쓰인 작품이다. 여기서 작가 나혜석은 자신의 모습을 숨기고 문장 하나하나를 객관적으로 서술해 나간다. 작품의 줄거리 곳곳에는 작가 나혜석 자신의 실제 과거사가 숨어있다.[73] 자신이 겪은 일화를 회상하는 방식의 작품에서는 자칫 실제 발화자의 흔적이 과도하게 노출되기 십상이다. 이 점을 생각하면 나혜석이 작은 흔들림도 없이 작가 자신과 작품 사이에 일정한 객관적 거리를 유지하며 「회생훈 손녀에게」를 서술해 가고 있다는 점은 경탄할 만하다. 「회생훈 손녀에게」의 성공의 가장 큰 요인은 작가 나혜석이 서술자의 나이를 실제 자신의 나이와는 상당한 거리가 있는 할머니로 설정했다는 점에 있다. 이렇게 함으로써 그는 자신이 겪었던 사건을 일정한 거리를 두고 객관적으로 바라볼 수 있는 근

72 김병문, 「발화기원 소거로서의 언문일치체의 의미에 대하여」, 101쪽 참조.

73 이 작품 속에는 작가 나혜석의 실제 연인이었던 최승구(崔承九)의 죽음에 관한 에피소드가 들어 있다.

거를 마련했다. 더불어 서술자가 자신을 '나'가 아닌 '할멈'으로 지칭하며 이야기를 풀어가기 시작했다는 점도 중요하다. 이를 통해 이른바 자신을 타자화 시키는 일이 가능했던 것이다.[74]

근대 이전의 소설을 읽으며 시대적 거리감을 느끼게 되는 가장 큰 이유는 거기에 사용된 구문과 문자 때문이며, 다음으로는 문장에 사용된 어미 때문이고, 그 다음으로는 낯선 낱말들 때문이다. 국문체 소설을 만나게 되면 구문과 문자로 인한 괴리감은 점차 사라지지만 그래도 어미와 낯선 낱말의 문제는 계속 남는다. 나혜석의 「경희」는 구문과 문자 그리고 어미로 인한 시대적 거리감을 거의 느낄 수 없을 만큼 새롭게 쓰인 국문체 소설임이 분명하다. 다만, 국문체 소설로서의 「경희」에서 한계로 지적할 수 있는 것은 단순한 한자(漢字) 표기가 아니라 다음과 같은 한자어(漢字語) 표현이 아직 남아있다는 점이다.

> 殆히 禽獸와 區別을 할 수도 업는 일이 만타.(74쪽)
>
> 경희의 키는 瞥眼間 飴느러지드시 붓 썩 느러진 것 갓다. 그러고 目은 全얼골을 가리우는 것 갓다.(74쪽)

「경희」가 완전한 국문체 소설이 되기 위해서는 이 문장들에 사용된 구절들인 '殆히'는 '거의'로, '瞥眼間 飴느러지드시'는 '별안간 엿늘어지듯이'로 '目은'은 '눈은'으로 바뀌어야 한다. 이러한 낯선 표현은 「경희」

74 발화기원이 소거된 발화문은 그 어떤 외적 요인도 참고할 필요가 없는 자립적 문장이 된다. 이때 문장은 그 발화 조건과 상황이 무엇이건 간에 그와 무관하게 자체적 의미를 갖는 자립물로 설 수 있게 되는 것이다. 김병문은 근대적 언문일치의 한글체 문장을 개척해나갔던 일부 작가들이 이러한 근대적 발화문을 의식적으로 실험하지는 않았을 것으로 본다. 이를 그저 보다 구어에 가까운 새롭고 세련된 문체 정도로 인식했을 가능성이 크다는 것이다. 김병문, 「발화기원 소거로서의 언문일치체의 의미에 대하여」, 92쪽 참조.

의 마무리 부분에서 주로 발견된다. 이러한 표현들은 국문체 소설 「경희」가 아니라 그가 쓴 여타 국한문체 수필들의 일부처럼 보인다. 이러한 표현이 나오는 이유는 나혜석이 「경희」를 마무리 하면서 주인공과 작가 자신 사이의 객관적 거리를 유지하지 못했기 때문이다. 이는 「회생훈 손녀에게」의 경우도 마찬가지이다. 「경희」와 「회생훈 손녀에게」가 지녔던 문제점의 원인은 동일했던 것으로 보인다. 두 작품 모두 전반부에서는 작가가 등장인물들과 일정한 거리를 유지하며 객관적 서술을 하고 있지만, 후반부로 가면서 나혜석의 소설가로서의 정체성이 흔들렸던 것이다. 근대 초기 소설가들의 정체성이 흔들리게 되는 가장 큰 이유는 그가 지닌 계몽적 욕구 때문이다. 계몽적 욕구는 국문체 소설의 문장을 국한문체 수필 문장으로 환원시킨다. 나혜석은 이들 작품을 써나가면서 후반부로 갈수록 계몽적 욕구를 제어하지 못하고 주인공의 목소리가 아닌 작가의 목소리로 이야기하게 된다. 이는 근대 초기 작가들이 내면적 고백체의 문장을 사용할 때 한자어를 많이 사용하게 되는 현상과 같은 맥락 속에서 이해할 수 있다. 한국 근대소설사는 서사와 논설이 만나면서 시작되지만, 그 둘이 외형상 분리되면서 한 단계가 완성된다.[75] 논설이 서사 속으로 녹아들어가 작가의 목소리가 아닌 작중 인물의 목소리로 체화되면서 한 단계가 마무리 되는 것이다. 진정한 언문일치 소설 역시 작가의 목소리가 아니라 작중 인물의 목소리로 완성되어야 한다. 그런 점에서 나혜석의 소설들인 「경희」와 「회생훈 손녀에게」는 근대 유학생 잡지에 수록된 국문체 소설들이 무엇을 성취했고 무엇을 과제로 남겼나 하는 것을 구체적으로 보여준다.[76]

75 이와 관련된 상세한 서술은 김영민, 『한국 근대소설사』, 481~496쪽 참조.

76 『여자계』에 수록된 나혜석 소설에 관한 상세한 논의는 김영민, 「근대 유학생 잡지의 문체와 한글체 소설의 형성 과정－『여자계』를 중심으로」, 『현대문학의 연구』 제41호, 2010,

『여자계』에 뒤이어 나온 주목할 만한 유학생 잡지로는 『창조』가 있다. 이광수의 단편소설들이 『청춘』을 통해 온전한 모습을 갖추었다면, 김동인의 단편소설은 『창조』를 통해 확고히 자리를 잡게 된다. 김동인은 「춘원연구」와 「조선근대소설고」에서 이광수 문학의 한계에 대해 비판한다. 아울러 이광수 문학이 지닌 한계는 언제나 동인지 『창조』를 통해 극복된 것으로 기술된다. 김동인이 주도한 동인지 『창조』의 창간과 이를 통해 구현된 새로운 문학 세계는 곧 이광수 문학에 대한 극복을 의미했다. 김동인은 이광수를 중심으로 한 『소년』과 『청춘』의 문예운동을 '역사적(歷史的) 문예운동(文藝運動)'으로, 그리고 『창조』의 문예운동을 '구체적(具體的) 문예운동(文藝運動)'으로 구별해 정리한다.[77]

김동인은 「조선근대소설고(朝鮮近代小說考)」에서 일단 『청춘』과 이광수의 소설이 거둔 업적에 대해 주목한다. 잡지 『청춘』에 실린 이광수의 소설에 대해 조선 청년들이 열광한 결과 청년들 사이에서 소설이 '읽어야만 될 것'으로 자리를 잡았다는 것이다. 하지만, 이광수의 소설은 권선징악(勸善懲惡)의 세계를 벗어나지 못하는 한계를 보인다는 것이 김동인의 판단이다. "從來의 習慣이며 風俗의 不備된 點을 讀者에게 보여주는 것은 올흔 일이되, 改善方策을 指示하는 것은 小說의 墮落을 뜻함이다"[78]는 말 속에는 김동인 문학관의 핵심이 담겨 있다. 여기에서 '소설은 인생의 회화(繪畫)'일 뿐이며, 그것이 사회적 교화기관(教化機關)이 되어서는 안 된다는 주장이 나오게 되는 것이다. 김동인은 『창조』의 편집여언(編輯餘言)들이 이광수 소설에 대한 불만과 부족감에 대한 표현이었다는 사실을 전하면서, 『창조』 동인들이 '소설의 취재를 구구한 조

38~69쪽 참조.

77 김동인, 「조선문학(朝鮮文學)의 여명(黎明)—『창조』 회고(回顧)」, 『조광』, 1938.6, 45쪽 참조.

78 김동인, 「조선근대소설고(朝鮮近代小說考)」, 『조선일보』, 1929.8.2.

선 사회 풍속 개량에 두지 않고 인생이라 하는 문제와 살아가는 고통을 그려보려 하였다.'고 말한다. 김동인은 「춘원연구」에서도 '이광수는 언제든지 소설을 설교 기관으로 삼았다'고 비판하면서, 다만 그가 조선 구어체(口語體)로 장편소설 「무정」과 같은 긴 글을 썼다는 점은 조선문(朝鮮文) 발달사에서 특기할 만한 가치가 있는 것이라고 평가한다. 하지만 「무정」의 문장에는 아직도 '이러라, 이로다, 하더라, 하노라' 등의 구투(舊套)가 남아 있었고, 그러한 구투를 일소한 것 또한 동인지 『창조』의 성과라는 것이 김동인의 주장이다.

『창조』의 편집여언에는 이광수 문학에 대한 불만과 비판이 가득 담겨 있다. 『창조』 창간호 편집 후기에 실린 다음의 구절들은 이광수를 직접 겨냥한 비판이라고 볼 수 있다.

● 쏘, 처음부터 우리의 말을 드르시려는 여러분, 여러분은 우리의게서 무어슬 어드시려 하십닛가. 한낫 재미잇는 니야기 꺼림닛가? 저 通俗小說의 平凡한 道德임닛가? 쏘 或은 「바람에 움지기는 갈대」임닛가?

● 여러분 中에 엇던 분이 생각하시는 것 가치, 우리는 決코 道德을 破壞하고 멸시하는 거슨 아니올시다, 마는, 우리는 貴한 藝術의 쟝긔를 가지고 저 언제던 얼굴을 찌푸리고 계신 道學先生의 代言者가 될 수는 업습니다. 그러나 쏘 우리의 努力을 할 일 업슨 者의 消日꺼리라고 보시는 데도 不服이라 함니다.[79]

'한낱 재미있는 이야기 꺼리', '통속소설의 평범한 도덕', '바람에 움직이는 갈대', '얼굴을 찌푸리고 계신 도학선생' 등의 표현에는 모두 이광수에 대한 비판적 태도가 반영되어 있다.

79 「나믄말」, 『창조』, 1919.2, 81쪽.

김동인은 『창조』 제1호부터 제2호에 걸쳐 「약한 자의 슬픔」(1919.2~3)을, 제3호부터 제6호에 걸쳐 「마음이 여튼 자여」(1919.12~1920.5)를, 제8호에 「목숨」(1921.1)을, 이어서 종간호인 제9호에 「배따락이」(1921.5)를 발표한다. 「약한 자의 슬픔」에 대해 김동인은 스스로 여러 가지 만족감을 표현하고 있다. '「약한 자의 슬픔」이 중매자(中媒者)가 되어 독자(讀者)인 여러분과 작자(作者)인 저를 예술(藝術)의 선(線)으로 맺어줄 것'을 기대한다거나, '리얼리즘, 로맨티시즘, 심볼리즘 등과는 묘사법(描寫法)과 작법(作法)에서 구별되는' 새 지점을 발견해 줄 것을 기대하는 일 등이 그러한 만족감의 표현이다.[80] 하지만, 「약한 자의 슬픔」은 문장 수업이 부족한 신인 작가 김동인의 처녀작이 지닌 한계들을 여실히 드러낸다. 작가의 목소리가 직접 노출되면서 인물의 성격과 사건을 설명한다거나, 영탄적 표현을 남발하는 일 등이 우선 그러한 사례에 속한다. 「약한 자의 슬픔」은 이광수 문학의 계몽성을 비판하며 등장한 작품이지만, 김동인 역시 이 작품을 쓰면서 계몽의 유혹을 떨치지 못한다. 김동인은 작품 속에서뿐만 아니라 창작 후기에서까지도 독자에 대한 우월감과 계몽의 의지를 숨기기 않고 드러낸다. 그는 『창조』 제2호의 편집 후기에서, 「약한 자의 슬픔」을 읽을 때 '종이 위의 글자만을 보지 말고 종이 아래에 감추어 있는 글자, 작가가 쓰려하면서도 쓰지 못한 말을 찾아 보아 할 것'을 요구한다. 독자에 대한 김동인의 요구들은 결국 "강한 者가 되십시오"[81]라는 말로 끝을 맺는다.

김동인은 「조선근대소설고」 등의 평론을 통해 조선의 근대 문체 정립이 자신을 통해 이루어졌다는 사실을 거듭 강조한다. 다음은 이와

80 「나믄말」, 『창조』, 1919.2, 81쪽 참조.
81 「나믄말」, 『창조』, 1919.3, 59쪽.

관련된 언급들이다.

첫재 文體엇섯다 口語體使用은 무론이엇지만 그 口語體의 程度는? 우리가 『創造』를 發行하기 前해에 春園의 發表한 글의 한 구절을 以下에 例를 들어보겟다

(上略) 燒酒는 鴨綠江을 건너오기 때문에 西北地方에 몬저 퍼지고 麥酒는 東海를 건너오기 때문에 嶺湖南地方에 몬저 퍼진것이다 여긔서도 우리는 地理關係의 자미를 깨닷겟더라 (下略)

물론 그 「깨닷겟더라」의 「더라」도 口語에도 使用되는 것이지만 우리의 良心은 「깨닷겟다」라하여 徹底히 하여노치 안흐면 容認치를 못하엿다 當時의 春園의 作品은 口語體라 하여도 아직 만흔 文法體의 痕跡이 잇섯다 「이러라」 「이라」 「하는대」 「말삼」 等을 그의 作品 到處에서 볼 수 잇섯다 이러한 不徹底한 것은 모도 배척하지 안흘 수가 업섯다

H2[He]와 She도 朝鮮말에 업는 바엿다 春園의 作에 「그」라고 한 곳이 지금의 「그」라고 쓸 곳을 대개 일흠(固有名詞)으로 하여 버렷다 H2[He]와 She를 모라 「그」라고 하여 普遍的으로 使用하여 버린 그때의 勇氣는 지금 생각하여도 壯快하엿다[82]

新舊約聖書로 말믜어 우리의 글이 꽤 보편적으로 퍼지고 련속하여 出版되는 신문이며 잡지며 신구소설들로 더욱더 민중화하고 李人稙, 崔南善 諸氏를 지나 新人 李春園의 공으로 口語體까지 使用되는 범위가 꽤 넓어지기는 하엿지만 아직 完全한 口語體는 樹立되지 안엇다 그 當時에 잇서서 붓을 잡을 때에 제一 먼저 余等을 리롭게 하는 것은 文體엇다 순전히 口語體로 뼈노코 닑어보면 野卑한 感이 잇섯다 그러타고 「하더라」 「이러라」 等을 너코보면 진부하엿다 이 兩難에 끼워서 余等은 開拓者의 밧는 苦痛을 늣겻다 본바들만한 先例를 몰랏다.[83]

82 김동인, 「조선근대소설고」, 『조선일보』, 1929.8.10.

『창조』 이전에도 소설은 대개 구어체로 씌어지기는 하였다. 그러나 그 「구어」라는 것이 아직 문어(文語)체가 적지 않게 섞이어 있는 것으로서 「여사여사하리라」 「하니라」 「이러라」 「하도다」 등은 구어체로 여기고 그 이상 더 구어체화 할 수는 없는 것으로 여기었다. 신문학의 개척자인 춘원 리광수의 소설을 볼지라도 『창조』가 구어체 순화(純化)의 봉화를 들기 이전(1919년 이전의 작품들을 보자면 (『무정』이며 『개척자』 등) 역시 「이러라」 「하더라」 「하노라」가 적지 않게 사용되었고 그 이상으로 구어체화 할 수는 없다고 여긴 모양이었다. 『창조』에서 비로소 소설용어의 순구어체가 실행되었다.[84]

하지만 김동인의 이러한 주장에는 과장된 면이 적지 않다.[85] 예를 들면, '그'라는 대명사를 보편적으로 사용하기 시작한 것이 김동인 자신이라는 주장이 그러하다.[86] 이광수는 『청춘』에 발표한 「윤광호」 등에서 이미 '그'라는 대명사를 비교적 자유롭게 사용하고 있다.[87]

---

83 김동인, 「문단회고(文壇懷古)」, 『매일신보』, 1931.8.23.

84 김동인, 「문단(文壇) 삼십 년의 자취」, 『신천지(新天地)』, 1948.3, 16쪽.

85 김동인의 주장이 담아내고 있는 사실적 측면과 과장된 측면에 대한 논의는 각각 다음의 글을 참조할 수 있다. 박현수, 「두 개의 번역과 소설이라는 글쓰기」, 『상허학보』 제20호, 2007, 11~39쪽. 하타노 세츠꼬, 「김동인 문학과 일본의 관련 양상」, 『사이間SAI』 제7호, 2009, 89~139쪽.

86 근대 초기 동양에서 삼인칭 대명사의 사용 혹은 번역의 문제는 주요한 과제였다. 이와 관련된 논의는 이보경, 「근대 초기 '세계고(世界苦)' 시대의 한·중 문인의 글쓰기 – '3인칭 대명사' 문제를 중심으로」, 『중국어문학』 제46집, 2005, 353~374쪽 참조. "김동인의 고민은 3인칭 여성대명사에 어울리는 문자를 찾는데서 시작되었지만 결론적으로는 성별에 따른 구분을 하지 않고 일률적으로 "그"로 통일했다. 그는 일본어와 영어에서처럼 성별에 따라 다른 어휘를 쓰는 방법을 선택하지 않았을 뿐만 아니라 관습적으로 당시에 쓰이고 있던 언어를 글쓰기 언어로 정착시켰다. 없는 문자를 만들어야 하는 필연적인 까닭이 없었음에도 굳이 새로 만들어냈던 중국에 비하면, 김동인의 선택은 언문일치적 발상에 보다 근접하다고 할 수 있을 법하다."(362쪽)

87 다음은 「윤광호」의 도입 문단을 인용한 것이다. "尹光浩는 東京 K大學 經濟科 二年級 學生이라. 今年 九月에 學校에서 주는 特待狀을 바다가지고 춤을 추다십히 깃버하엿다. 各 新聞에 그의 寫眞이 나고 그의 略歷과 讚辭도 낫다. 留學生 間에서도 그가 留學生의 名譽를 놉게 하엿다 하야 眞情으로 그를 稱讚하고 사랑하엿다. 本國에 잇는 그의 母親도 特待生이 무엇인지는

물론, 김동인 스스로의 평가처럼 그가 근대 문체 변화의 일익을 담당한 부분이 없었던 것은 아니다. 김동인이 「약한 자의 슬픔」에서 영탄과 계몽성을 벗어나는 데는 실패했지만, 그가 이 작품에서 의식적으로 문체 변화를 시도했던 점만은 분명해 보인다. 김동인은 「조선근대소설고」에서, 『창조』의 문체가 이광수 소설의 문체와 구별되는 지점을 '불완전한 구어체(口語體)'에서 '완전한 구어체'로의 이동이라고 주장한다. 당시 이광수의 작품은 구어체라 하여도 아직은 많은 문어체(文語體)의 흔적을 지니고 있었다는 것이다. 김동인은 자신이 「약한 자의 슬픔」을 통해 성취한 것이 과거 시제 종결어미의 정착이라고 주장한다. '－한다 / －이라 / －이다' 등의 현재법(現在法) 서사체(敍事體)는 근대인의 날카로운 심리와 정서를 표현하기 어렵고, 현재법을 사용하면 주체(主體)와 객체(客體)의 구별이 명료하지 않기 때문에 의식적으로 과거사(過去詞)를 현재사(現在詞)로 전환시켰다는 것이다. 실제로 「약한 자의 슬픔」의 서두를 이광수의 단편소설 「방황」이나 「윤광호」 등의 서두와 비교해 보면 이 차이는 명확히 드러난다. 「방황」의 서두 첫 문단 어미들은 '누엇다 / 한다 / 잇섯다 / 보인다 / 본다' 등으로 현재 시제와 과거 시제를 섞어 쓰고 있다. 「윤광호」 역시 '이라 / 하엿다 / 낫다' 등으로 같은 양상을 보인다. 이에 반해 「약한 자의 슬픔」에서는 대부분의 어미가 일관되게 과거형으로 처리된다. 이 작품에서 현재형 종결어미가 사용되는 것은 대화문의 경우뿐이다. 이는 김동인이 '양자를 병서(竝書)하여 놓고 심독(心讀), 음독(音讀)을 몇 번이나 한' 결과로 볼 수도 있다.[88]

모르건마는 아마 大科及第가튼 것이어니 하고 깃버하엿다. 尹光浩는 더욱 工夫에 熱心할 생각이 나고 學校를 卒業하거든 還國하지 아니 하고 三四年間 東京에서 硏究하야 朝鮮人으로 最初의 博士의 學位를 取하려고 한다. 그는 冬期放學 中에도 暫時도 쉬지 아니 하고 圖書館에서 工夫하엿다."(춘원(春園), 「윤광호(尹光浩)」, 『청춘』, 1918.4, 68쪽)

김동인이 『창조』에서 목표로 했던 새로운 '예술의 세계'는 단편소설 「배따락이」에 이르러 비로소 제 모습을 드러내게 된다. 「배따락이」는 액자소설의 기법을 효과적으로 활용한 작품이다. 「배따락이」에서 사용된 액자소설의 기법은 일인칭 서술자인 나와 독자 사이에 적당한 거리를 유지시켜준다. 더불어 김동인 특유의 짧은 문장이 갖는 흡인력의 극대화, 유미주의적 문학관의 작품 속 배치, 평안도 사투리의 활용을 통한 인물과 사건의 생동감 부여 등이 모두 이 작품을 통해 성취된다. 1920년대 소설에서 발견되는 주요 특징을 '문학의 역할에 대한 새로운 인식 및 작가의 개성 표출, 문체의 변화 및 서술 주체의 확립, 창작 방법의 다양화' 등이라고 정의할 때, 「배따락이」는 이러한 특성들을 실제로 구현한 구체적 사례에 해당하는 작품이다.[89]

『창조』는 '예술의 세계'를 지향했으며, 부분적으로나마 그 의도를 성취했다. 하지만, '동인지'로서의 『창조』는 결코 성공적이었다고 말하기 어렵다. 그렇게 된 가장 큰 이유는, 김동인 등을 비롯한 창간 동인들조차도 '동인지'에 대한 명확한 개념을 지니지 못했던 때문이다. "雜誌며 그런 것에 아조 無知하든 余는 同人制가 무엇인지도 아지 못하였다. 耀翰은 同人制라는 데 대하여 說明하였다. 그러나 지금 생각하면 그때 耀翰의 同人制 解說도 正確한 해석이 아니엇다. 耀翰도 同人制라 하는 것을 분명이 아지 못햇든 모양이엇다"[90]는 김동인의 술회에도 이러한 사실이 들어 있다. 『창조』가 특정한 문학적 입장에 기반을 둔 잡지가

88 김동인 소설의 종결 어미 문제에 대해서는 안영희, 「한일근대의 소설 문체 – 삼인칭과 종결어미」, 『일본어문학』 제32호, 2007, 229~254쪽 참조. 다만, 종결어미의 시제를 모두 과거형으로 통일하는 것이 꼭 근대적 문체의 구현인가 하는 점에 대해서는 이견이 있을 수 있다.

89 이와 관련된 상세한 논의는 김영민, 「동인지 『창조』와 한국의 근대소설」, 『현대문학의 연구』 제18호, 2002, 169~198쪽 참조.

90 김동인, 「문단(文壇) 삼십 년 이면사(裏面史)」, 『조선일보』 1934.4.3.

아니었다는 증거 가운데 하나는, 이광수 문학에 대한 『창조』 동인들의 이중적 태도에서 찾을 수 있다. 『창조』의 창간 동인들은 이광수의 문학을 거세게 비판하던 첫 호 후기와 달리, 제2호 편집 후기에서는 이광수를 잡지 동인으로 받아들인다는 사실을 알린다. 『창조』 제2호 후기에서는 이광수를 동인으로 받아들이는 일을 '영광(榮光)'이라는 말로 표현한다.[91] 제3호 후기에서는 이광수가 비록 원고를 보내지는 않았지만 이 잡지를 위하여 큰 노력을 하고 있다는 사실을 알린다.[92] 『창조』 동인들이 이렇게 이광수의 원고에 집착한 이유는 잡지의 대중적 호응 혹은 상업적 판매를 염두에 둔 때문이었다.[93] 이광수의 문학 세계를 비판하며 출발한 동인지 『창조』가 이광수의 원고를 받아내기 위해 집착하는 모습은 한국 근대 동인지의 한계가 어디에 있는가를 여실히 보여준다. 이는 순수 예술을 지향하는 '동인지'를 표방했지만, 상업지 제도를 받아들이며 운영되었던 잡지 『창조』가 마주할 수밖에 없는 예견된 현실이기도 했다.[94]

91 "지금 편집인(編輯人)은 이번에 새로히 춘원(春園) 이광수군(李光洙君)이 우리 동인(同人)이 된 것을 보고(報告)하는 영광(榮光)을 가졋슴니다."(「나믄말」, 『창조』, 1919.3, 59쪽)

92 "전호(前號)에 발표(發表)한 우리 동인(同人) 중(中)에 춘원(春園) 이군(李君)의 글을 이번 호(號)에도 올니지 못함은 매우 유감(遺憾)임니다만은 엇재스나, 이군(李君)은 우리를 위(爲)하야 달니 큰 노력(努力)을 하는 줄 아라주시기외다."(「나믄말」, 『창조』, 1919.12, 77쪽)

93 종합지 『청춘』의 경우, 이광수의 소설이 실린 호수와 그렇지 않은 호수 사이에 판매 부수에서 적지 않은 차이가 있었다는 사실에 대한 인식(김동인, 「조선근대소설고」, 1929.8.2 참조)은 『창조』 동인들로 하여금 이광수의 존재를 무시할 수 없게 만들었다. 이광수가 『창조』에 기고한 첫 작품은 시 「밋븜」이다. 이 작품은 『창조』 제6호에 특별부록 형식으로 수록되었다. 이렇게 된 이유는 이광수의 원고가 이미 잡지 편집이 끝난 이후에 투고되었기 때문이다. 이광수의 첫 작품을 수록하는 방식으로만 미루어보더라도, 『창조』가 이광수 원고에 얼마나 집착했는가 하는 점을 알 수 있다. 이광수는 『창조』에 「문사와 수양」 등의 산문을 발표하게 되지만 결국 소설은 한 편도 기고하지 않았다.

94 『창조』는 제7호(1920.7)부터 발행소를 창조사(創造社)로 표기한다. 창조사는 동인들이 설립한 주식회사(株式會社)이다. 「주식회사 창조사 발기 취지서」에서는 창조사가 '잡지, 서적의 출판과 인쇄 기타 부대사업을 목적으로 한다'고 밝히고 있다. 『창조』는 처음에 문학동인지로 출발

『창조』 이후 문학 전문지를 표방하며 단편소설 발표의 장으로 중요한 역할을 했던 잡지로는 『조선문단』을 들 수 있다. 『창조』가 문학 동인지를 표방하면서 일반 문예잡지의 성격을 띠고 발간되었다면, 그와 대조적으로 『조선문단』은 일반 문예잡지를 표방하면서 동인지적 성격을 띠고 운영되었다. 1924년 10월 방인근을 편집겸 발행인으로 하여 창간된 잡지 『조선문단』의 운영 방식은 매우 폐쇄적이었다. 방인근이 '옛날 『창조』를 계속하는 셈으로' 문예잡지를 창간했다는 증언은[95] 『조선문단』이 지닌 폐쇄적 성격의 근원이 어디에 있는지 잘 보여준다. 『조선문단』의 편집겸 발행인은 방인근이었지만, 표지 등에 '이광수 주재(主宰)'라는 사실을 강조함으로써 대중적 호응도를 높이려 했다.[96] 이광수가 쓴 것으로 보이는 「권두사(卷頭辭)」에는 "「인생을 위한 예술」, 「거룩한 사랑의 예술」 우리는 오직 이것을 밋고 이것만을 밋는다"[97]는 구절이 들어 있다. 초창기 『조선문단』의 주요 필자는 이광수, 전영택, 주요한, 방인근 등이었다. 발행인 방인근을 제외하고 나면 이광수, 전영택, 주요한이 『조선문단』의 주요 필자였던 셈인데, 이들은 모두 『창조』 동인들이었다. 『조선문단』에 발표된 이광수의 단편소설로는 「혈서」(1924.10) · 「H군을 생각하고」(1924.11) · 「엇던 아츰」(1924.12) · 「사랑에 주렷던 이들」(1925.1) · 「일기」(1925.3) 등이 있다. 전영택의 단편소설로는 「흰닭」(1924.10) · 「사진(寫眞)」(1924.11) · 「화수분」(1925.1) · 「백련(白蓮)과 연홍(緣紅)」(1925.10) · 「순복이 소식」(1926.5) 등이 있다. 『조선문단』에는 방

했지만 이후 점차 일반 문예잡지를 지향하며 변모해 갔다.

95 전영택, 「『창조(創造)』와 『조선문단(朝鮮文壇)』과 나」, 『현대문학』, 1955.2, 81쪽 참조.

96 『조선문단』은 창간호 1500부를 인쇄했고, 출간 직후 매진되었으며 곧 재판에 들어갔다. 이와 관련된 내용은 「편집여언(編輯餘言)」, 『조선문단』, 1924.11, 83쪽 참조. 제2호 판권지를 보면 제2호 역시 곧 매진되었고 재판을 찍었음을 알 수 있다.

97 「권두사」, 『조선문단』 1924.10, 1쪽.

인근의 단편소설 역시 적지 않게 수록되었는데, 「어머니」(1924.10)·「비오는 날」(1924.11)·「살인(殺人)」(1924.12~1925.3)·「죽지 못하는 사람들」(1925.4)·「자동차 운전수」(1925.6)·「마지막 편지」(1925.8)·「외로움」(1926.3)·「노총각」(1926.4)·「강신애(康信愛)」(1926.6) 등이 그것이다. 초창기 『조선문단』의 소설란은 이광수, 전영택, 방인근을 위한 지면이었다고 해도 과언이 아니다.[98] 『조선문단』의 폐쇄성은 크게 두 가지로 이해될 수 있다. 하나는 지명도가 높은 소수 작가를 중심으로 한 폐쇄적 운영 방식이 당시 문학 전문지가 생존하는 데 효과적일 수 있었다는 점이다. 다른 하나는 『조선문단』의 폐쇄성이 식민지 초기 문화 집단이 전반적으로 지녔던 일반적 성격의 한 양태로 이해될 수 있다는 점이다.[99]

『조선문단』은 제4호 이후 김동인의 소설 「감자」(1925.1)와 양백화의 소설 「쏙지의 쌀」(1925.1) 등을 싣기 시작하면서 점차 지면을 개방한다. 그렇게 해서 『조선문단』에 실리게 되는 단편소설들이 염상섭의 「전화(電話)」(1925.2)·「고독(孤獨)」(1925.7)·「윤전기(輪轉機)」(1925.10)·「초연(初戀)」(1926.3, 5)·「밥」(1927.2) 현진건의 「B사감과 러브레타」(1925.2)·「해 쓰는 지평선」(1927.1~3), 김탄실의 「꿈 뭇는 날 밤」(1925.5)·「손님」(1926.4), 나도향의 「계집하인」(1925.5)·「꿈」(1925.11)·「지형근」(1926.3~5), 나혜석의 「원한」(1926.4), 김일엽의 「사랑」(1926.4), 계용묵의 「최서방」(1927.3) 등이다.

98 『조선문단』의 동인지적 성격에 대한 상세한 논의는 김영민, 「이태준의 등단 과정과 오몽녀 연구」, 『이태준 문학의 재인식』, 소명출판, 2004, 13~43쪽 및 이경돈, 「1920년대 단형 서사의 존재 양상과 근대소설의 형성 과정 연구」, 성균관대 박사논문, 2003, 133~158쪽 참조.

99 예를 들면, 종합지 『청춘』에 게재된 단편소설들이 현상문예 당선작을 제외하면 오로지 이광수와 현상윤의 작품뿐이었다는 점 등을 참고할 수 있다.

『조선문단』은 『청춘』과 마찬가지로 독자소설 공모를 통해 근대 단편소설의 발전에 기여했다. 『조선문단』의 공고문에는 작품 선자(選者)를 이광수, 전영택, 주요한으로 표기하고 있다. 방인근의 술회를 참조하면 『조선문단』 소설의 선자는 이광수였고, 수필의 선자는 전영택이었으며, 시의 선자는 주요한이었다.[100] 『조선문단』은 창간호에 최학송(崔鶴松)의 단편 「고국(故國)」을 추천소설(推薦小說)로 발표한다. 이후 『조선문단』에 실린 추천소설는 채만식(蔡萬植)의 「세길로」(1924.12), 임영빈(林英彬)의 「난윤(亂倫)」, 한병도(韓秉道)의 「그날밤」, 박화성(朴花成)의 「추석전야(秋夕前夜)」(1925.1) 등이 있다. 『조선문단』은 제5호에 "투고(投稿)를 전(前)에는 추천(推薦), 입선(入選), 가작(佳作)으로 분류(分類)하엿사오나, 지금브터는 전부(全部) 한가지로 「당선(當選)」이라고만 써서 발표(發表)하기로 하엿나이다"[101]라는 공고를 낸 후, 당선소설들을 발표하게 된다. 이후 『조선문단』에 실린 당선소설로는 정인철(鄭寅喆)의 「부친(父親)」(1925.2), 송순일(宋順鎰)의 「부화(孵化)」(1925.8), 채희목(蔡熙穆)의 「잠뱅이」(1926.6) 등이 있다. 안수길(安壽吉)의 「붉은 목도리」(1935.8)는 복간(復刊) 이후 『조선문단』의 현상문예당선작으로 발표되었다. 이 밖에 특기할 만한 사항으로는, 이태준(李泰俊)의 「오몽녀」가 1925년 7월호에 당선작으로 공고되었지만 검열의 문제 등으로 인해 실제 잡지에는 실리지 않았다는 사실을 들 수 있다. 「오몽녀」는 『시대일보』(1925.7.13)에 수록된다.[102] 추천 및 당선 작가 중 최학송은 최서해(崔曙海)라는 필명을 주로 사용하면서 『조선문단』에 「삼십원」(1925.2)·「탈출기」

100 방인근, 「문학운동의 중축(中軸) 『조선문단』 시절」, 『조광』 1938.6, 72쪽 참조.

101 「투고모집규정개혁(投稿募集規定改革)」, 『조선문단』 1925.2, 113쪽.

102 이태준의 「오몽녀」가 『조선문단』에 실리지 못한 사정에 대한 상세한 논의는 김영민, 「이태준의 등단 과정과 「오몽녀」 연구」 참조.

(1925.3) ·「살려는 사람들」(1925.4) ·「박돌(朴乭)의 죽엄」(1925.5) ·「기아(飢餓)와 살육(殺戮)」(1925.6) ·「금붕어」(1926.6) ·「홍염」(1927.1) 등의 작품을 연이어 발표한다. 채만식은 추천작 이후 「불효자식」(1925.7) 한 편을 더 발표한다. 임영빈은 「서문학자(序文學者)」(1925.5) ·「려행비」(1926.5) ·「목사의 죽음」(1935.4) ·「준광인행전(準狂人行傳)」 등을 발표한다. 한병도는 「동경(憧憬)」(1925.5) ·「주림」(1926.3) 등을 발표한 이후 한설야(韓雪野)라는 필명을 사용하면서 점차 문단에서 두각을 나타내게 된다.

『조선문단』은 창간 이후 1926년 6월까지 제17호를 발간한 이후 잠시 휴간했다가 이듬해 복간하지만 세 호를 더 간행한 후 다시 휴간에 들어간다. 이후 수년의 공백기를 거쳐 1935년 2월에 다시 속간 호를 발간한다. 속간 이후의 『조선문단』은 특정한 작가 중심 운영 체제 에서 벗어나 범문단적으로 운영이 되었다.[103] 속간 이후 『조선문단』에 단편소설을 발표한 작가로는 이광수, 김동인, 박영준, 유진오, 계용묵, 이북명, 윤백남, 김유정, 안회남, 백신애, 정비석 등이 있다.

『조선문단』 이후의 문학 전문지로는 『문예공론』(1929.5), 『문예월간』(1931.11), 『조선문학』(1933.5), 『신인문학』(1934.7) 등을 들 수 있다. 『문예공론』은 통권 3호를, 『문예월간』은 통권 4호를 낸 후 종간되었다. 『문예공론』에는 한설야의 「새벽」(1929.5), 김탄실의 「모르는 사람갓치」(1929.5), 이태준의 「누이」(1929.6) 등의 단편소설이 실려 있다. 『문예월간』에는 유진오의 「상해(上海)의 기억」(1931.11), 최독견의 「구흔(舊痕)」(1931.12) 등의 작품이 실려 있다. 『조선문학』은 1933년 5월 이무영(李無影)이 창간해 1939년 7월 총 20호까지 간행한 잡지이다. 『조선문

103 『조선문단』의 발행은 제1호부터 17호(1924.10~1926.6)까지는 방인근이 맡았지만, 제18호부터 20호(1927.1~1927.3)까지는 남진우(南進祐)가, 그리고 제21호부터 26호(1935.2~1936.1)까지는 이학인(李學仁)이 맡았다. 『조선문단』의 성격 변화는 발행인의 변화와도 관계가 크다.

학』은 문학 전문지답게 상당수의 단편소설들을 수록하고 있다. 여기에 수록된 작품들로는 이효석의 「돈(豚)」(1933.10), 박태원의 「오월의 훈풍(薰風)」(1933.10), 안필승(安必承)의 「연기(煙氣)」(1933.10), 이무영(李無影)의 「오도령(吳道令)」(1933.10), 이북명(李北鳴)의 「답싸리」(1937.1), 김남천(金南天)의 「남매」(1937.3), 박영준(朴榮濬)의 「국수집」(1937.3), 현경준(玄卿駿)의 「별」(1937.5), 송영(宋影)의 「문서(文書)」(1939.1) 등이 있다. 이상(李箱)의 유고작인 「단발(斷髮)」(1939.4) 또한 『조선문학』의 신인문학 특집란에 실린 바 있다. 『조선문학』과 비슷한 시기에 창간된 문학 잡지로 『신인문학』이 있었다. 『신인문학』은 노자영(盧子泳)이 1934년 7월에 창간해 1936년 3월까지 총 21호를 발간한 후 폐간되었다. 『신인문학』에는 신인들의 작품뿐만 아니라 이미 잘 알려진 기성문인의 작품들도 함께 게재되었다. 발행인 노자영은 여기에 「청묘(青猫)」(1934.7) · 「아버지」(1934.9) · 「봄날의 꿈」(1935.4) · 「산촌(山村)」(1935.6) · 「폐인(廢人)」(1935.7) · 「누님」(1935.9) · 「홍장미(紅薔薇)」(1935.11) · 「산향기(山鄉記)」 · 「산사(山寺)」(1936.2) · 「비가(悲歌)」(1936.8) · 「탄식(歎息)의 문(門)」(1936.10) 등의 단편소설을 발표했다.[104] 이 밖에 『신인문학』에 실린 단편소설로는 이무영의 「타락녀 이야기」(1935.2), 김동인의 「어떤날 밤」(1934.11), 현경준의 「젊은 꿈의 한 토막」(1935.2), 박영준의 「도시(都市)의 잔회(殘灰)」(1935.2), 계용묵의 「출견(出犬)」(1935.9), 박태원의 「거리(距離)」(1936.1), 김유정의 「봄과 따라지」(1936.1), 이북명(李北鳴)의 「어둠에서 주은 '스켓취'」(1936.2) 등이 있다.

월간 잡지 『개벽(開闢)』(1920.6)은 종교단체가 간행한 종합지였음에

104 노자영은 『신인문학』에서 기성문인들의 원고를 구하기 어려웠다는 점을 종종 토로한 바 있다. 『신인문학』에 그의 작품이 이렇게 많이 수록된 가장 큰 이유는 원고료 지불 여건 등과 관련된 것으로 보인다.

도 불구하고 현상문에 모집 제도를 두는 등, 한국 근대 단편소설의 전개 과정에서 매우 중요한 역할을 했다.[105] 『개벽』은 이 현상문예 제도를 통해 이기영(李箕永)을 발굴한다. 이기영은 여기에 「옵바의 비밀편지(秘密片紙)」(1924.7)」가 입선되어 등단했다. 이후 그는 「가난한 사람들」(1925.5) · 「농부(農夫) 정도룡(鄭道龍)」(1926.1~2)등의 단편을 발표한 바 있다. 근대 단편소설의 대표적 작가로 꼽히는 현진건(玄鎭健) 또한 『개벽』에 단편소설 「희생화(犧牲花)」(1920.11)를 발표하면서 작품 활동을 시작했다. 현진건은 이후 「빈처(貧妻)」(1921.1) · 「술 권하는 사회」(1921.11) · 「타락자(墮落者)」(1922.1~4) · 「짜막잡기」(1924.1) · 「운수 조흔 날」(1924.6) · 「사립정신병원장」(1926.1) 등을 연이어 발표한다. 현진건의 대표작들은 거의 모두가 『개벽』에 발표된 셈이다. 이 밖에 『개벽』에 발표된 주목할 만한 단편소설로는 염상섭(廉想涉)의 「표본실의 청개고리」(1921.8~10) · 「암야(闇夜)」(1922.1) · 「금반지」(1924.2), 나도향(羅稻香)의 「17원 50전」(1923.1) · 「행랑자식」(1923.10) · 「뽕」(1925.12), 이광수의 「거룩한 죽음」(1923.3~4), 김기진(金基鎭)의 「붉은 쥐」(1924.11), 박영희(朴英熙)의 「이중병자(二重病者)」(1924.11) · 「전투(戰鬪)」(1925.1) · 「산양개」 (1925.4), 김동인의 「명문(明文)」(1925.1), 주요섭(朱耀燮)의 「인력거꾼(人力車軍)」(1925.4), 최서해의 「큰물 진 뒤」(1925.12) · 「폭군(暴君)」(1926.1), 이익상(李益相)의 「쫏기어 가는 이들」(1926.1), 유진오(兪鎭午)의 「행로(行路)」(1934.11~1935.1), 이태준의 「어둠」(1934.11), 강경애(姜敬愛)의 「모자(母子)」(1935.1), 김유정의 「금 따는 콩밧」(1935.3) 등이 있다. 『개벽』의 문학사적 성과는 근대문학의 대중화에 대한 기여 및 신경향파문학의 탄생 등을 통한 새

105 『개벽』은 총 4회에 걸쳐 현상문예 공모를 한 바 있다. 『개벽』의 문학사적 성과에 관한 상세한 논의는 최수일, 「『개벽』의 '현상문예'와 '신경향파문학'」, 『작가의 탄생과 근대문학의 재생산 제도』, 소명출판, 2008, 112~143쪽 참조.

로운 문학 범주의 개척 등으로 정리할 수 있다.

단편소설은 식민지 시기에 발간된 대부분의 잡지가 선호하는 문학 양식이었다. 『개벽』 이외에도 식민지 시기 단편소설의 주요 발표 지면으로는 『삼광(三光)』(1919.2), 『반도시론(半島時論)』(1917.4), 『조선지광(朝鮮之光)』 (1922.11), 『시사평론(時事評論)』(1922.4), 『폐허이후(廢墟以後)』 (1924.1), 『신여성(新女性)』(1923.10), 『신인간(新人間)』(1926.4), 『동광(東光)』(1926.5), 『별건곤(別乾坤)』(1926.11), 『현대평론』(1927.1), 『신생(新生)』(1928.10), 『혜성(彗星)』(1931.3), 『新東亞(신동아)』 (1931.11), 『신가정(新家庭)』(1933.1), 『중앙(中央)』(1933.11), 『조광(朝光)』(1935.11), 『여성(女性)』(1936.4), 『인문평론(人文評論)』(1939.10), 『국민문학(國民文學)』(1941.11) 등이 있었다.

제3장 / 제3절

서사의 장형화와 근대 장편소설의 전개

1. 연재 서사물의 출현과 서사의 장형화

한국 근대 매체에서 연재 서사물이 등장한 것은 1890년대부터이다. 1890년대에 발표된 서사문학 작품들의 상당수는 연재물이었다. 예를 들면, 『한성신보(漢城新報)』에서 확인할 수 있는 약 40편의 작품 가운데 27편이 짧게는 이틀, 길게는 두 달 이상 연재된 작품들이었다. 그런데 『한성신보』가 일본인들이 발행한 신문이며, 연재 서사물들이 대부분 외국 작품의 번역물이라는 점 등으로 인해 여기에 커다란 문학사적 의미를 부여하기는 어렵다. 「나보레언(拿破崙傳)」(1895.11.7~1896.1.26)과 「경국미담(經國美談)」(1904.10.4~11.2) 등은 일본 작품의 번역물이고, 「조부인전(趙婦人傳)」(1896.5.19~7.10)은 중국 작품의 번역물로 판단된다. 『조선크리스도인회보』나 『그리스도신문』 그리고 『독립신문』과 『매일신문』

등에 실린 서사 자료는 대부분이 창작 서사물이다. 하지만 이들은 '서사적 논설' 등의 단형 서사물로 길이가 매우 짧다. 이들 신문에 실린 작품들 가운데도 연재물이 없었던 것은 아니지만, 연재 기간이 보름을 넘긴 적은 없었다. 이들 신문에 실린 서사문학 작품 가운데는 『그리스도 신문』에 실린 「라파륜 ᄉᆞ젹」(1901.5.16~30)이 그중 연재 기간이 긴 작품에 속하지만, 분량은 200자 원고지 30매에도 미치지 못한다.[1]

근대 매체 가운데 본격적인 창작 연재소설을 수록한 신문들로는 『만세보(萬歲報)』와 『황성신문(皇城新聞)』, 『경향신문(京鄕新聞)』, 『대한매일신보(大韓每日申報)』, 『제국신문(帝國新聞)』, 『대한민보(大韓民報)』, 『매일신보』 등을 들 수 있다. 『만세보』에 연재된 이인직의 작품 「혈의루」(1906.7.22~10.10)는 근대계몽기 최초의 창작 장형소설이라 할 수 있다. 『만세보』는 「혈의루」의 연재를 끝낸 후 바로 이인직의 또 다른 작품인 「귀의성」(1906.10.14~1907.5.31)의 연재를 시작한다. 「혈의루」와 「귀의성」은 모두 연재 직후 단행본으로 출간되었다. 이른바 '신소설'로 지칭되는 1900년대 창작 단행본 소설의 원고 분량은 200자 원고지로 계산할 때 대략 300매 내외에 머무르는 것들이 많다. 「혈의루」 원고의 분량은 300매가 넘지 않는다. 「귀의성」의 경우 동시대의 다른 작품들에 비해 길이가 비교적 긴 편에 속하는 바, 상권과 하권이 각각 원고지 400매 정도에 해당하는 분량으로 출판되었다.[2]

『황성신문』은 소설란에 공안체 소설인 「신단공안(神斷公案)」(1906.5.19~12.31)과 반아(槃阿)의 작품 「몽조(夢潮)」(1907.8.12~9.17)를 연재한다. 「신

---

1 연재 기간은 보름에 걸쳐 있으나 실제 연재 횟수는 3회에 지나지 않았다. 따라서 작품의 길이가 이 정도에 머물 수밖에 없었다.

2 『혈의루』는 1907년 3월 17일 광학서포에서 초판이 간행되었다. 『귀의성』은 상권이 1907년 5월 25일, 하권이 1908년 7월 25일 각각 중앙서관에서 단행본으로 간행되었다.

단공안」은 연재 기간이 6개월 이상이고 연재 횟수도 191회에 달하는 장형의 작품이다. 발표 날짜로만 보면 「신단공안」의 연재 시작일이 『만세보』의 「혈의루」보다 두 달 가량 앞선다. 그러나, 「신단공안」은 하나의 줄거리로 짜인 소설이 아니라 총 7개의 이야기로 구성된 회장체(回章體)의 작품이며 문체도 한문현토체(漢文懸吐體)로 쓰였다는 점에서 근대 장편소설과는 거리가 멀다. 「신단공안」에 대해서는 '구소설적(舊小說的) 형태의 마지막 양식'[3]이라는 평가가 이루어졌다. 「몽조」는 무엇보다 '국한문체 신문'에 수록된 '한글 소설'이라는 점에서 의미가 있다. 총 24회에 걸쳐 연재된 「몽조」는 근대 초기에 성행하던 단형 서사물들에 비해서는 상대적으로 장형에 속하는 작품이기도 하다.[4]

『경향신문』은 창간 직후부터 소설란을 두고 약 60편에 달하는 작품을 게재했는데, 이 가운데 「파션밀ᄉ(破船密事)」(1908.7.3~1909.1.1)와 「ᄒ외고학(海外苦學)」(1910.3.25~10.21)이 장형 연재물에 해당한다.[5]

『대한매일신보』는 소설, 잡보, 기서, 담총 등의 난에 총 120여 편의 다양한 형태의 서사문학 작품들을 수록했다. 『대한매일신보』의 서사자료는 국한문판에 실린 작품이 80여 편, 국문판에 실린 것이 40여 편이다. 국문판의 소설란에 실린 작품들 가운데서는 「라란부인젼 근세뎨일 녀중 영웅」(1907.5.23~7.6), 「국치젼」(1907.7.9~1908.6.9), 「슈군의 뎨일 거록ᄒᆞᆫ 인물 리슌신젼」(1908.6.11~10.24), 「매국노(나라ᄑᆞᆫ눈놈)」(1908.10.25~1909.7.14), 「미국독립ᄉ」(1909.9.11~1910.3.5), 「동국에 뎨일 영걸 최도통젼」(1910.

---

3 송민호, 『한국 개화기 소설의 사적 연구』, 일지사, 1975, 67쪽 참조.

4 「몽조」의 분량은 200자 원고지 170매 정도이다.

5 이 두 작품의 분량은 각각 원고지로 180매와 150매 내외이다. 작품 「ᄒ외고학」에 대한 논의는 정가람, 「근대계몽기 『경향신문』 소재 소설 「ᄒ외고학」의 근대적 특성 연구」, 『한국 근대 서사양식의 발생 및 전개와 매체의 역할』, 소명출판, 2005, 311~331쪽 참조.

3.6~5.26) 등이 비교적 길이가 긴 작품들이다. 이들 가운데 「슈군의 뎨일 거록훈 인물 리슌신젼」과 「동국에 뎨일 영걸 최도통젼」(1910. 3.6~5.26)은 국한문판의 위인유적(偉人遺蹟)란에 「수군 제일 위인 이순신(水軍第一偉人李舜臣)」(1908.5.2~8.18)과 「동국거걸 최도통(東國巨傑崔都統)」(1909.12.5~1910.5.27)이라는 제목으로도 발표된 바 있다. 이 두 편의 작품은 근대 계몽기의 전형적인 '역사 · 전기소설'에 해당된다. 이 작품들의 저자는 모두 신채호(申采浩)이다.[6] 한글본인 「슈군의 뎨일 거록훈 인물 리슌신젼」의 번역자는 패서생으로 되어 있으나, 「동국에 뎨일 영걸 최도통젼」에는 번역자 표기가 없다. 이 작품의 경우는 신채호가 국한문체로 먼저 쓰고 이후 자신이 직접 한글로 번역했을 가능성이 높다.

『제국신문』은 1898년 8월 창간 이후 1907년 초까지 약 10년 간에 걸치는 시기에는 오직 단형 서사 작품들만을 게재했다. 이 기간 동안 『제국신문』의 논설 및 이어기담(俚語奇談)과 소설란에 발표된 작품의 총수는 90여 편에 이른다. 하지만 이 기간에는 논설란은 물론 소설란에 발표된 작품도 대부분 한 회로 마무리되는 단형 서사물들이 주종을 이룬다. 「경상남도 문경군에 ─」(1906.9.22~10.6)와 「살신성인(殺身成仁)」(1906.10.22~11.3)과 같은 작품이 그나마 길이가 긴 편에 속하는 것들이다. 하지만, 1907년 3월 이후 『제국신문』은 이전 시기까지와는 반대로 단형 서사작품은 수록하지 않은 채 장형 서사물들만을 연재하게 된다. 『제국신문』 소설란의 변화를 보여주는 첫 번째 작품은 「허생전(許生傳)」(1907.3.20~4.19)이다. 『제국신문』에 연재된 「허생전」은 연암 박지원의 작품을 기본으로 삼아 일부를 변형시킨 것이다. 이후 『제국신문』에는 이인직의 소설 「혈의루(하편)」이 연재된다. 그러나, 「혈의루(하편)」의 연재는 그

6 발표 당시에는 금협산인(錦頬山人)이라는 필명을 사용했다.

리 오래 가지 못한다. 1907년 5월 17일에 시작된 「혈의루(하편)」의 연재는 6월 1일자 총 11회분을 끝으로 중단된다. 「혈의루(하편)」의 갑작스러운 등장과 연재 중단은 지금까지도 논란의 대상이 되고 있다. 1907년 5월은 이인직이 『만세보』에 「귀의성」을 연재하던 시기였다. 이 점을 생각하면 「혈의루(하편)」의 등장은 일면 의외로 보인다. 그러나, 『제국신문』의 지면 개편 작업을 염두에 둔다면 「혈의루(하편)」의 등장에 대한 이해가 그리 어려운 것만은 아니다. 1907년 5월, 『제국신문』은 재정적 어려움에도 불구하고 인쇄시설 정비와 지면 확장을 계획한다. 독자 배가를 통해 경영난을 돌파하려는 적극적인 시도를 한 셈이다. 이인직의 「혈의루(하편)」의 연재 시작일이 바로 『제국신문』의 지면 확장 개편일이라는 점은 우연으로만 볼 수 없다. 『제국신문』의 발행진은 당시대의 최고 인기 작가였던 이인직을 필진으로 영입해, 소설의 독자를 신문의 새로운 독자로 끌어들이려는 계획을 세웠던 것으로 보인다. 『제국신문』은 지면을 혁신하면서 발행부수를 두 배로 늘린다. 하지만 이 계획은 성공하지 못하고 약 세 달 만에 다시 원래의 발행부수인 2000부 발행 체제로 돌아가게 된다.[7] 「혈의루(하편)」의 갑작스러운 연재 중단은 다음의 두 가지 방향에서 생각해 볼 수 있다. 하나는 이인직 개인의 사정에 의한 일시 절필의 가능성이다. 이러한 추정의 근거는 「혈의루(하편)」의 연재 중단 시기가 「귀의성」의 연재 종료 시기와 일치한다는 점에서 찾을 수 있다. 「귀의성」의 연재 종료 일자는 「혈의루(하편)」의 중단보다 하루 빠른 1907년 5월 31일이다. 『만세보』에서 「귀의성」의 연재는 5월 31일자까지만 확인된다. 그런데, 이 날짜 「귀의성」

7 『제국신문』의 지면 개편에 관한 상세한 논의는 최기영, 『대한제국기 신문 연구』, 일조각, 1991, 31~33쪽 참조.

이 미완 상태라는 점에서 실제 작품의 연재는 하루 혹은 이틀 정도 더 이어졌을 것으로 추정해 왔다. 연재본 「귀의성」의 마무리 부분이 일실된 날짜의 신문 지면에 수록되어 있을 가능성을 열어두었던 것이다.[8] 하지만, 「귀의성」이 『만세보』에서 미완의 상태로 중단이 되고 이후 단행본을 출간하면서 이인직이 마무리 부분을 새롭게 채워 넣었을 가능성도 배제할 수 없다. 이 가능성을 놓고 보면 이인직은 1907년 5월 말 갑자기 두 편의 소설 연재를 중단하고 일시 절필을 하는 셈이 된다. 「귀의성」의 연재가 『만세보』에 한 두 회 분 정도 더 이어져 마무리되었다고 가정해도 이인직이 6월 초 이후 일시 절필했다는 사실은 달라지지 않는다. 현재 단행본 『귀의성』 하편을 통해 확인할 수 있는 이 작품의 결말 부분은 급히 서둘러 마무리한 흔적이 역력하다. 해설 투의 후일담 형태로 사건을 마무리한 것이다.[9] 다른 하나의 가능성은 『제국신문』이 소설 전문 기자 이해조(李海朝)를 영입하면서 사외(社外) 필자인 이인직과 결별하는 것이다. 이해조는 한국 최초의 소설 전문기자로 『제국신문』에 입사한다. 『제국신문』 기자가 된 이해조는 「고목화(枯木花)」(1907.6.5~10.4)의 연재를 시작으로 「빈상셜(鬢上雪)」(1907.10.5~1908.2.12)·「원앙도(鴛鴦圖)」(1908.2.13~4.24)·「구마검(驅魔劍)」(1908.4.25~7.23)·「홍도화(紅桃花)」(1908.7.24~9.17)·「만월딕(滿月臺)」(1908.9.18~12.3)·「쌍옥젹(雙玉笛)」(1908.12.4~1909.2.12)·「모란병(牧丹屛)」(1909.2.13~?) 등의 작품을 계속해서 발표한다. 이들 소설의 게재 일자를 보면, 이해조가 하나의 작품 연재를 끝낸 후 쉬는 날 없이 곧바로 다음 소설의 연재를 시작했음을 알 수 있다. 『제국신문』은 이해조를 입사시킨 후, 전적으로

8 이와 관련된 논의는 김영민, 『한국 근대소설사』, 217쪽 참조.

9 예를 들면 김승지와 침모가 갑자기 내외가 된다는 설정 등이 그러하다. 이는 지금까지의 스토리 전개 과정으로 미루어 볼 때 개연성이 전혀 없는 비상식적 결말에 속한다.

그에게 의존해 소설란을 꾸려갔던 것이다. 하지만, 이해조를 영입하면서 『제국신문』이 자의적으로 이인직과 결별했을 가능성은 크지 않다. 그보다는 이인직과의 결별의 결과가 이해조의 영입으로 이어졌을 가능성이 더 높아 보인다. 이를 뒷받침해 주는 것이 제국신문에 실린 "본보의 옥년젼은 소셜긔쟈가 유고ᄒᆞ야 몃일 동안 뎡지ᄒᆞ오니 죠량ᄒᆞ시읍"[10]이라는 기사이다. 여기서 말하는 '옥년젼'은 곧 「혈의루(하편)」이다. 이 기사를 보면 『제국신문』이 이인직 작품의 연재를 스스로 중단해 버린 것이 아님을 분명히 알 수 있다.[11]

『대한민보』에 연재된 장형소설로는 신안자(神眼子)의 「현미경(顯微鏡)」(1909.6.15~7.11), 백학산인(白鶴山人)의 「만인산(萬人傘)」(1909.7.13~8.18), 굉소생(轟笑生)의 「병인간친회록(病人懇親會錄)」(1909.8.19~10.12), 백치생(白痴生)의 「절영신화(絶纓新話)」(1909.10.14~11.23), 일우생(一吁生)의 「오경월(五更月)」(1909.11.25~12.28), 빙허자(憑虛子)의 「소금강(小金剛)」(1910.1.5~3.6), 수문생(隨聞生)의 「박정화(薄情花)」(1910.3.10~5.31), 흠흠자(欽欽子)의 「금수재판(禽獸裁判)」(1910.6.5~8.18), 벌가생(伐柯生)의 「경중미인(鏡中美人)」(1910.8.27~?) 등이 있다. 이 가운데 신안자의 「현미경」과 수문생의 「박정화」는 이해조의 작품이다. 「현미경」은 연재소설이기는 하나 연재 기간이 비교적 짧다. 「박정화」는 후일 단행본으로 출판되면서 제목이 『산천초목(山川草木)』(1912.1.20)으로 바뀐다.[12] 이 가운데 「병인간친회록」, 「절영신화」, 「금수재판」은 모두 대화와 토론을 기초로 한 연행성이 강한 작품들이라는 공통점이 있다. 특히 「절영신화」는 연행적 요소가 강한 작품

10 『제국신문』, 1907.6.4.

11 『제국신문』과 이해조 소설에 관한 상세한 논의는 배정상, 「『제국신문』 소재 이해조 소설 연구」, 『동양학』 제49집, 2011, 131~149쪽 참조.

12 출판사는 유일서관이다. 이와 관련된 논의는 이 책의 제1장 2절 참조.

으로 평가 받는다.[13]

『매일신보』에 게재된 초기 장형소설의 필자는 예외 없이 모두 이해조였다. 1910년 한일병합 이후 『대한매일신보』의 지령을 이어받아 발간된 『매일신보』는 그해 10월 「화세계(花世界)」(1910.10.12~1911.1.17)를 시작으로 1913년 5월까지 계속해서 이해조의 작품들을 연재한다. 이 기간 동안 연재된 이해조의 작품은 「월하가인(月下佳人)」(1911.1.18~4.5)·「화(花)의혈(血)」(1911.4.6~6.21)·「구의산(九疑山)」(1011.6.22~9.28)·「소양정(昭陽亭)」(1911.9.30~12.17)·「춘외춘(春外春)」(1912.1.1~3.14)·「탄금대(彈琴臺)」(1912.3.15~5.1), 「강상련(江上蓮」(1912.3.17~4.16), 「연(燕)의각(脚)」(1912.4.29~6.7)·「소학령(巢鶴嶺)」(1912.5.2~7.6)·「토(兎)의간(肝)」(1912.6.9~7.11)·「봉선화(鳳仙花)」(1912.7.7~11.29)·「비파성(琵琶聲)」(1912.11.30~1913.2.23)·「우중행인(雨中行人)」(1913.2.25~5.11) 등이다. 이 기간 동안 이해조는 『제국신문』에서와 마찬가지로 거의 쉬는 날 없이 작품을 연재했을 뿐만 아니라 「옥중화」, 「강상연」, 「연의각」, 「토의간」 등 판소리계 소설들을 여타 '신소설'들과 중복 게재하기도 했다. 이 네 편의 작품은 모두 다른 신소설 작품과 연재 기간이 중복된다. 그러나, 이른바 신소설들 사이에는 연재 기간이 서로 중첩되는 작품이 하나도 없다. 한 작품의 연재를 끝낸 후 다른 작품의 연재를 시작했던 것이다. 그런 점에서 보면 『매일신보』의 이해조는 이들 네 작품의 연재를 신소설의 연재와는 다른 차원에서 생각했던 것으로 보인다. 신소설의 작가 표기는 선음자(善飮子), 하관생(遐觀生), 석춘자(惜春子), 신안생(神眼生), 우산거사(牛山居士), 이열생(怡悅生), 해관자(解觀子) 등으로 다양하지만, 판소리계 작품들의

13 이에 관한 상세한 논의는 양세라, 「근대계몽기 신문 텍스트의 연행성 연구」, 연세대 박사논문, 2010, 137~149쪽 참조.

경우는 모두 해관자(解觀子)로만 표기되어 있다. 『매일신보』에 연재되었던 이해조의 장형소설들은 신문 연재를 마친 후 모두 단행본으로 출간되었다.[14]

『매일신보』가 소설란을 운용한 가장 큰 이유는 대중 독자를 끌어들이는 일에 있었다. 『매일신보』가 장형 연재소설을 통해 성취하고자 했던 것은 대중에게 오락과 흥밋거리를 제공하는 일이었다. 이해조의 소설들이 계몽성의 약화와 더불어 통속성의 강화 쪽으로 방향을 선회하게 되는 것도 결국은 『매일신보』의 편집 방침의 반영이라고 보아야 할 것이다. 『매일신보』에 게재된 단형소설과 장형소설의 중요한 차이점 가운데 하나는 계몽성과 오락성의 문제로 정리할 수 있다. 단형소설들이 계몽성이 강한 것에 비하면 장형소설들은 오락성이 월등히 강한 것이다. 응모단편소설의 경우는 당선작 가운데 상당수가 계몽적 성격을 띤 작품이었다. 이는 비전문전 작가인 투고자들이, 글쓰기의 목적이 오락성보다는 교훈성에 있다는 전통적 생각을 지니고 있었던 때문으로 보인다. 신년 기획 단편소설들의 경우도 오락성과 계몽성이 혼재되어 있었다. 이는 단형소설보다 장형소설이 오락성을 드러내기에 더욱 적합한 양식이라는 장르적 특성과 연관된 부분이 없지 않다.

『매일신보』가 추구하는 오락성과 통속성은 조중환의 번안소설의 등장과 함께 새로운 전기를 맞이하게 된다. 이해조는 「구의산」 등의 추리소설을 시도하면서 철저히 대중적 오락성을 추구했다. 하지만, 이해조의 소설이 지닌 오락성은 이후 성행하게 되는 번안소설의 오락성에 비하면 별반 상대가 되지 않는 것이었다. 조중환의 등장과 번안소

14 이는 판소리계 소설이나 '신소설' 모두에 해당된다. 이해조의 작품 목록 및 출판 서지에 관한 상세한 논의는 최원식, 『한국 계몽주의 문학사론』, 소명출판, 2002, 164~166쪽 참조.

설의 성행은 실질적으로 이해조의 시대가 끝났다는 사실을 의미한다. 『매일신보』의 입장에서 조중환 소설의 성공은 크게 두 가지 점에서 의미가 있는 사건이었다. 하나는 그들이 목표로 했던 소설의 대중적 인기 확보에 크게 성공했다는 점이다. 다른 하나는, 그 대중적 성공이 바로 일본의 작품들을 들여오면서 이루어졌다는 점이다.[15]

조중환의 「쌍옥루」 성공에 힘입은 『매일신보』는 이후 계속해서 번안소설들을 연재한다. 1910년대 중반까지 『매일신보』에 연재된 번안소설들로는 조중환의 「쌍옥루(중편)」(1912.9.26~11.27) · 「쌍옥루(하편)」(1912.11.28~1913.2.4) · 「장한몽(長恨夢)」(1913.5.13~10.1) · 「국(菊)의향(香)」(1913.10.2~12.28) · 「단장록(斷腸錄)」(1914.1.1~6.10) · 「비봉담(飛鳳潭)」(1914.7.21~10.28) · 「속편 장한몽」(1915.5.25~12.26) 등과 하몽(何夢) 이상협(李相協)의 「눈물」(1913.7.16~1914.1.21) · 「정부원(貞婦怨)」(1914.10.29~1915.5.19) · 「해왕성(海王星)」(1916.2.10~1917.3.31) 등이 있다. 이들 가운데 일부는 최근까지도 창작소설로 분류되어 왔으나 점차 그 대부분이 번안소설인 것으로 판명되고 있다.[16] 이 시기에 이인직의 「모란봉(牧丹峰)」(1913.2.5~6.3) 연재 시도가 있었지만 그것이 확산 일로에 있던 번안소설의 대중적 인기를 따라잡을 수는 없었다. 이인직의 「모란봉」은 65회까지 연재되다가 결말을 보지 못하고 중단된다.

1910년대 번안소설들이 국내 작가들의 창작 소설을 밀어내고 『매일신보』의 문단을 장식할 수 있었던 가장 큰 요인은 대중적 흥미의 제고

15 김영민, 『한국 근대소설의 형성 과정』, 161쪽 참조.

16 특히 조중환의 「비봉담」, 「속편 장한몽」과 이상협의 「눈물」 등이 최근의 연구에 의해 번안소설로 밝혀진 바 있다. 「국의향」은 아직 원본이 발견되지 않았지만 이 역시 번안일 것으로 추정이 된다. 이와 관련된 논의는 최태원, 「일재 조중환의 번안소설 연구」, 서울대 박사논문, 2010, 6~18쪽 참조.

에 있었다. 다음의 정리는 이 시기 번안소설의 성공 요인이 어디에 있는가를 잘 보여준다.

「불여귀」와 함께 조중환이 1910년대 매일신보에 연재한 번안소설을 일괄하면, 결국 그가 1890년대 후반(메이지 20년대)부터 1910년대 초반(다이쇼기)의 일본에서 유행하던 대중서사를 번역과 번안의 형태로 수용하고 있음을 확인할 수 있다. 번역 신파극이 출발점이었지만, 번역은 조중환에게 그다지 유용한 수단이 아니었다. 번안으로 돌아선 시점에서 조중환은 극단의 각본가이자 배우이기를 그만두고 일간지 기자로 변신한다. 매일신보는 영세한 극단과 비교할 수 없을 정도의 막강한 대중적 영향력을 지니고 있었다. 따라서 신파극은 조중환 번안의 핵심이요 근간이지만 전부는 아니었다. 그의 시작은 신파극을 위한 번안소설 연재였지만 어느 시점에서인가 그는 신파극과 분리된 번안소설로 변화를 모색했다. 메이지 30년대의 유행 문화를 거슬러 올라 메이지 20년대의 유행을 기웃거리지만, 그 역시 여의치 않았다. 번안이 서양적인 것이 직접적으로 노출된 메이지 20년대의 유행을 능숙하게 처리할 수 없었기 때문이다. 이 지점에서 조중환은 다시 신파극으로 복귀한다.

이와 같은 일련의 변화가 말하는 것은, 그가 번안의 대상을 선택하는 데 있어 신파극보다 상위의 기준을 두고 있었다는 점이다. 번안의 대상과 경향이 바뀌더라도 유독 바뀌지 않는 것이 두 가지 있다. 하나는 신문소설이며, 다른 하나는 시대의 유행이다. 조중환은 불과 2~3년 사이에 1890년대부터 1910년대 초반에 이르는 일본 대중문화, 그것도 신문 대중소설의 봉우리들을 아주 빠르게 훑어내려갔다. 그가 선택한 작품들은 시대의 차이는 있어도 한결같이 한 시기 유행의 중심에 있던 작품들이었다. 그의 선택을 지배한 것은 유행이었다. 자신이 근대(문화)의 첨단에 있다는 자부심, 이 선을 따라서 보아야 비로소 조중환이 번안을 하는 이유, 번안작 선택의 기준 등이 보인다.[17]

조중환의 선택을 지배한 것이 '유행'이었다는 지적은, 그가 이미 일본에서 대중적 성공을 거둔 작품들을 번안 텍스트로 수용했다는 사실을 말해준다. 더불어 이러한 텍스트들을 '번역'이 아니라 '번안'의 절차를 밟아 소개했다는 사실 역시 중요하다. 번안은 번역자의 상상력의 개입을 자유롭게 하고, 대중들의 기호에 맞게 원전을 개작하는 일까지도 가능하게 한다. 실제로 번안소설의 상당수는, 등장인물의 행위와 대사를 국내 대중 독자들의 정서에 맞게 바꾸어 소개했다. 번안소설이 독자들의 강력한 호응을 받을 수 있었던 데에는 이러한 개작의 요소들 또한 의미 있게 작용했던 것으로 추정된다.[18]

2. 근대 장편소설의 출현

『매일신보』 연재 장형소설의 대표적 작가가 이해조에서 조중환 등으로 옮겨간 것은 통속성 혹은 대중성의 강화라는 측면에서 충분히 예측 가능한 일이었다. 아울러 이는 『매일신보』의 소설 지면의 일관된 편집 방향의 일관성을 보여주는 것이기도 했다. 그러나 1910년대 중반

17 최태원, 「일재 조중환의 번안소설 연구」, 183~184쪽.

18 조중환은 1920년대 들어서 「관음상(觀音像)」(1920.7.7~1921.3.23)」을 발표하는 것으로 줄기차게 이어오던 『매일신보』의 소설 연재를 한 단계 마무리한다. 「관음상」 이후 조중환이 『매일신보』에 다시 장형 서사물을 연재하기 시작하는 것은 십 년 이상 시간이 경과한 뒤이다. 1930년대 중반 조중환은 역사소설이라 명명된 「금척(金尺)의 꿈」(1934.7.23~1935.1.27)과 「금척(金尺)의 꿈 후편」(1935.2.13~11.13)을 발표한다. 이후 「안동의기(安東義妓)」(1939.11.20~1940.11.15)와 「동지사비화(冬至使秘話)」(1940.5.22~11.15) 등의 야화(夜話)를 발표하는데, 이것이 식민지 시기 조중환의 마지막 작품 활동이었던 것으로 보인다.

이광수(李光洙)의 출현은 다소 예외에 속하는 사건이다. 이는 『매일신보』 소설 지면의 성격으로 보나, 이광수 개인의 문필 활동의 궤적으로 보나 의외성이 강한 것이었다. 『매일신보』에서 이광수의 출현은 한국 근대소설사의 큰 줄기가 오락적 통속성에서 부분적으로는 다시 계몽성으로 회귀한다는 사실을 의미한다. 이광수의 등장은, 갈수록 통속화되어 가는 소설들에 대해 식자층의 반발이 커져가는 상황에서 『매일신보』가 찾아낸 대안이었다. 이광수와 『매일신보』의 만남은 상호 이해관계가 맞물려 이루어진 결과이다. 『매일신보』는 조선의 지식 청년들을 원하는 방향으로 계도할 수 있는 새로운 작가가 필요했고, 이광수에게는 더 큰 발표 지면이 필요했다.[19] 이광수의 작품들도 기본적으로는 신문 연재소설이 지향하는 대중적 재미를 외면하지 않는다. 하지만, 1910년대 『매일신보』에 소개되는 이광수의 소설들은 통속적 오락성 자체를 목적으로 창작되는 소설은 아니었다.

이광수 등장 이후 『매일신보』의 연재소설 지면은 크게 두 줄기로 양분된다. 한 줄기는 일반 대중을 상대로 한 작품의 게재였고, 다른 한 줄기는 지식인 독자를 상대로 한 작품의 게재였다. 아직 잔영이 남아 있는 조중환 · 이상협 · 민태원 등의 번안소설이 전자의 줄기에 해당된다면, 이광수의 「무정」(1917.1.1~6.14)이나 「개척자」(1917.11.10~1918.3.15) 등이 후자의 줄기에 해당된다.[20] 시간이 지나면서 이광수의 소설들은 지

19 이광수와 『매일신보』 사이의 상호 이해관계 합치에 관해서는 김영민, 『한국 근대소설의 형성 과정』, 162~163쪽 참조.

20 1910년대 후반기 『매일신보』 연재소설의 성격과 문체 등에 관한 상세한 논의는 이희정, 『한국 근대소설의 형성과 『매일신보』』, 288~311쪽 참조. 1920년대 이후 『매일신보』 문예란 관련 논의는 이희정, 「1920년대 『매일신보』의 독자문단 형성 과정과 제도화 양상」, 『한국현대문학연구』 제33집, 2011, 97~133쪽 및 「1920년대 식민지 동화정책과 『매일신보』 문학 연구(1)」, 『어문학』 제112집, 2011, 351~379쪽 참조.

식인뿐만 아니라 일반 대중까지 독자로 끌어들이는 데 성공한다. 하지만, 원래 『매일신보』 편집진의 구상은 이러한 두 가지 부류의 소설을 통한 지면의 양분 구도였다.

한국문학사 최초의 근대적 장편소설로 불리는 「무정」의 탄생은 『매일신보』라는 당시대의 가장 보수적이고 안정적인 매체가 마련한 제도의 산물이다. 『매일신보』는 그동안 발표 지면의 제약으로 인해, '장편을 만들 만한 재료'를 가지고 '꼴못된 단편'을 쓸 수밖에 없었던[21] 젊고 유망한 작가 이광수에게 충분한 지면을 제공하며 장편소설 작가의 길을 갈 수 있도록 했다. 『매일신보』를 통한 장편소설의 연재는 이광수에게 경제적 보상을 함께 가져다주는 일이기도 했다. 이광수는 『매일신보』를 만난 이후 자신의 필명을 고주(孤舟)에서 춘원(春園)으로 바꾼다.[22] 이광수는 『매일신보』를 만난 후, 글쓰기를 통한 외부 세계와의 싸움을 끝내고 현실과 화해를 시도한다. 물론 이광수가 극복하고자 했던 외부 세계의 모습은 과거와 달라진 것이 전혀 없었다. 그런 점에서 보면 이광수가 선택한 현실과의 화해는 화해라기보다는 타협이라는 말이 더 어울리는 것이었다.

이광수와 『매일신보』가 만나게 되는 계기 및 그 과정에 대해서는 여러 가지 추정이 가능하다.[23] 학우회 기관지였던 『학지광』은 물론이고 상업지였던 『청춘』조차 원고료를 지불하지 않던 상황에서[24] 『매일신

---

21 이광수, 「헌신자」, 『소년』, 1910.8, 58쪽 참조.

22 이는 작가 이광수의 심리적 변화를 보여주는 일이기도 하다. 이제 그에게 글을 쓰는 일은 더 이상 외로운 배[孤舟]를 혼자 저어 망망대해로 나아가는 대가 없는 노력이 아니었다. 이광수가 『매일신보』에 글을 쓰는 일은 봄날의 정원[春園]을 거니는 여유 있는 산책에 비길 만한 것이기도 했다.

23 이와 관련된 상세한 논의는 김영민, 「이광수 초기 문학의 변모 과정」, 『현대문학의 연구』 제34집, 2008, 107~140쪽 참조.

24 이광수, 「「무정」 등 전작품을 어(語)하다」, 129~130쪽 참조. 이와 관련된 논의는 이 책의 제1

보』가 보내주는 원고료 역시 유학생 이광수에게는 매력적이었을 것이다. 이광수는 두 번에 걸친 유학을 수행한다. 그런데 이 두 번의 유학은 모두 누군가의 후원에 의한 것이었다. 1905년의 제1차 유학은 일진회의 도움으로 이루어졌다. 1915년의 제2차 유학은 인촌 김성수(仁村 金性洙)의 후원이 있어 가능했다. 이광수는 제1차 유학 당시 일진회의 지원이 끊어지자 일 년 만에 귀국해야만 했다.[25] 그런 점에서 보면, 학비가 없어 학업을 중단할 수밖에 없었던 이광수가 특히 경제적 문제에서 자유로울 수 없었다는 사실은 분명해 보인다.

이광수와 『매일신보』의 만남을 이해하기 위해서는 새롭게 주목해야 할 사실이 하나 있다. 이광수가 『매일신보』에 첫 번째로 기고한 글은 지금까지 「대구에서」로 알려져 있었다.[26] 하지만 이는 잘못된 것이다. 그는 「대구에서」를 발표하기 이전 『매일신보』에 「증삼소거사(贈三笑居士)」라는 한시(漢詩)를 투고한 바 있다.[27] 이것이 이광수가 『매일신보』에 수록된 첫 번째 글이다. 이는 이광수와 『매일신보』의 접촉 과정을 이해하는 데 중요한 실마리를 제공한다. 이 한시는 1916년 9월 8일자 2면 하단 현대시단(現代詩壇)란에 '고주생 동상도중(孤舟生 東上途中)'

장 2절 참조.

25 1905년 8월 일진회 유학생으로 도일한 이광수는 천도교 분열 등으로 인해 학비가 중단된 후 1906년 12월 일시 귀국한다. 이후 1907년 2월 국비 지원을 받아 재도일하게 된다. 연구자에 따라서는 1907년의 유학을 2차 유학으로, 1915년의 유학을 3차 유학으로 보기도 한다. 이광수의 유학에 관해서는 하타노 세츠꼬, 『「무정」을 읽는다』, 소명출판, 2008, 38~91쪽 참조.

26 『이광수전집』을 비롯해 김윤식의 『이광수와 그의 시대』(한길사, 1986) 등 기존의 이광수 관련 모든 자료집 및 연구서에서는 『매일신보』에 투고한 이광수의 첫 글을 「대구에서」로 정리하고 있다.

27 전문을 소개하면 아래와 같다.

南溪幽屋始逢君(남계유옥시봉군)　남쪽 시내 그윽한 집에서 그대를 처음 만났네
禪榻焚香人自薰(선탑분향인자훈)　참선 자리 향 피운 사람 그 스스로가 향기롭고
體胖眼青容似笑(체반안청용사소)　부처같이 편안하며 맑은 눈빛 얼굴에 미소 띠고
滿胸道味定氤氳(만흉도미정인온)　불도의 참뜻이 그 마음 속에 가득 차있네.

에서라는 부기와 함께 실려 있다. 이광수가 일본으로 길을 떠나며 삼소거사에게 보낸다는 의미가 담겨 있는 것이다. 원고의 성격으로 미루어 볼 때, 이 글은 『매일신보』의 청탁에 의한 기고가 아니라 이광수가 스스로 창작해 투고한 것으로 보인다. 여기서 '삼소거사'는 『매일신보』 발간 초기부터 줄곧 실력자로 행세하던 나카무라 켄타로[中村健太郎]를 지칭한다. 남계유옥(南溪幽屋)은 나카무라 켄타로의 당호(堂號)이다.[28] 이 시는 이광수가 나카무라 겐타로의 집을 방문한 후 쓴 것이 분명하다. 나카무라 켄타로는 일본으로 돌아간 후, 조선에서의 자신의 생활을 회고하는 기록 『조선생활 오십년(朝鮮生活 五十年)』을 남겼다. 이 기록에 따르면 나카무라는 1900년 일본 구마모토[熊本]현이 파견한 조선어(朝鮮語) 유학생으로 한국에 첫발을 디딘 후 약 47년간 한국에 머물며 활동했다.[29] 그는 처음 한국에 와서는 경부철도회사의 일을 했으나, 1903년 일본인들이 한국 내에서 발행한 『한성신보』에 입사함으로써 언론계에 들어서게 된다.[30] 『한성신보』 한글판의 기사 작성 및 편집을 담당하던 그는 1905년 이후에는 경무고문부에 들어가 국내신문들에 대한 검열을 담당하는 검열관의 역할을 하기도 했다.[31] 나카무라 켄타로는 일본의 대표적 군국주의자 가운데 한 사람인 도쿠토미 소호[德富

28 나카무라 켄타로는 자신의 집을 남계초당(南溪草堂)이라 불렀다. 나카무라 켄타로[中村健太郎], 『조선생활 오십년(朝鮮生活 五十年)』, 青潮社, 1969, 참조.

29 나카무라 켄타로[中村健太郎], 『조선생활 오십년(朝鮮生活 五十年)』, 9~11쪽 참조.

30 『한성신보』는 일본 구마모토[熊本]현 사람들이 결성한 웅본국권당(熊本國權黨)이 중심이 되어 1895년 2월 17일에 발행한 신문이다. 『한성신보』는 국문과 국한문 그리고 일문을 함께 사용하는 격일간 신문으로 출발했다. 1897년 10월 하순부터는 국문(국한문)과 일문 신문을 분리하여 각각 발행하기 시작했고, 1903년 10월 1일부터 이들 국문과 일문 신문을 모두 일간으로 바꾸어 발행했다. 『한성신보』는 1906년 7월 31일까지 발행된 후 폐간된다. 『한성신보』에 대한 상세한 논의는 김영민, 「구한말 일본인 발행 신문과 한국의 근대소설」, 『현대문학의 연구』 제30호, 2006, 7~44쪽 참조.

31 「창간이래 34년 본보 성장의 회고」, 『매일신보』, 1938.5.5, 13면 참조.

蘇峰]의 권유로 『매일신보』 발간 작업에 참여하게 된다.[32] 나카무라 켄타로는 1916년 당시에는 『매일신보』의 감사(監事)였고, 이후 1918년에는 이사(理事)가 되고 1921년에는 편집국장의 역할을 맡는다.[33] 하지만 나카무라는 그의 형식적 직함의 변화와 관계없이 늘상 『매일신보』 편집의 실질적 권한을 갖고 중추적 역할을 수행했던 것으로 보인다.[34]

앞뒤 사정으로 미루어 보면, 이 한시는 와세다대학 유학생이었던 이광수가 1916년 여름 방학을 끝내고 동경으로 돌아가는 길에 나카무라의 집을 찾아 그를 만난 후 지어 보낸 것으로 추정된다. 이 한시를 통해 이광수는 나카무라를 만나 느낀 감회와 존경의 마음을 표현한 것이다.[35] 이광수의 다른 글 「무부츠 옹[無佛翁]의 추억」에 따르면 이 시기 이광수는 나카무라뿐만 아니라 『매일신보』 사장 아베 미쓰이에[阿部充家] 역시 만났음을 알 수 있다.[36] 이광수는 자신이 아베 사장을 만난 것이 1916년 초가을이라고 회고하고 있다. 여름 방학을 마치고 동경으로 돌아가는 길에 경성에 들렀다가 심우섭과 함께 그의 집을 찾아가 만났다는 것이다.[37] 이 회고에 따르면 이광수가 아베 사장을 만난 시기와

---

32 나카무라 켄타로[中村健太郎], 『조선생활 오십년(朝鮮生活 五十年)』, 57~58쪽 참조.

33 정진석, 『언론 조선총독부』, 353~354쪽 참조.

34 이광수는 자신이 「무정」을 투고하던 당시 나카무라 켄타로가 편집국장격(編輯局長格)이었다고 술회하고 있다. 이에 대해서는 이광수, 「문단 생활 삼십년의 회고」, 『조광』 1936.6, 117쪽 참조. 1917년 이광수에게 오도답파(五道踏破) 기행문을 청탁한 인물 역시 나카무라 켄타로였다. 그런데, 이 원고 청탁과 관련된 회상에서 이광수는 나카무라 켄타로가 『매일신보』의 감사였다고 적고 있다. 이광수, 「무부츠 옹[無佛翁]의 추억」, 김원모·이경훈 편역, 『동포에 고함』, 철학과 현실사, 1997, 245쪽 참조.

35 이광수가 『매일신보』로부터 「대구에서」 등의 원고 집필 청탁을 받은 것이 이 한시를 보낸 이후인지 이전인지는 알 수 없으나, 이광수가 『매일신보』로부터 원고 청탁을 받게 되는 과정에 나카무라가 개입되어 있었음은 분명하다.

36 이광수가 『매일신보』와 관계를 맺을 당시 사장은 아베였다. 아베는 1914년 8월부터 1918년 6월까지 『매일신보』 사장을 지냈고, 이후 카토오[加藤] 사장이 취임하여 1921년 2월까지 재임했다. 『매일신보』 임직원에 관한 상세한 기록은 정진석, 『언론 조선총독부』, 355쪽 참조.

그 과정은 나카무라 켄타로를 만나는 시기 및 과정과 유사하다. 결국 그는 1916년 여름 방학을 마치고 동경으로 돌아가는 길에 『매일신보』의 사장과 감사를 모두 만난 셈이 된다. 기자 심우섭, 감사 나카무라, 그리고 사장 아베를 통해 『매일신보』와 관계를 맺은 이광수는, 점차 『매일신보』와 총독부의 핵심 인물들이 선호하는 필자로 자리잡는다. 『매일신보』 겸 『경성일보』 사장이었던 아베 미쓰이에[阿部充家]는 이광수의 글을 읽고 크게 감탄했고, 일본에서 『국민신문(國民新聞)』을 경영하며 『경성일보』의 감독을 맡고 있던 도쿠토미 소호[德富蘇峰]에게 이광수를 소개했다.[38] 이광수와 아베 그리고 토쿠토미의 만남은 이광수의 새로운 삶의 행로를 결정하는 데 줄곧 지대한 영향을 미친 것으로 알려져 있다.[39]

장편 「무정」의 연재에 앞서 『매일신보』는 이광수의 필력과 사상에 대한 몇 번의 검증 과정을 거친다. 「대구에서」(1916.9.22~23)와 「동경잡신(東京雜信)」(1916.9.27~11.9), 그리고 '서사적 논설'의 형식을 띤 연재물 「농촌계발(農村啓發)」(1916.11.26~1917.2.18)이 거기에 해당한다. 특히 「농촌계발」은 장편소설 「무정」의 토대를 이루는 글이라는 점에서 중요하다. 「대구에서」와 「동경잡신」, 그리고 「농촌계발」에 이르는 과정에서 공통적으로 발견할 수 있는 것은 계몽주의자로서의 이광수의 모습이다. 「동경잡신」에서 이광수는 일본이 융성하는 힘이 교육에 있다는 사실을 강조한다. 일본은 전국 방방곡곡에 소학교(小學校)가 없는 곳이 없으며, 중학이 수천이고, 대학이 수백이라는 것이다. 이를 본받아 조선이 나아가야 할 길은 문명보급(文明普及)과 사회개량(社會改良) 그리

37 이광수, 「무부츠 옹[無佛翁]의 추억」, 244쪽 참조.
38 위의 글, 246쪽 참조.
39 정일성, 『일본 군국주의의 괴벨스 도쿠토미 소호』, 지식산업사, 2005, 63~64쪽 참조.

고 산업개발(産業開發)이다. 「동경잡신」이 주목을 끄는 또 하나의 이유는 여기서 이광수가 일본 근대화의 상징적 인물인 후쿠자와 유키치[福澤諭吉]의 무덤을 찾아 참배한다는 사실에 있다. 그의 묘를 찾아 모자를 벗고 고개를 숙인 이광수는 가슴 속에 무한한 경모(敬慕)의 감정을 느낀다.[40]

『학지광』 제8호에는 이광수의 것으로 추정되는 산문 「용동(龍洞)」이 수록되어 있다. 「용동」은 제석산인(帝釋山人)의 글로 명기되어 있으나,[41] 그 내용과 문체로 미루어 볼 때 이광수의 글임에 틀림이 없다. 제석(帝釋)은 『삼국유사(三國遺事)』에 기록된 고조선(古朝鮮) 단군신화(檀君神話)에 등장하는 환인(桓因)의 다른 이름이다.[42] 그 환인의 아들 환웅(桓雄)이 지상에 내려와 세운 나라가 '배달'이다. 배달은 우리민족을 지칭하는 용어이면서 우리 역사상 최초의 나라 이름이기도 하다. 「용동」의 저자는 본문에는 제석산인(帝釋山人)으로 표기되어 있지만, 속 표지 목차에는 '흰옷'으로 되어 있다. 흰옷은 '백의민족(白衣民族)'이라는 상징성을 드러내는 필명으로 이 역시 '거울'이라는 필명으로 발표된 이광수의 작품 「크리스마슷밤」에 등장하는 '배달'과 통한다. 「용동」에 주목해야 하는 이유는 이 글이 이광수의 '서사적 논설' 「농촌계발」의 토대를 이루는 글이기 때문이다. 「용동」은 단편 산문이고 「농촌계발」은 수개월 동안 연재한 장편 '서사적 논설'이라는 점에서 두 글의 단순 비교는 수월한 일이 아니다. 그러나, 두 글의 양식상 차이에도 불구하고 「용동」과 「농촌계발」의 핵심을 이루는 내용은 서로 유사하다. 「용동」

40 "余의 胸中에는 無限ᄒᆞᆫ 敬慕와 感慨가 交臻ᄒᆞ다."(이광수, 「동경잡신」, 『매일신보』, 1916.10.25)

41 본문에는 저자가 '帝釋山人'으로, 차례에는 저자가 '흰옷'으로 되어 있다. 차례에는 '농촌문제(農村問題) 연구(研究)에 관한 실례(實例)'라는 부제도 달려 있다.

42 일연, 이가원·허경진 역, 『삼국유사』, 한길사, 2006, 64쪽 참조.

에서 마을 사람들이 지향하는 바는 신분상 남들에게 차별대우를 받지 않는 양반이 되는 것과, 경제적으로 잘 살게 되는 것이다. 「용동」에서 이를 성취하는 방식은 마을 사람들이 함께 모여 동회(洞會)를 구성하고 젊은이들을 교육하는 일에 있다. 「농촌계발」에 등장하는 금촌(金村) 마을 사람들이 지향하는 바는 「용동」의 용동(龍洞) 마을 사람들이 지향하는 바와 동일하다. 그들이 소망을 성취해가는 방식 역시 동회(洞會)의 구성과 교육사업 참여에 있다. 「용동」과 「농촌계발」에서는 모두 마을 사람들을 계도하고 이끌어가는 지도자가 등장한다. 「용동」에서 용동을 이끌어가는 지도자는 이참봉이라는 오십 세가 다 된 인물이다. 그러나 「농촌계발」에서 금촌을 이끌어가는 지도자는 일본 동경에 유학해 법률을 연구하고 조선에 돌아와 지방 재판소에 판사로 근무하던 김일이라는 청년이다. 김일은 조선 문명의 근본이 농촌 계발에 있음을 깨닫고 판사직을 버리고 고향으로 돌아온다. 「용동」은 이광수가 쓴 초기 산문 가운데서 비교적 낙관적 전망을 담고 있는 글이다. 「농촌계발」에서 이광수는 지도자 김일을 통해, 「용동」의 이참봉이 지녔던 낙관적 전망을 몇 배로 증폭시킨다. 「용동」의 이참봉은 양반이 되기 위해 사서오경(四書五經)과 삼국지와 열국지, 그리고 백가서(百家書)를 구해 서고에 간직하고, 교사를 초빙하여 자제들을 교육한다. 「농촌계발」에서도 양반이 되는 일은 중요하다. 김일 역시 양반이 되기 위해서는 배우는 일이 필요하다는 사실을 역설한다. 그러나, 여기서 김일이 강조하는 배움은 이참봉의 그것과 달리 '일본과 서양을 배우는 것'이다. 그러기 위해 우리가 해야 할 일은 무엇보다 먼저 우리 자신의 과거와 결별하는 것이다. 과거 우리 조상들은 일본과 서양을 야만적이라 보고 멸시했으나 이제는 세상이 달라졌다는 것이 「농촌계발」의 주인공 김일의 주장이다. 새로운 시대에는 새로운 도덕과 새로운 지식이 필요하다는 것이다. 일본과 서양은 새로운 도덕과 새로운 지식을 제공하는 나라이며, 이제 양반의 나라는 우리가 아니라 그들이다. 「농촌계발」에서 이광수는 우리가 그들을 본받는 가운데 태평성대가 멀지 않았음을 강조한다.

「대구에서」와 「동경잡신」 그리고 「농촌계발」을 통해 사상검증의 절차를 마치고 필력까지 인정받은 이광수는 1917년 1월 1일자 『매일신보』에 신년특집 수필 「신년(新年)을 영(迎)ᄒᆞ면서」를 게재하고, 장편소설 「무정」의 연재를 시작한다. 유학생 잡지 『학지광』에 발표된 이광수의 단상 「용동」은 「농촌계발」로 변모하고, 이것이 소설화 과정을 거쳐 장편소설 「무정」으로 다시 태어난 것이다. 「무정」을 통해 이광수는 조선총독부 기관지 『매일신보』의 주요 필자로 확고히 자리를 잡게 된다. 이후 『매일신보』의 특파원 자격으로 국내 여행길에 오른 이광수는 6월 29일부터 「오도답파여행(五道踏破旅行)」을 연재하게 된다. 이 글은 『경성일보』에도 연재되었는데 이것이 이른바 '조선 사람이 『경성일보』에 쓴 첫 글'이 된다.[43]

「무정」의 가치는 다양하다. 그것은 당대 조선인들의 일상을 실감나게 묘사한 '시대의 충실한 기록'이다.[44] 「무정」이 기념비적인 것은, '연애의 자유'와 관련된 개인 주체를 내세우면서, 육욕을 지닌 구체적 개인의 소망과 그 리비도를 통어하는 현실의 질서 사이에 존재하는 균열을 솔직하게 드러내 보여주었다는 점 때문이기도 하다.[45] 영채 등을

---

43 나카무라 켄타로는 이 글이 '조선 사람에 대한 이해를 내지인(內地人)에게 준 효과가 크다'고 술회한 바 있다. 「창간이래 34년 본보 성장의 회고」, 『매일신보』, 1938.5.5.

44 하타노 세츠코, 『「무정」을 읽는다』, 402~403쪽 참조. 「무정」의 판본에 관한 정리는 김철, 『바로잡은 「무정」』, 문학동네, 2003 참조. 「무정」이 지니는 근대적 가치에 대한 전반적 논의는 서영채, 『아첨의 영웅주의—최남선과 이광수』, 소명출판, 2011, 참조.

45 한수영, 「이광수 소설에서의 자유주의와 개인 주체」, 문학과사상연구회, 『이광수 문학의

비롯한 여성 인물들의 모습은 일제 식민담론이 전파하던 황국신민화의 주체로서의 현모양처 상과는 균열을 보이는데, 이 또한 대중들의 내면적 호응을 얻는 계기로 작용한다.[46] 「무정」의 스토리 구조는, 당시 『매일신보』를 중심으로 한 총독부에의 정치적 타협이 문명 조선의 건설을 위한 방편이 될 수 있다는 작가 이광수의 신념과도 부합한다.[47]

「무정」을 최초의 근대적 장편소설이라 칭할 수 있는 가장 큰 이유는, 그것이 한글로 쓰인 최초의 지식인 소설이기 때문이다. 소설사의 근대기점 논의는 지식인의 한글 사용 논의와 분리되기 어렵다. 그런 점에서 「무정」의 성공은 근대 민족 언어의 문학적 구현의 성공으로 불러도 좋다.[48] 「무정」에 이어 『매일신보』에 연재된 이광수의 장편소설 「개척자」의 문체는 국한문체이다. 「개척자」의 문체가 국한문체로 회귀하고, 논문 대신 소설의 붓을 드는 심정으로[49] 이광수가 「개척자」를 쓰기 시작했을 때, 더 이상 이광수의 장편소설이 새롭게 나아갈 수 있는 길은 없었다. 「개척자」의 화자는 독자와 대화하기보다는 이들을 훈계하고 지도하려는 태도를 보여준다. 그의 어조는 권위적이며 고압적이다.

재인식』, 소명출판, 2009, 191쪽 참조.

46 이희정, 『한국 근대소설의 형성과 『매일신보』』, 223쪽 참조.

47 최주한, 『제국 권력에의 야망과 반감 사이에서－소설을 통해 본 식민지 지식인 이광수의 초상』, 소명출판, 2005, 53쪽 참조.

48 이와 관련된 상세한 논의는 김영민, 『한국 근대소설의 형성 과정』, 167~168쪽 참조.
「무정」의 문체 역시 한계가 없었던 것은 아니다. 다음의 지적은 「무정」의 문체가 거둔 성과뿐만 아니라 그 한계가 어디에 있는가를 명확히 보여준다. "이광수 소설의 문체는 한국 근대소설 문체의 전범으로 평가되지만, 실제로는 조선 후기 평민문학에서 성장되어 왔던 민중적 전통의 문체를 발전적으로 계승하지는 못하며 따라서 다양한 몸짓 말, 속담적 비유 등 우리말의 잠재력을 다각도로 끌어올릴 가능성 역시 차단된다. 즉 민중문화의 고유한 입담과 해학 및 이야기적 전통이 근대 장편소설 문학에서 단절되는 셈인데, 이러한 단절은 「무정」에 이어 발표된 「개척자」에서 심화, 고착된다."(양문규, 「1910년대 이광수 소설 문체의 재인식」, 『이광수 문학의 재인식』, 소명출판, 2009, 78쪽)

49 이광수, 「여의 작가적 태도」, 『동광』, 1931.4, 81쪽 참조.

「개척자」는 이광수의 계몽주의가 가진 분열적 모습을 드러낸다. 식민지 상황 속 계몽주의의 좌절감은 대중을 타자화하거나, 대중으로부터 분리된 지식인의 고립을 내세우는 것으로 나타난다. 이는 식민지 계몽소설이 안고 있는 한계를 노출시키는 것이다.[50] 「개척자」가 지닌 한계들은 이광수가 총독부 기관지 『매일신보』를 통해 민족교화의 계몽소설을 기획했을 때부터 이미 예견된 것이기도 했다. 이는 조선총독부가 마련해준 언로를 통해 민족계몽을 부르짖는 기형의 계몽문학이 다다를 수밖에 없는 한계이기도 했다.

3. 신문소설의 전개와 장편소설의 정착

근대 장편소설 양식의 정착은 근대 신문을 통해 이루어졌다. 1910년대 중반 이후 1945년까지 『매일신보』와 『동아일보』 및 『조선일보』에

50 양문규, 「1910년대 이광수 소설 문체의 재인식」, 81쪽 참조. 아울러, 다음과 같은 정리도 식민지 계몽소설 「개척자」의 한계를 이해하는 데 도움이 된다. "민이 그림을 그리는 이유는 미술이 없는 조선에 미술을 심어서 전파하기 위해서였다. 이러한 민의 모습은 자기가 하고 있는 일이 단지 이상만 좇는 것이 아니라 현실을 개혁 시키는 것까지 나아가야 된다는 지식인의 생각을 대변하고 있다. 한편 성재의 친구인 전군에게는 이런 민과는 정반대로 자신의 이상과 현실을 조화시키지 못하고 자신의 앞서가는 이상만 좇다가 결국 현실에서도 버림받는 존재가 되어버린 경우를 볼 수 있다. (…중략…) 이러한 전군의 모습은 당시 조선에서 선각자의 역할을 하던 지식인들이 현실과 이상 사이에서 갈등하다 좌절하는 모습을 대표하는 것이다. 요컨대 그가 미쳐버렸다는 것은 실상 이런 지식인들이 자신들의 포부와 현실의 괴리로 인해 미칠 것만 같은 삶을 살고 있다는 것을 대변하는 것이다. 이런 갈등 속에서 현실과 타협하지 못하는 이들은 전군과 같이 현실을 외면하고 자신만의 정신세계로 빠져들게 되거나, 아니면 끝내 자신의 이상을 버리고 현실적인 측면을 택하게 되는 것이다."(이희정, 『한국 근대소설의 형성과 『매일신보』』, 226쪽)

는 여러 가지 형태의 장형 서사물들이 지속적으로 게재된다.[51] 식민지 시기를 대표하는 지면이었던 이들 신문에 게재된 장형 서사물의 성격은 크게 다음의 네 가지로 나눌 수 있다.[52] 첫째, 번역 및 번안소설. 둘째, 고전 및 야담류 소설. 셋째, 독자 투고 창작 장편소설. 넷째, 전문적 작가에 의한 창작 장편소설. 이들 네 부류 작품들의 전개 과정은 대략 다음과 같다.

첫째, 번역 및 번안소설

한국 근대문학사에서 번역 및 번안소설은 그 인기가 앞 시기에 비해 크게 줄기는 했어도, 1920년대 말까지는 비교적 꾸준히 발표되었다. 식민지 시기에 간행된 신문 가운데 번역 및 번안소설을 가장 많이 수록한 신문은 『매일신보』이다. 『매일신보』의 번역 및 번안소설 게재는 1910년대 초반부터 이어져 온 관행의 연속 선상에서 이해할 수 있다. 다만, 1910년대 말부터는 번안보다 번역이 중요해진다는 사실과, 축약 번안

51 『동아일보』는 1920년 4월 1일 창간되었고, 『조선일보』는 1920년 3월 5일 창간되었다. 『동아일보』와 『조선일보』는 1940년 8월 10일 동시에 폐간계를 내고 8월 11일자 신문까지 발행했다. 『매일신보』는 1910년 8월 30일 『대한매일신보』의 제호를 바꾸어 간행되기 시작했다. 『매일신보』는 일제의 식민통치가 막을 내린 이후인 1945년 11월 중순까지 간행되다가 일시 정간 후 11월 23일자부터 『서울신문』으로 제호를 바꾸게 된다.

52 장형 서사물과 단형 서사물을 정하는 절대적 기준은 존재하지 않는다. 장형과 단형의 기준은 시기별로도 달라질 수 있다. 예를 들어 1900년대 작품의 경우는 원고지 300매 정도만 되어도 상대적으로 장형으로 분류할 수 있다. 크게 보면, 시기가 현재와 가까워질수록 장형 서사물의 원고의 양은 더 증가한다. 여기서 정리한 장형 서사물이란 대략 2개월 이상 연재된 작품들이다. 『매일신보』는 현상소설 공모 당시 한 회 연재분 소설의 분량을 원고지 12매 정도(1행 20자 120행)로 명시한 바 있다. 신문 휴간 일을 제하고 계산하면 대략 200자 원고지 600매 이상이 2개월 동안 연재될 수 있는 분량이다.

및 축약 번역의 방향으로 나아간다는 사실에서 부분적으로 차이를 보이기는 한다.[53]

1910년대 말부터 『매일신보』에 게재된 장형의 번역 및 번안소설로는 순성(舜星) 진학문(秦學文)의 「홍루(紅淚)」(1917.9.21~1918.1.16), 이상협의 「무궁화(無窮花)」(1918.1.25~7.27),[54] 국여(菊如) 양건식(梁健植)의 「홍루몽(紅樓夢)」(1918.3.23~10.4), 우보(牛步) 민태원(閔泰瑗)의 「애사(哀史)」(1918.7.28~1919.2.8)와 「설중매(雪中梅)」(1919.6.1~8.31),[55] 초우당주인(蕉雨堂主人) 육정수(陸定洙)의 「옥리혼(玉利魂)」(1919.2.15~5.3), 홍난파(洪蘭坡)의 「허영(虛榮)」(1919.9.3~11.8),[56] 팔극원(八克園) 유지영(柳志永)의 「희생(犧牲)」(1920.1.27~6.25), 백대진(白大鎭)의 「유정(有情)」(1922.5.13~7.14), 춘계생의 「부활(復活)」(1922.7.15~1923.3.13) · 「마란희(馬蘭姬)」(1923.4.12~8.13) · 「데카메론 상권」(1924.12.7~3.10), 백화(白華)의 「장생전(長生殿)」(1923.10.3~1924.3.13) · 「삼주간(三週間)」(1924.3.18~6.7), 이극성(李極星)의 「불옷」(1923.12.5~1924.4.5), 리상수의 「귀신탑」(1924.6.3~1925.1.7), 성해(星海)의 「여등(汝等)의 배후(背後)로서」(1924.6.27~11.8), 성주(星珠)의 「바다의 처녀」(1925.5.9~1926.2.26), 이서구(李瑞求)의 「제이(第二)의 접문(接吻)」(1926.3.1~6.27) · 「부활후(復活後)의 「카추샤」」(1926.6.26~9.26), 취성생(翠星生)의 「하니야」(1926.9.27~1927.1.21), 벽강생(碧岡生)의 「애(愛)의 개가(凱歌)」(1927.1.22~1927.8.8), 우정(雨亭)의 「순정(純情)」(1928.2.18~5.27), 양유신(楊柳新)의 「해괴(海怪)」(1930.2.11~

---

53 이에 관련된 논의는 박진영, 「한국의 근대 번역 및 번안소설사 연구」, 연세대 박사논문, 2010, 316~325쪽 참조.

54 「무궁화」의 경우는 번안이 아니라 번역·번안소설의 영향을 받은 창작소설로 보는 견해도 있다. 전은경, 『근대계몽기 문학과 독자의 발견』, 도서출판역락, 2009, 122쪽 참조.

55 「설중미」 연재 시에는 부춘산인(富春山人)이라는 필명을 사용했다.

56 이 작품은 그동안 창작물로 알려져 왔지만 최근에 일본 작가 기쿠치 유회[菊池幽芳]의 「유자매(乳姉妹)」의 번안이라는 사실이 밝혀졌다. 강현조, 「신소설 연구를 위한 시론」, 『이주와 귀환 – 제38회 한국현대소설학회 학술대회 자료집』, 2011, 248쪽 참조.

9.19) 등이 있다.[57] 『매일신보』의 번역 및 번안소설 연재는 대부분 1930년대 이전 시기에 집중되어 있다. 1930년대 이후에 연재된 장형 번역물로는 중국의 한문소설을 번역한 읍홍생(泣紅生)의 「한면면(恨綿綿)」(1935.2.28~8.29)이 유일하다.

『동아일보』의 소설 연재도 번안소설로부터 시작되었다. 『동아일보』는 1920년 4월 1일 창간호부터 민태원의 번안소설 「부평초(浮萍草)」(1920.4.1~9.4)를 게재하기 시작한다. 이는 『동아일보』의 초대 편집국장 겸 발행인이 『매일신보』의 대표적 번안소설 작가 가운데 한 사람이었던 이상협이라는 사실과 무관하지 않다.[58] 『동아일보』는 「부평초」 연재 이후에도 연속해서 천리구(千里駒) 김동성(金東成)의 「엘렌의 공(功)」(1921.2.21~7.2)과 「붉은실」(1921.7.4~10.10), 민우보(閔牛步)의 「무쇠탈」(1922.1.1~6.20), 운인(雲人) 유광렬(柳光烈)의 「녀장부(女丈夫)」(1922.6.21~10.22) 등 번역 및 번안소설을 연재한다. 『동아일보』의 번역 및 번안소설 가운데는 진학문(秦學文)의 「소(小)의 암영(暗影)」(1922.1.2~4.14)이 특기할 만하다. 진학

57 이 밖에 번안소설로 추정되는 장형 서사물에 조중환의 「관음상」(1920.7.7~1921.3.23)과 박은파(朴隱坡)의 「흑진주(黑眞主)」(1921.7.2~1922.2.5) 등이 더 있다. 이들 작품의 원작에 대해서는 아직 밝혀진 바가 없다. 그 외의 장형 번역물로 백화(白華)·계강(桂岡) 의 합역(合譯)으로 발표된 각본(脚本) 「인형(人形)의 가(家)」(1921.1.25~4.3) 등이 있다.

58 이와 관련해서는 다음과 같은 지적을 참고할 수 있다. "치밀한 사전 준비를 거쳐 창간된 『동아일보』는 처음부터 안정적으로 지면을 운용하며 발행될 수 있었고 창간호부터 장편 연재소설을 선보일 수 있는 역량을 갖추었다. 무엇보다 『매일신보』 십 년을 이끈 내로라하는 기자들, 즉 당대 최고의 편집진인 동시에 한국의 근대소설을 창출한 전문 번안 작가들이 대거 『동아일보』의 창간 주역으로 변신했기 때문이다. (…중략…) 이를테면 『매일신보』의 편집 겸 발행인으로서 실질적인 편집 책임을 맡아 온 이상협을 수장으로 삼아 진학문, 유광렬, 염상섭(廉想涉), 고희동이 포진한 『동아일보』는 출발선에서부터 위용을 과시할 만했다. 게다가 일본으로 유학을 떠난 민태원이 『동아일보』에 연재소설 제공을 약속했고 한일병합 이전에 미국으로 유학을 떠났다가 갓 돌아온 김동성까지 가세한 마당이니 양대 일간지를 주축으로 한 언론계의 형세는 물론 연재소설의 색깔도 함께 바뀌지 않을 수 없었다."(박진영, 「한국의 근대 번역 및 번안소설사 연구」, 315쪽)

문은 연재에 앞서 "飜譯이냐 하면 完全한 飜譯도 아니요, 그러면 創作이냐 하면 勿論 創作도 아니다. 밥도 아니요 떡도 아닌 俗稱 버무리. 밥덕이가 보면 비웃겟고 떡장사가 보면 怒하겟스나, 아즉 비웃음을 밧거나 怒함을 바들만한 資格도 업는 초대……"[59]라는 말로 이 작품이 '번역과 창작의 버무리'라는 사실을 밝힌 바 있다. '번역과 창작의 버무리'는 사실상 번안에 가까운 행위가 된다. 그런데 「소의 암영」은 동아일보 연재소설로서는 지극히 예외적으로 국문체가 아닌 국한문체를 선택하고 있다.[60]

『동아일보』에서 번역 및 번안소설의 비중이 축소되기 시작한 것은 1922년 이후 나도향(羅稻香)과 이광수가 필자로 가세해 창작 장편소설들을 연재하기 시작하면서부터이다. 특히 이광수의 활발한 기고는 『동아일보』에서 점차 번역 및 번안소설이 사라지게 된 주요 요인이 된다. 하지만 이광수의 등장이 곧 『동아일보』 지면에서 번역 및 번안소설의 연재 종결을 의미하는 것은 아니다. 1920년대 중반 이후에도 『동아일보』에는 안서(岸曙)의 「당상연작(堂上燕雀)」(1924.5.19~8.27), 유운인(柳雲人)의 「미인(美人)의 한(恨)」(1924.8.28~11.8), 주요섭의 「보도탐험기(寶島探險記)」(1927.2.25~4.29), 랑림산인(狼林山人)의 「소복(素服)의 비밀(秘密)」(1927.5.5~8.14) · 「沙漠의 꼿」(1929.12.3~1930.4.12), 이정호(李定鎬)의 「사랑의 학교(學校)」(1929.1.24~1929.5.23), 최병화(崔秉和)의 「십오세(十五歲) 소년(少年)의 세계일주기(世界一週記)」(1930.9.15~1931.2.1) 등의 번역 및 번안소설들이 연재된 바 있다. 『동아일보』에 마지막으로 연재된 번역소

59 순성생(瞬星生), 「소(小)의 암영(暗影)」, 『동아일보』, 1922.1.2.

60 「소의 암영」을 번안소설로 분류할 경우, 이 작품은 근대 번안소설 가운데서 지극히 예외적으로 국한문체를 사용한 작품이 된다. 참고로, 이 작품의 원전은 후타바테이 시메이의 「그 모습」이다.

설은 맹천의 「강호기협전(江湖奇俠傳)」(1931.9.3~11.19)이다.[61]

『조선일보』의 경우, 연재된 번역 및 번안물의 절대적 숫자는 그리 많지가 않다. 하지만, 창간 초기 『조선일보』에 실린 연재 서사물의 수량 자체가 매우 적었다는 사실을 고려하면 상대적으로 『조선일보』 지면에서도 번역 번안물이 차지하는 위상은 무시하기 어렵다. 『조선일보』의 번역소설과 관련하여 주목할 만한 사실은 이들 작품의 번역자가 현진건, 조명희, 이익상 등으로 모두가 후일 문단의 주요 창작소설 작가로 위상을 굳히게 되는 인물이라는 점이다. 『조선일보』에 연재 발표된 번역물로는 빙허생(憑虛生)의 「부운(浮雲)」(1921.1.24~4.30), 민우재(閔藕齋)의 「카이뎨루」 외첩(外妾)의 고백(告白)」(1923.3.30~8.5), 박영덕(朴永德)의 「몽중몽(夢中夢)」(1923.9.29~1924.1.9), 이구한(李玖漢)의 「애의 력(愛의 力)」(1924.6.17~10.2), 조명희(趙明熙)의 「그젼날밤」(1924.8.4~10.26), 봄바람의 「낙화(落花)」(1925.3.2~8.30), 김랑운(金浪雲)의 「청의야차(青衣夜叉)」(1925.8.31~1926.2.2), 이익상(李益相)의 「열풍(熱風)」(1926.2.3~12.21), 열설(洌雪)의 「홍루몽(紅樓夢)」(1930.3.20~1931.5.21), 원동인(苑洞人)의 「범의 어금니」(1930.8.5~1931.5.15) 등이 있다.

『매일신보』와 『동아일보』, 그리고 『조선일보』의 번역 및 번안소설의 연재는 1930년대 중반까지 모두 마무리된다. 『매일신보』의 본격적인 번역소설 게재는 1930년 9월 「해괴」의 연재를 마지막으로 일단락된다. 이후 약 5년의 시간이 경과한 뒤 1935년 2월 예외적으로 등장한 「한면면」의 경우를 고려하더라도 『매일신보』의 번역소설 연재 시기는 1930년대 중반을 넘어서지 않는다. 『동아일보』의 「강호기협전」의 마

61 연재 길이가 2개월에 못 미치기는 하나 민태원의 「죽음의 길」(1922.11.28~1923.1.18)을 번역 장형소설 목록에 추가할 수도 있다. 「죽음의 길」은 국한문체로 총 45회 동안 연재되었다.

무리가 1931년 11월, 그리고 『조선일보』의 「홍루몽」과 「범의 어금니」의 연재 종료가 1931년 5월이라는 점을 생각하면 이들 세 신문의 번역 및 번안소설의 게재는 거의 동일한 시기에 막을 내렸다는 사실을 알 수 있다. 식민지 시기의 대표적 매체인 이들 세 신문에서 번역 및 번안소설의 연재가 사라졌다는 것은 곧 한국 근대소설사에서 번역 및 번안소설의 시대가 일단락되었다는 사실을 의미한다.

『매일신보』의 소설 지면을 구성하는 중요한 특징이었던 지식인소설과 대중소설의 양분 구도는 번역소설의 경우에도 일정 기간 동안 적용되었다. 일반 대중을 위한 번역물들은 국문체로 연재했지만, 지식인을 위한 번역물들은 국한문체로 발표했다는 점이 이들 두 부류 번역소설이 보여주는 외형상의 가장 큰 차이가 된다. 이극성(李極星)의 「불쏫」(1923.12.5~1924.4.5)과 리상수가 번역한 탐정소설 「귀신탑」(1924.6.3~1925.1.7) 등이 전자의 예에 해당한다면, 양건식(梁健植)의 「홍루몽(紅樓夢)」(1918.3.23~10.4) · 「소년(少年) '벨테르'의 비뇌(悲惱)」(1923.8.16~9.26)와 성해(星海)의 번역소설 「여등(汝等)의 배후(背後)로서」(1924.6.27~11.8) 등은 후자의 예에 해당한다. 『매일신보』에 국한문체 번역소설이 연재 발표된 것은 1924년 이익상의 「여등의 배후로서」가 마지막이다. 이후 등장하는 번역소설들인 「데카메론」 · 「바다의 처녀」 · 「제이의 접문」 · 「부활 후의 카츄샤」 등은 모두 국문체로 발표된다.

번역소설의 문체는 번안소설의 문체와도 구별된다. 번역소설이 국문체와 국한문체로 나뉘어 발표되었던 것과 달리, 『매일신보』의 번안소설은 모두 국문체로만 발표되었다. 이는 『매일신보』의 편집자가 번안소설과 번역소설의 독자를 구분하고 있었을 가능성을 시사한다. 번역보다는 번안이 더욱 대중화된 외국문학의 소개 방식이었음을 보여주는 대목이기도 하다.

『조선일보』는 창작 장편소설에는 대부분 국문체를 사용했지만, 번역소설의 경우는 『매일신보』와 마찬가지로 1924년까지만 국문체와 국한문체를 섞어 썼다. 『조선일보』에 연재된 마지막 국한문체 작품은 이구한의 「애의 력」이다. 이후 『조선일보』 소재 장편 연재물에서 더 이상 국한문체는 발견되지 않는다. 모든 장편 서사물의 연재가 국문체로 통일되는 것이다. 『동아일보』는 창간 초기부터 번역소설과 창작소설 대부분을 국문체로 연재했다.[62]

둘째, 고전 및 야담류 소설

『매일신보』에는 진암생(震庵生)의 「심청전(沈淸傳)」(1930.11.19~1931.4.14)과 「별주부전(鱉主簿傳)」(1931.4.15~8.28)·「흥부전(興夫傳)」(1931.8.30~1932.4.8)·「춘도기우(春桃奇遇)」(1932.4.9~1933.10.4) 등을 비롯한 일련의 고전소설들이 연재되었다. 이들 작품에는 제목 앞에 모두 청구총담(靑邱叢談)이라는 표기가 달려 있다. 작가 진암생은 이들 작품의 연재에 앞서 언제나 작가해설을 덧붙이고 있다. 작가는 도입부 해설에서 '이야기의 목적은 정사(正史)에 기재하지 못하는 내용으로 선(善)을 유도하고 악(惡)을 멀리하는 것'에 있다는 견해를 제시한다. 「심청전」의 연재 의미에 대해서는 "남자(男子)의 효행(孝行)이 불소(不少)하겟지만 여자(女子)로서 효행(孝行)이 극(極)히 희귀(稀貴)한 일이며 또 고자(古者)에 남존여비(男尊女卑)하얏지

62 예외가 되는 작품은 앞에서 언급한 번안소설 「소의 암영」과 번역소설 「죽음의 길」 등 극히 일부에 지나지 않는다.

만 지금(至今) 개방(開放)되는 여성시대(女性時代)에 재(在)하야 약(弱)하든 여성(女性)의 미행(美行)을 먼저 발휘(發揮)할 필요(必要)가 잇습니다"[63]라고 언급한다. 남자의 효행은 흔한 일이지만, 여자의 효행은 희귀한 일이며 또 개방되는 여성시대를 맞아 여성이 미행을 발휘할 필요가 있다고 주장하는 서술자의 시각이 특이하다. 서술자 진암생이 이러한 시각의 해설을 덧붙인 것은, 『매일신보』의 고전 및 야담류 소설이 대상으로 삼았던 잠재적 독자군(讀者群)이 국한문을 사용하는 보수 남성층이었던 때문으로 판단된다. 『매일신보』에 발표된 고전 및 야담류 소설의 문체는 대부분이 국한문체이다. 『매일신보』에서 1930년대 초반부터 진암생이 하던 작업은 1930년대 중반부터는 작가 이보상(李輔相)에게로 이어진다. 이보상은 「임경업(林慶業)」(1934.1.9~10.9)을 시작으로 「쌍미합벽(雙美合璧)」(1934.10.10~1935.4.10) · 「강감찬전(姜邯贊傳)」(1935.4.11~1936.1.10) · 「충노만석전(忠奴萬石傳)」(1936.1.12~10.17) · 「영주화월(瀛洲花月)」(1936.10.20~1937.2.2) · 「일당육미(一堂六美)」(1937.2.3~12.12) · 「오전기채(五轉奇釵)」(1937.12.14~1938.10.21) · 「촉규화(蜀葵花)」(1939.8.29~1940.5.15) · 「오산홍등(五山紅燈)」(1941.6.20~1942.1.14) 등 일련의 고전 및 야담류 소설의 연재를 이어간다.[64]

『매일신보』에서는 창작 장편소설들뿐만 아니라 번역물들의 문체도 1924년 이후부터는 거의 대부분 국문체로 통일되어 갔다는 점을 생각하면, 1940년대 초반까지 진암생과 이보상 등의 국한문체 작품들이 지면 한 쪽에서 명맥을 이어갔다는 점은 특기할 만하다. 이러한 유형의 서사물들이 계속 연재되었다는 것은, 『매일신보』에 아직도 보수적 형태의 국한문 서사물의 독자가 남아있었다는 사실을 말해주는 것이기

63 진암생(震庵生), 「청구총담 심청전」 제1회, 『매일신보』, 1930.11.19.

64 연재 기간이 짧기는 하나 「혜월라운(蕙月蘿雲)」(1940.5.17~1941.6.18)도 같은 성격의 작품이다.

도 하다. 『매일신보』의 경우는 번안 및 번역소설의 집중 연재가 마무리된 시기[65]와 고전 및 야담류 소설의 본격적 연재가 시작되는 시기[66]가 1930년 가을로 거의 정확히 일치한다. 이는 『매일신보』의 고전 및 야담류 소설의 연재가 『매일신보』의 의도적 지면 기획과 연관된 것임을 추정할 수 있게 한다.

『매일신보』의 경우와는 달리 『동아일보』와 『조선일보』에 게재된 고전 및 야담류 소설의 숫자는 많지 않다. 아울러 이들 작품은 모두 국문체로 되어 있다는 점에서도 『매일신보』의 경우와는 차이가 크다. 『동아일보』와 『조선일보』에 수록된 고전 및 야담류 작품들은 서술 방식 등으로 미루어 볼 때 대중독자의 흥미를 끌기 위한 글임을 알 수 있다. 『동아일보』에 연재된 고전 및 야담류 소설로는 우이동인(牛耳洞人)의 「전설(傳說)의 조선(朝鮮)」(1927.8.20~12.31)[67]과 죽부인(竹夫人)의 「규등사담(閨燈史談)」(1937.11.17~1938.2.19) 등이 있다. 이들 작품은 외형상 모두가 장편 연재물들이지만, 실제 내용을 살펴보면 단형 서사가 이어지는 연작물 형태의 작품들이다. 『조선일보』에 실린 신정언(申鼎言)의 연재야담(連載野談) 「희태기(希泰記)」(1936.4.30~12.02) 역시 같은 형태의 작품이다. 「희태기」의 작가는 "야담은 야사를 근거 삼은 것이니만큼 사화(史話)와는 자매의 관계가 매저잇고 야담을 글로 쓰자면 자연 소설체에 갓가운 인연이 잇게 된 것만은 면치 못할 사실입니다"[68]라는 말로 야담과 소설의 관계를 설명한다. 야담은 우리의 감추어진 보배이며, 그 속에 수양과 개명

65 양유신(楊柳新)의 「해괴(海怪)」가 연재를 마무리하는 1930년 9월 중순을 『매일신보』의 번역 및 번안소설의 집중 연재가 마무리되는 시기로 볼 수 있다.

66 진암생의 「심청전(沈淸傳)」의 연재가 시작되는 1930년 11월 중순이 여기에 해당한다.

67 「전설(傳說)의 조선(朝鮮)」은 한 개인의 저술이 아니라 우이동인(牛耳洞人), 학파한인(鶴破閑人) 등 여러 명의 '초(抄)' '기(寄)'를 수록 연재하는 형식을 취하고 있다.

68 「희태기 — 작자의 말슴」, 『조선일보』, 1936.4.30.

과 취미의 재료가 모두 들어 있다는 사실을 강조하는 것이다.

셋째, 독자 투고 창작 장편소설

독자 투고 장편소설은 식민지 시기 신문 연재 장형 서사물의 전개사에서 비교적 중요한 하나의 범주를 형성한다. 이 시기 장편소설 공개 모집 제도를 통해 신인 작가를 발굴하고 그들의 작품을 연재한 사례로는 우선 『조선일보』의 경우를 들 수 있다. 『조선일보』는 '명작을 천하에 구한다'는 구호를 내세워 다음과 같이 장편소설을 공모한다.

> 現在 創作界의 進展과新聞小說의 向上으로 昔日에 比할것이 아닌 줄안다. 그러나 참말로 大衆을「아피-ㄹ」할 만한 力作이, 左右文壇을 通하야 發見하기 어려운 것을 遺憾으로 생각하고서 本社에서는 이제 **名作을 天下에 求한다** 一 . 每回 一行十四字 百六十行 分量으로 百五十回 以上 二. 飜譯飜案은 絶對不可 〈朝鮮文으로 大衆本位일 것〉 三. 原稿에는 짜로히 簡略한 梗槪를 添附할 것 四. 版權은 本社의 所有로 함 五. 原稿는 一切 返還치 아니함 六. 紙上匿名은 無妨하나 住所姓名을 明記할 일 七. 封皮에는 懸賞 長篇小說 募集係라 朱書할 일 **期限은 四月 末日**[69]

이 공고문에는 매회 200자 원고지 11매 분량으로 150회를 연재할 수 있는 작품을 원한다는 사실이 명기되어 있다. 200자 원고지 1,600매 이상의 본격적인 장편소설을 요구하고 있는 것이다. 더불어 이 공고문에는 판권(版權)의 소유에 관한 구체적 언급이 있다는 점이 눈에 뜨인다. 이

69 「현상 장편소설 모집」, 『조선일보』, 1931.2.12.

를 보면 신문사가 장편소설을 모집하면서 추후 단행본 발간까지를 염두에 두고 있었다는 사실을 알 수 있다.[70] 독자 투고 장편소설 현상모집의 마감 기일은 4월 말이었다. 이 시기는 『조선일보』가 그동안 연재해 오던 장형의 번안 및 번역물들의 게재를 마무리하던 때이다. 『조선일보』의 장편소설 현상모집 공고문에는 '번역 번안은 절대 불가'라는 구절이 들어 있다.[71] 이로 미루어 보면 『조선일보』가 번역 및 번안소설과 결별하면서 그 대안 가운데 하나를 독자들이 투고하는 창작 장편소설에서 찾았던 것을 알 수 있다. 『조선일보』는 일부 투고자의 요청에 의해, 마감 기일을 예정보다 한 달 늦춘 5월 말로 변경하고 추가로 작품을 접수하게 된다.[72] 그 결과 일등 당선작으로 발표된 것이 한인택(韓仁澤)의 「선풍시대(旋風時代)」(1931.11.7~1932.4.23)이다. 『조선일보』는 「선풍시대」 외에도 김은경(金殷卿)의 「제힘」(1932.4.26~5.31), 김명선(金明善)의 「풍년토(豊年土)」를 이등 당선작으로 함께 공고한다.

> 금춘에 본사에서 신진작가의 명작을 구하얏는 바 수만흔 력작이 도착하야 과연 긔도(企圖)에 어김업는 명작을 엇게 되엿슴니다. 문단적으로도 경하할 일이지만 만천하 독자 제씨에게는 이 이상 더 업는 선물일 것입니다. 이에 오랜 시일

70 같은 시기 단편소설 등을 모집하는 『조선일보』의 신춘문예(新春文藝) 현상모집 공고문에는 이러한 문안이 들어있지 않다.

71 『매일신보』 역시 1920년대 중반 이후부터는 독자 장편소설 공모에서 번역과 번안소설을 제외시킨 바 있다. 1926년 3월 15일자 공고에서는 다음과 같은 구절이 발견된다. "原稿는 本紙連載의 分 百回以上으로 하되 飜譯과 飜案은 取치 안이함." 하지만 이는 『매일신보』가 1919년 6월 3일 최초로 장편소설 모집 공고를 내면서 "材料는 總히 現代에 置ᄒᆞ되 創作을 爲貴요 但飜譯이라도 朝鮮의 現代에 矛盾되지 안이ᄒᆞ면 無妨홈" 이라고 했던 것과 구별된다. 1910년대 말 『매일신보』의 장편소설 공모에서는 번역물도 응모가 가능했던 것이다. 이 사례로 보더라도 1910년대는 '번역 및 번안의 전성시대'였다고 할 수 있다. 『매일신보』의 현상문예 공고와 관련된 상세한 내용은 이 책의 제1장 3절 참조.

72 「장편 현상소설에 관하야」, 『조선일보』, 1931.5.20 참조.

을 두고 고선에 고선을 하야 다음의 세 편의 장편소설을 추천하게 되엿습니다. 명일부터 이 세 편의 소설이 차례차례로 련재되는데 (…중략…) 제씨의 고심한 자최가 자자구구에 력력히 나타날 것이니 독자 졔씨는 긔대하십시오 금번 당선 소설이야말로 작자가 피로 썻다 해도 과언이 아닐 것이며 모두가 조선의 얼골이라 해도 망녕된 말이 아닐 것이외다.[73]

한인택의 「선풍시대」는 연재를 마친 후 단행본으로 출간되었지만, 기대했던 만큼의 큰 반향을 얻지는 못했다.[74] 한인택의 「선풍시대」는 사회주의적 경향소설의 영향을 받은 작품으로 거론되지만, 본질적으로는 통속소설이라는 평가를 벗어나지 못했다.[75] 이후에도 『조선일보』는 장편소설 현상모집 제도를 지속시켜 이파촌(李巴村)의 「폭풍우(暴風雨) 지난 후(後)」(1934.1.1~5.14)와 현경준(玄卿駿)의 「마음의 태양(太陽)」(1934.5.28~9.15) 등의 작품을 발굴 연재하게 된다.

식민지 시기 창작 장편소설 현상모집의 가장 큰 성과로 꼽히는 작품은 『동아일보』에 연재된 심훈(沈熏)의 「상록수(常綠樹)」(1935.9.10~1936.2.15)이다. 『동아일보』는 창간 15주년을 맞아 오백원의 상금을 걸고 독자 투고 장편소설 현상공모를 실시한다. 『동아일보』의 장편소설 현상 공모의 특이성은 『조선일보』의 경우와 달리 신인뿐만 아니라 기성 문인에게도 투고의 길을 열어두었다는 점이다. 『동아일보』가 공고문에서 "인(人)을 찾는 것이 아니라 작(作)을 찾는 것"임을 강조한 구절, 즉 새로운 작가를 찾는

73 「현상소설 당선발표」, 『조선일보』, 1931.11.6.

74 「제 힘」은 총 33회까지만 연재한 채 미완으로 마무리되었다. 「풍년토」는 당선작 발표 당시의 예고와는 달리 『조선일보』 지면에 소개된 바가 없다. 이는 모두 예상보다 독자들의 반향이 크지 않았던 때문으로 생각된다.

75 이 작품과 연관된 논의는 한원영, 『한국 근대 신문 연재소설 연구』, 이회, 1996, 512쪽 참조.

것이 아니라 새로운 작품을 찾는 것이라는 구절은 바로 기성 문인의 참여를 염두에 둔 것이었다. 『동아일보』는 『매일신보』 및 『조선일보』와 비교할 때 독자 참여 창작 장편소설 현상공모 제도를 뒤늦게 도입한 신문이다. 그 점에서 『동아일보』는 앞의 두 신문이 이 제도를 통해 얻은 성과와 문제점이 무엇인가를 분석할 수 있는 시간이 있었다. 『동아일보』가 장편소설 현상모집 제도를 도입하면서 기성 문인에게도 문호를 개방한 것은, 신인 작가가 장편소설을 창작해 성공하는 일이 쉽지 않다는 판단 때문이었던 것으로 보인다. 『동아일보』의 장편 현상문예 공고문은 작품의 제재와 구상을 작자에게 일임한다고 하면서도, 실제로는 다음과 같은 창작의 방향을 제시해 따르도록 하고 있다. 이러한 방향 제시 또한 현상 공모 제도의 성공을 위한 편집진의 노력의 일단이었다.

> 一. 朝鮮의 農漁山村을 背景으로 하야 朝鮮의 獨自的 色彩와 情調를 加味할 것.
>
> 一. 人物中에는 한 사람만은 朝鮮青年으로서의 明朗하고 進取的인 性格을 設定할 것.
>
> 一. 新聞小說이니만치 事件은 興味잇게 展開시켜 都會人 農漁山村人을 勿論하고 다 熱讀하도록 할 것.[76]

이 공고문에는 이른바 소설 구성의 주요 요소들로 불리는 인물과 사건 그리고 배경에 대한 제한적 요구가 들어 있다. 청년을 등장시키되 조선의 농어산촌을 배경으로 하고 사건을 흥미있게 전개시켜야 한다는 것이다. 독자로는 농어산촌인은 물론 도회인까지 염두에 두어야 한다는 요구 또한 포함이 되어 있다. 『동아일보』가 요구한 작품의 길이

76 「장편소설 특별공모」, 『동아일보』, 1935.3.20.

는 백이십 회 내외의 연재 분량이다. 이러한 요구에 맞추어 투고된 작품 가운데 당선작으로 뽑힌 것이 심훈의 「상록수」였던 것이다. 심훈은 1920년대 중반 무렵 등단해 이미 십 년 정도에 걸쳐 활발한 작품 활동을 펼치고 있던 중이었다. 그런 점에서 보면 심훈은 외형상으로는 『동아일보』의 현상문제 제도를 통해 발탁된 작가였지만, 실제로는 이미 활발한 작품 활동을 펼치고 있던 전문적 작가였던 셈이다.[77] 『동아일보』는 「상록수」를 연재하기에 앞서 "이 소설은 본사가 이를 공모할 때에 밝힌 모든 요구와 신문소설로서의 여러 가지 조건에 충분히 부합할 뿐만 아니라, 문단적으로 보아도 근래의 큰 수확이니 독자들의 기대에 어긋남이 없을 것임을 굳게 믿는다"는 안내 광고를 내 보낸다.[78] 「상록수」는 연재 기간 동안 독자들의 지대한 관심의 대상으로 떠올랐고, 연재 이후 단행본으로 출간된 뒤에도 상업적으로 가장 성공한 장편소설 가운데 하나로 기록될 수 있었다. 『동아일보』는 「상록수」 연재 종료 후 제2회 장편소설 공모에 들어간다. 그 결과 당선작으로 뽑힌 작품이 이규희(李圭熹)의 「피안(彼岸)의 태양(太陽)」(1937.6.3~10.23)이다. 이규희는 심훈과 달리 문단 활동 경력이 없는 순수 신인(新人) 작가였다. 「피안의 태양」은 「상록수」만큼 독자들의 관심을 끌지는 못했다.

『매일신보』는 『조선일보』와 『동아일보』 창간 이전 시기인 1910년대 말부터 독자 투고 장편소설 현상 모집 제도를 도입했다. 하지만, 『매일신보』의 장편소설 현상 모집 제도는 1930년대 후반까지 실질적인 성과가 거의 없었다.[79] 『매일신보』의 장편소설 현상 모집 제도가 거둔 가

77 심훈은 「불사조」(1931.8.16~1932.1.8)와 「영원의 미소」(1933.7.10~1934.1.10) 등의 장편소설을 『조선일보』와 『조선중앙일보』 등에 이미 연재발표 한 바도 있었다.

78 『동아일보』, 1935.8.30 및 9.6 기사 참조.

79 이와 관련된 논의는 이 책의 제1장 3절 참조.

장 큰 성과물은 1930년대 후반의 박계주(朴啓周)의 작품 「순애보(殉愛譜)」(1939.1.1~6.17)이다. 『매일신보(每日申報)』는 『경성일보(京城日報)』로부터 분리 독립해 1938년 4월 29일자부터 『매일신보(每日新報)』로 제호를 바꾸어 발행하게 된다. 물론 『매일신보』가 『경성일보』로부터 독립이 되었다고는 하더라도 『경성일보』는 『매일신보』의 주식 45%를 소유한 대주주로 남았다. 거기에 총독부 소유의 주식 수를 포함한다면 『매일신보』의 위상은 예전과 조금도 다를 바가 없었다. 즉 경성일보사의 한 기구로서 총독부 기관지 역할을 했던 『매일신보』의 성격에는 전혀 변화가 없었던 것이다. 오히려 새로운 체제의 『매일신보』는 더욱 효과적으로 총독부의 시책을 뒷받침할 언론기관으로 태어났다고 보는 편이 타당할 것이다.[80] 그럼에도 불구하고 『매일신보』는 경영 독립에 대한 홍보를 강화했고, 경영 독립 기념사업의 하나로 문예작품 현상모집 제도를 시행하게 된다. 문예작품 현상모집은 장편소설(長篇小說)과 영화소설(映畵小說), 그리고 국민가요(國民歌謠)의 세 분야로 나뉘어 공고되었다. 장편소설에는 가장 많은 천원의 상금이 걸려있었고, 공고의 내용은 "A. 純朝鮮文으로 百五十回 以上 二百回까지의 新聞連載小說 B. 題材는 現代의 朝鮮에서 取할 것으로 歷史小說은 取치 안흠 C. 全篇을 完成하고 따로 小說 梗概와 作者 略歷을 添附할 것"[81] 등이었다. 『매일신보』의 장편소설 현상 모집 공고문에도 『조선일보』의 경우와 마찬가지로, '수상 작품의 일체 판권은 본사가 소유함'이라는 당선작의 판권(版權)에 관한 언급이 들어 있다. 「순애보」는 이러한 『매일신보』의 경영 독립 기념 문예작품 현상모집의 당선작이었다. 「순애보」는 박계주

80 정진석, 『한국언론사』, 535~538쪽 참조.
81 「본사 경영독립 기념 사업 문예 작품 현상 모집」, 『매일신보』, 1938.6.23.

의 첫 장편소설이었다.[82] 「순애보」는 연재를 마친 후 곧바로 단행본으로 출간되었고 중판을 거듭하는 성공을 거두었다.

참고로, 식민지 시기에 발표된 독자 투고 현상문예 당선소설 가운데는 영화소설(映畵小說)이 적지 않게 포함되어 있다는 점을 또한 주목할 필요가 있다.[83] 앞에서 언급한 『매일신보』의 현상문예 공모 중 영화소설 부문에는 양기철(梁基哲)의 「내가 가는길」(1939.1.10~4.8)이 입선작으로 공고되었다. 『동아일보』의 경우에도 최금동(崔琴桐)의 「애련송(愛戀頌)」(1937.10.5~12.14)이 당선(當選) 영화소설로 공고된 바 있다.[84] 최금동은 『매일신보』에도 영화소설 「해빙기(解氷期)」(1938.5.7~6.3)를 연재 발표한 바 있다. 식민지 시기에 발표된 영화소설은 독자 투고 현상문예 당선소설뿐만 아니라 신인 및 기성 문인의 투고작 등으로 그 유형이 다양하다. 길이도 한 회 동안만 게재된 단편에서 백여 회 동안 연재된 장편에 이르기까지 그 형태가 다양하다. 「상록수」로 주목을 받은 심훈의 첫 소설이 『동아일보』에 연재된 영화소설 「탈춤」(1926.11.9~12.16)이었다는 사실도 특기할 만하다. 『조선일보』에도 성북학인(城北學人)의 「인간궤도(人間軌道)」(1931.3.13~8.14), 이경손(李慶孫)의 「백의인(白衣人)」(1927.1.20~4.27) 등 장편 영화소설이 연재된 바 있다.

---

82 연재 당시에는 박진(朴進)이라는 필명을 사용했다.

83 식민지 시기 영화소설에 대한 상세한 논의는 전우형, 「1920~1930년대 영화소설연구– 영화소설에 나타난 영상-미디어 미학의 소설적 발현 양상」, 서울대 박사논문, 2006 참조.

84 당선 영화소설 「애련송」의 투고 시 제목은 「환무곡(幻舞曲)」이었다. 다음의 광고문에 이러한 사실이 밝혀져 있다. "조선의 명류영화인(名流映畵人)들이 이름을 나란이 하야 집필한 단편 씨나리오 『여인부락(女人部落)』은 회를 거듭하기 三十五회로 독자여러분의 애독을 받고 끝낫습니다. 다음에는 十월五일부의 조간부터 장편 영화소설 『애련송(愛戀頌)』을 실리기로 합니다. 이 작품은 본사가 二백원의 상금을 걸고 종래의 이른바 영화소설의 새로운 형식으로서의 씨나리오 문학을 천하에 공모하야 얻은 신인 최금동(崔琴桐)군의 역작 『환무곡(幻舞曲)』으로서 이번에 지상에 발표하면서 그 내용에 더욱 부합하도록 제목을 갈은 것입니다." (『동아일보』, 1937.10.1)

넷째, 전문적 작가에 의한 창작 장편소설

『매일신보』가 전문적 작가에 의한 창작 장편소설을 본격적으로 게재하기 시작한 것은 1920년대 후반에 들어서부터였다. 이 시기 이후 『매일신보』에는 김동인, 염상섭, 방인근 등이 대거 가세해 지속적으로 장편소설을 창작 연재하게 된다. 1910년대 후반 이후 1945년까지 『매일신보』에 연재 발표된 창작 장편소설의 목록은 다음과 같다. 백대진(白大鎭)의 「박명(薄命)」(1919.11.21~1920.1.25),[85] 금화산인(金華山人)의 「이대장전(李大將傳)」(1927.9.3~11.23), 이서구의 「눈물에 젓는 사람들」(1927.11.24~1928.2.16)·「사랑의 디옥」(1928.5.28~10.5), 염상섭(廉想涉)의 「이심(二心)」(1928.10.22~1929.4.24)·「무화과(無花果)」(1931.11.13~1932.11.12)·「모란꼿 필 때」(1934.2.1~7.8)·「불연속선(不連續線)」(1936.5.18~12.30), 최서해(崔曙海)의 「호외시대(號外時代)」(1930.9.20~1931.8.1), 김동인(金東仁)의 「해는 지평선(地平線)에」(1932.9.30~1933.5.14)·「수평선(水平線)을 넘어서」(1934.7.10~ 12.19)·「백마강(白馬江)」(1941.7.24~1942.1.30), 방인근(方仁根)의 「방랑(放浪)의 가인(歌人)」(1933.6.10~11.17)·「홍운백운(紅雲白雲)」(1935.7.20~12.27)·「새벽길」(1938.6.4~10.29)·「동방춘(東方春)」(1942.7.11~11.20), 최상덕(崔象德)의 「마음의 봄」(1934.12.20~1935.7.18), 전영택(田榮擇)의 「청춘곡(青春曲)」(1936.1.1~5.17), 박종화(朴鍾和)의 「금삼(錦衫)의 피」(1936.3.20~12.29)·「대춘부(待春賦)」(1937.12.1~1938.12.25)·「다정불심(多情佛心)」(1940.11.16~1941.7.23)·「여명(黎明)」(1943.6.17~12.13), 송영(宋影)의 「이 봄이 가기 전에」(1937.1.1~6.22), 윤백남(尹白南)의 「사변

85 이 작품에 대해서는 번안이라는 추정이 제기된 바도 있다. 이에 대해서는 박진영, 「한국의 근대 번역 및 번안소설사 연구」, 320쪽 참조.

전후(事變前後)」(1937.1.1~1938.5.2), 엄흥섭(嚴興燮)의 「행복(幸福)」(1938.10.31~12.31), 채만식(蔡萬植)의 「금(金)의 정렬(情熱)」(1939.6.19~11.19) · 「아름다운 새벽」(1942.2.10~7.10) · 「여인전기(女人戰紀)」(1944.10.5~1945.5.16), 이효석(李孝石)의 「창공(蒼空)」(1940.1.25~7.28), 장혁주(張赫宙)의 「여인초상(女人肖像)」(1940.5.13~8.15), 한설야(韓雪野)의 「탑(塔)」(1940.8.1~1941.2.14), 정비석(鄭飛石)의 「화풍(花風)」(1940.8.17~11.16), 이태준(李泰俊)의 「사상(思想)의 월야(月夜)」(1941.3.4~7.5) · 「왕자호동(王子好童)」(1942.12.22~1943.6.16), 박태원(朴泰遠)의 「여인성장(女人盛裝)」(1941.8.1~1942.2.9) · 「원구(元寇)」(1945.5.17~8.13), 이광수의 「원효대사(元曉大師)」(1942.3.1~10.31), 김래성(金來成)의 「태풍(颱風)」(1942.11.21~1943. 5.2), 이무영(李無影)의 「향가(鄕歌)」(1943.5.3~9.6), 김사량(金史良)의 「바다의 노래」(1943.12.14~1944.10.4) 등.

『매일신보』에 게재된 창작 장편소설의 목록을 살펴보면 백대진의 「박명」(1919) 이후, 금화산인의 「이대장전」(1927) · 이서구의 「눈물에 젓는 사람들」(1927) · 염상섭의 「이심」(1928) 등이 연재되기까지는 상당 기간의 공백기가 존재한다는 사실을 확인할 수 있다.[86] 그렇게 된 이유는 이 기간 동안 『매일신보』가 창작 장편소설보다는 번역 및 번안 장편소설들을 집중적으로 게재했던 때문이다. 이광수의 경우는 1910년대 말 「개척자」를 발표한 이래 이십여 년 동안은 『매일신보』에 단 한 편의 장편소설도 게재하지 않는다. 이광수가 『매일신보』 지면에 다시 복귀한 것은 1942년 「원효대사」를 통해서이다. 이광수가 『매일신보』에 장편소설을 연재한 것은 1910년대 후반기와 1940년대 전반기뿐이었던 셈인데, 이 두 시기는 『동아일보』와 『조선일보』가 창간되기 이

86 「박명」과 「이심」 사이에 조중환의 「관음상」과 박은파의 「흑진주(黑眞主)」 등 번안물로 추정되는 작품이 연재된 바 있다. 각주 57번 참조.

전이거나 혹은 이미 폐간된 이후여서 장편소설을 위한 여타 신문 지면이 전혀 없던 시기였다. 『매일신보』 연재 창작 장편소설에서 볼 수 있는 특기할 만한 사항으로는 대중성 내지 통속성이 짙은 작품이 많다는 점을 들 수 있다. 『매일신보』에 실린 창작 장편소설들 가운데 대중성이 짙은 작품이 상대적으로 많은 이유 역시 『매일신보』의 지면 구성 원칙과 연관해서 생각해 볼 수 있다. 『매일신보』가 번안 및 번역소설의 연재를 일단락 지으면서 선택한 길은 창작 장편소설의 게재와 함께 고전 및 야담류 소설을 연재하는 것이었다. 『매일신보』가 겨냥한 고전 및 야담류 소설의 독자는, 『동아일보』 및 『조선일보』의 경우와는 달리 국한문을 사용하는 보수적 지식인 집단이었다. 하지만 『매일신보』는 창작 장편소설의 본격적인 연재를 기획하면서는 보수적 지식인 집단보다는 일반 대중을 주된 독자로 삼았다. 『매일신보』가 창작 장편소설에서 지식인 집단을 배제했던 것은 결코 아니지만, 주된 독자를 일반 대중으로 상정했던 것만은 분명해 보인다. 이는 결국 『매일신보』가 1910년대 중반이후 선택했던 문예 지면 분할의 구도, 즉 지식인 독자와 대중 독자를 모두 포괄하는 이중의 서사물 연재 구도를 끝까지 포기하지 않고 지속시켰음을 보여주는 것이기도 하다.

『동아일보』의 장편소설 연재는 나도향(羅稻香)의 「환희(幻戲)」(1922.11.21~1923.3.21)에서 시작된다. 『동아일보』에 연재된 창작 장편소설들의 목록은 다음과 같다. 이광수의 「선도자(先導者)」(1923.3.27~7.17) · 「허생전(許生傳)」(1923.12.1~1924.3.21) · 「재생(再生)」(1924.11.9~1925.9.28) · 「춘향(春香)」(1925.9.30~1926.1.3) · 「천안기(千眼記)」(1926.1.5~3.6) · 「마의태자(麻衣太子)」(1926.5.10~1927.1.9) · 「군상(群像) 사랑의 다각형」(1930.3.27~1930.11.2) · 「군상(群像) 삼봉이네 집」(1930.11.29~1931.4.24) · 「흙」(1932.4.12~1933.7.10) · 「이순신(李舜臣)」(1931.6.26~1932.4.3), 염상섭(廉想涉)의 「너희들은 무엇

을 어덧느냐」(1923.8.27~1924.2.5)·「진주(眞珠)는 주엇스나」(1925.10.17~1926.1.17)·「사랑과 죄」(1927.8.15~1928.5.4), 이익상(李益相)의 「짓밟힌 진주(眞珠)」(1928.5.5~11.27), 최상덕(崔象德) 외 연작 「황원행(荒原行)」(1929.6.8~10.21), 윤백남(尹白南)의 「대도전(大盜傳)」(1930.1.15~3.24)·「탐기루만화(耽奇樓漫話)」(1930.9.11~12.17)·「대도전(大盜傳) 후편(後篇)」(1931. 1.1~7.13)·「해조곡(海鳥曲)」(1931.11.18~1932.6.7)·「봉화(烽火)」(1933.8.25~1934.4.18)·「흑두건(黑頭巾)」(1934.6.10~1935.2.16)·「미수(眉愁)」(1935.4.1~9.20)·「백련류전기(白蓮流轉記)」(1936.2.22~8.28), 김동인(金東仁)의 「젊은 그들」(1930.9.2~1931.11.10)·「아기네」(1932.3.1~8.12), 박화성(朴花城)의 「백화(白花)」(1932.6.8~11.22), 방인근(方仁根)의 「마도(魔都)의 향(香)불」(1932.11.5~1933.6.12), 박태원(朴泰遠)의 「반년간(半年間)」(1933.6.15~8.20), 장혁주(張赫宙)의 「무지개」(1933.9.20~1934.5.1)·「삼곡선(三曲線)」(1934.9.26~1935.3.2)·「여명기(黎明期) 농촌편(農村篇)」(1936.1.4~5.23)·「여명기(黎明期) 도읍편(都邑篇)」(1936.5.24~8.27), 김기진(金基鎭)의 「심야(深夜)의 태양(太陽)」(1934.5.3~9.19), 강경애(姜敬愛)의 「인간문제(人間問題)」(1934.8.1~12.22), 주요섭(朱耀燮)의 「구름을 잡으려고」(1935.2.17~8.4)·「길」(1938.9.6~11.23), 이무영(李無影)의 「먼동이 틀 때」(1935.8.6~12.30)·「세기(世紀)의 딸」(1939.10.10~1940.8.11), 김말봉(金末峯)의 「밀림(密林) 전편(前篇)」(1935.9.26~1936.8.27 / 1937.11.1~1938.2.7)·「밀림(密林) 후편(後篇)」(1938.7.1~12.25), 한설야(韓雪野)의 「청춘기(靑春期)」(1937.7.20~11.29)·「마음의 향촌(鄕村)」(1939.7.19~12.7), 이기영(李箕永)의 「신개지(新開地)」(1938.1.19~9.8)·「봄」(1940.6.11~8.10), 현진건(玄鎭健)의 「적도(赤道)」(1933.12.20~1934.6.17)·「무영탑(無影塔)」(1938.7.20~1939.2.7)·「흑치상지(黑齒常之)」(1939.10.25~1940.1.16), 이태준(李泰俊)의 「딸삼형제」(1939.2.5~7.17), 유진오(兪鎭午)의 「화상보(華想譜)」(1939.12.8~1940.5.3), 박노갑(朴魯甲)의 「랑랑(浪浪)」(1940.6.5~8.7) 등.

『동아일보』의 연재 장편소설에는 이광수의 작품이 많다는 점이 단연 주목할 만하다. 이광수는 『동아일보』에 약 10년간에 걸쳐 10편의 장편소설을 연재했다. 윤백남 역시 『동아일보』에 8편의 장편소설을 연재했다. 그 외에 『동아일보』에는 김기진의 「심야의 태양」, 강경애의 「인간문제」, 한설야의 「청춘기」·「마음의 향촌」, 이기영의 「신개지」·「봄」 등 카프 관련 작가들의 작품이 적지 않게 실려 있다는 점도 눈길을 끈다.

『조선일보』는 창간 초기에는 『매일신보』나 『동아일보』에 비해 장편소설을 별반 수록하지 않는다. 창간 초기 『조선일보』에 연재된 장편소설로는 관해생(觀海生)의 작품 「춘몽(春夢)」(1920.3.9~7.7)과 이익상의 「키일흔 범선(帆船)」(1927.1.1~7.19)이 있다. 『조선일보』의 장편소설이 세간의 주목을 받게 되는 것은 홍명희의 「임꺽정전(林巨正傳)」(1928.11.21~1929.12.26)을 연재하기 시작하면서부터이다. 홍명희의 이 작품은 이후 「임꺽정전(林巨正傳)」(1932.12.1~1934.9.4)·「화적 임꺽정(火賊 林巨正)」(1934.9.15~1935.12.24)·「임꺽정(林巨正)」(1937.12.12~1939.7.4) 등으로 계속 이어지며 조선일보를 대표하는 연재소설로 자리를 잡는다. 이 밖에 『조선일보』에 연재된 주목할 만한 장편소설로는 다음과 같은 작품들이 있다. 최상덕(崔象德)의 「승방비곡(僧房悲曲)」(1927.5.10~9.11)[87]·「난영(亂影)」(1927.9.30~1928.3.7)·「향원염사(香園艶史)」(1928.10.29~1929.10.20)·「명일(明日)」(1932.11.23~1933.3.4), 김동환(金東煥)의 「전쟁(戰爭)과 연애(戀愛)」(1928.3.10~11.20), 염상섭(廉想涉)의 「광분(狂奔)」(1929.10.3~1930.8.2)·「삼대(三代)」(1931.1.1~9.17), 김기진(金基鎭)의 「해양소설 해조음(海洋小說 海潮音)」(1930.1.25~

87 1927년 5월 10일부터 신문 2면에 연재한 「승방비곡(僧房悲曲)」에는 특별한 양식 표기가 없다. 그러나, 소설 예고에서는 '영화소설'이라고 광고를 했다. 『조선일보』, 1927.5.7 참조.

7.23), 심훈(沈熏)의 「불사조(不死鳥)」(1931.8.16~1932.1.8), 김동인(金東仁)의 「운현궁(雲峴宮)의 봄」(1933.4.26~1934.2.17), 채만식(蔡萬植)의 「인형(人形)의 집을 나와서」(1933.5.27~11.14)·「염마(艶魔)」(1934.5.16 ~11.5)·「탁류(濁流)」(1937.10.12~1938.5.17), 이광수의 「유정(有情)」(1933.9.27~12.31)·「그 여자(女子)의 일생(一生)」(1934.2.18~1935.9.26)·「이차돈(異次頓)의 사(死)」(1935.9.30~1936.4.12)·「애욕(愛慾)의 피안(彼岸)」(1936.5.1~12.21)·「그의 자서전(自敍傳)」(1936.12.22~1937.5.1), 이기영(李箕永)의 「고향(故鄕)」(1933.11.15~1934.9.21)·「어머니」(1937.3.30~10.11)·「대지(大地)의 아들」(1939.10.12~1940. 6.1), 함대훈(咸大勳)의 「폭풍전야(暴風前夜)」(1934.11.6~1935. 4.28), 한용운(韓龍雲)의 「흑풍(黑風)」(1935.4.9~1936.2.4)·「박명(薄命)」(1938.5.18~1939.3.12), 한설야(韓雪野)의 「황혼(黃昏)」(1936.2.5~10.28), 방인근(方仁根)의 「쌍홍무(雙虹舞)」(1936.9.29~1937.4.24), 김말봉(金末峯)의 「찔레꽃」(1937. 3.31~10.3), 노자영(盧子泳)의 「인생특급(人生特急)」(1937.10.5~12.9), 박태원(朴泰遠)의 「우맹(愚氓)」(1938.4.7~1939.2.14), 김래성(金來成)의 「마인(魔人)」(1939.2.14~10.11), 김남천(金南天)의 「사랑의 수족관(水族館)」(1939.8.1~1940. 3.3), 이태준(李泰俊)의 「청춘무성(青春茂盛)」(1940.3.12~8.10) 등.

『조선일보』의 창작 장편소설 연재는 다른 신문들에 비해 비교적 늦게 시작되었지만 홍명희의 「임꺽정전」을 비롯하여 염상섭의 「삼대」, 이기영의 「고향」, 채만식의 「탁류」 등 한국 장편소설사를 대표하는 중요한 작품들을 게재하는 성과를 남겼다.[88] 이 시기에 『매일신보』·『동

88 염상섭의 장편소설 「삼대」와 관련한 다음의 서술은 발표 매체와 문학 양식의 관계를 이해하는 데 적지 않은 도움이 된다. "(… 전략 …) 염상섭 장편소설에는 연애, '운동' 등 각종 요소들이 섞여 있으면서 그 과정에서나 결말에는 자살 또는 살인사건까지 끼어있다는 통속적인 색채가 상당히 짙은 느낌을 준다. 종로의 견해로는 염상섭 장편은 1930년대 이후에 점점 통속성이 짙어졌다고 하지만, 이상을 보면 원래 그러한 경향이 있었음을 알 수 있다. 이것은 신문연재소설이 숙명적으로 가지는 특징이라 하겠다. 즉, 독자들의 관심을 끌어나가는 데 통속

아일보』·『조선일보』의 세 지면에 모두 장편소설을 연재한 사실이 있는 작가로는 이광수, 김동인, 한설야, 염상섭, 방인근, 최상덕, 이태준 등이 있다.

덧붙여 지적할 것은, 한국 근대소설사에서 '장편소설'이라는 양식 용어의 사용이 보편화되는 것은 실제 작품 창작의 활성화 과정에 비해서 매우 늦은 편이었다는 사실이다. 1910년대 후반 『매일신보』에 발표된 이광수의 「무정」과 「개척자」의 경우는 물론이고, 1920년대 중반까지 발표되는 주요 작가의 장편소설들에 대해서도 이 용어가 직접 사용된 바가 없다. 1910년대 말부터 1920년대 중반까지는 『매일신보』의 독자 투고 현상모집 공고에서도 장편소설이라는 용어는 직접 사용되지 않았다. 다만 작품 모집 공고에서, 규정된 원고의 분량이 200자 원고지 1200매를 상회한다는 사실을 명시함으로써 실질적 장편소설의 모집을 알렸다. 1910년대 잡지에서 장편소설이라는 용어가 사용된 사례가 없는 것은 아니지만, 이 경우는 그 의미가 전혀 다른 것이었다. 한국의 근대 매체에서 장편소설이라는 용어를 처음 사용 사용한 것은 『신문계(新文界)』이다. 『신문계』는 백대진이 번역한 작품 「임종(臨終)의 자백(自白)」(1916.8~9)을 수록하면서 거기에 처음으로 장편소설이라는 양식

성이나 오락성은 필수적이었기 때문이다. 게다가 1930년대에 들어서면서 일본어 독해력이 향상한 독자들은 일본소설도 많이 찾게 됐다. 그럴수록 더 재미있는 소설이라야 읽힌다는 상황이 출현된 것이다. 그래서 염상섭은 단편소설에서는 예술성이 높은 작품을 목표로 삼고, 주로 서민들의 생활상을 예리하게 도려내 보이는 소설을 쓰려고 했고, 장편소설로는 전체적으로 통속적이면서도 적확한 관찰을 바탕으로 리얼한 묘사를 해가면서 식민지체제에 대한 냉철한 비판의식도 곁들이는 등 제법 노련한 수법으로 일본소설의 대두에도 맞섰던 것이다. 특히 「삼대」는 기타 장편들보다 통속적인 면은 오히려 적고, 작품의 사회성과 오락성이 균형있게 섞인 작품이라 할 것이다. 이른바 '위대한 통속소설'의 위치를 차지하고 있다고 보여진다."(시라카와 유타카[白川 豊], 「염상섭 「삼대」에 대하여 – 일어(日語) 번역을 하면서」, 『한국 현대문학과 일본』, 한국현대문학회 제3차 전국학술대회 자료집, 2008, 35쪽)

표기를 하고 있다. 하지만 「임종의 자백」은 단 두 회에 걸쳐 연재된 원고지 70매 정도의 짧은 작품이므로 장편소설이라는 용어와는 전혀 어울리지 않는다. 그럼에도 불구하고 『신문계』가 「임종의 자백」을 장편소설이라 표기한 이유는 그 나름대로 존재한다. 『신문계』에 실린 대부분의 작품은 한 회로 완결된 것들이고, 여기에는 '소설' 혹은 '단편소설' 등의 양식 표기가 붙어 있다. 「임종의 자백」은 두 회에 걸쳐 연재가 되었고, 다른 글들에 비해서는 상대적으로 길이가 긴 작품이었으므로 『신문계』 편집자는 장편소설이라는 용어를 사용해 이를 여타 작품들과 구별할 필요를 느꼈던 듯하다.[89]

한국 근대 신문이 장편소설이라는 용어를 사용하여 작품에 직접 양식 표기를 하기 시작한 것은 1920년대 후반부터였다.[90] 『매일신보』는 1928년 10월 염상섭의 작품 「이심(二心)」을 연재하면서부터 장편소설이라는 양식 표기를 직접 덧붙인다. 그 이전까지 『매일신보』가 장형 연재 서사물에 사용하던 표기는 '신소설, 소설, 영화소설, 탐정소설' 등이었다. 「이심」의 연재는 『매일신보』로 볼 때는 매신문단(每申文壇)을 번안 및 번역 문단에서 창작 문단으로 전환하여 정착시켜 가는 중요한 과정이 된다. 그런 점에서 보면 『매일신보』가 「이심」을 게재하면서 사용한 장편소설이라는 용어는, 번안 및 번역소설과 구별되는 새롭게 창작된 장형 연재물이라는 의미 또한 지니고 있었던 것으로 해석할 수 있다. 다만, 『매일신보』는 1930년대 중반까지는 장형의 작품들에 장편

89 그러나 『신문계』가 모든 연재물에 장편소설이라는 표기를 했던 것은 아니다. 예를 들면, 최찬식의 「궤상(机上)의 몽(夢)」(1917.1~3)에는 장편소설 대신 입지소설(立志小說)이라는 표기가 되어 있다.

90 단, 『동아일보』가 1922년 11월 21일부터 나도향의 소설 「환희」를 연재하기에 앞서 이 작품이 '장편소설(長篇小說)'임을 밝히고 광고를 한 경우는 있다. 광고 문안 혹은 기사 속에서 이 용어를 사용한 사례는 더 있을 것으로 추측된다.

소설이라는 양식 표기를 그렇게 빈번히 사용하지는 않았다. 『매일신보』가 이 용어를 더욱 안정적으로 사용하기 시작한 것은 1930년대 후반부터이다.[91]

『동아일보』는 1929년 12월 12일자 지면에 이광수의 소설 「군상(群像)」에 대한 광고를 실으면서 이를 장편소설로 지칭한 바 있다. 『동아일보』는 이후 광고 문안에서 장편소설이라는 용어를 빈번히 그리고 지속적으로 사용한다. "朝鮮最初의 女子長篇小說 「白花」 예고. 朴花城 여사 作, 李靑田 畵",[92] "十年不動한 文壇의 驍將 再躍劈頭에 心血의 力作 長篇小說 「赤道」 憑虛 玄鎭健作 靑田 李象範畵 今月二十日 本紙 朝刊부터 連載",[93] "長篇小說 「深夜의 太陽」 八峰 金基鎭 作 靑田 李象範 畵 四月 卄八日부터 本紙朝刊三面에 連載"[94] 등을 그러한 예로 들 수 있다. 하지만 『동아일보』도 『매일신보』와 마찬가지로 1930년대 중반까지는 실제 연재물에는 장편소설이라는 양식 표기를 별반 하지 않았다. 1930년대 중반 이전 『동아일보』가 작품에 직접 장편소설이라는 양식 표기를 한 것은 윤백남의 작품 「해조곡」(1931)과 이광수의 「흙」(1932)의 경우가 전부였던 것으로 보인다. 『동아일보』가 작품에 양식 장편소설이라는 표기를 지속적으로 하기 시작한 것은 1937년 김말봉의 「밀림」(1937)을 연재하면서부터이다. 이후에는 이기영의 「신개지」 등 대다수의 작품에

91 『매일신보』는 1938년 방인근의 「새벽길」을 연재하면서부터 이 용어를 지속적으로 사용한다. 이 시기 이후 『매일신보』는 채만식의 「금의 정열」 등을 비롯한 대부분의 장형 연재물에 이 용어를 사용한다. 한편, 『매일신보』의 편집자들이 일관된 장르 의식을 지니고 이 용어를 사용했다고 보기는 어렵다. 이보상의 국한문체 작품 「촉규화」(1939)에도 장편소설이라는 용어가 붙어있는 점 등을 그 예로 들 수 있다. 이보상이 연재한 일련의 작품들은 문체와 서술 기법 등에서 근대 장편소설과는 거리가 멀다.

92 『동아일보』, 1932.6.7.

93 『동아일보』, 1933.12.9.

94 『동아일보』, 1934.4.5.

직접 장편소설이라는 양식 표기를 하고 있다.[95]

『조선일보』가 장편소설이라는 용어를 사용하기 시작한 시기 역시 『동아일보』의 경우와 크게 다르지 않다. 『조선일보』는 1931년 2월 독자 작품 현상 공모시 문안을 "현상 장편소설 모집"으로 표현한 바 있다. 공모 당선작으로 선정된 한인택의 「선풍시대」에도 '장편소설'이라는 표기가 되어 있다. 1931년 8월 12일 심훈의 「불사조」 연재 광고에도 장편소설이라는 표현이 사용되고 있다. 『조선일보』를 통해 발표된 대표적 장편소설 가운데 하나인 홍명희의 「임꺽정전」의 경우를 살펴보는 것은 장편소설이라는 용어와 관련된 문제를 이해하는 데 도움이 된다. 『조선일보』 편집자들이 처음부터 「임꺽정전」에 장편소설이라는 용어를 사용했던 것은 아니다. 1928년 11월 『조선일보』는 홍명희의 작품 「임꺽정전」의 연재를 결정하면서 광고를 내보낸다. 그런데 이 광고에서 작품에 붙어있는 표식은 '신강담(新講談)'이었다. 그런데, 실제 작품 「임꺽정전」의 연재란에는 '신강담'은 물론 '장편소설'이라는 양식 표기도 한동안은 되어있지 않았다. 이는 1928년 11월 21일부터 1929년 12월 26일에 끝난 제1차 연재분에서는 물론, 1932년 12월 1일에 시작된 제2차 연재분에서도 마찬가지이다. 제2차 연재에 앞선 예고문에서 홍명희는 다음과 같이 말한 바 있다.

> 내가 처음 림꺽정전을 쓸 때에 복안(腹案)을 세운 것이 잇섯습니다. 첫편은 꺽정의 결지의 래력 둘재편은 꺽정의 초년 일 셋재편은 꺽정의 시대(時代)와 환경(環境) 넷재편은 꺽정의 동무들 다섯재편은 꺽정이 동무들과 가치 화적질 하

95 이는 『매일신보』의 경우도 마찬가지이다. 『매일신보』 역시 실제 작품에 장편소설이라는 양식 표기를 한동안 하지 않았다. 『매일신보』가 실제 작품에 이러한 표기를 보편화 시킨 것은 1930년대 말부터이다.

든 일 슷편은 썩정의 후손(後孫)의 하락 도합 여섯편을 쓰되 편편이 짜로 쩨면 한 단편(短篇)으로 볼 수 잇도록 쓰랴는 것이엇습니다. 그러나 손이 마음과 갓지 못하야 복안대로 잘 되지 안는 까닭에 되나마나 거의 렴치 불고하고 회ㅅ수 채임으로써 나가다가 그나마 셋재편을 채 슷마치 못하고 인해 중단하야 버리게 되엿습니다. 사오년 동안이 지난 오늘날 이것을 다시 계속하야 쓴다면 불가불 넷재편부터 쓸터인데 원악 복안을 편마다 짜로 떼일 수 잇게 세운 까닭으로 설혹 전편을 통히 몰으는 독자에게라도 사건의 맥락(脈絡)이 혼란할 경우는 업슬 줄 밋습니다.[96]

「임꺽정전」 전체를 여섯 편으로 엮되, 그 여섯 편은 각각 떨어져서도 독립된 '단편'처럼 이해될 수 있기를 바라며 작품을 집필하고 있다는 것이다. 이에 대해서는, 작가 홍명희가 「임꺽정전」의 집필을 시작할 당시 강담과 역사소설 사이에서 뚜렷한 형식을 정하지 못한 상태였다는 다음과 같은 견해를 참고할 필요가 있다.

1930년대 후반의 한 대담에서도 홍명희는 「임꺽정」에 대해 "그게 소설이 아니라 강담식으로 시작했던 것입니다"라고 술회한 바 있다.

본래 강담은 우리나라의 야담(野談)과 유사한 일본 전래의 구비문학의 일종으로서, 실록이나 전쟁담을 바탕으로 한 이야기를 대중을 상대로 구연(口演)하던 것이었는데, 그 구연 내용을 기록한 것을 '속기(速記) 강담'이라 불렀다. 이 속기 강담은 메이지(明治) 말 타이쇼오(大正) 초에 신문 잡지들에 널리 게재되면서 일본의 초창기 대중문학의 중심을 이루었다. 그런데 1911년에 창간된 잡지 『강담구락부(講談俱樂部)』는 점차 작가가 창작한 강담, 즉 이른바 '신강담'

96 『조선일보』, 1932.11.30.

을 싣기 시작했으며, 그 이후는 이와같이 독서물 형태의 창작 강담이 유행하면서 대중적 역사물로 자리잡게 되었다.

1920년대 들어 우리 문단에서도 일부 문인들이 '야담' 또는 '강담'에 관심을 갖게 된 것은 이와 같은 일본의 신강담의 영향을 받은 것이었다. (…중략…)

물론 그렇다고 해서 홍명희가 연재 시작 당시 「임꺽정」을 역사소설이 아니라 순전히 강담 형식으로 쓰고자 했던 것은 아니다. 「임꺽정」 '머리말씀'에서 "삼십지년 할 일이 많은 몸으로 고담(古談) 부스러기 가지고 소설 비슷이 써내게 되는 것" 운운한 점으로 미루어 보면, 연재 초기에 홍명희는 강담과 역사소설 사이에서 뚜렷한 형식을 정하지 못한 채 집필을 시작했던 듯하다.[97]

『조선일보』의 편집자가 「임꺽정전」에 '장편소설'이라는 용어를 사용하기 시작한 것은 1934년 9월 제3차분 연재를 앞둔 광고문부터이다. 여기서 『조선일보』 편집자는 이 작품이 '장편소설'의 대결작임을 강조하고 있다. 그런가 하면, 제4차 연재를 앞둔 작가의 말에서 홍명희는 이 작품이 '장편'이라는 점을 강조하게 되고, 제4차 연재가 시작되는 1937년 12월 12일자부터 『조선일보』는 작품의 제목 앞에 '장편소설'이라는 용어를 병기하기 시작한다.

결국 『매일신보』와 『동아일보』 및 『조선일보』는 모두가 1930년대 후반 이후부터 '장편소설'이라는 용어를 적극적으로 사용하기 시작한 셈이 된다. 이는 한국 근대 평단에서 장편소설에 관한 논의가 본격화되기 시작한 것이 1930년대 후반부터라는 사실과도[98] 연관성이 있었던 것으로 보인다.[99]

97 강영주, 『벽초 홍명희 연구』, 창작과 비평사, 2000, 269~270쪽.

98 한국 근대 평단에서 장편소설에 관한 논의가 나오기 시작한 것은 1930년대 중반이나, 이 논의가 보편화된 시기는 1930년대 후반 이후이다. 김남천의 글 「조선적 장편소설의 일고찰」(『동아일보』, 1937.10.19~10.23)은 근대 장편소설론의 촉매제 역할을 한 것으로 평가된다. 김남천

4. 근대 잡지와 장편소설의 전개

근대 신문에 비한다면, 근대 잡지에 연재된 장편 서사물의 숫자는 많지 않다. 『학지광』 등의 유학생 잡지나 『창조』와 같은 동인지는 물론이고, 『청춘』 등의 종합지 역시 별반 연재 서사물을 수록하지 않았다.[100] 비교적 오랜 기간 동안 지속적으로 발행되었던 잡지들에서조차도, 일 년 이상 연재된 서사물을 발견하는 것은 쉽지가 않다. 1922년에 창간된 『조선지광(朝鮮之光)』은 8년 동안 총 100호를 발행했지만, 6개월 이상 연재가 지속되는 장편 서사물을 단 한 편도 게재하지 않았다. 1920년에 창간된 종합지 『개벽』의 경우를 보더라도, 일 년 이상 연재된 장편 서사물은 세익스피어의 작품을 번역한 「하믈레트」(1921.5~1922.12) 1편뿐이다. 이 작품은 총 19회에 걸쳐 연재되었다.[101] 『개벽』은 1926년

은 「조선적 장편소설의 일고찰」에서 '장편소설의 출산에 있어 절대적인 기반이 되어야 할 출판현상은 대단히 미약하여 한 번도 본격적인 출판 상태를 보이지 못하고 신문에 게재된 것을 뒤늦게 단행본으로 내놓는 데 불과하였다. 이것은 로만 발생의 당초부터 우금(于今)에 이르기까지 장편소설을 신문에 의하여만 발표케 한 기본 조건이다'라는 지적을 하고 있다.

99 1930년 후반 평단의 장편소설론에 대한 상세한 논의는 이진형, 「1930년대 후반 소설론 연구 – 임화, 최재서, 김남천을 중심으로」, 연세대 박사논문, 2010. 26~34쪽 및 109~141쪽 참조. 이 논문에서는 "김남천은 조선 장편소설의 특수성이 조선 자본주의의 특수성(아시아적 정체성)에 기인한 것임을 지적하는 한편, 자본주의 사회의 모순과 갈등에 대한 묘사를 추구하는 리얼리즘 방법의 의의를 강조했다. 그에게 모순과 갈등에 관한 묘사란 당대 사회에 관한 인식일 뿐만 아니라 그 사회의 지양의 계기에 대한 인식이기도 하다는 점에서 특히 중요했다. 그 때문에 김남천은 가족사 연대기 소설, 총화소설, 아메리카 소설 같은 형식들을 검토하기는 했지만, 식민지 조선 사회에 관한 인식의 중요성을 강조하면서도 특정 구성 방식이나 형식의 타당성을 단언하지 않음으로써 임화나 최재서와 구별되는 면모를 보였다"(34쪽)고 정리한다.

100 『청춘』에 수록된 유일한 연재 서사물은 이광수의 단편 「어린 벗에게」(1917.7~11)이다. 나머지 작품들은 모두 한 회로 완결되었다.

101 이 밖에 비교적 길게 연재된 작품으로는 총 9회에 걸친 현진건의 「지새는 안개」(1923.2~10) 정도가 있다. 하지만, 「지새는 안개」의 원고 분량은 장편소설에는 미치지 못한다. 「지새는

폐간된 뒤 1934년 복간호를 출간하고, 그 첫 호에서 염상섭의 작품 「무현금(無絃琴)」(1934.11~1935.3)을 연재하기 시작한다. 「무현금」에는 『개벽』에 게재된 작품 가운데 유일하게 '장편(長篇)'이라는 표기가 달려 있다. 하지만 이 작품은 『개벽』이 또다시 폐간되면서 미완으로 남게 된다. 결국 식민지 시기에 발간된 대표적 종합지 『개벽』에도 장편소설은 전혀 실리지 못한 것이다.

1924년에 창간된 『조선문단』은 1920년대를 대표하는 문학 전문지이다. 1920년대 당시 『개벽』과 더불어 가장 많은 수의 문인이 관계하고 가장 많은 숫자의 문학 작품을 수록한 잡지가 『조선문단』이었던 것이다. 하지만, 『조선문단』 또한 1927년 폐간 시까지 장편 연재물을 단 한 편도 수록한 바 없다. 『조선문단』의 작품 게재는 주로 단편소설 위주였는데, 이는 창작물이나 번역물 모두에 해당한다. 다만 『조선문단』은 1935년 복간 된 이후 이광수의 작품 「천안기(千眼記)」(1935.4~8)를 연재하면서 여기에 장편소설이라는 표기를 한 바 있다. 『조선문단』에 연재된 「천안기」는 이미 『동아일보』에 발표가 되었던 작품이다. 「천안기」의 연재에 앞서 실린 『조선문단』의 다음 사고(社告)는 당시 문예 잡지가 장편을 게재하는 것이 결코 쉽지 않은 일이었다는 사실을 말해준다.

> 春園先生께 長篇小說 한나만 連載해 달나고 五六次를 졸낫으나 五月달까지는 小說에 붓을 안 대이기로 이미 宣言한 일이여서 쓰실 수 없다고 하시며 年前에 東亞日報에 始作만 하다가 事情으로 因하야 中止햇든 長篇 「千眼記」를 連載

안개」 9회 연재분 마무리에는 '전편종(前編終)'이라는 표기에 이어 "此號로 前編의 끗치남과 한께 本誌의 連載는 고만두고 後編이 完成되기를 기다려 혹 單行本으로 發刊할가 한다"(현진건, 「작가부기(作家附記)」, 『개벽』, 1923.10, 160쪽)는 후기가 달려있다. 실질적으로는 미완으로 연재를 마무리한 셈이다.

하는게 엇더냐고 하야 本社에서는 「千眼記」를 東亞日報에 始作하다가 만 始初붙어 싯기로 하엿다 春園先生께서도 「千眼記」만은 좀 오래엿지만 나의 作品 中 그중 自信을 갖이고 始作햇다」고 하시엿으니만큼 이 名作은 반듯이 滿天下讀者의 心琴을 울니고야 말 것이다. 여기에 한 가지 말해둘 것은 文藝雜誌에 長篇은 不可하다는 말은 만치만 쓸만한 長篇을 엇기 어려운 現文壇에서 이런 大文豪의 長篇을 連載하기로 된 것만으로도 우리는 滿足하게 알어야 할 줄 안다. 그리고 春園先生의 말슴을 들으면 이 「千眼記」는 그리 길지 않은 것이니까 五六回에 끗날 것이라고 하니 오히려 짧은 感이 잇다고 생각한다 이 「千眼記」는 新聞에 始作햇뜬 一部는 改作하고 一部는 새로이 써서 여긔에 發表하는 바다. 여긔에 發表하는 것은 初頭만은 新聞에 내엿든 것이나 次回붙어는 全部 새로이 쓰실 것이니 이 點을 滿天下讀者는 諒解하시고 읽어주기 바란다. 한가지 더-말해둘 것은 春園先生의 長篇을 얻을녀고 各 新聞 雜誌에서 날마다 가서 졸낫으나 다-얻지 못하얏는데 「朝鮮文壇」은 先生이 하시든 雜誌이니만치 特別히 이 長篇에 執筆하여 주시겟다고 하야 本社員 一同은 感謝함을 마지안커니와 讀者들도 感謝하게 생각하시기 바란다.

朝鮮文壇社 白[102]

이 글에서 특히 주목을 끄는 부분은 "文藝雜誌에 長篇은 不可하다는 말은 만치만 쓸만한 長篇을 엇기 어려운 現文壇에서 이런 大文豪의 長篇을 連載하기로 된 것만으로도 우리는 滿足하게 알어야 할 줄 안다"는 언급이다. 이러한 진술 속에는 문예잡지는 지면난으로 인해 장편을 연재하는 일 자체가 쉽지 않다는 점과, 문예잡지가 작가로부터 장편 원고를 얻는 일 또한 결코 쉬운 일이 아니라는 두 가지 사실이 함께 담겨

102 『조선문단』, 1935.8, 12쪽.

있다. 『조선문단』은 이렇게 어려운 상황 속에서 이광수의 소설 「천안기」를 게재하지만, 결국 연재를 마무리 짓지 못한 채 다시 폐간된다. 「천안기」는 속간 2호부터 4호에 걸쳐 3회 동안만 연재된 채 미완으로 남게 된다.[103] 그런가 하면, "여긔에 發表하는 것은 初頭만은 新聞에 내엿든 것이나 次回붙어는 全部 새로이 쓰실 것이니 이 點을 滿天下讀者는 諒解하시고 읽어주기 바란다"고 언급한 연재 예고문의 내용은 사실과 다른 것이었다. 『조선문단』에 실린 「천안기」의 분량은 『동아일보』의 연재분에도 미치지 못한다. 그러니까 엄밀히 말하면, 새로운 내용의 집필에 채 들어가기도 전에 「천안기」는 연재가 중단되고 만 것이다. 『조선문단』의 「천안기」의 연재 시도와 그 중단의 과정은, 식민지 시기의 잡지에 왜 주목할 만한 장편소설들이 연재되지 못했는가를 보여주는 대표적 사례가 된다.

1926년 창간된 천도교 잡지 『신인간(新人間)』은 '강담(講談)'이라 표기된 이돈화(李敦化)의 국한문체 작품 「후천혼(後天魂)」(1929.1~1930.5)을 총 12회에 걸쳐 연재하고, 하심(何心)의 국문체 소설 「무지무정(無知無情)」(1933.3~1934.4)을 역시 12회에 걸쳐 연재한 바 있다. 『신인간』과 같은 해인 1926년에 창간된 잡지 『동광』은 1년 남짓 발행된 이후 폐간되었다. 『동광(東光)』은 1931년에 속간되었는데, 속간 제3호를 내면서 이광수의 작품 「무명씨전(無名氏傳) 기일(其一) A의 약력(略歷)」(1931.3~6)을 게재하기 시작한다. 이 작품에는 연재장편(連載長篇)이라는 표기가 달려있다. 그러나 「무명씨전(無名氏傳) 기일(其一) A의 약력(略歷)」은 4회까지만 연재된 후 중단되었다.[104] 1928년 창간된 『별건곤(別乾坤)』에는 '장편강담

103 『조선문단』 속간호는 1935년 12월에 이르러 한 번 더 간행되었지만 여기에는 「천안기」가 실리지 않았다.

104 『이광수 전집』(삼중당, 1962)에 이 작품은 단편으로 분류되어 수록되었다.

(長篇講談)'이라는 표기 아래 월명산인(月明山人)의 「창해역사(滄海力士)」(1932.1.1~1933.2.1)가 총 13회에 걸쳐 연재된 바 있다. 1929년 창간된 『문예공론(文藝公論)』에는 최상덕(崔象德)의 「청춘(靑春)의 죄(罪)」(1929.5~6)가 장편연재 대중소설로 연재를 시작했지만 단 두 회만에 그치고 말았다. 김동인의 작품 「태평행(太平行)」(1929.6~7) 역시 장편소설로 출발했지만 『문예공론』이 폐간되는 바람에 두 회만에 연재를 중단할 수밖에 없었다.

1931년 동아일보사는 월간지 『신동아』를 창간하면서 독자가 참여하는 장편소설 연재를 기획 공모한다. 이 기획의 성과로 발표된 작품이 '독자 공동 제작 소설'인 「연애(戀愛)의 청산(淸算)」(1931.11~1932.3)이다. 이 작품은 첫 회를 현진건이 기술한 후, 제2회부터는 독자의 투고를 받아 그중에서 잘 된 원고를 가려 줄거리를 이어가는 형식으로 연재되었다. 이는 한국 근대소설사에서는 매우 희귀한 사례에 속하는 특이한 소설 연재 방식이다. 다음의 인용문은 '작자의 말'과 함께 『신동아』 창간호에 실린 작품 투고 규정이다.

> 第一回 作者의 말
>
> 小梧兄께
>
> 兄의 癖도 무던하구려 이 奇想天外이 讀者 共同製作小說의 第一回 作者의 榮光을 귀예 나에게 씨우니 되는 대로 쓰기는 썻소이다마는 나도 이 小說이 어써케 展開될 지 도모지 豫想할 수 업소이다. 테마는 題意가 明示하는 바와 가티 過渡期의 戀愛를 어더케 淸算할가 理想과 主義에 타는 靑春男女 사이에 움트는 사랑의 煩惱相을 어써케 解脫할가 하는 것이외다. 第一回 作者로 希望 條件도 별로 업스나 다만 이 小說의 男女 主人公으로 하야곰 春風澗海의 奔放味는 잇슬지언정 決코 輕薄에 흐르지 말게 하고 孤城落日에 背城一戰의 悲壯美는 잇슬

지언정 決코 絶望의 深淵으로 쓰을지 말 일이외다.[105]

共同製作小說投稿規定

一. 이 小說은 讀者共同製作으로 連載하랴 합니다. 누구시든지 第一回를 精讀하시고 거긔 聯絡되도록 展開시키서 第二回分을 써 보내실 수 잇습니다.

一. 한 번에 記載되는 分量은 十行 二十二字詰 三十頁 內外가 가장 適當합니다.

一. 投稿는 編輯部에서 嚴選하야 가장 잘 된 것을 紙面에 揭載합니다.

一. 應募한 投稿中에서 入選 揭載된 분에겐 薄謝로 一金二十圓을 進呈합니다.

一. 投稿外面에는 반듯이 「讀者共同製作小說原稿」라고 朱書하십시오.

一. 한 번 보내신 原稿는 一切로 返還치 한습니다.[106]

『신동아』 창간호가 이러한 형식의 장편 연재를 기획한 것은 물론 독자들의 관심을 끌기 위한 전략이었다. 『신동아』는 투고된 원고 가운데 두 편을 뽑아 작품 A와 작품 B로 나누어 제2회부터 5회까지 연재를 이어갔다. 이후 『신동아』가 '장편소설'이라는 양식 표기와 함께 연재한 작품들로는 현진건의 번역소설 「조국(祖國)」(1932.3~7), 한수한의 「닭이 가리」(1933.3~5), 이석훈(李石薰)의 「황혼(黃昏)의 노래」(1933.6~12), 무명생(無名生)[107]의 「혈루록(血淚錄)」(1933.11~1934.7), 엄흥섭(嚴興燮)의 「고민(苦悶)」(1935.2~8) 등이 있다. 하지만 「연애의 청산」을 포함한 『신동아』 연재 장편소설들은 모두 연재 횟수가 10회 이내에 머무르고 있고,[108]

105 『신동아』, 1931.11, 94쪽.

106 위의 책, 같은 곳.

107 연재 첫 회의 편집자 주에는 작가 무명생이 고보(高普)를 마친 21세의 청년으로 불치의 병인 나병에 걸려 수용소에 격리 중이라는 사실을 밝히고 있다. 「혈루록」이 그의 자전적 소설이라는 설명도 있다. 그러나, 연재 마지막 호에서 작가는 소설 내용이 꼭 자전적이라 말하기 어렵다는 후기를 달았다.

한 회당 연재 분량도 많지 않았다.

1931년 창간된 『혜성(彗星)』에는 장편소설이라는 양식 표기 아래 강경애의 작품 「어머니와 딸」(1931.8~1932.4)이 연재된 바 있다. 이 작품은 이후 『혜성』의 후신인 『제일선(第一線)』으로 지면을 옮겨 1932년 10월에 마무리된다. 이 시기 『신여성(新女性)』 또한 1931년 1월부터 장편소설이라는 표기 아래 이태준의 작품 「구원(久遠)의 여상(女像)」(1931.1~1932.8)을 총 18회에 걸쳐 연재하고, 이어서 같은 작가의 작품 「법은 그러치만」(1933.3~1934.4)을 11회에 걸쳐 연재한다. 『신여성』은 이효석의 작품 「주리야(朱利耶)」(1933.3~1934.1)를 9회 동안 연재한 바도 있다. 하나의 잡지가 동일한 시기에 두 편의 장편소설을 게재한 것은 당시로서는 매우 보기 드문 현상이었다.

1933년 창간된 『조선문학(朝鮮文學)』은 이기영의 소설 「진통기(陣痛期)」(1939.1~7)를 수록하지만 잡지 폐간으로 인해 6회분 게재를 마지막으로 더 이상 연재를 이어가지 못한다. 1933년 『중앙』은 창간과 동시에, 대중소설로 명명된 김운정(金雲汀)의 「괴인(怪人)」(1933.11~1935.1)을 총 15회 동안 연재한다. 이후 '전편게재(全篇揭載) 특별 장편소설'이라는 기획 아래 염상섭의 「그 여자(女子)의 운명(運命)」(1935.2), 이북명(李北鳴)의 「공장가(工場街)」(1935.4), 안회남의 「황금(黃金)과 장미(薔薇)」(1935.5) 등을 수록한 바 있다. 그러나 이들 작품은 '장편소설'이라는 명칭에는 전혀 어울리지 않는 길이로 단 1회씩만 게재되었다. 이북명은 『중앙』의 기획 의도에 따라 「공장가」를 게재하면서, "이 小說은 第一部 「求職篇」 第二部 「工場篇」 第三部 「鬪爭篇」으로 되어잇다. 이 「工場街」는 그 中 第

108 연재 횟수는 다음과 같다. 「조국」 5회, 「닭이가리」 3회, 「황혼의 노래」 7회, 「혈루록」 9회, 「고민」 7회.

一部「求職篇」이다. 그러나 第一部만으로서도 完全한 短篇小說이 되리라고 생각한다"[109]고 밝힌 바 있다. 이후 계훈(桂薰)의 '장편소설' 「사라진 무지개」(1935.3~6)[110]와 복면아(覆面兒)의 '연재장편 탐정소설' 「마야(摩耶)의 황금성(黃金城)」(1936.1~6) 등이 연재된 바 있지만 이들 작품의 길이 또한 장편으로 보기는 어려운 것들이다. 이 밖에 잡지 『중앙』의 폐간으로 인해 중단된 연재 장편소설로는 염상섭의 「청춘항로(靑春航路」(1936.6~9), 방인근의 「비련(悲戀)」(1936.7~9), 김유정의 「생(生)의 반려(伴侶)」(1936.8~9), 이기영의 「야광주(夜光珠)」(1936.9) 등이 있다. 이렇게 보면 『신동아』와 마찬가지로 『중앙』에 연재된 '장편소설'들 가운데도 실제 장편소설에 해당되는 작품은 하나도 없는 셈이 된다. 1934년 창간된 『신인문학(新人文學)』 역시 장편소설의 연재를 시도하지만, 정은성(鄭銀城)의 「청춘애사(靑春哀史)」(1934.7) 및 강로향(姜鷺鄕)의 「지붕밑의 신추(新秋)」(1936.1~2) 등이 모두 한두 회만 마친 채 중단되고 만다.

1935년 조선일보사가 창간한 월간지 『조광(朝光)』에는 다른 잡지에 비해 상대적으로 많은 숫자의 연재 서사물들이 수록되어 있다. 이들 가운데 상당수는 장편소설이라는 표기가 되어 있다. 『조광』에 장편소설로 분류되어 연재된 작품들의 목록은 다음과 같다. 신경순(申敬淳)의 「제2의 밀실(密室)」(1935.11~1936.1), 함대훈(咸大勳)의 「순정해협(純情海峽)」(1936.1~8) · 「무풍지대(無風地帶)」(1937.7~1938.1) · 「방파제(防波堤)」(1938.12~1939.11), 주요섭의 「미완성(未完成)」(1936.9~1937.6), 방인근의 「춘몽(春夢)」(1936.9~12) · 「선혈(鮮血)」(1937.12~1938.3), 박태원의 「속(續) 천변풍경(川邊風景)」(1937.1~9) · 「미녀도(美女圖)」(1939.7~10), 채만식의 「천하태

109 이북명, 「공장가」, 『중앙』, 1935.4, 151쪽.

110 3권 6호인 1935년 6월호에 보면, 다음 호에 연재가 완료된다는 사실이 적혀 있다. 그러나, 3권 7호를 확인할 수 없어 연재가 완료되었는지 알 수 없다.

평춘(天下太平春)」(1938.1~9) · 「어머니」(1943.3~10), 김동인의 「제성대(帝星臺)」(1938.5~1939.4) · 「대수양(大首陽)」(1941.2~12) · 「성엄(聖嚴)의 길」(1944.8~12), 박노갑(朴魯甲)의 「남풍(南風)」(1939.1~6), 정비석(鄭飛石)의 「금단(禁斷)의 유역(流域)」(1939.7~12), 이석훈의 「백장미부인(白薔薇夫人)」(1940.1~6), 김사량(金史良)의 「낙조(落照)」(1940.2~1941.1), 박종화(朴鍾和)의 「전야(前夜)」(1940.7~1941.10), 이태준(李泰俊)의 「행복(幸福)에의 흰 손들」(1942.1~1943.1), 안회남의 「풍속(風俗)」(1943.12~1944.2) 등.[111]

1936년 창간된 『여성(女性)』은 함대훈(咸大勳)의 「빈사(瀕死)의 백조(白鳥)」(1936.4~9)와 안석영(安夕影)의 「안해」(1936.12~1937.4), 방인근의 「슬픈 해결(解決)」(1938.11~1939.3), 안회남의 「애인(愛人)」(1939.6~1940.2), 유진오의 「우수(憂愁)의 뜰」(1940.8~12)[112] 등을 장편소설로 분류해 연재했다. 특기할 만한 것은 『여성』의 경우 중편소설(中篇小說)란을 따로 두었다는 점이다. 여기에 해당하는 작품들로는 이태준의 「코스모스 피는 정원(庭園)」(1937.4~7), 채만식의 「정차장근처(停車場近處)」(1937.4~10), 이효석의 「거리의 목가(牧歌)」(1937.10~1938.3), 김남천의 「세기(世紀)의 화문(花紋)」(1938.3~10) 등이 있다. 방인근의 작품 「슬픈 해결」은 연재 첫 회에는 장편소설로 소개가 되었으나, 제2회부터는 중편소설로 표기가 바뀌었다. 1939년 창간된 『인문평론(人文評論)』에는 김남천(金南天)의 소설 「낭비(浪費)」(1940.2~1941.2)가 총 11회 동안 연재되었다. 이기영의 「봄」(1940.10~1941.2) 또한 장편소설이라는 분류 아래 총 4회 동안 연재

111 이 밖에 『조광』에 실린 연재물로는 김환태(金煥泰) 번안의 탐정소설 「의문의 독사(毒死)사건」(1936.9~1937.3)과 반-다잉 원작의 「잃어진 보석(寶石)」(1937.6~11), 파브렌토 원작의 「극동(極東)의 전운(戰雲)」(1937.10~11) 등의 번역소설이 있다. 『조선일보』에 연재되던 홍명희의 장편소설 「임꺽정(林巨正)」(1940.10)도 『조광』으로 지면을 옮겨 한 회 발표되었다.

112 「우수의 뜰」은 5회 연재 후 미완으로 마무리되었다. 이는 잡지의 폐간에 따른 결과였다.

된 바 있다. 1941년 창간되어 식민지 말기에 간행된 대표적 잡지 『국민문학』에 게재된 연재 서사물은 모두 일본어로 되어 있다. 그 대표적 사례로 꼽을 수 있는 작품이 김사량(金史良)의 「태백산맥(太白山脈)」(1943.2~10) 등이다.[113]

1920년대 후반까지 근대 잡지에 연재된 작품들 가운데 대다수는 그 길이가 장편의 기준에 훨씬 못 미치는 작품들이다. 장편소설이라는 양식 표기가 되어 있는 작품들 중 대부분이 길이에서 근대 장편소설과는 거리가 먼 작품들이었던 것이다. 여기에 한두 회만 발표된 뒤 잡지 폐간으로 인해 중단된 장편소설들도 적지 않았다. 정치적 위기뿐만 아니라 경제적 위기 또한 넘어서기 어려웠던 한국의 근대 잡지들이, 장편소설의 연재를 끝까지 책임지고 마무리하는 것은 결코 쉬운 일이 아니었다. 매체 폐간으로 인한 미완성 장편소설들이 많다는 것은, 그만큼 한국 근대문학사가 불안정한 환경 속에서 전개되어 나갔다는 사실을 말해준다.

1935년 정래동(丁來東)은 「삼대신문(三大新聞) 장편소설(長篇小說) 평론(評論)」을 통해 다음과 같은 말로 조선 장편 소설이 놓인 자리와 문제점에 대해 지적한다.

> 朝鮮의 長篇小說은 不幸하게 겨우 二三의 新聞에 依하야 長成할 뿐이다. 間或 雜誌 等에도 長篇이 실리지 않은 바는 않이나 이는 퍽으나 드물 뿐 아니라 一年에 二三 篇을 버서나지 못하는 現象이다. 그런지라 우리는 朝鮮에 長篇에서 優秀한 作品을 求하는 것은 좀 無理한 일일지도 몰은다. 그러타고 하야서 우리

113 『국민문학』에는 조선인 작가의 작품뿐만 아니라 일본인 작가의 장편소설도 연재되었다. 구스다 토시로[楠田敏郎]의 「新しき世代」(1944.7~12) 등이 그 예가 된다.

는 長篇을 無視할 수도 없는 일이요 또한 評論의 例外로 돌려버릴 수도 없는 일이다.

新聞 連載物에는 여러 가지 制限이 잇스리라고 推測된다. 첫재는 讀者大衆의게 迎合되여야 할 것임으로 通俗的이라야 할 것이며 둘재는 그 社會의 尖端의 것이거나 或은 流行 思潮를 그 基潮로 삼음으로 自然 그 內容은 퍽 좁은 範圍로 制限되는 수밖에 없을 것이다. 또 其他에 다른 制限도 많을 것임으로 最近의 長篇은 大部分이 戀愛의 大道로 行進을 하고 잇다고 볼 수 잇다.[114]

조선의 장편소설이 지나치게 신문에만 의존하고 있으며, 그 결과 대중 영합적이며 통속적인 방향으로 작품의 경향이 치우치고 말았다는 비판을 하고 있는 것이다.[115]

하지만, 앞에서 지적한 길이의 문제 등 여러 가지 논란거리가 있음에도 불구하고 한국의 근대 잡지가 1930년대 이후 적극적으로 장편소설을 기획하고 연재하기 시작했다는 사실만은 명확해 보인다. 1930년대는 양적인 면에서나 질적인 면에서 한국 장편소설이 적지 않은 성과를 거둔 시기이다. 한국 근대문학사의 주목할 만한 성과로 꼽히는 염상섭, 채만식, 홍명희, 강경애, 이기영 등의 주요 장편소설들도 대부분 1930년대에 창작되었다. 이는 1910년대 말에 싹을 틔우고 1920년대에 경험을 축적한 한국의 문인들의 장편 서사물 창작이 1930년대 이후 열매를 맺기 시작했다는 방식으로도 설명이 가능하다. 다른 한편, 1930년대가 식민지 지배 체계가 굳어지고 불안정 속의 기형적인 안정이 지속되는 독특한 시기였다는 점 또한 장편소설의 융성을 뒷받침하는 요

114 정래동, 「삼대신문 장편소설 평론」, 『개벽』, 1935.3, 1쪽.

115 이 글은 계속해서, 작가의 체험이 부족하기 때문에 작품 속에 비현실적 요소가 많다는 점과 작품에 대한 엄밀한 구상(構想)이 부족하다는 점 등을 조선의 장편소설의 결점으로 정리한다.

소로 작용했다고 볼 수 있다. 신문뿐만 아니라 잡지 또한 이 시기에는 장기적으로 간행하는 일이 얼마간 가능했는데, 그러한 사회적 분위기가 각 잡지사들로 하여금 장편의 연재를 기획하게 했던 것으로 보인다. 『신동아』와 『조광』 등, 『동아일보』와 『조선일보』가 발행하는 이른바 신문사 소속 잡지들의 출현 역시 1930년대를 장편의 시대로 규정짓는 데 일정한 역할을 했던 것으로 평가할 수 있다.

제4장
마무리—제도 · 언어 · 양식의 지형도

1.

근대문학사 초기 '문학(文學)'의 개념은 '학문(學問 / 學文)'과 매우 근접해 있었다. 1880년대에 발행된 신문 『한성주보』 잡록란에는 교육을 통해 문학(文學)이 날로 발전하게 될 것이라는 기사가 실려있다.[1] 1900년대에 발간된 잡지 『장학보』가 소설을 '학술(學術)과 교육(教育)에 관한 사(事)'로 규정했던 것도 결국은 문학을 학지(學知)로 이해하는 전래의 문화사적 맥락과 연결된다.[2] 『황성신문』 역시 사설에서 다음과 같이 문학을 학문의 다른 표현으로 사용한 바 있다.

> 唯人이 最貴함은 何오, 我는 曰호딕 文學이 有홈이라 倫常道德도 文學으로 從ᄒᆞ야 學習하야 知ᄒᆞ는 빅오, 富强文明도 文學으로 從ᄒᆞ야 郅隆을 致ᄒᆞᄂᆞᆫ 빅오, 農業製造도 文學으로 從ᄒᆞ야 發達을 期ᄒᆞᄂᆞᆫ 빅오, 政治律例도 文學으로 從ᄒᆞ야 公平홈을 得ᄒᆞᄂᆞᆫ 빅오 商賣貿港遷도 文學으로 從ᄒᆞ야 利益을 獲ᄒᆞᄂᆞ니……[3]

1 "現設小學校以開教育之方將見文運日昌英才日就矣豈不休哉(현재 小學校를 설립하여 教育을 하고 있으니, 앞으로 文學이 날로 번창하고 英才들이 날로 성취될 것이니 어찌 훌륭한 일이 아니겠는가)"(「집록(集錄)」, 『한성주보』, 1886.8.23)

2 『장학보』와 관련된 상세한 논의는 이 책의 제1장3절 참조. 문학 및 소설과 근대지식과의 관련성에 관한 상세한 논의는 구장률, 「근대지식의 수용과 소설 인식의 재편」, 연세대 박사논문, 2009, 참조. 이 논문에서는 '근대 지식의 수용과 생산이 소설에 대한 인식과 소설 자체의 변화를 초래한 직접 동인이었다'고 정리한다.

3 『황성신문』, 1899.3.10.

이 글에서는 사람이 귀한 것은 곧 문학이 있기 때문이라고 주장한다. 도덕이나 문명, 부국강병이나 농업제조・정치법률・상업무역이 모두 문학에 토대를 두고 이루어지는 일들이라는 것이다. 『황성신문』의 사설을 매개로 임화(林和)가 신문학(新文學)의 개념에 접근했다는 사실은 잘 알려져 있다. 1930년대 후반에 발표된 임화의 「개설 신문학사」에는 다음과 같은 구절이 있다.

> 신문학(新文學)이란 말이 어느 때 누구의 창안으로 씌어지기 시작했는지는 알 수 없다. 그러나 현재 우리가 쓰는 의미의 개념으로 씌어지기는 육당(六堂), 춘원(春園) 이후에 비롯하지 않은가 한다. 그 전에는 비록 신문학이란 문자를 왕왕 대할 수 있다 하더라도 그것은 지금 우리가 사용하는 의미보다는 훨씬 광의로 사용되었다. 광무(光武) 3년 10월 30일분의 『황성신문』 논설에 성(盛)히 문학이라는 말을 썼는데 그것은 우리가 현재 사용하는 의미의 문학은 아니다. (…중략…) 즉 학문 일반의 의미로 문학이란 말이 사용되었다. 그러므로 신문학이란 말은 곧 신학문의 별칭(別稱)이라 할 수 있다. 이것은 지금 우리로서 보면 실로 가소로운 혼동이다. 그러나 문학이란 말을 Literature의 역어(譯語)로 생각하지 않고 자의(字意)대로 해석하여 사용한 당시에 있어 이 현상은 극히 자연스러운 일이라 아니할 수 없다. (…중략…) 이것은 또한 문학이라는 말에 대한 자의(字意)대로의 해석일뿐더러 문학에 대한 동양적 해석, 전통적 이해의 일(一) 연장(延長)이라는 데도 의미가 있다. 일반으로 동양에선(물론 지나(支那)를 의미하나) 우리가 말하는 예술문학을 문학이라 생각지 않아 왔고, 우리 조선에서도 그런 관념은 하나의 전통이 되어 왔었다.[4]

4 「개설 신문학사」, 임화문학예술전집 편찬위원회 편, 『문학사』 임화문학예술전집 제2권, 소명출판, 2009, 12~13쪽. 「개설 신문학사」는 「개설 신문학사」(『조선일보』, 1939.9.2~10.31), 「신문학사」(『조선일보』, 1939.12.8~12.27), 「속 신문학사」(『조선일보』, 1940.2.2~5.10), 「개설 조선신문

임화는 여기서 크게 세 가지 사실을 지적하고 있다. 첫째는, 조선에서는 문학이라는 말을 자의(字意)대로 이해하여 학문과 같은 의미로 사용했다는 것이다. 둘째는, 이러한 관념이 형성된 것은 조선만의 특이한 현상이 아니라 동양의 전통과 맞닿아 있는 현상이라는 점이다. 셋째는, 문학에 대한 이러한 관념이 현재는 'Literature'의 번역어로 받아들여져 '예술문학'을 문학이라 이해하게 되었는데 그것이 육당과 춘원 이후에 일어난 일로 추정된다는 것이다.

임화가 지적한 바와 같이, 근대 초기의 문학에 대한 인식은 동아시아 전통 속에서의 '문(文)' 및 '문학(文學)'에 대한 인식과 맞닿아 있었다. 동아시아에서의 '문(文)'은 천지만물에서 형태화할 수 있는 모든 것을 가리키는 말이었고, 문학은 문의 파생어 중 하나였다.[5] 중국의 경우가 그러했듯, 일본의 경우 또한 처음에는 문학이 일반 학문과 문장을 배우는 것을 합친 의미로 사용되었다.

> 요컨대 8세기경 일본에서 '문학'의 개념은, 학예일반과 '문장'의 학이라는 관념을 합친 중국 육조시대풍의 개념을 기본으로 한 것이었다. 중국과의 차이, 즉 일본적인 특수성으로는, 학문의 중심이 유학에 있다는 관념은 있었어도 일본의 독자적인 신도(神道)라는 것이 형성되고 게다가 불교의 지위가 대단히 높다는 점을 우선 꼽을 수 있을 것이다. 그리고 『가이후소(懷風藻)』에 한시를 실은 작가 64명 중 18명이 이윽고 편찬되는 『만요슈(萬葉集)』에도 참여하고 있어서, 한시와 와카(和歌)가 병존했던 시대상을 잘 보여준다.
>
> 다만, 와카가 '문학'이나 '문장'으로 불린 흔적은 없다. 다시 말해 '문학'은 어디까지

학사」(『인문평론』, 1940.11~1941.4) 등을 모은 것이다.

5 권보드래, 『한국 근대소설의 기원』, 80쪽 참조.

나 유학을 중심으로 하는 학문과 한시를 뜻하는 말이며, 동시에 그것과는 별개로 '시가(詩歌)', 즉 한시와 와카를 한 가지 장르로 간주하는 관념도 있었다고 할 수 있다.[6]

일본의 경우, 근세에 이르면 문학은 '다이묘[大名]의 영지 번의 세력을 업은 유학자 즉 경서를 강의하고 공식문서를 관리하며 저작하는 일을 담당하는 관직'을 지칭하게 된다. 그 뒤에는, '유학을 중심으로 한 문장 즉 한시문'을 의미하게 되다가, 시간이 흐르면서 유학과 문장을 하나로 생각하는 전통적 개념에 대한 붕괴가 일어난다. 근대 이후 문학은 이른바 고급 언어예술을 의미하는 영어 'literature'의 번역어로 사용되기 시작하면서 의미에 커다란 변화가 생기게 된다.[7]

동양의 문학 개념이 서양의 그것과 달랐듯, 소설의 개념 또한 많은 거리가 있었다. 엄밀히 말하면 서양에는 '소설(小說)'이 없었고, 동양에는 '노벨(novel)'이 없었다. 소설과 노벨이 만나 교류하며 근대 장편소설을 만들어 낸 것은 길고긴 동양 문예의 역사로 보면 최근의 지극히 짧은 기간 동안에 일어난 일이다. 문학(文學)을 자의(字意)에 따라 해석했던 동양의 전통은, 소설(小說) 또한 그렇게 자의(字意)에 따라 해석했다. 소설을 하찮은[小] 이야기[說]로 이해한 것은 그 한 예가 된다. 중국의 『장자(莊子)』 잡편(雜篇)에서는 소설에 대해 '하찮은 의견을 치장하여 높은 명성과 훌륭한 명예를 얻으려 한다(飾小說以干縣令)'고 기술하고 있다. 시간이 흐르면서 소설에 대한 이해는 '우언(寓言)이나 기이한 이야기의 기록[異記]을 일컫는 것으로, 경전(經典)을 근본으로 삼지 않아 유가의 도리(道理)에 배치되는 것' 등 다양한 방향으로 확산된다.[8] 『장

6 스즈키 사다미[鈴木貞美], 『日本の文學概念』, 作品社, 1998, 83쪽.
7 이와 관련된 상세한 논의는 위의 책 제3장 및 제4장 참조.
8 루쉰[魯迅], 조관희 역주, 『중국소설사』, 소명출판, 2004, 25~27쪽 참조.

자』의 용례에 따르면, 소설은 결코 문학의 한 형태라든가 문예상의 한 양식이라는 의미로는 사용되지 않았다.[9] 동양에서 소설은 문학의 범주를 뛰어넘는 것이기도 했다. 특히나 상상력의 개입이라는 차원에서 보면, 소설은 동양의 문학관이 머무는 현실 세계의 제약을 넘어서는 자유로운 글쓰기를 의미하는 것이었다.

일본의 어휘 사전을 대표하는 『코지엔[廣辭苑]』에는 소설에 대한 서로 다른 두 가지 정의가 실려 있다. 첫째 『한서(漢書)』의 예문지(藝文志)를 인용하여 패사를 가리키는 것, 둘째 쓰보우치 쇼요[坪內逍遙]가 노벨(novel)의 역어로 통용시킨 문학의 한 형식이라는 설명이 그것이다.[10] 그런데 이 두 정의 사이에는 너무나 큰 거리가 있다. 이 거리는 바로 동양과 서양의 소설 개념에 대한 차이를 보여준다. 이렇게 서로 다른 성격의 두 가지 정의가 하나의 항목으로 묶여 설명되고 있다는 점 또한 주목할 필요가 있다.

최초의 중국소설사로 평가받는 루쉰[魯迅]의 저작 『중국소설사략(中國小說史略)』은 1920년대에 집필되었다. 이 저술이 지닌 최대의 미덕이 "근대의 서구적인 의미에서의 소설이라는 개념에 구애받지 않고 중국소설사의 계년(計年)을 그 훨씬 이전으로 끌어올렸다는 데 있다"[11]는 지적은 시사하는 바가 크다. "반고(班固, 32~92)의 『한서(漢書)』 예문지(藝文志) 제자략(諸子略)에는 이미 소설가(小說家)가 버젓이 들어 있다. 우리는 여기의 소설이 현대소설의 개념과 다른 것이라 하여 간단히 내칠 것이 아니라, 중국 고대문학에 있어서의 소설의 개념을 올바로 추구한 위에, 이를 바탕으로 새로운 중국소설사의 체계를 이루도록 노력해야

9 노구치 다케히코[野口武彦], 노혜경 역, 『일본의 '소설' 개념』, 소명출판, 2010, 8~9쪽 참조.
10 위의 책, 24쪽 참조.
11 「루쉰의 중국소설사학(中國小說史學)에 대한 비판적 검토」, 『중국소설사』, 834쪽.

할것이다"[12]는 서술 또한 동양소설사 연구 전반에 대한 조언으로 받아들일 수 있다.

동양에서 문학은 교육을 통해 발전하는 것이기도 했지만, 교육을 위한 유용한 도구이기도 했다. 한국 근대사와 함께 시작되는 외국 세력의 유입과 국권에 대한 위협은 한국의 근대지식인들로 하여금 문학을 더욱 강력한 계몽의 도구로 활용하도록 하는 계기가 된다. 근대 산문에서 글쓴이의 의도를 전달하는 힘이 가장 컸던 양식은 논설이었다. 하지만, 다양한 형태의 검열이 존재하는 시대 속에서 직설적 주장을 담은 논설은 자칫 신문의 정간(停刊)이나 폐간(廢刊)을 불러올 수 있었다. 1905년 「시일야방성대곡(是日也放聲大哭)」을 게재한 『황성신문』에 내려진 폐간 조치는 이를 잘 보여준다. 이러한 상황 속에서 탄생한 것이, 논설에 서사(敍事)를 결합한 '서사적 논설'(敍事的論說)이라는 새로운 글쓰기 양식이었다.

동서양을 막론하고 근대적 문학 양식의 발생 및 전개 과정에서 근대 매체의 역할은 매우 중요하다.[13] 일본의 경우 근대소설의 형성 과정에서 그 중요한 요인으로 거론되는 것 중 하나가 근대 신문의 사건 기사이다. 근세에 형성된 문학의 전통적 흐름 및 근대 이후 새롭게 이입된 서양 문학의 영향과 함께, 근대 신문의 사건 기사는 일본 근대소설 형성을 위한 중요한 한 줄기를 차지한다. 잡보란에 실린 기사가 연재소

---

12 김학주, 『중국문학사론』, 서울대 출판부, 2001, 25쪽.

13 매체를 중심 변수로 놓고 근대 이후 서사 텍스트들의 전개 양상을 정리한 최근의 논문으로는 최성민, 「서사 텍스트와 매체의 관계 연구」, 서강대 박사논문, 2006 참조. 이 논문에서는 '새로운 매체의 등장과 서사 텍스트 형식 사이의 관계가 일정한 패턴을 이루며 전개된다'는 사실에 특히 주목한다. 새로운 매체가 등장하면, 기존 매체의 방식으로 소통되며 인기를 모으던 서사텍스트가 신매체에 적용되는 단계를 밟는다는 것이다.

설로 발전해 가는 유형에 대해 '신문기사 발전형 근대소설'이라는 명칭을 붙일 수 있을 만큼 이는 의미가 있다.[14] 근세에 형성된 문학적 전통이나, 근대 이후 이입된 서양문학의 영향은 한국 근대소설사를 설명하는 일에도 활용될 수 있다. '서사적 논설'을 조선 후기 야담(野談)의 연속으로 이해하는 것은 곧 근세의 문학적 전통의 근대 계승을 인정하는 것이다. 유학생들의 학술 및 문화 활동의 성과를 통해 한국 근대문학사의 줄기를 보완하려는 시도는 곧 서양문학의 이입과 그 의미를 탐구하는 일로 이어진다.[15] 다만, 일본 근대소설의 경우와 달리 한국 근대소설의 형성 과정에서 근대 신문의 사건 기사는 중요한 줄기를 형성하지 못한다. 한국의 경우, 근대문학사 초기 신문에 실린 사건 기사가 근대소설로 발전하는 사례는 찾아보기 힘들다. 사건 기사와 근대 서사문학 사이의 연관성을 굳이 논의하자면, '서사적 논설'에서 집필자가 전언(傳言)의 형식으로 사건을 요약해 보이는 정도를 사례로 들 수 있을 것이다. 한국에 신문기사 발전형 근대소설이 존재할 수 없는 이유는, 한국 근대 신문의 성격이 일본의 근대 신문과는 차이가 있었기 때문이다. 일본의 경우는 근대 신문이 관(官)의 지원을 받으며 정론지로 탄생한 대신문(大新聞)과, 일반 대중들의 기호를 반영하며 출발한 소신문(小新聞)으로 나뉘어 있었다. 대신문이 관령(官令)에 많은 지면을 할애하며

14 후지이 히데타다[藤井淑禎], 「일본 근대소설 탄생의 세 가지 경로」, 『한일 근대어문학 연구의 쟁점(4)』, 연세대 근대한국학연구소 제7회 국제 학술 심포지엄 자료집, 2011, 3~18쪽 참조. 이 글에서는 일본 근대소설 발생의 경로를 첫째, 신문기사 발전형 둘째, 고전문학 계승형 셋째, 외국(구미)문학에 바탕을 둔 형 등 셋으로 설명한다.

15 다만, 이러한 방향의 연구에서는 '서구문학의 영향 아래 쓰인 『소설신수(小說神髓)』가 소설의 개량과 진화를 강조한 나머지 일본의 중요한 모노가타리의 전통과 문체의 가능성을 간과하고 말았다'는 지적을 상기할 필요가 있다. 이와 관련된 논의는 우에다 마사유키[上田正行], 「모노가타리[物語 / 이야기]의 복권(復權)」, 『한일 근대어문학 연구의 쟁점(3)』, 연세대 근대한국학연구소 제6회 국제 학술 심포지엄 자료집, 2010, 1~13쪽 참조.

정치문제에 관심을 보였고 한문 문체를 주로 활용했던 것에 반해, 소신문은 일상적 사회사건에 큰 관심을 보였고 사설이나 논평을 게재하지 않았으며 구어체의 평이한 문장에 히라가나(平仮名)를 사용했다. 소신문의 주된 내용은 흥미를 끌만한 사회적 사건이나 오락 기사였고, 초창기 사건기사와 근대소설의 연결은 주로 이 소신문을 통해 이루어졌다.[16]

근대 초기 한국에는 일본의 소신문에 해당하는 신문이 없었다. 1883년에 간행된 첫 신문 『한성순보』가 관보(官報)의 성격을 띠며 출발한 것을 비롯해, 이후 1896년에 창간된 『독립신문』 등 민간신문들도 대부분 관(官)이나 특정 기관 및 단체 등의 지원을 받으며 창간되었다. 그런 점에서 한국의 근대 신문들은 정론지의 성격을 벗어나기 어려웠다. 아울러, 한국의 근대 초기 신문들은 사회에서 일어나는 사건에 대한 보도에 별반 지면을 할애하지 않았다. 잡보란을 두고 사회적 사건을 보도할 경우라도 기사의 길이가 비교적 짧은 편이었다. 한국의 근대 신문들은 단신(短信)의 형태로만 사건을 보도했기 때문에, 사건 자체에 재미를 더하는 요소가 첨가되기 어려웠다. 사건의 소재 자체가 대중의 흥미를 끄는 특수한 경우일지라도, 그것이 여러 차례에 걸쳐 연속 보도되는 일은 거의 없었으므로 그 흥미가 지속되기도 어려웠다. 그런 점에서 신문 기사의 소설적 변용이 시도되기 어려웠던 것이다. 한국 근대 신문의 경우 잡보 및 소설란에 수록된 작품의 대부분은 논설과 계몽을 위한 도구로 기획되었다. 이는 한국의 경우, 근대 초기 소설과 잡보란에 실린 문학 작품들 역시 정론적 글쓰기의 한 형태로 시도되었다는 사실을 의미한다.

'서사적 논설'이라는 양식의 탄생은 소설이 교육적 도구가 될 수 있

16 이와 관련된 상세한 논의는 혼다 야스오[本田康雄], 『新聞小說の誕生』, 41~74쪽 참조.

다는 동아시아의 전통적 인식과 연결된다. 근대 이전의 문학 양식인 야담의 주된 표현 문자이던 한문이 '서사적 논설'에 와서 한글로 변모하는 과정은, 근대 이전과 이후 문학의 표현 도구인 언어가 변화하는 모습을 잘 보여준다. 한국문학사의 근대는 문체(文體)가 작가 중심에서 독자 중심으로 옮겨가는 일과 관련이 깊다. 쓰는 사람 중심의 문체에서 읽는 사람 중심의 문체로 전환되는 과정이 근대문학사 초기의 문체 변화의 핵심을 이루는 것이다. 이러한 문체의 변화 또한 신문이라는 근대적 매체와 그러한 매체의 유통을 가능하게 했던 근대적 제도가 이루어낸 성과였다.[17] 그런 점에서 볼 때 '서사적 논설'은 근대적 문화 제도가 근대적 언어와 결합하면서 탄생한 최초의 근대적 문학 양식이 된다.[18]

근대 이후 체계화된 검열은 근대문학을 규정짓고 규제하는 근대적 제도 가운데 하나였다.[19] 근대 초기 서사문학 작품에 상징과 우화의 수법을 활용한 작품들이 많은 이유는 우선 검열과 연관 지어 설명할 수 있

17 제도와 문체의 관련성을 지적한 최근의 연구 성과로는 신지영, 「한국 근대의 연설·좌담회 연구 – 신체적 담론 공간의 형성과 변화」, 연세대 박사논문, 2009 참조. 이 논문에서는 '담론 공간의 형성과 변화에 따라 신체성의 양상에 몇 가지 변화의 계기들이 마련되는데, 이는 문체의 변화와도 관련이 있다. 근대 초기에 연설·토론체의 유행은 연설·토론하는 신체적 규범을 형성시켰고, 이러한 신체적 규범은 소설 문체에도 영향을 주었다. 연설·토론체 소설에서 현장성을 강조하기 위해 시도된 '–다'체가 그것이다. 또한 1920년대에는 연설토론회가 잡지 등을 통해 보도되고 '연설하는 문체' 혹은 '연설하는 청년들'의 신체가 고정된 이미지를 획득하면서 '연설체로'와 같은 신체적 언어가 소설 속에서 나타난다.'고 정리한다.

18 전통적 '문'에 대한 인식 및 이와 관련된 근대계몽기 지식인의 글쓰기에 관한 최근의 연구 성과로는 진재교, 「한문 서사양식의 근대적 모색」, 『문예공론장의 형성과 동아시아』, 성균관대 출판부, 2008, 15~52쪽 참조.

19 최근 학계가 이룩한 검열 제도 관련 연구 성과를 모은 결과물로는 다음의 두 책이 주목할 만하다.
검열연구회, 『식민지 검열, 제도·텍스트·실천』, 소명출판, 2011; 동국대 문화학술원 한국문학연구소 편, 『식민지시기 검열과 한국문화』, 동국대 출판부, 2010.

다. 『대한매일신보』에 수록된 일련의 단형소설들인 「소경과 안즘방이 문답」이나 「거부오히」, 「디구셩미릭몽」 등 그 예가 되는 작품은 매우 많다. 상징성의 도입은 현실을 직설적으로 표현하기 어렵던 시절, 현실에 가장 가까이 다가갈 수 있는 창작 방법 가운데 하나였다.[20]

한국에서의 검열 제도의 탄생은 일본 및 중국 등 주변 열강 사이의 정치적 역학 관계와 뗄 수 없는 상관성을 지닌다. 조선에서의 근대적 매체 발간에 대해 일본과 중국은 적지 않은 관심을 표명했다. 『한성순보』의 보도 태도에 대한 중국의 불만과 조선 정부에 대한 공식적 문제 제기는 이른바 근대 최초의 필화(筆禍) 사건이었다.[21] 국내에서 제도적으로 언론 통제가 시작된 것은 1904년 2월 러일전쟁 발발 이후부터였다. 1904년 2월 23일 한일의정서 조인으로 한국에 주차(駐箚)군사령부를 설치한 일본은 두 가지 방식으로 언론을 통제하기 시작한다. 하나는 한국 정부에 대해 신문 검열을 시행하도록 압력을 넣는 일이었다. 이에 대해 한국 정부는 관리를 두고 신문 기사에 대한 검열을 시행하겠다는 회신을 한 바 있다.[22] 다른 하나는 주차군사령부가 직접 검열의 주체로 나서는 것이었다. 1904년 7월 20일 주차군사령관이 헌병대장에게 보낸 훈령은 한반도에서 시행된 최초의 언론·출판 통제에 관한 법령이다. 이 훈령 속에는 '치안을 방해하는 문서를 기초하거나 이를 반포한 자가 있을 때에는 그 문서를 압수하고 관계자를 처분할 것. 집회 혹은 신문이 치안을 방해한다고 인정하는 경우 정지하고 관계자를 처분할 것. 단, 신문은 발행 전에 미리 군사령부의 검열을 받게 함을

20 이와 관련된 최근의 연구 성과로는 홍순애, 『한국 근대문학과 알레고리』, 제이앤씨, 2009, 참조.
21 『한성순보』 제 10호(1884.1.30)에 게재된 「화병범죄(華兵犯罪)」 등의 기사를 빌미로 중국이 조선 정부에 강력한 항의를 한 사건이다. 이에 대해서는 정진석, 『한국언론사』, 106~113쪽 참조.
22 위의 책, 214~216쪽 참조.

요함'이라는 구절이 들어 있다. 신문에 대한 사전 검열을 비롯해 인쇄·출판물에 대한 광범위한 제재를 기획하고 있는 것이다. 이 내용은 1905년 1월 3일에 작성된 제4호 훈령 등에서도 구절을 조금씩 달리해 반복된다.[23]

대한제국 정부에 의해 공식적으로 언론·출판에 대한 통제가 이루어지기 시작한 것은 1907년 7월 24일에 제정된 신문지법(新聞紙法)을 통해서이다. 이 신문지법은 일본 통감부가 기초해 한국 정부에 전달한 것으로 알려져 있다. 통감부는 1883년에 제정된 일본의 신문지조례(新聞紙條例)를 모방해 신문지법을 만들었다. 신문지법은 주로 신문 발행을 위한 허가 조건과 절차, 신문 발행 시 지켜야 할 조건들, 발매 금지와 압수 및 발행 정지와 관련된 사항들을 다루고 있다.[24] 처음 공포된 신문지법에는 외국인이 한국에서 발행하는 신문에 관한 조항 및 한국인이 외국에서 발행하는 신문에 관련된 조항은 포함되어 있지 않았다. 그러나 1908년 4월 20일 개정된 법률에서 '외국에서 발행한 국문·국한문·한문 신문과 외국인이 국내에서 발행한 국문·국한문·한문 신문이 치안을 방해하거나 풍속을 해치는 때에 내부대신은 그 신문을 국내에서 발매 반포함을 금하고 그 신문을 압수한다' 는 구절을 추가하게 된다. 이로 인해 통감부와 계속 마찰을 빚던, 영국인이 국내에서 발행하던 신문 『대한매일신보』와 미국 샌프란시스코에서 발행되어 국내

23 훈령 등 법령 원문의 인용은 김창록, 「일제강점기 언론·출판법제」, 『한국문학연구』 제30호, 2006, 239~317쪽 참조.

24 국내에서 검열이 시행되던 초창기에 적극적으로 활동한 검열관 가운데 한 사람이 1903년 『한성신보』에 입사해 기자로 활동했던 나카무라 켄타로[中村健太郎]였다. 1900년 일본 구마모토[熊本] 현이 파견한 조선어 유학생으로 한국에 와서, 한일병합 이후에는 『매일신보』의 편집 실무를 책임지게 되는 그가 검열관으로 활동했다는 사실은 흥미롭다. 나카무라 켄타로는 『매일신보』에 유학생 이광수를 불러들이고, 그로 하여금 장편소설 「무정」을 연재하게 하는 등 이광수가 조선의 대표적 소설가로 성장하는 데 실질적 도움을 준 인물이다.

로 우송되던 『공립신보(共立新報)』 등에 대한 규제가 한층 더 강화된다.[25] 1909년 2월 23일 대한제국 정부는 출판법(出版法)을 제정함으로써 모든 '문서(文書)와 도화(圖畵)'의 인쇄를 법률로 통제하게 된다.[26] 대한제국 정부의 법률 제정과는 별도로 일본 통감부 역시 한반도에서의 언론·출판 통제를 위해 보안규칙(保安規則)(1906.4.17 / 개정 1907.7.24), 신문지규칙(新聞紙規則)(1908.4.30), 출판규칙(出版規則)(1910.5.28) 등을 제정해 나갔다. 이는 형식상, 한반도에 거주하는 일본인의 언론 및 출판 활동을 규제하기 위한 것이었다. 이들 규칙은 한국인에게 적용되던 규칙에 비해서는 다소 여유가 있는 편이었다. 예를 들면, 한반도에 거주하는 일본인들은 허가가 아니라 신고에 의한 출판 활동이 가능했다. 1910년 한일병합으로 인해 조선총독부가 설치된 이후에도 이들 법률은 그대로 효력을 유지했다. 다만 대한제국의 법령인 신문지법과 출판법은 한일병합 이전처럼 조선인에게 계속 적용되었고, 통감부가 제정한 법령인 보안규칙 등은 일본인에게만 적용이 되었다. 식민지 시기 한반도에서 이루어진 검열의 주요한 특징 가운데 하나를 속인주의(屬人主義)로 보는 것은 이러한 점 때문이다. 언론·출판에 대한 통제는 조선불온문서임시취체령(朝鮮不穩文書臨時取締令)(1936.8.20), 조선임시보

25 일본의 경우는 '외국인이 국내에서 발행한 신문'에 대한 규제 조항이 없었다. 이 조항이 한국의 신문지법에만 추가된 이유에 대해 김창록은 '양국에서의 치외법권의 차이' 때문으로 추정하고 있다. 물론, 그러한 측면도 없지 않을 것이나 그보다는 영국인 배설(E. Bethell)이 발행인으로 되어 있던 『대한매일신보』에 대한 규제를 목적으로 이 조항이 신설되었을 가능성이 더 크다.

26 출판법에 대해서는 다음의 지적을 참고할 수 있다. "이 「출판법(出版法)」은 1887년 「출판조례(出版條例)」 및 1893년 「출판법(出版法)」과 비슷한 내용을 담고 있다. 다만, 형벌이 보다 무겁고, 무엇보다 일본에서는 신고만으로 출판을 할 수 있었던 데 대해, 허가를 받아야 출판을 할 수 있도록 한 점에서 결정적으로 차이가 난다. 이것 역시 일본에 비해 한반도에서 통제가 엄했다는 것을 의미한다고 할 것이다."(김창록, 「일제 강점기 언론·출판 법제」, 295쪽)

안령(朝鮮臨時保安令)(1941.12.26) 등을 통해 점차 강화되어 갔다.[27]

근대 작가들의 자기 표현 형식에 대한 관심은 곧 근대 주체가 지니게 된 근대 어문에 대한 관심으로 이어진다.[28] 근대 이후 자아에 대한 인식과 근대 언어의 정착 과정을 함께 생각해야 하는 이유는 이 둘 사이의 관계가 중요하기 때문이다. 그 점에서 보면 한국 근대소설사에서, 등장인물들의 내면적 고뇌를 표현하는 일이 곧 근대어의 변화 및 정착 과정과 밀접한 관계를 맺고 있다는 점을 새삼 중요하게 생각하지 않을 수 없다.

근대 언어의 정착 과정은 우선 표기 문자의 변화 과정과 연관된다. 이는 지식인 집단의 문자가 한문에서 국한문을 거쳐 한글로 옮겨가면서 한국문학사의 근대가 시작된다는 사실과도 연관된다. "대체로 동아시아의 한자문화권은 근대의 출발과 함께 해체된 것으로 보고 있다. 그렇더라도 한자는 동아시아 근대어문에서 해결해야 할 과제로 남아 있을 뿐 아니라, 그 활용가치가 소실되었다고 말할 수 없는 것이 동아시아 근대의 어문 현실이었다"[29]는 지적은 근대 어문 연구에서 특히

27 일제하 검열 기구는 크게 세 단계를 거쳐 변화된다. 첫째 경무총감부 고등경찰과 시기(1910~1919), 경무국 고등경찰과 시기(1919~1925), 경무국 도서과(1926~1943) 시기가 그것이다. 첫 단계가 무단통치기였다면 두 번째 단계는 이른바 문화통치기에 해당하고, 세 번째 단계는 인쇄출판문화의 성장과 함께 검열제도가 체계화되는 시기라 할 수 있다. 1926년 4월 경무국 도서과의 설치는 '검열 당국'을 의미하는 기구가 독자적 실체를 드러내는 것이었다(정근식, 「일제하 검열기구와 검열관의 변동」, 『식민지 검열, 제도·텍스트·실천』, 18~19쪽 참조). 검열 당국이 관심 갖는 검열의 범주는 크게 보면 매체에 대한 검열, 매체에 수록되는 개별 텍스트에 대한 검열, 그리고 작가에 대한 검열 등이었다. 조선총독부 경무국 도서과의 설치는 '제국의 중심으로부터 출판통제를 일원화하려는 기획에 식민지 당국이 보조를 맞춘 것'이기도 했다. 이에 관한 상세한 논의는 정근식·최경희, 「도서과의 설치와 일제 식민지 출판경찰의 체계화, 1926~1929」, 『식민지 검열, 제도·텍스트·실천』, 64~136쪽 참조.

28 임형택, 「소설에서 근대어문의 실현 경로」, 『흔들리는 언어들』, 성균관대 대동문화연구원, 2008, 209~212쪽 참조.

29 위의 글, 211쪽.

한자 연구가 차지하는 중요성과 위상을 매우 잘 보여준다. '한국의 경우 국문에 대한 인식이 한자를 보편문자에서 외국문자로 받아들이는 인식의 변화와 동일한 궤적을 이룬다거나, 동아시아의 근대화 과정 속에서 한자 인식은 자국어 내지 민족어 인식과 표상의 확립과 연동된다'는 주장도 이러한 지적과 연장선상에 있는 것이다.[30]

근대 어문에 대한 정비는 몇몇 선구적 역할을 한 개인과 민간단체들의 노력, 그리고 정부의 정책적 결정 등을 통해 이루어졌다.[31] 개항 이후 1910년까지의 어문운동과 어문정책의 특징 역시 '한문을 국문으로 대체하려는 인식'에서 비롯된 것들이다. 이 시기의 어문운동은 문자체계의 확립, 표기법의 정비, 어휘정리와 사전 편찬, 한글 및 표기법 보급을 위한 노력 등의 차원에서 이루어졌다. 어문정책의 경우에는 어문 사용과 관련된 정책, 어문규범과 관련된 정책, 어문교육과 관련된 정책 등이 있었다.[32] 근대 계몽기의 한글 맞춤법 정비 시도는 국문연구소가 마련한 「국문연구의정안(國文研究議定案)」(1909)에서 비롯된다. 「국문연구의정

30 이혜령, 「한자인식과 근대어·문학의 내셔널리티」, 『한국소설과 골상학적 타자들』, 소명출판, 2007, 364쪽 참조.

31 최경봉은 한국에서 근대적 언어관이 형성된 시점은 한국어와 한글[諺文]의 정치사회적 의미가 부각되기 시작한 19세기 말이며, 이를 통해 제기된 국어 정립의 과제가 완결된 시점은 한반도의 국가체제가 안정적으로 구축되며 국어규범의 근간이 마련된 1960년대라고 정리한다. 그는 특히 한국의 국어정립기가 한일병합, 해방, 분단, 한국전쟁 등 역사적 격변으로 점철되었고 이러한 상황에서 국어정립 활동에 임하는 주체들의 현실 인식과 국어관이 복잡한 양상을 띠었다는 사실에 주목한다. 근대적 언어관과 탈근대적 언어관, 관념론적 언어관과 유물론적 언어관이 혼재되었을 뿐만 아니라, 동일한 언어관을 가진 주체들의 현실 인식에도 많은 차이가 있었다는 것이다. 최경봉, 「근대적 언어관의 형성과 국어정립이라는 과제의 인식 양상–한국의 특수성을 중심으로」, 『20세기 초 동아시아의 언어관–'국어'와 '국문'을 중심으로』, 연세대 근대한국학연구소 제9회 국제 학술 심포지엄 자료집, 2011, 25~26쪽 참조.

32 송철의, 「한국 근대 초기의 어문운동과 어문정책」, 『한국 근대 초기의 언어와 문학』, 서울대 출판부, 2005, 37~75쪽 참조. 이 연구에서는 언어와 문자 문제에 관련한 민간 차원의 노력은 어문운동으로, 국가나 정부 차원의 시정방책(施政方策)은 어문정책으로 정리한다.

안」은 1910년 한일병합으로 인해 실행되지 못한다. 하지만 이는 뒷날 조선어학회의 어문운동으로 이어지게 된다.[33] 한일병합 이후 조선총독부는 독자적으로 언문철자법안을 마련함으로써 조선어에 대한 정비를 시도한다. 조선총독부는 1912년과 1921년 그리고 1930년 등 세 번에 걸쳐 언문철자법을 공포한 바 있다. 이 중 첫 번째 안인 1912년의 「보통학교용 언문철자법」은 국문연구소의 「국문연구의정안」과 상당한 거리가 있는 것이었다. 그러나 1930년의 「언문철자법」에 이르면 조선어의 철자법은 철자 원칙의 근본적 수정을 통해 조선어학회의 철자법과 가까워진다.[34]

일제는 조선인에 대한 효율적 통치를 위해 일찍부터 일본어 교육 제도를 도입했다. 1905년 을사조약 체결 이후 보통학교를 비롯해 고등학교와 사범학교 등 대부분의 교육기관에 일본어 강좌를 설치했던 것이다. 일본어 교육은 중일전쟁기 이후인 1938년 제3차 조선교육령의 공포를 통해 급격히 강화된다. 이 시기 이후 조선어는 학교 교육 과정에서 필수 과목의 지위를 잃게 되고, 이른바 '국어'인 일본어의 보급은 학

33 정승철, 「일제강점기의 언어 정책」, 『일제 식민지 시기 한국의 언어와 문학』, 서울대 출판부, 2007, 71쪽 참조. 조선어학회의 한글운동에 대한 이해를 위해서는 서로 다른 시각에서 쓴 다음의 두 논문을 참고할 수 있다. 김철, 「갱생의 도 혹은 미로 – 최현배의 『조선민족 갱생의 도』를 중심으로」, 『민족문학사연구』 제28호, 2005, 306~351쪽. 최경봉, 「일제 강점기 조선어학회 활동의 역사적 의미 – 『해방전후사의 재인식』에 나타난 인식 태도를 비판하며」, 『민족문학사연구』 제31호, 2006, 408~433쪽.

34 이와 관련된 논의는 정승철, 「일제강점기의 언어 정책」, 71~93쪽 참조. 정승철은 총독부가 언문철자법을 정비한 이유를 '표면적으로는 조선어문의 교육을 위한 통일된 표기 방식의 확립에 그 목표를 두고 있었지만 실은 일본어문의 전면적 보급 전단계에 실행된 임시방편적 표기 수단의 정비'라고 지적한다. 식민지 시기의 언어 사용 실태를 이해하는 데는 그 시기의 언어 정책을 이해하는 일 또한 중요하다. 총독부의 언어정책과 관련된 문제 전반에 대해서는 미쓰이 다카시[三ツ井 崇], 『朝鮮植民地支配と言語』, 明石書店, 2010, 참조. 최근의 논문으로는 미쓰이 다카시, 「조선 식민지 지배와 조선어 – 정책, 운동, 그리고 '근대화'」, 『20세기 초 동아시아의 언어관 – '국어'와 '국문'을 중심으로』, 61~80쪽 참조.

교 밖에서까지 광범위하게 요구된다.[35] 1936년 무렵부터 강조되기 시작한 내선일체(內鮮一體)의 주장은 작가들의 언어 사용에도 적지 않은 변화를 가져오게 된다. 이를 대표하는 것이 일본어로 작품을 창작하는 일이었다. 중일전쟁 이후 조선의 작가들은 앞 시기와는 달리 순수 일본어 창작을 강요받았다. 하지만 그렇다고 해서 조선의 작가들이 순전히 일본어만으로 창작을 한 것은 아니었다. 엄밀히 말하면 중일전쟁기 이후 한국 문단은 조선어와 일본어가 병존하는 상황에서 이중언어 창작의 길로 들어섰던 것이다. 중일전쟁 이후 일본제국주의의 언어정책 중 문학에 커다란 영향을 미친 것은 제3차 조선교육령과, 1942년 5월에 시작된 국어전해운동(國語全解運動)이다. 식민지 시기 말기에 간행된 유일한 문학전문지 『국민문학』이 순수 일본어 잡지로 바뀌게 된 것도 국어전해운동 때문이다.[36] 이 시기 이후 작가들의 언어 선택 방식과 작품 활동 양상을 살펴보면,[37] 문학이 제도에서 결코 자유로울 수 없다는 사실을 새삼 확인할 수 있게 된다.

---

35 이에 대한 상세한 논의는 미쓰이 다카시[三ツ井 崇], 「'언어문제'에서 본 한국 근대사— 교육정책과 언어운동의 측면에서」, 『한국학연구』 제22집, 2010, 441~477쪽 참조.

36 김재용, 「중일전쟁 이후 일제의 언어정책과 한국문학인의 대응」, 『한국문학의 근대와 근대극복』, 소명출판, 2010, 300~303쪽 참조.

37 김재용은 식민주의 언어정책에 조선의 작가들이 대응하던 방식을 다음의 세 가지로 정리한 바 있다. "첫째는 일본의 검열을 부분적으로 감안하더라도 조선어로 끝까지 써야 한다는 이태준, 이기영의 입장, 둘째는 검열의 문제라든가 외부세계에 조선의 진상을 호소해야 한다는 문제 등으로 하여 일본어 창작도 가능하다는 김사량, 한설야의 입장, 셋째는 조선어 글쓰기의 곤혹과 일본어 글쓰기의 굴욕을 피해가기 위해서는 침묵을 해야 한다는 이원조와 한효의 입장으로 나누어졌다."(위의 글, 305~306쪽)

2.

한국의 근대 서사 자료들은 근대 신문의 잡보란을 통해 대중들과 만나기 시작했다. 신문과 잡지의 잡보 및 소설란은 이미 존재하던 작품들을 대중들에게 소개하는 역할을 했다. 하지만, 시간이 지나면서 그것을 수용하는 매체의 성격에 맞추어 문학 작품의 성격이 변화하는 일이 일어난다. 발표 매체들에 어울리는 작품의 새로운 양식화 과정이 전개되는 것이다.

조선에서 발간된 최초의 근대적 매체였던 『조선신보』는 처음으로 '잡보(雜報)'라는 용어를 사용하고 문학 작품을 수록했다. 『한성순보』는 잡보란을 따로 두지는 않았지만, 실제로는 신문에 잡보 성격의 기사를 게재했다. 『한성순보』가 잡보란을 따로 두지 않은 이유는, 이 신문이 공적인 사실 전달에 관심을 갖는 관보(官報)의 성격이 컸던 때문이다. 근대계몽기 신문에서 잡보란이 활성화되는 것은 『한성신보』부터이다. 『한성신보』는 잡보란을 활성화시키고 소설란을 최초로 마련한 신문이라는 점에서 의미가 있다. 『한성신보』 잡보란의 활성화 과정은 신문의 대중화 과정과 연관된다. 『독립신문』의 서사 자료들은 대부분 논설란에 실려 있다. 이는 『독립신문』이 서사문학 자료를 수록하는 목적이 『한성신보』와는 많이 달랐기 때문이다. 『한성신보』가 서사물을 수록하는 목적이 오락성에 있었다면, 『독립신문』의 목적은 계몽성에 있었다. 『매일신문』은 『독립신문』과 마찬가지로 서사물의 대부분을 논설란에 수록했지만, 잡보란 역시 설치하고 일부 서사물을 이곳에 게재했다. 1910년 8월 한일병합 이전까지 소설란을 설치 운용했던 신문은 『한성신보』를 포함해, 『대한매일신보』·『황성신문』·『제국신문』·『만세보』·『경향신문』·『대한민보』 등이다. 이 가운데 서사문학의 활성화에 가장 크게 기여한 신문은 『대한매일신보』이다.

근대계몽기 한국문학사에서 잡보 및 소설란을 통한 작품의 발표는 『대한매일신보』를 통해 정착되었다. 『대한매일신보』의 지면 구성은 『제국신문』과 『황성신문』 등에도 영향을 미쳐 이들 신문이 모두 소설란을 운용하는 계기가 된다. 『대한매일신보』 소설란에는 번역 및 창작 서사물이 구분 없이 함께 실려 있다. 국한문판 『대한매일신보』의 경우는 소설과 잡보가 분리되어 있지 않았다. 국문판 『대한매일신보』의 경우는 소설과 논설의 구분이 명확하지 않았다. 이는 근대계몽기 소설에 대한 정리를 어렵게 만드는 점이기도 하면서, 역설적으로 그것이야말로 다른 시기와는 크게 구별되는 이 시기 소설의 중요한 정체성이 되기도 한다. 『대한매일신보』에서는 소설이 잡보의 일부에 속하는 것처럼 보이기도 한다. 『제국신문』과 『황성신문』은 발행 기간이 거의 중첩된다. 『제국신문』은 일반 대중과 여성들을, 『황성신문』은 중상류 층 이상의 전통적 지식인을 독자로 선택함으로써 『제국신문』과 시장을 분할했다. 『제국신문』에는 약 100편에 이르는 장·단형의 서사문학 자료들이 수록되어 있다. 이들 대부분은 논설란에 실려 있으며, 소설란에 10여 편의 작품이 그리고 이어기담(俚語奇談)란에 일부 작품이 수록되어 있다. 『황성신문』 역시 잡보란을 두었지만 거기에는 서사문학 자료를 단 한 편도 수록하지 않았다. 『황성신문』의 서사문학 자료들은 1906년 이전에는 대부분 논설란에 실려 있다. 『황성신문』은 1906년 이후 소설란을 두고 「신단공안(神斷公案)」과 「몽조(夢潮)」를 연재했다. 기타 작품들은 기서(寄書)와 별보(別報)란 등에 수록했다. 『경향신문』 소설란에는 약 50여 편의 작품이 수록되어 있다. 이 시기에 발간된 단일 신문 수록 '소설'의 편수로는 최대가 되는 셈이다. 『경향신문』 소설란에 수록된 작품들은 단 1회로 완결된 단형 서사를 비롯해 수개월 동안 연재되는 장형 작품에 이르기까지 그 편차가 매우 크다.『경향신문』의 소설들은 길이에서만 서로 차이가 나는 것이 아니라 소재 또한 과거와 현재, 국내와 국외 등으로 매우 다양하다.『경향신문』 소설란에 수록된 작품들에는 편집자 주와 해설이 붙어있는 작품이 매우 많다. 이를 통해 서사와 논설의 미분리가 이 시기 서사문학 작품들의 중요한 특징 가운데 하나라는 점을 거듭 확인할 수 있게 된다.『만세보』와『대한민보』에서는 소설(小說)과 단편소설(短篇小說)을 구별했다.『대한민보』는 길이가 짧은 작품은 단편소설란에, 길이가 긴 작품은 소설란에 연재했다. 근대계몽기 신문에서, 연재 작품의 길이가 길어지면서 공통적으로 나타난 현상은 대중성이 크게 강화된다는 점이다. 흥미 본위의 대중성 강화는 한일병합 이후 창작되는 장형소설들로 이어지면서 통속성 시비의 빌미를 제공하게 된다.

『대한매일신보』의 소설란 개설은 잡지에도 영향을 미친다.『조양보(朝陽報)』와『대한자강회월보(大韓自强會月報)』 등에도 소설란이 개설되는 것이다.『조양보』는 소설란 이외에 담총(談叢)란에도 서사문학 작품을 수록했는데 이 역시『대한매일신보』의 영향으로 볼 수 있다. 한일병합 이전까지 간행된 근대 매체들 가운데 소설란을 둔 잡지는『조양보』와『대한자강회월보』,『가정잡지(家庭雜誌)』,『소년한반도(少年韓半島)』,『야뢰(夜雷)』,『장학보(獎學報)』,『대한협회회보(大韓協會會報)』,『자선부인회잡지』,『기호흥학회월보(畿湖興學會月報)』,『대한흥학보(大韓興學報)』,『교남교육회잡지(嶠南教育會雜誌)』 등이다. 근대계몽기 잡지 소재 작품들은, 신문 소설들이 장형화의 길을 가면서 동시에 대중화되었던 것과는 구별되는 면모를 보인다. 잡지에 수록된 소설들은 대중화의 길을 가지 않았고, 그 길이가 단형 서사의 분량을 넘어서기는 했으나 크게 장형화되지도 않았다. 근대잡지에 게재된 소설이 장형화되지 않았던 가장 큰 이유는 매체의 수명이 짧았던 때문으로 생각된다.

근대 신문에서 필명이 자리를 잡게 된 것은 1900년대 중반 이후이다. 1900년대 신문에서는 독자 투고물 등 비전문적 작가의 글은 실명으로, 전문적 작가의 작품은 필명으로 게재하는 관행이 만들어졌다. 1900년대 신문의 작가들이 실명을 거의 사용하지 않은 이유로는 작가의 대부분이 신문사 내부의 인물이었고, 이들이 기사를 중복 집필했다는 점을 우선 들 수 있다. 검열 당국으로부터의 신분 보호 및 집필에 대한 보상과 저작의 권리를 주장할 여건이 조성되어 있지 않았다는 점 또한 그 이유가 될 수 있다. 1910년대 신문의 작가 서명은 1900년대 신문들의 작가 서명과 동일한 방식으로 이루어졌다. 1910년대 『매일신보』의 경우 전문적 필자는 곧 해당 신문사의 기자였다. 매체 내부에 속한 이들 전문적 작가는 필명을 사용하고 외부 투고자는 실명을 사용했다.

1900년대 잡지의 경우는 무서명 작품보다는 서명의 작품들이 많았고, 그 가운데서도 실명의 작품들이 특히 많았다. 잡지 수록 작품에 실명 표기가 많았던 것은, 신문의 경우와 달리 외부 인물의 투고 작품이 많았던 때문으로 보인다. 1910년대로 가면서 잡지의 필자 표기도 신문과 동일한 방식으로 수렴이 된다. 『청춘』의 필자 표기 방식은 1910년대 중반 이후 발행되는 대부분 잡지의 필자 표기 방식의 전범을 이룬다. 이는 국외에서 발간된 유학생 잡지에도 유사하게 적용된다. 『청춘』을 비롯한 1910년대 잡지의 필자 표기 방식에 대해서는 다음과 같은 정리가 가능하다. 국내외 작품을 막론하고 고전 문학 작품들은 작가를 실명 그대로 밝혀 놓았다. 창작물의 경우에는 전문적 작가의 작품은 필명으로, 독자 투고물들은 실명으로 게재하는 것을 원칙으로 했다. 전문적 작가의 필명 투고는 『청춘』에서 세운 원칙이라기보다 1910년대 당시 문단에 점차 굳어진 관행의 결과였다. 잡지의 필자 표기 방식이 이렇게 수렴되는 가장 큰 이유는 1910년대에는 동일한 호수의 잡지에 동일한 작가의 글이 여러 편 실리는 경우가 적지 않았기 때문이다. 다양한 필명의 사용은, 아직 전문적 작가 군이 많지 않았던 현실에서 필자명의 중복을 피하기 위해 선택한 방편이었다.

그러나, 이러한 필자 표기 방식이 식민지 시기 내내 지속되었던 것은 아니다. 1920년대 이후 신문・잡지에서는 점차 실명을 사용하는 전문 작가들의 숫자가 늘어나고, 1930년대로 가면서 전문적 작가의 실명 사용은 더욱 활성화된다. 그렇게 되는 이유로는 1920년대 이후로 가면서 신문사 내부 인물이 소설의 필자로 활동하는 일이 줄어든다는 점과, 한 인물이 동일한 지면에 여러 편의 글을 게재하는 일이 사라지게 된다는 점 등을 들 수 있다. 1920년대 이후 작가 군의 확산이 필명에서 실명으로의 전환을 가져오게 되는 것이다.

『대한매일신보』의 신채호와 『만세보』의 이인직은 신문사의 경영과 편집에 관여하면서 작품을 함께 집필한 인물들이다. 그에 비하면 『제국신문』의 이해조는 언론인으로서의 속성보다는 전문적 작가로서의 속성이 더 강한 인물이었다. 그의 전문적 작가로서의 속성은 1900년대 『제국신문』에서뿐만 아니라 1910년대 『매일신보』에서도 분명히 확인된다. 이해조는 우리나라 최초의 전문적 직업 작가였던 셈이다. 그런가 하면 이광수는 신문사에 소속되지 않은 최초의 본격적인 신문 소설 작가가 된다. 이광수는 신문에 소설을 연재하면서 작품 별로 원고료를 받았다. 1910년 중반 이후 『매일신보』를 통한 이광수의 등장은 언론인 혹은 신문기자들만이 전문적 신문 소설의 작가로 활동하던 시대가 끝났다는 의미를 지닌다.

근대계몽기에는 인쇄와 출판 작업이 분리되어 있지 않았다. 대부분의 인쇄소는 출판기관의 역할을 겸했다. 최초의 관영(官營) 인쇄기구로 설립된 박문국(博文局)이나, 최초의 민간 참여 출판사였던 광인사 역시 예외가 아니었다. 이들은 신식연활자(新式鉛活字)에 의한 기계식 인쇄 방식을 채택했는데, 대량출판이 가능한 연활자 기계 인쇄는 소수 특권층에 의한 지식의 독점을 해체한다는 점에서 사회적으로 커다란 의미가 있는 일이었다. 실제로, 기계식 대량 인쇄는 대중들의 지식 공유를 위한 중요한 수단이 될 수 있었다. 우리나라에 저작권법이 소개되기 시작한 것은 1884년 『한성순보』를 통해서이다. 『한성순보』는 출판사 광인사의 설립에 대해 소개하면서, 서구 각국 및 일본에 출판 관련 법률이 있다는 점을 알린다. 『한성순보』는 「출판권」과 「출판조례벌칙」을 매우 상세히 소개함으로써 이러한 규정이 국내에도 준용될 수 있음을 시사한다. 광인사 이후 국내에는 계속해서 민영 인쇄소들이 설립되고, 1904년에는 한일의정서 체결로 인해 일본인이 운영하는 대규모 인쇄소들이 국내에 상륙하게 된다. 종교단체가 운영하는 인쇄소 역시 이 시기 출판문화 확산에 중요한 역할을 했다.

일제 강점기로 접어들면서는 인쇄물에 대한 당국의 검열과 탄압이 점차 심해지게 된다. 또한 일제의 통치가 정착되면서 연보(年報), 관보(官報), 교과서 등의 인쇄물이 일본인 경영 인쇄소로 몰리는 현상이 일어나게 되고, 한국인 경영 인쇄소들은 경제적으로 어려운 국면을 맞게 된다. 이러한 상황 속에서 신구소설류(新舊小說類)에 대한 인쇄와 출판은 한국인 경영 인쇄소들이 찾아낸 생존을 위한 현실적 출구 가운데 하나였다.

인쇄소를 통해 제작된 단행본들은 서적상인 서포(書鋪)를 통해 유통되었다. 서포는 조선시대부터 존재했던 서사(書肆)가 발전하여 정착된 것이다. 근대계몽기에 이르러 서포가 번성하게 된 동기는 급속히 늘어난 출판물과 다양해진 서적에 대한 욕구 때문이라 할 수 있다. 초기의 서포들은 서적의 판매만을 담당했으나, 이들은 점차 서적의 발행에도 관여하게 된다. 일부 서포는 서적의 판매 외에 유료 대여를 하기도 했다. 1908년 무렵부터는 서적종람소와 신문잡지종람소도 생기게 되는데, 이들 종람소에서는 신문, 잡지, 단행본들을 무료로 볼 수 있었다. 종람소는 일종의 사립 도서관 역할을 하기도 했다.

근대계몽기 서포를 통해 거래되던 책의 가격은 조선 후기에 비하면 매우 저렴한 것이었다. 이는 출판 기술의 보급과 독서 인구의 증가로 인해 대량 생산이 가능해졌기 때문에 생긴 현상이다. 책값의 저렴화는 서적의 대량 보급을 가능하게 하고, 독서의 대중화를 촉진시키는 계기가 된다.

회동서관이 거치는 노정은 여러 가지로 시사하는 바가 크다. 이는 저작물 재출간으로부터 출발한 한국의 근대 서점이 신소설을 비롯한 새로운 저작물들을 기획 출간해 상업적으로 성공하게 되지만, 결국은 일본 출판업체와의 개방 경쟁 및 정치적 탄압을 이기기 못하고 사양화되는 과정을 보여준다.

근대계몽기 단행본 소설의 작가 표기는 신문·잡지와는 달리 필명이 아니라 실명 위주였다. 이는 저작의 권리 행사와 관련된 측면이 컸던 때문으로 생각된다. 당시 저작권의 행사 및 양도 과정은 획일적이지 않았고 다양한 방식의 사례들이 존재했다. 다만 신소설의 경우는 작가들이 저작물에 관한 일체의 권한을 서적상 등에게 매도하는 사례가 대부분이었던 것으로 추정된다. 근대계몽기에는 한국저작권령(1908)이나 출판법(1909) 등 저작물 관련 법규가 존재했지만, 실제로는 한국어 저작물의 권리를 등록할 수 있는 방도가 없었다. 이로 인해 신소설의 저작권은 법적으로 인정받지 못했고 민간에서 자율적으로 거래가 되었다. 창작물에 대한 작가의 권리가 강화되기 시작한 것은 1920년대 이후였다. 근대문학 작가들의 저작권 소유와 출판의 방식이 오늘날의 그것과 완전히 같지는 않지만, 그들이 향했던 방향은 오늘날의 상식에서 멀리 벗어나 있지 않았다. 그들이 만들기 시작한 관행과 그들이 원했던 방향의 귀결이 오늘날의 문학 제도를 만드는 주춧돌이 되었다고 보아도 무리가 없는 것이다.

근대 매체는 독자의 존재를 중시하고 그들에게 참여를 권장했다. 이러한 배경에는 근대 매체가 독자 없이는 생존이 불가능하다고 하는 발행인들의 인식이 있었기 때문이다. 『한성순보』 및 『한성주보』와 같이 관보의 성격을 띤 초기 매체들은 독자의 반응을 궁금해 하면서 독자와 소통하고자 했다. 『독립신문』이나 『황성신문』, 『대한매일신보』 등의 민간인 발행 매체들은 독자 투고를 계몽의 수단으로 적극 활용했다. 『독립신문』은 독자의 목소리를 중계하는 전언(傳言)의 형식을 빌어 계몽의 의사를 전달했고, 『황성신문』은 계몽적 목소리가 담긴 독자의 서사물을 원형 그대로 수록했다. 『대한매일신보』는 내부 편집진의 글을 독자의 이름을 빌어 발표하기도 했다.

『장학보』와 『매일신보』는 독자들의 창작 참여의 제도적 기틀을 마련하고, 본격적으로 작품 발표의 기회를 제공하기 시작한 대표적 매체들이다. 이들 매체는 현상 응모 제도를 도입함으로써 근대 독자의 창작 참여 의지를 높였다. 『장학보』는 현상 공모 제도를 도입함과 동시에 투고의 자격을 일부 제한함으로써 독자 투고를 상업적 목적으로 활용하기도 했다. 그런가 하면, 선자(選者)들에 의해 뽑힌 작품의 경우라도 잡지 편집 의도에 위배될 경우 게재하지 않았는데, 여기서 게재의 기준이 되는 가장 중요한 요소는 계몽성 혹은 교훈성이었다. 『매일신보』는 독자 문예 현상 공모 제도를 대중적으로 확산시키고 제도적으로 정착시킨 신문이다. 총독부 기관지였던 『매일신보』는 1910년대의 유일한 중앙지였을 뿐만 아니라, 당시 발행되던 여타 잡지들과는 발행부수가 비교할 수 없을 정도로 많았다.[38] 따라서 독자 창작 참여의 대중적 확산이 『매일신보』를 통해 급격히 이루어질 수 있었다. 『장학보』와 『매일신보』 등을 거쳐 성장한 독자 투고 현상 모집 제도는 1910년대의 종합잡지 『청춘』을 통해 확고하게 뿌리를 내리게 된다. 그러나, 『매일신보』와 『청춘』의 독자 문예 현상 공모 제도의 성격은 서로 차이가 있었다.[39]

매체의 의도가 어디에 있었건, 『매일신보』의 독자 투고 현상 모집 제도는 결과적으로 한국의 문학 발전에 직간접적으로 기여하게 된다.[40] 『매일신보』의 독자 문예 현상 공모 제도는 신문소설의 작가 군을

---

38 『매일신보』의 발행부수가 매년 일정했던 것은 아니나, 적게는 2만 부에서 많게는 10만 부 사이를 오르내렸던 것으로 추정된다. 이와 관련된 근거는 정진석, 『한국언론사』, 552~555쪽 참조. 참고로, 『매일신보』 지령 3000호 기념 특집에는 "我 十万의 愛讀者로 더브러 祝賀코즈 ᄒᆞ노라"(三笑居士, 「조선(朝鮮) 신문계(新聞界)의 회고와 아보(我報)」, 『매일신보』 1916.3.4)는 구절이 있다.

39 이와 관련해서는 다음의 지적을 참고할 수 있다. "『매일신보』가 기사모집이나 매체 홍보를 위한 수단으로 현상문예를 도입했다면, 『청춘』은 신진작가의 발굴을 표면에 내세워 현상문예를 시행했다. 『매일신보』의 경우 현상문예에 당선된 소설들은 응모단편소설이라는 표제 아래 게재되어 단편소설이라는 표제를 달고 있는 기성 작가들의 작품과는 확연히 구분되었다. 이에 반해 『청춘』의 현상문예는 흥미 있는 기사 중심의 『매일신보』의 「현상모집」과 달리 '순문학적 목적'을 표방하고 작품을 모집했다."(박현수, 「한국 근대문학의 재생산 과정과 그 의미」, 862쪽)

40 『매일신보』를 통해 등단한 이상춘의 경우는 『청춘』에도 계속 작품을 응모해 누차 당선되고 기성작가로서 대우를 받게 된다(이상춘의 창작 활동에 대한 상세한 언급은 한진일, 「근대 단편소설의 형성 과정 연구」, 68~75쪽 참조). 김성진은 『매일신보』를 통해 전문 작가가 된 후 『경세소설 추야월』(광덕서관, 1913.3.5)을 출간함으로써 단행본 장형소설 창작의 길로 나아가게 된다. 이는 같은 지면에 당선되어 등단한 후 『박연폭포』(유일서관, 1913.6.7), 『서해풍파』(유일서관, 1914.1.20) 등을 출간하며 전문 작가로 성장하게 되는 이상춘(李常春)

확장하고 서사 양식을 다양화 시키는 방향으로 전개된다. 이해조 중심의 이른바 '신소설' 문단이 신진작가 중심의 단편소설 문단으로까지 확장되는 것이다. 『매일신보』의 단편소설은, 이해조 퇴진 이후 새롭게 성장하는 번안소설과 함께 『매일신보』의 대표적 문예 형식으로 자리를 잡게 된다. 『매일신보』가 1910년대 초반부터 시도했던 독자 문예 현상 공모제도는 1920년대 이후 창간되는 민간신문들인 『동아일보』와 『조선일보』로 확산된다. 1923년 '현상 문예 단편소설' 게재로부터 시작된 『동아일보』의 현상 제도는 1920년대 말이 되면 신년 초에 당선작을 발표하는 '신춘문예(新春文藝)' 방식으로 전환된다. 『조선일보』 역시 1920년대 말부터 현상문예 제도를 도입하는데, 이 또한 1930년대 들어서면서 본격적인 신춘문예 제도로 정착된다. 근대 매체의 홍보 수단으로 시작된 근대 독자의 창작 참여 제도가 점차 한국 근대 작가의 가장 영향력 있는 등용문으로 자리를 잡게 되는 것이다.

3.

한말(韓末) 정부가 공적으로 한글의 사용을 강조하고, 지식인들이 국한문체 문장을 본격적으로 사용하기 시작한 것은 1894년 갑오경장 이후의 일이다. 하지만, 한말 지식인과 정부 기관의 한글 사용을 위한 실

이 걷게 되는 길과 유사하다. 『매일신보』 현상소설의 당선 작가 김성진과 이상춘이 걸었던 길은 이미 『장학보』 현상 원고의 당선 작가 육정수가 걸었던 길이기도 하다.

질적 시도는 갑오경장보다 훨씬 이른 시기에 이루어졌다. 1886년에 창간된 『한성주보』의 국한문체 및 국문체 기사는 이를 확인할 수 있는 좋은 사례이다. 관리들이 제작하고 발행한 『한성주보』가 국한문체 및 국문체 기사를 도입한 것은 근대계몽기의 새로운 문체 실험으로서 적지 않은 의미가 있는 일이었다. 『한성주보』의 국한문 혼용은, 『한성순보』가 기획했으나 성취하지 못했던 시도의 실현이라는 점에서도 의미가 있다. 하지만 『한성주보』의 문체 실험은 오래가지 못한다. 『한성주보』가 국한문체 및 국문체 신문에서 순문한체 신문으로 돌아가게 되는 가장 큰 이유는 『한성순보』나 『한성주보』가 모두 관보(官報)로서 대부분의 독자가 한문 향유층 독자였다는 점에서 우선 찾을 수 있다. 이는 보수적 지식인 사회의 저항의 결과로도 해석할 수 있는 것이다. 아울러, 이 신문의 기사가 국한문 및 한글을 사용했을 때 얻을 수 있는 효과를 제대로 보여주지 못했기 때문이기도 하다. 『한성주보』는 과감히 한글 기사를 도입하고는 있지만 그 문체에 맞는 기사의 영역을 새롭게 발굴하는 데 실패했다. 문체의 변화는 지면 구성의 변화를 수반할 때 효과적이다. 그러나 『한성주보』는 『한성순보』의 지면 구성을 대부분 이어받았고, 거기에 표기 문자만을 다양화시켰다. 결국 『한성주보』는 독자층에 어울리면서도 새로운 내용을 담아내는 데 적합한 문체를 찾아내는 실험에 실패한 것이었다. 문체 실험에 실패한 결과 『한성주보』는 자신의 모체였던 『한성순보』처럼 순한문 신문으로 돌아갈 수밖에 없었다. 『한성주보』의 한글 문체 실험 실패는 이후 지식인들의 문체 선택에 적지 않은 영향을 미치게 된다. 한글에 대해 큰 관심을 보였던 개화파 지식인 유길준이, 곧바로 한글을 사용하지 않고 국한문과 부속국문을 사용해 대표적 저서들을 집필한 이유 역시 이와 연관성이 있다.

조선 후기 즉 근대 이전 무렵까지는 신분 계층에 따라 문자사용 층이 분리되어 있었다. 한문 사용 층과 한글 사용 층의 분리가 그것이다. 그러나 근대 계몽기가 시작되면서 반상철폐(班常撤廢) 등 신분 계층 질서의 실질적 붕괴가 시작되고, 이는 곧 두 계층의 문자 교류 현상을 수반하게 된다. 상하 계층 사이의 상호 문화 교류 현상이 일어나기 시작할 때, 문화 교류의 핵심을 이루는 언어 교류 현상이 일어나는 것은 당연한 일이다. 언어의 근대화 과정이란 곧 상하 계층이 모두 같은 언어를 쓰게 되고, 입말과 글말의 차이가 줄어들게 되는 과정을 의미한다.[41] 근대계몽기 국한문혼용체 사용의 활성화가 지니는 가장 큰 문화사적 의미는 바로 여기에 있다. 국문과 한문의 혼용이란 당시로서는 곧 하층과 상층 언어의 교류를 의미한다. 언해체의 활성화 역시 같은 의미를 지닌다.

유길준의 『서유견문』의 문체가 지니는 의미의 중요성 또한 여기서부터 시작된다. 유길준은 『서유견문』을 통해 세상의 변화를 알리고자 했고, 그것을 변화된 문체로 전달하고자 했다. 개화파 지식인 유길준이 지향했던 변화된 언어의 세계는 한글의 세계였다. 유길준은 일본과 미국 등 외국 생활을 체험하면서 역설적으로 자국어의 소중함에 대해 깨달을 수 있었다. 하지만, 새로운 언어 세계의 구현은 시간이 걸리는 일이었다. 그에게는 『한성순보』의 국한문 사용 좌절의 기억과, 『한성주보』의 한글 사용과 순한문으로의 회귀 과정 등 몇 가지 교훈과 학습의 기회가 있었다. 이러한 경험들을 바탕으로 유길준이 『서유견문』에서 선택 활용한 문체가 국한문혼용체였다.

유길준은 소학교육(小學教育) 교재에 해당하는 『노동야학독본』을 한글로 기획했다. 그러나, 이 역시 인쇄 표기는 한글 대신 부속국문 표기

41 이연숙, 「言語政策の観点からみた言文一致」, 『한일근대어문학 연구의 쟁점(2)』, 연세대 근대한국학연구소 제5회 국제 학술 심포지엄 자료집, 2008, 1~12쪽 참조.

를 사용했다. 한문(漢文)은 버릴 수 있지만, 아직은 한자(漢字)를 버리기 어렵다는 판단 때문이었다. 그러나 그는 언젠가는 한글만으로 문장을 쓰는 일이 가능할 것이라는 생각을 지니고 있었다. 그 길로 가는 과정이 바로 한자를 훈독하는 것이었다. 그는 한자를 훈독할 경우 결국은 한글이 주된 문자가 되고 한자가 부속문자의 위치로 전락할 것이라고 판단했다. 한자의 훈독이 장차 국문 전용을 정착시킬 수 있는 방법이 된다고 생각했던 것이다.

유길준은 『대한문전』 등의 어문관계 저술을 통해 우리말과 우리글에 대한 정비에 공헌하게 된다. 넓게 보면 『대한문전』 등에 포함된 우리말에 대한 깊이 있는 인식과 통찰 역시 『서유견문』을 준비하고 집필하는 과정에서 생겨난 것이라 할 수 있다. 그는 비록 현실적 제약으로 인해 현토체 국한문으로 『서유견문』을 집필할 수밖에 없었지만, 그가 『서유견문』의 문체를 선택할 때 그 마음속에는 이미 자국어에 대한 자부심이 가득 차 있었던 것으로 보인다. 하기만 그는 그 자부심을 현실의 언어생활로 연결시키는 데에는 일정한 절차와 시간이 필요하다는 사실을 알고 인내했다. 『서유견문』의 국한문혼용체는 근대계몽기 지식인의 자부심과 인내(忍耐)가 결합된 과도기적 산물이었다.

한국 근대 매체의 문체 사용 현황을 종합해 보면, 19세기 후반 이후 등장한 근대 매체들의 문체 사용 원리와 원칙이 식민지 시기 말까지도 큰 변화 없이 지속되었음을 알 수 있다. 근대 초기인 1900년대에 확립된 계층에 따른 문체 분리사용의 원칙이 비교적 오랜 기간 동안 지속되었던 것이다. 근대 신문의 경우 문체를 선택하는 것은 곧 독자를 선택하는 것이었다. 국한문체 신문과 한글 신문은 그들이 대상으로 삼았던 독자층이 서로 달랐다. 전자가 상대적으로 보수적이면서 교육의 정도가 높은 독자를 상대로 했다면, 후자는 상대적으로 교육의 정도가 높지 않은 독자들을 겨냥해 발행되었다.

근대의 대표적인 국한문체 신문은 『황성신문』이다. 이보다 앞서 발행된 『한성주보』 역시 국한문체 신문으로 분류되기는 하나, 이는 실제로는 순한문 신문에 더 가까웠다. 『황성신문』은 한말의 대표적 지식인들이었던 양반과 유생 등을 주된 독자로 삼아 창간되었다. 『황성신문』은 국문체로 발행되던 『대한황성신문』을 이어 받은 것이면서, 그 발행진 역시 한글의 중요성을 인식하고 있던 인물들이었다. 그럼에도 불구하고 『황성신문』이 국한문체로 발행된 것은 당시 한글 신문 시장이 이미 포화상태에 이르렀던 때문이다.

1910년 한일병합 이후 식민지 시기 동안 내내 발행되었던 유일한 전국지 『매일신보』 역시 국한문체 신문이었다. 『매일신보』는 발행 초기에는 그 전신인 『대한매일신보』와 마찬가지로 국문판과 국한문판을 동시에 제작했다. 하지만 『매일신보』는 국문판의 발행을 1912년 2월 말로 중단하게 된다. 이후부터는 1면과 2면은 국한문의 경파 기사로, 3면과 4면은 한글 위주의 연파 기사로 채워가게 된다. 이른바 지면 분리를 통한 문자와 독자 분리의 형식을 취하게 되는 것이다. 이러한 문자와 독자 분리의 형식은 이후에 창간되는 민간신문들인 『조선일보』와 『동아일보』 등에도 영향을 미친다. 『조선일보』와 『동아일보』에서는 시기에 따라 국한문 기사와 한글 기사의 비중이 조금씩 달라진다. 하지만 큰 틀에서 보면 1920년대 이후 신문 기사의 주종을 이루는 문체가 국한문체로 집중되었다는 점은 분명하다. 다만, 신문 연재소설은 오히려 국문체로 수렴되는 현상을 보이게 된다는 점이 특기할 만하다.

근대계몽기에 발행된 최초의 한글 신문은 『독립신문』이다. 『독립신문』은 최초로 한글을 전용한 근대적 매체이기도 하다. 『독립신문』은,

국한문 및 일본어를 사용하여 일본인들이 발행하던 『한성신보』와 창간 초기부터 대립했다. 『독립신문』의 한글 전용의 의미는 남자와 여자가 상하귀천을 가리지 않고 볼 수 있는 신문을 만들고자 한다는 창간 취지에서 명료하게 드러난다.

『독립신문』에 이어 국문체로 간행된 신문으로는 『죠선크리스도인회보』, 『대한크리스도인회보』, 『그리스도신문』, 『미일신문』, 『제국신문』 등이 있다. 기독교 신문이 국문체를 사용하게 된 것은 선교에 사용된 대표적 언어가 한글이었기 때문이다. 이는 비단 기독교에만 적용되는 것이 아니었다. 천주교 및 천도교 발행 매체에서도 한글 독자에 대한 배려는 중요했다. 천주교에서 간행한 『경향신문』 역시 국문체로 발행되었다.

『제국신문』은 근대 신문 가운데 가장 오랜 기간 동안 발행된 한글신문이다. 『제국신문』이 국문체로 발행된 가장 큰 이유는 여성을 포함한 일반 대중을 주된 독자로 삼아 창간되었기 때문이다. 국문체 신문인 『제국신문』은 국한문체 신문인 『황성신문』과 경쟁하며 신문 시장을 분할 점유했다. 당시 『제국신문』을 '암신문'으로, 『황성신문』을 '숫신문'으로 칭했다는 사실은 두 신문의 성격을 잘 보여준다.

『대한매일신보』와 『만세보』는 국한문 독자 및 한글 독자를 모두 끌어들이려는 시도를 했던 신문들이다. 『대한매일신보』는 국한문체 신문과 국문체 신문을 각각 발행하는 방식을 통해 자신들의 의도를 구현했다. 『만세보』는 이러한 의도의 구현을 위해 부속국문체의 활용을 시도했다. 그러나, 자금난과 활자 제작의 어려움 등으로 인해 그 시도가 오래 가지는 못했다.

근대 잡지는 지식인 독자를 주된 대상으로 삼아 발행되던 매체였다. 지식인 독자를 대상으로 발행되는 매체가 국한문체로 발행되는 것은 지극히 자연스러운 일이었다. 근대 잡지의 경우는 국한문체와 국문체가 시장을 분할 점유하던 신문의 경우와는 달리, 국한문체 잡지가 주종을 이루는 상황에서 소수의 일부 국문체 잡지가 공존하는 구도를 유지했다.

최초의 유학생 잡지였던 『친목회회보』는 국한문혼용체를 위주로 하면서 순한문체를 일부 사용했다. 『친목회회보』의 문체는 『태극학보』, 『공수학보』, 『대한유학생학보』, 『동인학보』, 『낙동친목회학보』, 『대한학회월보』, 『대한흥학보』 등에도 영향을 미쳤다. 근대 초기 유학생 잡지의 문체는 (1) 순한문체와 국한문혼용체를 섞어 쓰는 단계 (2) 순한문체와 국한문혼용체 그리고 국문체를 함께 쓰는 단계 (3) 국한문혼용체와 국문체를 섞어 쓰는 단계로 변화한다. 근대 초기 일본 유학생들은 대부분 국한문혼용체 문장을 사용했지만, 이들 사이에서는 점차 한글을 사용해야 한다는 인식이 퍼져나갔다. 유학생 잡지의 몇몇 필자들은 한글의 우수성을 강조하고 국문 전용을 지향해야 한다는 주장을 하기도 했다. 하지만, 그들은 이러한 주장을 국문이 아닌 국한문을 통해 펼쳤다. 이는 자신들의 주장을 읽어 줄 독자들이 국한문을 사용하는 계층이었기 때문이다.

국내에서 발간된 최초의 근대 잡지인 『대조선독립협회회보』는 순한문체, 국한문체, 국문체 기사를 모두 게재했다. 『대조선독립협회회보』가 국문체 기사를 수록했던 이유는 『독립신문』의 한글 사용 취지와 맞닿아 있었던 것으로 보인다. 이후 발간된 종합지 『조양보』를 비롯해, 『대한자강회월보』, 『서우』, 『대동보』, 『대동학회월보』, 『대한학회월보』, 『호남학보』, 『기호흥학회월보』 등 대부분의 학회지와 기관지들은 모두가 국한문체를 기본으로 하면서 극히 일부 기사들을 순한문으로 게재하는 방식을 취했다. 1900년대에는 학회지뿐만 아니라 『소년한반도』, 『야뢰』, 『소년』 등의 일반 교양 위주의 상업지 역시 국한문체를 기본 문체로 삼았다. 하지만 이들 상업지들 가운데 일부는 문예작품을 점차 한글로 게재함으로써 학회지들과는 일정한 차이를 보이기 시작한다.

국문체로 발행된 근대 잡지의 숫자는 그리 많지 않다. 『신학월보』, 『예수교신보』, 『예수교회보』, 『그리스도회보』, 『경향잡지』 등 개신교 및 천주교 등 기독교 계통의 잡지가 먼저 국문체로 발행되었는데, 이는 기독교 계통의 신문들이 한글로 발행되던 것과 같은 맥락에서 이해할 수 있는 현상이다. 『가뎡잡지』, 『녀즈지남』, 『자선부인회잡지』 등의 여성 계몽지도 근대 초기의 대표적 한글 잡지에 속한다. 1900년대 종교 잡지 및 여성 잡지의 한글 사용 관행 정착과 더불어, 1910년대 이후 이른바 '아동의 발견'이 이루어지면서 『붉은져고리』, 『아이들보이』, 『어린이』 등의 아동 잡지가 한글 잡지 대열에 가세하게 된 것은 새로운 변화라 할 수 있다.

근대계몽기의 문체는 표기에 사용된 문자를 중심으로 한문체, 국한문혼용체, 국문체의 세 가지로 분류할 수 있다. 근대계몽기를 대표하는 문체라 할 수 있는 국한문혼용체의 문장들은 다시 다음과 같이 세분화된다. 첫째, 국한문혼용체 제1유형. 이는 한문 구조를 기본으로 하면서 한글을 일부 사용한 문장이다. 둘째, 국한문혼용체 제2유형. 이는 한글 구조를 기본으로 하면서 한문 구문을 일부 사용한 문장이다. 셋째, 국한자혼용체 제1유형. 이는 한글 구조를 기본으로 하면서 단어 표기에 한자를 주로 사용한 문장이다. 넷째, 국한자혼용체 제2유형. 이는 한글 구조를 기본으로 하면서 단어 표기에 한자를 일부 사용한 문장이다. 국한문혼용체 제1유형과 제2유형의 차이점은 문장의 기본 구조가 각각 한문과 한글로 다르다는 것이다. 그러나, 이들 문장에는 한문 구문이 포함되어 있기 때문에 문맥을 이해하기 위해서는 한문에 대한 해독력이 필요하다는 공통점이 있다. 국한자혼용체 제1유형과 제2유형은 한자만 읽을 수 있다면 한문에 대한 지식 없이도 문장의 의미 파악이 가능하다.

국문체 문장은 문자적 의미로만 보면 '순한글로 쓴 문장'을 지칭한다. 하지만 근대계몽기의 문자사용 현실을 염두에 둘 때, 국문체 문장이 완벽하게 순한글로만 표기한 문장을 의미한다고 보기는 어렵다. 국문체 문장 여부를 판별하는 기준은 표기 언어를 기본으로 삼되 문단의 전체 구조와 중심 언어의 역할을 중시하는 것으로 정리될 수 있다.

근대계몽기의 문체에 대한 논의는 표기법의 문제와 분리가 불가능하다. 근대계몽기 이후에는 한자와 한글뿐만 아니라 일본어까지 활용한 매우 독특한 표기 형태들이 존재했다. 근대계몽기에 볼 수 있는 다양한 문장 표기의 유형으로는 부속국문체 표기, 부속한문체 표기, 한일병기체 표기 등을 들 수 있다. 부속국문체 표기는 본문을 국한문으로 인쇄하고 한자 위에 한글을 부속 활자로 덧붙여 인쇄하는 것이다. 부속한문체 표기는 본문을 한글로 인쇄하고 한글 낱말 위에 한자를 부속 활자로 덧붙여 인쇄하는 것이다. 한일병기체 표기는 한글과 일본어를 나란히 적는 것이다.

부속국문체 표기는 「훈민정음」 등을 비롯한 여러 전래 문헌에 사용된 바 있다. 근대계몽기에는 『만세보』가 이를 본격적으로 활용하였고 이후 『대한민보』와 『기독신보』 등 여타 신문과 유길준이 저술한 『노동야학독본』 등 단행본에서도 활용된 바 있다. 『만세보』 등이 부속국문체를 사용한 가장 큰 이유는 한자를 모르는 대중 독자들이 한자를 쉽게 읽을 수 있도록 배려하는 데 있었다. 부속국문체 표기는 1920년대까지 지속적으로 사용되었다. 부속한문체 표기는 「관동별곡」 등 조선 시대 시가(詩歌)에서 주로 활용하던 표기법이다. 이는 인쇄 공간을 많이 차지하기 때문에 산문(散文) 문장에서는 활용하기 어려운 표기체이나, 신문관에서 간행한 최남선의 『고본춘향전』 등 일부 자료에서 간혹 활용한 사례가 발견된다. 이들 자료에서 한글에 부속 한자를 추가한 이유는 한자의 부기(附記)가 원문의 뜻을 명확히 할 수 있다고 생각했던 때문이다. 한일병기체 표기는 근대계몽기 이후 등장한 새로운 표기 방식 가운데 하나이다. 이러한 표기는 주로 단행본에서 많이 사용되었으나 『매일신보』 등에서도 간혹 발견할 수 있다. 이 표기는 한일병합 직후에 집중적으로 나타났다.

한국의 근대 매체에서 한문 사용의 관습은 비교적 오랫동안 지속되었지만, 문예물의 경우는 일반 기사와 달리 순한문보다는 국한문 혹은 한글을 사용하는 방향으로 전개되었다. 근대계몽기 지식인 집단의 일반적인 문체 사용 궤적은 순한문→국한문→한글의 단계적 변화 과정을 거쳤던 것으로 정리할 수 있다. 하지만 문학사의 경우는 그것이 꼭 순차적으로만 진행되었던 것이 아니다. 근대계몽기 문학사에서는 국한문체 작품과 국문체 작품이 거의 같은 시기에 독자를 분할 점유하는 형식으로 자리를 잡아갔다. 이 시기에는 국한문 소설의 작가들뿐만 아니라 한글 소설 작가들 역시 전통적 한문 교육을 받고 성장한 지식 계층이었다. 한문을 향유하던 지식층들이 수용자의 요구에 맞추어 새로운 문체를 구사하기 시작하면서부터 한국 근대문학은 새로운 길로 들어서게 된 것이다. 한문을 익히고 성장한 지식층들이 국한문혼용체 및 국문체로 작품을 창작하게 된 데에는 계몽적 의도가 가장 크게 작용했다.

『독립신문』의 기사 및 서사물 표기에서 가장 주목할 만한 사실은 최초로 띄어쓰기를 시도했다는 점이다. 『독립신문』의 띄어쓰기는 근대 한국어 표기의 새로운 이정표를 세우는 역할을 한 것으로 평가받는다. 이후에 발간된 『협성회회보』, 『매일신문』, 『제국신문』, 『대한매일신보』, 『경향신문』 등에 수록된 서사문학 자료의 문체와 표기법 또한 『독립신문』의 문체와 표기법의 영향을 적지 않게 받았다. 근대계몽기에 발표된 서사물 가운데 문체와 표기 방식에서 월등히 변화된 모습을 보이는 것은 『만세보』에 발표된 이인직의 작품 「소설 단편」이다. 이 작품은 부속국문체로 발표된 근대계몽기 최초의 서사물이다. 지문과 분리된 대화체 문장 역시 당시로서는 보기 드문 구어체 문장의 사례가 된다.

부속국문체 및 묘사문의 활용과 대화 주체의 분리 표기는 이인직의 『만세보』 연재소설 「혈의루」에 이르러 완전히 정착된다. 『만세보』에 연재되었던 부속국문체 소설 「혈의루」는 단행본으로 출간되는 과정에서 국문체 소설이 된다. 하지만, 이 과정에서 작가 이인직이 소설 「혈의루」의 문체를 특별히 수정해 다시 쓴 것은 아니다. 연재본 「혈의루」에서 한자를 제거하고, 부속활자로 쓰인 국문의 크기를 키워 본문으로 인쇄하면 그대로 단행본 『혈의루』의 문장이 된다. 부속국문체로 발표된 연재본 「혈의루」는 원래부터 순한글로 쓰인 작품이었던 것이다.

근대계몽기의 잡지들은 주로 국한문 작품들을 수록했다. 이는 신문이 대체로 순한글 작품들을 수록하던 것과 대조가 된다. 이 시기의 잡지에서 주목할 만한 내용 가운데 하나가 이광수의 등장 과정이다. 이광수는 1909년 12월, 일본어 소설 「사랑인가」를 『백금학보』에 발표한 후 국내에서 간행되는 종합지 『소년』에 번안소설 「어린희생」을 발표한다. 이어서 다시 『대한흥학보』에 단편 「무정」을 발표하는데, 이 작품이 이광수가 쓴 최초의 우리말 창작소설이 된다. 이광수의 단편소설 「무정」에서 볼 수 있는 표기의 특징으로는 쉼표와 마침표 등 구두점의 사용을 들 수 있다.

이광수의 소설이 국한문체에서 완전한 국문체로 변하는 것은 『매일신보』에 연재된 장편소설 「무정」에서부터이다. 이광수는 장편소설 「무정」을 통해 한글로 지식인 문학의 새로운 길을 열어가게 된다. 장편소설 「무정」은 한국소설사 최초로 지식인과 대중 독자가 함께 읽은 소설이며, 지식인이 공론의 장으로 가지고 나온 최초의 한글 소설이기도 하다. 일부 소수의 지식인들이 한글에 관심을 갖고 한글로 작품을 창작하기 시작하면서부터 한국 근대문학사가 시작되었다면, 다수의 지식인들이 한글 작품을 함께 읽고 공감하는 일로 그 한 단계가 마무리된다. 한국 근대문학사에서 이광수의 장편소설 「무정」을 주목하게 되는 가장 큰 이유가 여기에 있다.

4.

근대계몽기에 사용된 '신소설'이라는 용어의 의미는 오늘날과 많이 달랐다. 그것은 '새로운 소설'이라는 의미로 사용되는 경우가 대부분이었고, 양식 용어라기보다는 수사(修辭)에 지나지 않는 것이었다. 당시 신문이나 단행본의 편집자들이 신소설이라는 용어를 사용한 가장 큰 이유는 독자들의 관심을 끌기 위한 것이었다. 연재본 「혈의루」에는 없던 신소설이라는 표식을 단행본에 붙이게 된 가장 큰 이유 역시 동일한 것이었다. 신소설이라는 용어의 등장이 독자의 관심을 끌기위한 것이었다면, 그 용어의 소멸 역시 이와 관계가 깊다. 이해조의 연재물에 신소설이라는 수식어를 달아 독자들의 관심을 끌던 『매일신보』의 편집 태도는 조중환의 번안소설을 게재하면서부터 변화를 보이기 시작한다. 1912년 7월 『매일신보』가 이해조의 연재 소설에서 신소설이라는 수식어를 삭제한 것은 의도적인 행위였으며, 이는 곧 편집자의 관심이 이해조의 신소설에서 조중환의 번안소설로 옮겨갔음을 보여주는 것이었다.

신소설을 한국 근대문학사의 특정한 문학 양식으로 정리하기 시작한 것은 1930년대 이후의 일이다. 김태준은 1933년과 1939년 두 번에 걸쳐 『조선소설사』를 출간한다. 김태준의 정리를 통해 신소설(新小說)은 문학사적 의미를 지닌 용어 즉 특정한 의미를 지닌 고유명사로 새롭게 태어나게 된다. 김태준이 여기서 정리한 신소설의 가장 큰 속성은 고대소설 즉 구소설에 대응되는 것이다. 신소설은 새로운 지식을 받아들인 청년들의 새로운 요구에 부응하기 위하여 태어난 소설로, 서구소설을 모방하며 출발한 것으로 정리된다. 이는 형식과 내용에서 모두 고대소설과는 차이가 난다. 신소설이 대두한 시기는 역사적으로 갑오경장 이후부터이다. 신소설의 핵심은 '이야기의 맛을 풍부하게 하고 언문일치의 문체를 사용하며 사건의 추이에 따라 순간순간의 행동과 대화를 그대로 쓰는 것'이다. 김태준에 의해 한국 소설사는 고대소설 →신소설 →현대소설로 이어지는 단계적 변화의 기본 틀을 확보하게 된다. 아울러, 신소설의 문학사적 의미는 '고대소설에서 현대소설에 이르는 교량적 역할을 한 과도기적 소설'로 명시된다. 김태준은 이인직 이전의 소설과 이인직 이후의 소설을 구별하려는 시도를 하게 된다.

김태준의 논의를 이어 받아, 신소설을 새로운 문학 양식으로 설정한 이론가가 임화이다. 임화는 신소설의 대표적 작가로 이인직을 지칭하면서, 이해조를 그 다음가는 작가로, 최찬식을 흥미 본위의 대중화 작가로 분류한다. 그는 신소설 출현의 가장 주요한 요인은 '이미 수입된 정치소설과 번역문학이 신소설 출현의 도를 닦았기 때문'이라고 판단하고, 신소설의 특징을 문장의 언문일치, 소재와 제재의 현대성(혹은 신시대성), 인물과 사건의 실재성(혹은 사실성) 등으로 파악한다. 구소설이 가지고 있는 문장의 운문성과 소재 및 제재의 비현대성 그리고 사건의 비실재성 등으로부터 결별하기 시작한 것이 신소설이 지니는 가장 중요한 문학사적 가치가 된다는 것이다.

근대문학사 초기에 유통된 단행본 소설의 수는 1910년대 말까지 대략 200편에 이른다. 단행본 소설류의 출간은 1908년부터 1914년 사이에 절정을 이루었다. 신소설류 단행본 소설들의 가격은 25전에서 30전 사이였고, 출판지는 거의 대부분이 서울이었다. 이른바 신소설류의 작품들은 1920년대 중반까지는 꾸준히 출판이 되었다. 이광수의 장편소설 「무정」이 출현한 이후에 나오는 이러한 소설들에 대해서는 '잔류신소설'이란 명칭을 붙여 구별하기도 한다. 잔류신소설들의 출간은 1920년대 중반을 넘기면서 현격히 줄어든다. 하지만 그 맥락이 완전히 단절되는 것은 아니다. 그 숫자가 줄기는 했어도, 이들은 1930년대에도 대중소설계에 일정한 영향을 미치며 잔존했다.

한국 근대 서사문학의 특질을 이루는 중요한 특성 가운데 하나는 단형성(短型性)이다. 근대 초기 서사문학 작품들의 길이가 짧았던 이유는 크게 두 가지로 정리할 수 있다. 하나는, 작품의 창작 목적이 상업성보다는 공익성 내지 계몽성에 있었기 때문이다. 다른 하나는, 검열 및 경제적 사정 등으로 인해 매체들이 수시로 정간 또는 폐간되는 상황 속에서 길이가 긴 작품을 기획하고 연재하기 어려웠기 때문이다. 휴간과 폐간이 거듭되는 환경 속에서 작품의 형태는 자연스럽게 단형으로 자리를 잡게 된다. 단형의 작품들에는, 짧은 시간에 글쓴이의 생각을 효과적으로 독자에게 전달할 수 있는 형식이 필요하다. 한국 근대 서사문학 작품들에 대화체(對話體)와 토론체(討論體), 그리고 연설체(演說體) 작품들이 많은 이유가 여기에 있다.

근대 초기의 단형 서사물들의 게재 지면은 논설란에서 잡보란으로 그리고 점차 소설란으로 이동하고, 작품에 붙어 있던 편집자 주와 작가의 해설이 사라지는 현상이 나타나게 된다. 한국문학사 최초로 단편소설이라 명명된 작품은 1904년 『대한일보』에 수록된 「뇌공」이다. 「뇌공」의 집필 목적이 '서사'의 창조보다는 신문사 편집진들의 '논설'에 있었다는 사실은 여러 가지 점에서 시사적이다. 이는 근대 초기 단편소설의 전개사가 '서사적 논설' 등 단형 서사물의 전개사와 밀접한 관련을 맺고 있다는 점을 확인시켜 준다.

『만세보』에 수록된 「소설 단편」이나 「백옥신년」 등은 모두 근대 단편소설의 토대가 되는 작품들이다. 한국 근대 단편소설 양식의 정착에 선도적 역할을 한 매체는 『매일신보』이다. 『매일신보』의 단편소설은 성격상 현상응모 단편소설, 신년 단편소설, 전문 작가의 창작 단편소설 등으로 구분할 수 있다. 1910년대 초반부터 시작된 현상응모 단편소설의 등장은 단편소설 양식이 대중들 사이에서 뿌리를 내리는 일에 크게 기여했다. 『매일신보』의 단편소설은 1912년 3월에 시작된 지면 쇄신 작업의 결과로 등장한 것이었다. 이 시기 이후 『매일신보』는 점차 단편소설과 번안소설들의 게재에 주력하게 된다. 번안소설이 대중 독자를 위한 것이었다면 단편소설은 상대적으로 지식인 독자를 위한 것이었다. 『매일신보』의 단편소설 현상 공모 제도는 『동아일보』와 『조선일보』로 이어지고, 이는 점차 신춘문예 공모 방식으로 정착된다.

이들 신문의 신춘문예 공모 제도는 한국 근대 단편소설의 수준을 높이고 그 위상을 확고히 하는 계기가 된다.

한국의 근대 단편소설 양식은 신문을 통해 출발했지만, 그것이 활성화되고 꽃을 피운 것은 잡지를 통해서이다. 『태극학보』, 『대한유학생학보』, 『대한흥학보』 등 일본에서 발행된 유학생 잡지에는 이광수 등의 주목할 만한 단편소설들이 꾸준히 실렸다. 근대 초기 잡지에 실린 작품 가운데는 장편소설에 어울리는 내용을 길이를 줄여 수록한 것도 적지 않았다. 발표 매체의 성격에 맞추어 작품의 길이를 조정하고 문체를 변경하는 일, 달리 말해 제도가 양식을 규정하는 일들이 빈번히 일어났던 것이다.

유학생 잡지 가운데서는 『여자계』가 문체 및 창작 기법의 변화를 이끌었던 것으로 평가할 수 있다. 동인지 『창조』 역시 근대 단편소설의 정착과 활성화에 기여했다. 국내에서 발간된 『청춘』은 단편소설 양식의 정착과 발전에 기여한 잡지 가운데 하나이다. 『청춘』은 현상문예 제도 실시를 통해 새로운 작가를 발굴하고 순문학에 대한 관심을 불러일으켰다. 이광수는 『청춘』에 기고한 글들을 통해, 한자의 사용을 줄이는 시문체(時文體)의 사용을 권장했다. 『조선문단』은 문학 전문지를 표방하며 등장해 단편소설 발표의 장으로서 중요한 역할을 했다. 『창조』가 문학 동인지를 표방하면서 출발해 일반 문예 잡지의 성격을 띠고 간행된 것에 반해, 『조선문단』은 일반 문예 잡지를 표방하면서 출발해 동인지처럼 간행되었다. 『조선문단』 또한 독자소설 공모 제도를 통해 근대 단편소설의 발전에 기여했다. 단편소설은 문학 전문지들뿐만 아니라, 종합잡지 및 종교지 등을 비롯한 식민지 시기에 발간된 대부분의 잡지가 선호하는 문학 양식이었다. 종합 월간지 가운데는 『개벽』이 특히 주목할 만한 단편소설들을 많이 게재했다.

한국 근대소설사에서 단편소설이 뿌리를 내리기 시작한 것은 1910년대였지만, 그것이 꽃을 피운 시기는 1920년대 이후였다. 1920년대 이후의 신문과 잡지에 실린 단편소설들 가운데는 한 세기가 지난 오늘날까지도 계속해서 주목을 받고 있는 작품들이 적지 않다. 1920년대는 한국문학사에서 단편소설의 시대였다.

한국 근대문학사 최초의 창작 장편소설로 일컬어지는 이광수의 작품 「무정」의 탄생은 『매일신보』의 기획에 의한 것이었다. 「무정」의 출현이 가능했던 것은 이광수라는 개인의 역량에 앞서, 그의 장편소설을 중단 없이 게재할 수 있는 『매일신보』라는 안정된 매체가 존재했기 때문이다. 『매일신보』는 그동안 장편에 어울리는 소재를 단편의 길이로 줄여 표현하는 데 만족해야 했던 이광수에게 충분한 발표 지면을 제공했다. 이광수와 『매일신보』는 서로에게 필요한 존재였다. 『매일신보』는 지식 청년을 계도할 새로운 작가가 필요했고, 이광수는 안정된 새로운 지면이 필요했다. 『학지광』에 수록된 단편 산문 「용동」은 『매일신보』의 '서사적 논설' 「농촌계발」을 거쳐 장편소설 「무정」으로 변모한다. 국한문 단편 산문 「용동」이 한글 장편소설 「무정」으로 바뀌는 과정은 매체가 문체와 양식의 변화를 가져오는 모습을 극명하게 보여주는 사례로서 의미가 있다.

1920년대 초반 『동아일보』와 『조선일보』의 창간은 한국 근대문학사에서 창작 장편소설이 활성화되는 중요한 제도적 기반이 되었다. 이들 신문이 창간되기 이전까지 유일한 중앙지로 문단에 강력한 영향력을 행사하던 『매일신보』는 1920년대 신문의 소설 연재 지면을 번역물로 채워갔다. 『매일신보』와 대비해 볼 때도, 창작 장편소설이 보편화되는 과정에서 『동아일보』와 『조선일보』의 역할은 컸다. 『동아일보』는 1920

년대 문단의 지지대가 되어 이 시기 창작 장편소설의 활성화에 크게 기여한다. 『동아일보』는 창간 초기에는 이상협이 편집을 맡으면서 번안소설로 장편 연재 지면을 열어갔다. 하지만 곧 나도향, 이광수, 염상섭 등이 가세하면서 『동아일보』의 문예면은 국내 작가의 창작 장편을 위한 대표적인 지면이 될 수 있었다. 이 시기 『동아일보』 지면에서는 특히 이광수의 작품이 차지하는 비중이 컸다. 『조선일보』 역시 창간 초기에는 번역소설의 게재에 주력했다. 『조선일보』는 현진건, 조명희, 이익상 등 역량 있는 문인을 번역자로 삼아 문예면을 꾸렸다. 『조선일보』의 문예면이 장편소설 게재에서 주목할 만한 성과를 거두기 시작한 것은 1920년대 말에 들어서면서부터이다. 홍명희의 「임꺽정전」의 연재는 『조선일보』 문예지면 구성의 방향 변화를 알리는 신호이기도 했다. 1930년대 이후 『조선일보』는 염상섭, 이기영, 한설야, 채만식 등의 작품 연재를 통해 한국 근대 장편소설의 대표적 발표 지면으로서의 위상을 굳히게 된다.

『매일신보』는 1910년대 중반 이후 1945년 종간 시까지 보수적 지식인과 일반 대중을 분리된 독자로 상정한 채 연재 서사물의 지면을 둘로 나누어 구성했다. 1910년대에 이광수의 장편소설 「개척자」가 국한문체로 발표된 것은 『매일신보』의 편집진이 이 작품의 독자층을 지식인으로 상정하고 있었기 때문이다. 그런가 하면 『매일신보』의 번안소설은 일반 대중을 독자로 삼은 것이었으므로 모두 국문체로 발표되었다. 번안소설과 달리 번역소설의 경우는 지식인을 대상으로 한 것과 일반 대중을 대상으로 한 작품들이 각각 국한문체와 국문체로 나뉘어 게재되었다. 1920년대 『매일신보』의 연재 지면에서는 번역소설의 위상이 매우 중요했다. 『매일신보』는 1930년대부터는 번역소설의 게재를 중단하고 창작 장편소설의 게재에 주력하게 되는데, 이때 창작 장편소설의 독자는 일반 대중이었다. 하지만 『매일신보』는 1930년대 이후에도 보수적 지식인 독자층에 대한 배려를 중단하지 않는다. 1930년대 이후 『매일신보』 연재 지면의 한 줄기를 국한문체의 고전 및 야담류 소설이 점유하게 되는 것은 이 때문이다. 이는 『동아일보』와 『조선일보』의 고전 및 야담류 소설이 모두 국문체로만 발표되면서, 내용과 형식의 양 측면에서 일반 대중 독자를 위한 형태로 제공되던 것과 구별된다.

한국 근대문학사의 전개 과정에서 '잡지'와 '장편'은 서로 잘 어울리는 조합이었다고 말하기 어렵다. 한국 근대 잡지의 연재 소설들 가운데는 장편이라 표기된 작품일지라도 실제로는 그 길이가 중편 정도에 머무른 경우가 매우 많았다. 물론 그렇게 된 가장 큰 이유는 한정된 지면이라는 문제에서 찾아야 할 것이다. 그런가 하면 작가들이 신문의 장편 연재에 비해 잡지의 장편 연재를 상대적으로 가볍게 생각한 것으로 해석할 수 있는 현상들도 발견된다. 기획 장편의 연재가 중단된 것은 폐간 등으로 인한 잡지사의 사정에 의한 경우가 대부분이지만, 작가가 중간에 스스로 연재를 중단한 것으로 보이는 경우도 없지 않다.

식민지 시기에 창작된 장편소설의 문체는 곧 국문체였다고 단정 지어 말할 수 있다. 이광수의 작품 「개척자」 단 1편만이 예외일 뿐, 『매일신보』와 『동아일보』 및 『조선일보』에 연재된 창작 장편소설들은 모두 국문체로만 발표되었다. 이는 『매일신보』와 『동아일보』에 게재된 단편소설 및 여타 유형의 단형 서사물들에 국한문체가 빈번히 사용되던 것과는 분명히 대조를 이룬다. 『조선일보』의 경우는 1930년대 초반에 가면 점차 모든 서사물들이 국문체를 사용하게 되고, 1933년 이후 서사물에서는 거의 완벽하게 국문체만을 사용하게 된다. 『조선일보』의 경우는 1930년대 중반 무렵부터 모든 서사 작품에 의도적으로 한글 전용을 시도했다. 장편소설의 문체가 국문체로 일관되는 것은 신문뿐만 아니라 잡지의 경우도 마찬가지이다. 근대 잡지에 게재된 단편소설들의 문체는 국한문체가 주를 이루지만, 장편소설들의 경우는 극히 일부를 제외하고는 대부분 국문체로 통일되어 갔다. 예외가 되는 작품의 경우도 본격적인 국한문혼용체가 아니라 일부 한자를 섞어 쓰는 국한자혼용체의 방식을 활용했다. 문체의 측면에서만 보더라도, 장편소설은 한국 근대문학사의 전개 과정 속에서 대중 독자와 가장 친밀한 문학 양식이었음에 틀림이 없다.